𝑖

为 了 人 与 书 的 相 遇

Jay Winik

1944

FDR AND THE YEAR THAT CHANGED HISTORY

罗斯福
与改变历史的一年

［美］杰伊·温尼克　著

李迎春　张园园　钱雨葭　译

广西师范大学出版社

·桂林·

图书在版编目(CIP)数据

1944：罗斯福与改变历史的一年 / (美) 杰伊·温尼克著；李迎春, 张园园, 钱雨葭译.
—桂林：广西师范大学出版社，2018.11

书名原文：1944: FDR and the Year That Changed History

ISBN 978-7-5598-1271-1

Ⅰ.①1… Ⅱ.①杰… ②李… ③张… ④钱… Ⅲ.①第二次世界大战 – 史料 – 1944
Ⅳ.①K152

中国版本图书馆CIP数据核字(2018)第238369号

地图审图号：GS（2018）4380号

广西师范大学出版社出版发行

　广西桂林市五里店路9号　邮政编码：541004
　网址：www.bbtpress.com

出 版 人：张艺兵

全国新华书店经销

发行热线：010-64284815

肥城新华印刷有限公司

　山东省泰安市肥城市老城工业园区

开本：960mm×1340mm　1/16

印张：36.75　字数：511千字　图片：38幅

2018年11月第1版　2018年11月第1次印刷

定价：78.00元

如发现印装质量问题，影响阅读，请与出版社发行部门联系调换。

献给纳撒尼尔和伊万"BC"

我的宝藏——和未来

目　录

1943年即将结束，军队还是以大陆本土作战为主，盟军的每次突袭都变得无比重要。战争的胜利，已是触手可及。最后的风暴很快就会如浪潮般地向欧洲袭来。罗斯福会见斯大林时，就已在考虑未来了。

当罗斯福的车队缓缓驶往南卡罗来纳州之时，盟军正在为诺曼底登陆行动不遗余力地做准备。就在同一时刻，第三帝国的一个特别部门正踩着狂热的步伐做一件事：奥斯维辛的毒气室。这标志着纳粹最后的疯狂之举，他们要把欧洲剩下的所有犹太人尽数清洗掉。

站在平地上仰视，能看见营地点起明亮的灯火，投射出一束光芒，破开了黑暗。瞭望塔的可怕轮廓高耸入天，散发着不祥的气息。在电线和高墙之后，封锁线的探照灯光背后，是史无前例的大屠杀。弗尔巴和韦茨勒爬下了木板堆，肚皮贴着地面，开始向一处小型桦树林匍匐前行。他们一头扎进树丛枝桠之下，撒腿就跑，再也没有回头。

第二部分　通往 1944 年的路途

第三部分 宿命抉择

毫无疑问，拒绝直接轰炸奥斯维辛集中营是总统的决定，或者说这至少反映了他的意愿。……但毋庸置疑的是，罗斯福正专注于发动一场世界斗争，无疑，他所思所想的是数不清的问题。力求终结战争、建立战后和平秩序的想法耗尽了他的精力，为此，1944 年的他似乎被困在了"知与无知"的昏暗之中。

1943 年 11 月 3 日，德国人举行了一场美其名曰"丰收节"的活动，当日在森林里枪杀了 1.8 万人。然而，即便马伊达内克如此恐怖，它还不及最可怕的奥斯维辛集中营。奥斯维辛孑然独立在所有集中营之中，那里徒留风声与寂静陪伴着亡魂。

第四部分 1945 年

于此，战争既荒诞又宏大的一面显露了出来：当枪声渐落，胜利的游行最终逐渐消失，国旗在微风中再次得意洋洋地飘荡着猎猎作响，当街头的舞蹈停止，炽热的城市灯光最终熄灭，大屠杀的全景才清晰起来。时至今日，光阴的甬道里仍有回响，时而沉寂，时而喧嚣——撕裂又沉痛，那是百万亡灵留在历史里的悲吟。

从开罗会议转道德黑兰的途中，富兰克林·德拉诺·罗斯福与温斯顿·丘吉尔参观金字塔与斯芬克斯。仿佛命运昭示，1944 年的罗斯福一直如斯芬克斯那般神秘莫测。

序言　斯芬克斯

1943 年 11 月 22 日—23 日

　　目之所及，天地相连，这里就是地球上最宁静、最庄严的地方之一。这是最后一道与撒哈拉沙漠相连的悬崖，也是最危险的地方之一。夏天里，气温骇人地攀升到 110 华氏度（约合 43 摄氏度）之上，斯芬克斯周围沐浴在阳光下的土地被晒得膨胀起来，闪烁着微光。在这里，不知情的游人会迷失方向，感受到前所未有的炎热、干渴与寂静，荒无人烟的沙漠将这一切都冷酷地暴露在人前，令人萎靡，茫然不知前路。阳光炽烈，折射在沙砾上，白耀耀一片，刺得人眼花。甚至天气本身，也和时空玩着花样。3 月下旬，可怖的喀新风 [1] 就要刮起来了，狂风会挟带着沙砾，在吉萨高原扫荡肆虐，让这片土地连着将近五十天都无法住人。多少年来，成群的绵羊湮没在一场场可怕的暴风雪里，也不知有多少人就这样被沙海吞没。千年沧桑，只有斯芬克斯，这尊世上最古老、最有名的纪念像之一，始终静静躺在这

---

[1]　原文"khamsin"，另译"坎辛风"，指西奈半岛的南风，现身于仲冬和初夏，刮起漫天沙尘。（本书注释均为译者注，以下不再单独标明。）

片会流动的沙山漠海之中。

苍穹之下，这里孕育出史上最神秘的文化之一，古迹的魅力与浪漫的历史结合在一起。法老曾经脚踏这片土地，埃及艳后与恺撒大帝亦如是。古罗马元老院的众议员身着白色的托加，襟袍飘飘，从此地攫取了大量的金银与数不胜数的财富。随后许多个世纪里，神职人员领着这里的子民，沿着尼罗河祈祷，为他们的领袖欢呼，或对征服者发出惊叹。开罗，这座中世纪的古城依从尼罗河两岸绵延而建，亦是世上最宏大的城市之一。阿拉伯的哈里发[1]来过，随后是奥斯曼帝国的苏丹，他们先后征服了它，把开罗变成了自己王国的战利品。拿破仑也曾企图征服这片神秘魔幻的土地，最终却徒劳而返。埃及——这个发祥自沙漠与河岸的古老国家，就和世上许多帝国一样，历经世事起伏，风雨兴衰，终至文明的光环缓缓褪去，没落消亡，甚至连苏伊士运河的出现，也不足以彻底挽救它的命运。直至20世纪，它仍是强权手中的棋子——今时今日来说，则是英法交锋中的战略奖励。

如果说，古埃及的荣光早已消逝在历史长河中，那么在1943年硝烟弥漫的秋天，它那令人叹为观止的神迹却仍旧存在。这片土地依然色彩迷幻。绚烂的日落与瑰丽的热带风情交织在一起，多姿的花草遍布在金色的田野上。棕榈树在风中摇曳，道上的驴车满载而归。清真寺与宣礼塔聚满了教众信徒，繁华的街上，朴素的咖啡亭与奢华的香料铺杂陈其间，充斥着一串串关于商贸政治的笑谈之声。开罗本身就是一个人山人海的大市场，弄蛇人和苦行者随处可见，埃及公共场合中特有的香气更是四处弥漫。若是把视线挪向市郊，就会发现埃及的过去一直都保留在那里。

往开罗的西南望去，传说中的金字塔就矗立于彼处，仿佛一座座古时的摩天大楼或人造山峰，绵延横亘，占据着长长的地平线。几个世纪以来，穆斯林、基督徒和犹太人都忘记了这些巨型对称石峰背后的历史，相反，

---

[1] 哈里发（Caliph）是伊斯兰政治、宗教领袖的称谓，意为继承者，指先知穆罕默德的继承者。

他们绝大多数都笃信一个共通的解释：金字塔是约瑟（Joseph）[1] 的粮仓。不过，并不是所有人都同意这个说法。历来，不止一个统治者认为，金字塔下埋藏着古代的黄金。有一次，巴格达的哈里发甚至命令他的士兵拆除胡夫金字塔。还有一次，一位统治者颁布法令，下令拆毁这些遗迹。钻探工人和凿石匠花了八个月，每天只能拆下一两块巨石。不出一年，众人索性选择放弃，只留下记史者的一句评价："完成先驱的遗愿，尚且道途漫漫。"就这样，大部分金字塔得以幸存，但斯芬克斯狮身人面像就没有这么幸运了。当奥斯曼土耳其人决定把手上的埃及帝国送给马穆鲁克贵族（Mameluke）[2] 时，这些托管者选择将斯芬克斯神圣尊严的面孔作为试练新枪支的靶子。

世事最是难料，在19世纪的金字塔开掘中，从这里掠走了丰富战利品的人却以西方探险家为主。雕像、木乃伊、画作乃至古时的石头都被打包，成箱地运出埃及的港口，抵达欧洲各国的首都。当青年时期的温斯顿·丘吉尔（Winston Churchill）来到埃及，准备用画笔描绘金字塔时，它们的奥秘早已公之于众，其中的珍宝也一一陈列在大英博物馆的廊道里。

在世界的这个角落之中，唯有粗犷的沙砾在悄然挪动，无垠的苍穹随四季转移，万古不变，永世长存。到了夜里，硕大的星星依旧闪烁，一如往昔，千年如一日。在古埃及的传说中，人们头顶泛着柔光的银河是人为的巧妙手作，银河就是天上的尼罗河。那时候，祭司认为银河中汇聚着一个个路标，指引着死去的法老走向他们的来生。

然而，人们在1943年抬头凝视这条星河的时候，也许并不只会想起这个古老的传说，而是会想起些别的。随着第二次世界大战的肆虐，天上的这条往生之路大概会变得非常拥挤。每过三秒，世上就有一个人死去。

正值其时，西方人再一次集体抵达开罗。

就在一年前，埃尔温·隆美尔（Erwin Rommel）带着德国士兵攻克了

---

[1]　在《圣经》中，约瑟是以色列的族长之一。

[2]　马穆鲁克王朝（1250—1517）是埃及、叙利亚地区外族奴隶建立的伊斯兰教政权。亦译"马木鲁克王朝"。"马穆鲁克"阿拉伯语意为"被占有的人"、"奴隶"，故又称奴隶王朝。

阿拉曼（El Alamein）[1]，那里离开罗只有 150 英里。德国人计划从阿拉曼出兵，先控制苏伊士运河，再北上英属巴勒斯坦，直至与从苏联南下的纳粹军队会师。然而，在残酷的阿拉曼战役之后，英国伯纳德·蒙哥马利（Bernard Montgomery）将军成功地迫使他们退至相对安全的利比亚和突尼斯。这也是盟军对德军的第一次重大胜利，二战中第一个切实有形的转折点。不过，现在战争的阴影再次笼罩了埃及。

那是个不寻常的下午，一队黑色车辆呼啸而过，辗转朝着金字塔和斯芬克斯进发。车里坐着盟军的主要领袖：海军将领、陆军将领、学者，还有两个手握未来西方民主命运的男人——温斯顿·丘吉尔与富兰克林·罗斯福（Franklin Roosevelt）。

这一天是 11 月 23 日，寒风簌簌，沙海泛起层层涟漪。美利坚合众国的总统和大不列颠的首相忙里偷闲，正在开罗会议期间观光游览。这场会议是盟军首脑三次会晤的第一场，也是这场战争中最重要的会议之一。这趟行程起于丘吉尔的提议。他目光奕奕，沙哑的声音中带着幽默与温情，尽管此时他感冒还没好，浑身仍充满了一贯的热忱。早先某一天，丘吉尔到罗斯福的别墅里茶叙，当他第一次说出这个想法的时候，罗斯福深受震动，竟然力图从椅子上站起来——他很少会如此失态，等到他紧紧抓住扶手，关节都变白时，他才痛苦地意识到他根本做不到。"总统先生，"丘吉尔适时地说道，语气十分坚定，"你一定要来，哪怕只是为了看看斯芬克斯和金字塔，我已经全都安排好了。"

日落时分，气温降了下来，夜幕下的影子被拉得长长的。他们乘车抵达了吉萨高原，东面是三座醒目的几何对称型建筑，西面即王室墓地，埋葬着四千多具木乃伊。他们刚刚才找了一位当地的带导，在附近领路。不过最激起罗斯福和丘吉尔想象的，仍当属斯芬克斯，无论是古老的斯芬克

---

[1] 阿拉曼位于埃及北部，是二战北非地区的主战场。阿拉曼战役是轴心国德国装甲军团与英国盟军在埃及阿拉曼进行的战役，以英军胜利告终，扭转了北非战争的格局，成为法西斯军队在北非覆灭的开端。

斯之谜，还是它那狮身人面的造型。现代的埃及人把它称作"Abu al-Hol"，即"恐怖之父"，但在那些古埃及建造者眼里，斯芬克斯是美好、诙谐与敬畏的不朽象征。此刻，他们二人从各个角度审视着这座狮身人面像，思索着它神秘的微笑，不见踪迹的鼻子，还有那不可思议的鹰形双翼。他们的视线也不由得顺着它坚定的目光，向荒凉的吉萨高原和远方望去。丘吉尔不由得好奇，它在诉说什么。

　　日色西斜，余晖渐渐隐在了金字塔的身后。平日里的罗斯福和丘吉尔最是风趣健谈，而这一刻，他们都蓦然陷入了奇妙的沉静之中。科普特（Coptic）教徒 [1] 就曾把高原上搅动的烈风称作"永恒的声音"。在这场残酷的战争中，罗斯福和丘吉尔找到了一处可以喘息的地方，远离了欧洲、北非和环太平洋地区的修罗场，隔绝于世，仿佛此时此地都是凝滞的。刚好在这个时刻，他们共同分享了这种感受。

　　时间一分一秒地过去，天空沐浴在惬意的晚霞之中，地平线上显出了一道薄薄的粉色，昭示着今天的结束与明天的缓缓来临。丘吉尔的目光掠过罗斯福，脸上带着难掩的欢欣，他的眼里含着泪水，轻声说："我敬佩这个男人。"

　　但罗斯福没有泄露任何心绪。他总是魅力无限，此刻只眯眼凝望着落日的余晖。在好些方面，他都和斯芬克斯一样难以捉摸，冷静自持，不露声色。巧的是，历史恰将这次会晤冠以"斯芬克斯会议"之名。在随后的岁月里，罗斯福又将做出一些痛苦至极却十分深远的决策，影响了战争的全局。

---

[1]　基督教东派教会之一，属一性论派，认为基督只有一个本性，就是完全的神性和完全的人性。科普特一词是 7 世纪中叶阿拉伯人占领埃及时对埃及居民的称呼，后专指信奉科普特教派的基督徒。

∽

　　同样是在这个 11 月的下旬，阳光笼罩着阿道夫·希特勒（Adolf Hitler）的欧洲堡垒（Festung Europa）[1]。黄昏迫近，英格兰飞行基地的上空传来了一阵阵遥远的、低沉的嗡鸣声。这里距柏林约有 600 英里，柏林就在基地的西南方向。盟军的战机一一列队排开，一波又一波地起飞，过程持续了几个小时。对讲机噼啪噼啪地响着，那是成百个飞行员在通话。座舱里，他们还在忙着定位自己，检查转速计。机组人员在匆匆检查着坠毁程序，其他人则在研究地图。地勤人员站在外面，抬头看着半黑的天幕，惊叹着上空有多少架飞机。这一晚的突袭还只是昨日行动的延续。最终，空中聚集了 764 架轰炸机，它们无一不紧紧地按照编队而行，场面震撼，蔚为壮观。

　　战机起飞，云雾缭绕在机身四周。这是一支无敌的空中舰队，由 469 架兰开斯特重型轰炸机、234 架哈利法克斯轰炸机和 50 架斯特林轰炸机组成，另有英国皇家空军的瑰宝——11 架绝妙的轻木质蚊式轰炸机护航。机群飞越英吉利海峡，低空飞行，避开德国人的雷达侦测。30 分钟不到，它们已掠过荷兰上空，在蹿上哈茨山区的高原梯田前，已深入德国领空的心脏部位。它们早已知道等待着自己的将会是什么。11 月 22 日与 23 日这两天，也是柏林战役的第四晚，机群肩负着第二个作战任务。盟军对纳粹德国的神经中枢进行了 16 次密集空袭，这次就是其中之一。历史很快就会证明，连同先前的那个晚上一起，这将是战争中对德国首都最具打击性的突袭轰炸。

　　柏林本身就像一个坚不可摧的堡垒，是第三帝国（the Third Reich）布防最重的城市。它拥有最先进的空防体系，包括三座高射炮塔。即使飞机可以在空中散下无数锋利的弹片，这些高射炮也能给予这些家伙致命的打击，犹如利刃割黄油一般，轻易就能击中机身铝制的腹部。城中还布置着一圈高度精准的 88 毫米防空高射炮，再加上一座位于柏林动物园内的指挥

---

[1]　二战时期军事用语，特指纳粹德国占领下的欧洲大陆，也是希特勒的宣传用语。

中心。探照灯绕着柏林，在空中到处搜寻；聒噪的烟雾发生器往外吐着巨浪般的滚滚浓烟，模糊了整个城市的视线。建筑群之间甚至串起了伪装网，令飞行员、枪手和投弹兵很难认得清每条街道。

然而自 7 月起，德国人在他们严谨的防御工事里保持的这份镇定自若就被扫荡得所剩无几。当时英美对汉堡实行了一系列粗暴的空袭，炮火风暴般接连席卷了德国北部几个古老的汉萨同盟[1]港口，那是希特勒通向世界的大门，绝大多数房屋都是木制的。贪得无厌的大火吞噬了屋顶和木墙，迅速蔓延了一个又一个街区，所到之处，势不可挡。据一名女性记录，整个地区都被吞没在火海中。她一点也没有夸张。四天之内，约有 4.3 万名平民丧生，盟军把半个汉堡变成了废墟，引发了一片混乱。心理受创的幸存者被送往柏林，从那里抵达相对安全的东部。其实这不过都是无用功，因为很快，连柏林人自己都会在盟军的轰炸机飞抵之前，不顾一切地逃离那座城市。

11 月 18 日，盟军的复仇轰炸开始了。

这一次，盟军的轰炸机和护航队在空中排开达数英里，准备集中空袭城市西区。经由欧洲北部的平原南面，他们穿过厄尔巴岛（Elba）沿岸丛林向着东北方向摆荡而上。离柏林只有 50 英里时，飞行员训练有素地关掉自己的无线电通讯设备，保持静默，悄悄挑选着轰炸目标，以期给德国人保留几分惊喜。在 1 万英尺的高空中，氧气明显变得稀薄，空气就像冰一样。兰开斯特机组飞抵柏林市郊，准备在这里投下 7000 磅炸弹。弹舱打开了，炸弹带着高亢尖锐的呼啸声落向地面，随后是击中目标时传来的一连串轰隆隆的雷鸣声，空中翻腾起一朵接着一朵的蘑菇云。后来，一名飞行员兴高采烈地回忆道，当他驾驶的轰炸机扔下炸弹的时候，他忍不住欢呼了起来："这儿！就是希特勒的城市！"

---

[1] 德意志北部沿海城市为保护其贸易利益而结成的商业同盟。"汉萨"一词对应的日耳曼语词hansa 的原意为"集团"。同盟形成于 1356 年，极盛时加盟城市超过 160 个，中心在吕贝克，1669 年解体。

飞机下方的城市在摇晃。放眼整个首都，墙壁开裂坍塌；街道上突然满是横飞的砖块和玻璃碎渣；空气被种种噪音撕裂：门从合页上猛然扯开的声音，窗户粉碎的声音，整栋整栋的建筑物像纸袋一样坍塌委地的声音。在空中，爆炸的闪光如此强烈，战机的座舱变成了一个明亮到令人睁不开眼睛的橙黄色光团，仿佛正直接向着太阳飞去。然后一切又都在转瞬间陷入了黑暗。柏林的防空防御系统开始了他们的反击，盟军的飞行员不得不穿过敌人重重的炮火：狂怒的高射炮，地面腾起的爆炸，还有浓密的黑烟。空袭继续的每一分钟里，盟军的损失都在升级。许多机组成员，包括飞行员，或被高射炮击中，或被德国人的机关枪打伤，或被冻得失禁——座舱是不保温的，在战斗的高压和寒冷的高纬度环境下，有的人直接尿在了座椅上。最后，德军的高射炮在空中纵横交错，密集到仿佛可以行走其上，有的战机无处可逃，就这样变成了火球。

但在下方的城市，猛烈的空袭阵势令柏林人都惊呆了。在许多街道上，火光明亮如白昼。淡蓝色的烟雾从被袭建筑物的窗户里盘旋而出，人们开始害怕被活埋，被炸弹击中，甚至尸身都无法找到。有的人还能慌张地朝公共防空洞跑去，但更多的人连这一点都做不到。警笛尖啸长鸣，防空炮火照亮了整个夜空。人们争相逃命，在绝望的推搡中相互践踏致死。

柏林人根本没有喘息的机会。轰炸机还在往这边开，突袭和随后的屠杀持续了好几个小时。当爆炸在城市中横行时，市民能听见战机与炸弹靠近的步伐，那是不祥的声音。每一声都要比刚才的更近、更响、更剧烈。"所有地方都着火了，"一位幸存者回忆当时的绝望，"废墟一直在坍塌。"恐怕地狱也不过如此。就连纳粹的"宣传喉舌"约瑟夫·戈培尔（Joseph Goebbels）本人都承认："我看到的是真正的粉碎。"惊恐的人群跌跌撞撞地在街上奔逃，脸上裹着围巾，一边咳嗽，一边在倒塌的墙根、碎玻璃渣和漫天尘土中辗转穿行。到处都是还在冒着烟的瓦砾土堆、漏水的管子和失事的电车残骸；到处都弥漫着灼人的热浪、呛鼻的浓烟，散落着烧焦了的砖块。

到处，都能在头顶看见盟军的轰炸机。

成片的街区不复存在，连外交使馆都不能幸免于难。火车站严重受损，兵工厂和音乐学院也一样。整个蒂尔加滕区（Tiergarten），无论是那些高雅讲究的住宅，还是占地 630 英亩的公园，包括德国陆军部所在地，都毁于战火。伴着滚滚冲天的浓烟，盟军空袭的目标还包括国家歌剧院、德国剧院、国家美术馆、布里斯托尔酒店、慈善医院、市立医院、妇产医院和历史上著名的威廉皇帝纪念教堂（Kaiser Wilhelm Memorial Church）。甚至，轰炸名单上还有伊朗、意大利、法国和捷克斯洛伐克的大使馆，以及波茨坦火车站。最令德国人感到耻辱的是，武器弹药库遭到了严重的破坏，因为那里是纳粹党卫队行政学院和帝国卫队的军营。有的人在恐惧中沉默着看着另一些人歇斯底里地推搡着涌入柏林动物园的地下防空洞，与此同时，在市内轻轨沿线上，更多的市民只能在站台上或车厢里尖叫，或者在震惊中无助地茫然乱走。然而，情况最糟糕的是柏林郊区，那儿断了电，电话也用不了了，随处可见人们被活埋的可怖画面，尸体烧得焦黑，噼啪作响，挛缩得只有幼童那么大，像垃圾一样被轻贱地抛在路上。

一个盖世太保写道，"街道看起来就像是战场"。即使是闻名遐迩的柏林动物园，也变成了废墟。

轰炸还在继续，折磨着地面上的一切。夜间爆炸像一场令人发狂的合唱，噼啪作响的燃爆声与之相和。一场奇异的"雨"贯穿着始终，闪闪发光的铝箔碎片缓缓地从空中飘落到街道上，这是盟军在混淆德军雷达的视听。到了这个时候，连避难所也不总是那么安全了。一个吓坏了的年轻人眼睁睁地看着头顶的地堡天花板开始晃动，摇摆，颤巍巍地挺了几分钟，最后突然崩塌。他是在废墟中幸存下来的极少数人之一。

一连串的轰炸还在继续，经常是按照八个炸弹一组的频率，威吓着整个城市。柏林人渐渐意识到，原来这是因为每架飞机的弹药舱都装着八枚炸弹。等到盟军的战机终于调头西飞，打道回府时，足足有 20 分钟的时间，机组仍然能看得见柏林满城灼热的红光照亮天空。

次日清晨，太阳升起，满目皆是疮痍。房子还在燃烧，浓烟如云，人们几乎无法呼吸。他们步履蹒跚，胆战心惊地走在马路上，间或被脚下的碎片和残骸绊倒。一位日记作者记录下这一冷酷的事实，"到处都是玻璃碎片，在脚下嘎吱作响"。成千上万具遗体展露着生动的细节——在砸得粉碎的枝形吊灯下，在花瓶和水晶器具的碎片中，在成堆的碎瓷片里。与此同时，大火还没烧尽，天空呈现一种肮脏的灰黄色。戈培尔巡视了遍地尚在冒烟的废墟之后说道："除了残墙断垣，其他的什么都看不见。"

一周过去，柏林已经变成了人间地狱。近 50 万人无家可归，约有 1 万人受伤。逝者的遗体被安放在学校礼堂和体育馆等待认领。仅仅这一周时间里，就有差不多 4000 人被杀死。尽管如此，希特勒最忠诚的支持者们并没有被吓倒，纳粹信徒们在整个城市如山的废墟上插上了一面面小党旗和"卐"[1] 字徽。

然而，在欧洲还有几百万人被纳粹政权无情地折磨着。对他们来说，盟军在德意志首都的轰炸无异于希望的曙光。而对普通德国人来说，这一场空袭同样也意味着点什么——他们一直坚信这个国家可以保护好自己，但这一刻，这个信仰强烈地动摇了。赫尔曼·戈林（Herman Göring），这位希特勒指定的接班人和空军总司令，曾信誓旦旦地保证，没有一颗敌人的炸弹能落在德国神圣的首都。但现在情况正如一名美国将军所吹嘘的，"60 秒的时间，就可以摧毁累积了 100 年的努力"。这场无情的空袭过后，某个柏林人带着不祥的预感描述整座城市此刻的心情。"现在，我们只能任凭敌人摆布了。"他喃喃低语。

而这些，恰恰就是罗斯福和丘吉尔知晓盟军返回相对安全的英国领空时，脑海中浮现出的画面。

---

[1] 纳粹万字符即近代德国的纳粹党即"国家社会党"的党徽，由于"国家"和"社会党"的德文字头均为"S"，两"S"交错而成"卐"形，连其周边空缺，整体呈菱形，相当于一个逆时针旋转 45°的"卍"。希特勒认为"卐"字象征争取雅利安人胜利的使命，因而于 1902 年用作纳粹党党徽。

～

其实，这世上还有盟军轰炸机未曾抵达过的地方，而那里的人们绝望地等待着，甚至恳求着这些轰隆隆的战机飞来。他们满怀期冀地仰望天空，想知道盟军什么时候会来。

～

仅仅在盟军发动大规模空袭的前一天，在远离柏林战场与开罗外交谋策的地方，500多名荷兰人拖着步子，哆哆嗦嗦地穿过了一座小果园。那里只剩下寥寥几棵果树，他们沿路而下，走下一个斜坡，尽头是一间被土山环绕的屋子。其中有几个人在哭泣，大多数时候能听见的还是人们的低语。他们步履沉重，身心疲惫。大一点的孩子紧紧抓住身旁年龄更小的孩子，或托着他们的屁股往前走，心惊肉跳。老人和身体虚弱的人走得很慢，骨头弯得快要贴到地上。走着走着，约有165名波兰人加入了他们的队伍。大部分人都很恐惧，可几乎没有人能确定自己到底在恐惧什么。

这间屋子冷得异乎寻常，等待着他们的到来。笨重的屋门在他们身后砰的一声重重关上。

墙上，是一道道模糊不清的刮痕。

一个年轻的波兰女人开始声嘶力竭地大喊："德国……一定会为我们流的血付出沉重的代价，去死吧，这群野蛮人，纳粹德国的走狗！"几乎是在同时，波兰人都跪倒在地上，紧紧握住彼此的手，开始祈祷。然后，屋里响起了歌声。他们唱的是《希望之歌》(Hatikvah) [1]，虽然从未有人正式规定过，但这是犹太人心目中的国歌。"我们的希望还没有破灭，做个自由的人，再次回到我的故乡。"荷兰人这样唱道。很快，波兰人就加入了他们，异口

---

[1]　希伯来语歌曲，今以色列国歌。

同声，一起唱了起来："波兰还没有灭亡……"他们唱的也是他们的国歌。在这间孤零零的屋子里，上百个声音越唱越响亮："我们的希望……也永不会破灭。"

大货车轰隆隆的声音从墙外传来，车上喷着红十字会的标志——救助病人、伤者、流离失所和无依无靠的人的通用标识。然而，事实并非如此。现在屋里锁了166个人，浑身脱得精光。孩子们冻得直打颤，歌声却越唱越到高潮，情感难以自抑。看守们站在外面的硬地上，匆匆地从车上往下搬卸罐头。就在这个时候，党卫军士兵平静地打开了门上的窥视孔。

屋顶叮当一响。

毒气一倾而下，屋里传出了尖叫声。

这就是1943年战争中的西方世界，1944年的前夕。这将是改变历史的一年。富兰克林·罗斯福和盟军正设法力挽狂澜，而美、苏、英三巨头有史以来第一次坐在一起，在德黑兰进行了为期三天半的紧张会晤。

第一部分

1944 年春 : 万事俱备

1944 年 6 月 7 日，诺曼底登陆胜利的次日，盟军最高统帅德怀特·D. 艾森豪威尔将军从英格兰南部出发，前往诺曼底，途中，他在战舰甲板上视察空军行动。罗斯福总统认为艾森豪威尔是一名"天生的统帅"，选定其统领指挥"霸王行动"。

第一章

德黑兰

富兰克林·罗斯福从来没想过要到德黑兰。整个1943年的秋天，他一直在试图发挥自己为人所乐道的超凡人格魅力，促成盟军的三位领导人——温斯顿·丘吉尔、约瑟夫·斯大林（Joseph Stalin）和他自己——能够在德黑兰之外的任何一个地点会晤。这一次前所未有的盟军首脑三方会谈，整整酝酿了一年，可现在，就因为会面地点这个棘手的问题，似乎尚未开始就要面临失败。

此前，美国国务卿科德尔·赫尔（Cordell Hull）受遣访问莫斯科，他提议把地点定在伊拉克的港口城市巴士拉（Basra），这样罗斯福就能轻松地乘船过去。罗斯福本人则建议，开罗、巴格达或非洲东海岸的前意属厄立特里亚的首都阿斯马拉（Asmara，Eritrean）都可以考虑。总统先生解释，在这些地方，他才方便和华盛顿特区保持即时联系，以保证他的战时工作。然而苏联的领导人约瑟夫·斯大林不为所动。他反驳道，身为苏军的指挥官，他不能与留在莫斯科的副手们失去联系。并且，他还主张，德黑兰就坐落在厄尔布尔士山（Elburz Mountains）脚下，还有电报电话能与莫斯科联系。"我的同事都坚持认为德黑兰很合适。"他在回复给罗斯福的电报里直截了当地如此说道。不过他也表示，无论届时会谈将以何种方式进行，他都同意把会晤时间定在 11 月底，并且赞成英美两方关于不接受所有新闻媒体到场的提议。

但是，罗斯福仍然希望能说服这个被他称为"乔叔叔"（Uncle Joe）的男人。他发了封电报过去，再次提及巴士拉："我恳求您能念及我的身上还肩负着美国政府的责任，维持美国全面开战的重大责任。"莫斯科方面的回复却非常简单直接——不行。斯大林的作风强硬无比，当时有迹象表明，他甚至打算退出此次三方会议的所有安排。直到罗斯福已经着手准备起帆横渡大西洋，取道地中海，这位苏联领导人才最终勉强同意前往德黑兰。罗斯福听闻，立即发了封电报给丘吉尔："我刚刚听说乔叔叔打算去德黑兰了……我本来还有点怀疑，他会不会接受先前的邀请……现在看来，毫无疑问，我跟你肯定能见到他了……"

于是，11 月 27 日星期六早上，刚过 6 点半，罗斯福就在开罗西机场登上了"圣牛"号（Sacred Cow）。这是一架泛着闪闪银光的美国道格拉斯 C-54 空中霸王，可容纳 49 名乘客与 3 名机组人员，这趟旅程将为它不朽的一生画上最后一笔。罗斯福的这次旅程总计 17442 英里，来回跨越将近 8 个时区。而斯大林只需要从莫斯科南下，来回仅 3000 英里。但这些似乎都不重要了，毕竟这是开战四年以来的首次会晤，英美苏三强的首脑最终能坐在一起，面对面地商定那些决定性的谋策，为战争的杀戮画上一个句号。这将是二战中最重要的一次会议。就像丘吉尔后来写的那样："不管是美国宪法的强硬规定、罗斯福的身体健康还是斯大林的倔强执拗……任何情况都不能阻止我们三方会晤的决心，这些困难都会被迫切的心情一扫而空。既然其他地点都不行，那么就飞往德黑兰吧。所以天刚破晓，我们就从开罗起航远行了。"

回顾往事，我们难以评估这趟旅行的重要性或是否太过冒险。我们这位需要靠轮椅出行的总统，不得不飞越战时的中东，没有空军护航，甚至也没有乘坐他的专机。官方第一架总统座机是一架命名为"猜想之旅Ⅱ"

(Guess Where II）的 C-87A 型"解放者"客机，只不过采用了 B-24 轰炸机的配置。罗斯福从来没有坐过这架飞机。曾经有一架 C-87A 型"解放者"失事，随后有人发现这种飞机在火警方面存在缺陷。罗斯福对此有所顾虑，所以"猜想之旅 II"自然就悄无声息地退出了总统座机的舞台。第一夫人埃莉诺·罗斯福（Eleanor Roosevelt）和一些白宫的高级职员倒曾乘坐这架飞机，友好访问过拉丁美洲，但总统本人没有乘坐过。

何况，富兰克林·罗斯福本来就讨厌乘飞机出行。

在所有出行选择中，这位患有下身麻痹症的总统更偏爱在结实的地面上驰行。但即使如此，他还是有所保留：首先得确保火车的行速每小时不能超过 30 英里，对他来说，这个速度是最合适的。他的总统专列格外安全稳妥——车上安装了减震的悬架，以保护他的下肢。火车皮是装甲的，玻璃车窗则是防弹的。他也是个熟练的水手，乘船会感到更舒服，海浪的急缓与波涛都在他的掌控之中。可飞行就完全不是这么一回事了，乘客必须得冒着极大的个人风险，就算一小股气流都是有风险的。"一旦遇到碰撞和颠簸，总统先生无法像我们一样，用腿来支撑他自己。"罗斯福的特勤局特遣队长迈克·莱利（Mike Reilly）回忆道。罗斯福也比任何人都清楚，他那没用的双腿到底带来了多少限制——甚至连爬出飞机残骸的机会都没有。

在开罗到德黑兰这趟旅程之前，罗斯福只有过两次空中飞行的经历。一次是在 1932 年，他飞往芝加哥接受民主党的总统候选人提名，那回除了他和他成年的儿子埃利奥特，其他人都晕机了。起飞前，机修师搬掉了其中一把椅子，为他们腾出更大的空间，但是他们都没有座椅安全带，所以一旦遇到气流干扰，他们要么死死抓住铝制座椅上加了软垫的扶手，要么就只能冒着风险颠来颠去。飞机里，发动机的噪音震耳欲聋，而最快的飞行速度，也只略高于 100 英里每小时。两架军用飞机在旁护航。本来还另有一架专机坐着新闻记者，但途中遇上了雷暴雨和强逆风，因此不得不返航，只留下总统乘坐的这架飞机艰难地顶风而行。第二次则是在 1943 年 1 月，罗斯福飞往卡萨布兰卡，与丘吉尔会面。他们一行八人从迈阿密出发，搭乘可容纳 40 名乘客的"迪西飞箭"号（Dixie Clipper），先向南越过加勒比海，抵达巴西，再用 19 个小时飞越大西洋，横跨 2500 英里，从南美飞抵西非。这架飞机上虽然空间足够大，并设有睡觉休息区，为罗斯福配备了一架双人床，但并非增压舱。在高空中，他的脸色会变得非常苍白，时不时就要补充吸氧。事实上，这趟卡萨布兰卡之行是"轮椅总统"的第一次空中远行，没有让他对飞行产生丝毫好感。相比之下，他的妻子埃莉诺却热衷于飞行。他曾这样写给埃莉诺："你可以享受那些空中的白云，我却为此感到心烦。"

但就在 10 个月之后，他又坐上了飞机。这一次搭乘的是"圣牛"号。

迎着清晨灿烂的阳光，"圣牛"号载着罗斯福一路呼啸东行。在 1300 英里的旅程中，他们飞越了苏伊士运河与广袤荒凉的西奈沙漠（Sinai）。圣城耶路撒冷（Jerusalem）与伯利恒（Bethlehem）在黎明中闪着微光，飞机途经时也低飞盘旋致敬。而后，又陡然升空，越过一条条干涸的古河道，来到了神圣的马萨达(Masada)。公元73年的春天，一小群犹太人宁死而不为奴，在这里筑起要塞和一整个罗马军团对峙了将近三个月。经过巴格达后，飞机驶向东北方向，沿着阿巴丹—德黑兰高速公路行进，飞越一连串嶙峋突兀的山口。他们别无选择：飞机必须保持在 6000 英尺以下，才能保证总统的稳定供氧。而罗斯福俯瞰窗外时，脚下也不过是一座座山峰，仿若是在岩石沙漠中突起的异军。群山暗淡，一片棕褐之色，看起来像是月球的表面。这里空旷无人，与世隔绝，唯有火车与运输卡车队在这里迈着沉重缓慢却坚定不移的步伐。那上面载满了美国制造的战备物资，径直向北，运往东部前线。

∾

下午 3 点，6 个半小时的飞行之后，总统的专机降落在德黑兰的苏联红军军用机场，斯大林已经等在了那里。整整 24 小时前，他就先于英国人和美国人抵达了德黑兰，下榻苏联公使馆。在住所，他已经对整套包间的窃听工作亲自视察了一番，那是美国总统最后居住的房间。

"寒酸"是总统先生的儿子埃利奥特·罗斯福（Elliott Roosevelt）对这个时期的德黑兰的描述。毫不夸张地说，在1943年11月底，这座伊朗的首都还是个名副其实的污水坑。实际上，除了美国、苏联和英国使馆，其他地方连自来水都没有。这里的居民和游客都得从一条小溪里舀取饮用水。这条小溪就沿着街边的排污沟流淌，同时也是这座城市的污水处理系统。各种垃圾和废料污染了大多数市区公共饮用水，每啜上一小口，都要冒着患上斑疹伤寒或痢疾的风险，伤寒热的发作也非常普遍。这座城市完全乏善可陈，盟军占领了这里，但即使是最基本的生活物资也非常紧俏，当时一年的薪金，大概也就够买一麻袋面粉。

那时的德黑兰并不是一座风情万种的城市，没有什么值得谈论的辉煌历史。放眼世界舞台，在众多都城之中，德黑兰出人意料地与年轻的华盛顿特区一样刚刚起步，只比半城市半乡村的风貌好那么一点，被人嘲笑是一座"间距宏伟"的城市。而相比之下，德黑兰在1800年的总人口数大概为2万，城外筑有高约20英尺的泥墙，墙外还环绕着一条宽40英尺、深30英尺的护城河。

整座城市原本有四座城门可供出入。在1943年之前，这四座城门已全部推倒，一座新城在旧城的基础之上建立了起来。一栋栋古雅别致的旧式房屋，附带着修整得极为精巧的庭院与传说中的波斯花园，眼下荡然无存。满载着枣子、无花果、蜂蜜和散沫花的驴车，本该赶往熙熙攘攘的集市，此刻却踪迹难寻。取而代之的是街上一排排大门朝外的新式住房，是可供汽车、卡车通行的宽敞大道，时不时有马匹或手推车经过。除了这些时髦的林荫大道，德黑兰还腾出了一大片空阔的荒地，却只是开发成牧场和油田。

从机场驶往市中心，一路上热闹极了。领导人与随从的副手、外交官乘车经过数英里不设防的马路，沿途站满了好奇的民众，他们在街旁围观，惊讶得不时倒吸气，一眼望不到尽头。美国人抵达45分钟之后，温斯顿·丘吉尔也动身出发了。他要和罗斯福一样，忍受着旅途带来的疲惫，但还好，他不会经历斐迪南大公（Archduke Ferdinand）的事件——1914年，后者乘车穿行萨拉热窝的街道时，被人刺杀身亡。在陪同丘吉尔来访的女儿莎拉（Sarah）眼里，这趟远行简直令人毛骨悚然。路面高低不平，哪里都是拥挤的人群，安保做得也很不够。对此，丘吉尔自己则淡淡地评论道："如果事先就准备好了要冒最大的风险……那么问题就能得到最完美的解决方案。"他和女儿坐在一辆没有安全防护的汽车里，随行的英国安保人员只能乘坐一辆跟在其后的吉普车，两辆车离得太远，要是真发生点什么麻烦，安保人员根本顶不上多大用处。

进城的路上一字排开一匹匹高贵优雅的白马，它们是波斯骑兵团的光荣成员。兵团涌入德黑兰时，这些闪闪发光的马儿每两匹就能夹带掩护四五个士兵。对盟军的保镖来说，高抛手榴弹或鸣枪示警已经成了家常便饭，而且理由充分：临近目的地，英国人的车队完全动不起来了，好奇的伊朗人成群结队地挤在车四周围观。丘吉尔脸上倒是一点异色也没有，他始终在朝他们微笑致意，直到人群终于疏散，汽车又重新发动。等他一到英国大使馆，一大批印度锡克保镖紧紧拥簇了上来，他推掉所有会议，喝掉五分之一瓶苏格兰威士忌，要了好多热水袋，直接上床休息去了。

丘吉尔卧榻休息时，罗斯福正在德黑兰市郊一名美国牧师的家里度过他的第一晚，也是唯一的一晚。那里离苏联使馆和英国使馆约有4英里，其实差不多毗邻市中心地带。一英里外就是美国大使馆。尽管彼此离得这么近，但无论是罗斯福，还是斯大林和丘吉尔，三方会面时都不得不穿过德黑兰那幽深莫测的街道。不知道是多疑的性子使然，还是害怕行刺或者被出卖，斯大林看起来尤其不愿意去美国人的住处。事实上，罗斯福到达的那天，他就拒绝了美国总统共进晚餐的邀请，宁愿自己精疲力竭地回去。

而罗斯福一安顿下来，苏联人就心急火燎地告诉美国人，他们的情报部门发现了一起针对个别或所有与会首脑的刺杀阴谋。内务人民委员部——

也就是克格勃（苏联国家安全委员会）的前身[1]——声称，他们在德黑兰周围的苏联领土上，发现了38名纳粹空降兵的踪迹，其中32人已经被锁定行踪，还有6人行踪不明，他们手里都带着无线电发射机。这个消息是真的吗？或者只是苏联捏造出来的？美国人回答不清楚。但是为了避免意外的发生，斯大林就在他安保严密的苏联使馆区，为罗斯福提供了一套房间，后者可以在那里度过他在德黑兰的剩余时间。这是斯大林第二次邀请罗斯福住进苏联人的地方。头一回，罗斯福通过美国公使礼貌地婉拒了，但这一次他接受了。次日，他带着所有随身侍从，一起住进了规模宏大的苏联使馆区。表面上，罗斯福没有流露出丝毫担忧，可美国特勤局的特工们不这样想。他们非常担心来自德国人的威胁，便在主要干道沿线布防了大量士兵，还派出了一队载满枪支的汽车、吉普车队作为诱饵。当车队出发，缓缓开在德黑兰主要的街道上时，罗斯福则赶紧上了一辆汽车，身边只有一辆吉普车护送，在德黑兰年代已久的小巷里疾驰，最后抵达苏联使馆区。这场被罗斯福称为"警察与小偷"的游戏彻底逗笑了他，但他的特工们因为掌握了更多的内情都吓坏了。

等一进入苏联使馆区，特勤局的成员们就发现，他们相当的寡不敌众。在整个德黑兰，为了斯大林的人身安全考虑，苏联内务部已经部署了约3000名特工，而没有一处地方能拥有比苏联使馆区更多的人手了。"不管你去哪里，"特工迈克·莱利写道，"都能看见一群面无表情的人，穿着侍从似的白外套，忙碌地擦拭着毫无瑕疵的玻璃，或者一尘不染的家具。其实他们每摆一下臂，我们都能清楚地看见他们别在胯部的冷冰冰的鲁格尔自动手枪。"实际上，连苏格兰场（伦敦警察厅）派去保护丘吉尔的人手，都远比美国派去保护罗斯福的要多。

---

[1] 克格勃（KGB）是1954年3月13日至1991年11月6日期间苏联的情报机构。前身为捷尔任斯基创立的"契卡（Cheka）"及斯大林时期内务人民委员部（NKVD）下属的国家安全总局，1946年改称内务部，是20世纪30年代苏联大清洗的主要执行机关。

2

　　终于，盟军首脑举行的德黑兰会议准备召开了。接下来几天里，三位领导人和他们的军事将领至少要商定出盟军在剩余战争进程中的详细作战计划，并且还要为战后的世界和平问题画出一个大概的轮廓。而这次最高级会议的安排几乎和美国的安保措施一样，完全是临时凑合起来的。美国人抵达时，连最高级别会议所必需的会务人员都没有带过来。在那些极为显眼的疏忽中有个典型的例子，那就是他们在附近的美国军营里匆匆挑选出 4 名会速记的士兵，指派他们在每一场会议后做笔录。即使如此，这次会晤还是没有行程安排，甚至没有安排某个人来负责组织会议的各种事项，或者管好后勤——类似的情况多不胜数，以至于美国陆军参谋长乔治·马歇尔 (George Marshall) 将军竟然错过了第一场联席会议，他弄错了开会时间，那会儿还在德黑兰四周观光呢。

　　总统甚至也没带着任何意见书前往德黑兰。要知道，那可是华盛顿官僚作风的精髓。总而言之，这次会议非常能体现罗斯福个人的行事风格。只要他觉得那些规矩章程不适合他，那么他根本就不会采用，他的作风一向都是如此。罗斯福的大体计划非常简单：即兴决策，遵从他的直觉，执行他自己的议程。罗斯福之所以愿意来德黑兰，多半是想在斯大林身上试试他那传说中的普洛斯彼罗 (Prospero)[1] 般的魔法。他的首要目标是通过自己的人格魅力，来与斯大林结成同盟，做成朋友，就像他先前说服过许多人那样，把斯大林拉入这个圈子。

　　这就是罗斯福一生都在追求的事业。

---

[1]　莎士比亚作品《暴风雨》的男主角，拥有魔法的力量能降服对手。

〜

　　在美国历史上，几乎没有总统能像富兰克林·罗斯福一样，兼具惊人的政治天赋与高超的领导才能。倘若就其本性而言，他就是一个伪善的阴谋家与欺骗者，但同时他对追求不朽的声望又有着无可匹敌的意志与根深蒂固的使命感。罗斯福第一次入主白宫时，就曾清醒地提到过改革，不过世人对此极易忘记。那时，经济大萧条带来的肃杀感太过凝重，美国的政治体系看起来就快要到崩溃的边缘了。但仅仅凭借临场发挥与即兴调整，罗斯福成功地用他传奇性的演讲及后来的持续试验，挽救了一个意气消沉的国家。

　　而此刻，随着盟军在遥远的战场上取得了关键胜利，战争局势大为扭转，世界正期待着他来为这场战争贡献一份相同的力量。

　　那么，人们一开始会怎样形容他？在世界舞台上，没有一个人能客观中立地评价他，在各种意义上来说，他本身就是自成一格的。令人惊奇的是，他既有政治天赋，又有与生俱来的雄心抱负；他有托马斯·杰斐逊（Thomas Jefferson）的贵族做派，也有安德鲁·杰克逊[1]的平民风格；他既是像亚伯拉罕·林肯（Abraham Lincoln）一样的政治艺术家，也像乔治·华盛顿（George Washington）一般受人爱戴。他的挥霍奢侈和独具匠心一样引人注目，他令人敬畏的程度恰似他的见多识广一样深远，他机智善辩，派头十足，像火焰一样惹眼，他能振奋人心，也能迷惑对手。并且，历史总会模糊掉早年的事实。其实他身形颀长，在小儿麻痹症（骨髓灰质炎）挫败他的身体健康之前，罗斯福足有 6 英尺 2 英寸高（约合 1.88 米）。这让他成为美国历史上身高排第四的总统，比罗纳德·里根（Ronald Reagan）和巴拉克·奥巴马（Barack Obama）都要高。而且，过去他还没患病的时候，走起路来还有点

[1]　安德鲁·杰克逊（Andrew Jackson，1767 年 3 月 15 日—1845 年 6 月 8 日）是美国第 7 任总统（1828—1836 年）。首任佛罗里达州州长、新奥尔良之役战争英雄、民主党创建者之一，杰克逊式民主因他而得名。

罗圈腿。

在罗斯福成为这样历史性的伟人之前，是否就有迹象暗示过他今后的人生呢？1882 年 1 月 30 日深夜，这个漂亮的小家伙降生在人间，是家中的独子，享受着规模庞大的家族财富与特权。一位亲戚颇具远见，当时就用过"讨人喜欢、令人愉快、狡猾可爱"这样的词来形容他。他的母亲萨拉·德拉诺(Sara Delano) 十分偏疼他，对他的人生起着决定性的影响，而罗斯福也非常崇拜他的父亲詹姆斯 (James)。詹姆斯是一名律师，50 多岁才有小富兰克林这个儿子。罗斯福成长在位于纽约州海德帕克镇 (Hyde Park) 的家族庄园中，我们不妨说，他一直都生活在世界的中心里。他从小在家随家庭教师学习，享受着佣人们各式各样的关心溺爱，而这一切都在他的母亲萨拉的掌控之中。在很小的时候，他就接受了严格的家庭教育，掌握书法笔迹的细微差别，精通算术的枯燥规则，记住那些历史上曾发生过的惨烈教训。受益于他的瑞士籍教师，他的德语、法语和拉丁语都非常流利，并且还汲取了一种社会责任感——侥幸享受了生活的人应该帮助那些更不幸的人。

罗斯福的母亲每天都会读书给他听，其中就包括他最喜欢的《鲁滨孙漂流记》(*Robinson Crusoe*) 和《瑞士家庭鲁滨孙》(*The Swiss Family Robinson*) [1]。父亲则带他去骑马、冲浪和打猎。他从小就过着养尊处优、无忧无虑的生活。他的母亲喜欢把他打扮得跟个小女孩一样，穿着裙子，留着长长的鬈发，用苏格兰式的华丽服饰把他全副盛装，直到 7 岁才给他改为穿裤子，样式还是迷你水手服中的短裤。可以证实的是，他 9 岁之前，还从来没有自己一个人洗过澡。在他的童年时期，朋友中几乎没有同龄的小伙伴，大部分的时间都陪在成年人身边玩耍，并且经常都是声名显赫的人物。实际上，他 5 岁时就见过格罗弗·克利夫兰 (Grover Cleveland) 总统了。那时克利夫兰用手摸着小富兰克林的脑袋说道："嘿，小家伙，我正为你许

---

[1] 瑞士著名作家约翰·维斯 (Johann Wyss) 的作品，讲述的是一家人荒岛求生的过程，家中的父亲也是故事的叙述者，对儿子们言传身教，让他们学会了忍耐、勤奋以及同舟共济等优良品质。

下一个奇特的愿望——但愿你永远不要成为美国总统。"

　　罗斯福一家还习惯四处旅游，每年都会去一趟欧洲。他们冬天会去华盛顿特区过冬，从比利时牧师手里租下一套豪华的联排别墅，地处上流社会扎堆的 K 街[1]；夏天则去坎波贝洛（Campobello）度假，那是一座景色怡人的小岛，与缅因州崎岖的海岸隔海相望，富兰克林就是在那里爱上了大海，萌发出了对航海的浓厚兴趣，毕生不渝。他有一艘长 21 英尺（约合 6.4 米）的船，取名"新月"，是他的父亲送给他的礼物。同样，罗斯福也是在这里开始想象他的海军生涯。

　　他还很小的时候就学会了骑马，两岁时就已经能在一只宠物驴子上嬉耍，6 岁那年则可以骑着一匹威尔士小马抖威风。然而，无论罗斯福的童年生活有多优渥，他的父母始终都在设法培养他的责任感。怎么培养呢？他们让他照顾狗：最初是一条波美拉尼亚丝毛幼犬，而后换成了一条体形庞大的圣伯纳犬，再后来是一条巨型纽芬兰犬，最后是一条红色的爱尔兰雪达犬，毛色非常漂亮。与此同时，他还有各种收藏爱好：收集鸟类标本，把藏品都挂在墙上，收藏与海军有关的文物资料，像一名忠诚的水手那样珍爱它们；5 岁时他喜欢上了集邮，这是他的另一个毕生爱好。最后，他集满了 150 多本邮册，总计 100 多万张邮票。

　　富兰克林 9 岁那年，他父亲的心脏病发作了。虽然比较轻微，詹姆斯也又活了 10 年，但他的身体还是明显虚弱了许多。对极度崇拜父亲的富兰克林来说，这完全不亚于一次毁灭性的打击。在接下来的 7 年里，他们一家 5 次前往德国巴特瑙海姆（Bad Nauheim）的温泉浴场，相信多泡温矿泉对体衰的心脏病人来说是有疗效的。詹姆斯十分热切地相信温泉的滋养恢复功能，萨拉也是如此。可以预见，年幼的富兰克林也非常相信，因为他日后也像詹姆斯前往巴特瑙海姆那样，选择在佐治亚州的沃姆斯普林斯（Warm

---

[1]　"K"街，K Street。如果说美国金融危机的暴风眼——纽约"华尔街"是国际金融中心的话，那么华盛顿的"K 街"可谓是风云变幻的国际政治中心。

Springs）疗养。罗斯福是怎样应对他父亲的疾病的？出人意料，他非常冷静，仿佛这与其他的事情别无二致。那时，他虽颇为谨慎，仍将最后的希望部分寄托在了他的宗教信仰上——新教圣公会[1]。就像他在接下来的岁月里所默默坚持的那样，他相信，只要他将信任交付上帝，那么最终一切都会有个好结果。

14岁时，罗斯福进入了格罗顿（Groton）私立预科学校求学。当时，格罗顿是美国最负盛名的中学，学费极为昂贵，只有非常富裕的家庭才负担得起。这所学校对学生的培养目标不仅在于开发学生的智力，还希望在美国这些特权阶层的孩子中，培养出有男子气概的基督教徒，既要身体素质好，也要品德高尚。品德、责任、国家，这就是他们日常的信条。平日里，学生过着修道院般的苦行生活。罗斯福的头脑非常聪明，能够快速吸收他所学的知识，最后脱颖而出，以最优异的成绩毕业。同时，他也是一名出色的辩论家。这就是罗斯福当时所能取得的最大成就了，因为那时他既不是颇具创见的思想家，也不是什么独特的自省者。当时的学校创办者，可敬的恩迪科特·皮博迪（Endicott Peabody）教士是一名极具人格魅力的牧师，对他产生了深远的影响。罗斯福总把"我的父亲和母亲"挂在嘴上，但除了他的父母之外，就数这位牧师对他的影响最大了。

皮博迪教士倡导基督教中鼓励信徒强健身体的教义，他认为，对格罗顿的这些男孩来说，运动在教育中的核心地位就和他们的上流社会身份一样重要。罗斯福在舒适安逸、僻静隐蔽的海德帕克小镇长大，显然有点不太合群，他此前从未参与过团体性运动，不管怎么说都不是一个太好的体育健将。事实说明了一切。但令人意外的是，正是因为不合群，他竟然被

[1] 圣公会（Anglican Church），也称为安立甘会或英国国家宗教，是基督新教的一个教派——圣公宗，与信义宗、归正宗同属基督新教三大主流教派。由英国国王亨利八世创始并作为当时英国的国教，由英国国王担任教会最高首脑。圣公会与天主教一样相信使徒遗传，特别在按立神职人员的续承上。圣公会实行三阶级的圣职，主教（会督）Bishop，牧师（会长）Priest和会吏Deacon。

编进了橄榄球队，这是一支排名倒数第二的运动队。棒球或许还稍微好一点，但这一次，他不得不为最糟糕的队伍效力了。尽管他的表现毫不惹人注意，内心的热情却从未退却。得益于此，他甚至还被选进了棒球队，当然，不是因为他在球场上的运动才能，而是因为他在器材管理方面的突出表现。

在罗斯福申请哈佛大学前夕，格罗顿中学的培养目标已经成为他的第二天性：辛勤耕耘，收获成果，全身心投入竞争，并信奉努力是成功的关键。

1900 年秋天，罗斯福入读哈佛大学，这所美国最出类拔萃的院校，时任校长是具有传奇色彩的查尔斯·威廉·艾略特（Charles W. Eliot）。如果说，格罗顿是一处让罗斯福这个娇生惯养的独生子学会与同伴融洽相处的地方，那么哈佛就是让他学会领导他们的地方。当然，他几乎还是没有摆脱那些无所事事的阔佬们的生活方式。在他那个圈子里，身边的人都是出身名门、久经世故的享乐主义者，他们身边充斥着薄荷朱利普酒与马球比赛，热衷于带着猎犬去骑马打猎，举办越野赛马障碍赛，去巴尔港（Bar Harbor）打网球，去纽波特（Newport）冲浪。那么，罗斯福本人过着怎样的生活呢？他住在芒特奥本街（Mount Auburn）的一套观景房里，这套奢华的三室寓所每年的租金高达 400 美元，在当时是非常昂贵的；拥有一匹马；时常出没于热闹的社交季；几乎每周都会去参加一次猎人舞会，穿着小礼服，佩戴黑领结，出席那些纸醉金迷的晚宴，与无数初入社交界的少女碰面。后来，哈佛最出名的坡斯廉俱乐部（Porcellian）拒绝了他，这让他深受打击。不过，速食布丁戏剧社（Hasty Pudding）选中了他，任命他为图书管理员；阿尔法·德尔塔·斐兄弟会也吸纳了他。而且，他还被选进了《哈佛深红报》（Harvard Crimson）的编辑部，最后成了这份校报的总裁，这可是一项殊荣。报社的事务繁冗又费力，就此，罗斯福曾在给母亲的信中提到："报纸占据了我的所有时间。"但他表现得非常出色，始终都在学着理解舆论和媒体的内部运作，这段经历对他随后登上政治舞台帮助很大。学业上，罗斯福毫不费力地通过了所有课程。多亏了在格罗顿学校打下的基础，他得以跳过大一所有的必修课。在专业选修方面，他回避了诸如哲学这样的理论性课程，对历史、政府和经济学情有独钟（虽然日后某一天，他用"我学到的所有东西都是错的"这句话来评价当时选修过的经济学）。其实就算是在格罗顿，他也没获得过学术荣誉，虽然个人成绩还不赖。

大一那年的深秋，罗斯福接到家里的消息，得知他父亲心脏病再次发作了随后又发作了一次。家里人急忙把詹姆斯送到纽约，在那里能更便于接受专家的诊治，但这不过是一场徒劳，他父亲的病情依然日益恶化。1900年12月8日，夜里2点20分，病榻上的詹姆斯在家人的陪伴下离开了人世。对这个家庭而言，这是一个巨大的精神损失，他们也从来不想要任何物质补偿来填补伤痛。就在两年前，罗斯福的外祖父去世了，留给他的母亲萨拉一笔庞大的遗产，放到今天来算，约值3700万美元；詹姆斯则留给他们母子一笔价值起过今天1700万美元的遗产。

这个悲痛欲绝的家庭，最后选择旅行作为疗伤之道。翌年夏天，母子二人并没有再去坎波贝洛岛度假，而是在欧洲待了十周：他们先是坐豪华游轮，慢慢欣赏了挪威峡湾和北极圈附近壮丽的风景，在那里，他们遇见了德意志皇帝威廉二世（Kaiser Wilhelm Ⅱ）。而后他们去了德国的德累斯顿，萨拉的少女时代就是在这里求学的。接下来的目的地是瑞士境内的日内瓦湖区，他们在湖畔呼吸着苏黎世的清新空气，这里也是当年詹姆斯和萨拉度蜜月的地方。最后，他们抵达巴黎，获悉时任美国总统威廉·麦金莱（William McKinley）被刺杀身亡的消息。自此，萨拉与罗斯福母子的生活再也不会像以前那样了。他们不仅仅是富人，还在一夜之间成为了政治亲贵：他们的近亲，也就是那位个性独特的西奥多·罗斯福（Theodore Roosevelt），现在继任总统。

第一个没有詹姆斯陪伴的冬天是非常难熬的，萨拉面临着艰难的改变。她发现，没有他的日子里，生活是那么了无生趣。她开始尽量让自己忙碌起来，一边打理家族产业，监督工人；一边处理各种复杂的关系，避免碰上乱成一团糟的商业事务。不过很快，她就坚定地准备把自己的精力全都放在儿子身上。

新年伊始，罗斯福前往华盛顿特区，在白宫度过了令他应接不暇的三天。西奥多的女儿爱丽丝（Alice）正式进入社交界，罗斯福应邀赴宴，他是去祝贺爱丽丝的。总统先生也邀请他进行了两次私人茶叙。"这是我度过的最有趣、最愉快的三天。"在给萨拉的家信里，他如是写道。

就在罗斯福重返哈佛校园不久，他的母亲搬到了波士顿与他团聚。失去了丈夫的陪伴，她独自在空荡荡的房子里四处徘徊，实在难以忍受这样的生活，希望今后还和自己的儿子待在一起。于是她搬进了一套公寓，交上了新朋友，很快就进入了波士顿与外界隔绝、精英荟萃的上流社交圈。当然，她也成了罗斯福生活中的常客，而她的儿子一点也不反感母亲的到来，反而非常享受她的关怀，还常常请萨拉批准他的约会。

罗斯福喜欢女性的陪伴。在过去的十五年里，他几乎没什么机会接触异性。再加上维多利亚时代在男女交往上的礼仪约束，他一进到格罗顿学校，就更不太能见到女性的身影了。到了哈佛，事情就全然不同了。他和可爱·的弗朗西丝·达纳（Frances Dana）小姐坠入了爱河，可最后在萨拉的劝服下，放弃了这门婚事。萨拉的理由很简单，达纳是一名天主教徒，但罗斯福和德拉诺家族都信仰新教。随后，他又遇见了爱丽丝·索希尔（Alice Sohier），她来自北岸地区的名门望族，当时举家住在波士顿的一处豪宅中，两个人已经到了谈婚论嫁的地步。罗斯福是个独生子，他兴致勃勃地告诉索希尔，以后他想要 6 个孩子。索希尔小姐知晓后，却下意识地想回避这样的未来，她对密友私下吐露："我根本不想让自己变成一头母牛。"最后，在 1902 年的秋天，她放弃了这段关系，自己到欧洲旅行去了。而此时，罗斯福也正邂逅了埃莉诺（Eleanor）。埃莉诺有一双蓝眼睛，身材高挑，有王室风范，非常具有野性美。巧的是，她和罗斯福是隔了五代的亲戚。虽然她父母早亡，但她的父亲埃利奥特碰巧就是罗斯福的教父。

两人小心翼翼地发展着恋情，精心安排了许多次会面。身为纽约上层社会的名流，他们在秋天一起出席了麦迪逊广场花园举行的名马首次亮相会，待在高处的家族包厢里说笑。后来，这对情侣一道去了普林斯伍德庄园，在修剪整齐的草坪上消磨时光，周围则是埃莉诺的女伴，她们都上了年纪，小心留意着两人的举动。他们还在罗斯福的那艘"新月"号摩托游艇上对着夕阳，共进晚餐。而在白宫新年的那三天里，他们都是西奥多核心小圈子中的一员。西奥多站在白宫的东厅里，热情地问候那些数不尽的支持者。随后，罗斯福和埃莉诺在国宴厅与西奥多本人一起享用晚餐。银制的餐具擦得锃亮，一枝枝大烛台闪烁着柔光，但在那一刻，罗斯福完全没有留意这一场面的政治意义。"埃莉诺真是一个天使。"罗斯福为她神魂颠倒，在日记里写下了这样的话。

埃莉诺的生活其实比罗斯福的更受呵护，但幸福之中暗藏着更多的不幸。她的母亲安娜·丽贝卡·霍尔（Anna Rebecca Hall）经常被难以忍受的偏头痛和不时发作的抑郁症折磨，在埃莉诺8岁那年，安娜死于白喉病。仅仅过了两年，她英俊风流的父亲埃利奥特，一个花花公子和高中辍学者，也去世了。埃利奥特一生都为心魔所困，纵情声色，没有一点儿节制。这个时髦的浪荡公子喜欢玩弄女人，平日里，他要么是在吸食吗啡或鸦片，要么就是喝得酩酊大醉，一天能喝掉6瓶烈性酒。有一次晚上回家，他甚至醉得都没法告诉出租车司机他住在哪儿。还有一回，他喝醉之后差点从起居室的窗户跌下去。最后，1894年8月13日，他陷入昏迷之中，无人知晓；第二天晚上，他死了。

从那天起，埃莉诺就和她的外祖母一起生活，她要么住在哈德逊地区的庄园里，那是一栋非常古雅美丽的褐砂石别墅，在第三十七大街西；要么，就在英格兰温布尔登地区的一所寄宿学校里上学。她的生活被塑造得一丝不苟，十分严肃。她身边总是围满了厨师和管家、女佣和女工、马车夫、仆人和家庭教师，基本上没有朋友。实际上，除了西奥多·罗斯福的女儿爱丽丝，她也根本没有机会认识其他同龄人。另外，埃莉诺的外祖母和罗斯福的母亲萨拉不同，她是一个极为严厉的人，奉行纪律。为了提升自我修养，埃莉诺还被安排了各种训练课程：钢琴、舞蹈、草地网球、射击和骑马。她与罗斯福一样，也要跟着家庭教师学习德语和法语，最后她完美地掌握了这两门语言。罗斯福能在哪儿用德语轻松地与人闲谈，她就能在同样的地方用法语随意自如地主导谈话。后来，她还学会了意大利语，说得很好。

然而，尽管埃莉诺有过人的语言天赋，却依然非常自卑，她以为自己就是一只丑小鸭。时光飞逝，她聪明地学会了以长处弥补自己的不足，渐渐自信起来。15 岁那年，她开始在英格兰的艾伦伍德学院读书。这是一所女子寄宿学校，从许多方面来看，完全就是女版的格罗顿学校。这里用全法语授课，于是她很快成为了校园里最受欢迎的女孩。她如饥似渴地学习着，态度认真，非常用功，而且学得也特别快。艾伦伍德的女校长是一位积极的女权倡导者，这在当时是极为罕见的。从她的身上，埃莉诺学会了质疑那个时代的传统思想，自由地表达自己的观点。在僵硬死板、男性主导的维多利亚时代，这是十分令人震惊的一件事，甚至有点丢脸。这个身形纤细却老练精明的女孩，在少女时代就已是一名忠实的进步分子，对日常的政治事务很感兴趣。后来，她评论道，校长对她影响巨大，在这名女士的教导下，她才逐渐有了自由的思想与独特分明的个性。此外，与罗斯福不同的是，她的体育也特别棒，她建立了学校里第一支曲棍球队，而罗斯福的体育成绩最好的时候，也只是平平而已。

1903 年凉爽的秋日里，罗斯福和埃莉诺开始约会，当然，每次都会有一名年长的女伴陪同。他邀请她到剑桥（Cambridge）来观看哈佛和耶鲁的盛大比赛。次日，天朗气清，两人在纳舒厄（Nashua）河畔漫步时，他向她求婚，她答应了。过了感恩节，罗斯福把事情告诉他的母亲，萨拉吓了一大跳，觉得她的儿子还太年轻，不适合现在就结婚。她要求这对恋人先把婚约保密一年。但同时，她没有拒绝接纳埃莉诺，也没有反对这门婚事。他们接受了这个安排：埃莉诺写给罗斯福的信里充溢着爱情，她甜蜜地叫他"亲爱的男孩"或者"最亲爱的富兰克林"，罗斯福则回以"小内尔（Little Nell）"的昵称。

1904 年秋，富兰克林进入哥伦比亚大学法学院，并且和母亲搬进了位于麦迪逊大道 200 号的一栋红砖大别墅，附近就是 J. P. 摩根（J. P. Morgan）的豪华宅邸。这仅仅是前奏。10 月 11 日，年轻的罗斯福向埃莉诺送出了一枚蒂梵尼订婚戒指，这时候他朝气蓬勃，快活极了，她才满 20 岁，他们的婚约也得到了家族的认可。当他们宣布订婚时，祝贺纷沓而至，大家激动极了，其中就包括埃莉诺的伯父西奥多·罗斯福。他坚持婚礼一定要在白宫"他的地盘下"举行，但这对未婚夫妻拒绝了。最后，这场盛大奢华的婚礼在埃莉诺叔祖母的双联排别墅里举行。婚礼上有着数不清的高顶大礼帽和讲究的四轮马车，而西奥多总统本人则亲自代表埃莉诺早逝的父亲，牵着新娘的手，将她交到新郎手中。新婚夫妇度了两次蜜月：第一次，他们非常简单地外出旅游了一星期；第二次，他们在欧洲旅行了三个月，足迹遍布伦敦、苏格兰、巴黎、米兰、维罗纳、威尼斯、圣莫里茨（Saint Moritz）、瑞士和德国的黑林山（Black Forest）。罗斯福给埃莉诺购置了很多连衣裙和黑貂皮长大衣，他自己则添了一件银狐大衣，外加一座古老的藏书室——他买下了 3000 本皮面装订的书。

在哥伦比亚大学法学院读书期间，和在哈佛时一样，罗斯福不是一个成绩很突出的学生，他大多拿的是 B 和 C，还有过一个 D。这个自信、富有的男生，对学习茫然中带着厌倦，甚至还有点自傲，他很难把学业放在最前，不乐意让它妨碍年轻时珍贵美好的时光。哥伦比亚大学的一位教授曾说，他在法律上基本没有天资，也根本不作努力、以勤勉来克服他遇到的难题。事实上，他一开始还挂了合同法与民事诉讼法这两门课。不过，他还是轻松取得了纽约州律师职业资格，随后立即退学，所以他一直没有拿到过硕士学位。而就在 1905 年的圣诞节，萨拉告诉这对小夫妻，她已经雇用了一个公司来为他们造一栋别墅，这就是"母亲的圣诞礼物"，旁边就是她自己的宅子，算是她的第二寓所。两栋房子的餐厅和会客室是彼此相通的。埃莉诺是个非常有主见的人，她很不高兴，因为萨拉总是替她自己的小家做很多重要的决定。但这回罗斯福没支持她，假装这根本没什么问题。就此，埃莉诺自己解释过："我想他总是觉得，只要你把一个问题忽略得时间足够长，那么它就能自行解决掉。"三年后，萨拉又给了他们第二套房子，那是一座精致的海滨小别墅，座落在坎波贝洛岛美丽的海岸上。这栋造型连绵的别墅里有 34 个房间、裁剪得体的草坪，闪闪发光的水晶和银器，7 个壁炉，4 间浴盆式浴室。不过，宅里没有电。

　　总之，他们过着非常奢侈的生活。除了上述三处居所，他们身边随时至少有五名仆人服侍，另外还有许多辆汽车和马车，一艘宽敞的游艇和数不清的小船；罗斯福还很喜欢出海。他们还加入了那些入会严格的精英俱乐部，穿着时髦，对各种各样的慈善名目慷慨捐赠，这与他们的身份十分相配。至于他们的五个孩子（还有一个幼时就夭折了），则在家庭教师、保姆和其他看护人的陪伴下长大。埃莉诺一直都是那么严肃，在这对父母中，她才是那个更严厉的角色。她的外祖母说起"不行"来，总是要比说"可以"快很多，她也是如此。相反，罗斯福是一个温暖的父亲，脾气很好，谈吐幽默。他们的女儿安娜（Anna）就曾说过："父亲更有趣。"

　　其实他不只是有趣。早些时候，他坦白自己对法律并没有什么兴趣。同样，无论是在坎波贝洛岛度夏，或在纽波特出海，还是在那些社交季的晚会亮相打发时间，都吸引不了他的注意力。他曾以极为罕有的直率向别人解释道，他打算竞选公职，胆大妄为地坚信有一天他会成为总统。首先，他会成为一名州议员，这是纽约州首府奥尔巴尼（Albany）收入较低的一份兼职工作，然后去做海军助理部长，最后当上纽约州的州长。西奥多就是通过这条路走向了白宫，难道富兰克林就不行吗？

2

　　他所说的这一切，几乎都变成了现实。

　　只不过，刚开始的时候事情并没有那么顺畅。选民拒绝了他的恳求，他没能成为一名州议员。不过，罗斯福仍然下定了决心。起初，他扬言要作为无党派人士来参加选举，后来他被别人说服，同意以民主党人的身份，在第二十六选区竞选州参议员。可要知道，在过去的 54 年里，民主党在这个地区仅仅成功竞选过一个公职。一个三人组的委员会将他提名为候选人，当地的一份叫做《鹰报》（*Poughkeepsie Eagle*）的共和党报纸则嘲笑道，民主党挖掘出罗斯福这颗政治新星，仅是因为他雄厚的财力，而非他身上其他任何有用的特质。罗斯福的竞选借助了一辆喷成亮红色的敞篷旅行车，车主是一位钢琴调音师。他和另外两名当地的候选人一起坐在车里，在选区的各个十字路口穿行来穿行去，马达每小时能咕噜咕噜地响 22 英里。这种宣传方式，未来他还会一次又一次地用下去。他还非常留意四周的动静，驶过颠簸扬尘的路段时，他会小心翼翼地把助选车在路边停稳，但凡有载客或运草的马车经过，他也会关掉引擎，免得让拉车的马受惊，或是打扰到他的投票人。

一开始，他也不是一个非常棒的演说家。他的用词太过抽象，也太依赖自己和别人的奉承之语。但无论是在什么地方，他都愿意演说——不管是前廊还是马路边，哪怕是站在干草堆上。埃莉诺这样形容他的表现："他说得很慢，不时就有长长的停顿，我真是非常担心他的竞选还能不能继续下去。"她眼睛雪亮，看得出他讲得夸张，内容单薄，自己容易兴奋，甚至还有点紧张。但是，罗斯福在面对民众时表现得非常到位——他那充满活力的双手，看起来永远都向外伸着，准备紧紧握好下一位选民伸过来的手。不过，选举常常意外百出。有一回，罗斯福在东部选区环游，将近傍晚的时候抵达了一座小镇。他从车上一跃而下，率先朝一家小旅馆走去，邀请那里的人都跟他喝一杯。直到酒保开始给他不停地倒酒，他才后知后觉地想起来问一问这是哪儿：原来这是在康涅狄格州的沙伦（Sharon，Connecticut），他来错了选区，已经开出了纽约州。但即使如此，他也没有临阵逃脱，而是笑着付了所有酒钱。在接下来的许多年里，他都忍不住多次讲起这个笑话。他也心安理得地利用家族名声，包括借用他的堂兄西奥多总统念"高兴的"这个词时的发音（dee-lighted）。他甚至和选民说过"我不是泰迪"（泰迪是西奥多的绰号）这样的话，暗示他是另一个罗斯福。选举日那天，尽管共和党人在最后关头突然发起了选票猛攻，他还是以1100多张选票的优势赢得了这个选区。

罗斯福一家搬到了奥尔巴尼，在那里租下了一栋年租金高达4800美元的奢华宅邸。埃莉诺容易经常性抑郁，起初她对这个新住处、新工作和政治活动表现得都不是很热情，但她咬紧牙关坚持了下来，因为她认为做妻子的有责任与丈夫的志趣保持一致。而当她想试试去打高尔夫球的时候，罗斯福却只是在一旁看着，然后迅速劝阻她。

对于政治，罗斯福显然深深地乐在其中，可他也不是总能争取到其他政治伙伴。他尤其难以收买那些信奉天主教的爱尔兰裔民主党成员。实际上，他的父亲不屑于雇用爱尔兰人来为家族服务。有一回，纽约州的一名主要政客詹姆斯·法利（James Farley）声称，埃莉诺曾经和他说："富兰克林发现，他和那些社会地位不对等的人待在一起时，很难放松下来。"埃莉诺极力否认，虽然她早年的书信里曾有过对犹太人很不温和的言论。随后，她又出席了招待金融家伯纳德·巴鲁克（Bernard Baruch）的宴会，在之后的日子里，他将是他们亲密的盟友，她却写道："我宁愿大醉一场，也不想待在宴会上被人围观。"显然，罗斯福本人也是如此；他要和不同阶层的人打交道，其中就包括他那个小圈子以外的人，有时他会感到很不自在。后来，他向劳工部长弗朗西丝·珀金斯（Frances Perkins）承认："我初入政坛的时候，真是一个十足刻薄的家伙。"而且，就算他是党内的进步派，那也属于慎之又慎的那一类人。直到1912年，他才公开支持妇女获得选举权，在纽约三角内衣工厂的那场灾难性大火[1]后，他也不支持那项提议将妇女、儿童一周最多工作时间规定为45小时的劳工改革法案。

就这样，1912年悄然而至。罗斯福获得了纽约州参议员的席位，两年任期结束后，他又再次竞选，打算争取连任。同时，伍德罗·威尔逊（Woodrow

---

[1]　纽约三角内衣工厂火灾发生于1911年3月25日，是美国纽约市历史上最大的工业灾难，火灾导致146名服装工人被烧死或因被迫跳楼致死，死者大多数是女性。

Wilson）正在竞选总统，而西奥多则以第三党候选人的身份参选。政治利益优先，更何况自身利益才是最重要的，血缘亲戚只能退居其次，罗斯福选择支持威尔逊。在民主党大会上，他负责管理竞选办公室，表面上看起来是为了威尔逊，其实也是为了他自己。他给约瑟夫斯·丹尼尔斯（Josephus Daniels）留下了深刻的印象。丹尼尔斯是民主党全国委员会委员，也是北卡罗来纳州首府罗利（Raleigh）《新闻与观察家报》（*News and Observers*）的主编。这次经历在日后会显得十分重要。眼下，他还必须先争取到州参议员席位的连任，但突发意外，这个目标突然变得难以实现。9月里，罗斯福在纽约市病倒了，他得了伤寒热，病得下不来床，更不要说去参加竞选活动。虽然他最后病愈了，但他的政治生涯似乎岌岌可危。

埃莉诺救了他一命。她联系上了路易斯·豪（Louis Howe），他是奥尔巴尼市里一名顽固好斗的新闻工作者，同时也是一名极为欣赏罗斯福的政治经纪人。她问路易斯是否愿意接管她丈夫的竞选活动，后者爽快地答应了。说实话，路易斯看着很不起眼，跟贵族般的罗斯福放在一起，简直就是一个奇怪的组合。他身材矮胖，佝偻龙钟，还有气喘病，脸上有麻点，嘴里总是摇摇晃晃地叼着一根烟，而且还不怎么洗澡。但他是个政治天才，迅速成为了罗斯福实质上的代理人。他开始在报纸上投放整版的宣传广告，还发明了直接邮寄宣传资料的竞选方式，将带有罗斯福签名的印刷广告信寄到选民手里。他对罗斯福团队的贡献太大了，在竞选的最后六周里，他实际上接管了全部事务。未来的某一天，也正是路易斯力挽狂澜，帮助患上脊髓灰质炎、仕途受挫的罗斯福大获全胜。也正是他，促使罗斯福在经历人生突变后，转变成彻底的进步派，支持劳工权利，支持妇女选举权，指责共和党的那些政治首领。凭借路易斯掌舵，罗斯福最后甚至以较大的票数优势获得了连任，比1910年他自己进行的那场竞选还成功。后来罗斯福问鼎白宫，路易斯顺理成章地担任起他的私人秘书一职，相当于今天的白宫幕僚长。直到1936年4月去世为止，路易斯一直都是罗斯福的左膀右臂。

不过，纽约州参议员的位子也仅仅是总统之路上的一块敲门砖。早前，罗斯福曾让人（尤其是威尔逊）了解他的抱负——在华盛顿谋得一席之地。他先后拒绝了财政部助理部长和纽约港税务征收官的职务安排，坚持自己的想法，不肯妥协——他想要海军助理部长的位子。他的坚持固执有了结果，威尔逊最后将这个职位任命给他，让他协助约瑟夫斯·丹尼尔斯（Josephus Daniels）在海军部里的工作，在先前竞选州参议员时，他就与后者结下了友谊。而他的堂兄西奥多当年走向总统之位时，同样担任过这个职务。

在海军部，罗斯福算是接触到了官僚主义和华盛顿的处事方式。他带着路易斯·豪一起赴任，这样他就能密切注意到纽约州里的动静。罗斯福享受着勾心斗角和觥筹交错，但作为部里的第二号人物，他不过处在权力的边缘，这一点，他自己也清楚。按部就班地循规蹈矩，不是他向往的角色。他力图在联邦参议院争得一席，却失败了。他自己所在的政党和党魁断然否决了他的候选资格；更令他蒙羞的是，威尔逊公开支持他的竞争对手。在党内初选阶段，他就溃败收场；他也一直没有宽恕过他的对手美国驻德大使、前纽约州最高法院法官詹姆斯·杰勒德（James Gerard）。幸运的是，第一次世界大战的爆发助了他一臂之力。面对这场全球性的冲突，他迅速做出反应，制订出美国海军的扩军计划（即使这份计划被人置之不理），也大大提高了他在国会作证陈词的能力（这令他为人瞩目）。这一开局手法非常奏效。到 1916 年，他被誉为"已经做好准备的民主党人"，这一立场让他成为了威尔逊连任竞选团队中举足轻重的人物。罗斯福被派往新英格兰地区和中大西洋地区进行巡回政治演说，也正是在这一回，他首次提出了消防水龙带的比喻，也就是当邻居的房子着火时，一个人应该借出他的灭火水龙头给邻居救急。往后的日子里，他又不断改进、修正乃至完善这个比喻，最终成为他从政生涯中最著名的政治观点之一。接下来的二战中他将利用这一理论，劝服小心翼翼的美国人接受他对英国的平等租借法案（Lend-Lease Program）。

在三艘美国轮船被鱼雷击沉之后，美国最终在 1917 年 4 月对德宣战，对罗斯福来说，这正是海军出场的时候。当时美国海军只有 6 万名现役士兵和 197 艘战舰，到战争结束时，竟达到了极为惊人的规模——将近 50 万士兵和 2000 多艘战舰。罗斯福用他的满腔热情来支持扩军计划，他争取到了许多战备物资预算，以至于不得不把其中一些新获得的供给分享给陆军；"让小罗斯福来着手处理这件事吧"这句话，迅速成为了华盛顿的一句流行语。而罗斯福野心勃勃，坐立不宁，因为这样的成就远不能令他满意。他想效法堂兄西奥多当年在美西战争中的做法，梦想着再次参与军事行动，却在上级长官面前处处碰壁，更不要说应征参军，在随便哪个海军下属部门服役了。不过，他还是发挥了自己的口才，成功游说国会创造性地修建了一条长达 240 英里的水雷链阵，来阻击德国潜艇。他在海军的地位和为海军造船厂保驾护航的能力，也让操纵纽约市政的坦曼尼协会（Tammany Hall）的领导人刮目相看，对他亲近起来。

在首都，罗斯福一家非常受欢迎，每天都有邀约上门，埃莉诺很快意识到，她需要一个社交秘书来应对这股社交旋风。1914 年，她聘请了露西·默瑟（Lucy Mercer）担任此职，每周工作三个上午。两年后，埃莉诺告诉罗斯福，他们已经有了六个孩子，她不想再生下一胎了。而且为了保证这一点，埃莉诺也明确表示，他不会再在她的床上得到款待了。

这一年，罗斯福 34 岁，身材高大的他正当盛年，极具魅力。他第一次竞选纽约州参议员时，妇女们哪怕无法投票，也成群结队地去听他演讲，只是为了看看他的风采。他相貌堂堂，多少显出几分成熟风度，对爱情的态度也不专一起来。埃莉诺的兼职社交秘书露西，有着她的雇主所缺乏的一切特质。她很有女人味，柔美的说话声中透露着自信，"一双明眸中透着火一般的激情"。她的身材高挑苗条，碧蓝的眼睛，留着长长的浅棕色头发。而且，尽管她出身贫寒，家财早就所剩无几，但跟罗斯福一家一起，她仍然能够出席那些受人追捧的社交聚会。即使是受雇于罗斯福一家时，露西也能和罗斯福与埃莉诺在同样的大型晚宴和派对上露脸。混在众多来宾之中，罗斯福开始和她调情，露西也回应他。从那时起，事情就一步步地升温升级，婚外情悄然发生了。他们驾着游艇在波托马克河（Potomac）上嬉耍，还在弗吉尼亚州有过一次漫长的二人自驾旅行。有一次，埃莉诺婚礼上的女傧相，即西奥多的大女儿爱丽丝·罗斯福·朗沃斯（Alice Roosevelt Longworth），看见罗斯福开着他那辆敞篷车，而露西就肩并肩地和他坐在一起。爱丽丝便写信给他，说他那会儿根本没注意到她经过："你的手虽然握在方向盘上，可眼睛只看着身旁那位美丽的女士，她真是完美。"

埃莉诺嗅到了蛛丝马迹。在她和罗斯福举办波托马克河游艇派对之后不久，已经起疑的埃莉诺就解雇了露面。埃莉诺很可能只是借着夏天远行度假的名义，因为她没有证据来确定他们直接的关系，仅仅是出于直觉的怀疑。可几乎就在同时，露西应聘进了海军部。出人意料的是，她在海军部收到的第一份任命就是秘书工作；她离开了罗斯福的家，却走进了他的办公室。海军部长丹尼尔斯可能对她和罗斯福之间的关系警觉起来，几个月之后就把她调离了原岗，后来又调出了海军部。不过，虽然距离让他们的激情暂时冷却下来，但也并没有消失殆尽。接下来将近 30 年里，他们还会继续见面，定期写信给对方。1945 年 4 月，在他神志清醒的最后一刻，也是露西而非埃莉诺陪在他身边。他最后听见的，是她的声音；最后看见的，是她的面庞。

1918 年是富兰克林·罗斯福最后决定走向战场的时间。他的四个身在共和党中的堂兄弟都签署了战斗协议，而他本人，和奥地利那位年轻的画家阿道夫·希特勒一样，对亲自在前线战斗有着同样的渴望；他想，至少也要去欧洲看看，哪怕不是以海军或陆军的身份。1918 年，国会代表团宣布要在夏天前往欧洲视察美国海军的军事设施。丹尼尔斯部长就派出罗斯福随团，让他去仔细看看那些设施有没有什么潜在问题。他搭乘驱逐舰横渡大西洋时，听到了预警的钟声，警示人们德国的 U 型潜艇可能会发起攻击。这件事很快就变成了又一个关于他的传说。罗斯福快速跑到了甲板上，可令人恐惧的袭击一直没有发生。海面平静无波，驱逐舰安然无恙地穿过了这片海域。不过罗斯福对这样的结果并不太满意。罗斯福的传记作家吉恩·爱德华·史密斯（Jean Edward Smith）评论道："后来那些年，罗斯福也一再讲到过这个故事，在他的描述里德国人的潜艇一次比一次靠近，最后他几乎亲眼瞧见那些个大家伙。"

就在他抵达英格兰的前一周，他的堂弟昆廷·罗斯福（Quentin Roosevelt）在法国的一次空战中牺牲了。船在码头靠岸后，罗斯福和他的政党同伴坐着劳斯莱斯前往伦敦，在那里他见到了英国国王和首相，最后带着对时任军需大臣的明显反感离开。那位军需大臣叫温斯顿·丘吉尔；罗斯福形容道："在我的社交生活中，他是少数几个待我很粗鲁的人之一。"后来，他把这段经历告诉了约瑟夫·肯尼迪（Joseph Kennedy）。接着，罗斯福又启程前往巴黎。在那里，用于招待他们的国宴葡萄酒给他留下了深刻的印象，"口感完美，招待也无可挑剔"。而每到一处，都有寄自美国的书信等着他拆阅，信是埃莉诺寄来的；当然，也有露西·默瑟寄来的。接下来，他直接奔赴前线，目睹了一个又一个伤痕累累的战场——蒂埃里堡（Château-Thierry）、贝劳森林（Belleau Wood）和凡尔登（Verdun），而仅在凡尔登一处，就约有 90 万人员伤亡；部分或完全炸开的炮弹，将堡垒和挖好的战壕毁得面目全非。罗斯福沉默地注视着这一切，这是一片棕褐色的海洋，大地仿佛被使劲翻腾过一样，再也无法辨认。

不过，他还是非常热切地等着见证军事行动。有一次，一枚炮弹尖啸而过，随着"一声闷响"，就在他附近落地。罗斯福立刻循着声音走过去，留下一箱子重要文件，放在车里的脚踏板上。尽管他总是能自信满满，富有热忱与激情，但战争的毁灭性还是给他留下了难以磨灭的记忆。后来，他还是会常常想起走在贝劳森林中看到的那一幅幅画面，"冷雨泡坏了一封封情书"；士兵就被草草埋在浅浅的坟墓里，枪托露出地面，陪伴着他们在此长眠的，唯有一柄柄饱经风霜的来福枪。

之后，他又去了意大利，试图在那里与人商议地中海地区的指挥架构问题，却以失败告终，索性就折返英格兰。他总是那么果断，一回到华盛顿，他就决定辞去现职，上前线去，但是又一个突发情况阻止了战斗的梦想：西班牙流感。回程路上，他在船上就病倒了，虽然搭乘着犹如海中巨兽的军舰，却只能躺在自己的船舱里，奄奄一息。他的病情还因为同时染上了肺炎急剧加重。他躺在病榻上，浑身冒着冷汗，神志都快不清醒了。幸运的是，最后他起码挺了过来；不是所有人都有这样的好运。旅途中，死亡总是来得那么频繁，船上许多人都没有挺过来，不管他们生前是军官还是士兵，最后都只能安眠于大海。船一靠岸，罗斯福就火速被一辆救护车送到了他母亲位于纽约的别墅里，4 个护理员扶着病恹恹的他上楼。埃莉诺闻讯，也急忙赶了过来，并且出于妻子的本分，帮他把行李打开，准备替他收拾。就在这个过程中，她发现了成沓的书信。这些信被整齐地扎在一起，每一封的寄件人都是同一个名字：露西·默瑟。雪片般的情书证实了她所有的忧虑，此刻她的心情，正如之后她所到的那样："我所仰赖的根基，一下子就从我的世界里消失了。"

根据罗斯福家族内部各种各样的记载，埃莉诺本打算和罗斯福离婚，给他自由，这样他就可以和露西结婚了，但他的顾问路易斯·豪和母亲萨拉都吓了一跳，他们强烈反对，认为这样会耽误他的政治生命。萨拉可能还威胁罗斯福，说如果他离婚的话，她宁愿和他脱离母子关系。最后，罗斯福选择挽救这段婚姻，埃莉诺亦是如此。

他的肺炎还没好，人也没有从这段风波中缓过神来，最终他没能辞职成行，参军也遥遥无期。更何况，和平的到来很快就让他的梦想破灭。他只能收拾好行李，又去了一趟欧洲，主持海军的复员事宜；丹尼尔斯虽然不太情愿，最后也妥协了。这一回，罗斯福和埃莉诺一起出发。这趟行程是他人生中一个重大的分水岭。离开纽约港四天之后，西奥多去世了。年底，伍德罗·威尔逊总统又因为一次严重的中风瘫痪了，而他个人十分关切的国际联盟计划也随之轰然崩塌，1920 年的大选又要开始了。这一回，罗斯福会在民主党大会上为纽约州州长阿尔·史密斯（Al Smith）作助选演说；更妙的是，他还被推举为民主党副总统候选人，与俄亥俄州的詹姆斯·考克斯（James Cox）州长一起搭档，参加是年的总统大选。罗斯福再次开始利用他的家族名声进行政治宣传，一点也不觉得难为情：他早年竞选纽约州参议员时就这样干过，现在，他仍然在自己的演讲里添上了许多西奥多特有的讲话风格，譬如念到"b-u-ll-y""stren-u-ous"这样的词时。不过，他的参选表演还是很快就黯然收场，对手沃伦·哈定（Warren Harding）拿到了 60% 多的普选票，在选举人团里令人震撼地拿下了 404 票，以绝对优势击败了他们。不过，罗斯福尽管溃败，至少还是获得了经济利益。他出任马里兰信用储蓄公司的副总裁，每年有整整 2.5 万美元的收入；而且大部分情况下，也是借他的名字挂在刊头壮势。他料想，在不远的将来，败选的民主党人势必要离开政界一段时间，无所事事。此时他的口袋里装着足够的钱，未来摆在面前，他宁愿先撤到度夏别墅一段时间，回到缅因州的坎波贝洛岛去。

～

　　一开始，他的双腿是隐隐钝痛，有点说不清道不明的不适。接着就是使不上劲儿，发抖打颤，肌肉抽搐。晚餐盘里的东西他只用了少许，身上盖着一条厚厚的毯子；毯子之下，双腿毫无知觉。早上，他起来往盥洗室走，左腿却不听使唤。他强撑着成行，事后又拖着这条腿躺回床上。那会他还不知道，这是他最后一次完全靠自己的独立行走。

　　现在，他又发起了高烧，后背与腿上痛感剧增。家里人试图靠按摩帮他缓解一下疼痛，可一点用都没有。这一周内，医生们焦虑地期盼他能恢复知觉和反应，哪怕是任何一个脚趾能做出一点点动作都行。他们注定要失望了。事实上，他已经连一个人去盥洗室都不行了；夜里，他身上插上了根导尿管，埃莉诺早上起来帮他处理引流袋。到了 8 月底，情况也没有好转。9 月底时，他下肢的大部分肌肉开始萎缩。富兰克林·罗斯福再也无法走路了。

最后，他的病被确诊为脊髓灰质炎，即小儿麻痹症，不过近来也有医学研究推测他得的可能是格林−巴利综合征（Guillain-Barré syndrome）。但无论是何种病因，结果都是相同的。从此，他的下身瘫痪了。

值得庆贺的是，到了10月15日，罗斯福的病情有了极大的好转，他能坐起来了，这是一个里程碑式的进步。随即，他被送回纽约市，10月底进了医院。医生们为他设计了一系列大强度的运动训练，目的是能让他用上拐杖。人们费力地在他那双麻痹的双腿上，用皮绳绑好了重达十四磅的钢制支架，一直从脚踝支撑到臀部。要是光靠他自己的话，他没法保持平衡，而且也不能伸出一条腿来。所以，金属支架就成了他的腿；他可以靠上半身来稳住自己，然后半拖半晃地将腿和臀转个方向。住在海德帕克镇时，他就靠着绳索轮滑式的直升梯上下楼；他的母亲也很尽职尽责，在家里装上了"斜面"，命人截掉了所有碍事的门槛，以便他能坐着轮椅顺畅通行。萨拉希望她的儿子能就这样安然地度过余生，在海德帕克终老，但罗斯福的顾问路易斯·豪却有其他想法。

"我始终相信，"他大胆无畏地说道，"有一天富兰克林会成为总统。"

这个在华尔街办公室里试图靠着支架走过光滑的大理石地板，却频频滑倒的男人；这个唯恐跌倒，甚至没法举起一只胳膊挥手示意的男人；这个曾经身材高大，如今却只能总是仰视别人的男人，竟然在1924年奇迹般地重登政治舞台，作为民主党总统提名大会的主要发言人重新亮相。他现在用双臂做不来的事，就改用头、背和肩膀完成，有时他会把肩膀耸得高高的。但凡是他身上还能反应的地方，他都会物尽其用，表现得生气勃勃，充满活力。而且，他现在更是学会了如何利用好自己的声音。他的演说不再像以前一样犹犹豫豫，软弱无力；相反，在这个成熟的年纪，他有了一腔洪亮的男高音，说话声中洋溢着先前所缺乏的激情。他能滔滔不绝，也能激情四射，还能像唱歌一样悦耳动听。不管他在哪儿，听众都能感受到他的存在。

1928 年 11 月，富兰克林·罗斯福做到了曾经似乎许多人都不可想象的事情：他作为民主党候选人，成功当选纽约州州长。竞选时，他在别人的帮助下登上后楼梯发表演讲；等到绕城巡回的环节，他又坐在汽车后排，这样就可以不用站着说话。其实，一整天下来，他起身和坐下的每一个动作，都需要比寻常人使上更多的力气。日复一日，他谨慎地走在这条竞选之路上，小心地掩饰好自己肢体上的无能，似乎找寻到了别样的沉着。在此期间，弗朗西丝·珀金斯加入了他的竞选团队，日后成了他组阁时的劳工部长。有一次，她回忆起罗斯福曾对她说过的一番话："假如你没法再使唤好自己的腿，你想要橙汁时它只能给你找到牛奶，那你得学会对自己说'没关系，这也可以'，然后痛快地喝掉牛奶。"

罗斯福现在真的过上了他的堂兄泰迪曾经倡导的生活，"紧张而发奋"。但他并没有在古巴圣胡安山冲锋的号角中战斗，也没有去西部绿草如茵的大平原上演一场大型的狩猎活动，而是在自己清醒着的每一分每一秒里，都体验着类似的刺激感。他使出拼命的劲，费力地将自己一点都派不上用处的腿从床上搬到轮椅上去，轮椅还是他自己设计的；汗流如注，他总是在对自己说："我一定要滑下这个车道"，"我一定要登上那个讲台"，"我一定要走过这个房间"。这就是他每一个艰苦却又不懈的细节。日复一日，周复一周，他永远都是如此，拒绝放弃，拒绝屈服。他开始变得坚定、果断，有奉献般的使命感，这是他先前根本无法做到的。后来，当整个国家都陷入经济大萧条的恐慌中时，无论有多么不可思议，罗斯福州长似乎就是那个能力挽狂澜，让一切回到正轨的最佳人选。

∽

在罗斯福连任州长后不久，他的政治顾问团队就已经做好了参加总统大选的准备。1932年1月23日，他正式宣布参与角逐民主党总统候选人的资格，在接下来的第一周就赢得了阿拉斯加州和华盛顿州所有的党内代表票。但他也不是那么容易胜过其他竞争对手。民主党大会举行前，他作了最后一次演讲，许诺自己会进行"大胆、持续的试验"。"我们要选定一种应对办法，"他朗声说道，"先试试看。如果失败了，那么就坦率地承认，知道它行不通，然后再试另一种。但最重要的一点是，我们必须勇于尝试。"他以稳固的政治基础出席了党内大会，但想要获得提名，那还差一百来票。经过一天一夜的激烈游说以及多轮投票，加利福尼亚州和得克萨斯州超过三分之二的代表都转而支持罗斯福；第四轮投票结束时，他终于得到了党内的认可。之后，他飞往芝加哥接受提名。这次飞行颇为瞩目，他洪亮的声音如雷鸣般穿过人群，也通过无线电广播告知全国："我向你们发誓，向我自己发誓，美国人民一定会迎来'新政'。"

不管罗斯福许诺的新政到底会是什么模样，没有一个人能忽视这个国家如今真实的绝望处境。大萧条太可怕了。国内至少有25%的劳动人口失业，也许实际情况不亚于这个数字；在一些工业城市，失业率高达80%甚至90%。国际进出口贸易量大幅度下跌，损失惨重。不到四年的时间，美国的经济规模就至少萎缩了450亿美元，缩水了45%。但比这些数字更令人震惊的，是一幅幅难以忘怀的画面：每座城市里都是等着领取救济品的人们，一条条队伍排如长龙；被赶出家门的租客、失业者和赤贫的穷人，乃至流氓地痞，拖着步子走过一个又一个救济站；时值隆冬，冻雨和雹子又无情地砸塌了临时搭建起来的帐篷；更不必说浑身脏兮兮的孩子们，挤坐在铁轨旁的篝火下，冻得缩成一团。而很快，中西部的大沙尘暴就要来了。某些时候似乎所有人都觉得，任务的繁重和绝望已经压倒了一切。

但如此绝境没有吓倒罗斯福。在与胡佛的选战中，他发表了27次主要演讲，每一次都有单独的主题，他准备靠雄厚的物质实力和有序的竞选团体取胜。最最重要的是，他一直坚信自己会赢得大选，而他身边的每一个人也都十分相信他，这一点很不同寻常。现任总统赫伯特·胡佛（Herbert

Hoover）如今焦头烂额，四面楚歌，他谴责民主党变成了"乌合之众"。同时，他还一口咬定，就算经济萧条，也没有一个人在挨饿，抗议道："举个例子就知道，现在那些流浪汉被喂得比以前都好。"选民压倒性地偏向罗斯福，没有什么人支持胡佛；这真是一次惨败——现任总统仅仅拿下了东北地区的六个州。而且在参众两院，在罗斯福带领下的民主党，也以近乎三比一的优势取得了多数党地位。在选举之夜，华盛顿似乎很快就会成为他的囊中之物了。

我们总是倾向于认为我们的总统身强体健，精力充沛，能踏遍国内乃至世界的每一个角落；可富兰克林·罗斯福偏偏连阔步行进都做不到。他甚至不能放松自如地靠自己一个人的力量站稳。但在那个混乱的年代，他成为了美国历史上唯一一位身有残疾，敢参选，最后还获胜的总统；前无古人，后无来者，他做到了。这不仅证明了他高超的竞选能力，更挖掘出了他深藏内心的无畏无惧与百折不挠。

"人们差一点就要为他戴上王冠加冕了。"记者威廉·怀特（William White）曾这样夸张地写道。实际上，这的确是夸大手法。在施行新政的那些天里，罗斯福的确深受百万民众爱戴，但同时也受到百万人的憎恨。在"新就任百日"，他推动废除了禁酒令，暂缓禁酒运动，通过强有力的立法建议和行政命令，削减工会工人和退伍老兵的现金津贴。他主持金融改革，整顿银行系统，改革政治体制与经济体制。对罗斯福来说，没有什么想法是天方夜谭或不切实际的。在许多人看来，他一点一点重塑着人们对经济的信心，处理掉大萧条带来的最坏影响，这一切完全就是奇迹。

不过，他在任期之初许诺过的那些令人陶醉的前景，也并不能一直维持下去。1930年代中期，罗斯福的施政魔法开始褪去了少许光环，魔力渐渐减弱了。有时，自信骄傲又富有智慧的总统先生会感到困惑、疲倦，他似乎也乐于和政敌试探着较量几回；但在 1936 年的大选中，他还是凭借一连串立法成就，勾起选民对"新百日"的怀念，最终顺利连任。在这一任期里，国会还是有着层出不穷的麻烦，谨慎的最高法院还在继续阻碍新政的推行，经济还没有完全缓过劲来；而阿道夫·希特勒已经开始对欧洲虎视眈眈，不祥的幽影在欧洲上方盘旋。这一切，都让他的第二个四年看上去平庸了许多，和其他连任的总统没什么区别。可一旦这个国家突然陷入二战的痛楚之中，他的形象就又变得伟岸起来，他不仅是一名杰出的政治家，还是历史上最具独创性的伟人之一。

他十分谨慎狡猾，总能硬起心肠，从不让自己与公众的舆论背离得太远，哪怕在努力争取两位截然不同的战时盟友丘吉尔、斯大林时都是如此，一力促成的同盟也一定是基于这个原则。他也总是衣着整洁，看上去淡泊宁静、逍遥自在，恰恰是上流社会中朴素与优雅的最佳代言人，不说话时竟丝毫无法把雄辩的才能与他联系在一起。弗朗西斯·比德尔（Francis Biddle）曾这样形容："他的内心非常宁静，我见过的其他任何人都没有这种心境。"尽管他双腿残疾，但他的肩膀和身躯都无比宽厚，引人注目，让他大出风头。其时，他的魅力无人可匹敌。他每每回首看去，或突然露齿一笑时，眼里总是漾满了深情；这些举止，后来无一不为人周知。他高兴得轻笑出声时，周围人也会深受感染，随他一起笑起来。他的笑容会传染，一直影响着他的同伴：丘吉尔会心一笑，斯大林也笑了起来；德怀特·艾森豪威尔将军、亨利·诺克斯（Henry Knox）将军、首席顾问哈里·霍普金斯（Harry Hopkins）、国务卿科德尔·赫尔也跟着忍不住笑了。他是一块磁石，牵引着上千根细丝。不然，又该怎样解释，为何有许多人近乎盲从地支持着他的政治事业，为他奉献，乃至于新闻界都默守一个不成文的规矩，从不报道他的残疾，从不拍摄他的轮椅和萎缩的双腿？

尽管下身瘫痪，罗斯福依然是个行动派，他喜欢开车，喜欢集邮，喜欢政治博弈。既然身体一多半都动弹不了，他索性就让别人日常的轨迹都绕着他转，他会扬起头，姿势完美，将自己嘴里叼着的烟斗变成指挥棒。兴奋的时候，他还会习惯性地用手指尖敲敲桌案。他对于严肃的国际事务的讨论满怀热情，诸如"民主如何幸存下来"，同样，他对世俗的政治事务，诸如那些在宾夕法尼亚选区里为政客四处奔走的小人物的命运会也充满关切。生气时，他也会用手指指着别人威吓，或是一脸怒容，气势汹汹。

就像所有伟大的领导者一样，他有需要时，也会煽动民众，或是对某些人恶语相向。他曾经就幽默地说支持孤立主义的人是"快乐的傻子"。当任命了一名共和党成员时，他会和媒体开玩笑，说他在民主党里找不到一年只要一美元工资的人，不得已才这样做。而美国驻苏联大使威廉·布利特（William Bullitt）因为经济丑闻被中途召回后，罗斯福鼓励他离开华盛顿，去费城竞选市长；但同时又迅速指示民主党宾夕法尼亚州的负责人，让他们袖手旁观，等着布利特自取灭亡。他曾给嘲笑国会就像"一个疯人院"，并谴责参议院是"一群无能的阻挠者"。这位总司令甚至认为，他第三任期的副总统亨利·华莱士（Henry Wallace）是一个不切实际的狂想家。他还喜欢拿国务卿科德尔·赫尔取乐，欢快地模仿赫尔说话时的笨拙和口齿不清。

但直观说来，罗斯福对阿道夫·希特勒的了解不亚于任何人。巧的是，他和这个嗜血狂魔都是在 1933 年走向了权力的顶峰。他非常清楚，每一场战役，战火中的每一分每一秒，"我们都在为拯救宝贵的伟大民主而战，都在为我们与全世界的未来而战"。

∾

1933 年"新就任百日"结束后，罗斯福成功地促使国会通过了 15 项意义重大的法案，功绩卓著。但凡是要稳住不松口的，他坚定立场；但凡是要妥协的，他会点头；但凡是要达成最后协议的，他也签署了。"这不仅仅是新政，"时任内政部长哈罗德·伊克斯（Harold Ickes）引以为豪，"这是他开辟的新世界！"即使后来经济再次衰退，失业率徘徊起伏，即使他企图驾驭倔强的最高法院却无功而返，他也从来没有失去过绝大多数民众对他的崇拜和新闻界对他的持续关注。

　　然而，面对欧洲越来越紧张的局势，罗斯福却退缩了。他一反惯有的信心，表现得竟然有点腼腆。尽管希特勒势头强劲，但一战的可怖经历还是令人们记忆犹新——精疲力竭的士兵趴在战壕里，机警地与敌军交火；无尽无休的袭击让人厌烦，滚滚的浓烟使人不安；激烈的炮火声和尖利的爆炸声似乎永远没有消失的迹象。在一战中，共有11.7万名美国士兵牺牲，欧洲和俄国整整有1000万人丧生。许多美国人都认为这样的牺牲太大了；20年后，他们仍然还是对参战几乎没有丁点儿兴趣，觉得那只是欧洲人的战争。就在1939夏天之前，罗斯福还差点决定不再参加第三次总统大选；而此刻，欧洲似乎还固若金汤，西面有法国的马其诺防线，东边有《慕尼黑协定》条款限制，德国人无处可去。

　　但就在1939年8月31日的那个晚上，凌晨2点50分，一通电话惊醒了他。10队德国装甲师在破晓时分，闪电般地入侵波兰，战争开始了。身处巴黎的美国驻法大使威廉·布利特迅速将华沙的消息传至白宫，罗斯福清了清嗓子，粗声粗气地和他说："好吧，比尔，该来的最后还是来了。希望上帝保佑我们所有人。"就是在这一刻，罗斯福完全转变了他的想法：他最终决定谋求第三个任期，这是破天荒的想法——自乔治·华盛顿开始，最多连任两届总统已成为了一个传统。在接下来的8个月里，也就是所谓的假战期间，罗斯福公开保证，美国不会卷入欧洲的战争。"这一点我以前就说过，以后也还会这么说，"他对整个国家说道，"你们的孩子不会到国外去参战。"他说，任何提出其他建议的人，都是"无耻之徒、撒谎的骗子"。"事实很简单，但凡是负责任的人，都不会说出这样最不可行的提议，让美国母亲把自己的孩子送到欧洲战场上去。"但是，他又做了所有力所能及的事，推动政府乃至整个国家，在行动上与参战渐渐靠拢，让冲突不可避免的未来越来越明晰地摆在大众面前。不过，就在丘吉尔批评内维尔·张伯伦（Neville Chamberlain）的绥靖政策时（"政府必须在耻辱与战争中做出选择，"丘吉尔怒吼，"可他们一旦选择耻辱，那么战争也不远了！"），罗斯福虽然没有与他作同样的表态，却也在寻求第三条中间道路。他曾告诉参议院军事委员会的委员们，如果英格兰和法国都沦陷了，那么"整个欧洲都会落到纳粹的手里……如今情势的严重性，我怎么强调都不过分。这真的不是什么妄想"。

英国对德宣战 5 个小时之后，法国也做出了同样的决定。在一次炉边谈话[1] 中，罗斯福通过无线电广播告知全国："我们的国家会保持中立，但我不能要求每一个美国人在思想上也保持中立。即使是中立者，也有权利顾及一下事实。"而尽管在国会的一次个人演讲说，他说过"我们的一切行动，都必须基于同一个冷静、现实的原则——美国不参战"这样的话，也非常重视催促国会废除中立法案，至少能让美国为西方同盟国提供军事支持。（国会的反应，则是通过了所谓的"现金购货，运输自理"计划，只要英国和法国拿得出钱，派得出船，就允许美国军工厂把武器卖给两国。）

想保持中立并不那么容易，要付出很大代价。战争的报道折磨着他，让他心神不宁。无论是海外传回来的电报，还是早晨的读物《纽约时报》(New York Times）和《国际先驱论坛报》(Herald Tribune)，他在翻阅时，都会一次又一次地喃喃自语："坏消息，都是坏消息。"他是第一个习惯使用电话的总统，经常和派往欧洲的特使或国务院的助手们打电话谈事。一天又一天过去，电话铃一直都在响个不停，把最新的消息源源不断地带到他面前，他知道了希特勒的佯攻和其他花招。当时，他一天到晚开会不停，和新闻界沟通，和国务卿、财政部长、司法部长谈话，下午还要和私人秘书口授笔录，甚至和参议院一些资深议员的沟通都更频繁了。星期五则是部长日，这个议程永远都不会变，这一天，他会和当时最有政治份量、最具政治影响力的一批人面谈。

可以预见的是，他会在一切可能的地方转移注意力。每晚，按摩师乔

[1] 政府首脑人物在电台或电视中发表的非正式谈话。

治·福克斯（George Fox）会来给他按摩；他喜欢集邮，珍爱那些海军印刷藏品；他享受种树的时光，能时常打个盹儿也行，另外还可以在那些他会"看上瘾"的电影里先避一会儿。但最最重要的，还是每天下午在白宫喝鸡尾酒的时候。他可以回避所有与战争有关的话题，像一个疯狂的科学家那样，让自己忙碌地调试各种奇怪的酒料，尽情地搅和、震荡。但这样能令人喘息片刻的余地，永远都不够多。

"我简直是在蛋壳上行走。"早在1940年，他就如是坦白过，压力之下的身体开始出现反应。他的血压迅速涨到了179/102，随后吓人的事情发生了：2月里的一晚，罗斯福和布利特大使还有他亲近的助手米西·勒汉德（Missy LeHand）正共度私人晚餐的时光，竟突然一头栽在桌边——他的心脏病轻微发作了。为了不让这件事张扬出去，跟从他很长时间的海军主治医师罗斯·麦金太尔（Ross McIntire）上将很快就被解雇了。

春天里，战争的气息隐约可闻，为了阻止全面战争的到来，美国做了最后一点努力。3月，罗斯福亲密的顾问、副国务卿萨姆纳·韦尔斯（Sumner Welles）专程访问伦敦、巴黎、柏林和罗马四地，建议各方实行裁军计划，以此确保世界的和平与安全。事后回过头再看，这个提议已是山穷水尽之下绝望的挣扎。德国人不屑一顾，英国人惊悸难宁。美国的举动全世界都看在眼里，这个新大陆上的国家似乎只能等待希特勒的下一步动作了。

其实并不需要等太久。

1940年5月10日，希特勒下令进攻荷兰与比利时，德国人又一次上演了声名狼藉的闪电战，从陆、空两方蹂躏着这些低地国家。德军进攻的第四天，希特勒下令毁掉鹿特丹港的荷兰古城区。这个命令并非出于军事考虑，仅仅是为了威慑人心——通过直接的恐怖活动，彻底摧毁荷兰人的抵抗意志。他们狂轰滥炸了一整天，约有3万人葬身瓦砾之下。几小时后，荷兰无条件投降；两周之内，比利时人也放弃了抵抗。

希特勒势如破竹，横扫了大半个欧洲，开始把所有的兵力都往法国集中。在"斯图卡"（Stuka）俯冲轰炸机的掩护下，纳粹的坦克和摩托化步兵突进到毫无还手之力的阿登高地（Ardennes），埃尔温·隆美尔率领着臭名昭著的装甲师，一路开到了英吉利海峡沿岸。一战时，人们还是更习惯用码而不是英里来衡量战线的长短；在那可怕的四年里，即使经历了惨绝人寰的大屠杀和数百万的伤亡，法国和英国还是能抵挡住德国的猛力进攻。而这一次，法国——这个在当时被公认为拥有最棒陆军的国家——竟然吓得目瞪口呆。德军肆意横行，甚至几乎不必开火。

丘吉尔紧急发电报给罗斯福："战况恶化的速度太快了，他不费吹灰之力就搞定了那些小国家，一个接一个，简直就跟掰折火柴棍一样轻松。可以想象，接下来就轮到我们了。"私下里，罗斯福曾对他的助手们说过，如果英国也倒下了，那么美国"就会活在枪口之下"。可是对罗斯福乃至对全世界来说，问题在于：他愿意公开号召全国，来勇敢地面对狂暴的纳粹吗？他的回答仍然是沉默。

仅仅几周之内，德军装甲部队就三面包抄，沿着英吉利海峡把英国远征军和法国第一集团军困在法国敦刻尔克地区（Dunkirk）。德军指挥官还在等待希特勒最后下令一举歼灭英国，33.8万余名英法士兵就在此时逃上了各种小渔船和其他船只拼凑而成的"无敌舰队"，丢下了近2500件枪支和7.6万吨弹药。英国皇家海军一半的军舰要么被击沉，要么受损，其中还包括驱逐舰；现在，英国人面对着最坏的情况，全面准备抵御入侵。丘吉尔料想纳粹德军会追着英法盟军一路杀到海峡对岸来，甚至建议在英格兰东南沿海沙滩放置毒瓦斯，一旦德军登岸，就可以先靠毒气挫一挫他们的锐气。

随后，德军在6月5日调头南下。在法国索姆，装甲师发动猛攻前，法国军队自己就阵脚大乱，迎接德国人的是象征性的抵抗，四天后，他们渡过了塞纳河，兵临巴黎城下。6月14日，不可思议的事情发生了：巴黎宣布不设防。法国完了。政府不堪一击，连夜撤退到了法国西南部的波尔多地区（Bordeaux）。6月22日，德法两国签署停战协定，法国割让了一大片领土给德国，南部的自由区则由傀儡政府管理，行政中心设在度假胜地维希（Vichy）。法国的乡下到处都是难民，随处可见被遗弃的马车和行李，以及主人的尸体。另外，德国人还接收了200万法国战俘。

利用一种冒险而大胆的战术，希特勒做到了威廉二世和拿破仑都没有做到的事情：他成功瓦解了敌人的联盟，将英国从欧洲大陆剥离，差一点就把法国军队彻底歼灭，重写了《凡尔赛条约》。德国要么恐吓住了敌人，要么就以摧枯拉朽之势，用闪电战把敌人捏得粉碎。可怕的军事力量威慑着东至里海、西达英吉利海峡的整个欧洲。

束手无策的英国试图拉美国下水。5月15日早上7点半，法国总理保罗·雷诺（Paul Reynaud）拨响了新安装的电话，接通了英国首相温斯顿·丘吉尔，用英语传达了这个无情的消息："我们输了，我们打输了。"从这一刻起，丘吉尔就开始不厌其烦地向罗斯福求援，言辞十分恳切。他随即就给了雷诺坚定的答复：一直打，打到美国愿意参战为止。而后，他又给罗斯福发了封电报："要是美国迟迟不愿意发声，那么就算美国最后加入了这场博弈，也会变得毫无价值。"罗斯福的反应非常迅速，他要求国会批准，在国防上再多投入12亿美元，这样能造更多飞机，能增加更多的生产设备。仅仅几周后，他又追加了19亿美元。在当时来说，这就是他所能帮的全部了。美国不会派军舰满载着士兵驶往欧洲大陆，不会公开威慑纳粹；最重要的是，不会宣战。巴黎沦陷前夕，忧虑发狂的雷诺和丘吉尔做了最后的努力，绝望地乞求罗斯福插手干预。他们问，美国的力量都在哪儿？罗斯福私下提供了不少帮助，但在公开场合，美国官方始终保持沉默，对参战一事不置可否。跟每个国家一样，它首要考虑的必定是自己的利益。

～

一战刚开始时，英国外交大臣爱德华·格雷（Edward Grey）子爵曾悲痛地说道："电灯已经照亮了全欧洲，可我现在真担心，欧洲的灯火亮不了多久。"当然，这是美国参战前的情况。而如今，历史仿佛正在悲剧性地重演，贪婪的纳粹德国征服了一个又一个欧洲国家，美国仍然缺席。其实在军事上，罗斯福只能拖后腿：他的军队远非精锐之师，兵微将乏，当时在世界上只能排到第十八位。他不像希特勒那样号令着百万铁血军队，手下只有区区18.5万人，其中许多人只在训练时摸过木制的来福枪。尽管他有规模庞大的空军扩军计划，美国空军的装备还是十分落伍，几近于无。海军的情况稍微好一点。有一次，罗斯福视察国民军警卫队一个代表团的训练情况。色彩鲜亮的队旗迎风飘扬，可他们训练时用的不是机关枪，竟然是扫帚柄；不在坦克上下奔走，而只有卡车能用；很多人身体素质还不达标，在这场军事演习中倒在了高温和力竭之下。

从政治角度来说，这样的情况相当令人绝望。大萧条刚刚过去，罗斯福不得不把国防开支压到最低，而好战的第三帝国违反了一个又一个紧箍在其上的条约，把自己武装到了牙齿。到1940年为止，孤立主义在美国的对外政策中仍然占据着统治地位。正逢大选之年，罗斯福当然不情愿凭他个人极大的号召力，促成美国过早地加入这场混战之中。于是，当1940年的夏天来临时，英国孤身奋战，罗斯福则拿出了反战的竞选纲领，为史无前例的再度连任做最后准备，而纳粹所到之处，仍然所向披靡。

罗斯福和阿道夫·希特勒之间的对比实在是太鲜明了。前者正为他的第三届任期游说美国选民，保证不把国家拖入战争的泥淖中；后者则在柏林喜气洋洋地发号施令。他们的政治主张也是截然不同。希特勒已经登上了权力的顶峰，此时的他似乎无所不能。巴黎投降后，纳粹事先用扩音喇叭警告所有巴黎居民待在房子里，不许出来，随后希特勒乘车经行巴黎空荡荡的街道，前往拿破仑的墓地——这似乎是最吸引元首的事情了。刚开始，他还在傲慢地拍着自己的大腿，而后停顿了好一会儿，最后陷入了完全的沉默之中。站在这位自行加冕的皇帝的遗骸面前，元首被深深震撼了。

德国人的感受与希特勒或许相去不远。7月6日，希特勒回到柏林，受到了热烈欢迎，仿佛他就是位凯旋而归的罗马皇帝。他的火车下午3点进站，成千上万的祝颂者夹道相迎，沿路一直排到了帝国总理府。马路上撒落着鲜花，无数的士兵狂热地吼叫着："胜利万岁！胜利万岁！胜利万岁！"阳光炽烈，人群激动得不愿散开，一个个都喊得声嘶力竭，战争的胜利感染了一切，他们一次又一次地请求希特勒走到阳台上来。希特勒每次都欣然应允。他的一位将军一口咬定，希特勒现在是"有史以来最伟大的战神"。难怪希特勒坚信，英国自取灭亡或主动议和只是时间上的问题而已。也难怪他会开始大胆地构想，在秋天就和苏联摊牌，来一场规模庞大的决战，一举消灭布尔什维克主义。用希特勒的话说，这就像"孩子的游戏"，是另一场"闪电战"。他还推断，只要俄国溃败，"那么英国的最后一点希望也破灭了"。

而在那一刻来临之前，希特勒一直都满足于仅仅动用空军来打击英国本土。

整个八九月期间，为迫使英国投降，德国战机接连起飞，展开一波又一波的轰炸。纳粹空军起初还只是试图从空中摧毁掉英国皇家空军的战斗力，但英国竭尽一切力量反击，在海峡和英格兰南部城市的上空，一连串激烈的空战中，英国飞行员数次和纳粹战机擦身而过，比翼对峙。美国袖手旁观，英国的命运如何，完全取决于这一场场空中缠斗的激战。纳粹无法彻底击败英国空军，索性开始了新一轮的狂轰滥炸。于是，史诗般的不列颠战役开始了。

起初，纳粹德军的目标还只是港口、雷达站、飞机场和通讯设施。接着，他们调整成夜间空袭轰炸，每晚能派出多达1000架战机。德国人的炸弹点亮了整个伦敦东区，伦敦迎来了长达57个夜晚的枪林弹雨。而后文垂遭袭，绝大多数古老的教堂在炮弹声中归为瓦砾，匝地烟尘，7万户住宅支离破碎。英国皇家空军以牙还牙，对柏林展开了同样的轰炸。希特勒愤怒地宣布："如果他们敢空袭我们的城市，我们就把他们的都炸掉。"对此，丘吉尔谈到希特勒时说道："这个恶魔，这个历史错误与屈辱的畸形产物，现在铁了心要毁掉我们杰出的英伦民族，不分青红皂白地进行屠杀。"首相先生激动得抬起了下颌，勇敢地保证，"我们会渡过难关的"。英国做到了，可这个过程极其艰辛。

英伦三岛的损失从来没有这么惨重过。1万余名平民遇难，5万多人受伤。在工业城市伯明翰，德军的一次突袭，就令1300多名平民一夜之间长眠不起。房子烧得只剩下焦黑的骨架，城市的街道上留下一个又一个巨大的弹坑。孩子们都戴上了防毒面具。夜复一夜，灯火绝迹，多达17.7万伦敦平民转移到临时的防空洞，在这个城市闻名遐迩的地铁站里勉强度日。很快，地面就要开始晃动，天空闪着火光，消防员冲出来往着火的墙上泼水。等到天亮，疲倦的市民就要从他们的地下世界蹒跚地走出来，重新打量着地面上新一轮的废墟。

丘吉尔始终坚定不移，也十分烦躁不安。一听见贯耳的爆炸声，他就会从那间幽深的、泛黄的会客室踱出来——平时他在这儿接见助手。他戴着防毒面具，穿着厚厚的防护服，登上屋顶，焦躁地用力抽着一根雪茄，注视着他一生挚爱的伦敦在熊熊大火中燃烧。那只雪茄看上去也疲惫极了。

但一到白天，废墟之上，市民们的窗户外仍然有成千上万面小小的米字旗在微风中傲然飘扬。"我不知道他们还能坚持多久，"哥伦比亚广播公司的新闻播音员爱德华·R. 默罗（Edward R. Murrow）铿锵有力地播报道，"他们的压力非常大"。但英国人倾尽了他们的所有。丘吉尔说对了，他的人民能扛得住。并且，他们还重创了第三帝国国防军。深秋前后，心烦意乱的希特勒决定，战争取胜的关键不在西线，而在东面。他无限期地搁置了海狮计划，不再让德国海军经由英吉利海峡入侵英国本土，转而将视线投向曾签订过互不侵犯条约的苏联。对战争局势和欧洲民众乃至美国来说，希特勒的这项判断是至关重要的。

当然，那时还没有人知道这一点，包括欧洲越来越多深陷困境的犹太人在内。

～

罗斯福还在探索着他伟大的战略决策，而希特勒已有谋定。第三帝国在西线几乎取得了完全的控制权，现在，希特勒准备着手攻打东边了。他把进攻时间选定在 1941 年 6 月，预计初霜来临前，就结束对苏战争。

丘吉尔一收到德国进攻苏联的消息，就立即站在了斯大林那一方。罗斯福很有先见之明，向苏联提供持续增加的武器援助和物资供应，这些战备资源经由航运抵达同盟国，成为抵抗纳粹的一大力量支持。但在近 6 个月的时间里，世上只有两个国家在和德国作战，而并非三个。这一局势将在 1941 年 12 月 7 日有所改变：珍珠港被袭，美国终于决定参战。忽然之间，世上就有了三巨头：英国、苏联和刚加入的美国。

～

美国的三军总司令罗斯福是一个令人愉快的伙伴，可他也是一个谜一般的男人。诚然，不是所有人都喜欢这位美国总统。"该死的罗斯福！"——这是他的批评者们说的最轻的话。从战争爆发到结束，这位亲切的总统先生受到了严厉的批评，人们指责他是暴君、"瘫痪的跛子"、虚假承诺的捏造者，或者是渴望控制全世界的独裁者，"当代的堂吉诃德，活在他自己的梦里"，还有，脑子"反常"的病弱政客。在所有战争年代的总统里，只有林肯受到过类似的待遇。

大萧条时期最可怕的那些日子已经过去很长时间了，他在国外宣扬自由的同时，也不得不接受来自国内与日俱增的难题的考验。例如，在 1943 年夏天，底特律公园一个偏僻的角落里发生了一起斗殴事件。事情本来很简单，却愈演愈烈，迅速升级，在全国激起了一阵种族暴动和种族骚乱，整个国家的士气遭到严重打击。《纽约时报》颇觉悲哀地写道："现在，全世界都在冷眼旁观我们的家务事。"

相较之下，战争的脚步却一刻也不会停。许多难题如同持续游行一般，永无休止地涌入总统办公室，有的在呼吁，有的在抱怨，还有的在质询。漫画家讽刺罗斯福优柔寡断，嘲弄他残忍地让这个国家陷入风雨飘摇之中，接连遭受打击。尽管如此，尽管那些政策争执吵得他不得安宁，尽管军事上的失败随时都有可能发生，罗斯福总能保持着他一贯的优雅。精疲力尽的亚伯拉罕·林肯曾愁眉苦脸地在白宫的大厅里踱来踱去，喃喃自语："我必须快点解决这个麻烦，不然它会杀死我的。"心烦意乱的乔治·华盛顿也曾不得不恶言咒骂他的政敌们。而罗斯福依然能表现出一副好脾气，泰然自若。怪不得他的一位政敌曾经写道："我们虽然讨厌你华而不实的勇气，却也不得不向你致敬。"

对罗斯福的朋友和敌人来说，这位总统都是一个谜。这个形容非常贴切。他总是能领会到统治的象征意义。所以，他会在哈佛大学对着黑人演讲，在自由女神像下向外国人演讲，在壁炉边和全国民众谈话。他的表现不是基于什么设计好的总体计划，而常常是临时起意，草草拼凑出临时的安排。1940 年后的对英租借法案，是他最伟大的贡献之一，让英国还能在军事上苟延残喘，但这是他在一艘游艇上想出来的，当时他正在加勒比海航行。这个巧妙的政策，完全就是天才的设想。借"租借"这个温柔的名义，罗斯福创造了一套理论，得以完全回避政府的介入，凭着短期借贷的简单说法，为同盟国和国际友人打开了美国兵工厂的大门。随后，他又把这个理念亲切、愉快地讲给美国民众和国会听。而在进行所有这些的同时，他都没有退让过一步。

不过，也并不是所有政策都能处理得这么老练。罗斯福也常常拖延，一直拖到危机已在眼前，才不情不愿地做出决定。从性情上来讲，他更喜欢宅在家中，伍德罗·威尔逊和西奥多·罗斯福在任期间，他便很享受当时的氛围，平和古雅，政府机构更简单，办事更有针对性。但到 1943 年结束时，他将要负责创建一套最早的政府宏观构架，为全球战争做准备，例如监督规模巨大的国防开支，设立今天我们知道的战争管理部门，并为总统共和制政体的现代结构打好坚实的基础。

可就算是这样，他还是那么深不可测。譬如，他创立了全国资源计划委员会，后来却批评他们的理论太浮夸，特别是在经济方面。战争进行到中期，总统的内阁成员可以说是第一流的，明星荟萃，他身边聚满了像霍普金斯、哈西特和史汀生这样的人，另外还有马歇尔、福莱斯特、鲍尔斯、贝尔纳斯、尼米兹、艾森豪威尔和麦克阿瑟（MacArthur）。但是，他却常常不愿意明确放权给他们，更不要说给予对方足够平等的地位和行政权力。这样造成的后果就是政府经常会出现内部冲突。战争部长就曾抱怨,在他"所有共事过的政府官员里，罗斯福是最吝啬的那一个"。史汀生也曾下过结论："他想自己一个人把所有事都做好。"事实上，罗斯福认为自己的这份工作相当于国家元首，与其说是受大众委托管理国家，不如说是美国民众的领导者。因此，他还是一个布道者，用雄壮有力的东部口音演讲，宣扬理念，传布普世的道德准则和动力，鼓励对他个人的忠诚。简而言之，他在感化一个国家。

而且，面对公众，他也总以仁慈的形象示人。

他的一切都那么独一无二。他是一个有原则的绅士，也是一个追求利益的自私者。他能在谈判和协商中精明地捕捉到各种细微的差别，也是一个虔诚的布道者，大谈特谈世界担当、手足情谊。他甚至有点淘气，最喜欢跟自己的内阁班子玩"突然袭击"。和自己人待在一起时，他会故意穿得随意些，衣冠不整，相信这样能制定出更多创造性的政策；有时他会为助手补充信息，有时又故意保留意见，令他们蒙在鼓里。他还极其聪明地把自己的书桌抽屉用出了新花样，每天有无数份电报、通信和备忘录汇集到他的办公室，他将其中的一部分挑拣收集起来，甚至还包括少许小道消息。

而且总有一天，希特勒会知道，罗斯福挑选时机的能力简直无可挑剔。有些时候，他似乎有种莫名其妙的懈怠，做决定时总是拖拖拉拉，行动之前更喜欢没完没了地等下去；但他也很有可能是个果断迅速的行动派，尤其是在政治上处于弱势时，甚至在他的智囊团和内阁都还不知情的状态下他就已经行动了。

鉴于这样的行事风格，人们几乎可以预见，当罗斯福开始操控这场战争时，他的政府总是陷于混乱的状态中。这使得沃尔特·李普曼（Walter Lippmann）在谈到罗斯福的领导能力时，说他总是"犹豫不决，杂乱无章"；国会的一位批评者也发表过一次名为"罗斯福对抗罗斯福"的广播讲话，说美国需要"削弱和改善罗斯福式统治"。这公平吗？有时候，罗斯福独有的魔法十分奏效，有时却不管用。无序、拖延、拖延常常是他的特色；对问题的处理也多半是即兴发挥，而非出于长远战略考虑。但不知何故这些都融合在一起。比如，他可以是一个极致的现实主义者，强调要尽快赢得战争，同时又在命运多舛的国际联盟的接替者即将接管的时候，热心地谈到战后和平的问题。

他的这个特点在下面这件事里可能体现得更为淋漓尽致。1943年4月13日是美国第三任总统托马斯·杰斐逊诞辰200周年纪念日，是日杰斐逊纪念堂落成，罗斯福出席了竣工典礼。潮汐湖上掠过一阵狂风，他脱下帽子，披上黑斗篷，靠腿支撑着自己站好，对人群高声说道："今天，在这场伟大的自由之战中，我们把这座纪念堂敬献给自由。"然后他简单地致敬道："杰斐逊绝非是个空想家。"这两位总统，一个是弗吉尼亚之子，另一个是土生土长的纽约人，其实有很多共同点。杰斐逊出身贵族家庭，却站在平民大众的立场上为他们讲了很多话，罗斯福亦是如此；杰斐逊是阴谋家，亦是操纵者，罗斯福也是；杰斐逊是机敏的政治家，狂热的忠实党徒，罗斯福也是。他们都会用诗一般的语言演说乃至起草文件，极大地鼓舞了当时以及其后的美国人；他们都能以同样的热情既团结民众，又分裂民众；他们都有一点伪善，可他们的品德都仍旧十分高尚；最后，他们二人的目光都投向了政治，力图在这个领域有所成就。

他熬过大萧条，承受着战争中各种意想不到的非人考验，可始终都没有抛下乐观的态度。他也不像希特勒，戴上眼罩蒙蔽自己。时任财政部长摩根索（Hans Joachim Morgenthau）这样评价道："令人高兴的是，不管我们是赢了还是输了，总统都能冷静地陈述事实，从容不迫。他似乎真的在直面这些麻烦的现实，连稍微自欺欺人一分钟都不行，这就是我最受他鼓舞的地方。"以赛亚·伯林（Isaiah Berlin）则说："他绝对是一个勇敢无畏的人。在这个令人失望的世界，人们被分成了两拨，一边是邪恶狂热的好战分子，推动着战争机器，把世人领向不幸与毁灭；一边是茫然无知的普通人，四处奔波逃命……罗斯福却相信他自己……能阻挡这股糟糕的战争洪流。"伯林断定，罗斯福的身上同样有着轴心国独裁者的特征和能量，但庆幸的是，他是"站在我们这一边的"。

然而，他也不会总是处变不惊。就这一点而论，他格外企盼，在紧张的战争年代还能找到喘息片刻的余地。在许多个周末，他经常会和一小撮密友到华盛顿 60 英里以北的卡托克廷山庄（Catoctin Morntain）休假，并给这处幽静的寓所取名为"香格里拉"。当然，他的工作也不会放过他，但在这儿他起码还能翻翻心爱的侦探小说，一点一点地品尝奶酪、鸡尾酒和开胃菜，和朋友闲谈。有时他们会聊到国家大事，但更多的还是无关紧要的琐事。香格里拉和海德帕克不同，十分质朴，有些陈旧失修了。可对罗斯福来说，这才是最重要的。他会带着点孩子气，神采奕奕，快活地和他的客人们开玩笑，说其中一个盥洗室的门"没法关严实"。

无论是他的敌人还是朋友，本来都不应该被他的随和可亲蒙蔽。他有着钢铁般坚强的意志——正如亚伯拉罕·林肯一般，熬过漫漫黑夜，最后赢得了南北战争。事实上，他的顾问雷克斯·特格韦尔（Rex Tugwell）也的确曾把罗斯福在大萧条时期经受的严酷考验，与林肯在国内分裂时期的斗争相提并论。

漂亮的战斗令他容光焕发——他曾取笑过国会参议员，说他们每一个人都在"各行其是"——他也对他的敌人们充满鄙视之情。1936 年 10 月里的一天，他在麦迪逊广场花园对兴奋的人群发表演说时，说道他的对手们"众口一词，全都恨他"，然后他戏剧性地顿了一顿，接着才说道："但我欢迎他们的憎恨！"还有一次，他经过华尔街时，人们开始对他起哄，还有一次是回剑桥时，哈佛的学生聚在一起，想亲眼看看这位最著名的校友，最后目送他的车队渐渐在视线中消逝。但无论是其中的哪一种情况，罗斯福始终都能继续走好他自己的路，向两边的人群挥手致意，笑容温暖。出人意料地，他开始敬仰起民粹主义者安德鲁·杰克逊，这位总统和他一样，曾遭到富人们越来越多的憎恨。

在政治上，他把自己的立场描述成"中间稍微偏左"，但值得注意的是，他有一个文件夹，上面贴着"自由主义 VS 共产主义 & 保守主义"。其实他的处世哲学一点也不自以为是，相当乐意试验各种政策，或和国务卿辩论，或揶揄那些经济学家，批评他们说话都用"术语，全部都是术语"。不过说到底，罗斯福其实是个自由主义者：一些批评他的人坚持政府预算必须平衡，他立马炮轰回去："见鬼的平衡，预算平衡不会让人们去工作。我照顾好失业的人，才会考虑平衡预算！"其实，事实无可争辩：在 20 世纪 30 年代，美国的民主制度几近崩溃的边缘；两党的力量似乎都耗尽了，无力扭转乾坤；自由市场体制的轰然崩塌成为极其现实的考虑；成百上千万的民众转而拥簇像休伊·朗（Huey Long）和神父柯林（Coughlin）这样的政治煽动者，他们是穿着花衣裳的吹笛手，满口谎言，蛊惑人心，是动荡与不安的应时产物；社会与人类到了万分危急的关头。就是在这种时候，罗斯福站了出来，挽救了整个民主体系。而如今，战火重新在世界横行肆虐，同盟国郑重地召开德黑兰会议，问题也随之浮出水面：他在国外，还能同样做到力挽狂澜么？

战争期间，这才是问题的关键。一直都是。

∾

最后，罗斯福很快就会知道，他的个人魅力在德黑兰一行中究竟能给自己带来多大的收获。一个温暖的周日，下午 3 点，晴空无云，斯大林一个人出来散步，在外面遇见了一名美国陆军军官，后者一路护送他到一间会客室，罗斯福已经等在里面了。斯大林个子并不算高，留着一头粗硬的灰发；脸颊上有麻点，一望面庞便会知道他饱经风霜；因为抽了好多年烟，牙齿有点发黑；他穿着一件卡其色的束腰外套，胸前别着一枚列宁勋章。罗斯福坐在轮椅上，身上则是一套潇洒的蓝色商务西装。斯大林朝他伸出了手，罗斯福才惊觉这是一个多么强悍的人。（"他是个身材很矮小的男人，但此刻他身上的某种气质，让他看起来格外威武。"一个美国人曾这样写道。）罗斯福同样也注意到，斯大林看着他的目光变得"好奇"起来，盯着他干瘪的双腿和脚踝看了看。

　　有一点，罗斯福终其一生都非常自豪。他总是能与形形色色的政治盟友和对手们建立起某种联系，这回，他决定也要与这位苏联的掌权者建立起个人之间的联系。当然，他本来可以做到的，但这次会晤风险实在很大。斯大林不受道德束缚，也不会感情用事；他也是个难以预知的盟友，战争刚打响时，他还是希特勒的伙伴，直到纳粹背叛了他，忽然入侵苏联。而且迄今为止，斯大林还一直愤怒地强调，苏联付出的生命代价高得不成比例，美国人因此怀疑苏联有可能与德国单独议和。这的确是一件很令人费解的事，仅斯大林格勒保卫战一役，苏联就牺牲了100余万人，比美国在二战中牺牲的全部加起来都要多。但勇敢和牺牲不只有一种形式。多亏了罗斯福，美国及时援助的物资和军需品对苏联的胜利成果来说同样万分紧要。仅在1942年后半年，美国就向斯大林火速支援了1.1万辆吉普车、5万吨炸药、6万辆卡车、25万吨航空汽油、45万吨钢铁，很快还会有5000架战斗机和200万双靴子抵达苏联，让苏联红军能够在斯大林格勒碎石遍地、积雪重重的旷野英勇战斗。是美国人提供的轮胎，让苏联人的卡车还能继续开；是美国人提供的燃油，让苏联的战机还能继续飞；是美国人提供的毛毯，让苏联的士兵身体回暖；是美国人提供的食物，喂饱了这些战士——数百万吨粮食源源不断地运到苏联，有小麦、面粉、肉和牛奶。可就是这样，斯大林这位苏联元帅还笃信，他的盟友们必须为了战争，承担更大的责任。因此，他强烈要求英美两国登陆为纳粹所占领的西欧地区，尽快对德直接作战。这一点，罗斯福倒是相当赞同他。

但丘吉尔对这个想法不太感冒，他更偏向进攻意大利的西西里岛，从那里着手，或是把目光聚焦在地中海地区。美国此前的海军实力还远远不够，罗斯福别无他法，只能延缓实施这个战略；直到美国有了足够多的货船、油轮、驱逐舰和护航舰，他才同意发动一次需要横渡英吉利海峡的重要袭击。不过现在，1943 年即将结束，军队还是以大陆本土作战为主，盟军的每次突袭都变得无比重要。战争的胜利，已是触手可及。

最后的风暴很快就会如浪潮般地向欧洲袭来。罗斯福会见斯大林时，就已在考虑未来了。

实际上，德国悍然攻破波兰边境的那一刻，罗斯福就非常想亲自见见斯大林本人了。他常常说，让他仔细瞧瞧别人的脸比认真听完一场会议都管用。多年以来，即使当上了总统，他也不喜欢依赖那些长长的纸面公文。虽然他时常打电话与人交流，并将其视为必不可少的联络命脉，但他的私人秘书格蕾丝·塔利（Grace Tully）提到，罗斯福还是更喜欢观察别人的面部表情。丘吉尔很早就发现了这一点，所以他多次创造机会，能和罗斯福当面坐下来谈谈，以期巩固英美关系。但到目前为止，约瑟夫·斯大林仅仅委派过维亚切斯拉夫·米哈伊洛维奇·莫洛托夫（V. I. Molotov）到访白宫，这位代表同样让人难以捉摸。对罗斯福来说，这远远不够。所以直到德黑兰之行的第一次会晤，他才有机会和斯大林元帅一起坐下来，不那么正式地，面对面地促膝长谈。而这次谈话的地点，则是罗斯福的住处。

罗斯福热情欢迎了斯大林，一再重复自己长久以来的愿望，期待与他的碰面。意外的是，斯大林回以亲切的问候，语气十分温和，态度甚至很谦逊，并且一再解释，他此前军务缠身，走脱不开，直到现在才有机会与罗斯福会晤。寒暄过后，他们就开始进入正题了，两人主要围绕全球事务洽谈起来。

说实话，罗斯福很想和他聊聊军事问题，但他首先要探讨的还是两国之间长期的外交关系。为了照顾斯大林的情绪，他先关心了一下苏联东部的前线战事，毕竟苏联眼下正承受着德军惩罚性的进攻。斯大林回答他的原话则是"情况不是太好"，接着又道，德国人在增兵，调了更多部队过来，红军快要守不住某个极其关键的铁路枢纽了。罗斯福听言，巧妙地提了一个问题：可主动权不还是掌握在苏联军队手中吗？斯大林点点头，承认了这个事实。

在罗斯福的敦促下，他们谈起一些更宽泛的事务来，关于法国、印度支那地区及印中两国。罗斯福一次又一次把话题引到外交关系上来，而且数次打算谈谈战后世界的问题，尤其是他自己的一个构想，即由美、苏、英、中四大巨头组建一个国际组织，共同管理战后世界。可惜时间过得飞快，他们已经聊了差不多一个小时，他的话头几乎刚露出来，这场私人会晤就不得不结束了。

一个小时的时间，足够他们彼此先试探试探对方，可对罗斯福来说，这点时间根本不够他加强自己与斯大林的任何"私人联系"。

～

三位首脑人物的第一次正式会晤，安排在下午4点，地点是苏联大使馆的大会议室。

领导人和他们的幕僚在一张圆橡木桌旁落座。这张圆桌是特别定制的，这样可以免去谁坐上首、谁坐下首的问题；不过就这场会议而言，无论怎样安排座次，都不能避免各方极力为自己谋图最大的利益。与会成员之间的文化差异极大，所以纷争在所难免。会议也没有固定议程，他们想讨论什么，就可以讨论什么；不喜欢什么话题，就可以尽情回避。其实会议室内部的陈设布置，不太适合阳光和煦的德黑兰，或许放在寒风凛凛的莫斯科更合适。厚厚的窗帘随风鼓动，几面墙上垂着大幅的挂毯，甚至连座椅的尺寸都太大了。每位领导人都带着他们的助手一起到场，而罗斯福的助手乔治·马歇尔却不见踪影；原来，他搞混了开会时间，这会儿还在外面观光游览呢。

丘吉尔和斯大林事先就达成过共识，一致同意由罗斯福率先发话，以示尊重。

罗斯福当时 62 岁，他先说了些俏皮话向苏、英两国年纪稍长的首脑致意，而后着重提到："我们第一次能像一家人一样坐在一起，现在大家都有一个共同目标，就是赢得胜利。"接着轮到丘吉尔发言。困于感冒，他声音嘶哑，没有平日里那么洪亮，但依然字字珠玑。他说，他们三个代表"当今世上最强大的三个国家"，表示"此刻我们能做的就是尽快结束战争，更该做的是取得胜利，而必须履行的义务则是全人类的未来福祉"。斯大林的开场白就有点敷衍了事，他简单说了说同盟国三方"潜在的合作"，接着就加重语气强调："言归正传，现在，我们该进入正题了。"——换句话说，他想讨论的就是美国和英国反攻欧洲，开辟第二战场，对德直接作战一事。

美国人反过来又说，在苏联向太平洋战场投入兵力这件事上，希望斯大林至少能点头表个态。提到这一点，斯大林就含糊其辞起来，说欧洲战场把苏联牵涉得太深，他腾不出手来解决日本的事情，不过一旦把德国打垮，他就会向远东进军。能有这样的答复，罗斯福表示自己够满意了，随即又话锋一转，重新提起欧洲第二战场的一应事情来。他强调，盟军应该坚持英美两国在 1943 年 8 月的魁北克会议上达成的决议，第二年 5 月登陆作战；他还指出，一直到晚春时分，海峡地区的天气都会非常恶劣，会妨碍盟军登陆。"英吉利海峡地区的气候真是太不讨人喜欢，"他如实评价，立时又意识到斯大林的顾虑，因而紧接着就添了一句，"但不管天气有多恶劣，我们都会克服困难，成功登陆。"

丘吉尔还记得，英国曾独自承受着德国狂轰滥炸的那段沉郁的日子，至今过去还不到三年。一提到英吉利海峡，他便烦躁地插了一句："我们还庆幸这片水域如此招人腻烦呢，它帮我们挡住了来势汹汹的德国人。"

罗斯福进一步商酌了更多细节，把这次横渡海峡登陆战的代号定为"霸王行动"（Overlord）。那么根据既定的时间表，美国和英国可以出哪些力，协助分散德军的兵力，减轻苏联红军的负担呢？斯大林面无表情，不停地抽着烟。他有自己的想法，主张盟军可以先袭击南部地区，以此作为先导，再从法国北部抢滩登陆。他尖刻地提醒，苏联前线仍然是战争的中心地带。他还说，通过一系列战役，德国人的教训让他明白，只从一个方向出兵的话，获胜的可能性很低。两面夹击可以迫使德军分散兵力，而两方顺利会师时，盟军又能连成一气，实力大增。也许这个想法，正适合当下的作战计划？

罗斯福随即抓住了其中的要义，丘吉尔却犹豫不决起来。眼下，他还不想从意大利抽调全部兵力。为此，他曾提议过另一个替代方案：从地中海东部出兵，甚至可以考虑引诱土耳其参战。但斯大林坚决反对，他认为这样的东部路线毫无用处，阿尔卑斯山天险固若金汤，不取道法国南部的话，对德国根本构不成丝毫威胁。这一回，罗斯福忽视了丘吉尔的意见，选择支持斯大林。丘吉尔也没有觉得太难堪，温文尔雅地退让了一步，说道："我们是很要好的朋友，但如果为此就欺骗自己，说我们对所有事情的看法都一致，那么就一点意义也没有了。"其间，罗斯福也恳请军事参谋们立刻拟定袭击法国南部的出兵计划，更好地协助原定的登陆作战方案。

就这样，这个下午所剩的时间都交给了"霸王行动"和相关的战术研究，直到三国首脑准备休息，要用晚餐。餐后不久，他们就会重新召集，继续开会。

∽

罗斯福出面设席，款待参会的三国代表。过去几个小时里，总统先生的菲律宾厨师已搭好了烹饪炉灶，开始准备经典的美式晚宴，诸如烤牛排和烤马铃薯。美国人的食物必须在美国人的厨房里准备，这会儿特勤局才如释重负。当初罗斯福和丘吉尔在卡萨布兰卡会晤时，所有摆上桌的食物和酒品，必先经由军医检查，而后在重重护卫下，由专人端送上桌，防止有人乱动或投毒加害。

等三人都坐好，罗斯福就开始调制鸡尾酒了，他非常享受这个过程，把这一刻称为"孩子般的时光"。他调制的鸡尾酒往往随意搭配，基酒和其他辅料的混合变化不定，这算是一种后天养成的嗜好。这一晚，罗斯福往一大罐冰块里倒了许多味美思酒（Vevmouth），这种酒"香气怡人，略带苦味"，接着又加了少许杜松子酒，用调酒棒"快速"搅和，最后给每位都倒了一杯。斯大林很给面子地喝光了，不过直到罗斯福眼巴巴地问他喜不喜欢，他才说道："不坏，味道挺说得过去，就是觉得胃有点冷。"其实相比伏特加，他更喜欢葡萄酒。

用过开胃酒，佐以正餐的就换成葡萄酒和波旁威士忌了。他们频频举杯，餐酒也由侍者不停地奉上。

然而，他们的和谐也只是表面的，讨论时实则处处暗流汹涌。这顿饭用完，如何处理战后的欧洲再度变成了焦点问题。斯大林从来都瞧不起苏俄的欧洲宿敌，不由得掌握起会议的节奏：他又旧调重弹，提到了和罗斯福私下会面时那些话。这一次，他公然当着所有代表的面，严词谴责法国人。他抨击道，法国的整个统治阶层都"烂到根子里了"，他们根本"不值得盟军关心"，也不应该"拥有他们自己的帝国"。丘吉尔却始终在毫无保留地替法国人说话，坚信法国会重建成一个强大的国家。罗斯福本来想当个和事佬，但徒劳无功。有关法国的议题在不断发酵，斯大林紧追不放，说到更多关于德国的核心事宜，他赞成"肢解德国，给他们最苛刻的待遇"。他认为只有这样，才能彻底把德意志军国主义掐死在摇篮里。

尽管斯大林被苏联当局美化得神乎其神，但他仍旧是那个斯大林，稍微批评一下苏联社会制度，就会被视为是对苏联的冒犯。当年他在翻阅那份肃反死亡名单时，曾对自己喃喃自语："十到二十年后，还有谁记得这帮乌合之众？没有人！"而此刻，为了强调他的立场，斯大林提到了苏联关押的那些德国战俘，他说自己曾经问过他们，为什么要滥杀无辜，连妇女和儿童都不放过。战俘们的回答很简单：他们只是在执行命令。随后，这位苏联元帅又开始说教，提起了他在德国的亲身经历。

1907 年，斯大林去莱比锡参加一次工人大会。奇怪的是，200 名德国代表竟然没有到场，原来是因为在德国上火车前，车票必须打孔，而那天负责打孔的铁路办事员没有来上班，所以他们的票就没有打孔，也就登不上车。斯大林感慨，德国人在精神上太盲从权威。（也许是为了缓和气氛，不管是罗斯福还是丘吉尔，对这番颇具讽刺意味的话都不置可否。要知道，斯大林本身就是靠枪管来行使他的绝对权力。）很明显，他在试探两位盟友，试图弄清楚，在战后惩罚和重建德国的问题上，他们的底线究竟在哪个位置。为此，他甚至表明自己不同意罗斯福对希特勒的看法，觉得希特勒不是个精神错乱的疯子，而是一个很聪明的男人，通过很原始的办法就攫取了无上的政治权力。

言及此处，罗斯福终于决定把正题引回来，先搁置这个针锋相对的话题，说说如何进军波罗的海才是正经事。这会时针指向晚上 10 点半，他正准备开口，却突然发现自己一个词都说不出来。会议室里也随之安静了许久。

其他人无不感到惊骇，罗斯福急得都红眼了。就在同时，他脸上"汗滴如豆"，汗珠涔涔而下，随后"一只手颤颤巍巍地抚上自己的前额"。

屋里寂然无声，在场的人都震惊得说不出话来，齐齐注视着罗斯福。他显然遇到了大麻烦。

哈里·霍普金斯几乎什么都没说，直接就从位子上跳了起来，当即推着罗斯福跑回总统房间。罗斯福的医生、海军中将罗斯·麦金太尔当时正在外面吃晚饭，一听到消息，就火速赶了回来。

事情发生时，在场的人当中只有麦金太尔知道三年前总统就发生过类似的情况。那是 1940 年的一个晚上，同样也是在用餐期间。这一次会重演那可怕的一幕吗？总统会倒在世上最强势的一群领袖之中吗？在这种关键时刻，美国根本不敢让罗斯福抱恙在榻。他们承担不起这种后果。

　　麦金太尔回到了罗斯福的房间，匆忙给他做了一次检查。罗斯福解释说，晚餐结束后，他就觉得头晕。麦金太尔的诊断草率得实在出人意表：他说，这次发病是因为消化不良，胃气过多。他给罗斯福开了一些药，来缓解他的症状。看来，就算总统先生远不是因为消化不良突然发病——实际上病因的确没这么简单——麦金太尔分明也不想深究了。到第二天下午来临，罗斯福再一次和斯大林坐在一起，向他阐述了自己关于战后世界的构想；而后丘吉尔加入了他们的谈话，新一轮的会议开始了。

　　然而，就算美国人能继续平静地进行会谈，关于罗斯福，这一晚无疑给出了一种令人不安的预兆，而对丘吉尔和斯大林来说，这也是一个危险的信号：健康并不总是常驻的。

∽

　　罗斯福的消化不良看起来"彻底好了"。据当时一起到访的美国随员的说法，他恢复得"和先前一样机敏"。但会议的议程却停滞在越来越棘手的跨海登陆作战问题上。丘吉尔依然举棋不定，他很担心一次直接反攻会"彻底摧毁文明"，让欧洲大陆变得一片荒凉。罗斯福方面则还没有能力在这个作战计划上投入大量的兵力，他盼着大家能集中关注战后世界的规划蓝图和成立国际组织的构想，以此解决无休无止的争端。而斯大林的脑中则回放着红军战士顽抗纳粹、最后在无情的战场上流血牺牲的画面，屡屡把话题转回"霸王行动"。无论是用红铅笔在本子上信手涂满狼头，还是冷漠地坐在那里，嘴里叼着根雪茄，他看起来态度都极为坚定，不达目的誓不罢休。他要求确定一个具体日期来，到底是在5月的哪一天，因为罗斯福此前保证过这一点；他还要求任命一名作战司令官。最后，他甚至神色严肃，极其尖锐地问罗斯福，司令官叫什么名字。尽管每个人都心知肚明，主要候选人乔治·马歇尔将军就在会议上，罗斯福还是承认，他没有最后决定好。

　　这个结果让斯大林觉得不过又是一种拖延，他格外愤怒："那到底得怎么运作这件事，我们根本什么都讨论不出来。"

　　议题又在土耳其和保加利亚身上弯了弯，才重回"霸王行动"。斯大林开始责难丘吉尔："英国真的相信登陆计划吗？还是说，你只是为了让我们苏联人心安，才空口说说而已？"丘吉尔咬着他的雪茄，不禁怒目而视，强硬地答复他："英国会使出浑身的劲来反攻德国，我们一定会强渡海峡，这是我们始终不变的责任。"情形与前一天相仿，这一天的会议就在丘吉尔掷地有声的回答中结束了。

　　其后，这位懊丧的首相大人，私下里还是忍不住回了一句嘴："该死的！"

　　现在，轮到斯大林招待晚餐了。

　　他们彼此敬了许多轮酒，餐桌上也摆满了经典的俄国菜式——餐前冷点心、热罗宋汤、鱼肉、肉类拼盘、沙拉、糖渍水果拼盘，还有餐后水果。当然，佐餐的伏特加和上等葡萄酒是少不了的。酒过三巡，斯大林又开始刺激丘吉尔。他一会儿"取笑"他，一会儿"拿话激他"，乃至说得太过，暗讽丘吉尔对德国还抱有善意，企图避开战争秘密和解。其实，丘吉尔才是率先反对希特勒的那个人，比任何人都早，比任何人都强硬。斯大林无视了这个事实，一味在口头上冷嘲热讽。罗斯福总是在制止他，不过偶尔也会搭话，跟着斯大林一起开丘吉尔的玩笑。这番"辛辣"的对话还在升温，直到斯大林还击丘吉尔，说德国总参谋部的所有人"都必须清算"，希特勒所有军队都"仰仗那5万名参谋和技师"，要是战争结束时，能把他们"围捕在一起，统统枪毙掉"，德国的军事优势就彻底没了。他说话的时候脸上还挂着"讽刺的微笑"，"并得意洋洋地挥着手"。可不知道是丘吉尔的翻译没有弄懂苏联领袖表面上的幽默，还是丘吉尔实在受够了这种假模假样的诙谐，他怒不可遏，冷冰冰地回敬斯大林："英国议会和英国民众都不会容忍过度的杀戮。这些人受战争狂热情绪的影响，虽然支持纳粹开战，但第一场大屠杀发生之后，他们就反过头来猛烈抨击那些要为此负责的人了。"

丘吉尔又道："我宁愿现在就被人带到花园里举枪自尽，也绝不愿意自己和祖国因为这样的恶行而蒙羞。"话都说到了这个份上，先前一直保持沉默的罗斯福，不得不站出来斡旋，给斯大林明显的幽默之语添上一个结尾。他提出了一个折中的办法：他也不支持斯大林元帅所说的 5 万这个数目，所以就只"枪毙掉 4.9 万人"吧。

当然，他们任何一方都没有注意到一个明摆着的事实。如果谈及人类清算，在这场可怕的世界大战中，甚至与整群整群在波兰黑暗的森林里被屠杀的无辜平民相比，其实 5 万看起来都是个很小的数字。

第三天，各方都找到了达成共识的办法。斯大林略带生硬地暗示说，如果 1944 年没有成功开辟出欧洲第二战场的话，疲顿的苏联会考虑与希特勒单独媾和。战争已经进行到了现在这个阶段，无论这一结果发生的可能性有多小，斯大林的这番开场白还是达到了他预想的效果。在这轮较量中，丘吉尔不得不向现实低头。午餐前，罗斯福和丘吉尔联手宣布"霸王行动"成为正式的作战计划，并且可能会分兵袭击法国南部。而苏联方面则答应，五月时他们也会在东线对德国发起一次进攻。

丘吉尔身体还是不舒服，支气管炎和间歇性发烧一并向他袭来，令他苦不堪言。尽管如此，轮到他时还是举办了一次正式的晚宴。巧的是，11 月 30 日这天恰是他的 69 岁生日。宴会上，英国人盛装出席，全然是一身英伦风格的传统礼服；水晶酒杯和银器在烛光的映衬下闪闪发光；罗斯福和丘吉尔都戴上了黑色的领结。敬酒的礼节也随之变得讲究、繁琐，多数时候，主动举杯的那个人需要绕桌一周，主动走到受邀者面前碰杯。

其间，罗斯福朝丘吉尔的女儿莎拉敬酒，祝她身体健康；可起身走到莎拉面前，并鞠躬与之碰杯的人竟然是斯大林。莎拉迟疑片刻，最后还是离席走到罗斯福面前，主动与后者碰杯。富有魅力的罗斯福幽默一笑："亲爱的孩子，我本该向你走过去才对，可惜我走不了。"时间一点点过去，斯大林站起来，破天荒地向美国公开致谢，感谢美国给予苏联的大量援助，让苏联红军得以保持战斗力。他的原话是："我非常想告诉诸位，为了打赢这场仗，总统先生都为我们贡献了什么。"他甚至还直言不讳地承认，要是没有租借法案，他们"必然会打输"。

下面该轮到丘吉尔表现的时间了。他左边坐着斯大林，右边则是罗斯福。丘吉尔动情地回忆道："我们被卷入了人类有史以来最可怕的一次大战之中，却能合力控制世界上接近全部的海军，四分之三的空军，指挥近 2000 万士兵，"说到这里，他顿了一顿，"1940 年夏天，我还是孤军奋战。回望这三年来熬过的漫长时光，我真是忍不住想庆祝一番，我们正大步迈向胜利。"

席间最后一通即兴演说，则出自罗斯福之口。此时已近凌晨 2 点，他兴奋难耐地举起自己的酒杯，一边激动道："我们三个国家，风俗各异，人生观念不同，生活方式也不一样；但此刻我们相聚在德黑兰，这证明无论彼此的治国理念有多么不同，为了我们和全世界的共同利益，我们依然能和睦相处，并肩坐在一起，亲如一家人，一致对外。"

然而，不管而今共聚德黑兰的三国有多亲睦，从更广泛的角度来看，这种求同存异式的和洽仍是昙花一现。因为还有更多的战争将和那些高深莫测的道德悲剧一起到来。

这是罗斯福在苏联使馆待的最后一晚了。他回到房间休息时，不禁感到几分焦躁，因为他此行的主要目的还没有达到：和斯大林建立长久的私人友谊。他已经尽了最大努力，可还是发现苏联的这位掌权者"一丝不苟"、"倔强顽固"、"太过严肃"、"从他身上根本找不到一点人性"。用罗斯福自己的话说，他简直意气全失。随后他突然想起来，前两晚，他冷眼看着斯大林对丘吉尔嘲弄个不停，针尖对麦芒，明显乐在其中。没错，他也加入了，但他还是很克制的。斯大林毫不客气，丘吉尔也会大叫大嚷地回嘴，而他大部分时候只是好脾气地听着他们吵，抑或出面调解双方，抑或火上浇油，开个玩笑缓和下气氛。会开到最后一天，为了谋求政治收益，他决定不这么做了，该换条路子试试。他得痛快地奚落奚落丘吉尔才行。

最后一天早上，在去会议室的途中罗斯福追上了丘吉尔，告诉他："温斯顿，我待会得做点什么，我希望你到时候不会生我的气。"丘吉尔多少有点惊讶。就在几天前，他刚和罗斯福在开罗共度感恩节，还一起在私人晚餐会上切了两块火鸡肉，听着假日音乐，共饮香槟，吃南瓜馅饼。刀光剑影，戎马倥偬，战争中的友谊格外难忘。不过，丘吉尔在英格兰的寄宿学校就读时就非常顽皮，他根本不需要多猜接下来会发生什么；罗斯福后来还记得，当时丘吉尔有点被他弄糊涂了，却只是把雪茄换了个位置，嘴里"嘟哝了一声"。

罗斯福一进会议室，就推着自己的轮椅摇到斯大林旁边，周围坐着的全是苏联代表。他这个出场略带狡猾，甚至还显得很亲密，好似把这位苏联领袖放到了最信任的位置上；但斯大林还是一脸冷漠，无动于衷。接着罗斯福伸出一只手掩到嘴上，像要来一场掩人耳目的私语似的，轻声笑道："今天早上温斯顿脾气很暴躁；他起床的时候，起错了边。"苏联翻译重复了一遍他的话，"斯大林的眼里不禁滑过一丝笑意"。罗斯福当即意识到，自己这个药下对了症。所有人都坐好后，他就开始变本加厉地戏弄丘吉尔，嘲笑他这个"典型英国佬"的"古板性格"，取笑他"雪茄不离手，生活习惯混乱"。罗斯福发现丘吉尔的脸涨得通红，怒容满面；他说得越多，斯大林笑得越开心。后来，他回忆道："斯大林忍不住一阵狂笑，他笑得爽朗极了，那是我三天里头一次看见他笑成那样。"罗斯福破冰成功，彼此的疏远终于不见了。

罗斯福口头不饶人，又暗自狂喜，甚至冒昧地当面管斯大林叫起"乔叔叔"来，而后者竟然也丝毫不觉得受到了冒犯。至于丘吉尔当时什么感受，就没有人记录下来了。时任美国驻苏联大使埃夫里尔·哈里曼（Averill Harriman）既是罗斯福的粉丝，同时又欣赏苏联人，他当时也在场。对罗斯福这样的举动，他也许能提供最生动的描述："别人的尴尬不适总是令他觉得有趣。"

～

这次会议相当成功。罗斯福离开了德黑兰，飞往开罗；丘吉尔也是这个安排。在短短的四天内，他们顺利商定好"霸王行动"；讨论了是否有必要成立国际组织，来维持世界和平；经过长时间磋商，敲定了波罗的海诸国今后的命运和战后德国的立国形态；他们谈到了芬兰的战争赔款，还有如何说服土耳其入伙。美国国务院带来了中欧地图，他们在地图前挤成一团，热火朝天地磋议波兰的流亡政府以及富有争议的边界问题。

但有些问题还是没有解决掉，其中就包括罗斯福未完的决定；就整场战争而言，这将是他所做出的最重要的决定之一。12月5日，他终于公布了这个众人期待已久的决定，宣布谁将最后负责"霸王行动"和诺曼底登陆，正式任命了盟军此次联合作战的最高司令。他的陆军参谋长乔治·马歇尔将军，此刻正心急火燎地等待着总统姗姗来迟的任命。在罗斯福眼里，马歇尔是参谋长联席会议中最有军事造诣的指挥官；他去德黑兰开会时，也是马歇尔陪了他半程。马歇尔深知，几乎每一个信号都在暗示，人选非他莫属；他自己也十分渴望得到这个职务。实际上，在德黑兰会议期间，斯大林甚至亲自祝贺他即将到手的任命。但罗斯福考虑得越多，就越觉得他的身边不能没有马歇尔谨慎又明智的忠告。他希望马歇尔能留在华盛顿，而不是远赴战场。当然，这个决定无疑极为冒险，恐怕也不值得这么做。周日早上的晚些时候，罗斯福把马歇尔叫到了他的住处。一番简单的寒暄过后，他总算开口问他，想在"霸王行动"中扮演什么角色。沉默寡言的马歇尔永远都是名优秀的士兵，他答道，这是总统该决定的事情。"那么，就让艾森豪威尔去吧。"罗斯福轻轻说道。为了督促事情早成定局,他随即一边口述,一边指示马歇尔把这封给斯大林的信笔录下来。马歇尔将军落笔成章,勉强把罗斯福给自己下属的任命写出来:"已决定即刻任命艾森豪威尔将军为'霸王行动'总司令。"他写好后,罗斯福在最后添了一个感叹号,冷静地加上了自己的签名。事情再也没有转圜的余地了。后来,马歇尔把这张签过名的短笺作为纪念品送给艾森豪威尔,并附解释:"这是我仓促之间写下的。"

这就是新一年的开端,接下来的一年将充斥着各种命运攸关的决策。不过,这位疲惫却不失自信的总统还得先回到千里之外的祖国。

回程途中,罗斯福原本打算取道那不勒斯,去慰问一下驻防在那里的军队。但那不勒斯仍旧战火纷飞,在众人劝阻之下,他还是打消了这个念头,转而前往马耳他和西西里岛。在马耳他,他向当地抵抗纳粹的居民们赠送了一块纪念匾;在西西里岛,他检阅军队,为战争英雄授勋,还和派头十足但总爱惹事的乔治·巴顿(George S. Patton)将军谈了谈话,这位将军最近刚掌掴了一名士兵。随后他又去了一趟摩洛哥,最后坐船横渡大西洋。

12月17日,罗斯福终于回到了白宫;他已经连续一个多月没在国内待过了。平安夜前夕,他北返家乡,抵达海德帕克镇,准备在那里就德黑兰会议跟全国民众进行一次炉边谈话。他身边摆满了麦克风和强弧光灯,通过这次谈话,他要对民众进行最后反攻的动员,坚定他们抵抗纳粹的决心。他提到,这是一场真正的"世界大战",美国必须"对德猛力反攻"。"我们不得不等着那份死亡名单来临——战死的,受伤的,还有失踪的。战争就是这么残酷。为了赢得胜利,我们没有捷径可走。而结束之日,也并非一望可知"。

1943年的圣诞节就这样悄然走近了。对罗斯福来说,圣诞节就是听人

唱一唱圣诞颂歌，再由他自己为大家朗诵一段狄更斯的经典之作《圣诞颂歌》
（*A Christmas Carol*）[1]。可这一年纽约州北部天寒地冻，罗斯福待在家里，又
被病魔击倒了：他不幸患上流感，除了咳嗽，全身还隐隐作痛。他的体温
居高不下，感觉自己"将穷途末路"。其实十一年来，这是他第一次和家人
重聚海德帕克，在祖居共度圣诞节；因此他决定好好享受在这里的每分每
秒。花环与红丝带点缀着华盛顿高档酒店和政府官员们的宅邸，海德帕克
的上空，绽放出绚烂多姿的烟花，人们畅饮蛋酒、饮料，享用美味的小蛋糕。
也就是在同一天，美国财政部里有一名年轻的律师还在加班，他在为上司
小亨利·摩根索（Henry Morgenthau Jr.）部长草拟一份备忘录。这份备忘录
的题目很长，但也令人万分震恐——《致部长报告：美国政府纵容犹太大
屠杀》（*Report to the Secretary on the Acquiescence of This Government in the
Murder of the Jews*）。

　　尽管三巨头在德黑兰会议上，先后商定了作战计划、重建国家和战后
和平等问题，可他们之中竟然没有一个人提到纳粹对犹太人有计划的屠杀
暴行。新年伊始，这份措辞严厉的铅字报告很快就会送到财政部长手上，
而后就会交由总统亲自批阅。

---

[1] 《圣诞颂歌》或译《小气财神》，是查尔斯·狄更斯的圣诞系列小作品，写于一个旧有耶诞传
　　统逐渐式微的年代；然而由于本书的广受欢迎，使圣诞节及其蕴涵的精神情操再次得到人们的
　　重视。

第二章

"我想睡觉，一天睡上十二个小时"

早在 1940 年，希特勒元首就兴高采烈地和赫尔曼·戈林说："战争已经结束了。"

然而，随着德黑兰会议的结束和 1944 年的到来，纳粹的战果变得越来越有限。战争根本就没有结束，离大局既定的那一天还很遥远。1 月 3 日，英国皇家空军对柏林发动了又一次大规模空袭，但这一次柏林的受损程度非常有限，英国却损失了 27 架战机和 168 名机组人员。每个月，英国空军都会损失十分之一的战机。而今，意大利是西线唯一还有盟军战斗的地方，盟军试图攻破德国人的古斯塔夫防线，但那看起来实在是牢不可破，作战不得不陷入停滞状态。富兰克林·罗斯福承认，"我们还有很长、很长的路要走"，但他比以往任何时候都更向前看。

罗斯福始终坚信，即使是在当代，历史也是难以捉摸的。他一手缔造了稳固的同盟，帮海外盟友走出绝境；击退国内的孤立主义，在那些黑暗的日子里点亮了民主的希望之火；每到一处，都被人视为自由的象征。希特勒或许嘲笑过他，但感性的温斯顿·丘吉尔却知他甚深，他曾说罗斯福是他"见过的最伟大的人"。富有传奇色彩的播音记者爱德华·默罗曾对那些正在战斗、或即将上战场的人们说："对千千万万身着蓝色军装、奔赴东方战场的普通美国人来说，'罗斯福'这个名字是一个象征，是一个暗号。"

不过，战争远不是嘴上说说这么容易。无论是在初期，抑或中程，还是在收尾部分，这场仗打得都非常艰辛。实际上，当爱德华·默罗播出上面这段话时，那些操着一口英语的盟军，还根本没有向东进发。相反，他们还陷在对意大利战争的泥淖之中，虽然多次向北猛攻，却仍旧无功而返。残酷的战争在缓缓推进着。对士兵来说，这里就是地狱：村庄被挨家挨户地扫荡过去；沿着一整条海岸线，都有德国人躲在山地坚固的堡垒中，瞄准盟军士兵，把他们挨个打死。置身沙场，四处都是滚滚的浓烟，尖厉的炮火，炸弹炸开那一瞬间雷鸣般的咆哮。一名士兵自嘲，这真是一个"不满的冬天"。是的，在这些浑身湿透、冻得打颤的美国兵眼里，污泥、冻雨和山谷完全是和纳粹一样不共戴天的敌人。可恶的风暴硬是挤进了难以攻克的德国防线，把土路搅得水稀稀的，盟军一筹莫展，根本无法继续行军。吉普车陷在泥泞的道上，坦克基本上等于一堆废铁。物资运输只能靠骡子，这些小家伙不时得踏着尸体过去，看起来仿佛回到了一战的西欧前线。而且，不管走到哪里，同盟国的士兵们总被刺骨的寒冷和呼啸的狂风裹挟着。

其实最悲惨的，还是他们自身遇到的困境。他们危险地蜷伏在刀削般的峭壁上，战壕足病和冻疮在潮湿寒冷的掩体中蔓延。在暴雨的侵袭下，士兵们常常要待在没过大腿的雨水里。人们在交火的间歇看一看四周，却发现野狗正尽情享用着阵亡战友的五脏六腑。到了晚上，机关枪轰轰轰开火的声音压过了伤兵的呻吟；时间一点点过去，同伴的呻吟也越来越微弱，越来越零落，越来越绝望。尽管美军轰炸机持续攻击着德军的前哨基地和供给线，这里似乎还到处都是坚守原地的德国军队。不难预见，盟军的士气一泻千里，伤亡人数也在不断增加。他们被迫承受着这一切，或在崎岖的沟壑中孤立无援，或困于带着倒刺的电线，或被敌人的地雷阵包围，或冒着枪林弹雨，在千篇一律的"砰！砰！砰！"中奋勇向前，突破了人类最大的忍耐限度。他们之中的许多人，都是弹震症的受害者，其他人要么耗尽了最后一丝力气，要么神智直接失常。有的人因为脑中一直绷着根弦，压力过大之下，不由自主地就失禁了。暮去朝又来，他们一直受困于这片古罗马帝国最初的发祥地，悲伤的美国兵索性给脚下的土地起了个外号——"紫心勋章之谷"（在战争中，美国士兵但凡阵亡或负伤，就可获得紫心勋章）。

但随着春天再度惠临，罗斯福却满怀热忱，相信盟军很快就会打破相持阶段的僵局。实际上，他希望罗马的最终收复将预示着另一个计划的开端；这个计划意义更为深远——期待已久的跨海峡"霸王行动"，终于要开始了。

这将是历史上规模最庞大的两栖登陆战役。盟军将强渡暗藏危险、风浪变幻无常的英吉利海峡，旨在一举扭转战争大局。单单确定一年里最适合发动进攻的日子（即诺曼底登陆日），就快耗光了军事参谋们的激情，这与盟军最高级别会议上洽谈的情形相去甚远。现在，德怀特·艾森豪威尔掌握大权，登陆行动的准备工作又更加紧凑了一些。没有办法，他们只有这一个选择。倘若要从西面进攻德国，法国是唯一可行的登陆地点，突袭的隐秘性也万分紧要；希特勒当然知道同盟国在酝酿一次进攻，但他不知道具体地点。德国人还能出动 55 个师，其中 11 个还是装甲师，而罗斯福一方在登陆第一天只有 8 个师抢滩成功。因此，"霸王行动"的规模完全是史诗级别的战役，每一处细节都十分要紧：超过 5000 艘船和 1000 架宽腹运输机载着将近 18 万美国兵运过海峡，从 11 个港口和 5 处滩头抢滩登陆。所有人都屏住呼吸，等着发号施令——"预备，冲！"

强攻的关键在于地点：诺曼底。这条海岸线其实很难对付，根本没有合适的港口，两条河与无数列窄窄的农田包围着四周。数个月以来，盟军进行了数千次侦察飞行，侦察员们翱翔在海岸上空，各自寻找敌军的碉堡和布防的重型炮兵部队；小型潜艇也在法国沙滩附近巡逻，力图弄清楚德军的水下防御。期间，为了混淆纳粹的视听，罗斯福和盟军煞费苦心，策

维泰博•

佩斯卡拉

1944年1月冬季进攻路线

奥托纳

1943年11月冬季进攻路线

亚得里亚海

普洛耶什蒂轰炸

10月8日盟军进攻路线

泰尔莫利

罗马
6月4日

1944年6月5日盟军进攻路线

奇斯泰纳-迪纳丁纳

1944年2月14日-3月31日

伊塞尔尼亚

福贾
9月27日

1944年5月11日18日

沃尔图诺河

1月22日，登陆安齐奥

内图诺

蒙特卡西诺战役

卡西诺

卡鲁索山

曹菲尔诺河

切尔瓦罗河

奥凡托河

巴里

意

泰拉奇纳

古斯塔夫防线

大

马泰拉

布林迪西

庞廷群岛

蓬扎岛

那不勒斯
10月1日

萨莱诺
9月10日

布拉达诺河

利

塔兰托
9月9日

美国第六军团

伊斯基亚岛

卡普里岛

萨莱河

1943年
9月12日至14日

波坦察

巴森托河

第勒尼安海

第十军团

帕埃斯图姆

奥莱塔

阿格里河

塔兰托湾

第六军团

阿格罗波利

1943年9月9日
克拉克领导的
美国第五军团

卡斯特罗维拉里

克拉蒂河

由奥兰出发

第三十六步兵团

科森扎

第四十六步兵团

由比塞大出发

第五十步兵团

卡坦扎罗

第四十五步兵团

利帕里群岛

皮佐

9月9日进攻路线

墨西拿
8月17日

埃加迪群岛

卡斯特拉马雷

7月22日巴勒莫进攻路线

雷焦卡拉布里亚
9月3日

马尔萨拉

圣斯特凡诺

贝利切河

佩特拉利亚泰纳

埃特纳火山

卡斯泰尔韦特拉诺

西西里

恩纳

阿德拉诺

卡塔尼亚
8月5日

英国舰队（从马耳他出发）和第一前空队（从比塞大出发）

普拉萨诺河

通泰诺河

杰比尼

西西里海峡

夏卡

西美托河

8月2日盟军进攻路线

伊奥尼亚海

恩佩多克莱

纳罗

利卡塔

奥古斯塔

7月15日盟军进攻路线

杰拉

维齐尼

锡拉库萨

斯科格利蒂

拉古萨

阿沃拉

潘泰莱里亚岛
6月11日

波扎洛

帕基诺

地

第三步兵团

第一步兵团

加拿大第一师

第四十五步兵团

第五十一师

第三十与第五十一师空降

英国舰队（从马耳他出发）

中

戈佐岛

马耳他群岛

1943年7月10日
巴顿将军领导的
美国第七军团

由的黎波里出发

利诺萨岛

马耳他

偏拉杰群岛

海

兰皮奥内岛

1943年7月10日
蒙哥马利率领的
英国第八军团

兰佩杜萨岛

突尼斯

西西里和意大利
进攻地图

1943-44
艾森豪威尔和亚历山
大的盟军总部

美军路线

英军路线

主要战役

0　　50　　100

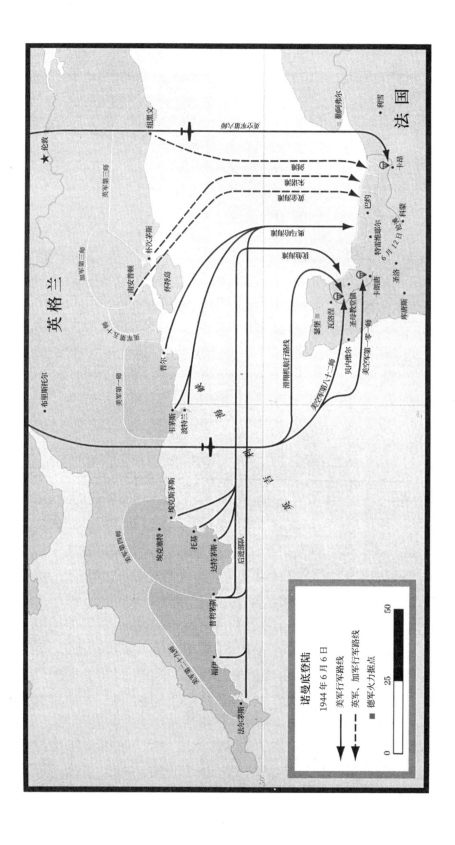

英格兰

法国

诺曼底登陆
1944年6月6日
美军行军路线
英军、加军行军路线
德军火力据点

0   25   50

划了好几套诈敌诡计。借用美国电影业巨头的技术，反谍报机构在声名远扬的乔治·巴顿将军手下伪造出一支不存在的傀儡军队；其中包括用橡胶做成的装甲车，喷过漆的预制战机，表面有鳞状斑点的登陆艇，看起来逼真极了。并且，他们不忘捏造无线电通信连续不断的嗡嗡声，甚至还给安营扎寨用的炉子点上火，让炊烟升腾。这一切，都只是为了骗过德国人，让他们相信盟军准备全力突袭法国加来地区（Pas de Calais），而非诺曼底。尽管希特勒本人将信将疑，但他手下的绝大多数将军都确信加来就是盟军的登陆地点。

而实际上，真正的登陆部队集结在英国另一处地方。

这是一支举世无双的军队：在英格兰南部，数以万计的坦克小心翼翼地伪装好，其中包括登陆艇、水中坦克和扫雷坦克；另外还有卡车、吉普车、重炮群、滑翔机、打字机、随军用药、"野马"战斗机和（数百个）火车头，它们与坦克群一并在路边静悄悄地一字排好，为那场惊心动魄的遭遇战待命。与此同时，几十万战战兢兢的士兵把神经绷得像压紧的弹簧，被暂时安置在某一处与世隔绝的地方。他们需要造毒气堆，挖散兵坑，训练如何进行爆破和电火花线切割，拼命往脑子里灌着各式详细的地图还有德军防御工事的照片。到了6月初，全部兵力加在一起将近300万。每个士兵都领到了琳琅满目的装备，包括丰厚的钱、泛着光泽的剪线钳、防毒面具、新牙刷、新香烟、晕船药、超量的袜子，当然，还有足够多的弹药。不出众人所料，男人们最珍视的两样东西，是法国旅行指南和避孕套。其时，15艘医疗船上已配好了8000名医生，满载着10万品脱血浆，60万剂盘尼西林和10万磅磺胺；上面还准备好了12.4万架医疗床，这个数目真是无比惊人。而在更安静些的一些时刻，大兵们会阖上自己的眼睛，在胸前画着十字，低头祈祷；在不远的将来会发生些什么，他们心照不宣。

不过这儿难得地寂静了下来。每一晚，都有数英里长的车队轰隆隆地开来开去，连续吵上好几个小时。办公楼和仓库鳞次栉比，其间还蔓生出不少访客设施。无数的码头工人忙着搬卸物资和补给品——10万包口香糖，

1.25 万磅饼干，6200 磅糖果，还有堆成塔状的备用轮胎，巨盘电缆，数万个车轮和木箱。这支无敌舰队的规模还在不断扩大，不知情的人特别容易把这个军事中枢误认成大型商业都会。实际上，"霸王行动"复杂的后勤工作格外令人心烦意乱。这相当于盟军要趁着漆黑的夜色，在仅仅 12 个小时之内，把波士顿、巴尔的摩（Baltimore）和斯塔滕岛（Staten Island）的全部人口——不分男女老少，以及所有轿车、货车——都摆渡到海峡对面；而这条海峡宽达 112 英里，暗流汹涌。

令人啼笑皆非的是，这次大规模突击的战地指挥所竟然设在一间不起眼的拖车式活动工作室里，离朴次茅斯皇家海军造船厂不远。唯一能使人认出它真实身份的，也就是室内那张朴素的木桌上摆着的两部电话机。红色的那部能以密电形式联系在华盛顿的罗斯福和美国战争部，可抗无线电干扰；绿色的那部则用来直接连线唐宁街十号，那是丘吉尔的官邸。

暮春前夕，万事俱备，只欠东风。艾森豪威尔将军待在指挥所里，留给他的只有下达出击命令这件事了。无论是对罗斯福、艾森豪威尔，还是对盟军来说，既定的计划不能出现任何意外。这位将军此前就沉痛地说过："我们绝对承受不起失败的后果。"

"霸王行动"要么大获全胜，要么一无所有。

在海峡对岸，埃尔温·隆美尔手握法国境内兵马指挥大权，正慢条斯理地踱着步子。他是希特勒手下最精明、最勇敢的将军之一，曾在埃及痛击英军和美军，不过最后也一不小心在非洲暴露了德军的短板。隆美尔认为，把盟军拦死在海滩上就是德国人最好的防御机会。因此，他决定就按照这个思路在沿岸布防。半年以来，约有 50 万德军一丝不苟地沿岸修筑了大量军事碉堡和致命的障碍，静候盟军到来。只要有可能，德国国防军的精英们就会期盼隆美尔一声令下，虽然这样的情况也不是太频繁。他们曾脚踏捷克斯洛伐克的土地，明目张胆地突袭波兰，蹂躏过挪威和比利时；又以智取胜，惊呆了法国人；还从两翼包抄，挫败了南斯拉夫人和希腊人。无论隆美尔私下对盟军的此次反攻抱有怎样的疑虑，他知道他可以让盟军为他们推进的每一寸土地都付出代价。他也清楚——不如说他希望——他的第二等和第三等军队能够临阵感染出"狂热"情绪，这正是他们在实际训练中所缺乏的。而这两类士兵的年纪要么太轻，要么太老，他们都是从克罗地亚、波兰、爱沙尼亚、拉脱维亚、立陶宛和克里米亚征来的"志愿兵"。同样，他还明白，在抵达希特勒大肆吹嘘的欧洲堡垒之前，盟军的每一次支援、每一个手榴弹、每一剂吗啡、每一条止血带和每一罐食物都要先冒险渡过英吉利海峡。

当然，隆美尔也很清楚两栖登陆作战有多复杂；任何一步都有可能出错，而且结果通常都是失败。诚然，在1847年的美墨战争中，墨西哥人准备不周，美国温菲尔德·斯科特（Winfield Scott）将军曾成功强登韦拉克鲁斯（Veracruz），但那只是个例外。正如伟大的拿破仑也无法横渡英吉利海峡，最后只能惨淡收场，希特勒也是一样。自从"征服者"威廉在1066年登陆成功以来，还没有人做到过同样的事情；何况，威廉还和盟军的情况不一样，他是从反方向渡海上岛的。从近代的历史来看，这基本上也是痴人说梦。一战中，英国受阻于达达尼尔海峡恶劣的气候和水文环境，在加里波利（Gallipoli）一役可耻地惨败；事情已经过去了四分之一个世纪，可这段记忆至今还像噩梦一般缠着丘吉尔。而在1942年8月，数千名盟军突击队士兵试图进攻法国沿海港口迪耶普（Dieppe），纳粹轻而易举地粉碎了他们的袭击。

隆美尔的部下费时数周，沿岸修筑了一套网系复杂、设计严密的堡垒和防御工事，底下以体系化的隧道相通，修筑速度迅捷而又狂乱。他们在海滩上铺设了50多万个行军障碍物，包括"比利时之门"和环环相扣的铁链护栏，打磨削尖，可以撞毁登陆艇的外壳，以此诱使盟军等待落潮时分抢滩，德军火力将在那个时候猛力倾泄，地毯式扫射已经准备就绪。另外，他们还想出了一个天才的主意，泻洪淹没了诺曼底附近长达数百英里的农田，开辟出一块天然的歼敌区，届时会强迫盟军战机在这片人工沼泽紧急降落。海滩沿线布下了各式各样的陷阱，其中包括数十万枚地雷，一旦敌人踩到或引线被点燃，就会立刻引爆；更不必说那绵延数里、望不到尽头的带刺铁丝网和反坦克壕沟。隆美尔希望，这种马拉松式的可怕障碍物会让盟军望而却步，最好是还没正面碰上这些毛骨悚然的防御工事，就打起退堂鼓。这就是希特勒闻名于世的大西洋壁垒。当然，还有肉眼随处可见的防御实体：厚达 13 英尺的混凝土墙，中有钢筋加固；重炮群严阵以待，警戒地扫视着四方；甚至还有虎视眈眈的导弹发射场。而在远处，威猛的装甲车整装待发，等待着弹药填满炮管、把不请自来的登陆者通通扔回海上的那一刻。

这会是纳粹的马其诺防线么？还是将在 20 世纪重演南北战争中联邦军凭借葛底斯堡的金汤城池，重创皮克特愚蠢冲锋的历史？时间会证明这一切。"战局大势将在海滩上见分晓，"隆美尔严肃地告诫一名助手，"敌军抢滩登陆刚结束时，力量最薄弱，接下来的 24 个小时最为关键。"

他举目远眺，这将是最漫长的一天。

那一天来临之前，他们能做的，除了等待还是等待。罗斯福也在等待，无论是在椭圆形办公室，在地图室，还是乘车穿行首都的街头巷尾，他都在静候前方的消息。炮火连天，硝云弹雨，他都耳闻目睹过，他知道战争会给一个国家带来什么样的景象、声浪与创伤，这些他对付得来。他明白想打赢这场硬仗，还要花很长很长时间，这一点，他也周旋得过来。他已预见，很快就会有船拉着无数棺材回来，里面装着阵亡将士的遗体，对此他也会安排妥当。盟军即将孤注一掷，全力以赴。然而有一件事却是他控制不了的：自从去了一趟德黑兰，他的身体每况愈下，留给他的时间越来越少了。

"霸王行动"在紧锣密鼓地筹措着，而他已是一个垂死之人。

不过，他绝不会向外界坦白这一点，甚至对自己也不承认这个事实。原因何在？毫不夸张地说，美国眼下筹备的计划会决定欧洲今后的命运，倘若他此时将实情公之于众，会不会显得太莽撞，对国家大事太漠不关心？或者，他这是在又一次地自欺欺人？还是说，果毅敏锐的战时领袖罗斯福，只是不甘承认自己身上的任何弱点或任何形式的失败？要知道，尽管他的形体有后天缺陷，可一直都是盟军威风凛然的精神支柱。然而，1944 年初，在众人最需要他强劲的力量时，他突然疾患危笃。

他才刚过 62 岁，但自从接受伍德罗·威尔逊的任命，担任海军助理部长以来，30 多年里他大半时间都是万众瞩目的对象。现在，十年的总统生涯过去，从任何一个方面来讲，心力交瘁、油尽灯枯都是他的真实写照。曾经丰盈的两颊陷了下去；伸手去拿香烟时，手会猛然发颤。他的脸色愈近惨白，好似粉笔涂抹出来的颜色，只有眼眶下的部位恰恰相反，在照片上呈现一片拭不掉的淤青，肿得发紫。早上，他疲惫得没法工作；可到了晚上，他又浑身不适，病得睡不着。他仍要伏在白宫那张巨大的办公桌后处理公务，可仔细审阅意见书时常常会木然地望着文件，两眼放空；翻看邮件时，嘴巴会无精打采地耷拉下来；最让人意想不到的是，向别人口述命令时他会睡过去。这些半恍惚的情况好似还不够严重，有一回他差点失去知觉：他要在文件上签字批复，可最后竟只在纸上留下了点脏兮兮的墨水和潦草的字迹。在其他场合，他曾从椅子上跌落，无望地躺卧在地上，把特勤局员工惊得不知所措。头痛总是日日夜夜地折磨着他，频频的干咳仿佛也不肯从他身上离开。

有一次，罗斯福的一位政治伙伴在白宫和他共进晚餐。事后，这名要员不得不承认，罗斯福神色疲倦，憔悴不堪，这令他惊诧极了。而战争情报负责人罗伯特·舍伍德（Robert Sherwood）更是直截了当地说，总统的面容像是被谁劫掠过一番；而且，总统还瘦了很多，连脖子都"纤细得不成样子"，当他见到罗斯福真人之时不由"大惊失色"。不只如此，温斯顿·丘吉尔也曾与私人医生莫兰勋爵透露，罗斯福看起来"格外疲惫"。

不用说也知道，一时间各类传闻甚嚣尘上。不管罗斯福和白宫多么小心地掩饰他的公众形象，大家还是把一系列举措都看在眼里：他取消了许多安排，其中就有记者招待会。人们议论纷纷，都在传他重病不起。白宫放出话来，说罗斯福只是"得了流感"。这当然是真的，起因还得归于前一年12月那趟漫长的环球旅行，他不得不往返遥远的德黑兰，只是为了与丘吉尔、斯大林会晤。但剩下的就都是安抚人心的谎言了。这会儿，总统的身体一点儿也不好。他的儿子埃利奥特后来写道："流感死活都不肯走。父亲一直都特别疲倦。这还不算完，麻烦一个接着一个来。他有慢性消化不良，该进餐时只能专心吃饭，不得不放弃把正事搬到餐桌上来；有时，他全身都是汗，带痰的咳嗽折磨着他的肺。"

这个冬天，罗斯福大部分时间都待在海德帕克镇，但这一次休假基本也没有令他的病情好转。到了1月，他早上醒得越来越迟。他的助手威廉·哈西特（William Hassett）颇受他信任，1月28日，哈西特在日记里写道："总统又睡了个懒觉。"就在3天前，罗斯福早上差不多11点半才睡醒下楼。3月的后半月，他又回到海德帕克，病情开始迅速恶化。当第一束黯淡的晨曦投进窗内，他慢慢转醒，仍感疲乏无力，浑身发颤。他没法工作，想集中注意力都很难，一天多半只能待在卧室里，连一日三餐都得让人放在托盘上，端到床上用。3月24日，哈西特写道："今天早上，总统待在卧室，他看起来不太妙。后来他主持新闻广播会议的时候，情况也没有好转，他声音沙哑，声调特别低。看来，最近这次感冒让他的身体虚弱了很多。"每天早上，都会有人来关心一下他的病情，而他答复每每都是"糟透了"、"感觉就像在地狱"。到了3月26日，他的体温升到了104华氏度（约合40摄氏度）。"头儿很不舒服，脸色特别差。"哈西特写道。罗斯福吃不进多少东西，甚至有点逆来顺受的感觉；而他的女儿安娜越来越惶惶不安，甚至去质问主治医师麦金太尔上将。她的焦虑，麦金太尔看在眼里，却还是置若罔闻，只一味举例引证，说病去如抽丝，她父亲的流感和支气管炎慢慢才能痊愈。这一点，安娜显然更明白，她一再坚持要把罗斯福送到贝塞斯达海军医院（Bethesda Naval Hospital），接受全面检查。麦金太尔勉强同意了——但他又告诫其他人：总统的实际病情绝对不能让他本人知晓，透露一个字都不行。

1944 年 3 月 28 日，他们小心翼翼地把总统先生抱进加长轿车里，缓缓驶往贝塞斯达；而他再一次和哈西特低语道："我感觉就像在地狱！"

摩托警车在前面开道，罗斯福的车队沿着威斯康星大道，一路开到了贝塞斯达医院。一到地方，他就被人抬下车，抱进一张轮椅，推进光线微暗的走廊里，医生们已经在此恭候多时了。人们蜂拥而至，围在走廊两旁，等着一睹真容；毕竟，这可是为人交口称赞的盟军领袖。见到此情此景，他立刻高兴地举起一只手，顽皮地和他们招手，幽默地说了些俏皮话。此前，罗斯福常常抱怨自己的慢性鼻窦炎，弄得人尽皆知，所以当时给他安排的私人医生是一名耳鼻喉科专家。眼下，给他做检查的却换成了霍华德·布鲁恩（Howard Bruenn）。布鲁恩医生很年轻，但他是公认的心脏病专家，同时也是海军预备役中尉；他检查起来非常认真，一点也不拖泥带水。检查伊始，布鲁恩就怀疑"情况可能很糟糕"，可结果还是让他震惊了。他啪地打开检查室的电灯，发现罗斯福的脸色"格外灰败"、"暗无生气"；嘴唇和皮肤都有灰蓝色的斑，看起来不太雅观，这说明体内组织供氧不足，他的身体连最基本的血液循环都成问题。他还咳嗽个不停，憋气时间最多只有35 秒。

布鲁恩用听诊器听了听他的心肺，却只是徒增惊恐：在罗斯福的一呼一吸之间，他能听见湿性啰音和咔嗒咔嗒的冒泡声，这表明他的肺里已经有组织液回流了。总统先生简直就快溺亡了，肺内的液体正缓缓吞噬着他的生命。这绝不像麦金太尔所暗示的那么简单，支气管炎或肺炎的后遗症不是这样。实际上，布鲁恩一开始就意识到罗斯福连正常呼吸都成问题；单单把他从一边挪到另一边，都会令他"气喘吁吁"，使人担心不已。布鲁恩后来回忆："这比我担心的还要糟糕。"

每检查一步，他就越发意识到罗斯福的病情有多严重。他快速扫了一遍总统的病历簿，发现早在 1941 年 2 月，他的心脏病就轻微发作过，记录下来的血压值高达 188/105。随后发生过什么，就无从得知了；借助这份病史报告，他发现从那天起，麦金太尔就再也没有给罗斯福量过血压。此刻坐在布鲁恩的检查室里，他的血压值是 186/108。但其他的结果明显要更为惊人。照过 X 射线和心电图后，布鲁恩发觉他心脏膨大，肺血管充血膨胀；而心脏阴影面积较之常人也显著增大。也许是老天认为这还不够棘手，他竟然还听到了收缩性杂音，证明罗斯福的心脏二尖瓣不能正常闭合。

布鲁恩当即做出了诊断：美国总统富兰克林·罗斯福先生，患有急性支气管炎，充血性心力衰竭，高血压及高血压性心脏病。不出意外的话，罗斯福最多还有一年时间可活。事后证明，布鲁恩医生完全就是预言精准的先知。

也许是因为罗斯福这会儿感觉太不舒服了，所以他对自己的病情一点都不感兴趣。布鲁恩遵从麦金太尔的指示，也绝口不提检查结果。他们看着罗斯福高高兴兴地玩着看手势猜字谜的游戏，一会谈谈这个，一会聊聊那个，但就是不过问自己的身体；他想回避某个不快的话题时，一般都会这么干。他一直消遣到了下午，而后就要去出席一场既定的记者招待会，以此打消公众的疑虑。这真是一场完美的演出。他暂别肺炎可能带来的任何烦恼，表情微显茫然；他的脸上忽地闪过一抹微笑，假咳了一声，为了表演得更自然些，他一边假咳还一边轻轻拍着胸口。镁光灯闪个不停，记者们哄堂大笑，轻易就上了他的当；连《纽约时报》都报道："总统的脸色和嗓音……好多了"。

但这不过是虚张声势而已，他的情况根本就没有好转。随后，他的妻子埃莉诺和女儿安娜赶到白宫书房见他，发现他明显非常难受，疲乏得连话都不想说。晚上 7 点半前，他就躺在床上了。

而布鲁恩医生决心忽略罗斯福的总统身份，像对待其他病人那样严格为他安排治疗方案；他口授了一份备忘录，概述自己的治疗建议。其中一些很容易就能做到，比如控制饮食时的摄盐量，开始适当减重，服用毛地黄（尽管服用起来多少有点麻烦，而且可能还有诸如产生幻觉、视力减弱的副作用），每天适当服用泻药，定制一张高架睡床，以便缓解夜间的呼吸困难症状。罗斯福每天习惯了抽上 30 根烟，布鲁恩要求他必须少抽；同样，每晚的餐前鸡尾酒也要少喝。不过，布鲁恩最重要的建议提得极为狡猾，因为他得考虑到病人的总统身份，何况眼下离盟军的登陆行动仅剩 2 个月。他强烈建议罗斯福由专人护理，完整地卧床休息上几周再说，这样可以缓解他的战前"紧张"。

此前，麦金太尔竟然没能确诊总统的绝大部分病症，直到现在，他还固执地认为总统没得任何一类心脏病；而对于卧床休息这条建议，他更是暴跳如雷。"他根本抽不出时间上床休息，"他恶狠狠地抢白道，"他是美国的总统！"因此，他干脆组织了一次高级专家会诊，来判断布鲁恩是否误诊。起初，麦金太尔精挑细选出来的专家们都站在他这边，但布鲁恩坚持罗斯福危在旦夕，绝不收回原话。最后，麦金太尔不得不同意请两名第三方专家再给罗斯福做一次检查。会诊完毕，他们断然赞成布鲁恩的意见。

其中一名顾问医生莱希博士还担心总统的胃肠道可能也有问题。莱希没有把他发现的问题明确记录下来，但后人从遗留下来的一些材料推测，他可能发现罗斯福的胃里有恶性肿瘤，而且无法手术。这也许是一种继发性肿瘤，源于他左眼上方的恶性葡萄胎，或起于后脑切除掉的那块粉瘤。不过，罗斯福的当务之急还是心脏病。

可这支医疗团队随即就面临一个几乎无法克服的挑战。总统不能工作——这还不如杀了他；但他又不能不工作——国家需要他。那该怎么办？

他们转而采取布鲁恩医生的原始方案，只是执行力度相应减小，例如在他就餐期间，严格控制分心公务；启动一项身体监护计划，每天都要更仔细地留意他的健康状况。而布鲁恩每隔一天就会出现在白宫大门，来为他做检查。在接下来的两周里，这个方案似乎还管用——在一定程度上。照完X光，他们发现他的肺干净了些，支气管炎也减轻了不少，这很可能是因为严控抽烟。甚至，他膨大的心脏都收缩了点。他睡得也更安稳，并且能告诉别人，感觉好点了。可他还远没有康复。即使如此，麦金太尔还是在堂而皇之地误导公众和媒体。4月3日，罗斯福的这位私人医生声称，总统好得很，先前布鲁恩他们做的检查其实一点都不重要，他现在只需要"稍微晒晒太阳，多运动运动"。

结果第二天，罗斯福的血压就突然飙到了226/118，跟他平时风度翩翩的举止相比，格外萎靡，又焦躁又木然；另外，他的注意力也十分涣散。他素来奉行斯多葛主义[1]，不以苦乐为意，可这会儿竟然告诉埃莉诺，他特别烦闷，真怀疑医生到底搞没搞清楚他哪里有问题。他的直肠部位莫名其妙地疼起来，虽然最后又不疼了，但当时他就担心，那里是不是长了个肿瘤。不过，他还是继续服药，从来不问这些药是治什么病的，也回避任何有关真实病情的谈话。说是策略，在小儿麻痹症这个问题上，他就是这么干的，而且干得相当成功；说是托辞，他父亲最终就是因此而倒在了致命的心脏病下。可他的回避无论属于哪一种，都是他自己选择的方式；他宁愿让自己蒙在鼓里，一无所知。

然而，事情到了这一步，总统的医疗团队意识到他们别无选择。不管战争是否开始，不管他是不是总统，如果罗斯福还想好好活着，那么他们必须要做更多的努力。于是罗斯福被告知，他需要好好休养一段时间，这

---

[1] 斯多葛主义是古希腊的四大哲学学派之一，也是古希腊流行时间最长的哲学学派之一。斯多葛主义的许多政治见解均成为西方政治文明的主要构成要素。斯多葛主义有关独立、自足的个人的观念无疑是独具特色的西方个人主义的早期表述，并对日后个人主义在近代的最终确立起了重要作用。

对他的身体来说非常重要。他必须远离白宫。

对罗斯福来说，这真是一个两难的抉择。好好休养，远离白宫？他一路走到今天格外不易，堪称举步维艰，可他还是能克服小儿麻痹症，成功当选总统；带领人们化险为夷，在大萧条中涅槃；就是眼下，他还主持着浩浩荡荡的诺曼底登陆行动，维系着与别国的同盟。而现在，他的身体突然不允许他这么做了。他累垮了。"我无路可走，简直烦透了。"罗斯福急躁地告诉丘吉尔。那么盟军未来的胜利又能否拯救他？罗斯福和丘吉尔都心知肚明，沙场变化莫测，随时都可能有突发情况：友军误向自己人开火，"战略错误"或情报有偏差，甚至总统本人压力过大，导致精神突然崩溃。但罗斯福也明白，他手下那些优秀将领们的任务，就是寻求解决困难的办法，而不是吓得脚软。他们必须一马当先——即使是负伤时，他们也必须永远勇往直前。而这也是世人对罗斯福的厚望。

尽管他的医生们都有点绝望，可总统自己却觉得眼下他从事的工作极具挑战性。他当了多少年总统，腿上的支架就绑了多久。金属支架重达14磅，他站立时却又必须依靠这些铁家伙，这对他来说十足就是折磨。他常常得挣扎着才能站稳或走路，全靠扭转自己的下腹和臀部，步履略显蹒跚，走路的样子还有点罗圈腿，他汗出如浆，下巴都僵了。这些年，他总是试图独自上下楼梯，一遍又一遍地小声对自己说："我一定得走下去，一定。"遗憾的是，他一直都没有如愿以偿。他虽然身体上有缺陷，但精神气魄却绝对完好无损。就任期间，访客总是为他的毅力所折服。举国上下乃至全世界知道有他这么一个人，不是因为他的种种不足，而是因为他朝气蓬勃的出场实在令人印象深刻：洪亮的男高音，抑扬顿挫的语调，诗歌一般的措辞，众所周知的挥手动作和标志性的微笑。最重要的是，他的论述与所思所想，总是能与时代的步伐保持一致。

因此，他直面这个困境的从容，怀着与先前的经历别无二致的坦荡自信。他曾无数次驱散绝望，这一次，他也决心这么做。

温斯顿·丘吉尔的好友伯纳德·巴鲁克是一名金融家，也是罗斯福政府的资深经济顾问。4月初，他向罗斯福提供了宽敞的霍布考庄园（Hobcaw Barony）作为疗养地，这个僻静的世外桃源就是南卡罗来纳州著名的"水上庄园"。在这里，能看见许多野生动物，各色各样的游鱼，从鹌鹑到狐狸，从短吻鳄到火鸡，应有尽有。小溪潺潺，流水淙淙，田野和盐碱沼泽一望无际，美不胜收；茂密的森林里长满了高耸挺拔的松树和橡树，老橡树身上覆满铁兰，悠然自得地迈过了数百年的岁月。这里远离战争的喧嚣，是静养的最好去处。旷日持久的拉锯战虽然无法阻挡，但罗斯福至少该获得片刻的安宁。霍布考的时光是如此静谧悠然，巴鲁克甚至都没有在此安装电话线。罗斯福的行李打包好了，行速缓慢的私人专列也准备妥当。1944年4月9日，他抵达霍布考，那天适逢复活节，"我想睡觉，一天睡上十二个小时"。按原定计划，他会在这里休上两周假。

最后，罗斯福在霍布考庄园待了一个月。

当罗斯福的车队缓缓驶往南卡罗来纳州之时，盟军正在为诺曼底登陆行动不遗余力地做准备。就在同一时刻，第三帝国的一个特别部门正踩着狂热的步伐做一件事：奥斯维辛的毒气室。这标志着纳粹最后的疯狂之举，他们要把欧洲剩下的所有犹太人尽数清洗掉——无论是孩子、父母，还是祖父母，他们眼里任何不适合繁重劳动或医学实验的犹太人都必须去死。其实纳粹的目的很明确，就是不想让这个种族存活。这一次，轮到匈牙利籍犹太人受难；世上有史以来规模最大的一次谋杀，就要开始了。而对希特勒来说，他的百年大业如日中天。

镜头拉到了奥斯维辛。无论是在哪一张地图，都找不出第二处像它一样的地方。它有着仿中世纪式的大门，位于一座边陲小镇，是人类与文明的分界点。讽刺的是，"奥斯维辛"这个词衍生自古波兰语中"圣徒"一词。斯拉夫人将自己的文明带到这里，德意志移民随后带来了他们的法律制度。维斯瓦河（Vistula）与索拉河（Sola）都流经此处，于是奥斯维辛凭借地势之利，渐渐发展成商贸中心。千百年来，波兰、神圣罗马帝国和波希米亚王国先后都统治过这里，在波希米亚国王统治时期，捷克语还是这里的官方语言；最后在 1457 年，波兰人用 5 万银马克买回了这片土地。1772 年波兰第一次分裂时，奥地利占领了这里。随着奥地利统治者哈布斯堡家族的到来，德语变成了官方语言，它的名字也改由德文拼写。实际上，直到1918 年奥匈帝国解体，哈布斯堡王朝末代皇帝的诸多头衔里还包括奥斯维辛公爵这一个。

镇上的大部分居民都信奉天主教，不过犹太人和少许德意志人也定居在这里。它的统治者从来没有颁布过任何律条，来禁止犹太人在此居住、贸易。他们不会被强行驱赶到聚居区，可以自发自愿地生活在一起，渐渐建成繁荣兴旺的犹太人社区。他们开设银行和工厂，开店做生意，有的甚至还经营着颇受欢迎的酿酒厂。居诸不息，星霜荏苒，奥斯维辛渐成理性正统派和犹太复国主义者的聚居地，说得更中肯些，一部分犹太人索性把这称作"奥斯维辛的耶路撒冷"。其实在人口数量方面，犹太人与天主教徒大抵相当，后者可能略多一些；这也能从政治上略见一斑：奥斯维辛的副市长一直都由犹太人出任，而市长则一直是天主教徒。

约在 20 世纪初，这里建起了第一座劳工营，用以收容大批外来劳工。

一战结束后，则变成了难民营，其中大多是从新立国的捷克斯洛伐克逃出来的波兰人。二战前夕，这里突然冒出了种族冲突的苗头，反犹主义潜滋暗长，局势急转直下。犹太人被禁止进入索拉河沿岸的公共浴室及市镇公园。同时，波兰居民开始不约而同地抵制起犹太工匠，一些商铺被迫关张。但此时，没有一个人能预见几年之后会发生什么。1939年，德国人闪电般地征服了波兰，将一大片领土纳入德意志帝国麾下，其中就包括奥斯维辛。

用一名德国历史学家的话说，1940年初，奥斯维辛"入了希姆莱的法眼"。

海因里希·希姆莱（Heinrich Himmler），也就是纳粹臭名昭著的党卫军全国领袖，当时正想找一块地方修建集中营来关押政治犯。奥斯维辛老旧的劳工营就是三个候选地址其中之一，不过它还远不够格成为第一选择。营房破旧不堪，看上去快要塌了，又因建在湿地上，易生瘴气，水资源也比较匮乏。但其他因素能弥补这些劣势：它是主要运输路线的必经之处，坐落在铁路枢纽附近，也便于封闭管理，避开外界窥探的视线。因此，1940年4月底，奥斯维辛变成了纳粹的第七座集中营。所有故事都将从这里开始。

到了1940年底，奥斯维辛的占地面积已然扩大了好几倍，涵盖村庄、森林池沼与广袤的农田，直到营地的官方"兴趣区"蔓延到15平方英里。但这还不够。1941年秋天，第二座集中营选在约1.25英里开外的比克瑙（Birkenau）动工了。最初，奥斯维辛关押的主要是波兰政治犯和苏联战俘；但1942年1月，随着希姆莱一声令下，15万犹太人被运到这里，其中三分之一都是妇女。

他们都是搭火车来的。

2

情形大抵都是这样的：火车上塞满了人，他们的终点站都是奥斯维辛。多数时候车厢里只有令人窒息的沉默，间或伴有温柔的低语，突如其来的啜泣和悲哀的一瞥。一家人往往彼此拥得紧紧的，缩成一团，小声交谈。

母亲紧紧拥着儿子，女儿死死抓住父亲；孩子们不约而同地抓紧父母的手，反复亲吻他们。有的人极其沉静，只是心无旁骛地听着别人说话；有的则惶遽不安，心里七上八下地预想着即将到来的时刻；还有的觉得这一切都是怪诞的梦境，从来没有哪列火车会如此死寂，"所有人声都消失了"，沉默笼罩着车厢。这种运输火车本用来拉载牲口，而此刻，它们却粗暴地塞满了另一种货物——人。

火车突然停下，车厢门猛地打开。外面是一片混乱的景象，令他们又困惑又恐惧。犹太人在黑洞洞的车厢里关了好多天，铁轨旁探照灯的强光乍然射过来，刺得他们纷纷眯着眼睛。外面的那股恶臭令人作呕，他们从来没闻过这样恶心的味道。这时候，他们当然还不知道恶臭从何而来；这些有害的气味，其实都是烤焦人肉和燃烧人的头发时散发出来的。各种各样的噪音传入耳中，有汪汪的犬吠声，还有他们听不懂的命令。这是纳粹在发号施令。党卫军手里提着机枪，在站台上走来走去，哨兵的说话声时断时续，突然会大喊："快点！"匈牙利人踉跄地爬下车，一时辨不清方向，忧虑难耐，有的胆怯地上前询问起来，但士兵只会用德语大声吼道："出来，出来，出来！"

他们抬眼四望，远处的天际线尽是高高的烟囱。亮橙色的火焰仿佛是一涌而出的岩浆，直直地喷到云层里去。

没有人知道接下来要做什么。于是，有的人摆弄起自己的行李来，有的人迟疑地与家人窃窃私语，还有的悄悄和朋友说着话，似乎一切如常。当然，根本不可能如常。这时，营中有一些俘虏艰难地穿过刚下车的人群，他们虽然眼神空洞，身形枯瘦，却不忘喃喃低语，交代老人必须把自己报年轻一点，小孩要把自己说大一点，恳求每个人都不要承认自己身体弱，不要承认自己病了、饿了或乏了。党卫军隔出一道厚厚的人墙，他们的眼神冰冷，大步走来走去。很快，他们就开始一个接一个地审问这批"货物"，混杂着荷兰语、斯洛伐克语、捷克语和匈牙利语，速度极快。"多大？""生没生病？"犹太人笨拙地编成队站好，一名高级军官才费力地越过人群走来。类似的军官里，最臭名昭著的是党卫军军医约瑟夫·门格勒（Joseph Mengele）。这个老资格的军医会伸出一根手指，开始指指点点，左、右、左、右。所有身体健康健壮、或者至少看起来健壮的人，会被挑到一队，而老人、少女、幼童和婴儿也一定会出现在另一队。第一队意味着劳动营，第二队则意味着毒气室。人群还要男女分开管理。

一列装得满满当当的运输火车到站后，门格勒问一个父亲模样的人："老头，你原来是干什么的？"

"种地的。"男人犹疑地答道。门格勒让他去右边那队，但随即又大声叫住了他。"手伸出来！"门格勒一看，猛地刮了他一耳光，把他推到另一队——那条屠杀流水线。"快点！"军医大叫起来，"快点！"男人的儿子才十几岁，这是他最后一次看见自己的父亲。

德国牧羊犬和杜宾犬用皮带牵在士兵的手里，吠个不停。

有人好不容易鼓起勇气，问自己的行李怎么办。党卫军这时候的表现，证明他们有多冷酷，就有多狡猾。"行李随后就到。"多么轻快的回答呀。母亲当然想和自己的孩子待在一起，他们一边冷笑，一边回道："好，很好，你就和孩子一起吧。"丈夫和妻子被分在不同的队列里，他也想陪着妻子，但纳粹只是冷静地坚持道："你们很快就会团聚的。"

挑拣完毕，即将要去死的那一队在雨点般的警棍击打下，被带往五个毒气室之一。他们丝毫不知等待自己的究竟是什么；每一步，纳粹都小心翼翼地掩饰住真实的目的。他们穿过一道大门，那上面的铁丝网还带着刺；他们走在一条弯弯曲曲的小径上，两边各自安静地列着一队党卫军；他们走过瞭望塔，塔上站岗的士兵手里都端着机枪，令人觉得不祥。每个焚尸炉都是一座粉饰太平的波将金村（Potemkin village）[1]。美丽的柳木篱笆栏装点着各自的入口，门前是精心打理过的花圃，放眼望去，似乎整栋建筑都

---

[1] 1787 年，俄国女皇叶卡捷琳娜二世出巡克里米亚途中，元帅波将金在第聂伯河两岸布置了可移动的村庄来欺骗女皇及随行的大使们。后来，"波将金村"成为做表面文章、弄虚作假的代号。

散发着热情迎客的气息，甚至像是个休息区。

~

但再具有欺骗性的迷人外表，也无法掩饰血淋淋的事实。这里充满了恐怖的气息，没有人说得清楚到底有多少人被送进毒气室，真相仍是一团迷雾。每次，会有三四百个犯人被推搡着往地下去，台阶尽头，一间更衣室已悄然而待。他们胆战心惊，焦虑，怕得发抖。蛇形的队伍排得绕来绕去，抻直后大概有几个足球场那么长。尽管如此，外面还会排着更多的人，缩成一团等着轮到自己。

他们知道，这里肯定有问题——周围全是武装好的党卫军和嗥叫的警犬——但多数时候，还是能保持镇定。镇定的理由各不相同。也许有的已因长途跋涉而筋疲力尽，有的被周围环境镇住，有的仅仅是出于恐惧，吓得精神恍惚。还有的，莫名其妙地被停在身边的一辆卡车蒙了过去。那辆车上贴着红十字标志，每看一眼，都会令人安心。几乎没有人愿意相信，可怖的恶魔正在等着他们；更没有人能想象得到，几个小时后，他们就会化成灰烬。毕竟，要在一个怎样的世界，才会有如此骇人听闻的命运？

母亲免不了恐慌起来，孩子也会抑制不住，开始嚎啕大哭；他们马上就要被党卫军看守带到房子后面去了。后来，一位幸存者回忆道，他躺在睡床格里，用手堵着耳朵还能听得见外面的人被枪毙的声音，雪簌簌地下着，最终和焚尸炉扬出的灰烬融为一体。

先送进去的是女人、小孩和老人，其他健壮的成年男丁紧随其后。他们进到一间屋子，被勒令脱去衣物。这里很像一个国际信息交流中心，陈设十分引人注目。其中赫然贴着各种标语，书以法语、德语、匈牙利语和希腊语，告诉他们哪里是"洗澡间"，哪里是"消毒室"，看起来极其无害。更衣室里有序地摆放着许多条长凳，人们能舒服地歇上一会；墙上还有干净的衣帽钩，上面都标了编号；到这一步，这里似乎还真像是一个临时待客区。为了完善这个骗局，纳粹还嘱咐他们，要仔细记好自己的编号，这样洗过澡后就更容易找到自己的私人物品。他们环顾四周，发现那些标语中常常有诸如"通过清洁走向自由"、"虱子杀人"、"把自己洗干净"的警句。为免突变骚乱，纳粹甚至还向饥饿的人群保证，他们"消过毒"后，就能吃上一顿大餐。

类似的欺骗，一直持续到最后一刻。一群希腊籍的犹太人在毒气室外的等候大厅里除去衣物，后来党卫军中尉弗朗茨·霍斯勒（Franz Hossler）回顾往事时，曾提到过当时自己对他们说过的话："我代表营区欢迎你们的到来。这里不是度假村，是劳动营。我们的士兵正冒着生命危险，为了第三帝国的胜利，在前线战斗；而你们将会在这里，为了新欧洲的幸福而劳动。至于如何完成这个任务，将完全取决于你们自己。机会就在那里，你们每个人都能抓得住。我们会关照你们的健康，也会给你们提供待遇优厚的工作。战争一结束，我们就会依据各人的功劳评估你们的表现，给予相应的回报。"

霍斯勒的语气依然非常平静："现在，请你们都脱下衣服。我们提供衣帽钩，把你们的衣服都挂上去，也请记住自己的编号。你们洗完澡，每个人都能享用一碗热汤、一杯咖啡或茶。噢对了，还有一件事，省得我忘记，就先说了吧。洗澡之后，请你们准备好自己的证书、毕业文凭、学校报告和其他任何证明文件，这样我们可以根据每个人的专业和技能来分配工作。"最后，他还添了一句："有没有不能用糖的糖尿病人？有的话，洗澡之后请报告给当值士兵。"

然而，虽然纳粹用尽一切办法粉饰，孩子们还是惊恐万分。周围的环境太诡异了，这里太冷、太阴森。许多母亲此刻还抱有幻想，她们匆匆往前挤，想尽快做完这一切，仅仅是为了更好地保护孩子。但即使是那些看着像花洒喷头的东西，也不足以打消疑虑。而穷凶极恶的纳粹，在他们露出獠牙、砰地关上毒气室厚重的大门前，有时甚至会穿着白外套，分发毛巾和肥皂。当然，这也无法驱散疑云。

这一刻，人们通常会与同伴低声私语起来。

男人们是最后被推进毒气室的。这间屋子只能容纳一千人，可一次性却活活塞进来两千人；他们简直就像车道上黏合无缝的石头。两千人，是什么概念？这几乎与倒在葛底斯堡战役皮克特冲锋中的人一样多，也绝不亚于盟军在北非阿拉曼战场上牺牲的人数；或许也可以这样理解，两千就是"9·11"恐怖袭击死亡人数的一半还多。

剩下来的人，依然在等待。

等待的过程仿若身置地狱，有时长达2个小时，苟活的希望还会偶尔被一个个残忍的瞬间所打破。党卫军经常靠某个把戏自娱自乐——把毒气室里的灯一会开，一会关，这真是一种变态的折磨。莲蓬头里没有水喷出来，灯也突然灭了，人们不禁歇斯底里地尖叫起来；他们现在才明白，原来自己会以某种方式死在这里。可灯，又突然亮了。他们一齐发出了一声巨大的叹息，暗自希望这一次的操作已被取消，自己会奇迹般地获得缓刑。

当然不会。毒气室的大门用铁插销封死，插销的螺丝拧得紧紧的。党卫军异常高效，冷酷地打开一罐固态"齐克隆B"（Zyklon B），全部倒进一个特殊的小孔。一名党卫军军医会监督全过程，通过门上的窥视孔冷眼旁观这一切。窥视孔由双面玻璃和厚厚的金属网格组成，无论快要窒息的被囚者撞击拍打得有多猛烈，都撼动不了丝毫。现在，灯最后一次灭了。

里面乌漆墨黑，伸手不见五指。

还有一连串小动作；快要结束了。

门拴死之后，毒气迅速布满了整间屋子；有人以为它们会从天花板投下来，可这次却是从地板上冒出来。稚龄的孩童开始死死抱住父母，虽然他们更多时候会惊惧地离开父母的怀抱，四处乱攀，绝望地呼唤父母。一对对夫妻心跳加快，紧紧握住彼此的手。人们开始尖叫，剧烈的挣扎也随之而来。有的人站得离毒气最近，几乎立时就死去了；但更多的人仍拼尽浑身每一分力气，为生存而奋起。他们挤在一起，一起尖叫，一起大口大口地喘气。然而悲惨的是，在最后那几分钟里，他们往往只能苦苦挣扎着。天性使然，成百上千的人都试图朝门那儿挤过去。他们一旦知道门开在哪里，就会猛烈撞门冲出去。可其间,踩踏频发,体弱的老人和孩子被踩得七零八落,尸体成山。有的人则努力往高处爬,因为越高,他们能呼吸到的空气就越多。反复数次之后,最强壮的人爬到了最顶,正如一位幸存者后来回忆的那样,"父亲根本没法知道,他年幼的儿子就躺在自己身下"。

孩子们的骨头都被踩碎了。人们蒙在黑暗之中,被打得面目全非。到处都是恐怖的景象和不堪入鼻的恶臭——呕吐物,耳鼻流的血,还有排泄物。

时间一分一秒过去,铁门还是没有打开,毒气却继续涌了进来。很快,令人毛骨悚然的尖叫变成了临死前的呜咽,而呜咽最终又变成了最微弱的喘息。几分钟之内,所有人都倒下了,他们的身体也开始走向死寂——手,只能无力地动一动;脚,只能微微地抖一抖;双眼蒙上了云翳。再过二十分钟,工作就完成了。

那扇笨重的铁门加厚过,军医站在门外,目睹着屠杀的始与终。其他大部分人都没有看。汉斯·蒙奇(Hans Munch)是驻扎奥斯维辛的纳粹医生之一,他曾回忆道:"铁门很厚,你会听到一种噪音。可以跟蜂巢的声音比较一下……某种嗡嗡嗡的声音。你要是经常去听,那就不需要再看。只要听听就会知道里面是怎样的光景。"

等到里面的人都死了,换气扇就会把里面的毒气都吸走。不过五号室和六号室没有换气扇,看守们就直接把门打开。

横尸遍地,堆积如山,一般堆到有 3 英尺或者 4 英尺,甚至更高。

尸体都被清理干净之后,纳粹会再重复一遍以上的过程。这一切只需要个把小时。

在去奥斯维辛的路上,一个小女孩这样写道:"世间若是一片永夜,太阳的存在有何意义?神灵的职责若仅是惩罚世人,他的存在又有何意义?"

∾

屠杀还在一场接一场地进行。有人纵使在这一回侥幸苟活，离自己的死期也不过是数月之遥，他们能做的只有等待。聒噪的马达和喇叭嘟嘟地叫个不停，压过了哭叫和垂死者的呼号；即使如此，暂时活下来的人依然对结局心知肚明。巧的是，从毒气室往外搬运尸体的，既不是德国人，也不是波兰人，而是一支特遣队——一支临时征用的队伍，全部都是犹太人。这份工作伤神又费力。尸体通常紧紧地扭在一起，难以分离。把它们残忍地拉扯开后，他们还得按部就班地将死人嘴里的金牙撬下来，手指上的结婚戒指拽下来。他们跨过一具又一具尸体，用力把那些彼此相爱、相拥而死的人分开。纳粹甚至命令他们，把死尸的阴道或肛门撕裂，看看里面是否会藏着珠宝。他们一个个表情恍惚呆滞，沉默得像哑巴，还要一丝不苟地把女人顺滑的长发剪下来，在装袋之前，分拣出巨大的头发堆。他们累得大汗淋漓，惊栗得呆若木鸡，随后还要把尸体装进桶里，用推车运到焚尸炉去，每次拖十具。炉子一直烧个不停，所以火化场里永远都炎热异常，还要不断打电话给柏林专家过来修理。有时，焚尸炉会暂时用不了，那么尸体就会被埋到万人坑里，或者干脆扔到壕沟里烧成灰。即使对纳粹来说，这也是一个费力而复杂的过程。

党卫军看守就在一旁监督，负责司炉的特遣队队员必须把火烧得旺旺的，一刻也不能停。他们手里握着大铁钩，一边烧，一边要把炉里的尸体搅来搅去。火苗吞噬着曾经鲜活的生命，空气中渐渐泛出一股甜腻腻的人肉焦灼的味道。"真是扰人的烟味。"一名纳粹军医曾这样简单地形容道。烟雾缓缓飘到营地上方，笼罩着整个奥斯维辛小镇。

令人不寒而栗的是，尸体被烧成灰之后，从来没有掩埋一说，而会耍出各种新花样。他们不仅用完好的骨灰来给集中营的农田施肥，还会用来铺路，或车道，或人行小径，甚至还用骨灰给党卫军的兵营保暖，以此抵御波兰寒冷的冬天。并且，任何一块烧不尽的骨头都会被压碎成粉，这种骨头通常都是骨盆。至于成堆的头发，正放在火化场的屋顶加热。

德国人不会放过任何细节，而在奥斯维辛，纳粹似乎什么都不会放过。他们从死人身上获益巨大。遗物中有成堆的眼镜，无论镜片是好是破，镜框是弯是折，都会上缴到国库；成吨的人发，不管干枯柔顺，颜色深浅，要么拿去填充垫子，要么纺线搓绳，或者投入军用，被做成毛毡运到前线。顾客们会慷慨地掏钱，购买这些人料产品：不莱梅（Bremen）羊毛纺织厂每公斤付 50 芬尼；纽伦堡（Nuremberg）附近的亚历克斯·辛克毛毡厂也直率地敞开钱包，为获更高利润，大笔购进；肥料厂甚至从党卫军手里买走了成包的人骨制作饲料。

纳粹自然也不会放过这些人的行李。他们把所有行李收拢到一起，不嫌麻烦，仔仔细细地将每一件战利品都分拣好。成堆的食品、外套、衬衫、袜子、丝绸、貂皮、大衣，标有牌子的男式黑色长礼服、镶有金边的女式衬衫，各式各样的毛皮、皮带甚至内衣；一瓶瓶药剂，成百上千粒药丸；日用商品装了一车又一车，货箱里尽是桌椅和毯子。他们还搜出了大量的现金，从里拉、法郎、英镑到黑市美元，什么都有；更不用说杂七杂八的钟表、闪闪发光的宝石、做工精细的珠宝和小瓶香奈儿、精致的香皂和古龙水。但这还不是全部。单单鞋子这一项，就足以令人瞠目结舌了：农民的、商人的、士兵的，破旧的、崭新的，厚底靴和胶鞋，绑腿和拖鞋，有早已磨破的鞋底，还有锃亮的新皮革；有黑的、灰的、红的，甚至还有白的；有高跟的、低跟的，还有露脚趾的；有夜用便鞋、荷兰木鞋、低跟舞鞋、沙滩鞋和女式系带高跟鞋；还有从母亲们的箱子里翻出的无数小孩穿的扣带鞋。数不胜数的私人物品加在一起，能足足装满 30 个营房。营房外的铁丝网都有倒刺，而堆货场则被叫做"加拿大"——想出这个点子的人觉得"加拿大"就是传说中极其富裕的国家。

所有遗物都变成了国有财产，德国人成了最后收件人。大量的财富似乎是无穷无尽的：每个月，都有人把成吨的珠宝、回炉重铸的金砖和一捆捆的现金装进巨大的铅衬箱，随后运往柏林。空军飞行员和海军潜艇水手收到了遇难者的手表作为奖赏，家园被盟军炸成碎石的柏林人也有这样的待遇。境外的德裔移民拿到了不计其数的家用品、法国香水、肥皂和纺织品，柏林的孩童分到大批玩具。臭名昭著的德意志帝国银行拿走贵重金属，野心勃勃的希特勒青年团领走现金，金和银则都赠给贪得无厌的德国化工企业法本公司（Farben）。而那些皮衣回厂加工后，就运到东线分发给士兵，几十万件男式和女式衬衣都送到德国境内僻远的城镇，分发给居民。要说那些珍贵的饰品（例如嵌有珠宝的盒子）如何处理？党卫军当然会自己私藏起来。更有甚者，奥斯维辛镇上的平民都想从中分一杯羹，他们询问营地长官，这些死者的遗物能否折价出售，当然，能免费分发就最好不过了。

曾经有那么一段时期，德国人走在时代的巅峰。他们是科学与艺术的赢家，文学的爱人。他们热爱最优美的诗歌，最雄壮的乐曲，最好的哲学。但现在，当诺曼底登陆日步步逼近，他们却开始专攻某门术业——唯一的一门——谋杀的学问。

第三章

逃亡（上）

　　这次南卡罗来纳州之旅并非罗斯福当政时的南方处女游。住在白宫的那段岁月里，他去了一次又一次沃姆斯普林斯进行疗养。1940年大选后，罗斯福开始了一场快乐轻松的加勒比海巡航之旅，为期十天。事实上，早在1944年春天，他就期盼再度前往加勒比海，在古巴关塔那摩湾悠然垂钓享受阳光。但他脆弱的健康状况和危急的战事状态令他无法成行。

　　然而，罗斯福并不是唯一一个停下歇息的人。

　　随着战争的艰难推进，死伤人数不断增加，诺曼底登陆迫在眉睫，这些党卫军官只求安安静静暂时撤退以求恢复。他们渴望暂时从野蛮杀戮中解脱出来，尽兴地度过一段美好的时光。为什么他们不该有呢？他们终于从恐怖骇人的战争中得到了片刻喘息的机会。无论有多大的仇恨，即使是最冷酷的人也难以直视死者或将死之人的恐惧眼神。但这却构成了他们最基本的日常生活。每一个礼拜，每一天，甚至每一分钟里，他们都在制造死亡，这是他们的任务要求。面对如此恐怖的现实并不那么容易。在战争早期，他们有不少同僚因压力过大而崩溃。然而，这些军官不同。他们藏身于波兰上西里西亚（Upper Silesia）的茂密森林外围，行动均处于保密状态，直到最近大多数地图上仍无法找到具体位置，甚至许多同僚对其所做的工作也一无所知。他们之中有些人的工作从早上四点一直延续到午夜时分，要面对附近连续不断的空袭危机、疯犬的刺耳狂吠、刺眼的泛光灯、对暴动的持续监视、可怕的烟雾和腐烂的气味，以及总是要求他们再"做多一些"的命令。这是属于他们的特殊战役。

据说，这些军官是以几乎难以理解的欣然态度接受了指派给他们的任务，并且其中多数人以同样出人意料的热忱和兴趣对待自己的工作。对其中不少人而言，这是人生的巅峰，可以说，是因为参与了某些壮举而让这段时光回味无穷。何况他们因业绩出色，现已得到了丰厚的回报。

陪伴他们的往往是一群年轻漂亮的女性——大多是行政专员——甚至还有婴儿和拥有明亮脸孔的年轻孩童。他们的巴士隆隆驶过 18 英里开外，经过营地的郊野，爬过索拉河沿岸树木茂盛的山坡，路过仍然未受战争侵袭的小村庄，穿过群山，他们踏上了一座小木桥。很快，他们到达了目的地：一座安静祥和的阿尔卑斯风休闲旅馆，坐落在风景秀丽的索拉河边，索拉孤峰别墅在山间半隐半现。

他们要在这里度过为期八天的假日。

他们身着刚上过浆的笔挺制服从车上跳下来。在某处，一名照相师将他们的假日时光拍成了快照，为后人留下了记录。从这些照片看来，在接下来的一个星期内——这种方式感受的时间脉络不甚明晰——这些兴高采烈的军官们和他们的女伴总在搔首弄姿，看起来像是在拍摄系列旅行写真，或是藏身在缅因州或玛莎葡萄园岛的山谷和冷杉树间避暑；就差泳衣和留声机放出的美妙乐声了。军官们大口抽烟侃天说地，肌肤白皙的美女们在一旁嬉戏打闹，宛如威廉·格拉肯斯（William Glackens）笔下的油画，宁静安详，令人舒畅——也一如几十年前的往昔时光，彼时，战争尚未打响，大萧条尚未到来。偶尔，在某个温暖的下午，他们会懒洋洋地靠在太阳椅上，在小屋宽阔的木廊里，用毯子盖着腿，或小憩，或八卦，或享受阳光，或小酌一杯。其他人则抱着自己的孩子，或调皮地逗弄自己的小狗，把它们当成"宝贝儿子"，教它们坐下、原地不动或躺下。过一会儿，男人们自己进了屋，围坐在一方小金属桌边的长凳上，畅饮啤酒和红酒；有些人还没点起第二支烟就迫不及待地卷起了袖子。

他们在这里尽情尽力地享受这段时光，重新找回生活的简单乐趣，享受着美好的陪伴、可口的食物、新鲜的空气还有欢乐的聚会。世界上其他地方似乎离他们遥不可及。战争？即将展开的侵略？通通忘却了。

这里的空气很清新，他们终于能深深地呼吸，好好地吃顿饭，甚至在这风景如画的环境里找到爱情。他们不仅仅渴求现在的片刻休憩，还希望一整年都这么度过。六月将至，更多的度假者即将到来。之后，天气转暖，花开遍野。年轻的女人们穿着相同的白衬衫和齐整的黑裙子，排成一列坐在粗糙的木桥栏杆上，开心地从小碗里挖着蓝莓吃。她们的同伴里甚至还会有个人拉手风琴助兴。把蓝莓吃完之后，她们会假装悲伤地把手中小碗倒过来。

陪着她们的男人们都相貌英俊，仪表堂堂，女人们也看上去娴静可爱。但值得注意的是，尽管战争如火如荼，他们仍显得镇静自若，有礼有节，甚至有几分讲究作派。在一张又一张的照片里，可以看见他们在不同的场合，对着镜头摆出了各种姿势：在山上的合唱活动，共计100人之多的军官与年轻女性聚集在一起，表现出难以按捺的轻佻狂热；在手风琴的伴奏下，他们踏着旋律起舞；他们身着夏装，在野餐和射击训练时合影；他们在戏谑玩笑时装腔作势，或在突如其来的绵绵细雨中寻找遮蔽时欢笑着，被抓拍下来，或借夜色衬托，坐在餐桌边上，与平整的白色餐布、精致的瓷器、精美的酒杯以及满桌丰盛的美食合影；冬季时节，他们在点亮圣诞树的传统仪式中合影；再后来，他们甚至在一场雪地葬礼前合影，灵柩上覆盖着国旗——这在战场上是极为罕见的。

　　然而，他们的确有不做摆拍的时候——当假期结束，回归到血腥的工作中去的时候。此二者的并存如此令人心寒，这些嬉笑着的度假者本就是令人闻风丧胆的党卫军。他们工作的地点就是奥斯维辛。事实上，他们的度假别墅——索拉孤峰，就是由奥斯维辛集中营的犹太劳工建造的一座卫星设施，在党卫军中尉弗朗茨·霍斯勒强制监督下，于1942年建造落成。到这栋别墅和周边度假的人包括约瑟夫·门格勒（他在不知情的囚犯身上进行可怕的医学实验）、卡尔·克劳伯格（Carl Clauberg，负责用酸进行灭菌实验）以及前集中营司令官鲁道夫·胡斯（Rudolf Hoess）等等。不止如此，连那些女性本身也是纳粹党卫军的助手。说到底，他们在奥斯维辛的唯一职能，也是唯一要做的事，就是实施希特勒的"最终解决方案"[1]。

　　说得更明白些，就是：杀死犹太人。

　　奥斯维辛的春天似乎总是来得很迟。对那些愈发短暂的生命来说，无处不在的寒意和寸草不生的环境才是常态。至于幸存的犹太人？身为奴隶劳工，无休止的恐怖和悲痛构成了他们的生活。那些侥幸暂时逃过死劫的人，可以看作不过是在劳工营再多捱了几个星期罢了，之后他们也逃不过被送往毒气室的命运。

　　至于那些被留下的人，他们只能无望地盯着带刺的铁丝网。每天凌晨四点，四下还一片漆黑，他们就被叫醒，辛苦工作十二个小时，几乎没得休

---

[1]　指二战期间，纳粹德国针对欧洲犹太人的系统化的种族灭绝的计划及其实施，并导致最后的、最致命的"最终解决方案"（Final Solution）阶段。阿道夫·希特勒把它称作："犹太人问题的最终解决方案"（德语：Endlösung der Judenfrage）。

息，只有最粗劣的食物，还被迫忍受无休止的夜间点名。好不容易得以入睡，有时午夜后，他们还会转移，从原本安睡的塞满稻草的麻袋换到粗糙的三层硬木床，设计可容三人的床上往往会打包塞进 6 个人，有时甚至多达 8 个人。事实上，在集中营里面，党卫军在为容纳 180 人所建造的军营里填压了超过 700 多人。没有供热，没有电力，没有铺好的地板，只有潮湿泥泞的地面。如果毒气室未能足够快速、有效地杀死囚犯，那么斑点热、斑疹伤寒、痢疾等等疾病就开始肆虐，乃至一次简单的感冒往往就足以要了他们的命。许多人的身体简直是由内里腐烂开来。开裂的伤口在肿胀的腿上流脓。大如指甲的虱子无处不在，它们的幼虫和虫卵中还携带着脑炎病毒，也是杀死囚犯的凶手。营房里还有到处泛滥的害虫。横行泛滥的污秽和破烂得不忍直视的卫生设备也在为这帮屠夫添油加柴。

营房中，无边无际的黑暗笼罩着众囚徒的世界。冬天，风雪捶打着营房，他们则几乎赤膊着睡在零下温度的环境中，徘徊在生死之间，没有水，也没有毯子。他们只能以拳头为枕——前提是他们还能紧握自己的手的话。囚徒中不断有人爆出干咳声，还有病危者发出更深沉的嘎嘎声，都让人难以入睡。一名囚徒清晨醒来时，常常会发现临床的人已经死去多时。然而，由于他们太过虚弱，不但无力移开同伴那单薄轻瘦的尸体，甚至也无力移动自己的身体，只能继续沉睡下去。

在奥斯维辛，纳粹的日常暴行可以令最温顺良善的生物变成冷酷无情的怪物。瘦弱的囚徒们可以仅仅为一片面包皮就互相厮杀；儿子们被迫挑选出自己的父亲送往火葬场；母亲们被迫掐死自己的亲生婴孩。许多囚徒来自犹太知识分子阶层，包括杰出的医生、律师、会计师等，都是各技术领域受人尊崇的专业人士。但就连这些曾经显赫的人物，也被他们在德国人这里的遭遇变成了野兽：令人作呕的生活条件，最轻微的（甚至没有）刺激就会引来的杀身之祸，以及长期的被迫忍饥挨饿。

纳粹抹去了每一位囚犯的身份，这又是一种剥夺犹太人仅有尊严的手段。一旦身处集中营，囚徒不再拥有姓名，无论是姓氏还是名字，通通没有，取而代之的是用针管刺在前臂文上的号码，依数字顺序给各人排号。值得注意的是，集中营里还有 700 多个婴儿出生，且没有被立刻杀害：他们被注册成为了"新人"，臀部或大腿上也被文上了号码。此外，囚徒们能穿的只有肮脏的衣服，可能太大也可能太小，但这些都无关紧要。鞋子也一样。实际上，衣服本身就是个卫生隐患；这些衣服从没洗过，只是每六个星期用蒸汽烫过，直到衣服自己分崩离析。即使是他们的内衣——当他们还有这东西时，也是一样的肮脏。

每日点名也是种独特的地狱体验。集中营里那些没有立即被选送毒气室的小孩也有自己的恐怖体验。他们被迫在水里站上数小时之久，直到他们别无选择就地大小便；这些水随后就会变成他们被迫饮用的水源。对其他人而言，命运完全取决于党卫军的心血来潮，点名时间可能长达一个小时、三个小时或一整天——可能还要加上晚上。在等待叫号的过程中，囚徒们被反复骚扰，长期隔离，还要进行把人榨干的操练。即使对一名健康人而言，集中精神站立数小时也不是易事，更何况要一整个星期这么站着，还要忍受羞辱，这几乎是不可能的事情。那些膝盖弯曲的人、摔倒的人以及本来就无法站直身子的人，会被党卫军狠狠殴打，或半裸着身子站着，从头上浇下一桶冰水。

暴行没有中场休息。

囚犯的一切过失都是滔天大罪：没洗好一只碗就会被关禁闭，只能与零星面包和脏水为伴；少了一颗纽扣也足以把一名囚徒送进没有窗户的狭小监房，房间只有电话亭大小，在里头的囚徒不得不赤着脚站在冰冷的石头上；脏兮兮的指甲也会招致一顿竹条加身的毒打；党卫军走过时忘记脱帽行礼经常得挨五十下鞭子，也就是他们说的吓人"鹰犬"；不适地皱一下眉或一脸苦相就能让囚徒直接受到中世纪的酷刑——把囚徒的双臂反绑在身后，高高悬于空中，令其摇摇欲坠。因此，死亡往往如约而至。1940 年一次特别漫长的点名过程中，84 名囚徒被冻死或被殴打致死。

集中营的管理层常会将那些尸体扔在庭院中，以儆效尤。

　　然而，值得注意的是，在集中营里还有些囚犯活着度过了起初的几周。他们常常坚信，生存环境可能会有所改善，党卫军有朝一日可能会停止毒打他们的行为，让一切能恢复得正常点儿。这是不可能的。在奥威尔现象[1]的残忍逻辑之下，党卫军命令一队囚徒组成交响乐团表演（交响乐团成员是从欧洲各国首都的最为杰出音乐家中选出的，其中甚至包括华沙爱乐乐团的知名指挥），另一边的囚徒们则在寒意凛冽的暗沉清晨里发着抖，拖着步子走向各自所属的劳作，大部分跟墓地差不了多少。在木料场，砾石坑，建筑工地，几乎每天都有许多囚犯死去。

　　他们营养不良的程度相当骇人。集中营给他们提供的早饭是一份苦涩的咖啡替代品或者一份类似花草茶的玩意儿——如果那东西能叫早饭的话。至于午餐，他们所得的也不过是一碗稀薄的汤水，也许里面会掺上少量的土豆末、一点萝卜或者小米。晚餐时间，施舍给囚徒的是几盎司发霉的面包，那些面包陈腐走味，但囚徒们却不得不靠此熬到下一顿早餐。总共加起来，他们每日只能靠仅仅几百卡路里的食物维生。然而，即使囚徒死亡的速度如此快，靠着每日新来的大量犹太人，那些工作仍能够毫不间断地进行下去。

　　党卫军常常重复相同的话语，朝着囚徒咆哮："干活！快干活！"

　　集中营里的生活残酷腌臜。连上一次厕所都是一件危险的事情。无论寒暑，许多囚徒都只能在户外厕所解手。其他人则必须在后建的军营里与超过30名狱友共用一个厕所。许多囚徒罹患痢疾，在厕所外头排起了长长的队伍，无尽等待往往会持续数小时。党卫军还会当场击毙任何在厕所以外的地方解手的人。那些无法及时跑到简陋茅坑的人都被射杀了，尸体就那样躺在自己的一摊屎尿上，发出令人窒息的恶臭。活着的囚徒一身肮脏，散发着萦绕不去的气味，令人作呕。

　　在这种恐怖的情势下，许多囚徒常常企图结束自己的生命，朝着营地

---

[1]　出自《一九八四》作者乔治·奥威尔，原文"Orwellian"一词可以释义为"受严格统治而失去人性的社会"，转译为"严格控制的"。

外围通电的铁丝网猛撞上去。

那些坚持苟活的人，即使是最坚强健壮的人，也会很快消瘦成一副活骷髅的模样，因饥饿而疯狂，几乎失去活下去的能力。他们的牙齿会蛀蚀脱落，头发和指甲会停止生长，眼睛凹陷在瘦削的脸庞上成了两个很大的坑洞。当他们无力行走，就试图爬行；当他们无力爬行，就试图用自己的肘部支撑起自己；当他们连这也做不到的时候，就会坐起来，目光惊惧，在其他囚徒的沉默与回避中拾捡着被丢弃的土豆皮，直到他们消失。

没有人真的想着要在集中营里生活下去；他们只想活得久一些。

正如一名纳粹医生所言："这就是奥斯维辛的法则。"

这的确是奥斯维辛的法则之一。在那些纠缠凌乱的带刺铁丝网里头，伫立着数百间一层式建筑，这是"国中之国"，只为一人——阿道夫·希特勒所建的调整设施。自 1939 年起，原本看似无害的奥斯维辛劳动营，被建造成了一个拥有暴君专政和恶魔之心的机构。严格来说，集中营的司令官和党卫军直接听令于柏林政府，但实际上他们成了死亡的掌管者。管理层包括了顽固的纳粹分子如海因里希·希姆莱、约瑟夫·戈培尔、阿道夫·艾希曼（Adolf Eichmann），早些时候还有莱因哈德·海德里希（Reinhard Heydrich），只听从希特勒和他臭名昭著的核心圈子的号令行事。

这里成为了世间最可怕的杀人中心，拥有近乎绝对的权力，可以毫无顾忌地侵吞公共财产，肆无忌惮地监读囚徒的所有私人信件。集中营拥有且控制着自有资金，在其势力范围内能够令任何官员实际停职。它能把类似正当程序或国际法的任何规则当做纯粹的麻烦，随意规避那些规则条款。在几乎完全保密的情况下运行，手指轻叩一下或眨一眨眼就能决定近 200 万无辜灵魂的生死——这一数字是美国内战死亡人数记录的三倍之多。

即使是在 1944 年，德意志帝国遭遇空前压力的时候，即使是在希特勒健康状况恶化且纳粹德国的派系及小团体党争加剧之时，奥斯维辛也从未动摇。一直到纳粹政权即将被推翻的那一刻之前，它似乎都是无所不能的。

　　到 1944 年为止，奥斯维辛就远不止是一个简单的死亡集中营，那时候它被称作奥斯维辛二代或比克瑙。它是一个由死亡、扭曲的实验和奴隶劳动组成的完整网络：奥斯维辛一号，即母集中营；奥斯维辛三号，即子集中营，内设独立设施营地莫诺维茨（Monowitz），专门生产合成橡胶，为纳粹的战争出力。最终，一个由约 30 个子集中营构成，隶属于奥斯维辛的高效网络系统应运而生。在那里，党卫军和德国私人部门并肩合作，办事冷酷无情又高效。颇具讽刺意味的是，没多久，受到那里廉价奴役劳动力的吸引，加之纳粹管控着工厂、给出了优惠政策，一大批工业产业很快加入了庞大的奥斯维辛体系，其中包括快速消费品生产商、化工厂和金属装配厂等等。法本公司[1] 也有合成油及橡胶工厂设在了奥斯维辛运营（法本公司还拥有毒气室使用的氰化氢毒气专利）。著名的克虏伯兵工厂[2]、西门子工厂、西里西亚鞋业公司、联合纺织工厂、切比纳炼油公司和德国国营铁路公司也赫然在列。德国土石料厂、德国食品公司、德国设备公司和各大煤矿也纷纷加入了它们的行列。这当中甚至还有一家鱼类家禽养殖厂和党卫军农业基地。但对于在这里的囚徒来说，这些企业都是一样的，他们面对的永远只有忍饥挨饿、艰苦劳作和无情剥削。

　　更让人毛骨悚然的是，大规模屠杀在很大程度上并没有触及集中营里普通德国人的生活及周边城镇。在某种类似美国人挺进西部的精神引领下，

---

[1]　全称为"染料工业利益集团"（Interessen-GemeinschaftFarbenindustrieAG）。建立于 1925 年，曾经是德国最大的公司及世界最大的化学工业康采恩之一，总部设在美因河畔法兰克福。第二次世界大战后被盟国勒令解散，于 1952 年进行清算，拆分为阿克发公司（Agfa）、拜耳公司（Bayer）、BASF（巴登苯胺及苏打工厂股份公司）和赫斯特公司等十家公司。法本公司解散后，其股票仍在德国证券市场上交易，法律上的法本公司作为原有财产的控股人，直至 2003 年才宣布破产。

[2]　克虏伯兵工厂是克虏伯家族创办的，克虏伯是 19 世纪到 20 世纪德国工业界的一个显赫的家族，其家族企业克虏伯公司是德国最大的以钢铁业为主的重工业公司。在二战以前，克虏伯兵工厂是全世界最重要的军火生产商之一，二战后以机械生产为主，约有 20 万雇员和 380 亿欧元的年营业额。

德国移民者到达了奥斯维辛及周边地区，他们来自旧帝国的各个角落，有从汉堡、科隆来的，也有从明斯特、马格德堡和慕尼黑这类地方来的，甚至有从维也纳来的。移民者对自己的未来充满信心，认为将德国的开明文化传播到斯拉夫东部落后地区是一种责任。他们怀着欢快的心情，为实现希特勒建立一个新社会的宏大愿景而来，一个不仅仅基于金钱、地位或名声，还要考验一个人的勇气和品性的新社会。

　　当然，他们也过了一段好日子。这一边，憔悴惊惧的犹太人蹒跚地走进毒气室，或是依靠捕食昆虫，填补吃不饱的肚子，又或是眼睁睁看着盖世太保一挥手，就把自己所爱之人送上末路，那一边，党卫军每晚都聚集在酒吧"德国之家"，就在奥斯维辛车站的正对面。这一边，门格勒和手下在监督囚犯的筛选过程，另一边的党卫军官正在畅饮醇厚的啤酒，与投怀送抱的年轻女子在邻近的旅馆同床共枕，把笑话一路讲到午夜。酗酒也是家常便饭。

　　实际上，纳粹的管理层似乎不遗余力地为努力工作的党卫军提供娱乐和消遣。集中营里，他们聚集起来开展大合唱、音乐会和各式稀奇古怪的娱乐活动。（圣诞期间，犹太人被迫合唱《沉默的夜晚》。）集中营有自己的音乐厅，还有热情的德国乐队定期东行，取悦他们。奥斯维辛也有自己的剧院，特色节目各式各样，从轻喜剧（德国人将之列为"小偷喜剧"）如《不安的新婚之夜》（*Disturbed Wedding Night*）和《一个在飞的新娘》（*A Bride in Flight*）到 笑破肚皮的剧目如《漫画攻击》（*Attack of the Comics*），都纳入节目单中。也有高雅文化艺术，如德累斯顿国家剧院表演的经典剧目《歌德的过去与现在》（*Goethe Then and Now*）。似是为了驱散毒气室日渐沉重的阴影，纳粹引进了园艺设计师、景观造型师和植物学家等人来美化集中营，其中还包括来自柏林农业大学园林景观设计专业的杰出教授。

　　1943 年，就在一队匈牙利犹太人被押送到奥斯维辛前几周，纳粹在奥斯维辛市场广场的棘轮酒吧（Ratshof Pub）举办了一场热闹的新年庆祝活动，集中营却笼罩在不祥之中。来自柏林的舞蹈乐队和奥地利的知名指挥前来助兴，众军官皆激动不已。庆宴的餐桌上有鹅肝、香浓牛尾汤、"蓝毯肉冻"、烤野兔、饼干、巧克力、香槟酒和煎饼，还有丰盛的西红柿沙拉。狂欢一直持续到了深更半夜，之后还上了甜点（有三种样式），还搭配了鲱鱼沙拉和大量咖啡。即使音乐停下时，这场欢宴也还不算结束。集中营还安排了一名喜剧演员。

　　奥斯维辛有过任何一点羞耻心吗？或者纳粹统治者的良心曾受到过丝毫折磨吗？或起码的厌恶感？没有。他们只是大型死亡机构里倒霉的小人物，一颗没有灵魂的齿轮。在奥斯维辛，对于鲜血的饥渴从未被填满，刽子手甚至冷酷地抱怨体制的漏洞，让被驱逐的犹太人免于被押送到奥斯维辛的命运。相比之下，即便在欧美两地漫长的奴隶制度盛行期，口才尤佳的一些思想家为捍卫共通的人性所发出的呼吁也更响亮、更激烈，例如年轻的英国首相威廉·皮特（William Pitt），一直被视作"为英国政治增光添彩的最强大脑"，或是借一书之力就掀起美国内战的作家哈里耶特·比彻·斯托（Harriet Beecher Stowe）。在所有那些试图榨取奴隶劳动而获利的人之中，也有陶瓷艺术大师乔赛亚·韦奇伍德（Josiah Wedgwood）这样的人，在一系列大名鼎鼎的盘子上雕刻黑人屈膝被绑的浮雕，意有所指地发问："难道我就不是人吗？就不是别人的兄弟吗？"但在奥斯维辛，或更上峰的德国管理层，甚至在德国人民内部，几乎没有一个人表达过类似的观点或做出类似的举动。与之相反，德国人还引用了安徒生笔下的传奇故事里的句子，"一切都似乎在火光中勾勒出了轮廓，一切都被笼罩在魔法之光下"。他们顽固地反其道而行之。他们口中的火焰吞噬了被屠杀者的尸体，他们所说的魔法之光是血肉燃烧成灰烬时发出的残酷光芒。

　　在希特勒的摩尼教世界观里，结束正义与邪恶之间的战斗，也就是雅利安种族与犹太人之间的斗争，是宿命的安排，势必达到高潮。无论战场上发生了什么，他们都不会减缓对欧洲犹太人实行的种族灭绝。希特勒曾经咒骂，"对犹太人不必讲人性！"因此，阿道夫·艾希曼，前旅游销售员，会感叹纳粹"不够尽力"。因此，海因里希·希姆莱吹嘘，党卫军在大规模屠杀犹太人的过程中仍然保有"道德上的体面"，还颇为遗憾地表示，这一有计划的种族灭绝行为是不会被记录下来的"光辉篇章"。

就在庞大的盟军舰队为诺曼底登陆而在英国聚集，总统正处于康复阶段之时，奥斯维辛集中营里的一名囚徒决心将这一切都记录下来，以期让全世界都能看到这一切。他决定警告富兰克林·罗斯福和其盟友，匈牙利犹太人即将面临大屠杀，并敦促其团结救援和反抗的力量。

他决心完成一件从未有人成功，也几乎绝无可能的事情：逃出奥斯维辛。

光看外表，鲁道夫·弗尔巴（Rudolf Vrba）是最不可能胜任挫败纳粹的重责大任，或力扛欧洲犹太遗族的命运的那个人。事实上，19岁的他甚至不能说是一个男人，只是一个天真的少年。不过，毋庸置疑，19岁的他早已历经人世沧桑，和这片土地上的所有人一样，亲眼见证了太多的悲痛绝望。1924年，他出生于斯洛伐克托波尔恰尼市（Topolcany, Slovakia），原名沃尔特·罗森伯格（Walter Rosenberg），1944年换了个更时髦的名字——鲁道夫·弗尔巴，听起来不太像犹太人，他的朋友们都亲切地叫他"鲁迪"。他出身平平，父亲是一家锯木厂的老板，母亲是一名裁缝兼家庭主妇，对自己的烹饪手艺颇为自得。他和母亲时常互相取笑。从外形上看，他给人的印象很深刻：俊朗十足，有一头浓密的黑发，近似方形的体格让他看上去很高大，跟苗条躯干的搭配有些不相称，浓密的眉毛衬着明亮的黑眼睛，和拳击手似的下巴一同勾勒出了一整张面容。他既多愁善感，又精于算计，既冷静现实，又心怀慈悲，其他一些评价还有"浮躁"、"冲动"等等。17岁以后，他要么是在逃亡的路上，要么就是在死亡集中营里。

他很早就脱离了正规教育，受教育程度可以忽略不计。在斯洛伐克，由于纽伦堡法律对犹太人的严格限制，他在 15 岁时就被迫离开大学预科（高中）；他们只是简单地将他开除。但即便如此，他也从未失却希望，无论是对学习，还是其他任何事情。他没有选择放弃，反之，他找了一份卖力气的工作，自学了俄语和英语，还能说一口流利的德语，一段时间之后，还能说波兰语和匈牙利语了。在最黑暗的那段日子里——事实上他的整个后青春时代都是在这种日子里度过——他总是能设法保住那颇具感染力的微笑，并找到制胜之道。当他需要的时候，这些总有不小的用处。

学校把犹太人拒之门外后，其他限制措施还在缓慢推行中。最初，斯洛伐克的犹太人被限制流动，只能在某些特定城镇中的某些特定区域内定居；然后，他们的旅行也受到了限制；贫民区逐渐兴起，犹太人被要求配戴大卫之星。再后来，驱逐法案也通过了，斯洛伐克的犹太人被告知，他们会被转移到波兰境内工作。随着纳粹把祖国掐紧在虎钳之中，弗尔巴决心以自己的方式奔赴自由之路。1942 年 3 月，雪还在下着，他把黄色的大卫之星从衣服上剥下，在口袋里塞了大约十英镑的钱财，跳上了一辆由家族世交运营的计程车，没有向东开，而是像许多其他人一样大胆地朝着西方——英国的方向前进。他计划在那里加入流亡中的捷克军队。就在黎明破晓之前，他穿过了边境，进入了匈牙利，设法前往他的一名同学家。仅仅 4 小时不到，他又被打发走了。他试图把自己装扮成一个外乡人：穿着商务套装，臂弯里夹上一份当地的法西斯报纸。他拿着二等舱的票，成功登上了开往布达佩斯的特快列车。然而，自由越是触手可及，危险越是紧追不舍。差点在布达佩斯被一个犹太复国主义组织移交给警方后（有意思的是，他倒是从一名务实的法西斯分子那儿获得了帮助，还是同学家人介绍的），他试图以一名雅利安人的身份返回斯洛伐克。然而，匈牙利边境卫兵却逮捕并野蛮地殴打了他，卫兵嘲笑他是"肮脏、血腥的犹太人"，把他关进了诺瓦基（Novaky）的一座临时难民营。在那里，他很快了解到集中营的法则：贿赂、贪婪和欺骗。

奇迹般的，他在几周时间内又一次成功逃脱，慌张惊惧地穿过茂密的森林，设法回到了他出生的小镇上。在小镇上待了几天后，他再次被捕。这一次，他被交到了党卫军手上，送往了可怕的死亡集中营——马伊达内克（Majdanek）。

在马伊达内克，他第一次见到了一排接一排的丑陋营房、不祥的瞭望塔和带刺的通电铁丝网。他看见这里有数不清的同乡人——图书馆员、教师、车库业主、商店店主，全都被剃光了头，穿着褴褛的条纹制服，都在被屠杀的名单之上。然后，射杀开始了。这一边喇叭正播放着舞蹈音乐或武术歌曲，另一边党卫军将男男女女在沟渠边缘分排成了不同的队列，然后用机枪扫射收割他们的性命。弗尔巴目瞪口呆地看着这一切。他看着那些死不瞑目的人，他们的面目凝固成一种不可思议的痛苦表情。他看到了那些被射中后试图爬走的人，也看到了那些即刻倒下、原地死去的人。那天死了1.7万余人，弗尔巴的兄弟山姆就是死者之一。

仅仅两周后，1942年6月30日晚上，弗尔巴被移送西南方，到了奥斯维辛集中营。起初，他天真地期待着这次旅程，还抱着幻想，那里将是个比马伊达内克集中营安全些的地方。他自己的话来说，在这里他碰上了"整洁、秩序和力量，还有防腐橡胶手套的铁拳"。他被剃了头，手臂上也被纹上了号码——鲁道夫·弗尔巴现在成了囚徒44070号。

无论他曾对幸存抱有多么强烈的希望，都很快湮灭了。他意识到，奥斯维辛只是个臭气哄哄的屠宰场。但在其他囚徒走向孤寂的尽头，或机械麻木地度过所剩无几的余日的时候，弗尔巴始终保持警觉。当其他囚徒在行刑之际尖叫着乞求饶命时，弗尔巴始终收敛自己的情绪。当其他幸存者正因自己的亲人被带向死亡、颤抖心碎时，他不知何故总能从脑海中召唤起旧日美好时光所残留的回音。从一开始他就努力思考生存策略，行事低调，意志如钢铁般坚强。他懂得食物意味着力量——即使茶水尝起来像是下水道的馊水，大块的面包里夹杂着木屑，也下定决心尽可能地多吃。他很快了解到集中营内存在着大型黑市，这一市场让很少一部分幸运的人活了下来，零零散散，却也令无数其他人在无以言表的折磨中死去。

弗尔巴是幸运的。首先，他很强壮，这使得他成为一名抢手的劳工。其次，1942 年 8 月，他被分配到了特殊奴隶工作组，负责处理毒气受害者的财产。现在，他在集中营传说中的仓库"加拿大"工作，因为有些囚徒把加拿大想象成一个几近神奇的财富之地，把这个仓库戏称为"加拿大"。在这里，他把犹太人的财产运往奥斯维辛。犹太人下火车后，他会去检查他们的袋子，有时他还会进空车厢去清理死尸。在"加拿大"工作，弗尔巴得以进入党卫军的食品储藏库，大罐子里储藏着柠檬酱、坚果、果酱、蔬菜、火腿、牛肉、水果等等，塞得满满当当——全部都为了方便党卫军享乐取用而成堆地码放在一处，几乎伸手就能偷到。他了解到柠檬在黑市上标以高价，因为它富含维他命 C。如果胆子够大，甚至还能拿到牛排。

当弗尔巴不再为生存费心筹划时，他仔细观察起那些致命的机关。接下去的 11 个月里，他难得身处有利位置，不仅身居集中营，还能在大多数物资人员运抵时待在现场。他愣愣地看着那些对奥斯维辛一无所知的人一脸茫然，无所适从，无力地爬下火车。

通过分拣他们的行李，他意识到他们为冬天打包了毛衣，为夏天准备了短裤，还有秋天需要的结实鞋子、春天时穿的棉衬衫——总之，他们准备了一年四季所有的衣着。他们带着金银钻石以供自己购买商品或行使贿赂。他们还随身带着家居生活的基本用品，如杯子、餐具和其他用具，这些明显的迹象显示，许多人都认为他们只是被"重新安置"在了东部的某个地方而已。

没有哪一天弗尔巴不在梦想着越狱。他每时每刻都意识到，尽管他在这里成功生存了很久，但每一天他都"以一种或另一种形式更接近死亡一些"，只是大限未到罢了。1943 年夏天，他被指派成为比克瑙隔离营的登记员，戏剧性地提高了自己在奥斯维辛的地位。

在那里，他获准穿上正常的服饰，还获得了相对的自由，可以在营地中毫无阻碍地走动，吃上像样些的食物。他还和刚刚起步的集中营地下组织取得了联络。地下组织之所以起步缓慢，是因为它的组织成员一直不断地惨遭杀害。

他开始耐心勤奋地统计每日大型屠杀的数据。他的记忆力惊人，在心中默默记下每一个到达的火车班次，仔细地将数字列成表格记录在木板上。每一群受害者抵达时，他都努力记住他们身上分配到的文身号码。他还跟其他登记员混在一块，计算出燃烧所用的燃料量，从而推算出火化的尸体数目。纳粹从集中营负责处理死者的特遣队里精心挑选出强壮的年轻男性犹太人，命令他们从毒气室和火葬场搬运尸体——没有被选上的候选特遣队员都被毒杀或射杀了——他清晰地了解到了毒气室的运作细节。最后，虽然年纪轻轻，但他已成为集中营内抵抗力量的通讯员。

如果生存有能力测试，那么他是最擅长的那个，渡过了一个又一个难关，逃过了死亡、毒打和探查；他像是有九条命，可以交换出售。他也曾一度濒临绝境，但因为更合适的人的短缺，他能够设法一直"升职"，直到几乎成了集中营的"半固定"员工。取得了德国人的信任后，在一定程度的获准范围内，他再也不用挨饿，当其他人正被残酷的饥饿折磨致死时，他可以时不时啃上一口巧克力，吃上从葡萄牙运来的沙丁油鱼，或就着柠檬水吞下一片黄奶酪。

另一件稀奇事是，人们甚至开始用他的姓氏称呼他。

他是如何对待周遭的痛苦和死亡的呢？知道它们的存在，还要尽力忍受，一定是无以形容的恐怖。1943年夏末，弗尔巴已在奥斯维辛存活了超过一年。他坦承自己已经变得对人间惨剧有些麻木不仁了。但这只是轻描淡写的说法。那之后，奥斯维辛的世界也变了。9月7日，4000名来自特莱西恩施塔特（Theresienstadt）贫民区的捷克犹太人抵达这里。他们来时以家庭为单位，男人们拿着行李，孩子们手里紧紧抓着洋娃娃和泰迪熊玩具。党卫军的人开着玩笑谈论这些即将被拘禁的新俘虏。他们逗弄着孩子。这群囚徒既没有被送往毒气室，没有被派去工作营，没有与自己的家人分离，也没有被剃头，甚至被允许保留自己的衣物，在邻近一处专门为他们准备的营地里过着相对舒适的生活。党卫军非但没有毒打虐待他们，反而对他们予取予求。

弗尔巴和其他饿着肚子的幸存者透过铁丝网吃惊地看着这一切。这一边，每一天有成千上万的囚犯憔悴消瘦，拖着沉重得迈不开的双腿，吐着血或发黑的唾沫；那一边，这些捷克人却似乎过着一种近乎世外桃源一般的生活。党卫军组织游戏让孩子们在操场上玩耍。还有一所建在一间木制马厩里的小型学校，由前柏林体育教练负责管理。他们还给这些家庭提供了肥皂、药品和像样的食物等等。定时巡逻的警卫与那些兴高采烈的孩子轻轻打闹时，还会给他们带糖果和水果。当然，问题是他们为什么这么做？

弗尔巴探查得越深，了解得也越多。起初他只是微微惊讶。在登记员办公室里到处刺探侦察后，他发现捷克囚徒身上的文身号码与奥斯维辛无关。其后他发现了更震惊的事实，他注意到每一名囚徒登记时都附了一张独特的卡片写有："隔离六个月采取特殊待遇。"当然，特殊待遇是意味着毁灭的代码。

弗尔巴很快把事情想明白了。特莱西恩施塔特贫民区和其中的犹太人是第三帝国捏造的假象，该贫民区是纳粹定期准许德国红十字会国外分会的参观者访问进入的地方，以此消除甚嚣尘上的大规模屠杀谣言。的确，在1944年2月下旬，阿道夫·艾希曼亲自带领德国红十字会国外分会的首脑参观了奥斯维辛的家庭集中营，以此作为德国对犹太人施行人道主义待遇的证明。捷克人已经成为了纳粹谎言里的走卒，死亡集中营没有消灭数百万的犹太人，他们只不过被安置在了东部的工作营里。因此，这4000人是分开管理的——这儿没有毒气和惯常的毒打虐待，也没有悲剧和骇人听闻的暴行。他们在这6个月里生活红火，结交朋友，教育孩子，围坐在一起享受家庭晚餐，坠入爱河，几乎过上了正常的生活，同时还抱着对自由的梦想。

但这一切也结束得如此迅猛，一如开端。3月3日，有人指示他们给故乡写明信片，忠实地记述下他们舒适的生活——但纳粹精明地在家庭营地的卡片上盖了纽柏林的邮戳地址，那是一个距离真正的死亡集中营西北方 5 英里外的小镇，从而也保护了奥斯维辛的秘密。为了完成这场欺骗，这群犹太人被指示请求亲戚给他们寄送食物包裹。所有卡片上的日期都填迟了3 周。

3 月 7 日当天，距他们抵达之日恰好 6 个月之时，他们听到了数百人的脚步声，那是党卫军卫兵突然包围了特殊营地。

集中营负责处理死者的特遣队早已被通知点燃火葬场的炉火。

下午三点左右，卡车到了。一小队管理其他人犯的囚徒头目对孩子们的哭泣无动于衷，无情地向囚徒们挥舞起棍棒，逼迫他们登上运输车辆，将他们送往毒气室。看到更衣室的那一刻，这群犹太人看见命运的面孔变得凶残至极，清晰无比。他们已经闻了几个月这种来自火葬场的烟味，知道前方等待着自己的是什么。但这一切都太迟了，他们袭击卫兵，赤手空拳地反抗着。但结局来得如此迅猛，一如开端。党卫军早有准备，快速坚定地冲上来，用枪托击打顽抗的受害者，若是这没起到该有的效果，就上火焰喷射器。赤膊的囚徒们头破血流地被赶进了毒气室。当毒气浓缩弹自屋顶啪地掉落下来时，他们先是唱起了捷克的国歌，然后是希伯来歌曲《希望之歌》，直到将自己的生命耗尽。

弗尔巴悲愤欲绝。寄希望于囚徒间的叛乱是徒劳无用的，他现在意识到唯一的希望是越狱出去，以某种方式向世界发出警示。几个月来，弗尔巴都在秘密筹划自己的逃亡之路。虽然，他知道到目前为止的每一次努力都失败了；但是他别无选择，只能采取行动。

∾

1944 年初，纳粹又开始在奥斯维辛加修一条铁路，这条铁路直通毒气室，由此，将不再需要卡车运输和人员筛选，只要简单地打开火车门，无论男女老少都将立即转投死亡的怀抱。弗尔巴惊呆了，他透过办公室的窗户看得到新轨道。轨道沿着宽阔的大道慢慢前移。囚徒们为了这些铁轨日以继夜，甚至在电弧灯下加班加点。他另外注意到还有一些囚徒正在敲打建造些什么，几乎将整个集中营的规模扩大了一倍。奥斯维辛的扩张只意味着一件事：纳粹正为接收大批犹太人做准备。唯一一个还剩有大量犹太人口的地方是匈牙利，这一点经由党卫军之口确认证实。这名党卫军开了一个粗劣的玩笑说，集中营正在期盼新的物资，这批物资都贴着"匈牙利腊肠"的标签。弗尔巴立刻明白了他的言外之意。来自荷兰的犹太人被毒杀时，他就已经听闻党卫军在吹嘘他们为旅途打包的奶酪；法国犹太人到的那会儿，党卫军尽情享受了沙丁油鱼；希腊犹太人进入集中营时，党卫军携带着成捆的哈尔瓦糕[1]和橄榄。

弗尔巴和他的朋友们估测，有100多万名匈牙利的犹太人正身处险境。即使是奥斯维辛，这样转移并屠杀他们都将是创纪录的行为。这一推测似乎不仅合理，而且是极有可能的。一些囚徒领袖翻出来的德国新闻报纸正在报导德国军队向匈牙利进发的消息，目的是恢复当地的秩序，纳粹已经扶持了一名傀儡领导人，他们现在控制着匈牙利人的命运。弗尔巴慢慢消化着海量的事实。现在他想做的不仅仅是揭露纳粹反人类的罪行，他还想阻止这些暴行。他过分乐观地把希望寄托于向匈牙利人示警，帮助他们纠集"一支百万强军，宁可战斗到底，而不是束手待毙"。如果匈牙利人知道等待着他们的是什么，弗尔巴相信他们至少会在登上运输火车前奋起反抗，也许他们甚至会因此而获救。

弗尔巴煞费苦心地将之前所有失败的越狱行为都评估了一遍，仔细审查其中缺陷，试图填补完善它们。

---

[1]　一种希腊甜点。

∾

他十分清楚，破解纳粹分子的防御工事有多困难，然而，集中营里其他所有人"都可能会死"，但他有一种近乎迷信的感觉，他始终相信自己无论如何都会成功的，几乎将之奉为信仰。他知道逃跑的惩罚——在奥斯维辛的第一个礼拜就见识过。那一天下午，弗尔巴朝营地走去时，见到了两个移动的绞刑架。在集中营司令官鲁道夫·胡斯的注视下，数千名囚徒被聚集起来。然后党卫军的一名四级小队长大吼一声，用粗嘎的声音通报，他们抓到了两名试图逃跑的波兰囚徒。他尖声叫喊："这是集中营管理层绝不容许发生的事情。"两纵队党卫军包围着两名肮脏瘦弱的赤脚囚徒，把他们拖上了绞刑架。他们的外衣上夸张地钉着一行醒目的字——"因为我们想逃跑"。

军鼓的击打声渐行渐强，囚徒们在嘹亮的鼓声中迈着步子。但绞刑架上的俘虏都没有表现出丝毫的愤怒、软弱或恐惧，只有在踏上木质阶梯时，身体才摇晃了一下。其中一个囚徒开始说话，但声音淹没在二十四名鼓手敲打的鼓音中。当刽子手把绳索套在这两人的脖子上、并拉动操纵杆时，他还在徒劳地说着什么。活板门打开，先是一声沉闷的撞击，然后是另一声。令弗尔巴感到恐怖的是，这两名囚徒只落下了半英尺左右的高度。他们没有被绞死，而是慢慢被扼住呼吸，窒息而亡。聚集起来的人看着逃犯疯狂地扭动着身子，然后慢慢地扭动，再然后一动不动。

鼓声停了，沉闷压抑寂静却笼罩了下来，直到纳粹打破死寂，严苛地下令弗尔巴和剩下的囚徒必须盯着尸体再看上一个钟头。集结的纳粹梯队依次收队。夕阳之下，弗尔巴咽下了想说的脏话，看着悬吊在半空的囚徒，再度坚定了自己逃跑的信念。

∽

　　对弗尔巴而言，越狱的挑战在于奥斯维辛集中营被分成了里外两个营地——外面的营地是囚犯干活的地方，里面的营地则是囚犯睡觉的地方，这的确是个不小的阻碍。这就相当于，逃亡者必须逃脱两个营地，而不止一个营地。注满了水的沟渠包围着奥斯维辛集中营靠里的营地，沟渠宽六码，深五码。相应地，这条沟渠周围建了两圈五英尺高的分离式高压电带刺金属丝栅栏。除了这些物理上的阻碍，还有人的威胁。在瞭望台上的党卫军们无论日夜都把机枪的枪口对准了囚徒。当夜幕降临，弧光灯会把所有营房和带刺铁丝栅栏照得通明。如果逃犯未经准备就试图突破这些防卫，瞭望塔就会发出尖锐的警报声，警笛、哨声响声大作。几秒钟内，三千党卫军和两百只咆哮的猎犬组成的庞大队列就飞快地将整个区域封锁起来。那些他们不得不靠人力巡逻的空旷地带处于内外两个营地之间，是全然荒芜之地，这片区域明显是为屠杀而设计的。想逃跑的囚犯穿过那片灰尘弥漫的空旷平地时很容易被捕，而且面对两边区域排列的瞭望塔下的交叉火力，毫无办法。

　　弗尔巴仅剩的一丝机会是在警报拉响后，军队和猎犬只会在营地里巡寻三个日夜。如果到时候没有抓到逃犯，德军就会认为犯人已经逃脱，撤回搜寻的人手。这个时候，搜寻工作就会移交给奥斯维辛之外的党卫军政府处理。弗尔巴后来详述这段经历时说道："在我看来事情很明显，如果能够在靠里的营地边界之外藏匿三天三夜不被发现，就有合适的机会逃出去。"

　　也许这是个合适的机会，但目前为止却没有人想出如何抓住这样的机会。但弗尔巴夜里躺在坚硬的木板上入睡前，开始了自己称之为"逃跑技术的科学研究"。

　　很快，弗尔巴找到了一名盟友，来自俄国的狱友德米特里·沃尔科夫（Dmitri Volkov）。这个魁梧的大块头将弗尔巴纳入了自己的羽翼之下，弗尔巴经常给沃尔科夫面包和人造黄油做的口粮，几个月来，弗尔巴用自学的俄语和他谈论了很多伟大的俄国作家。然后有一天，他们换了话题。骄傲而又渊博的前陆军上尉——现在的战俘沃尔科夫给弗尔巴上了一堂关于成功越狱必要元素的速成课。沃尔科夫告诉弗尔巴，他需要准备一把防身的刀具，万一被捕的话，还需要一片剃须刀片——用来割开自己的喉咙。他还需要一枚指南针和一块手表，这样就能对自己的旅程有点时间概念，也能弄清自己身处的方位。他应该白天睡觉，只在夜里行进。他还需要食盐，因为靠食盐和土豆能挨上几个月。同时，千万不能带钱，因为饿肚子时就会想要用钱买食物。相反，沃尔科夫叮嘱弗尔巴要远离人群，还强调绝不可喝酒来庆祝自由。换句话来说，正如他所言——离开集中营的那一刻起，战斗才算刚刚开始。

可能他最实用的一条建议，就是带上在汽油里浸泡后又晒干的俄罗斯烟草，并将这些烟草洒在自己身上，这条建议在后来救了弗尔巴一命。沃尔科夫保证这种气味能够迷惑那些追踪犬。

沃尔科夫讲完了他的经验之后，这两个男人就再也没说过话。为什么？沃尔科夫被押送到毒气室了吗？弗尔巴从未得知。但是弗尔巴还有其他老师。1944 年 1 月，弗尔巴的五名狱友，其中包括弗尔巴的一名斯洛伐克友人，一同奔赴自由；他们差一点儿就逃出了奥斯维辛集中营。被抓不到三个小时，党卫军们就以极为残酷的方式戕杀了他们。他们的身体被达姆弹撕成了碎片。这些死去的逃犯被党卫军们拖回集中营安置在椅子上，他们的衣服沾满了鲜血，肢体残缺不全，无法辨认。党卫军还残暴地在他们身上挂上"我们回来了"这样的标识。

如此看来，弗尔巴的计划好像已经废了。但后来他认识了查尔斯·格里克（Charles Unglick），一名曾在敦刻尔克英勇战斗过的前法国上尉。在奥斯维辛集中营里，格里克是极少数看上去坚不可摧的人之一。他健壮富有、无所顾忌，是个恶棍一般的人物，他设法在集中营取得了相当大的影响力，恐吓犯人头目，贿赂党卫军，甚至还会欺辱特遣队员。格里克发现党卫军守卫里面有一个孤儿，是被说意第绪语的犹太人抚养长大的；很快，他制订了一个大胆的计划。他从"加拿大"带来的金子和钻石就藏在营房的木板下，他打算用这些财物去贿赂这名守卫，让他偷偷把弗尔巴和自己带出去，这样他们就能穿过敌人的战线逃往巴黎。为什么这名守卫愿意这么做？弗尔巴很怀疑。但格里克坚持认为这名守卫对犹太人怀着无以言说的同情。

他们把逃跑的日期选定在 1944 年 1 月 25 日晚上 7 点，就在三天后。当天夜里立正点名的时候，晚风吹过营地，囚犯们战栗不止。弗尔巴在等待与格里克和那名党卫军守卫会合的过程中，几乎抑制不住自己内心的激动。他想，这将会是他最后一次被点名。自由！还能为那些身处奥斯维辛集中营以外的犹太人提供帮助。

7 点到了，7 点又过了。7 点 5 分了，7 点 10 分了，然后 7 点 15 分了，弗尔巴有种不祥的预感，所有的一切都出错了。但偏巧，正当弗尔巴痛苦地来回踱步的时候，他被要求去同其营区长官谈话，这名长官是一名有声望的斯洛伐克知识分子。弗尔巴紧张得几乎不能思考。不知所措之中，他拜见了长官，还一道分食了一碗匈牙利牛肉汤。弗尔巴一回到外面，另一名登记员就跑过来告诉他，格里克正四处找他，迫切地想要与他见面。

弗尔巴立即奔至约定的碰面地点，但那里却没有格里克，也没有卡车和党卫军守卫。他们逃走了吗？弗尔巴回到格里克的房间，撬开松动的地板，发现那袋金子钻石已经不见了。但他无法得知究竟发生了什么。他也意识到，他让自己手中的渺茫机会溜走了。

弗尔巴的幻想破灭了，他浑浑噩噩地回到了自己的营地。大约半小时的时间里，他跟其他囚犯交谈时都无法集中自己的思想，只能喃喃自语些无谓的话语；那时大概 8 点钟左右。随后可怕的呼叫声打破了夜晚的宁静："十四号高级营区！十四号高级营区！"

黑暗中，随着营房来回照射的强光灯，弗尔巴战战兢兢地走到十四号营区的庭院，他的心跳几乎停止。格里克的尸体就躺在那里，子弹射穿了他的胸膛，血汩汩地淌出来，染红了他的脸和脖子。弗尔巴低下脑袋。在奥斯维辛集中营里很难形成持久的关系；很少人能存活足够长的时间或者有足够多的精力去经营培植这样的关系。但是弗尔巴把他的友谊给了格里克。他们曾经一起说笑，一起做梦，但现在他被害了。果不其然，那名党卫军守卫一直都在欺骗格里克。他将金子和钻石装进了自己的口袋，然后朝格里克的胸口开了一枪，向集中营的长官报告他阻止了一次逃跑事件。

凝视着格里克扭曲的身体，弗尔巴几近绝望。他曾试图欺骗命运却徒劳无功。他在筛选过程中奇迹般地活了下来。成千上万因犯在几周内丧生，他又奇迹般地熬过了奥斯维辛集中营的残酷折磨。然而现在，他却失去了这看似最好且可能也是唯一的机会。格里克的死让弗尔巴的所有希望都破灭了。

弗尔巴压抑住悲伤和怒火，试图让自己平静下来，但无济于事。不过他的悲怆忧伤是短暂的，因为几个星期后，另一个机会出现了。

弗尔巴在奥斯维辛的人际网络还有一些朋友，其中有一个比较特别，名叫弗雷德·韦茨勒（Fred Wetzler），他也是一名登记员，与弗尔巴同乡，来自斯洛伐克同一个小镇。弗尔巴毫不怀疑地认为自己可以信任韦茨勒。和弗尔巴一样，韦茨勒在奥斯维辛也属于稀有动物。他 25 岁，在集中营里颇受欢迎，甚至跟德国人也相处得很好。他对奥斯维辛内部运作方式了如指掌，任何蛛丝马迹都了然于胸。弗尔巴很喜欢他，现在他要把自己的性命托付在此人手中。

韦茨勒的逃跑计划和其他人的不太一样。因为纳粹正为安置即将大量涌入的匈牙利人紧锣密鼓地扩建集中营，混乱多于正常的秩序。韦茨勒从几个斯洛伐克朋友那里得知，外部营地里已经堆放了大量木板，事实上，那一大堆建筑材料间有一处特别准备的藏身地点。这堆木板中间有个足够容纳四人的空洞。木堆本身的位置在内部营房的瞭望塔和高压电网旁边。所以如果能安全地在里面待上三天，搜索派员就会撤回，剩下就是向着安全全速行进。这既是天才的计划，也是疯狂的计划。弗尔巴和韦茨勒将胆大包天地藏身在最显眼的地方。

碰巧，另有四名斯洛伐克人愿意做开路先锋，而且成功了，这令弗尔巴心神振奋。党卫军疯狂地搜索，且逐日加强搜查力度。三天过去了，那几个斯洛伐克人依旧没有被找到。弗尔巴和韦茨勒决定等两周，再如法炮制。但七天后，他们的希望破灭了，党卫军带着被狠狠毒打的逃犯回来了。弗尔巴不发一语地看着他们一个挨一个地当众受鞭刑，然后被带去进一步审问。在弗尔巴的推断里，党卫军迟早会撬开逃犯的嘴巴，找出珍贵的藏身地点。

但弗尔巴和韦茨勒还是想知道确切的消息。

弗尔巴设法混进了惩戒区，其中一名囚徒悄悄给他递了消息：他们还没透露那个空洞的存在。

可以信任他们吗？党卫军是不是在玩猫捉老鼠的把戏，正如他们之前多次做过的那样？弗尔巴和韦茨勒认为他们只能抓住这次机会。

整个冒险的过程危机重重，但他们很快敲定了具体细节。

弗尔巴曾有机会短暂研习过上西里西亚地区的地图，粗略记住了他们的逃跑路线；他们会沿着索拉河前进，然后沿着火车轨道长途跋涉，就是那条运载着一车又一车犹太人的轨道。两人从"加拿大"的大型储藏室偷拿了几套精心编织的荷兰粗花呢夹克和大衣，还有厚重的靴子和一件白色羊毛衫。他们还找到珍贵的俄国烟草，浸过汽油后晒干。弗尔巴还设法找了一把刀藏起来。他们会带上面包和人造黄油做干粮，还有一小瓶酒以补充水分。极为重要的是，他们还说服了两名波兰囚徒，待他们一溜进木板堆，就帮他们把头上的木板推回去。他们知道后勤是个大问题，也知道需要等待最佳时机，悄然无声地行动，等待大好运气，还要有毅力：起初的三天，他们要承担被猎犬发现的风险。

他们把日子定在 1944 年 4 月 3 日凌晨 2 点，但当时一名疑心甚重的党卫军正站在韦茨勒所在院子的门墙外，使得这一计划泡汤了，韦茨勒也明智地选择了放弃离开。

∽

翌日，4 月 4 日，一名南非飞行员开着一艘空中侦察机经过奥斯维辛上方 2.6 万英尺高空处，打开了机载相机。他从位于意大利南部的福贾市（Foggia）的盟军空军基地起飞，然后向北飞行。他正在搜寻可轰炸的目标。当他操纵飞机飞翔在上西里西亚这一区域时，按下了相机，曝光了位于莫诺维茨的二十多处奴隶劳动营，也是法本公司制造厂的所在地。而奥斯维辛的死亡毒气室距离莫诺维茨只有 3 英里。就在这一天，奥斯维辛将迎来一列满载着犹太人的火车，这是来自意大利北部城市里雅斯特（Trieste）的驱逐出境专用列车，这座城市还在德国的控制下。车上载有 132 名被驱逐者，其中 103 人立刻就被送进了毒气室。

拍下这些照片不过几分钟时间。未经曝光的胶卷随即就被加急送到了位于英格兰西部的英国皇家空军站，由情报专员洗印并研究这些模糊的相片。他们正在寻找可轰炸的特定工业设施。但当他们检查胶卷时，发现有三幅相片上呈现了一排排的临时营房。这是奥斯维辛第一次为人所知。

∽

时间又过去了四天，弗尔巴和韦茨勒努力尝试，却都失败了。

每一次他们行动被迫中止都是因为一些意想不到的地方出了岔子，要么是他们的两名共犯之一被拦下，要么是因故将计划延期。是不是党卫军在怀疑什么？弗尔巴和韦茨勒无从得知。

　　终于，他们决心在 4 月 7 日那天逃跑。那天早上，他们的举止一如往常，似乎一切正常。但下午一两点的时候，弗尔巴再度朝着木板堆走去。周围到处都有人在敲敲打打搭建造物，汗水、咒骂共混乱齐飞。三级党卫队的两名新队长突然围夹住紧张害怕的弗尔巴，他从来没有见过这两名党卫军。他们评论起他的衣着打扮，还管他叫作裁缝的"假人儿"。作为一名登记员，弗尔巴在奥斯维辛确实有点特殊，他被允许可以基本按自己的喜好穿着。不过，这两名纳粹对他的外套颇为不满，他们举止傲慢，草草翻查了一番他的口袋，从中发现了一把烟草。弗尔巴呆若木鸡。难道他的计划甚至来不及开始就完蛋了？他汗如雨下，却依旧努力保持镇静。他知道如果他们掀开他的外套，就会看到他的西装下还有别的东西。要是他们查得更深些，还会发现那块特地为逃亡盗出的手表；那一刻，那块手表正藏在衬衫下硌着他的皮肤。只要手表被发现，他就肯定会由于企图逃跑而被处决。还有被他藏起来的小刀和火柴。

　　只要扯下几颗纽扣，一切就会化为乌有。

　　然而这两名德国人翻完了他的口袋，就放了手，他的外套纽扣依旧扣得牢牢的。他们反而嘲笑奚落起他来，还拿一根粗壮的竹棒去打弗尔巴的肩膀。弗尔巴明显地缩了一下身子，疼痛笼罩了他的内心。德国人一阵冷笑，来回踱步继续审视着他。他们告诉弗尔巴，是时候让他看看十一区里头是怎么教囚徒们规矩的了。他吓得呆站在那里，一块肌肉都不敢动弹。然后，其中一人突然冲弗尔巴的脸上来了一拳，冲他一声尖吼——滚出我的视线！弗尔巴惊得忘记了思考，几乎说不出话来，只等着他们的下一个动作。但随后纳粹很快又觉得他们不想去十一区。相反，他们将向政治部报告弗尔巴的问题，在点名后弗尔巴就会被抓起来。

　　现在，弗尔巴被通缉了，距离从队伍里被拎出来只剩下几个小时的时间。

　　弗尔巴飞奔回他所属营区的大门，然后又多绕了一倍的路到木板堆那里。弗尔巴努力以慢悠悠的速度踱过去，看到盟友们早都已经等在了那里。波兰人站在高处劳作，韦茨勒则在下面。他们看到弗尔巴时都张大了嘴巴，但是没有发出任何声音。现在他们动作很快，因为必须争分夺秒来完成这个骗局。波兰人把木板推到一边，微微点头示意。弗尔巴和韦茨勒静立了一会儿，然后爬到木板堆的顶上，将双腿放到开口处，再滑进空洞中。他们听到头上木板放回去的声音，随后是波兰人一步一步爬下木板堆的声音。

里面一片漆黑，空气闷热。两人被迫像鸟一样以一种极为难受麻木的姿势坐着。有差不多15分钟的时间，弗尔巴和韦茨勒一动不动，一言不发。

他们唯一能听到只是自己粗嘎的呼吸声。

15分钟过去了。外面没有骚动，什么都没有发生。弗尔巴开始忙碌起来。为了阻挡猎犬，他把木板之间的狭窄空隙都用俄罗斯烟草粉末填满，这辛苦活儿花了近一个小时。完成这项工作之后，弗尔巴和韦茨勒都沉浸在了自己的思绪中。现在才下午3点半，下午5点半才是关键时刻，那个时候点名开始，囚徒们会被勒令站成一排。弗尔巴当时既害怕又激动。他一直提心吊胆地拨弄着手表，盯着表盘上的时间看——目前他的双眼已经适应了黑暗，还把手表放到耳边确认手表没有停止。最后，他强迫自己把手表收起来。在木板堆里，他不需要它，韦茨勒也不需要。他们两个只要听听外面钻进来的声音就能分辨时间。常规安排总是一成不变的。他们蜷伏在黑暗里，确信自己听到了囚徒们回去点名时发出的沉重脚步声。

到了5点25分，弗尔巴料想党卫军已经发现他们逃跑了，现在正在商议如何应对。5点半的时候，弗尔巴心跳加速。不知何故，还没有人敲响警钟。下午5点45分，外面仍旧安静得出奇。弗尔巴有种预感，他们随时都会听见拉开木板的声音，然后一抬头就能看到一排黑洞洞的机枪口。到6点钟了，仍然没有警报声传来。

"他们在玩弄我们，"弗尔巴低声说，"他们肯定知道我们在哪儿。"

韦茨勒害怕得一个字都说不出来，只能点头表示赞同。

突然，外面传来了一阵尖声嚎叫，警报器拉响了。

　　几分钟不到的时间，黄昏前的暗光降临到集中营，弗尔巴和韦茨勒已经可以听到了党卫军的靴子踩在地上发出的沉闷声响，他们的追击者列成了横跨大地的阵势。狗舍里，200只经过特殊训练的猎犬倾巢而出，狂吠着搜索起奥斯维辛和比克瑙的每一寸角落。就德国人而言，这是一场印象深刻的力量宣示；他们爬遍了周遭的乡间区域，成百上千成排成列的单层矮营房里到处都是他们的身影。现在，数千人卸掉房门，扒开地板，从一栋建筑冲进另一栋建筑。弗尔巴知道这意味着什么：从各个公共厕所到"加拿大"，每一间营房都会迅速彻底地被搜查一遍。整个过程会持续三天。每个囚犯都会查了又查，查上几个小时；很多囚犯还会受到严刑拷问。弗尔巴和韦茨勒的内心被兴奋与恐惧轮流占据。兴奋是对成功的期盼；恐惧则是因为想到了被抓住的下场。

　　恐惧只增不减。起初，德国人还在远处，但很快就逼近了这里——奥斯维辛集中营构造庞大而复杂。突然，两人听到一名党卫军军官高喊："到这些木板后头瞧瞧去！"当他们听见德国人爬上木材堆的时候，弗尔巴和韦茨勒呆住了。一阵砂砾和着尘土抖落在他们身上。两人担心自己会打喷嚏，用手捏住鼻子。正如所料，搜索正在逼近。现在，除了守卫粗哑的喘息声，他们还能听到头顶上方气喘吁吁的猎犬在乱吠，还有它们的爪子从这块木板滑向那块木板的刮擦声。希姆莱曾亲口夸耀奥斯维辛集中营的猎犬已经受训，学会了把人撕成两半的本事。

　　即使在黑暗中，弗尔巴也能看见韦茨勒眼神闪烁，牙关咬紧。他们似乎已经用完了所有好运。弗尔巴把刀子握得更紧了。他发誓绝不让自己被活捉。

∽

　　那些人没有听到任何动静，猎犬也没有嗅到任何气味。不管怎样，俄罗斯烟草管用了，没有人想到要把木板移开。猎犬"刺棱"一下循着许多混杂的气味跑向了集中营的另一分区。卫兵们尾随着它们，搜索发出的嘈杂声渐行渐远，直到成了远处模糊的声响。对于弗尔巴和韦茨勒而言，这就已经值得庆贺了。但他们都明白这只是个开始。

　　那些人和狗彻夜搜索，反复在木板堆周围来回扫荡。为了盖住他们自己的声音，韦茨勒想起来把法兰绒的带子沿着嘴巴捆上，只要两人中有人感到喉咙发痒，就把带子拉紧。

　　然后他们听到了另一种更为熟悉却令人心生寒意的声音——载着新受害者开往毒气室的卡车发出的可怕铿锵铮鸣。弗尔巴在心中默数。从十开始，然后是二十、三十、四十、五十、六十。即使是在全军出动的搜索行动档口，奥斯维辛的死亡业务也仍然继续极速进行着。弗尔巴和韦茨勒可以勾勒出洗浴者排的队列，想象出犹太人痛苦的嚎叫和鸣咽。然后他们什么也听不到了，直到尸体一具接一具被运进锅炉里发出了单调如一的声响。他们的藏身之处正好靠近四号火葬场。

　　一个又一个小时过去，他们听着特遣队打开小铁门，把毒气室中蜷缩扭曲的尸体推进去，让它们在火焰中燃烧成灰烬。一个又一个小时过去，他们呼吸着血肉毛发燃烧产生的刺鼻气味。这是一车比利时犹太人，319 个灵魂被即刻毒杀了，其中包括 54 名孩童。

　　第二天的情况更糟糕。搜索队员愈发抓狂，弗尔巴和韦茨勒更害怕了。他们已经有超过 24 个小时没敢进食进水了。浑身脏兮兮的，胡子拉碴，筋疲力尽。他们会低头打盹睡上一会儿，然后被更多的追捕声拉回现实。他们现在听到新的声音了。纳粹不停地更换通行密码，哨兵们在外圈到处突击，军官们吼叫着发号施令搜一遍这里，查一遍那里。

∿

当两人在木板堆里捱到了第三天,疯狂的搜查行动放缓了。在他们周围,党卫军仍在继续排查追击——直到下午 2 点。弗尔巴和韦茨勒竖起耳朵仔细聆听,他们听到两名德国囚徒正就逃犯藏身之处的传言交换意见。他们更倾向于相信,这两人还留在集中营内等待时机,而非已逃之夭夭身处千里之外。其中一人随后看了看那堆木板堆。

"你认为他们可能在那里?"他问同伴。

另一人摇了摇头。若是如此,猎犬肯定能嗅出他们的气味来。

不对,第一个人坚持自己的观点——"如果他们找到了一种消除气味的方法呢?"

"可能性很小。"对方答道。

这两人爬到了木板堆上,开始移动木板。对弗尔巴和韦茨勒而言,他们有一种似曾相识的不祥预感——现在这是第一天情况的重演。弗尔巴再一次拔出了刀子。他屏住呼吸,紧紧贴靠着空洞的边缘,妄图让自己以某种方式消失。那些德国人现在距离发现他们只有咫尺之遥。然而,就在下一块木板被搬开之前,就在德国人即将发现他们的猎物之前,集中营的另一端传来了巨大的声响。德国人向发生骚动的方向跑去,心里认定那边抓到了弗尔巴和韦茨勒。凭借这千钧一发的运气,弗尔巴和韦茨勒又安全了。

藏在木板堆里距离自由的可能只剩一天之遥。4 月 9 日一整天,弗尔巴和韦茨勒都保持沉默,不发一语,但对奥斯维辛而言,这却远不是安静的一天。那一天恰恰又有一队邪恶的卡车隆隆上路,载着即将被毒气杀害的最新受害者,他们随后也将被火化;但这一次他们运送的是特殊人群,是那些曾被安置在马伊达内克集中营中的犹太人,弗尔巴曾被送到那里待了两周后才被送到奥斯维辛。现在,随着复仇的苏联军队不断向西推进,党卫军疯狂撤出了集中营,准备废弃那里。固执的德国人和疏散人员一块儿将木制运畜拖车封死了,甚至烧毁了所有记录,还拆除了马伊达内克整个集中营，这都是纳粹的一桩桩背信弃义之举。他们枉费心机地试图掩盖自己的罪行，还挖出并烧毁了埋在森林里的 1.7 万具尸体——德国人在 1943 年 11 月 3 日仅一天时间里，用机枪在林子里扫射杀死了他们，这一天成了纳粹口口相传的"收获节"。他们无法处理的部分是死者的鞋子，成千上万，堆积如山，其中有很多是婴孩的鞋子，只有成年人的半只手掌那么大。

　　整整 8 天，来自马伊达内克的火车向西缓行而来，车轮沿着磨损的铁轨爬行，伴着嘟嘟的汽笛声。对于囚徒而言，这段旅途只是纯粹的痛苦。整段旅程没有水也没有医疗服务，撤离人群身躯瘦弱，光头无发，衣不蔽体，不抱任何幻想。这一次，有一些人反抗了。有 20 人试图在火车上找出路逃跑。党卫军不紧不慢地将他们全部当场射杀。这一路下来，还有 99 名撤离者未能坚持到奥斯维辛，他们在路途中就死在了汗水和垃圾散发出的作呕恶臭之下。那些幸存下来的人呢？他们虚弱疲惫，有些差不多都无法动弹，活得简直猪狗不如。一到那里，他们要么被毒气毒死，要么被文上编号去做奴工，直到紧随其后的死亡将他们带走。

　　但充斥在空气里的不只是死亡的声音。傍晚时分，弗尔巴和韦茨勒远远听到空中传来一阵嗡鸣。嗡鸣声渐行渐近，最终成了重型飞机的隆隆声。很快是一连串的哨声。随后地面遭到了连绵不断的爆炸，木板堆剧烈地摇晃起来。弗尔巴和韦茨勒屏住呼吸。集中营终于被发现了吗？盟军终于准备轰炸瞭望塔和通电铁丝网了吗？他们想知道，"这是不是奥斯维辛的末日？"有那么一瞬间，弗尔巴神志不清地以为他们正要被解放了，甚至不由为自己这一想法亢奋不已。爆炸声的源头是防空火力断断续续的攻击，机枪从营地的地面向天空疯狂射击。木板堆摇晃着，抖落了更多尘土，强烈的光线射入木堆之中，四周一片刺眼耀目的光芒。但奥斯维辛本身并没有遭到攻击，盟军的轰炸目标是几英里之外的工业设施。飞机声消失在远方之后，集中营依然安然无恙，弗尔巴和韦茨勒再度听到铁架的叮当声，依旧能闻到火葬场散发出血肉焚烧的气味。

他们沉默着度过了 4 月 10 日。下午 6 点半，距离第一轮警报响起已经过去了整整三天，他们听到党卫军的呼喊声盘旋在营地上空，从一个瞭望塔传到另一个瞭望塔——"拉起警戒线！"或者是"撤离警戒线！"这是暂停在奥斯维辛内部搜查的命令。卫兵们将各就各位回到自己的岗位和营地，猎犬也会回到狗舍里。搜索结束了。现在，就靠党卫军在奥斯维辛墙外的机关网络来抓捕逃犯了。

4 月 9 日，党卫军武装部上校哈滕斯坦就向柏林发送了一封关于越狱事件的电报。东部盖世太保所有的机构、全体刑事警察单位和边防已经准备就绪开始寻找这两名犹太人，指名通缉弗尔巴和韦茨勒。他们办起事来和纳粹管理集中营一样效率惊人，通过有线电讯发送这份报告，犹如伸长的触手在散播消息。如果抓捕成功，则将会向奥斯维辛发送一份详尽完整的报告。

这边，木板堆里的弗尔巴和韦茨勒正在犹豫要不要转移，他们担心搜索结束只是党卫军引蛇出洞的诡计。夜晚的空气冒着寒冷气息，他们打着哆嗦等待着。

等到 9 点，两人再没有听到什么不寻常的声响，没有证据表明有人认为他们依旧藏在奥斯维辛里头。在肮脏和黑暗中屈身蹲了大约三天后，他们僵着身子站了起来，开始推起他们头顶剩下的木板。他们奋力推动，木板却纹丝不动。于是他们一同喘着气，用力，流汗，使出了身上每一丝力气去推其中一段木材。他们设法把手指抓着木板边缘，将它再抬高一寸。最后，他们举起了木板的一边，惊异地看着黑暗无月的夜空中一串串璀璨的星星。

如果那两个德国人没有试着在木板堆搜查，拿开一些木板的话，弗尔巴和韦茨勒可能会被完全困住，无法脱身。

两人小心翼翼地移开木板，然后一屁股坐在木板堆上回头凝望。弗尔巴从外面短暂地瞥了一眼奥斯维辛——正如成千上万进入大门的受害者一般看着它。站在平地上仰视，能看见营地点起明亮的灯火，投射出一束光芒，破开了黑暗。瞭望塔的可怕轮廓高耸入天，散发着不祥的气息。在电线和高墙之后，封锁线的探照灯光背后，是史无前例的大屠杀。弗尔巴和韦茨勒爬下了木板堆，肚皮贴着地面，开始向一处小型桦树林匍匐前行。他们一头扎进树丛枝桠之下，撒腿就跑，再也没有回头。

第四章

逃亡（下）

3 月 24 日，富兰克林·罗斯福发表了一则公开声明。他的声音因肺部积液和慢性充血性心力衰竭而变得低沉沙哑。尽管声音虚弱，但他的话语里却充满了力量。虽然抱病演讲，罗斯福仍坚定表达了自己的立场，他把针对欧洲犹太人的计划性大规模屠杀，定性为历史上最令人发指的罪行之一，而这一罪行每时每刻都持续不止、只增不减。他发誓，任何参与此次暴行的人都会受到惩罚。他还补充，"对事实心知肚明却参与驱逐波兰犹太人行动，从而导致犹太人死亡的人，与刽子手同罪"。罗斯福还特意提到了匈牙利犹太人和其他国家的犹太人，他们在匈牙利境内的避难所正面临着灭顶之灾，他们所遭受的迫害，意味着暴行的胜利。

第二天，599 名来自荷兰的犹太人抵达了奥斯维辛集中营，其中包括老人和小孩在内共 239 人被即刻送往了毒气室。

两周后，正值弗尔巴和韦茨勒躲在木材堆里之时，罗斯福抱着最后一丝恢复健康的希望，正准备启程前往华尔街金融家——霍布考男爵伯纳德·巴鲁克的领地，一处与世隔绝、占地 16000 英亩的种植园。弗尔巴和韦茨勒逃离奥斯维辛集中营的几个小时之后，富兰克林·罗斯福在霍布考庄园中一处白色宽圆柱式的房子中醒来。这栋建筑形似乔治·华盛顿在芒特弗农的住所。尽管天已微凉，天气多半仍是晴朗。罗斯福大概是跟巴鲁克开过玩笑了，说这正是围网捕鱼上岸的好时机，所以他那时应该是带着鱼钩、鱼饵和钓鱼竿坐船出发钓鱼了。

男爵年岁已高，但他的姓氏年头更久。"霍布考"是一个美国土著词汇，意为在水域之间。16 世纪时，西班牙人首次尝试占领这片区域，但在第一个冬季，他们就死了四分之三的殖民者，随后放弃了这块土地。后来，美国独立战争期间，英国人在该地修建了一座堡垒，如今这片森林的边缘依旧伫立着英国人的墓碑。

直到 20 世纪伊始，霍布考才成为伟大的水稻帝国卡罗来纳低地（Carolina Low Country）的一部分。到 19 世纪 40 年代，荒废的稻田成了野鸭和火鸡的栖息地，甚至还有老鹰偶尔停留，正如巴鲁克所期待的样貌。1905 年，他买下这片土地作为冬季狩猎度假地。巴鲁克是土生土长的南卡罗来纳州人，即使在 10 岁举家搬迁纽约之后，也依旧没有改过自己的口音。他从一名默默无闻的办公室勤杂工一路青云直上，登上权力巅峰，为六位总统担任财务顾问之职，还是总统们的密友。在华盛顿，他常常与高级官员一同坐在拉菲特公园的一条长椅上，一道俯瞰美国白宫。现在，美国总统登门拜访，希望能给自己找回活力。

霍布考是个宁静的地方，远离华盛顿那一双双探子的眼睛，虽然白宫几乎没有给那些人任何机会探得什么消息。考虑到总统的身体状况不稳定，在他逗留此处期间，布瑞恩和麦金太尔两名医生将与总统的小梗犬法拉一起陪同总统。

为了迎接总统的到来，提前安排好必要的膳宿，种植园好一阵忙乱。还有一个月总统的有轨电车就会准备就绪，美国海军陆战队不厌其烦地彻查这片森林，海岸警卫队也在附近各条内陆河流巡逻。同时，美国特勤处正忙着到处敲敲打打。他们到处修建木制的斜坡，好让总统可以到达庄园的各个地方。他们还在大型钓鱼码头上搭起了栏杆，甚至草草配了一条帆布溜槽，用作逃生通道，万一遇上火灾，可从二楼卧室向外逃生；事实上，如果楼梯是可燃的，这些滑道会跟随总统到任何地方，并且白宫也已经准备使用这些滑道了。因为罗斯福比较担忧会发生火灾。

在霍布考，罗斯福保持着简单的生活作息，但他的贵族习性也展露无遗。从被粉刷成柔和绿色的卧室向外眺望，可以看到一片荫蔽的草地向下倾斜直通海湾。他会睡懒觉，通常要到9点半才起床，有时还会更晚；但他上床睡觉的时间很早，同样也是9点半。每天早上，他轻轻地按下红木床边的台灯开关，然后从容地看起报纸。当他觉得时间到了，就会开始处理信件。每天从华盛顿飞来的专机都会带来许多需要总统签字的文件，罗斯福养成了在傍晚读信的习惯，然后照例喝上一两杯马丁尼酒，在7点享用晚餐。

但大部分时间，他都在休息。

每天下午，总统都会在午饭后小憩，之后往往会出去溜达一圈，他会乘巴鲁克的游艇巡游沃卡漠河（Waccamaw River），或者坐在码头或是亚凯迪亚（Arcadia）淡水池边钓鱼。他会短途出游，观赏种类繁多的野生动物，比如沙锥鸟、负鼠、野生蛇类，或者随处可见的鹿和野猪。他在贝尔岛花园里四处游玩，那里有壮丽的树木和一座古老的堡垒；当然，有几天，他只是漫无目的地驾车出行。他对开车疯狂着迷。有一次，他的心情罕见地严肃起来，停在这片种植园的边缘，在那里他看见了美国独立战争中陨落的英国战士的风化墓碑。还有一次，罗斯福在毗邻的范德比尔特庄园（Vanderbilt）的海滩上度过了一整个下午，看着其他人站在岸边，朝海浪扔出钓鱼线垂钓，而他的小狗法拉在不远处的沙滩上挖洞。

罗斯福还曾花上几个小时乘坐海岸警卫队的巡逻船在温亚海湾周边垂钓过，也在巴鲁克殖民地风格大厦的巨大海湾露台上尽情地沐浴阳光。从那里，他可以看到覆满苔藓的橡树林在微风中摇摆，眺望盛开的杜鹃花丛，让目光追随着小狗法拉，看它和一只黑猫在草坪上跳来跳去玩耍。如今他要永远坐在轮椅上了。他几乎丢弃了腿部支架，只有在出席公开场合时才会用到它们。这个月，他几乎淡出了公众的视线。除了睡觉、游玩或钓鱼，他有大量的时间和朋友聚会。这是他最开心的时光之一。午饭和晚饭时间，那些热爱他的人簇拥着他。他很高兴地能与他的小圈子一起进餐，包括他的女儿和表兄弟们，还有两个医生以及来自华盛顿的各级官员。

埃莉诺也曾来此短暂地看望他。一天下午，罗斯福甚至招待了澳大利亚总理夫妇。每一天，他一觉得自己的身体变得强壮健康些，就会不停咕哝脑海里出现的任何话题，这让他身边的人时刻都沉浸在政治、政策和昔日故事里，尤其是他钓鲷鱼和鲈鱼的特长[1]；他和老朋友巴鲁克也毫无顾忌地追忆起往昔来。医生布瑞恩将罗斯福称作"健谈大师"，这话一点儿也不离谱。用布瑞恩的话来说，比如在午餐晚餐时间，罗斯福能让同样的话题变得尤为生动。

即便当时他的身体不容乐观，他依旧性格张扬，和身边的人比起来显得鹤立鸡群。他也非常爱开玩笑，会调侃戏弄那一小撮显然为了采访他而在附近闲逛的记者。有一次，他给他们点了一轮波旁威士忌。

然而，短途旅行也不是一点问题都没有。每天，罗斯福最痛恨的宿敌之一，查尔斯顿（Charleston）报纸《新闻信使》（*News and Courier*）的主编威廉·鲍尔（William Ball）都会写社论严厉地抨击总统的此次游览。对这些言论他通常不予理会，不过巴鲁克出于南方人惯有的礼节，跋涉了60英里到查尔斯顿，告诉鲍尔，只要总统还处于参观拜访期间，就应该停止发布这些苛刻的社论。

∽

但无论如何，霍布考的休养仍离不开亟需解决的棘手问题——和平将以哪种形式实现？还有投降的问题，诺曼底海岸的战争问题，日本对国内外的威胁问题，纳粹分子滥杀无辜平民和军人大量死伤的问题。美国和同

---

[1]　罗斯福本人极爱钓鱼，也很擅长这项运动。

盟国能够有所行动吗？他们会行动吗？所有这些问题都等着总统拍案决策。许多人会好奇，霍布考男爵是否能给罗斯福休息的机会，让他有时间激发灵感，然后像1941年初在加勒比海的美国军舰塔斯卡卢萨号（Tuscaloosa）上那样，想出类似于大胆节省英国军事花费的《租借法案》这种绝妙点子？对于总统和那些指望他的人来说，除了等待，什么也做不了。

而在奥斯维辛，有两个人却拒绝等待，他们在高耸的桦树林中竭力狂奔，直到跌倒在空地上。弗尔巴和韦茨勒猛地扎进草地里，开始匍匐爬行。他们知道自己正在和时间赛跑，天亮后被发现的后果是无法承受的。他们还知道这一片区域埋有许多地雷，但对此束手无策。最后，这两个人到了一处他们认为是溪流的地方；事实上那是一条壕沟，堆满了不知什么东西——骨灰？弗尔巴小心翼翼地伸出手触摸那些沙子，光滑又雪白。他明白沙子——任何沙子——都是致命的。弗尔巴想，"一旦踩在上面，我们的脚印就会像一盏明灯，成为指引巡逻队追踪的方向标"。但沙地绵延无尽，他们别无选择，只能快速前行，朝着一块厚厚地覆满了低矮的欧洲蕨的沙地猛冲而去。黑夜中，他们既不能跑也不能爬。他们能模糊分辨出各个路标的轮廓，却不敢划起一根火柴去看上面到底写了什么。黎明很快就要到来，朝阳即将冲破东边的天际。他们身上很脏，三天三夜几乎没有合眼，还由于饥饿而虚弱无力。但他们仍旧奋力前进，气喘吁吁地踏出了一步又一步。他们远远看到了一片森林的轮廓。茂密的树林为他们提供了躲藏之处。如果他们能够逃到那里，也许就能躲过德国人的追捕了。

接下来弗尔巴看到了另一块路标。他们是靠近了一座小镇吗？他仔细地浏览上面的德语："注意！这里是奥斯维辛集中营。任何在这片荒野被发现的人都格杀勿论，无须警告！"

不知何故，他们仍旧被困在集中营范围内。弗尔巴从来没有想到奥斯维辛集中营区竟然有这么大。这会儿，一道明亮的粉红色霞光划破了天际。弗尔巴和韦茨勒已完全暴露，他们知道必须到森林里去。

然后，他们隐约听见了德国人的咒骂声和叫喊声。就在四分之一英里的地方，他们看见一队劳役的瘦弱妇女步履蹒跚，全副武装的党卫军人们正呵斥着她们。死亡的气息萦绕在奥斯维辛集中营的每个角落。韦茨勒和弗尔巴紧贴着地面，惊恐地喘着气。好在德国人的声音并没有靠近。囚犯和领队的党卫军继续前行，两人仍然没有被发现。但目前来看，他们知道不能再起身站立了。接下来的两个小时里，他们紧贴地面蜿蜒爬行，穿过一片玉米苗田，爬过几个洞穴、几处洼地和数条沟渠。此时，第一道曙光取代了黑夜，天色又渐渐转成了白日艳阳。当他们最终抵达森林时太阳已经升到头顶了，这迫使他们继续往茂密的冷杉林里前行。现在，他们至少有了树林的遮蔽。他们以最快的速度埋头前进，直到听见正前方发出的人声，约有数十人之多。弗尔巴和韦茨勒钻进一些矮树丛里偷偷窥视，他们看见一大批希特勒青年禁卫军成员，肩上斜挎着背包，正在野外徒步野餐。就在两人藏身的不远处，年轻的德国人坐在树荫底下，津津有味地享用着三明治，嬉笑打闹。弗尔巴和韦茨勒缓缓爬进一簇灌木丛中，静静躺下。"我们被困住了，"弗尔巴回忆，"这次不是党卫军困住了我们，而是他们的孩子！"

然后一场大雨滂沱而至。

大雨渐成倾盆之势，这些希特勒青年禁卫军匆忙收起他们的背包跑开了。雨水浸湿了地面，弗尔巴和韦茨勒也淋成了落汤鸡。但这阻拦不了他们，在泥泞中不屈不挠地坚持行进了几个小时，途中躲过了另一队押解另一群女囚犯的党卫军巡逻队，最后，他们停在了一片茂密的灌木丛边。即使紧张与恐惧交织的情绪一直驱使着他们不断前进，现在他们也已经筋疲力尽，累到无法思考。

两人将自己掩藏进灌木丛，四天里，他们第一次在不知不觉中睡去。

在他们熟睡的时候，成千上万的党卫军军队正全面搜查郊外地区，或处于保持高度戒备状态，搜捕这两名犹太逃犯，正如他们过去搜捕其他被捕者一样。至今，还没有任何一名犹太人成功逃出过奥斯维辛集中营。

党卫军的各条电报线因为这一次史无前例的紧急状况震颤不停。武装党卫队陆军少校哈滕斯坦就这次逃脱的相关情况向震怒的德国盖世太保指挥所发去了电报。这份电报的数份复印件传遍了整个纳粹帝国，摆在了萨克森豪森集中营（Sachsenhausen）的党卫军行政总部的桌面，还有盖世太保的每一位长官、帝国保安部的每一处网点、每一支刑警部队的桌上，当然还有边境线上的各大总部。整个第三帝国的上层领导，甚至包括希姆莱本人，都知悉了此次因犯越狱的消息。这份电报强调了搜捕的重点，明确列出了弗尔巴和韦茨勒的姓名，并将此二人认定为犹太人。电报以下文作结："诸位需展开深度搜捕，一旦抓获逃犯，需向奥斯维辛集中营发送完整的搜查报告。"

弗尔巴和韦茨勒全然不知针对他们所展开的全方位搜查，但如果说先前的逃跑尝试教会了他们什么道理的话，那么就是对敌方而言，逮住在逃犯人永远是首要目标。他们也知道，若是最终被捕，酷刑之后只有一种下场——公开处决。弗尔巴记得苏联战俘德米特里·沃尔科夫曾明确警告过他要远离人群，因为德国军民都被告知，一见到犹太人或是来历不明的游手好闲之人，就立即开枪。同样，波兰的公民也被告知，如果他们帮助因犯逃出奥斯维辛集中营，或者帮助游击队员同纳粹党人作战，他们就会被处死。

弗尔巴估计，在他们到达斯洛伐克边界相对安全的地带之前，他们还要穿过绵延约 80 英里的、纵横交错的波兰乡村。他们尽可能地沿着索拉河的水流方向前进，因为水流几乎以一条直线从南流到北。但沿途的每英尺道路仍困难重重。一方面，他们已经十分清楚，到了现在这个阶段，两人都不确定自己能不能坚持到底。他们身上脏乱不堪，恶臭难闻，四肢苍白无力，脸上清晰地留着苦难的痕迹。尽管穿着荷兰式大衣，他们看上去仍显得蓬头垢面、衣衫褴褛。他们既没有钱，也没有食物和水，只能想办法觅食。

但在到达友军的领地之前，他们除了跟跄前行，别无选择。

起初，他们只知道，视线前方除了从身后的地平线延伸到另一头的漆黑，什么都没有。后来的几个小时里，他们抬头看见了黑暗中令人惊恐的熟悉轮廓——瞭望塔、小屋以及劳作的工具材料。瞭望塔？小屋？逃了两天一夜后，他们还是没能逃出奥斯维辛的全部疆域——只是逃离了奥斯维辛的一角。他们很清楚，破晓时分，灯塔里就会有人轮值，而平坦开阔的地面将一览无遗，他们铁定会被发现。他们的心脏怦怦直跳，回头绕路远离瞭望塔。最后，当天空渐亮成一片灰白色时，弗尔巴和韦茨勒发现一处树木繁茂的地方。他们溜到树林里，发现了一处灌木丛。他们迅速折断树枝遮住身影。在树枝和灌木丛的隐蔽下，长叹了一口气，然后调整休息，他们相信自己已经找到了安全的地方。

其实，他们并没有。当薄薄的晨曦从地面散去，清晨的太阳爬上天空，两人惊醒了。他们不在树丛里，而是公园的中间。并且这不是一般的公园，而是一个高级公园，一个仅限于党卫军及其家属使用的公园。小路紧靠着灌木丛，党卫军官员穿着绿色的制服，挽着身旁的女朋友或妻子一起散步，狗儿摇着它们的尾巴，在草地上打滚嬉戏，比赛嗅灌木丛。党卫军的孩子们精心打扮，一头金发梳理得齐整美观，咯咯笑着四处乱跑。弗尔巴和韦茨勒在灌木丛中一动不动，将这一切尽收眼底。他们的运气是否已经用尽，这里是不是他们的终点？

突然，在附近玩耍的两个孩子径直跑向灌木丛。弗尔巴和韦茨勒发现自己正直勾勾地盯着对方又大又圆的蓝眼睛，四目相对。

"爸爸，"一个孩子大喊道，"灌木丛里有人，很有趣的两个人。"

弗尔巴和韦茨勒已瞥见小孩的父亲，他穿着一级军士长的制服，手枪插在低挂在屁股上的手枪套里。两人拔出他们的刀。孩子的父亲跑到灌木丛那儿，盯着他们从头到脚打量了一遍，随后转过头来，让孩子离开。弗尔巴最后看到：一级军士长用镇静的语气和他惊慌失措的妻子交谈。他们真是走运——那名德国人以为自己看到的是两名纳粹同性恋，他们在幽会。眼下，精心罗织的搜索网已然出了纰漏。幸运度过这次惊吓之后，弗尔巴和韦茨勒敏锐地意识到，纳粹将会加强对他们的搜索。他们待在原地直到天黑，然后朝着他们猜测是贝兹基德山（Bezkyd）的方向进发。

到那天为止，贝兹基德山的名字来由仍是个谜——从斯洛伐克的边境绵延至东，北至波兰边境，并从上摩拉维亚区的捷克斯洛伐克开始一路绵延到乌克兰。在波兰和斯洛伐克边境沿途的最高点，山峰海拔达到 1000 米，那里山峦叠翠，风景秀丽，巨型杉树直冲云霄，冰雪融汇成冰冷的山间小溪，横穿山谷。还有一些小村庄零星分布在山坡上。

弗尔巴和韦茨勒夜以继日，继续前进。

他们看到了远处闪烁的灯光，一度确信这必是别尔斯科镇（Bielsko），这意味着他们前进的方向是正确的。他们的计划是绕过小镇，避开所有人朝南，往边境去。然而，镇上的灯火一个接一个熄灭，最后眼前一片漆黑。弗尔巴和韦茨勒迷路了。他们最害怕的就是自己会无缘无故走了回头路——最后又走回德国。接下来，他们还是选择避开小镇，向西走了很远，却很快发现自己正走在镇上的主街道上。太阳慢慢升起，武装民兵巡逻队迟早会发现他们。走进别尔斯科真是错得离谱。这里的犹太人不能说自己会讲意第绪语，大多数说意第绪语的犹太人在战争期间都被屠杀殆尽。此外，尽管这里属于波兰，却有约 85% 的居民都说德语。

　　扫视一番确定没有巡逻队出没后，他们悄悄出城了。但是，他们已不像在牧场和森林那样安全。唯一的选择是前往隔壁的小村庄比沙洛维（Pisarovice）。不过破晓之前，他们赶路的时间是有限的，前进的同时，时间也在一点一滴流逝。到达比沙洛维小镇时，天色已经大亮了。如果他们被别人看到，就和判处死刑没多大区别了；事实上，那四名从奥斯维辛越狱的斯洛伐克人就是在偷偷穿越小镇的时候被抓住的。弗尔巴和韦茨勒清楚，唯一的办法是心怀侥幸地去寻求帮助。如果他们敲开的是一户像纳粹一样，对犹太人恨得咬牙切齿的反犹主义人家，那么他们就完了；如果敲开的是一扇德国人家的门，他们同样也会完蛋；即使敲开的是一名富有同情心的波兰人家，他们也还是相当危险。

　　万般无奈之下，他们看到了一座饱经风霜却整洁的房子，坐落在街道的一处，还有小鸡在自由散漫地踱着步子。他们抱着一线希望，偷偷潜进后院，焦急地敲起了后门。

　　门开了一条缝，出现了一位老妇人，还有一个年轻女孩的声音，问是谁在敲门。老妇人看上去很朴实，是个农民，显然还是一名虔诚的信徒。弗尔巴和韦茨勒尽可能用贴近波兰口音的传统波兰话跟她打招呼——"赞美基督之名！""愿基督的名字永远传颂，阿门。"她回应，邀请他们进门。

　　"我的俄罗斯语说得不太好，"她迟疑着，"但你们的波兰语讲得挺好。你们现在一定很饿了吧。"她把他们让进厨房，给了他们一些煮土豆，还有一些代咖啡饮品。她是个健谈的妇人，花了些时间问了一下他们的详细情况。她说，德国不断地巡逻监视着这个开阔的村庄，因此，白天在这里走动是很危险的。她强调，所以他们可能要在这里过夜。山里的安全区离这里还有好几个钟头的路程。似乎是暗示弗尔巴和韦茨勒自己值得信赖，她补充说她的一个儿子已经死了，别的儿子也都在集中营里。她并没有说明是在奥斯维辛还是其他集中营。

这时房门突然开了。弗尔巴和韦茨勒抬起脚，准备战斗或是逃跑。然而来访的只是一位老人，他抽着一支很古旧的烟管，对他们说了声早上好，还问他们是否可以帮忙劈柴。出于心中尚未退却的感激之情，他们很乐意干这活。就像做梦一般，此前从未有过这样一个可以工作、吃饭、睡觉的地方让他们如此心怀感激。当晚，年老的犹太妇人为他们提供了一顿土豆汤和熟土豆，之后又领他们去谷仓。在那里，他们躺在一堆干草上，幸福地陷入了梦乡。

凌晨 3 点，弗尔巴感觉到有只手在摇他的肩膀。

是那名老妇人，她的语速很快，告诉他们是时候离开这里了。她给了他们些咖啡，还塞了四枚波兰马克在弗尔巴手里。弗尔巴想起朋友沃尔科夫曾告诫过他，不要收取他人的钱财，于是他推拒了。老妇人坚持把钱给他，说："就当做是幸运符吧！"

现在是漫长征途的第八天，他们走出了黑暗，朝着白雪覆盖的山脉进发。

他们在夜间行进，那时的气温更低，借着星光和明月投射的光，他们寻找着田野或泥土里的天然沟槽。他们白天睡觉，像远离人烟一般尽可能远离树林里嚎叫的野兽。虽然长达几小时的路途令人疲惫沉闷，但他们从未停下。两天后，他们几乎奇迹般地走过了前往斯洛伐克的一半路程。他们的目标始终如一：在没有碰到人的情况下尽量多走几个小时。

站在山上，他们可以看到脚下的一个小镇。现在，走过了奥斯维辛的边界，他们可以深吸一口气了，空气清新而洁净。附近是索拉河。至于村子，他们记得奥斯维辛那些被捕的斯洛伐克人说过，德国军队有重兵武装驻扎此地。他们向下俯瞰小镇，知道可以规划路线绕过那里。突然，响起一阵尖锐的声音，像猛烈的掌声，又像是爆竹声。一颗子弹直接擦着头顶呼啸而过。邻近的一座小山上，他们看到闪烁的枪火。一队德国巡逻兵带着咆哮的猎犬，正朝他们追来。他们唯一的机会就是用某种办法先爬上山顶，再取道山谷下方。

他们僵了一下，然后转身就跑，双脚在潮湿的石头和初春厚重的积雪上打着滑。周围子弹飞舞，擦着岩石而过。巡逻队穷追不舍，极速逼近。韦茨勒在一块巨石后找到了掩护，但弗尔巴却绊倒跌进了雪地里，他的脸贴在地面上，吓得一动也不敢动。他听到有人呼喊："我们抓到他了！"紧随其后的是猎犬和巡逻队员从后头山坡上冲下来的声音。但他们没有抓到他。弗尔巴跳起来，扔下身上沉重潮湿的外套，直奔那块巨石。下方再度传来德国人开枪射击的声音，猎犬也在嚎叫。弗尔巴和韦茨勒一起脱下衣服，一头扎进山谷底部一条流速极快的冰河里——流水冰冷刺骨，弗尔巴又一次打滑，被水流卷下了水面。不过，水流和石块推着他们前进，或许河流会洗去他们的气味，混淆猎犬的嗅觉，他们心想。心中惴惴的弗尔巴和韦茨勒泡在水里，然后游上了岸，奔跑着穿过厚厚的雪地。这片积雪有时要到他们的膝盖那么深。当他们钻进树木的重重掩护，再也听不到猎犬的狂吠时，筋疲力尽的他们滑进一道沟渠，把自己埋在灌木丛下。

他们听着自己的心跳，等了很久很久，久到仿佛永恒。

每一根树枝剥裂，每一阵飒飒风声，每一片雪花从下垂的枝桠抖落向地面，都给他们带来了一波又一波惊惧。但几个小时后，狗吠声渐息，脚步声也听不到了。弗尔巴和韦茨勒第一次尝到了自由的滋味。但他们仍然要想办法赶去波兰边境，再以某种方式偷渡进斯洛伐克。

夜晚依旧寒冷，他们颤抖着入睡。几乎没有食物可以充饥，填满肚子的只有积雪和结冰的溪水。他们几乎无法活下去，还必须保持警惕，沿着阴暗的、远离回头路的崎岖小道前行。到了这一步，任何一个人都让他们感到害怕。他们可以轻易想象自己在某个荒草丛生的无名之地被射杀或斩杀。弗尔巴肿胀的双腿令事情变得更麻烦了，他不得不穿着靴子睡觉，连行走都困难。

他们精心制订的计划眼见就要分崩离析。之后，他们跋涉穿越一片牧场时，迎面遇上了一位波兰老妇人。她在羊群里佝偻着腰，驼着背。弗尔巴和韦茨勒沉默地盯着她看，她也盯着他们看。自始至终，弗尔巴都在心里算计着下一步。这个老妇人给他的感觉很不好，而时间也所剩无几。现在他走路蹒跚得厉害。他们不但迫切地需要食物，还需要前往边境的向导指引。奥斯维辛的讯息每拖后一天揭露，就有更多的犹太人遭到屠杀。该怎么办？如果她给他们找麻烦，那么他们就打算勒死她——或用刀杀了她。于是，他们赌了一把。"我们想要去斯洛伐克边境，"弗尔巴告诉她，"您可以给我们指个方向吗？我们刚从一个集中营里逃出来。"然后，他压低嗓门补充了一句令人咋舌的话："从奥斯维辛来。"

头一次，他说出了它的名字：他对外面的人提起了这个地方。

老妇人仔细地打量着这两个满身汗臭的肮脏流浪汉，既不害怕也不吃惊。令人费解的是：老妇人看起来和他们一样并不相信对方。他们当时并不知道盖世太保会经常打扮成逃难者或犹太人，好揪出波兰游击队员或波兰"叛徒"。因此，怀疑相生，恐惧相长。

"在这等着吧。"老妇人压着嗓子说，她会马上给他们送来食物，还会叫一个男人晚上过来帮助他们。弗尔巴和韦茨勒环顾四周，发现他们身处的小山正位于一座桥梁和一片黑暗的森林之间。

他们心里迅速估算了一下：他们距离森林比桥梁近得多。如果德国巡逻队到这里，必须经过那座桥梁，就能给两人足够的时间避开巡逻兵，甚至很可能在德国人发现他们之前，就能逃到森林里去。现在他们除了等待，别无选择。

两个小时后，一名12岁左右的小男孩过了那座桥，他提着一袋装着熟土豆和些许肉的包裹，蹦蹦跳跳上了山。两人像贪婪的动物，用手拿起食物，狼吐虎咽起来。男孩的脸上露出欣慰的笑容，告诉他们："天黑时我奶奶会回到这来。"小男孩像来的时候一样蹦蹦跳跳地回去了。但弗尔巴和韦茨勒仍然半信半疑，不知道这一切是否是一出精心设计的诡计。他们激烈地争论到底该等下去还是离开。但他们都相信必要时能迅速逃进森林，因此决定继续等。

太阳落到了地平线下，夜幕低垂，寒冷再度降临。他们数着时间，等了很久，终于等到了老妇人，一同前来的还有一名男性，穿着破烂不堪的农民衣服，挥舞着手枪。弗尔巴绷紧了神经，双腿战战，现在他心里已做了最坏的打算。

他们都保持沉默，直到老妇人给了他们更多的食物，他们再次狼吞虎咽起来，用手指抓起一大块食物就往嘴里送，几乎没有咀嚼就吞了下去，不等食物完全咽下，他们又把自己的嘴巴塞满了。看到如此壮观的吃相，波兰男人发出了咯咯笑声，他把枪拿开，笑道："只有集中营的逃犯才有如此吃相。"波兰男人对弗尔巴和韦茨勒解释了自己先前的担忧，他一开始还怀疑他们是装扮成"诱饵"的盖世太保特工。他邀请两人去他的家里，并保证可以让他们安全穿越边境。

他们拖着沉重的步伐走下山坡来到山谷，小心翼翼地走向那座小农舍，进入了波兰男人的家。弗尔巴的双脚已疼痛难忍，甚至无法脱下靴子。他用刀片（备来自杀之需的那把小刀）小心地割开靴子，缓解双脚的肿胀感。波兰男人给了他一双拖鞋，之后还提供了一件更加珍贵的东西：一张实实在在可以睡上去的床。第二天，弗尔巴和韦茨勒神清气爽，在波兰男人的家里养精蓄锐，等待时机。晚饭过后，波兰男人告诉他们是时候出发了。

他们离开房子，关上了门，悄悄朝着南方的斯洛伐克边境蛇行而去。

∽

他们沉默地走着，直至波兰男人突然停下，告诉他们，每隔十分钟就会有一队德国巡逻兵经过这里。他们得一直藏在灌木丛里，等下一队巡逻兵出现，然后一口气冲过去。几分钟后，三个男人听到了说话声和脚步声。
这是一队德国兵团，就在距离三人触手可及的地方经过，他们的手指甚至
能摸到他们的制服。但是巡逻兵的眼睛只盯着前方，既不向左也不向右看，
迅速走开，消失了踪影。三个男人继续前行，他们还有一段很长的路要走。
步行两天后，一片安静开阔的空地出现在他们的眼前。他们的领路者停下来，
伸手指给他们看："看到那里的森林了吗？那就是斯洛伐克。"就在五十码
开外的地方，像是宇宙的另一端。波兰男子告诉他们：立刻就会有其他德
国巡逻兵到这里，他们一离开，就得马上行动。"我很高兴可以帮助你们，"
男子补充道，然后他看了看弗尔巴的脚，"希望这双拖鞋可以撑到最后。"
言毕，他们的领路人转身消失在黑夜里。

　　难以言表的两年牢狱生活里，弗尔巴和韦茨勒紧抓着希望，精心呵护。
他们几乎学会了睁着一只眼来入睡，封闭着内心一天天地活下去。他们曾
怀疑自己能否活下来，怀疑外面的世界会不会解救他们。现在他们正走向
外面的世界。看着德国军队经过他们的藏身之处后，他们竭力猛冲，越过
了边界，奔向自由。那一天是 1944 年 4 月 21 日。

　　他们只有三周的时间了，把奥斯维辛的致命真相揭露给匈牙利人、罗
斯福还有世界上其他地区的人，向他们发出警告。自此，那个灾难时代里
一场非同寻常的历史洪流将倾泄而出。

　　弗尔巴和韦茨勒知道，不能一直躲在森林里，必须与当地的犹太人进行
联络。这意味着他们得走到镇子里去，而他们身上没有任何证件。他俩是
生面孔，还是一眼就能被认出的逃犯，而且斯洛伐克是德国的同盟国，受
其控制。不过入境才几小时，他们的机会就降临了。他们从树丛里走到一
片田地上，前面有个穷苦农民直着腰杆盯着他们看。弗尔巴和韦茨勒决定

相信他。"我们需要帮助，"弗尔巴告诉他，"我们必须赶去恰德察（Cadca）[1]。"

农民咧嘴一笑："你最好先到我这儿来，穿成这样可走不了很远。"农民让他们留在自己的小屋里，从自己微薄的储备物资里拿出了几件农场衣服给他们，还告诉他们到达镇上的最佳方式是坐火车。三天后，他会坐火车到当地集市卖猪。"你们帮我照料这些猪的话，就不会有人来问任何问题。"弗尔巴和韦茨勒等了三天。农民信守了他的诺言。他把猪运到集市卖掉之后，就带他们去了当地的一名犹太医生——波拉克医生（Pollack）的办公室，假意是为了治疗弗尔巴的脚。当初纳粹迫切需要医疗救护，并没有将波拉克遣送到奥斯维辛，反而让波拉克医生留在司令总部，为德国同盟军斯洛伐克军队服务。但事实上，弗尔巴认识波拉克医生。他差点跟弗尔巴上了同一批次的火车。现在弗尔巴成了医生的传讯人，告知他所有被安置到北方或东方的亲戚实际上都已经死了。波拉克医生颤抖着双手，包扎了弗尔巴的双脚。

第二天早上，弗尔巴和韦茨勒踏上了前往日利纳（Zilina）面见犹太领导人的路途。弗尔巴光着的脚仍包着绷带。

在犹太教会的日利纳总部，弗尔巴和韦茨勒享受到了从未有过的奢华舒适的待遇。理事会成员大多博学沉稳，与各行各业都有联系——确实如此。与斯洛伐克犹太人的代言人们见面后，弗尔巴和韦茨勒在一处温馨的餐厅里用餐。餐厅的桌子上铺着整洁的桌布，放置着洁净闪亮的盘子和餐具。他们享用了从未吃到过的精致食物。吃完甜点后，他们抽着雪茄，喝着雪利酒，激情洋溢地说个不停，复述了奥斯维辛集中营的所有肮脏细节。他们情绪高涨，一吐为快。尽管如此，有那么一刻，热情洋溢的弗尔巴顿住了，他抬头看向这里的主人，突然意识到他们看上去显得有些莫名的善变且谨慎。

确实，对他所说的，他们似乎一个字都不相信。

---

[1]　斯洛伐克的城镇，位于该国北部，距离日利纳约30公里，由日利纳州负责管辖，始建于17世纪。

他清楚地意识到，这些人有种错觉，或者说至少他徒然地希望斯洛伐克的犹太人——事实上是整个欧洲的犹太人——只是在工作营或集中营里埋头苦干，战争结束后就可以返回家乡。可是犹太理事会井然有序地保存着各类记录，在厚重的分账本上手工记录着纳粹从斯洛伐克带走的每一名犹太人的名字。他们从弗尔巴离开的日期问起。"1942 年 6 月 14 日。"他点了点头。然后是下一个问题，"你从哪里离开的？""诺瓦基。"账本又翻了好多页。"你能说出同一批次火车上任意同行者的人名吗？"弗尔巴说出了同一个囚厢里的三十个名字。每一个名字都记录在册。

满腹怀疑的犹太理事会成员将弗尔巴和韦茨勒分在不同的房间，反复盘问了数小时，冷静地一再核对各种细节。弗尔巴的记忆力极佳。尽管起初有些卡壳，但还是回忆起了大部分事实。很快就可以证明他不是胡说，他所说的一切都有据可查。

弗尔巴和韦茨勒艰难地带着他们游历了一回奥斯维辛地狱，随后理事会终于明白一场更深远的危机迫在眉睫。他们脸色苍白，浑身战栗，表情从怀疑到恐惧，又从恐惧变成悲切，再从悲切化为了焦急。到夜晚结束之时，弗尔巴和韦茨勒的报告写满了 60 页，没有空行，其中包括了关于奥斯维辛和比克瑙集中营运作方式极为详细的介绍，内含长排营房的草图，以及火葬场和锅炉的位置所在。只待向世人公开这些真相。党卫军的列车还在踩着单调的节奏，隆隆作响朝着北方开去，理事会向弗尔巴和韦茨勒承诺，这份报告将于次日交付匈牙利人手中。他们相信，英国和美国迟早也会看到这份报告。

那一夜，弗尔巴和韦茨勒在柔软的床铺上陷入了香甜的梦境，内心兴奋难抑，想到匈牙利犹太人很快就会收到预警，他们深感宽慰。那天是 1944 年 4 月 25 日。在 4 月 28 日，奥斯卡·克拉斯纳斯基（Oscar Krasnansky），一名化学工程师，同时也是布拉迪斯拉发（Bratislava）的一名斯洛伐克籍犹太复国主义领导者，到日利纳会见并询问了弗尔巴和韦茨勒，然后将弗尔巴和韦茨勒的报告递交给了匈牙利犹太救济委员会的领袖鲁道夫·卡斯特纳（Rudolf Kastner）。当弗尔巴问起报告是否已交到匈牙利人手中时，对方宽慰他说："是的，他们已经收到了。"

因此却也诞生了这场战争中最荒诞的一出剧目。

与此同时，罗斯福在霍布考逗留的时间从两星期很快变成了三个星期。到了第三周，病弱的罗斯福沉浸在了一种隐秘的喜悦当中。与他曾有过一段激情外遇的老情人露西·默瑟·拉瑟弗德，从她寒冷的家乡艾肯（Aiken）一路驱车赶来。为了她能来这一趟，伯纳德·巴鲁克不得不把自己的汽油消耗定额优惠券给她。这场富含浪漫寓意的私会是罗斯福的女儿安娜安排的，到底这是柏拉图之恋还是别的什么，已经无从考证。但我们能知道的是他爱慕着露西，露西也爱慕着他。霍布考的访客记录上从未登记露西的名字，但她可能在那里逗留了一周之久。罗斯福的儿子埃利奥特随后写道："露西从位于艾肯的家中一路驶来，心中仍怀着对这个性格开朗又孤独病弱的男人的爱意。霍布考的随行人员将她的拜访视作理所当然之事，却没有向母亲提起一个字……她所信任的顾问，比如伯尼·巴鲁克，也成了保守这一秘密的共犯。"

不过，罗斯福在霍布考的日子依旧不是事事如意。4月28日，罗斯福被告知他的好友兼内阁成员——海军部长弗兰克·诺克斯（Frank Knox）死于心脏病突发，享年七十。这消息显然令罗斯福倍感慌乱和惊吓。

午餐后，他便汗如雨下，整个身子开始抽搐。他感觉到腹部传来剧烈的疼痛，还觉得恶心反胃。他的脖子也疼得厉害，血压攀升至240/130，创下了吓人的新高。罗斯福以不服输的性子克制住了自己的恐慌，他的医生也是。布鲁恩医生诊断得出，这是罗斯福患上的另一个毛病——胆结石，于是让他连续卧床休息两天。他和麦金太尔还认为，罗斯福无法前往华盛顿出席诺克斯的葬礼，还得多花一周时间待其康复。当天晚些时候，罗斯福为了缓解疼痛，接受了可待因皮下注射，得以在晚上向媒体发表关于诺克斯之死的简短声明。然而，罗斯福身上的痛苦又顽强地持续了三天。

尽管他的医生公开否认，但罗斯福的身体显然不可避免地处于崩溃的边缘。他的血压依然很高，每天都要吃很多洋地黄，依旧几乎无法工作。

4月28日晚上，当病弱的罗斯福在南卡罗来纳州痛苦地辗转反侧时，盟军的突击部队正在英国西南海岸上一片安静的陆地——斯拉普顿沙滩（Slapton Sands）上进行这场战争中最重要的军事演习，行动代号"老虎"，是霸王行动长达一周的全面预演中的核心部分。这次预演在严格保密下进行，为确保该次演练尽可能贴近现实，盟军采取了相应的措施：全部使用真实弹药和海军火力，就连防御工事也是在对隆美尔在诺曼底修建的大西洋壁垒（Atlantic Wall）进行最精确的估测后，模仿建成。不仅如此，德文郡晶莹闪亮的海岸与犹他海滩（Utah Beach）也惊人的相似，包括海岸背后的白垩崖石也一模一样。

晚上的联合军事演习聚合了大量兵力，约有3万人已确切获知他们将以军团形式前往法国。突击队"O"是奥马哈海滩（Omaha），"G"是黄金海岸（Gold），"U"是犹他海岸，"J"是朱诺海滩（Juno），"S"则是剑滩（Sword）。当中有步兵师、战斗工程师以及第七十号坦克营。另有游侠营、海军海滩营、第八十二号空降师，还有化学营队整装待发前往消除毒气。甚至还有坟墓登记员来照顾死者；诺曼底登陆日那天，士兵们将被告知，任何人都不得停下来帮助伤者——这痛苦的任务将留给医护人员和登记人员来完成。

演习过程中，部队在备战区集合，接受任务指令，随后登上他们的登陆舰，坦克队和弹药供给部队紧随其后。艾森豪威尔的指挥官没有遗漏任何角落，或者说，在这天晚上看来是如此。总而言之，有337艘船参与其中。航程经过精确计算，确保用时和里程与横渡英吉利海峡到诺曼底大致相当。

彻夜未眠、汗流浃背的男人们在渡船上等待登陆时，要准备好迎接即将来临的海岸地区的大规模轰炸。两栖登陆作战的早期演练已加入了海滩上的大规模实弹射击，让士兵们对隆美尔准备的一切手段有所应对。按计划，在他们登陆之前，海滩应当已被清理干净，不过信号失误造成一些舰艇在炮击停止之前就抵达海岸。军队冲上海滩，却被自己的枪射出的弹药袭击。

现在是午夜两点，一轮明月照亮了天空。

男人们架起枪，点燃香烟，海水平静得令人惊异。空气凛冽，能见度很好，士兵们士气高涨。几个小时之前，白昼的最后一丝光芒还在闪烁时，美国第四步兵师的突击部队成功登陆，并在斯拉普顿沙滩上岸。此时，英国皇家海军杜鹃号（Azalea）断后，舰队准备发起夜袭。这是一个壮观的场景，八艘盟军的登陆船只稳步向斯拉普顿沙滩推进，船上满载进攻必备骨干：工程师、化学专家、军需部队，防水箱和吉普车就更少不了。

早些时候，艾森豪威尔亲自观看了一些演习。终于，看起来一切都准备好了。

然而，部队和指挥官几乎没有人意识到，就在这片水域的对岸，隆美尔大西洋壁垒中的德国情报站正稳稳当当地截取美国交通广播的报道，其中就包括即将开始的突击演习。尽管这只是一次演习，但一次演习就铸成了艾森豪威尔的噩梦——德国已经警觉到盟军的活动。

突然间，一切都乱了。九艘增压德国鱼雷艇如幽灵般从黑暗中浮现，进入莱姆湾（Lyme Bay），它们通体漆黑，隐匿在夜色里，在观测电台的沉默中畅行无阻地移动。对于美国人来说，这是一场酝酿中的灾难，始于人为的失误。刚过午夜的时候，一艘随行的英国纠察船认出了德国鱼雷艇（那时敌舰已经穿过了西边的盟军防线，这是另一个令人震惊的疏忽）。报告很快就送达英国的一艘小型护卫舰上，但没有传给美国船只。因为命令中的印刷错误，美国舰艇使用的通讯波段和英国海军司令部的不是同一个。这些错误的代价是昂贵的。

那一个小时内，一片混乱。

稍纵即逝的一瞬，一些美国人还认为，这些百尺之外的德军进攻船只可能是演习的一部分。实际上，他们的密码本里有一串特殊信号，如果发现了德国船只的舰队，他们可以发送"W 舰队袭击"的信号。然而他们根本没起疑心，也没有采取任何防御行动，所以被结结实实地吓了一跳。

德国的鱼雷艇开火了，美国人感受到了极其剧烈的颠簸，然后是震耳欲聋的爆炸声。

德国鱼雷在毫无准备的美国船只上炸出大洞，水柱喷涌而出。在士兵们惊恐的目光里，被击中的坦克登陆舰 531 号迅速变成一片火海。鱼雷穿过了船只的右舷，在甲板上第一次爆炸，然后引爆了发动机舱。整个过程中美国人束手无策。几秒钟内，更多的鱼雷击中了目标。火势一开始似乎还是可控的，但很快它们开始以指数增长的速度蔓延，甲板上的汽油让火势越来越大，猛烈的爆炸连绵不绝。人们在奔跑着，磕磕绊绊，跌跌撞撞。高温和浓烟太过浓烈，气喘吁吁的消防队员只能被迫放弃灭火的努力。很快，火焰的爆裂声和士兵们疯狂的尖叫声混杂在一起——他们在求救，在被活烤，惨不忍睹。残肢与没了头的尸体散落四处，空气中弥漫着肉体烧焦的气味，四处流淌的血液和咸咸的海水交融在一起。

天空在明亮的黄光和白光下颤动——德国人发射了镁照明弹。美国人试图还击，但无济于事。反击也无用的情况下，舰队决定各自逃跑。而这居然也行不通。在别处，德国鱼雷炸穿了第二艘登陆舰 289 号，但它的损伤还不算致命：到处是扭曲的钢筋、损坏的洞孔、燃烧的油；船失去了尾翼，但经过猛烈反冲，它幸存下来，挪进了港口。另一边，鱼雷冲出水面，朝着登陆舰 58 号冲去，船舰惊险地避开，船上的美国军队看得目瞪口呆。507 号就没那么幸运了。士兵们争先恐后开枪回击时，船底发生了两起雷鸣般的爆炸，燃起熊熊大火。很快水就从船体的洞里喷出，漫过两侧，电源被切断。警报响起通知人们弃船，但突然之间，船身翘了起来，然后开始摇晃。绝望的人们在甲板上乱跑。只有六分钟的时间，船就沉没了。在战斗的过程中，其他五艘船只也同样被破坏了。

战争中有很多让人丧命的方式，而这是最残酷的那一种。士兵被困在甲板下方，被浪潮迅速吞没，数百疯狂士兵和水手同他们的船只一起沉入海里。混乱中，有些人的状况似乎还好，设法跳进了海里。但还是有很多人死于溺水，没有人教过他们如何使用救生衣，他们把装备裹在腰间，而不是腋下。其他一些人死于浸满了水的大衣太过沉重，他们只能略微挣扎一下，然后就几乎是以慢动作的样子消失在水里。还有人被冰冷的海水冻僵，他们一边尖叫求救，一边没入海里，体温过低而死。

还有人在歇斯底里地哭喊——他们不会游泳，怕水。

没几个能活下来。

那些成功自救的人，则抱住他们的救生筏，一个人静静地颤抖哭泣，感谢上帝居然让自己幸存了下来。他们侥幸偷生，但一想起看到的一切，想到战友的生死不明，他们仍然感到悲痛。接下来的几个小时还会发生什么，他们能否被发现，也同样令人感到害怕。

如果说演习变成了一场悲惨的错误，那么营救工作也同样如此。夜越来越深了，有更多抓着救生筏的人泄气了，干脆放弃希望，而救援船只几分钟后就会驶进莱曼湾。一支盟军船队向西急行驶向斯拉普顿，花了差不多一个小时。海员们抵达后，被大屠杀的景象惊呆了。整个场景似乎悬浮在一片毛骨悚然的不安的死寂中。数百具肿胀、烧焦的尸体在水面浮动。大多数人的衣物紧贴在身上，钢盔扣得紧紧的。事实上，很多人双手严重烧焦，脸部烧黑，以至于从远处看去，救援人员还以为他们是"有色人种部队"。此外还有数百块面目全非的尸体，在海水里流着血。

周遭的热量仍然可怕，烟雾浓重，空气发烫，弹药还在爆炸。海水表面覆满油污，大火继续疯狂地烧着，发出嘶嘶声、噼里啪啦声以及爆裂声。尸体、残骸、扭曲的钢筋和其他残留物——救生圈、枪支、弹药筒、下沉的坦克、烧焦的吉普车和荒唐错位的卡车——全都被地狱般的光芒照亮。

此时，还有许多麻木、疲惫的幸存者正大口呼吸着混杂了血、燃料和咸海水气味的有毒空气。他们拼命爬上救生筏，击退睡意，在浓雾和冷到难以忍受的海水中漂浮了几个小时，等待着救援。一些人则完全放弃了。

整整一夜直到次日清晨，救援队含着泪水，试图尽可能拯救生还者，寻回死者的遗体，但常常都是徒劳。一位海军军官回忆说："这是我见过的最悲惨的事情。"英国的救援人员称之为"可怕的景象"。接连数日，不断有尸体被冲上海岸。死亡人数总计 749 名——551 名士兵和 198 名水手——这是整场战争中代价最高的演习；另有 300 人受伤。事实上，相比真正的犹他海滩战役，死在这场演习中的人更多。就此说来，诺曼底登陆中牺牲的美国士兵，更多是死在那一晚的斯拉普顿沙滩上，而非诺曼底登陆日的奥马哈海滩。

在副官哈里·布契尔（Harry Butcher）的协助下，艾森豪威尔迅速得知了当晚的可怕损失，被激怒的他在办公室里来回踱步。布契尔跟艾森豪威尔谈到，他担心这些年轻的美国军官在演习时"缺乏韧性和警觉性"。事实上，许多目击者视这场灾难为可怕的预兆。但对艾森豪威尔和盟军最高司令部而言，还有一个更严峻的问题。沉船上有十名军官，是极少数知道诺曼底登陆确切位置的知情人士——现在他们全都下落不明。

这会儿，事情迅速演变成一场比赛：谁能先找到这些官员？——艾森豪威尔，还是隆美尔？如果他们落入德军手中，这将会成为一场最致命的灾难。美国人和英国人都陷入了恐慌，马上开始大规模搜索海湾水域，寻找他们。

艾森豪威尔知道，登陆行动的整个命运可能危在旦夕。

罗斯福在第二天早上醒来，正在休养的他对此毫不知情。没有人告知总统。他注射的可待因药效已过，但疼痛还在。他仍感觉非常不舒服，遵守医嘱卧床休息。这一次他很听话，想起了前一年 12 月发给丘吉尔的那份电报，揶揄因肺炎卧床休息的英国首相。"圣经说你必须听医生的话"。总统从华盛顿寄出的信里写道，"但在这一刻，我不能沉浸在吟诗作对的享乐之中了"。他的房间壁炉上有一幅蚀刻版画，画的是他的母校哈佛在1876年的划船比赛中赢了牛津。当然，罗斯福现在进行的是一种完全不同的比赛：坚持到"霸王行动"开辟第二战场。然而在他的指挥官像下棋一样指挥盟军和海军特遣队行动时，待在巴鲁克豪宅里的罗斯福几乎无法自行移动。

尽管如此，他的决心从未动摇。日子一天天地过去，总统的健康得到改善，脸上的气色明显变好了。如一位记者报道的，"总统脸上的倦容已慢慢消去"，精神和风度已大有改善。他把酒量减小到每晚一杯半鸡尾酒，还把自己晒得"像浆果一样黑"。《纽约时报》写道："我们都非常高兴，他有机会从不得不背负的超负荷压力中解脱出来，休息和放松一个月。他好好利用了每一个小时。"罗斯福的助手威廉·哈西特同意此说法，他说自家老板"容光焕发、心情愉悦"，坚称自己得到了充分的休息。但哈西特也补充反对，"总统虽然气色不错，但很瘦，我担心他还没有完全摆脱流感和支气管炎的感染，这些疾病到目前为止已困扰他几个星期了"。

5月7日，星期天的早晨，罗斯福的火车到达华盛顿后，洋洋得意地写信给哈里·霍普金斯说，他一天睡了12小时，坐在阳光下，没发过脾气，决定让全世界都见鬼去。

他还开玩笑："有趣的是世界并没有挂，我的信件篮里还有一堆可怕的东西，但大部分都已自问自答了。"

第五章

"这是 1944 年"

　　但事实并非罗斯福所描述的那样。一个瘫痪的男人，身体健康每况愈下，要将自由世界扛在肩头，这实在是这场战争最可笑的讽刺之一。

　　1944 年春天，就在犹太人的危机愈发深重，地面军事格局白热化的同时，富兰克林·罗斯福迈入了他总统任期的第十一年——比乔治·华盛顿长三年，比亚伯拉罕·林肯长六年。对所有认识他的人来说，或者说对那些远在世界其他角落，处在纳粹铁拳下并知道他的人来说，罗斯福一直是这世上最卓越、最莫测的政治领袖。和他的战时盟友温斯顿·丘吉尔一样，他拥有令人叹服的个性，也有令人信服的性格特质，只要适时抛出巧妙的暗示，就能激发出民众狂热的激情，乃至深切的爱戴。1940 年，当罗斯福为第三次竞选进行筹备时，他告诉民主党的代表们，除非应召，否则不会参与竞选，而会场上的扬声器如是叫喊回应："我们需要罗斯福……世界需要罗斯福！"

　　他的谈话总是让人着迷，充满着接地气的智慧，还有精心穿插的幽默感。他的战时峰会是外交与悲剧式魅力的精妙结合——他无疑知晓何时该急流勇退，何时又该坚守立场。他那传奇性的炉边谈话具有启发性，激发了全国民众作战的热情，他那精心掩藏的狡黠以及锋芒毕露的、不容置喙的民主捍卫亦如此。

尽管罗斯福的健康情况在恶化，他非凡的决心和对战争必胜的笃定却几乎无人匹敌。也许，他别无选择。仅仅是在西方的舞台，热切倚靠他的领导力的千百万人已经形成了令人咋舌的数目：英国人、尚未丧失自由的法国人、比利时人、荷兰人、丹麦人、挪威人、被敌人围困的卢森堡人、波兰人和捷克斯洛伐克人、希腊人和土耳其人，还有越来越多的意大利人和匈牙利人。约瑟夫·斯大林和苏维埃政权也是如此，更不必提苏联人民。当然，还有欧洲和俄国境内数量急降的犹太人。

62岁的罗斯福承担起比以往更繁重的领导责任。持续的疲倦和与病魔的抗争令他厌烦，目前他正尝试降低体重，以缓解胆囊的疼痛。他的脸变得憔悴，脖颈处的衬衫领口时常敞开着。他的血压还在不断升高，枯槁的皮肤看上去颜色瘆人。在胜利的角斗场上，他抗争的是自己的身体外加内心的敌人，还有轴心国和外部敌人。他是否曾感觉机会已经流逝？对此他缄口不提，无论是对他的看护，亲近的人，他的国家和整个世界，还是在最享受的鸡尾酒时间，在备忘录的一角书写时，或是在构想战后和平时期的秩序时。然而，不管身体有多么不适，不管众人对他的要求有多矛盾，罗斯福始终了然于心：在同盟国的打击下，柏林——纳粹帝国的中心——正在战栗，希特勒的第三帝国的溃败正在加速。

眼下，罗斯福觉得自己只需要继续推进即可。此外，他相信之前的作为已形成了溢出效应。正如美国陆军部所说的，"我们必须不断提醒自己，对深受敌人迫害的受害者们最有效的宽慰就是确保能迅速击垮轴心国"。

∼

这是真的吗？讽刺的是，这正中纳粹的下怀，人们的注意力被战场牵制住了，他们的奥斯维辛死亡机器正在秘密外衣的掩盖下磨刀霍霍，准备发动史无前例的大规模屠杀。1944 年 5 月，一场危机即将到达紧要关头：在"霸王行动"即将开启的战场上，和奥斯维辛的毒气室里。

　　在斯洛伐克，弗尔巴和韦茨勒的报告已经被记录下来了。一份副本被寄往伊斯坦布尔；第二份寄给了斯洛伐克犹太正教的拉比，他承诺会将副本偷偷带到瑞士，因为一旦到了那里，报告就能到达西方；第三份副本则会被送往布拉迪斯拉发的梵蒂冈教廷的代理人。不过，除罗斯福以外，报告最重要的接收者大概就是匈牙利的犹太人了。问询过弗尔巴中的人之中，有一个叫奥斯卡·克拉斯纳斯基的人将报告翻译成了匈牙利语，并将其交给了匈牙利犹太人救援委员会的负责人鲁道夫·卡斯特纳。因此，1944 年5 月初，委员会负责人和他的顾问们就已经拿到了报告，可那份报告就此被留在那里，藏了起来。值得注意的是，委员会的人没有采取任何行动，将报告在布达佩斯或是别的地方发表、分享或公开。这是为什么？

　　就在弗尔巴和韦茨勒重获自由的时候，阿道夫·艾希曼和一帮德国人正在布达佩斯的纳粹总部谋划一场巨大的庞氏骗局，以混淆匈牙利犹太人和同盟国的视听，而此时，纳粹正在编织更广阔的陷阱、大屠杀和处决网络。他们开始和匈牙利犹太领导人进行交易，即所谓"以血换物资"。德国人提议，如果能够为纳粹提供硬物资，比如一万辆卡车（可能是用来抵抗苏联）以及茶、咖啡和糖，匈牙利的犹太人就可以免于一死。绝望地寻求一线生机的匈牙利犹太领导人愿意抓住德国人递来的稻草。他们派出了匈牙利救援委员会成员乔尔·布兰德（Joel Brand），作为代表参与谈判。5 月 19 日，这位代表乘坐一架小飞机降落在了伊斯坦布尔，他带来了一个惊人的提议。他说，只要同盟国同意这个提议，德国愿意释放数千名犹太人以示友好。然而，如果没有协议，犹太人仍然会被杀害。对此怀疑甚深的英国人扣留了布兰德，并于开罗对他进行了详细的询问。

　　苏联方面则犹豫了，他们相信这是德国耍的诡计，意在与西方单独媾和。美国和英国也有很深的疑虑，美国战略情报局将其称为一个难以置信的纳粹阴谋。实际上，没有人知道纳粹到底是真心要"拯救"匈牙利犹太人，还是仅仅为了分隔犹太人和同盟国而精心设计了一个计谋。

　　不过在那个时刻，这几乎无关紧要。从布达佩斯出发开往奥斯维辛的第一辆火车已经出发很久了，而且正以惊人的速度开往目的地。

　　当时弗尔巴和韦茨勒相信会在匈牙利掀起的轩然大波并没有发生。事实上，这两个斯洛伐克犹太人已在不知不觉中落入了希特勒的圈套，因为他们将报告直接送到了匈牙利犹太领导人的手上，后者正渴望逮住与纳粹单独交易的任何机会。于是，成千上百的犹太人又被神不知鬼不觉地送上了咔嚓咔嚓的火车，缓缓地向死亡行进。

　　正如伊利·威塞尔（Elie Wiesel）所记录的，罗斯福是大体知晓这场即将发生的悲剧的，这很讽刺——尽管弗尔巴—韦茨勒的报告到达白宫的时间将会在几个月以后——丘吉尔也是如此。梵蒂冈是知情的，瑞士也一样。《纽约时报》也清楚——他们手上甚至还没有弗尔巴—韦茨勒报告。悲痛欲绝的弗尔巴后来写道，匈牙利人的恐慌是比不上站在比克瑙焚尸炉前的受害者的。艾希曼知道这一点，所以他才会边和卡斯特纳抽烟，边讨价还价，请求"豁免那些真正的大拉比"[1]，这样成千上万的被流放者才不会产生恐慌，而被有序安顿下来。

　　因此，尽管诺曼底登陆的大军已经聚集在英吉利海峡，希特勒关于毁灭纳粹可及范围内所有匈牙利犹太人的计划也在付诸行动——原先，人们

---

[1]　拉比（Rabbi），犹太人中的一个特别阶层，是老师也是智者的象征，指接受过正规犹太教育，系统学习过《塔纳赫》、《塔木德》等犹太教经典，担任犹太人社团或犹太教教会精神领袖或在犹太经学院中传授犹太教教义者，主要为有学问的学者。

相信那里的犹太人是不会被连累的。如果西方在 5 月期待的是"霸王行动"，那么在东方，人们等待的则是欧洲剩下的最后一批犹太人——匈牙利犹太人——的结局。

~

自战争伊始，亲近纳粹的匈牙利政府便已尽可能地允许其依旧完整的大规模犹太社区不受侵扰地生活，那里居住着约 75 万人。这让易怒的希特勒很难忍受，对于匈牙利会和同盟国单独媾和的可能，他更加不能容忍。于是，希特勒通过恫吓和勒索并用（甚至还使出威胁匈牙利元首家人的阴招），强行在匈牙利建立起能够随时待命的傀儡政权。1944 年 3 月 19 日，德国完成了对匈牙利的接管，德国突击队在街道上集结，大步流星地向布达佩斯挺进，和他们一起的还有恐怖大屠杀的策划者——纳粹党卫军。那一夜，他们的脚步声响彻匈牙利的上空。由此，犹太人的命运似乎已经锁定。

几天之内，在精心设计的欺骗性表象下，国家被划分成 6 个区。到了 4 月 15 日，匈牙利全境的犹太人就已经被赶入了犹太人区。他们被无情地强拖进拘留所，或是被一齐猛推入运畜拖车。对那些看似幸运地找到了安全藏身之地的人，他们中的许多人也很快就被抓获。

犹太人的生活正在土崩瓦解：愤怒的男人在祈祷，惊惶的母亲正为了行程打包食物，温柔地给孩子们洗澡。他们做好了最坏的打算，将贵重物品缝入小布袋中，或是系在衣服下面。不知道接下来会发生什么的他们尽可能地塞满行李，并留心带上孩子最好的外套、尿布，自然还有玩具、泰迪熊和婴儿毯，以及无数唯有父母才不会落下的其他杂物。接下来是无眠的夜晚，还有对未知未来的恐惧。他们是要去某些偏远地区的安置营吗？是要与所爱的人分离吗？

随后，恐怖降临了。

无论是包姚（Baja）、鲁塞尼亚（Ruthenia）还是凯奇凯梅特（Kecskemet），遍地都是混乱和困惑。纳粹冲锋队席卷每一座城市的街道，疯狂地发动围捕。整个家庭都被拖走，身后留下没有喝完的汤和等着被揉合的面团、书籍、包袋，还有像垃圾一般满地散落的物品，等着当地抢匪或是有想法的匈牙利大兵到来。摆在犹太人面前的是最后一站和最终的关卡，那里是全欧洲犹太人接受屠杀的集中地，尽管很多人不愿意承认。讽刺的是，很多人身着自己最好的衣服，好像要去剧院，或是为参加一场婚礼的周末旅途启程。

"所有犹太人，出去——出去，"党卫军叫喊道，"站好队。不要推搡。谁敢反抗就毙了谁。"

很快，火车站被成千上万人挤得水泄不通，他们面色铁青，嘴里牢骚不断。老人、病患、带着嗷嗷待哺的婴孩的女人、富翁和穷人都在这儿——没有一个人能幸免。尽管已有两辆满载的火车在4月底离开了，第一批大规模驱逐在5月14日才正式开始。那是一辆载有4000名犹太男女儿童的火车，所有人都被党卫军强行赶入40节密封的车厢——如同将一辆公交汽车里的人塞进了一个扫帚间。不考虑年龄和病弱，人性也不重要，当然也不存在同情，每一节车厢就这么被填满了80个人，直到透不进光线，空气也变得稀薄。然后是被封死的门。日复一日，一辆又一辆诸如此类的运畜拖车向西北方向前进。此时，围捕行动不仅在匈牙利全境继续，也在意大利、比利时、荷兰、法国甚至波兰本国进行着。

在运畜拖车的门被关牢后，党卫军下令出发，一声尖厉的鸣笛，火车开动了。当火车头化作地平线上一缕模糊的烟时，被关在车厢内的人开始与自己失控的情绪角力。他们害怕和绝望，既想放弃又抱有决心，除了集体的恐慌，还有个人的忧伤。这是在去纳粹劳动营的路上？他们低声问着彼此，还是在前往被党卫军枪决的途中？几乎无人能回答，有勇气去想象一切的人更是微乎其微。

他们对先前的运送毫不知情，比如已经到达的火车载满6000多具尸体，那些躯体的眼睛仍旧诡异地睁着，松弛的嘴唇好像在凄惨地喘着气，这些被放逐的人是因缺氧而殒命的。他们也不知道，有一辆火车装着4000名12岁以下的儿童，这些孩子是被残忍地从父母身边拖走的，每一个都在绝望地期盼能有一点点食物或水，还有简单的人类拥抱；然而，他们全部都被处决了。没有人听见那些被特意丢进了精心设计的火车车厢、慢慢窒息而死之人的哭喊。

每一列火车都断断续续地前行，在冗长和令人焦躁的停滞下徘徊。人们紧紧地挤压在一起，无法弯腰，无法挪步，没有食物，也几乎没有水和任何如厕设施。随着时间的流逝，排泄物散发出令人窒息的臭味，到处都好像充斥着汗水和污秽。这趟行程会持续两三天，有时候甚至会长达五天；对那些老弱病残来说，路上的时间时常会缩短：成百上千的人就这样站着死去了，或是被他们周围的人挤死在车厢的角落里。

透过裂缝，这些被流放的人会看到几束微弱的光线，然后是历经日晒雨淋的高耸的塔特拉山脉（Tatra Mountains），最终，最后几座匈牙利城市缓缓地被抛在身后。当他们于翌日中午时分经过科希策（Kaschau）边境时，一阵令人不安的沉默降临在运畜拖车里。通常每到这里，人人都会站起来，颤抖着抓住彼此，很少有人开口说话。他们知道，一旦经过这里，就没有回头路可走了。

他们被逼向人类忍受的极限，人们在每一站停留时疯狂地祈求水源，但极少有人上前帮助，任何试图靠近火车提供救助的人都会被党卫军强行挡开。然而，难以承受的不仅仅是口干舌燥，还有恶劣的天气。在虚弱的情况下，雨天的寒冷空气对人们来说无比严酷；在暖和一点的日子里，人体的热量和凝滞的空气也令人无法招架。车厢内的被放逐者们为了一切能让他们解渴或是饱腹的东西呼号着，哪怕只是几捧雪水、一丁点面包、几勺汤汁或是一小口咖啡。哺乳的年轻母亲们彻夜呻吟着乞求得到食物和水，但都无济于事，随后就是在又一个婴儿停止微弱的哭声后，令人毛骨悚然的死寂。

在日利纳，人们含着眼泪在铁轨边看着这些火车经过。纵使多年过去，那些哀伤地伸出条板乱舞的手臂依然历历在目。

在运畜拖车里，人们尽管饥渴疲倦，却几乎不可能睡得着。太阳低沉，夜幕降临之时，受过教育的匈牙利人——医生、会计、店主、主妇和祖父母——变成了一群无序又焦躁的民众，野蛮地横躺在发霉的地板上。他们感到凄惨、羞耻和害怕，纠纷开始爆发，起因往往不过就是和周围人的一点点争执。咒骂成了家常便饭，随着夜色渐深变得越发频繁，尖叫亦是如此。有些无法入眠的人会为了摆脱疲劳而冲动地试图爬起来；由于没有食物，人们的四肢此刻挣扎着，适应最简单的机械命令。最悲伤的一幕莫过于看到他们不仅判断力下降，同情心也消减了。在这群像牲口一样被对待的人中，有一些人也变成了牲口。这也不奇怪：到这个时候，他们的感觉已经麻木了，饥饿的身体事实上是在反噬自己。

哨声响了，火车开始执拗地沿着单轨轨道穿越蜿蜒的鲁伯顿河（Lubotin）和两岸无尽的葱郁树林。从缝隙向外张望的人此时看见的，一会是斯洛伐克语命名的城市，一会又是波兰语命名的城市，每前进一英里，一切都变得愈加遥远和陌生。天气变得越发寒凉无情。令人心悸的停顿也越来越多，直到火车开始缓慢蠕动。突然，深夜里火车一阵加速，车头就要在一片寂寥的景色中停靠到站。

终点站隐藏在茂密的森林之中，溪谷纵横，薄雾如织，简直和格林兄弟童话中的场景如出一辙。目之所及，可以看到桦树、大团大团的白烟以及远处朦胧的建筑。然而，当烟雾缓缓上升时，夜晚被铁轨旁边成排的红白灯光点亮了。对乘客来说，到达的时刻带来了一种奇异的宁静，他们的疑惑终于被解开了。当一个小女孩心想"没什么会比运畜拖车更糟"时，另一个孩子则问道："爸爸，那里会像家里一样有操场吗？"

然而任何一段平静都是短暂的。缩成一团的人们开始祈祷、哭泣或是呜咽，有些人则是全然沉默。结局来得太突然了。起初是"砰"的一声，随后是沉重的脚步，接着是有人用听不懂的语言狂吼的命令。火车车轮尖锐的声音开始放缓，运畜拖车的门伴随着雷鸣般的啪啪声被打开。

门外，通往目的地的入口处挂着一则不祥的标语：工作带来自由（Arbeit

Macht Frei)。远处，熊熊的火光冲天而起，有 30 英尺之高，高耸的烟云在
人们头顶盘旋，恶臭逼人。

他们很快就会知道，这里就是奥斯维辛。

尽管此时无人知晓，但大多数人的生命只剩不到一个小时了。

弗尔巴和韦茨勒多少还是帮到了一些忙。5 月的第三周，就在犹太人被
不断驱逐出境的当口，斯洛伐克的地下党犹太人满怀激愤地向世界写了一
封长信，要求炸毁奥斯维辛的死亡工厂及主要的流放路线。然而，西方世
界（包括白宫在内）最终还是对他们的请求充耳不闻。

对罗斯福来说，优先的事情必须优先处理——登陆诺曼底，击垮德军。

这时候，在奥斯维辛以西不到 900 英里的几个英国小镇——法尔茅斯
（Falmoouth）、达特茅斯（Dartmouth）、朴次茅斯（Portsmouth）和纽黑文
（Newhaven），士兵们正为史上规模最大的盟军进攻行动集合列队——然后
出发。连续数小时，泪眼婆娑的人群在街边站着注视他们。随着一阵哨响
和一声长啸，女人们挥舞起手绢，男人们亮出代表胜利的"V"字型手势，
孩子则爬上街灯或是树梢，对美国大兵高声呼喊。舰队的扬声器发出命令
时，舵手们还在拿出成盒的香烟分发给人群。坦克和大炮驶来了，它们在
狭窄的乡间小路上滚动，短短几十年前这条路上驶过的最多只有马匹和驴
车，偶尔才有马车。接下来是一辆又一辆的吉普车、卡车和半履带运货车，
后面甚至还跟着自行车和火车头。随后是部队。人群更加沸腾了，然而男
人们则令人不解地沉默着，因为很多人害怕死亡，而很多人又在期待死亡。

两年的时间里，这些嚼着口香糖的士兵们并肩挖过散兵坑，交换过妻

子或是女友的故事，一起打过扑克或是喝过酒。他们知道彼此的口味，彼此的畏惧，还有彼此的希望，他们清楚对方是否在夜里打呼，或曾小声地抱怨过指挥官。他们了解谁曾经在牌桌上作过弊，谁的酒量大。他们确信自己能够信赖同伴，在诺曼底的海水中，他们会为彼此献出生命。正如一个军官对另一个所说的那样，"我们法国见"。

再看看南方。此时罗马还没有被攻陷，但盟军的重型轰炸机已从新近夺取的位居福贾的空军基地起飞，掌控了中欧的天空，沉重打击着远在德国领空之外的敌军目标：匈牙利、斯洛伐克、罗马尼亚和波兰南部，甚至触及了奥斯维辛所在的上西里西亚市郊。而在英格兰南部的基地，还有 6000 架全副武装的轰炸机和战斗机组成的空中舰队，数量多到足以遮天蔽日，随时准备着为进攻行动提供空中支援。

罗斯福任命的"霸王行动"指挥官，德怀特·D. 艾森豪威尔，将诺曼底登陆日定于 6 月 5 日——比原计划迟了一个月。

在千疮百孔的战争岁月里，罗斯福一直成功地高举着自信的大旗。美国人民（实际上是所有同盟国）都习惯了新闻短片里他那爽朗的笑声、咧开嘴的笑脸以及明亮的眼神。然而，在他向公众投射的总是自信非凡的领导形象背后，私下里却极度痛苦。在珍珠港惨遭轰炸、几近摧毁之后，白宫紧闭的门后是一个形容枯槁和面色惨白的罗斯福，他阴郁地将头埋在手中，喃喃自语道，他将会在史册上被视为一位"蒙羞的总统"。他悲痛异常，以至于身体严重痉挛，几乎竭尽全力才能勉强向看护开口说话。此后，盟军开始进军意大利，当他拿起电话接听行动开始的消息时，那只握着话筒的手抖如筛糠。现在，随着诺曼底登陆最终一切就绪，罗斯福下定决心要保持冷静，他要告诉美国人民为即将到来的大屠杀做好准备。紧张不安的埃莉诺·罗斯福对迫近的流血战争似乎没有那么自信，她痛切地记录下来，"侵略很快就会降临在我们头上。我很恐惧"。

然而罗斯福却没有。他一度计划飞往英格兰，参与登陆战的开始，不过当时的健康情况并不允许他这么做，但丘吉尔还是在 6 月 4 日给罗斯福的信中写道，"我多么希望你能在这里"。可是他不能。他去了弗吉尼亚州的夏洛茨维尔（Charlottesville）。在那里的郊区，他将为职业生涯中最重要的一次演讲做准备：在登陆日要对人民传达的信息。

外表镇定的罗斯福清楚，就算是最佳计划也可能会被搅乱，事实上确实如此。6 月 3 日，置身大西洋对岸的艾森豪威尔点燃了一根又一根香烟——他是个远近闻名的老烟枪，最夸张的时候一天能抽完 60 根骆驼牌香烟。他在索斯威克庄园接见气象专家，很快就发现当天的天气显然不怎么样。艾森豪威尔看上去已经疲惫不堪，他确实也是如此。那一天早些时候，美联社的紧急报道发出了一条错误信息："速报，艾森豪威尔总指挥部宣布盟军登陆法国。"更恼人的是，天气情况不容乐观。英吉利海峡的海浪愈发汹涌，乌云开始积聚。随后开始起风，天空飘起的细雨很快就变成了倾盆大雨。首席气象专家告诉艾森豪威尔，6 月 5 日的天气会稍有好转。这一天，异常阴沉的天空和铺天盖地的五级大风降低了盟军空军的可视度，而空军的先遣行动对战役的胜利至关重要。除此之外，加速恶化的天气也让人根本无法规划未来 24 小时的行动。

艾森豪威尔坚定不移的眼神和富有感染力的笑容不见了，取而代之的是一副苦瓜脸，他双眼低垂，宣布需要在周日早晨再一次定夺，并祈祷天气能够转晴。然而晚间的时候，风暴却只增不减；大风呼啸，倒灌的雨水哗哗地击打着索斯威克庄园的百叶窗，甚至摇动了他本人的活动拖车。登陆至少要推迟 24 小时。

天气、等待以及深切的忧虑都在损耗着他们。大西洋对岸也好不到哪里去。不难想象，静静吸烟的罗斯福正在为他的登陆日演讲写下结束语。最终一切都要归于事实。整个周末，罗斯福的秘书都能从他的每一个"脸部和双手的动作"中察觉到总统流露出的紧张。他一页一页翻着公祷书[1]，为诺曼底登陆日而祈祷。然而飞蛾无法抗拒火焰。当登陆推迟的消息传来时，紧张却依旧坚定的罗斯福于周一早晨回到了首都，等候事态的进一步发展。消息是零星传来的。当他在思索登陆的"下一步"时，越来越多的船只已经陆续驶离港口，数千艘的战舰已经成功登陆。遥远的英吉利海峡上，浓浓的迷雾中，一支数量壮观的舰队已经在汹涌澎湃的海水中摇荡前行。

"你知道，我是个玩杂耍的，"有一次罗斯福愉悦地强调自己处理多重危机的能力，"我从来不会让我的右手知道我的左手在干什么。"然而，当诺曼底登陆的日期仍旧悬而未决，当德国人仍然躺在他们绵长的海岸防御堡垒中等待时，情况甚至比他所想象的还要艰难。

6 月 4 日的晚上，正当阿道夫·希特勒在位于巴伐利亚阿尔卑斯山的寓所里安眠时，艾森豪威尔悄无声息地来到了设在古老乡村庄园索斯威克的指挥总部，他要参加一场将会决定战争结局的会议。此时，大雨如注，凄冷暴烈，连绵不绝地砸着屋檐。

在一个红木镶嵌的房间里，艾森豪威尔和他的主要助手们再次收到了恶劣天气的简报。到了这个关口，登陆日初始规划时所特有的那种光鲜的

---

[1] 公祷书（The Book of Common Prayer）是圣公会的祈祷用书，公祷书不是《圣经》，也不是用以取代《圣经》的另一典籍，而是协助信徒使用和明白《圣经》的方法之一。

乐观情绪早已消失殆尽。据首席气象专家判断，几个小时之内，也就是 6 月 5 日黎明前，暴风雨会有所减弱，风速将会降低，36 小时内基本上会是"晴天"。会有多晴朗？这无法确定。何况任何更长远的预测都会令人却步，因为等到周三，暴风云团会再次席卷而来，让登陆延迟到 6 月 19 日——推迟整整两周时间。

那意味着仅剩的登陆机会是稍纵即逝的，整个行动还能有多少犹豫的时间？阴郁的艾森豪威尔思忖着。"你怎么看？"他给自己的总参谋长瓦尔特·比德尔·史密斯（Walter B. Smith）出了道考题。"这真是一场赌博，"史密斯回答，"但这是机会最好的赌博了。"艾森豪威尔凝视着他的英国指挥官伯纳德·蒙哥马利元帅问道："你能找到明天不出发的理由吗？"蒙哥马利则丢出了一个词："出发！"

然而并非所有人都同意。艾森豪威尔的副总司令阿瑟·泰德（Arthur Tedder）软硬兼施，他抗议 6 月 6 日登陆"充满了变数"。他提议推迟——再一次推迟。艾森豪威尔挑起眉毛，让在场的每一个人逐一投票。面对眼前这个重大的决策关头，他们既颤抖又疲倦，票数正好相当：7 票同意，7 票反对。在四面挂着大幅地图的房间里，艾森豪威尔又一次挥了挥手，绕着巨大的会议桌踱步。他的痛苦显而易见。现在决定权到了他的手里，而且只有他才能决定。

"我生来就是个乐天派，无法改变。"他曾经如是说过。可是在那一天，乐观几乎绝无可能。如果天气预报出了错，他的部队从登陆开始就会被大海拼命地拖后腿，不仅如此，风雨密布的天空也会推迟或阻挠士兵们迫切需要的空军掩护以及能够提供一定保护的海军炮袭。对那些成功上岸、隐身于沙滩上的疲乏不堪的士兵来说，这将会是一场灾难，1942 年的迪耶普登陆战 [1] 将再度血腥上演。然而，如果盟军选择等待，"霸王行动"被德军识

---

[1]　迪耶普登陆战，也被称为迪耶普战役、"瑞特行动"或"银禧行动"，是盟军在第二次世界大战期间，1942 年 8 月 19 日攻击在法国北部海岸被德国占领的港口迪耶普。该突击没有达成主要的目标。6086 人中一共有 3623 人在未上岸前被杀、受伤或被俘（几乎达百分之六十）。

破的风险就会大增，这同样致命。其实他们已经在斯莱普顿沙滩惊慌失措过一次了。不管是在哪种情况下，只要德国人站稳了脚跟，得失就不再是距离柏林的百余里路途，而是以诺曼底沙滩上的码数为算。再者，如果德军严阵以待，他的将士也会被撕成碎片。

除了艾森豪威尔的脚步声，屋内鸦雀无声。此时此刻，整个屋子也在外面的狂风大雨中飘摇。以任何标准来判断，盟军在这样的情形下发动进攻似乎都让人无法想象。

"我不喜欢这样，但事实如此……"艾森豪威尔的声音小到几乎听不见。房间里的气氛十分凝重。现在是晚上 9 点 45 分，他说道："我非常确定，必须出兵。"确实如此，但这个命令是有条件限制的。艾森豪威尔决定在凌晨4 点再次召集全员。虽然他只是下达了临时命令，还是有 5000 艘船离开了港口，开始飞速奔赴法国。如果还要召回它们，总司令无法等到黎明。

在回到他的活动住所后，艾森豪威尔辗转反侧，凌晨 3 点半就起了床。他匆忙地刮完胡子，然后乘车穿越泥泞再次来到索斯威克庄园。现在，大雨已经势不可挡了；实际上，近来的春季雷雨范围甚广，延伸数百英里，最远直抵奥地利的阿尔卑斯山脉，在那里，希特勒在半个小时前才睡着。虽然如此，气象专家仍然坚持他的最新预测，天气很快就会放晴，天空会在一两天内保持晴朗。艾森豪威尔再次心如乱麻地缓缓踱着步，他知道自己必须做出决定。

他停了下来，最终不再踱步，在沙发上坐了足足 5 分钟，然后轻声宣布："好吧，我们出发。"听到这几个简单的字眼，欢呼声响彻索斯威克庄园。随着这最简单的命令下达，他发动了战争史上最宏大的水陆两栖作战。登陆战将于 6 月 6 日凌晨打响。

❧

同一时刻，就在登陆战的前夕，信心高涨甚至欢喜雀跃的罗斯福从夏洛茨维尔回到了华盛顿。

每次出行，身为盟军统帅的艾森豪威尔都会在拉链钱包里装上幸运符（包括一枚银色的银元、一枚法郎和一枚英国便士），每一枚都会用手指紧张地摩挲。罗斯福则不需要这些东西，因为如今艾森豪威尔就是他的幸运符。不管总统在战争早期对他的总司令存有多少疑虑（有一次竟惹得艾森豪威尔直抱怨：“该死，告诉罗斯福，我是美国军队里最棒的陆军中校。”），艾森豪威尔最终还是取得了他的信任。总统知道，虽然艾森豪威尔脾气很坏，但是骁勇善战的他无畏无私，而且和自己一样，是个不可救药的乐观主义者。他也知道，艾森豪威尔同时也是一个现实主义者，一个擅长“明智妥协”的大师，能够在那些将军、指挥官和联盟之间的小诡计里周旋自如。

这些都是有所回报的。盟军于 1942 年笑傲北非战场，1943 年冬天又英雄般重创意大利，并且在诺曼底登陆前的最后几个小时拿下了罗马。罗斯福当然清楚胜利的代价。4 个月以来，人们的意志一直在接受沉重的考验：盟军在向前推进，却没有胜利的消息。14 个孤注一掷的纳粹师毫不妥协，在安齐奥（Anzio）顽固地挡住 15 万盟军的去路；5 月 23 日，盟军最终力压德军，罗马随后被攻陷。这个城市曾经是西方文明的古老象征，在近代又建立起令人崇敬的教皇政权，而现在则是盟军势不可挡的挺进的标志。熬过了数月不眠之夜，经受了数次焦虑和喜悦间的摇摆后，罗斯福终于感受到了机遇的降临。他欣喜若狂。

在白宫空旷的外交接待室，罗斯福通过广播发表了他任职期间最重要的一场炉边谈话。他为近期攻下罗马的胜利而狂喜欢呼，“我们已经将轴心国的一个首都握在手里了，”罗斯福振奋地对美国人民说道，“拿下了一个，还剩两个！”但是柏林才是终极战利品。对于横跨海峡的战役，罗斯福保持了沉默，并未给出评价。演讲结束以后，他做了回夜猫子，放松地看了一部电影，到 11 点后才被人抬上床。他当然清楚地知道接下来会发生什么。这个时候，盟军伞兵正在一波波地从运输机上跳下，数以万计的士兵在月光点亮的黑色夜空下跨越波涛汹涌的英吉利海峡。在怀特岛南部，无数军舰和船只正源源不断地驶向法国海岸。

艾森豪威尔曾在自己的笔记中写道,"我们必须到欧洲参与战斗"。当罗斯福沉入一段并不安稳的睡眠中时,这一切终于到了一触即发的时刻。

空军担当了开路先锋。黑夜中,近 900 架满载而出的 C47 运输机排成 V 字型,一波接一波地铺天盖地而行,足有 300 英里长,在 500 英尺的低空飞过海峡,以便躲过纳粹的雷达;运输机内,第 101 师和第 82 师空降部队的战士们在脸上涂满了黑色条纹,紧紧抱住他们的降落伞。这是震撼人心的一幕:一队队飞机排成紧凑的阵型,每一组足有 9 架机身的宽度,机舱内没有光,也没有无线电波,气氛近乎死寂。但这种感觉转瞬即逝。

当飞机从海岸线上空的云层中跃出时,机枪和追踪器将它们笼罩包围。随之而来的是爆炸——德军 88 毫米口径爆弹照亮了夜空。机群还没来得及躲避,就在敌军的火力下开始颠簸,翻滚旋转,起起落落。迫不得已中,他们打乱了阵型。在最初的逃窜中,场面一片混乱。有的人滑倒在地,目瞪口呆,有的人开始呕吐,到处都是人们的喊叫声。机舱内的人和货向着四面八方倒下,子弹穿过了机翼和机身。上下左右都有飞机在爆炸,有的被拦腰截断,有的则是驾驶舱玻璃粉碎,驾驶员被流弹击毙,机体绝望地在空中旋转。几乎每一架飞机都受到了攻击,然而近乎奇迹的是,大多数飞机都仍在飞行。当它们接近空投区时,驾驶员打开了绿色的信号灯。

在隆隆作响的炮火与飞机机体发出的尖锐声响中,伞兵指挥官开始发出信号:空降兵出发。

伞兵们一个接一个地跳出机舱,他们拉开降落伞,飘浮在黑暗中下落。

在他们如同五彩纸屑般从天而降时,他们下方的身影正朝四面八方跑去,叫嚷着,比画着,并将来福枪对准目标。那是德国人。

∽

在别处，德国的防空炮组不断收到有空降兵着陆的消息，着陆点的分布独立而分散，没有任何可参照识别的模式——从卡昂（Caen）西北方到维尔河（Vire）沿岸，从科唐坦半岛（Cotentin Peninsula）东岸再到蒙特布尔（Montebourg），一直到毗邻的比利时。这就是他们长期等待的进攻吗？这是一次反抗行动，还是为了使他们放松警惕的调虎离山计？德国人困惑不解，尤其有些空降者是假伞兵，着陆时还在播放着交火的录音。对纳粹国防军来说，这次空投变成了一场令人抓狂的演习：他们最终推断可能有10万伞兵着陆，于是花了大量时间搜查树林，朝灌木丛里"并不存在"的敌军空降兵开火。而实际上，空降兵确实在那里。

凌晨1点钟，盟军伞兵小队在皎洁的月色下悄无声息地穿过村落外围或是浓密的树林，尽其可能地切断每一处角落的通信线路。他们移动迅速，用手榴弹炸毁电线杆，截断地下通信电线。盟军一点点地包围了横跨法国北部一带城镇的纳粹巡逻队，这让德国人陷入混乱和迷惑。他们一找到机会，就会占领桥梁，或清理空地，准备好迎战即将现身的盟军增援部队。近旁的德国部队已掌握了盟军伞兵着陆的实情，他们竟认为这也是一个计谋。

直到当一名德国列兵抬头看到天空上"全是飞机"时，他们才意识到问题的严重性。

凌晨3点钟，伞兵已经不再是孤军作战了。德国人现在要担心的不仅仅是飞机了。

涂黑的滑翔机像大鸟一样在头顶出现，在猛烈的侧风中滑行，前来支援登陆的美军。它们满载推土机（用于挖掘新的飞机起落跑道）、吉普车、反坦克炮、摩托车和折叠自行车及数不胜数的弹药，当然还有同样必不可少的军队。然而在一瞬间，一切似乎出了错。德军的地面炮火异常猛烈。远处的伞兵部队听见巨大的可怕声响——折磨人的物体刮擦声，接着是渐强的震耳欲聋的撞击声与树木断裂的声音，那是摔成碎片的滑翔机。随后，夜空中回响着奄奄一息的士兵痛苦的呼号。在空中打转的滑翔机有的沿着树梢上下颠簸，有的一头扎进树冠，有的撞上了石墙和附近的谷仓；在大风和骚乱中，飞机的碎片撒满大片的田地。还有一些飞机滑向地面，或互相撞击，或落入了隆美尔军队重重把守的地区。除此之外，有些飞机则陷入沼泽或是灌木丛中。

滑翔机和伞兵部队的伤亡都高得惊人。最悲惨的一幕莫过于那些无助地挂在树上的伞兵，他们撑开的降落伞就像"满是破洞的布偶"。而且地面的情况也经常好不到哪儿去。不管是落在苹果园还是野草丛生的田地，人们在落地以后就散落成了一个个相互孤立的小群体。部队之间几乎无法联络。他们残破不堪的地面无线电装置都被毁了。当他们吹起口哨或是军号时，相互召唤的声音都淹没在断断续续的防空炮火声中。四周也没有什么可藏身的掩体。额外备用的弹药被水浸湿了，他们发现自己没有反坦克火箭炮，或是机枪被堵住了，又或者爆破装置不管用了。面对更大规模的防御，他们也没有迫击炮、探雷器或是反坦克炮。

但某些一闪而过的迹象表明希望还是存在的。一名美国伞兵在交火的时候，突然发现战斗莫名其妙地戛然而止。敌军的炮火停了下来，随后"啪"的一声响划破了夜晚——那是一声枪响。起先只有一杆枪响，随后是第二杆，最后十多支双手高举过头顶的敌军队伍现身了，他们咧着嘴，互相拍着背，哈哈大笑。他们是波兰人，被纳粹强行征召入伍。他们没有和美国人对战，而是处决了部队的德国军士，然后立马倒戈。他们绝不是唯一一群这么做的士兵。

到目前为止，已经有约 1.8 万名伞兵和滑翔机战友强行降落在诺曼底地区加入战斗。在黎明到来之前，他们迅速地摧毁了迪沃河（Dives）上的桥梁，经过了一番苦战之后，又夺下了德国人在梅维尔（Merville）的炮台。第 82 师空降部队浴血奋战，尽管伤亡惨重，还是拿下了圣梅尔埃格利斯（Sainte-Mère-Église）。在与顽固的德军对抗时，一名好战的士兵用他最好的法语嚷道："Nous restons ici！（我们跟你干到底！）"史诗般的胜利也在谢迪蓬（Chef-du-Pont）和飞马桥（Pegasus Bridge）上演。盟军部队开始巩固自己的首要目标；

在内陆，他们摧毁了德国的加农炮，占领了岔路和桥梁，并控制了海滩的重要出口。

德国人呢？希特勒还在熟睡，纳粹国防军仍旧找不着北。一名德国军官的总结是："我们面对的不是一场主要作战行动。"

～

很难想象还有比这更离谱的错觉。自午夜起，大批盟军海上运输舰队已经开始跨越波浪滔天的英吉利海峡。打头阵的是登陆艇和巡洋舰，紧随其后的是驱逐舰和一长串扫雷艇，然后是炮舰和战舰，还有运输船、海岸警卫搜救船、鱼雷快艇和封锁用船。数量如此之多，以至于像是在怀特岛和诺曼底海岸中间搭起了一条跑道。许多船只的一侧画有鲜亮巨大的字母"O"——代表奥马哈沙滩，有些则画着代表犹他沙滩的字母"U"。当舰队靠近海岸时，一声哨响传来，军官们一声令下："到各自的登陆区域报到！"接到命令的部队爬下湿漉漉的网，攀上希金斯登陆艇。

由空中战友们发动的一切，现在将由他们来继续。

眼下仍旧漆黑一片，破晓前的空气依然寒凉。由于船只在水中疯狂地摇晃，挤在一起的士兵们开始呕吐。寒流刺痛了他们的眼睛，浸透了他们的武器。但让他们最煎熬的是期待，这些船舱内的士兵们正跃跃欲试，整装待发。5点20分，东方开始破晓。伴着升起的朝日，他们听到了从头顶传来的第一波轰炸机的轰鸣。

进攻定在了6点30分：第一缕曙光出现后的一小时。

～

在大西洋壁垒，毫无设防的德军守军举起了他们的望远镜，突然瞥见清晨的薄雾中涌出了数百艘破浪前行的盟军登陆艇。它们的速度越来越快。

德国士兵沿着哨壁排好迫击炮，瞄准目标，有人冲向无线电通信设备。"准备多拉炮！[1] 集中火力！"他们大喊，"准备多拉炮！集中火力！"

让他们难以置信的是，这支不断靠近的巨型舰队变得越来越庞大。"我们已经看不见海了，只看得见船。"一名法国目击者吃惊地记录了下来。实际上这还是被低估了。海峡中的战舰和驱逐舰上架起了无数挺机枪，等待着开火的命令。首先安排的是空袭，一连串炸弹被投放在海滩上。尽管希金斯登陆艇里的人们有些害怕，但还是开始欢呼。几分钟过后，他们捂住了耳朵，战舰开火了。第一波齐射是一连串雷鸣般的爆炸，仿佛天空和海洋都爆发出了浩大的原始怒火。"这是我听过的最响亮的声音，大多数人都觉得这是自己生命中最伟大的时刻。"一名通讯员充满敬畏地写道，

的确如此。第一波火力之后，舰队上盟军的机枪又一次奏响了大合唱，整个海岸都被爆炸的闪光和浓烟包裹，翻腾的烟云中尘屑和碎片四溅。附近房屋的玻璃震得粉碎，四散的德国人先是绝望地找寻避难所，然后开始回击。

6 点钟，坦克顶着强劲的逆风和飞旋的潮水，开始登陆。火箭在上空呼啸，战舰上的机枪也在继续喷涌子弹。盟军的炮火带来了多米诺效应，沿岸的地雷迅速地被鱼贯引爆，沙滩上的干燥草地燃烧成噼啪作响的火丛。高温和巨响空前绝后。一名士兵回忆："它们的咆哮就像是一场伟大交响乐的华彩终章。"在许多马上要从希金斯登陆艇中跳出的人眼里，这就像疯了，像是某种死亡的前奏，没有人能活着穿越这样的火线。他们面前的沙滩在轰炸的怒火下战栗着。

艾森豪威尔很喜欢一句名言：计划决定战役，但战斗开始之后百无一用。

现在，战争真的打响了。

凌晨 6 点半的时候，第一波攻击登陆诺曼底海滩。美军第 1 师、第 4 师

---

[1] 二战中纳粹德国制造的骇人听闻的重装武器——口径 800 毫米的"古斯塔夫"（多拉炮）列车炮，可以贯穿英吉利海峡，每发炮弹都达到 8 吨重，装弹就需要 20 分钟。

和第 29 师向犹他海滩和奥马哈海滩艰难挺进，而英军和加拿大部队则于一小时后在剑滩、朱诺滩和黄金海滩登陆。很难想象还有比盟军诺曼底登陆更彻底的事先规划，但同样难以想象的是有这么多环节出了岔子。从一开始，这场计划的基本要素就被迅速瓦解。没有一个计划者预料到，有那么多部队在还未开始战斗前就晕船。在第一声枪响前，第一批士兵已在滔天海浪中上下颠簸了四个小时，疲惫不堪，错愕昏沉。事实上，没有人事先会想到，当战士们从登陆艇中跳出以后，在齐胸深的水中挣扎的他们很快就会令人不解地牺牲——虽然潮水并不算高——只因为他们背负的装备在浸水后重达 68 磅。有的人则一不小心跳入了没过头顶的海水。许多人陷入了水下的弹坑，在还没有接近陆地前就溺水身亡。他们再也没有机会了。登陆以后，有的人还忙着用钢盔舀走登陆艇里不断上涨、威胁着登陆艇安危的海水，因为船只的抽水泵坏了，为此他们精疲力竭。

数不清的两栖坦克在演练时效果卓越，但当其试图乘着难以驾驭的海浪，驶向诺曼底海岸时却一败涂地。奥马哈海滩上，盟军的海军轰炸转瞬即逝，很多都投放错了位置，几乎不能为海滩登陆提供足够的掩护火力。令人觉得奇怪的是，盟军的空投也没有好到哪儿去，投放结果与目标差得十万八千里，没能成功清除掉德国部署在海滩绝壁上的防御。结果，敌军的炮火愈发猛烈，疯狂地向美军部队扫射；有些兵团的伤亡率在登陆的几分钟内就达到百分之九十。

致命的不仅仅是海岸线上的交火。当盟军到达奥马哈野草丛生的斜坡时，真正的噩梦又一次降临。在英勇的第 16 号步兵团看来，这场战役与其说是第二次世界大战中的一次秩序井然的袭击行动，还不如说是把乔治·皮克特将军在葛底斯堡无人之地[1]的致命冲锋再慢动作回放一遍。10

---

[1]　葛底斯堡战役（Battle of Gettysburg）为 1863 年 7 月 1 日至 7 月 3 日所发生的一场决定性战役，属于葛底斯堡会战的最后阶段，于宾夕法尼亚葛底斯堡及其附近地区进行，是美国内战中最著名的战斗，经常被引以为美国内战的转折点。乔治·皮克特（George Edward Pickett，1825 年 1 月 28 日—1875 年 7 月 30 日），南北战争期间的联盟军少将，为李将军的重要手下之一。其名尤闻于葛底斯堡战役第三日的皮克特冲锋。

英里长的斜坡上，许多士兵还没来得及踏上沙滩就被杀死或受伤。从希金斯登陆艇放下跳板的那一刹那，德军的各门火炮和机枪就开始铺天盖地喷射。他们将地雷外插满电线，因此只要有登陆艇登陆，坐在碉堡内的德国士兵就可以引爆地雷，造成最大规模的杀伤。更糟糕的是，在强达每小时18 海里的强风和随之掀起的 6 英尺巨浪的影响下，只有一支部队到达了正确的地点。其实这就是那场暴风雨的尾声，海浪仍在狂躁地翻滚，从沙滩向大海延伸的 12 英里内都是白浪。

此时，海水中还有刚牺牲的士兵尸首在浮浮沉沉，整个场面看起来像一场大屠杀。

空中的摄影侦察也几乎毫无作用。美军几乎是盲人摸象，无法辨识德军的炮火从哪儿来，是海岸上星星点点的残破村舍，还是牢牢嵌入崖壁的、迷宫般的混凝土炮位。

突袭部队就像不堪重负的骡马，一个体重125 磅的大兵得背负 100 多磅的装备，包括一桶液态喷火器和一气缸氮气，几乎无法开火射击，连站起来都吃力。他们浑身湿透，一头雾水，无法穿越湿漉漉的沙滩，眼前的雷区障碍只会给他们添乱。A 连是首批上岸的部队，200 个人中，六成以上都来自弗吉尼亚的同一个小镇，他们就是今日世人皆知的贝德福德男孩。[1]15分钟不到，他们只剩下几十来号人，其余的人散落在战火纷飞的海滩，尸体被无望地冲刷到海岸上。瞬息之间，另一个连也丧失了 96% 的战斗力，他们都是在搬运手榴弹、炸药包、迫击炮、机枪、喷火器和其他装备时殒命的。时间一分一秒过去，海滩上尽是燃烧的登陆艇和残缺不全、失去了手脚的躯体。

---

[1] 指《为了忘却的胜利——21 名贝德福德男孩血祭 D 日》（*The Bedford Boys: One American Town's Ultimate D-day Sacrifice*）一书的男主角们。此书为《纽约时报》畅销书，《拯救大兵瑞恩》的灵感来源，《兄弟连》姊妹篇，作者亚历克斯·克肖（Alex Ker Shaw）。故事讲述弗吉尼亚州贝德福德乡村的 19 名小伙子，阵亡于 D 日最血腥的几分钟里。他们隶属于第 29 步兵师第 116团 A 连，是进攻诺曼底海滩第一波次美军士兵中的一批。在随后的战役中，又有三名来自弗吉尼亚州这个小镇的小伙子中弹身亡。

按原计划，部队应在早晨 7 点半占领绝壁。然而现在，到处都是支离破碎的死尸，到处都是成堆的被丢弃的防毒面具、手榴弹、火箭炮、无线电、步枪、机枪和弹药箱。这还没算上沉入海底的成百上千辆坦克、吉普和机动火炮。

混战没有片刻停歇。海滩很快就被死尸和奄奄一息的躯体堆满了。海中的盟军登陆艇在爆炸或燃烧，此时水中漂浮着面朝下的尸体，也有仰着脸喘气、在海水中挣扎的幸存者。有些人在水中装死，希望德军会停止开火，潮水可以推他们上岸。"天啊，真可怕。"一位中士只简单地说了这一句。面对德国人的碉堡对海滩的集中狂轰乱炸，美军蜷缩在一切可能找到的障碍物背后，经常是在齐脚踝深的海水里，亦或手无寸铁地平躺在海堤上，或徒劳地用手肘或是膝盖支撑着自己，在泥泞和浸满鲜血的沙滩上匍匐行进。他们在沙地上拼命挖掘临时的散兵坑或是战壕，好躲过迫击炮。许多人尿了裤子，有些人开始啜泣。德国狙击手藏身于绝壁下的老巢中，冷静地挨个解决轮番冲向海边的美国大兵，他们跳房子般地经过死人堆，试图将伤员往安全地点转移。那真是令人毛骨悚然的一幕。没有指令，没有方向，躲过机枪扫射的美国大兵暴露在迫击炮的轰炸中；而那些躲过了迫击炮的人又被轻型火炮逮个正着。一名士兵后来回忆道："我到鬼门关走了一遭。"

而伤者也困在自己的地狱中。他们要么是被击中了胸膛，要么浑身鲜血淋漓，要么上颚粉碎，颧骨裂开并暴露在空气中，鲜血四溅。只有极少数人在战友注射的吗啡与陪伴中咽下最后一口气。有些人被起火的装备点燃，疯狂地冲向海水，但通常也无济于事。有太多的人在绝望中死去，怀着彻底的、全然的孤独，唇边挂着最后一声微弱的祈祷。一名士兵在目光凝固之际只能呼喊着"母亲，妈妈"，了无生息的目光永远地停留在头顶的云层上。

按照战场惯例，战役打响后，若要让伤员得到第一时间的救治，就得把他们转移到后方，但可笑的是，这一回伤员们必须被转移到敌方战火的前线。他们受到了巨大的心理折磨，周围一片天旋地转的混乱，有些人全然崩溃，有些人则陷入惊恐。光是噪声就惊心动魄，他们的身后是海军的密集炮火，眼前是火炮和迫击炮，头顶则是飞机，还有从四面八方传来的引擎的轰隆声和伤员的哭喊嚎叫。对有些人来说，这已然令人无法承受了。

站在巡洋舰夹板上的奥马尔·布拉德利（Omar Bradley）将军意识到，奥马哈海滩是一个无法逆转的灾难，他祈祷士兵们只要"坚持住"就好。他知道海滩上已经拥挤不堪，成百上千的登陆艇在海上无头苍蝇般地打转，增员甚至很有可能使情况恶化。然而撤退并不可行，在犹他海滩和黄金海滩中间留下 37 英里的缺口会令整个登陆计划受到威胁。

出人意料的是，盟军并未停止前行。早晨 7 点 30 分，大部队已经涉水登陆，只不过人员数量几乎骤减。暴露于敌人炮火之下的他们受到了压制，先前的进攻计划看起来也百无一用，幸存的指挥官们开始随机应变。这些士兵不能待在原地不动，那是不要命了，但他们也不能绕开德军，向前挺进或后撤也不行——穿越布满地雷的沼泽，或是攀上绝壁将战壕里的德军击毙都无路可循。他们的面前是密不透风的成排铁丝网。从表面看来，这是一场毫无出路的危机。

不过时不时地，有小批队伍开始攀登山崖，渐渐地有一小拨指挥官——包括上校和将军甚至中尉——开始聚拢。他们挥舞双手，呼喊着使部队前进的号令。一位上校怒吼："我们在内陆可能像在海滩上一样丧命。"与此同时，对盟军已经清除的雷区，工程兵一丝不苟地粘上布条示意，其他人也在穿越浸水的反坦克壕。人们每分每秒都在为德军的反攻严阵以待，这样他们就能在反攻开始时，如一位营长叫嚷的那样以最小的代价"立即冲回海峡中"。然而反扑一直没有来临。

与此相反的是最令人振奋的一幕：三个被困在一处旧平房地基的美国人抬起头时，看到了应当被称为奇迹的一幕——美军正顽强地向德国人把守的山崖挺进。

他们占领了战略制高点。

美军百折不挠。更大型的登陆艇开始登陆时，坦克、半履带车、吉普、卡车和自行火炮也轰鸣上岸。进攻时刻开始没多久，"霸王行动"开始全线推进。尽管盟军的伤兵步履蹒跚，前进缓慢，他们还是无数次地给予希特勒的军队重击。在别处，盟军在黄金海滩、朱诺海滩与剑滩的行进也近乎畅通无阻。

艾森豪威尔本人在早晨 7 点前就起床了，而且也已被告知一切似乎都在按"计划"进行。他先是在自己的床上静静地躺了几分钟，然后咧嘴一笑，点燃了一根香烟，翻起了从廉价书店买来的西方小说，并同自己的亲密助手哈里·布契尔聊着天。随后，他开始习惯性地踱起步来。

大约就在这个时候，马歇尔将军拿起了电话，唤醒了正在沉睡的罗斯福总统。

凌晨 3 点的华盛顿，起先拿起电话是白宫的接线员，她告诉马歇尔将军稍等片刻，然后立即给埃莉诺打了个电话，让第一夫人叫醒总统。白宫静得出奇，只听得见情报部门的走廊里发出的轻微窸窣声，还有每时每刻都在接收绝密急件的机密地图室传来的嘈杂声。这种安静令埃莉诺觉得毛骨悚然。她自己也由于过分紧张而难以入眠。现在，她小心翼翼地打开了总统卧室的门；她解释道，马歇尔打来了电话，进攻正在展开。总统一下子从床上坐了起来，他穿上了毛衣，将电话拿到自己耳边。马歇尔简要地告诉了他到目前为止的战争近况；实际上，艾森豪威尔已经欢欣鼓舞地告诉马歇尔，"（军队）看见了胜利的曙光"。罗斯福的脸上闪过一丝微笑，随后他开始忙着打电话。

～

　　同一时刻，进攻的消息传遍了全国甚至全世界。实际上，最早透露"霸王行动"启动的是纳粹的官方喉舌——海通社，它宣布英国伞兵部队正在法国海滩登陆。在翻译的帮助下，美联社迅速跟进，发布了广播消息。英国广播公司也立即参与进来。不甘落后的《纽约时报》火速推出了特刊"晚间城市版"，在凌晨 1 点半的时候将其送上了大街——这期特刊有个应景的名字叫"补充说明"。由于尚未得知事情的真实过程，报上只印刷着一则全部由大写字母构成的头条标题："希特勒的海岸线已被攻破，盟军正在挺进内陆；次批盟军登陆成功。"

　　不到半小时，人们就开始骚动，有的人为买报纸在街上排起长队，有的则手上端着咖啡，身穿睡衣坐在调高了音量的广播边上，紧张地等待最新的战况新闻。美国东部时间凌晨 2 点，消息来了。和美国人民一样紧张的广播电视台中断了惯常的节目安排，发布了一条紧急通知，"据德国广播报道，登陆已经开始"。然而这条报道混乱而又零碎，像是某种警告，纳粹的广播可能只是哄骗法国抵抗运动的伎俩。几小时后这个想法就被忽略了。美国人能够听到艾森豪威尔在登陆日前夜下达命令的录音。这段录音起先由英格兰南部交通线的扬声器播出，现在美国人民也可以听到，重温盟军舰队驶离英国海岸前听到的振奋人心的演说。

　　这段演讲是献给"盟军远征军的陆军、海军和空军"的。

　　"你们即将开启一场大远征，朝那片我们数月以来努力抗争的土地进发。全世界人民都注视着你们……你们将毁灭德国的战争机器，推翻纳粹暴政对欧洲人民的压迫，带领我们回到安全的自由世界。

　　"这是一项艰巨的任务。你们的敌人受训良好，装备精良，身经百战。他们肯定会负隅顽抗。

　　"但现在是 1944 年！自纳粹在 1940 至 1941 年接连取得胜利以后，情况已大不相同……我们的大后方已经为我们提供了占据优势的武器和军需品，并为我们输送了训练有素的后备战士。风向已经变了！我充分相信你们的勇气、对使命的忠诚以及作战技巧。我们必将取得全面的胜利。

"祝你们好运！"

在美国人民专心致志地聆听每一个字眼的时候，大兵们也将军命折好，塞进了口袋。在那些生还的人之中，很多人都在返乡后都将其装裱起来。《纽约客》将这一天称为"史上最非凡的一刻"，事实的确如此。举国上下都为悬而未决的结局感到"极度痛苦"。当工人们听到从扬声器传来新闻播报时，他们大吁了一口气。走过了阴云密布的三年，当黑夜消退，黎明将至，人们的期待只增不减。很快，这一天不仅仅充满了祈祷，还有沉默的希望和内敛的欢欣。美国人民欢呼雀跃，将盟军进攻的消息传遍各大洋，传遍各国，让全国各地的报纸和数以千计的广播传颂这消息——罗斯福的盟军正向一场伟大胜利行进。

消息的传播势不可挡，人民的狂热情绪亦如是。挪威和英国的国王发表了演讲，随后是比利时和荷兰的首相，夏尔·戴高乐（Charles de Gaulle）也向法国人民致辞。罗斯福总统打了一个小时的电话以后，最后一次拿起听筒，向白宫接线员传达了一个简单的指令：叫醒他的助理，告诉他们立即在办公桌前待命。很快，史蒂夫·厄利（Steve Earley）和帕·沃特森（Pa Watson）等老部下都来到白宫西厢的办公室工作，奋力处理雪片般飞来的文件和报文。在通常由三波人日夜轮班的嘈杂地图室，军官们正试图跟上极速变换的战场。白宫上下，从混乱的小办公室到隔开的套房，罗斯福的工作人员都在应付潮水般不断涌来的消息。

尽管头一批电报中的某几封算不上鼓舞人心，罗斯福在忙碌又充满激情的数小时内还是能感觉到，盟军即将迈向伟大的胜利。这令人想起 79 年前白宫经历的相似一幕。那是在 1865 年 4 月初，亚伯拉罕·林肯在五岔口战役中取得胜利，身披数条被缴获的南部联盟军旗帜。"这是实实在在的东西，"他欣喜地说道，"这是我能看到、感觉到和弄明白的东西。这意味着胜利，这就是胜利。"

此时，诺曼底的海滩已是下午时分，新一波盟军继续登陆，罗斯福比之前更加确信了。早晨9点50分，他摇着轮椅来到总统办公室，对白宫发言人——坏脾气且狡猾的萨姆·雷伯恩（Sam Rayburn）——介绍了基本情况。11点半的时候，军方领导人马歇尔将军、哈普·阿诺德（Hap Arnold）和海军上将金（King）传来文件，将他宽大的办公桌挤得满满当当，让人感受到了历史的重量。由于远离战场，文件的细节还很匮乏。奥马哈海滩的境况不容乐观；不过其他前线的部队都在稳步奋力前进。而午后不久，当罗斯福同女儿在自己最喜爱的木兰树阴凉的树荫下野餐时，形势已明显而不可逆转地偏向盟军了。

下午晚些时候，总统召开了例行新闻发布会，现场涌进了接近200名翘首以盼的记者。起初，全场肃静，因为人们考虑到总统几乎彻夜未眠——他只休息了4个小时，看起来极度疲倦。他憔悴的脸布满皱纹，脸颊也深陷下去。尽管如此，罗斯福坐在那张绿色旋转轮椅上，仍然维持了良好的状态，穿着得体。他穿着白色衬衣，左袖上绣着姓名缩写"FDR"，系了带深蓝色斑点的蝴蝶结领带。嘴中叼着黄色琥珀烟斗的他向屋里不止一位记者表示，自己对局势很满意。尽管总统的小猎犬法拉顽皮地在家具上跳上跳下，手中拿着便签和笔的记者还是将罗斯福说的每一句话都记录了下来。他笑容灿烂，精神很好，打趣地说聚集现场的记者们也"笑容满面"。

尽管如此，他还是发出了警告。"我们不可能那么容易就登陆，穿过海滩——如果没有缺胳膊少腿的话——然后走到柏林，"他补充道，"国家越早明白这一点越好。现在不是过分自信的时候。"他总结。

不过他的话中充满自信。罗斯福没有明确谈到细节，只说进攻"按计划进行"。他是怎么撑下来的？罗斯福犹豫了，他目光闪烁，然后咧嘴一笑："好吧——我有点儿困。"

与五角大楼最重要的官员之一约翰·J. 麦克洛伊（John J. McCloy）会见完毕后，罗斯福滑着轮椅经过白宫前医师罗斯·麦金太尔的办公室——那里有一把牙医椅，一张按摩桌，还有摆满各种药剂的柜子。他又经过自己近期新建的宽阔室内泳池，去和埃莉诺享用 7 点半的晚餐。

更晚一些时候，不到 10 点，罗斯福再一次接通广播，这一回他是要带领全国人民祈祷。他的讲话简短扼要（只有 10 分钟），情感丰富，是他就职总统以来最富感染力的一次。他就像是一位照看羊群的牧师将全国人民庄严地团结起来——当时约 1 亿美国人守在他们的收音机前——为"我们的儿子，国家的骄傲"祈祷。他说，"盟军在这一天进行了一次伟大的尝试，为保卫我们的共和国……我们的文明而斗争，为解放苦难的人类"。他滔滔不绝，语言无比流畅，"领导他们（士兵）走向正义和真理，让他们的臂膀充满力量，内心坚强。他们需要诸位的祝福。敌军凶险，道阻且长，或许会遏制我们的力量，胜利也可能不会拍马赶到"。对此他又威严地补充，"但我们不会放弃"。

谈到盟军时，他强调，"他们并不为了征服的欲望而战，而是为了结束侵略。他们是为了解放……"

他感觉到了国人紧张不安的情绪，于是把最锐利的言辞放在了最后，高亢地呼唤留在家中的人们，包括那些期盼儿子毫发无损地从战场归来的父母，渴望丈夫安然无恙的妻子，等待父亲从前门走进来的男孩女孩，他们对于近在咫尺的赌局拥有直观的理解。"有些人永远也回不来了，"罗斯福轻柔地沉吟道，"但相信他们吧，相信我们的儿子，相信彼此，相信我们团结的远征军吧……"

人民同意了。

自破晓时分起，国家就开始纪念这一天。在全国各地的城市里，钟声开始回荡。费城的市长用沉重的木槌敲响了巨大的独立钟，这是首席大法官约翰·马歇尔（John Marshall）1835 年浩浩荡荡的送葬仪式后的第一次钟声。百老汇的演出也为纪念诺曼底登陆日停演一天。棒球赛也取消了。纽约证交所在交易开始前默哀两分钟。梅西百货关了门，出于爱国之心，店员在商店门外装上了一台收音机，全天高声播报登陆的最新消息。在俄亥俄州的哥伦布市，市民为参加全国祈祷原地静立 5 分钟：每一辆卡车、每一辆巴士、每一辆汽车、每一位工人和每一位路人都在自己的位置或是办公桌前静止不动。在全国其他地方，无论大城小镇，防空警报都尖声回荡，工厂哨声鸣响，电话线路也被互相打电话的家人朋友占满。

《纽约时报》写道，"我们已经来到了共同的宿命时刻"。纽约市长菲奥雷洛·拉瓜迪亚（Fiorello La Guardia）宣称，"这是我们生命中最令人兴奋的时刻"。全国上下祈祷的人群手持《圣经》，挤满了教堂的长椅，或冲进犹太会堂。办公大楼里和生产线上的男男女女也自发停止了工作，将手按在胸前祈祷，之后再重新回到工作中。同一时间，大批人群涌进医院献血。疯狂的庆祝活动在世界各地此起彼伏。在英国，人们不由自主地起身高唱《天佑吾王》[1]（God Save the King）；在莫斯科，精英阶层和普通百姓在街上一起手舞足蹈；在罗马，刚被解放的意大利人挥舞着美国、法国和英国国旗。

早在 1943 年的 12 月 16 日，《纽约时报》就评论，德国正在"苟延残喘"，而 1944 年可能就是德国"垮台"的一年。

在罗斯福看来，如果一切按计划进行，诺曼底登陆日会是他总统任期以来最伟大的一天。

---

[1] 《天佑吾王》是英国、英国的皇家属地、海外领土和英联邦王国及其领地作为国歌或皇家礼乐使用的颂歌。歌词和歌名随当朝君主的性别而有所改变：例如在男性国王在位时歌词中的"女王"改成"国王"，"她"改成"他"等。

第六章

"1944 年，胜利属于我们吗？"

　　虽然罗斯福远在战场的上千英里之外，但他能够想象诺曼底海滩正在上演的战斗有多么跌宕起伏。他曾担任海军助理部长，现在，身为总统的他还是喜欢和海军上将莱西（Leahy）一道，例行公事地光顾天花板低矮的地下室——白宫地图室。该屋此前曾做各种用途，起先是女士衣帽间，然后是台球室，在两面墙之间拉起的临时电线上挂上串珠计分器，墙边的架子上摆着台球杆。但自从珍珠港事件以后，它的功能变了。现在，这里有巨幅的大西洋和太平洋军事实况图表，每天要更新两三次，反映时时变幻的敌军和我军方位。图表上有小彩旗、弯箭头、粗线条油彩笔和不同形状的回形针做的标示，借此罗斯福可以研究迅速变化的军事情况。他特别喜欢标志三巨头领袖位置的特殊回形针：代表丘吉尔的回形针是雪茄形状的，斯大林的是烟斗，罗斯福自己的则被巧妙地设计成了烟嘴。随着诺曼底登陆日后的战况进展，罗斯福欣喜地看到，油彩笔在稳步离开海滩，朝法国乡村挪动。眼下，艾森豪威尔和他的人马已经掌控了大局。

　　七个月前，就在罗斯福前往开罗和德黑兰峰会的路上，他中途绕道，与艾森豪威尔待了一天，眺望迦太基古城的遗迹。在那里，他还可以凝视盟军与隆美尔和凯塞林（Albert Kesselring）浴血奋战的北非战场，那儿还遗留着骇人的残迹——散落在平原上的烧焦的炮弹和坦克、被炸毁的临时军火供应站、焦黑的反坦克障碍物，还有突尼斯战役中尚未清除的残留雷区。罗斯福同艾森豪威尔将军坐在堆满尘土的凯迪拉克轿车后座，将军向他详尽讲述了盟军在泰布尔拜（Tebourba）、迈贾兹巴卜（Medjez-el-Bab）和凯塞林隘口（Kasserine Pass）的冬日战役，还有最终在突尼斯击退轴心国势力的那场春日战役。

罗斯福回忆着历史，大声讲出自己对美德两军的看法——二者可能会在传奇的扎马（Zama）战役[1]的古战场上碰面，一决高下。在那里，罗马最伟大的将军之一——征服非洲的西庇阿（Scipio）在空旷辽阔的平原上挫败了汉尼拔和迦太基人。盟军能否在登陆日重挫德军，就像世界上最古老的共和国横扫迦太基人那样呢？罗斯福当然希望如此。

罗斯福边嚼着三明治，边和艾森豪威尔开玩笑。"艾克，要是在一年前，有人让你赌美利坚合众国的总统今天会坐在突尼斯的路边吃午餐，你会下几倍的赔率？"

现在，人们可能也想问罗斯福，三个月前看上去还奄奄一息的总统有多大几率能指挥军队摧毁不可一世的希特勒国防军呢？

用"摧毁"这个词来形容再合适不过。漫长的等待，规模庞大的军队集结，还有罗斯福、丘吉尔及军事指挥们的精心计划，现在所有这些都得到了回报。诺曼底漫长的海岸线上，所有村庄都在火里冒着浓烟。受伤的盟军部队在勇猛地向纳粹守军推进。数小时内，数以千计的盟军飞机在天空中穿梭，

---

[1] 公元前202年10月19日，在第二次布匿战争期间，普布利乌斯·科尔内利乌斯·西庇阿统率的罗马军队在扎马（北非古城，在迦太基西南120公里处，今卡夫地区）附近与汉尼拔统率的迦太基军队进行的一次作战。这是汉尼拔生平唯一一次落败。

下方的沙滩上则是成片的士兵、坦克和两栖补给艇，还有新的补给艇等着海浪一变小就迅速登陆。在犹他海滩，军队只遇到了零星抵抗，而且这些抵抗的确都不成什么气候，因为德军很快就败走沙场。在英军和加拿大军队的战场——剑滩、黄金海滩和朱诺海滩——战斗进行得也比预想的要顺利。就算是在奥马哈海滩，尽管死者和伤员遍布沙滩，四处横陈混杂的车辆和尸体造成了骇人的阻塞，可怕的血战持续了令人煎熬的数小时，3.4 万名美国士兵还是在法国的土地上成功建立了据点。

德军不仅落后，也不如盟军来得有计谋。令人吃惊的是，隆美尔甚至不在前线。6 月 5 日那天，他选择一整天都待在乌尔姆（Ulm）附近的家里休息，和妻子露西散步。她正在试穿他为她买的生日礼物，一双新凉鞋。因此，诺曼底登陆当天，这位自大的德国将军连人影都见不着。直到上午 10 点 15 分，他才得到警报。接下来的数小时内，他狂奔了 400 英里，赶往位于拉罗舍居伊翁（La Roche Guyon）的豪华指挥室，一边咒骂自己，一边声嘶力竭地冲司机喊道："Tempo! Tempo! Tempo!（快点！快点！快点！）"德国空军马上就要起飞时，隆美尔犹豫了。傍晚 6 点以后，他才来到指挥总部，这真是让人难以置信。那个时候，沙滩、断崖和炮兵营已经被清空了。而脸色苍白又狂妄的希特勒也好不到哪儿去。在贝希特斯加登（Berchtesgaden）隐居的他天天观看晚间新闻，闲话家常。当盟军入侵的消息传来时，他的手下出于害怕没有叫醒他。等到早晨 10 点，他终于起床，竟徒劳地以为自己可以反击，但他推迟了调度两队装甲坦克师出动支援，后者距离海滩只有 120 英里。最终事态一发不可收拾。"我们在等待命令，一直在等，"第 21 坦克师的指挥官事后十分惋惜，"我们不明白为什么没有接到任何命令。"

因此，原地待命的坦克只能眼睁睁地在盟军的狂轰乱炸下灰飞烟灭。等到命令最终下达时，它们只能在路边高大橡树的遮蔽下挪动，直到夜幕降临，才得以躲避空中无休止的轰炸。此时，诺曼底沿岸的德军也无力抵抗盟军空军的大规模袭击，空袭连续锤击着铁路、高速公路、战壕和桥梁，并严密封锁了内陆的德国援军。令人惊讶的是，希特勒的另一名高级将领伦德施泰特（Rundstedt）元帅整个上午都坚持认为登陆就是一个幌子。

美军和德军之间可谓天壤之别。正午时分，精神焕发的艾森豪威尔俯身在自己指挥帐篷里的地图上。他站起身来，走向门口，推开门望向天空，赞美道："阳光真灿烂。"

无数盟军飞机正在称霸这片艳阳高照的天空——诺曼底登陆日里共有一万架飞机出击。当它们回到基地时，看到了难忘的一幕：法国的乡村到处都点缀着白色降落伞和坠落的滑翔机碎片，海滩上则是成百上千辆登陆艇和成千上万名从里面跳出的士兵。诺曼底的海滩上似乎立起了座座完整的城市。一名美国大兵热忱地赞叹："一场最伟大的秀。"

黄昏时分，盟军正以壮观的阵势跃进，他们奔腾着，就像阿尔戈英雄伊阿宋在埃厄忒斯王（King Aetes）的国度种下龙牙后长出的传奇勇士一般。[1] 英军在夺取黄金海滩后，又向内陆推进了约 6.5 英里，然后与左翼的加拿大人会师。在朱诺海滩，加拿大坦克部队斗志昂扬，向内陆挺进了 10 英里之远，由于速度过快，不得不暂停下来，等待步兵团跟上。他们的前锋部队前进得比任何师都要远，深入法国，离卡昂市郊只有 3 英里。在剑滩，当所有烟雾散去，所有战斗都偃旗息鼓时，2.9 万名英军涉水上岸，只有 630 人牺牲。在犹他海滩的 2.3 万名登陆士兵中，死伤也只有 210 人。尽管伞兵伤亡惨重，还是有近 1.8 万人在夜间着陆。当红日最终挂在诺曼底上空时，包括美国、英国和加拿大士兵在内的 17.5 万名战士已经在法国的土地上挖出了坚固的战壕；诚然，有些据点狭窄孤立，但总体上还是延伸了 55 英里之长。在这些据点后方，短短三周内，将会有 100 多万人马赶到——准确地说，是在 7 月 4 日这一天。

如一位美国飞行员所说，希特勒要是看到那无休止地涌向法国海滩的

---

[1] 希腊神话中，阿尔戈英雄是一伙在特洛伊战争之前出现的英雄。他们伴随伊阿宋乘阿尔戈号到科尔基斯（今天的格鲁吉亚）去寻找金羊毛，当时金羊毛在国王埃厄忒斯手中，他一听伊阿宋是来取金羊毛，便想办法除去他，他说若伊阿宋要取金羊毛，就必须通过考验，包括用两头喷火的公牛耕田，然后播种龙牙，最后还要打败龙牙长出来的巨人战士。

美国大兵和军备，他一定是发疯了才会向美国宣战。

除了用一天时间才夺下的奥马哈海滩，盟军在一小时内就攻破了传说中固若金汤的大西洋壁垒——那是希特勒丧心病狂的产物，花了德国人四年时间，耗费上千工时，由隆美尔加固数月才完成的防线。

现在，盟军正有条不紊地推进。而德军能做的只剩下撤退、重整队伍和观望。

6月6日，盟军从海滩出发的那一天，又出现了一个小小的奇迹——又有两个人从奥斯维辛集中营逃脱，他们是切斯沃夫·莫罗维茨（Czeslaw Morodwicz）和阿尔诺什特·罗辛（Arnost Rosin）；实际上，两人以为战争已经结束了。他们和弗尔巴与韦茨勒一样，都得到了斯洛伐克犹太领导人的接见，并和奥斯卡·克拉斯纳斯基面谈过。他们于5月27日从集中营出逃，那个时候，大批匈牙利犹太人正被运往那里。两人得知，有一条铁路专线塞满了犹太人，不分昼夜地被运往奥斯维辛。这条新线路可以直接把人送到火葬场，根本不用筛选。结果火葬场超负荷运转，纳粹又挖出新的巨坑，尸体日夜不停地被焚烧。鲁道夫·弗尔巴后来记录，"韦茨勒和我看到了纳粹为大屠杀所做的准备。而莫罗维茨和罗辛则见证了屠杀的全过程"。

当盟军占领诺曼底时，奥斯维辛7月6日的内部记录显示，有496名犹太人抵达集中营，其中297人被毒气毒死。

同一时间，在荷兰的阿姆斯特丹，一位名叫奥图·弗兰克（Otto Frank）的犹太商人和自己的妻女、朋友一同藏进了王子运河旁一栋房屋的附属建筑中，那里的墙上挂着一幅诺曼底地图。他聆听着每一条新闻报道，然后用彩色的回形针标记出盟军在法国和荷兰前进了多远。

然而，尽管德国的战争机器正不可逆转地从诺曼底海滩逐步撤退，在850 英里之外，咔嚓作响的火车仍在继续向东面和北面驶去，经过昔日辉煌的维也纳和古老的克拉科夫（Kraków），开进奥斯维辛火车站。残疾人、病人、儿童和老人都在以惊人的速度被投入毒气室，每半小时就有 2000 人丧命——几小时内就超过了诺曼底登陆首日全天的阵亡人数。

截至进攻真正打响的那一天，最后一个月的时间里，92 辆火车将 30 万名匈牙利犹太人送向死亡，这就好比强迫波士顿全城乘坐地铁去往华盛顿，然后再残酷地将所有人都杀死，或是让诺曼底流的血重复上演一万多次。

在荷兰那栋灰暗隐秘的附属建筑中，密不透风的潮湿房间里有座带链条机关的书架，14 岁的安妮·弗兰克（Anne Frank）就藏在后面，她望着墙壁上的地图，和家人一起等待。这个犹太小女孩注定成就不朽。她有一双栗色的眼睛和无止境的好奇心，大胆无畏又文采飞扬。尽管生活在逃亡和躲藏带来的无数磨难之中，她没有停下学习，还曾坠入爱河，也帮忙处理家务琐事。尽管周遭环境疯狂纷乱，她仍然思索着关于战争与和平的哲学和政治意义（诸如"全世界都在参与战争……而战争的结束却不见踪影"），并对其他人的命运——"那些真正来自贫民窟的孩子"——进行反思。她内心恐惧，却从未丢失过同情心，她为父亲悲伤的双眼忧虑，也为那些被送往肮脏屠宰场的悲惨受害者担心。

她和家人从狂暴的纳粹手中逃过一劫，也经历过多轮围捕后的令人不安的寂静街道。他们捱过了无尽的等待——焦虑地等待可怕的纳粹党卫军来敲门，等待盟军的救援——等待，等待，一直在等待。安妮用灵动的文字写道，他们在不安的徘徊中活着，"无数次地，从一间屋到另一间屋，从楼上到楼下，感觉就像一只被残暴地剪去翅膀的夜莺，在漆黑一片中撞击着牢笼的笼条"。他们在许多次的口角中捱到现在，"整栋房子都被怒气震得晃荡起来"。

如今，经过年复一年地躲避纳粹的恐怖，日复一日地像仓鼠一般被囚禁在四间小房里，无数次屏气凝神地等着党卫军经过，甚至连感冒都不敢大声咳嗽，诺曼底登陆日成了安妮一生中最狂喜的一天。为了不失去理智，安妮通常会爬上阁楼陡峭的阶梯，坐在天窗上看她最喜爱的栗子树，或者满心渴望地听鸟儿歌唱，憧憬着对面房屋里的人们自由的生活。

自由的人——这是个近乎不可思议的概念。住在街对面的非犹太人，看上去仿佛住在大洋的另一端。但也许很快就不会是这样了。6月6日，她热切地用笔在日记上写下："就是这一天。进攻开始了！"她的文字生动活泼："人们一直谈论的、期待已久的解放真的来了吗？它看上去仍然如此不可思议，就像是童话！1944年，胜利会属于我们吗？我们还不得而知，但希望已经重新回到我们心中，生出新的勇气，让我们再次变得坚强。"

"哦，"她激动不已，"（盟军）进攻最绝妙的地方就是，它让我觉得朋友们在靠近。我们已经被那些可怕的德国人压迫了太久，抵在我们喉咙上的刀子是那么紧，但一想到朋友和救援就要来了，我们就充满了信心！"

但会有朋友来解救吗？安妮·弗兰克并不知道。登陆日那天，英国和美国的情报机构正在聚精会神地研究航空侦查拍来的照片——上面毛骨悚然地精准展示了奥斯维辛的主营，另有三张特别的照片明确标出了比克瑙的死刑室，这一点是匈牙利的犹太人，甚至连罗斯福或丘吉尔都还不知道的。事实上到6月底的时候，这些照片已经十分详细，防御规划师都能辨认出坡道和人们步入焚尸炉的场景，如果再有一副放大镜，甚至能看到人们身上纹的号码。研究这些航拍照片是奠定轰炸奥斯维辛的第一步，极其重要，但分析人员却略过了这一骇人的杀人工具——实际上，他们的上级并没有要求仔细研究集中营。他们转而将精力放在了最新的使命上：集中营附近的人造橡胶厂和炼油厂——所谓"石油战争"的一部分，这些目标建筑对空袭苟延残喘的德国战争机器至关重要。

此时，在遥远的波兰森林的幽暗处，火车继续踩着忧郁的节奏，向奥斯维辛驶去。

∽

6 月在缓缓流逝，虽然纳粹德国出现了越来越多崩盘的迹象，但战争还远未结束。东边前线上，斯大林兑现了在德黑兰向罗斯福许下的承诺。一支全新的苏联军团给德军带来了一系列毁灭性打击：俄国人迅速向西推进，在维特伯斯克（Vitebsk）截断了第三装甲军的退路，并在两天之后于博布鲁伊斯克（Bobruysk）附近包围了德国第九集团军。同时，盟军的空中作战也在继续。在 1944 年的头四个月里，盟军共向德国丢下了 17.5 万吨炸弹，仅在 6 月 6 日一天，盟军地中海空军部队就出击 2300 架次以上，多次轰炸了巴尔干半岛和罗马尼亚的铁路与炼油厂。在德国，混乱还在加剧，慕尼黑、不来梅（Bremen）、杜塞尔多夫（Düsseldorf）、杜伊斯堡（Duisberg）全都损失惨重，几近摧毁，德国辉煌的文化中心正在缓慢地变成废墟。

已经得知一切的阿道夫·希特勒不仅没可能成为现代版的恺撒，现在还病倒了。过早衰老的他像老年人一样驼了背，左臂无法控制地打颤，左腿也在发抖；原本锐利的双眼通红，曾经的黑发变得灰白，脸上的皮肤也凹陷了下去。持续深受胃肠疾病和失眠困扰的他一天要吃 28 种不同的药物。恶化的不仅是健康，他的精神也在颓废，不停地抽风，不断发火，难以遏制地自大妄想和无法克制地偏执。事实上，整个 1944 年，他都不曾在公众面前演讲——他凭直觉明白自己正在丧失民心，在广播上做的全国讲话也只有两次。登陆日后就再也没有了。

事实上，咆哮痛骂、胡言乱语的希特勒和纳粹核心成员都隐居在他自己的寓所中，包括狂热追随者马丁·鲍曼（Martin Boorman）、约瑟夫·戈培尔、阿尔贝特·施佩尔（Albert Speer）和赫尔曼·戈林。对德国民众来说，他等于完全消失了。他曾被百万人当做偶像顶礼膜拜，然而他自己也承认，除了他的德国牧羊犬布隆迪和情妇爱娃·布劳恩（Eva Braun），他是没有朋友的。事实上，他已经与现实脱节，无视所有事实而期待胜利，不切实际地期盼着他的V-2武器[1]——重达13吨的火箭，发射后30秒内就可达到声速，可携带重达一吨的弹头——能够从大气层上层空降，以灭顶之势歼灭敌人。

被他忽略或干脆完全无视的死亡花名册在不断延长。当然，纳粹政权自始至终都不缺乏动力，这也是最能支撑他继续下去的一件事情——对犹太人的憎恨。到了这个时候，纳粹帝国颓势尽显，似乎只有一样东西尚在运转——针对手无寸铁的平民的杀人机器，和它的国家元首藏得一样严密。

随着战况的进展，纳粹军团的运气减退，尽管希特勒对犹太人的憎恨愈发强烈，他却一直十分注意自己在那些闪烁其辞的演讲中的措辞。诚然，不管是在对狂喜欢呼的柏林民众发表演说，还是在普鲁士森林的私宅的夜晚跟他的密友们谈话时，希特勒都从未停止过对听众的鞭策，煽动他们掀起针对犹太人更为极端的仇恨。他的暗示充满威胁，他的表情令人恐惧。有一点不可否认，是他，一点一点地为这前所未有的可怕的种族灭绝产业化奠定了基础。

现在他却狡猾地想要否认。

那么问题就是：为什么他要费尽心思，隐藏自己在大规模屠杀犹太人计划中的重要角色呢？直觉和精明算计驱动着他，不管有多么丧失理智，他都能感觉到，在最文明的环境背景下，德国民众还没有准备好接受如此邪恶的罪孽。的确，他们聆听了他的激烈演说，关于"雅利安民族和犹太细菌间生死斗争"以及"最终解决方案"的隐晦暗示，但他通常不会直接

---

[1] 德国 V-2 导弹是世界上第一种弹道导弹，是第二次世界大战期间德国研制的地地弹道导弹。德文全称 Vergeltungswaffe-2，意为"报复性武器—2"，其目的在于从欧洲大陆直接准确地打击英国本土目标。

挑明，而是说得模棱两可，笼统模糊。以这种方式，他觉得，纳粹就能保留自己文明的外衣——包括他们自以为的良知。

就算在亲信们的簇拥下享受着珍爱的晚茶，希特勒也从没有真正谈论过针对犹太人的种族灭绝。他会称犹太人为"人类的祸水"，却从不谈起位于达豪（Dachau）或海乌姆诺（Chelmno）的死亡作坊。他会聊到一个不再有犹太人的欧洲，"欧洲各国的团结将不会被打乱"，却从来不会触及奥斯维辛本身。他会宣称"犹太人遍地都是"，所有犹太人都"应当从柏林和维也纳消失"，却从来不会提及已经被谋杀的那数百万人。如此一来，就能在表面上掩盖他的恐怖秘密。

他之所以严守秘密还出于另一个邪恶的理由。有关希特勒种族灭绝计划的惊悚事实浮现得越少，世界就越不会受到震动。有些人可能会就灭绝计划谈论一二，但希特勒却闭口不谈。在他看来，虽然罗斯福和丘吉尔会时不时对犹太人受到的非人待遇发出高声怜悯，但由于缺乏细节，这些指控不具备威胁。时不时就发布声明的天主教堂或国际红十字会忧心忡忡，他们也同样没有证据。不过，保密的缘由还有最后一重。犹太人知道得越少，那么他们坐在缓缓挪动的运畜车里，向东去迎接即将到来的屠杀之时，才能更加顺从听话。

到了1944年5月，当然也包括6月，这些尖刻的问题不可能再被回避了。在很多人看来，犹太人的问题如同战争本身一样棘手，尤其是眼下诺曼底登陆胜利还有弗尔巴与韦茨勒的报告即将被公布于世的当口。

然而，相关的回应还是让人们等待了很久很久。

很大程度上来说，等待是漫长的，因为"最终解决方案"从纳粹政策中浮现的过程冗长又复杂。除此之外，长久的等待还与掌握决策的华盛顿的白宫和大理石走廊有关，每收到有关暴行和屠杀的新一轮消息，他们总是表现得不愠不火。

那么，要如何理解大屠杀的罪恶和白宫在回应上的迟缓呢？如何去理解那些视而不见的人、装聋作哑的人，还有面对纯粹的邪恶罪行时转过身去的那些人呢？首先，我们必须了解这场战争的演变历程，了解战前欧洲犹太人的历史，以及罗斯福总统任期的历史。

最终，这些历史的轨迹都殊途同归于这条漫长、曲折的道路，通往1944 年的春天。

第二部分

通往 1944 年的路途

希特勒与纳粹党人在作战地图室

第七章

开端

　　"最终解决方案"在后世人看来清晰明了，但在二战早期的混乱中，盟军获取的信息都是随机零散的，常常充满迷惑性，容易被误解。大部分人认为，"最终解决方案"只会在死亡集中营里展开。实际并不如此。可以肯定的是，这一肮脏行径在希特勒早年的演讲中就已经开始了。不过，最开始的时候，"最终解决方案"更多的是一项程序而非政策，战场的风云变化或纳粹走狗在新占领区的心血来潮都会影响它的执行。一段时间以后，它才完全具备了今日我们所熟知的产业化模式。而且只有到了战争后期，罗斯福去世以后，世人才看到了那些冰冷的照片，被镜头一眨不眨地定格下来。堆积如山的尸体，有些肿胀不堪，有些几乎无法辨识，有些骨瘦如柴，以至于身体其他部分显得惨白无比，萎缩的躯干能让人看清每一根肋骨，残留的皮肤悲哀地包裹着那曾属于人体的脆弱骨头。照片中的躯体被饥饿侵蚀得空无一物，空洞的眼神中凝固着恐惧，呼喊着——若不是求救，起码也是乞求怜悯。

　　然而这些照片公之于众的时候，一切已经太迟。疑问又一次隐隐骚动：这是如何发生的？

　　种族屠杀的种子已经蛰伏了一段时间。1939 年 1 月 30 日，大汗淋漓、激情洋溢的希特勒庆祝着掌权六周年的纪念日。他在德意志帝国议会面前发表了个人最为重要的一次演讲，日后他还会时时提起那一次的演讲内容。当时台下座无虚席。他咆哮："在我的一生中，我一直是一个预言家，而这时常被人耻笑。"人群爆发出疯狂的喝彩，他继续说："我为获得权力而奋斗，这是第一次让那些犹太人无言以对，因为我的预言……成为掌权的领导人，成真了。"他还说："我会真正解决犹太问题。"人群又开始沸腾。他提高了音量，开始狂热地挥动双手，他宣称："我想再做一次预言家。"而他可怕的预言是什么？如果"欧洲内外的犹太人再一次得逞，将各国推向战争，那么，这场战争的结果将不会是布尔什维克主义，或者犹太集团的全球胜利，而是欧洲犹太种族的灭亡"！

此处有一个他最钟爱的词语——Vernichtung（德语，即"灭亡"），也是一个他不断重复的词语。实际上，就在9天前，希特勒私下会见了捷克斯洛伐克的外交部长，当时他肆意坚持，"这里的犹太人都会灭亡"。谁会不相信他呢？今时今日，发生的一切已经不容置疑。1933年——也就是富兰克林·罗斯福当选总统的那一年——希特勒刚上台就设立了法律，开始一步步地剥夺德国犹太人的基本公民权。到了1935年，犹太群体的权利被恶名昭彰的纽伦堡法案正式剥夺。在各种能够想象的场合，犹太人都被边缘化。按照国家条例，犹太人的零售店被关闭；犹太人被禁止去学校、音乐会和剧院，甚至不得开车；犹太律师和医生被禁止营业；犹太商贩被视为不法之徒；犹太银行被暴徒敲诈。臭名昭著的反犹太主义无处不在，随之而来的是犹太人的痛苦和忧虑。纳粹冲锋队（有时只是穿着褐色T恤的流氓）破坏民宅，砸毁犹太商店。慕尼黑最主要的犹太教堂被烧毁，它曾是一座美丽的古老建筑。犹太墓地也被恶意破坏和亵渎。而这一切不过是开始。取着雅利安人名字的男性犹太人被强制在名字中间加上"Isarel"，而女性则被迫加上"Sara"，男女都必须在护照上压盖"J"字母。希特勒不仅没有谴责这些行动，反而尽可能地抓住一切机会怂恿反犹太主义流氓团体。他尖利地吼道，犹太人是"虱子"、"害虫"、"寄生虫"。用纳粹最常用的词语来形容，他们就是"细菌"、"吸血鬼"，腐蚀一切崇高和美好的东西，让"所有国家流血身亡"。

如果众人对愈发野蛮的纳粹政权还留有一丝疑问的话，1938 年 11 月 9 日和 10 日——也就是臭名昭著的"水晶之夜"（night of broken glass）[1]——将荡平一切。对任何文明国家来说，"水晶之夜"绝对可以被视为向野蛮的堕落。希特勒的统治已埋下了导火线，等待的不过是一星火花。一次意外事件发生了，一位 17 岁的波兰裔犹太人对家人遭受的强制驱逐极为不满，尤其是 1.7 万名波兰裔犹太人在事先不知情的情况下就被德国政府集体驱赶出境。他冷静地在巴黎射杀了一名德国外交官。就在翌日清晨，德国纳粹媒体将战争狂热煽动为一股复仇之风，号召对所有犹太人使用暴力。党的地方负责人迅速响应。11 月 8 日，纳粹党卫军的首领海因里希·希姆莱恶狠狠地宣称："我们不会留半点情面（对犹太人）进行驱逐。"此言一出，德国人复仇的怒火一发不可收拾。

戈培尔在日记中写道："人民的怒火要是能够被释放该有多好！"当晚，戈培尔与希特勒共同出席招待会，元首显然对计划表示肯定。他低声说，纳粹冲锋队应当"纵情欢乐"。就在希特勒安静地回到慕尼黑的寓所休息时，得到许可的戈培尔加入了哄乱。他在晚上 10 点发表了演讲，号召发动针对犹太人的暴动。凌晨 1 点 20 分，所有警察局长都收到了来自党卫军的电报，命令他们尽可能多地逮捕犹太男性，并放任暴动人群毁坏犹太教堂。

不过数小时，狂暴的示威者挤满了街道，焚烧犹太教堂的猩红火焰点亮了天空。全国上下，纳粹暴徒借着酒力壮胆，横行霸道，击碎犹太人商店的窗户玻璃。在纳粹狂热的煽动下，纳粹党积极分子将反犹太主义标语涂写在犹太商店和私人住宅的墙上。套上平民衣装的党卫军也加入了屠杀。期间，攻击小队——令人生畏的希特勒护卫队——在慕尼黑街头来回巡查，

---

[1]　指 1938 年 11 月 9 日至 10 日凌晨，希特勒青年团、盖世太保和党卫军袭击德国和奥地利的犹太人的事件，"水晶之夜"事件标志着纳粹对犹太人产业化屠杀的开始。

他们凶狠地挥舞拳头，咒骂着，开始追查和屠杀犹太人。当天遇难人数共约 100 人。柏林市内，15 座宏伟的犹太教堂被烧毁，待到黎明时分，全国数以百计的犹太教堂已经惨遭毁坏。消防队收到了指示，袖手旁观，好让犹太教堂焚烧殆尽。大火烧得噼啪作响，玻璃的碎裂声在夜晚回荡——那是商店玻璃被打碎的声音，还有沉重的吊灯砸在地上的声音，戈培尔欣喜不已，心想："好极了！好极了！"

8000 多家犹太商店遭到袭击。没有人能算出，到底有多少间公寓被强行闯入，留下一地狼藉。趁乱打劫十分猖狂，但更多的暴徒只是单纯为了取乐把商品扔向大街。镀着金边的华丽镜子被摔碎，美丽的油画被撕毁，家庭的传家宝和精美的古董也被损坏。衣服丢得满地都是，包括小女孩的裙子和小男孩的校服、裁缝定制的西装和休闲衣裙。个别纳粹拿起受害者的现金和存款就跑，还抢走他们的收音机、书籍、钢琴、医疗用品、玩具以及任何有价值的东西。

但暴徒们仍然不满足。

什么也不能满足他们嗜血的欲望。他们殴打、掌掴并调戏痛苦的女人们，对待老人也是如此，甚至连躲在地窖和阁楼里不住呜咽的儿童也不能幸免。他们惨遭虐待，或者被粗暴地倒吊起来殴打，而党卫军则在一旁拍手嬉笑。此时，在柏林和全国各地，人群只是围观着熊熊燃烧的大火，还有在街道和人行道上四处散落的无数玻璃碎片。

约有 3 万名犹太人被肆意围攻和逮捕，等待他们的是集中营。他们的店铺就这样被国家没收了。德国的犹太人开始了噩梦般的生活：日复一日，不知道第二天会有什么样的厄运降临。"在 20 世纪怎么还会发生这样的暴行？"一位犹太妇女自问。在华盛顿，罗斯福总统也说道："我本人简直不能相信这样的事情会发生在 20 世纪。"

然而对纳粹来说，这只是他们踏上种族灭绝道路的又一步。正如德国官员汉斯·弗兰克（Hans Frank）长官所说，"我对犹太人只有一个要求，就是消失"。

～

　　自此，全面生效的纳粹种族歧视法越发激进。种族纯化部门成立，开始对犹太人口进行详尽普查。日常的屈辱永无止尽。犹太人不能再去公园了——那里贴着"犹太人与狗不得入内"的标语——不能去餐馆，也不能使用公共厕所。他们也不得使用城市里的长椅。犹太音乐家不得演奏或演唱非犹太作曲家的歌曲。犹太公务员、犹太教师和旅行社职员在没有警示和补贴的情况下被解雇。这些卑鄙的侮辱还包括犹太人不得进行艺术创作，不得与雅利安人结婚或发生性关系，也不能一起工作。恶毒的反犹太主义儿童书籍被大肆传播，比如恩斯特·海默（Ernst Heimer）的《毒蘑菇》，书中将犹太人描绘为令人恶心作呕的骗子——长着"罪犯的眼睛，污秽的胡子，肮脏的耳朵，鼻子像数字'6'一样弯曲"。信息很明确：犹太人是德国人民的毒瘤，是一切痛苦和忧虑的根源。在这样的氛围下，每天自杀的犹太人约有二十余人，这并不让人意外。

　　在"最终解决方案"之前，希特勒忙着制定"经济解决方案"。"水晶之夜"次日，他与约瑟夫·戈培尔在慕尼黑一家知名餐厅——巴伐利亚酒馆用餐，在那里他草拟出针对犹太人的经济压迫政策计划。只是恐吓或谋杀犹太人还不够。现在，他毫不留情地下令，犹太人要在没有德国保险公司帮助的情况下，修复受损的住宅和商店。的确，保险公司会做出赔偿——希特勒知道这一点——但是他们赔偿的对象将会是国家，而不是犹太人。这一政策简直暴虐至极，因为据估计，"水晶之夜"造成的损失高达几亿马克。不久之后，遍地挂满了"注意，不得在犹太人商店购物"的标语。

　　可将犹太人从经济生活中驱逐还是不够。很快，纳粹开始考虑推行犹太贫民区，在那里，所有犹太人都必须佩戴特殊徽章。

⁓

　　"水晶之夜"后的犹太人陷入了绝望。不管他们多么热爱自己的出生地德国，成千上万的犹太人还是准备出逃。然而问题是，逃往哪里呢？1938年6月6日至14日间——纳粹德国已经吞并了奥地利——罗斯福总统召集了埃维昂会议（Évian Conferenc），32个国家派出代表齐聚日内瓦湖湖畔富丽堂皇的法国度假圣地皇家酒店，讨论是否能增加犹太移民的配额。然而，尽管每日都能收到有关纳粹暴行的报道，尽管纳粹暴徒对无辜人群残忍施暴，与会者在谈判桌前依然无动于衷。会议上几乎没有任何（对犹太人）表示同情的声明，对于欧洲正跌跌撞撞地走向战争边缘这一点，众代表也只是盯着茫茫未知的未来敷衍两句罢了。会议也没有达成任何有影响的决定，相反，大家似乎在赌场、按摩室、矿泉浴、马场和高尔夫球场消磨了大部分时间。这种冷漠令人震惊。罗斯福的支持者称，总统的初衷是极好的——领头的美国代表并不是职业的外交家，而是总统的好友和心腹迈伦·泰勒（Myron Taylor），可惜会议的结果还是一场灾难。文明社会并没有帮助犹太人的意愿，反而坐实了他们不愿意接纳犹太难民的想法。除了含糊的言论和承诺，什么也没有。

　　在反战情绪的重压下，美国想办法做出更多努力。至少罗斯福就曾建议他的领事馆针对德国移民的签证申请去除不必要的繁文缛节。通过某些措施，他也的确成功将难民问题提升为一项与国际人道主义利害相关的事项；《新闻周刊》也尽其所能声明，政府会议传达了"积极反对国际暴徒"的信号。

　　但他们也只能到此为止了。美国每年针对德国移民的限额仍然一成不变，上限维持在2.5万人。到1938年，即使有所声明，当局批准的移民总数比限额还少了1万人。对犹太人来说，关闭的边界通常也就意味着死刑。而美国传达出来的信息似乎是：尽管美国是一个欧洲移民国家，但是美国并不想帮助日益绝望的难民。当罗斯福本人被问及，对希特勒政权下的犹太难民该何去何从有何看法，他是否打算放宽移民限制，总统不假思索地说："这个问题不在考虑范围之内，我们有限额制度。"一位与会者，也就是以色列未来的总理果尔达·梅厄（Golda Meir），绝望地写下了她混合了"愤怒、沮丧和恐惧"的复杂心情。哈伊姆·魏茨曼（Chaim Weizmann）尖锐地警告英国外交部长安东尼·艾登（Anthony Eden）："焚烧犹太教堂的火焰可能很容易就会蔓延到威斯敏斯特教堂和英国的其他大教堂。"他还说，如果纳粹得不到谴责，"这也就意味着容许无政府主义上台和文明基石的崩毁"。他说的当然没有错。

恳求如石沉大海，纳粹则为此狂欢。德国报纸《人民观察家报》(*Völkischer Beobachter*) 鼓吹道："没有人收留他们。"耀武扬威的希特勒也幸灾乐祸地挖苦："整个民主世界都同情受尽折磨的可怜犹太人，但一到了要帮助他们的时候，却铁石心肠，冷酷无情，这真是一出不知廉耻的好戏。"

然而，就算境遇悲惨，8万名德国犹太人在被禁止携带金钱或财产的情况下，还是成功逃脱了纳粹的魔爪，小心翼翼地越过了边界。身无分文又胆战心惊的他们来到英格兰、美国和拉丁美洲，或是克服英国人的无数障碍，前往巴勒斯坦。有些人甚至来到被日本人占领的遥远上海，那里的人民用最简单的手续欢迎他们，毫无繁文缛节。

令人惋惜的是，相比起德国各地成千上万名涌向外国领事馆祈求签证，不惜代价想要离开的人，那些成功逃走或取得难民身份的人只是九牛一毛。在紧闭的国门后，罗斯福竭尽所能，安排接纳更多的人——在限额内。1933年至1940年间，10.5万名来自纳粹政权的难民获得了美国的庇护，没有其他任何一个国家达到这样的数字，当然，国土面积有限的巴勒斯坦接收了5.5万人。"水晶之夜"事件后，罗斯福允许所有在美持访问签证的德国和奥地利公民在有效期结束后继续留在美国。不过，这跟美国的救援实力还相去甚远，也不能掩饰每月移民限额极低的事实。

事实上，1939 年 5 月 13 日，也就是"水晶之夜" 6 个月之后，豪华游轮圣路易斯号生动地反映了当时的形势。轮船在晚上 8 点 13 分准时起航，扬起纳粹旗帜，从德国开往古巴。希特勒的画像被挂在交谊厅墙上的显要位置，甲板上还有 937 名满怀希望的犹太难民。由于德国移民政策越发严苛，这是最后一批得以逃脱的人群。轮船在两周后抵达哈瓦那，然而乘客们却不幸得知，除了 28 名特许人士，其他人不能下船；事实上，远在柏林的纳粹宣传部长约瑟夫·戈培尔恶意散播了"犹太人是罪犯，会对古巴造成威胁"的言论，掀起了古巴抗议犹太人的浪潮。不管戈培尔有没有这么做，古巴的反犹太主义都不需要任何刺激。船只在酷热的哈瓦那港口的热浪里停靠了 7 天，调解人极力为乘客交涉准入的机会。同时，乘客的朋友和家人都焦急地聚集在沙滩上，竭力想看看圣路易斯号上的难民。有些人甚至租了小艇和汽船出海，去船上与亲友见面，成桶的香蕉、书籍和其他物品被送往船上。然而这些全都无济于事。古巴政府不为所动。当周，轮船就被赶走了。为了抗议，一位布痕瓦尔德集中营的幸存者割腕自杀，跌入大海。

6 月 2 日，圣路易斯号向北边的佛罗里达海岸驶去。此刻的船长古斯塔夫·施罗德（Gustav Schroeder）——一位非犹太人兼理想主义者——寄希望于美国政府，希望它能接收包括 400 名妇女儿童在内的乘客，而且他们中有很多人本身也拥有美国的最终准入配额。圣路易斯号已经在迈阿密的近海徘徊数周了，船已经近到让难民可以看清《纽约时报》所报道的"城市天际线上闪闪发光的高塔"，整个世界都在观望。天空蓝得耀眼，每一天清晨，湛蓝的海水都泛着光芒，但困惑和恐惧日复一日。惊惶的乘客都知道，强迫他们返回德国就意味着死亡，他们向罗斯福总统发出紧急电报，请求帮助。罗斯福没有回应，白宫也没有就这件事情表态。犹太人给罗斯福发出了第二封电报，前几天总统还待在海德帕克，他们还是没有得到回复。相反，总统在这一周正忙碌于其他会议和活动。船上的难民尝试打起精神，然而他们就像是海难的幸存者，与应当给予帮助的大国隔离开来。

　　时间流逝得越久，消息就变得越发严峻。国务院首先发话，它不痛不痒地坚持，不会"干预"古巴的事务，因此不允许乘客上岸。据传闻，贯彻落实这一信息的海岸警卫队甚至发射了警告性的炮弹，差一点就落在圣路易斯号的船首。在悲痛和绝望中，船长知道他别无选择，只能回到德国。轮船往开阔的大西洋掉头航行时，成百上千的难民心碎地望着迈阿密高远的天际线消失在远方。据一些历史学家的记载，就在圣路易斯号向欧洲起航时，一艘海岸警卫船挡住了临近的轮船，以防止有任何乘客会跳海或是游向美国自由的海岸，或者为此自杀。船上乘客的恐惧可想而知。他们再次向世界各国的领导请求庇护。最终，接受他们的不是人道主义的美国，而是身处险境的比利时、荷兰、法国和英国，各国同意各自接受部分乘客。然而，前三个国家后来都被纳粹国防军占领，至少有 254 名圣路易斯号的乘客——要不然就是大部分人，最终在纳粹的集中营里殒命。

　　在纳粹和希特勒看来，圣路易斯号事件意味着一次绝佳的宣传胜利，它再一次证明了同盟国和德国一样，不需要犹太人。对美国和罗斯福本人来说，这是一段耻辱的经历，尤其是如果美国和其他国家愿意接受犹太人，纳粹德国当时还是会给犹太人放行的。除此之外，很多人也认为罗斯福对犹太难民的困境并不同情。在他的内阁中，犹太人占据了高级助理的显要比例，这也让反犹太主义嘲弄罗斯福本人为"犹太人"，他的新政为"犹太新政"。罗斯福曾经嘲讽道："在模糊遥远的家族史中，我的祖先可能是犹太人，也可能是天主教徒或是新教徒，我只关注他们是不是好公民，是不是信奉上帝。我希望他们两者都是。"

　　但罗斯福不愿面对仇外的舆论，面对一个隐约带有反犹太主义的国务院，和洋溢着孤立主义的国家情绪。

〜

　　与此相反的是，当欧洲在纳粹的铁拳下日益沦陷，越来越多的美国公众发出疾呼，要求尽可能多地解救欧洲儿童，尤其是英国儿童。同犹太难民一样，这些儿童受到严苛的移民限制，这是国会于20世纪20年代晚期设立的限额制度的沿袭。而此时在热烈的公众鼓励之下，政府推出了创新的举措，帮助英国儿童。这些儿童不被视作移民，而是以临时访客的身份进入美国，因为旅游签证可以免去无数限制。激情澎湃的埃莉诺·罗斯福在广播上如是理论："这些孩子不是移民，他们的父母可以在战争结束后随时接回他们……繁琐的程序不应成为维护儿童安全的阻碍。"但面对如此提议，国务院仍推诿不前。1940年夏天，难民律师连续数周推动此事，皆徒劳无功。埃莉诺·罗斯福随后直接向总统求情，总统本人向美国国务卿科德尔·赫尔提起了该议题。

第二天，国务院大笔一挥，一条新规定发布了。英国的难民儿童能够以访问者身份得到接纳，并遵守"战争一旦结束，需立即返乡"的无形承诺。这当然只是措辞上的。不过与圣路易斯号上的937名难民完全不同的是，人们并不清楚该如何才能让英国儿童来到美国。这些儿童依旧在英国苦苦等待，英国政府也无法拨出另外的战舰，护送载有儿童的无武装商船。对美国人来说，他们也不情愿冒着枪林弹雨，穿过纳粹重兵把持的海域去接收这些孩子。最终，国会打破了僵局，它修改了《中立法》，允许美国船只载着欢欣鼓舞的英国儿童撤离。

为什么对象是英国儿童，而不是德国的犹太儿童呢？印第安纳州一位愤愤不平的国会议员威廉·舒尔特（William Schulte）提出了相同的疑问。他怀着新教徒的热忱，草拟了一份法案，呼吁给予所有16岁以下的儿童访问签证。但反移民主义的律师却更固持己见，结果，他遭到了严厉的反对，法案也在委员会环节即告流产。反对者的背后有各种原因，主要在于公众明显地区别对待身为基督徒的英国儿童和身为犹太人的德国儿童。这当然也就是经典的不作为范例。一个令人悲哀的事实是，反犹主义的气息仍然留存在美国的土地上，在这样的时刻，只有大胆的政治领导才能与之周旋。一直以来，洛普民意测验都显示，美国人厌恶希特勒对待德国犹太民族的做法，但同时，大部分美国人却又对帮助犹太人和提高他们的移民配额态度冷漠。当时的情况还不止于此，纽约市内的犹太教堂被骚扰袭击并不是什么新鲜事。

就算是在德国 1939 年 9 月闪袭波兰边境后，反移民势力仍在继续纠集，抗议增加入境限额或放宽准入政策。1940 年春天，德国开始入侵荷兰，该势力的气焰更为高涨，关于纳粹在被占领国成功安插间谍的骇人传闻四处散播。这样的谣言令人生畏，尤值此时，仿佛一眨眼的工夫，欧洲各国首都就被带刺的铁丝网层层包裹，西欧被 200 万德国人占领。疲惫不堪、战战兢兢的罗斯福总统把这些都看在眼里，放在心底。

就在荷兰出乎意料地于 5 月 16 日投降后，罗斯福出席了国会的联席会议。"这是不祥的日子，"他喃喃道，"我们见识了'第五纵队'[1] 的奸诈。"换句话说，他是在指和平的访问者已经是敌军的一部分了。一封封电报和一通通情报似乎都在印证他眼下对破坏分子的疑虑。在挪威，有人告诉他，成千上万名纳粹情报人员乔装打扮成大使馆专员、新闻工作者和大学教授，还有——没错——难民。还有人告诉他，所谓的德国"游客"正为德国驻挪威的军队提供帮助。在荷兰，他被告知，无以计数的情报人员已经渗透了整个国家，为德国令人惊骇的闪电式登陆提供了重要协助。

这一切深深地影响了罗斯福对难民的态度。10 天后，当他结束对国会的发言，他发表了最有气势的一次战时炉边谈话，坚定地指出，国家安全蒙受的危险不仅仅是军事武器的问题。

"我们知道敌人弄出了新花样，"他说，并停顿下来以示强调，"……特洛伊木马，还有在国家毫无准备的情况下背叛我们的'第五纵队'，"他又

---

[1] 在国际上，"第五纵队"表示内奸、叛徒等，源于 1936 — 1939 年西班牙内战期间在共和国后方活动的叛徒、间谍和破坏分子等反革命分子。1936 年，西班牙爆发内战，以佛朗哥为首的叛军勾结德国、意大利法西斯联合进攻马德里。叛军将领拉诺在一次广播中叫嚣："我们的四个纵队正在进攻马德里，市内还有一个'纵队'在待机接应。"当被问及谁先攻入马德里时，他答道，"第五纵队"，意指那些在城内暴乱的奸细、破坏分子。此后"第五纵队"便成了内奸和间谍、特务的代名词。

沉默了一会，"……间谍、破坏者和叛徒都是这个新策略的行动者。"他再一次停顿，然后那鼓舞人心的声音洪亮起来："我们要竭尽所能，必须也必将迎难而上！"

他的确做到了。罗斯福批准使用非法的窃听器，用来监听破坏活动，他还命令国务院维持更严格的难民准入政策。理论上，他这么做说得通，没有哪个总统可以忽视人民内部存在间谍的冷酷事实。然而在现实中，这种政策通常是荒谬的。每一任领导者对继任者而言都让人困惑不已，给后来人留下的印象终究是幻觉，现在这件事就是个例子。不管后人如何分析，都难以理解，那些被希特勒迫害的受害者，被围困且在绝望中求生的犹太人，到底哪儿看起来比英国儿童更像间谍？但悲剧的是，纳粹加紧对德国占领地区的控制之时，美国官方的反移民热潮只增不减。

这一切主要归因于一个人——布雷肯里奇·朗（Breckinridge Long），罗斯福国务院分管签证部门的负责人。

罗斯福的内阁班子中挤满了个性张扬和天生才干的精英，布雷肯里奇·朗显得有些格格不入。他态度专横，说话直接明了，嘴唇往下耷拉，像是一直在皱着眉毛，而且他对任何人都不信任，抱怀疑态度。他个子很高，身材健壮，眼睛细长，有一头引人注目的白发，还有说起话来尖酸刻薄的腔调。他的血统似乎毫无瑕疵。如果说总统可以骄傲地追溯自己的前人泰迪·罗斯福（Teddy Roosevelt）以及海德帕克家族的高贵血统，那么出身在中西部的朗则可以吹嘘自己拥有两大显赫南方家族的血统——北卡罗来纳州的朗家族和肯塔基州的布雷肯里奇家族。他的亲戚中有曾任美国参议员的约翰·C. 布雷肯里奇（John C. Breckinridge），后者也是美国历史上最年轻的副总统，日后还成为联邦战争部长。朗1881年出生于密苏里州圣路易斯，母亲是玛格丽特·米勒·布雷肯里奇（Margaret Miller Breckinridge），父亲是威廉·斯特拉德威克·朗（William Strudwick Long）。年轻的布雷肯里奇上的是最好的学校，在普林斯顿获得了学士和硕士学位。在这期间，他还在华盛顿大学学习法律。

很快，他就在圣路易斯的一所律师事务所崭露头角，积累起丰富的国际实践经验，还赚了一大笔钱。他的婚姻也很美满，有一个女儿。他保有乡绅的爱好，喜欢户外运动，尤其是猎狐、钓鱼和帆船运动。他也是个收藏家，喜欢收集古董、油画和美国轮船模型。在日常生活中，他说话不拖泥带水，每个词的发音都很清楚，而他的同僚和竞争对手也能感觉到他话语中所带的权威。作为一位热忱的民主党人，他很快就从政，在1916年支持伍德罗·威尔逊，并坚定地推动国际联盟的成立。到了眼下这个阶段，他已经在政治生涯中迅猛上升。

1917年，威尔逊提拔36岁的朗担任国务卿助理，负责亚洲事务。这一阶段的朗还和另一位明日之星——性急且富于魅力的海军助理部长富兰克林·罗斯福——成了朋友。就在罗斯福回家乡竞选纽约市第48任市长的1920年，沉默严肃又野心勃勃的朗离开了国务院，参加密苏里州参议员的竞选。但他在这场选举中彻底败北，共和党获得了压倒性的胜利。他没有退缩，两年后再次参选，但又一次输了。事后有分析指出，作为政客的朗天生就带有一种自己难以控制的紧张性格。他在社交场合可以表现得热情友好，甚至富有魅力：他的朋友亲切地叫他"布雷克"（Breck）；在工作场合，他清廉、能干又朴素。然而，他始终憎恶官场上互相让步的社交方式，对任何一个政治家而言这都是最致命的弱点。

接下来的11年间，他从事法律行业，却像是一只缩回巢穴的老狗一样，1932年，他再也抵抗不了政治对他的召唤了。他全力支持罗斯福，为后者的总统竞选做出了很大贡献。作为回报，他被任命为驻意大利大使，这是一桩美差。此时的他已经与志同道合的人建立了深厚的友谊，清楚地知道该如何在动荡不安的20世纪30年代把舵行事了。

不过，无论当时或日后，朗的任职都富有争议性。贝尼托·墨索里尼

(Benito Mussolini）于 1935 年进军埃塞俄比亚的时候，朗反对限制输送意大利的油料装运的反击计划。有评论谣传，朗明显是倾墨索里尼派的。这可能言过其实，或只是谣言，但是这些话语声声刺耳。尽管他在罗斯福政府的地位依然稳固，但三年后他还是从大使的位置卸任。1938 年，朗成为驻巴西、阿根廷和乌干达特使团的一员。这一阶段他忽然开始快速晋升，一年后他进入了国务院，又过了一年，他成为对国务卿最有影响力的助理之一，在众多事务中负责移民和至关重要的签证部门。在他的监督下，国务院大多数部门的行事风格将他的优点缺点都表露无疑。

朗坚信，所有难民都可能是潜在的间谍，会对美国国家安全造成绝对威胁。的确，德国已开始孜孜不倦地尝试将间谍混入计划移民的人群，罗斯福本人当然也赞同这种担忧。然而朗的日记却揭示了一个更加真实的自我——一个 19 世纪 50 年代的无知南方人，而非国家领导人的后代。他一再表达出侮慢的态度，透露自己并不看好自由主义，不喜欢天主教徒，蔑视纽约人和东欧人，而且最鄙视犹太人，更不必提那些在现实中异于他的社会价值观、来自不同社会阶层的人。反抗他的疯狂的反移民情绪通常会付出代价。他甚至将允许英国难民儿童进入美国的愿望解释为美国人民的"重度精神失调"。

从他的各种反移民情绪看来，是朗自己在往偏执狂的方向走，将自己视为"极端激进分子"、"犹太职业煽动者"和"难民狂热分子"攻击的对象。这一点也许他没有说错。但就算他的大部分下属对待欧洲难民的请求同样态度冷漠，他还是认为有不少同僚在抵制他。他的内心深处潜伏着贪得无厌、冥顽不化的黑暗血液。这一瑕疵——这的确是一个瑕疵——意味着，一旦他下定决心，采取了某个立场，他会将一切尝试劝说他放弃立场的行为视为攻击他的廉洁品性。

即使难民政策（即是否接纳犹太人）已经成为政府内部代价高昂的消耗战，朗仍然证明了自己不愧是一名高效的官僚斗士。1940 年夏天，他驳回了 1938 年罗斯福的倡议，拒绝放松限制最严厉的移民政策，而这些政策是"大萧条"最困难时期的遗留产物。这仅仅只是开始。一年之内，他针对向移民敞开大门的议题发动了两面夹击，成功将移民准入数量降低了50%。接下来的一年里，移民配额又有所下降，只有原先配额的四分之一。巧的是，朗的独出心裁和他的固执己见一样惊人。他的部门不知羞耻地制定出阴险的"近亲法则"，要求所有即将成为移民的人必须接受所谓跨部门委员会的审查，审查严苛到无以复加。打着加快决策招牌的委员会实际上是在以绝密形式运作，并成为国务院的不作为工具。

多数情况下，签证都不会通过，但国务院很少直接拒绝，因为这样只会导致沸沸扬扬的抗议示威。相反，他们沿着华盛顿到里斯本再到上海的路途，设置了一系列障碍，单单是这些障碍就会逐步消磨出逃难民的精力。一家美国刊物愤怒地写道："国务院的不作为政策及其蓄意阻挠的策略导致只有小部分难民获救。延迟记录、误导性报道、承诺、更长的延迟和拒绝慰问，很可能都是华盛顿的指示——对投身拯救政治避难者的人来说，所有消息都只令人痛苦。"

很快，难民配额就锐减到零星数量。就这样，先是有百余名犹太人被杀，然后是几千人，再从成百上千人变为难以想象的数百万人。

在德国、俄罗斯或是意大利地区递交申请的人——那些最需要找到安全避难所的人——不得不去迎合难以想象的复杂规定。不管他们有多困苦或绝望，大多数人根本不可能通过。随着时间的推移，朗的行动变得越发冷酷无情，也越发诡计多端，就像他对白宫所说，"美国对其作为避难天堂的历史态度从未改变。国务院一直敞开大门"。1940年6月，他以跨部门秘密备忘录的形式，推行了一项最具影响力也最臭名昭著的政策。备忘录首先发送到詹姆斯·邓恩（James Dunn）和小阿道夫·伯利（Adolf Berle, Jr.）的手中，朗厚颜无耻地写道："若要无限期拖延并有效阻止移民进入美国，我们只需让领事馆尽其所能设立一切障碍，并通过各种行政手段拖延，拖延，再拖延签证的发放。"移民有足够的理由为此焦虑。德国和意大利的移民配额只用了10%，二十多万人被关在了门外。有些人指出，朗这是假公济私，帮助纳粹。但面对这些指责，朗只是耸耸肩，继续大步向前。

朗的政策在政府内部到底得到了多少支持？诚然，朗自尊心极强，既没有幽默感也很狭隘，但是他个人对溢美之词从不感冒。他的尖锐态度反而为其赢得了一些支持者，但也让他疏远了另一些人。一位财政部的官员兰多夫·保罗（Randolph Paul）后来戏称朗和他的同僚发动了一场"美国的地下运动……置犹太人于死地"。小约西亚·杜波依斯（Josiah DuBois, Jr.）对朗的名字嗤之以鼻，直称其为"反犹主义者"。总统本人的难民咨询委员会对朗怒气难平，以至于主席坚持与罗斯福见面，好倾诉自己的不满。埃莉诺本人也给总统发去了激烈的便条，她写道："我在想，这些随时都可能丧生的可怜人不过是在请求通过过境签证来到美国，我真心希望你可以迅速处理这个情况。"恼火的罗斯福给他的副国务卿萨姆纳·威尔斯写了一封短信问询："请立即告诉我事情的经过，的确有些地方不太对劲。"

其实并没有不透明的地方，这也不重要。为了避免自己的行为看起来会将国务院淹没在愤怒的浪潮之中，朗不断利用其能赢得的最重要支持：罗斯福本人。为了平息批评之声，总统在副国务卿萨姆纳·威尔斯的建议下于 1940 年 10 月 3 日中午与朗见面。对总统来说，这是一次整整半小时的冗长会面。而一直缺乏耐心的朗似乎更是急躁难耐。他冥顽不化，并没有对欧洲受害者的呼声装聋作哑，而是娴熟地转移了讨论的焦点，转而说服总统相信那些不计其数的难民实际上是邪恶的德国情报人员用来打入美国领土的工具。总之，他描绘出一幅美好的画面，一个高效、富有同情心又细致周到的国务院，稳步运转着拯救值得拯救的人群，同时还能剔除危险。不管朗本人多么缺乏想象力，他对政治进程的操纵能力着实难以估量。一席话落，朗收到了总统毫无保留的批准印章。也许在这个时刻，总统认为难民问题是能够被控制的。然而它无法被控制，因为希特勒是不可控的。不过随着总统的恐惧越发加深，他不愿意妥协当下的战果。

朗骄傲地在当天的日记中写道（虽然他的句法很是扭曲）：罗斯福"全心全意地支持这个将为美国解决任何入境者问题的政策"。

∾

　　一周后，罗斯福会见了詹姆斯·麦克唐纳（James McDonald），也就是总统难民咨询委员会的主席。如果说朗不是个容易操控的人，那么麦克唐纳也一样。身为 20 世纪 30 年代国际联盟难民问题的高级专员，麦克唐纳是一个很有原则的人，他对两面三刀的官僚或是有意拖拉的国家首脑从来就没有多大好感。1935 年，鉴于国联不情愿帮助纳粹德国的犹太人，他甚至辞去了自己的职务。他对朗同样很不耐烦，将他视为反犹主义者。但他十分敬佩罗斯福，将其视为为难民奔走的不知疲倦的倡议者。罗斯福并没有和麦克唐纳抱有相同的幻想。他知道，尽管麦克唐纳的委员会在政府内部缺乏政治影响力，但是他们对有生命危险的难民名单进行一遍又一遍的筛选，审查了这些身处险境的反法西斯主义友人们上交的保证书和记录，并精心挑选要向国务院上报并呼吁其采取行动的名单。

　　但在这一天，麦克唐纳毫无进展。他以为总统会全神贯注地听他说话，但是总统没有。相反，罗斯福试图中断会面，并以最狡黠的方式，扮演起和蔼可亲的健谈者。他只是在一个接一个地讲故事，而且没有哪个故事与他和麦克唐纳的会面相关。没法插话的麦克唐纳最终不顾颜面，公开批评起朗来，而总统竟冷酷地回击了他，怒气冲冲地回答，"不要扯任何哭哭啼啼的玩意儿"。

　　若说罗斯福是一名谨慎的人道主义者，那么朗就是那个追求完美的现实主义者，他在罗斯福热血沸腾时残酷无情，在罗斯福情绪高涨时又麻木冷漠。但他们两人之间的关系，与德怀特·D. 艾森豪威尔与乔治·马歇尔，萨姆纳·威尔斯和科德尔·赫尔 ，以及哈里·霍普金斯与罗斯福本人的关系完全一样重要。得到总统支持的朗欢欣鼓舞，他喜滋滋地与詹姆斯·麦克唐纳争吵，与财政部长小亨利·摩根索和难民拥护者约瑟夫·巴汀杰（Joseph Buttinger）起冲突。就连跟埃莉诺·罗斯福争吵时，他也没有让步。这一次争吵发生在 1940 年 8 月里温暖的一天，一艘小型葡萄牙轮船 Quanza 号驶入了纽约的港口，上面载有 317 名乘客，Quanza 号严重偏离了原本的南非航线，还携带了 83 名从希特勒占领的法国逃离的战争难民。

这算是圣路易斯号过去一幕的小型重演——又一次给了美国挽救生命的机会。船上的乘客形形色色，从黑人水手到美国救护车司机，从杰出的罗斯柴尔德家族成员到《巴黎晚报》的编辑，从日本记者到 17 岁的捷克花样滑冰选手，还有来自巴黎的歌剧明星和法国电影明星。当然，还有希特勒占领国的难民。

不出所料，每一位持美国签证的乘客都获准上岸，而难民呢？心怀恐惧的他们聚集在一起，乞求获准入境，却被官员断然告知："不可能。"他们需要什么文件？国务院的要求官僚得让人眼花缭乱，他们要求的文件没有一样是难民能拿到的。别无选择的 Quanza 号决定继续航行至墨西哥，而不是返回欧洲——正如一位难民认定的那样，欧洲"是个德国集中营"。但他们驶入韦拉克鲁斯市（Veracruz）时，墨西哥当局和美国人一贯的态度一样，不愿意接受难民。

截至此时，乘客们陷入了"彻底的绝望"。精明的 Quanza 号船长返回了美国，在弗吉尼亚州的诺福克（Norfolk）停靠，表面上是为了将船装满煤，为远航离乡做准备。而这给予了难民组织宝贵的时间来祈求帮助。他们直接向埃莉诺·罗斯福求助。于是，埃莉诺亲自找到总统，要求他有所行动。罗斯福能做什么呢？他迅速派出特使帕特里克·马林（Patrick Malin）去评估局势。以总统顾问委员会名义工作的马林急忙赶往诺福克，收集了船上每个乘客的证件，并最终鉴定，没有携带任何文件的人也可以作为政治难民，有权留在美国。旅客们兴高采烈。"罗斯福夫人救了我的命！"一位难民大声宣告，其他人都点头赞同。

这是罗斯福难得从布雷肯里奇·朗手中争取的政治胜利，但也是短暂的一次。朗在日记中愤怒地表示："这是违法的，我不会同意的……我不会为它承担任何责任。"随后，朗能做的只有加倍努力，堆起一个又一个障碍，阻挠难民获得签证。约瑟夫·巴汀杰直接告诉埃莉诺·罗斯福，这是一个"可怕的局面"。埃莉诺表示同意，她又一次给总统写了私人便条，让他再多争取一些。她潦草地写道："FDR，我们就不能做些什么吗？"这一次，罗斯福没有理会她。但弹劾朗蓄意阻挠的报告渐渐堆积如山，绝望的犹太人在西欧领事馆排起越来越长的队伍，关于纳粹镇压的报道不断攀升，埃莉诺肯定地认为，问题已经再明确不过了。她暴跳如雷，告诉总统："富兰克林，你明明知道他是一个法西斯分子！"

而总统则同样生硬地回应她。"我告诉过你了，埃莉诺，"他打断她的话，"不能这么说话。"

"可他就是！"她回击道。

事态到底有多严重？埃莉诺日后告诉儿子，无力让更多难民入境是她人生中"最大的遗憾"。

纵观国务院，处于最高领导层的官员要么漫不经心，要么不明情况，要么漠不关心。可见，朗的态度所影响的远不止是签证政策，还定义了美国政府对欧洲犹太人危机的整体回应。只要他一直坚持自己的套路，美国就仍然只是一个胆小的旁观者。

对罗斯福来说，外部的压力要求他做些什么以精简流程，帮助犹太人，政府内部机构却敦促他优先解决国家安全问题——内部压倒了外部，人道主义问题只是遥远的次要问题。百思不得其解的观察员们想知道为什么罗斯福的良知——他最本质的本性——没有敦促他采取行动。他们至少想弄明白，他的愤怒在哪里，或者是类似丘吉尔式的抨击"纳粹邪恶暴行"的口才在哪里。在公开场合，难民拥护者们摆出一副勇敢的面孔。但关起门来，他们士气低落。当时有几种值得注意的政治论调，根据《国家》杂志（The Nation）的记载，其中一种就是"配额记录足以令任何拥有正常人性的人恶心。这就好比我们要在洪水过后，费力查明每一个受害者的身份，他们还抓着根救命稻草四处漂浮，最后我们却决定，除了少数人，其他人最好都被淹死"。然而这些声音势单力薄。

如此一来，也就不难解释，为何到了 1943 年 1 月，仍有高达 78% 的受访者认为在战后允许更多移民入境是个"坏主意"。1940 年 8 月，依然有 15% 的受访者将犹太人看做"对美国的威胁"。越发绝望的犹太人在纳粹的隐秘外衣和美国政府的冷漠间腹背受敌，只得另寻他路。

等到 1940 年底，除了难民的困境，还产生了另一种绝望。眼下，在战争中唯一能与希特勒抗衡的英国正迅速耗尽弹药和物资。别无选择的丘吉尔恳求得到即时援助。但同处理难民问题一样，罗斯福倾向于保守谨慎。1940 年 5 月，希特勒在欧洲继续西进时，总统拒绝派遣驱逐舰，响应丘吉尔的迫切求援。这是美国能给予英国的最大帮助，罗斯福却不愿意踏出这一步。

尽管如此，总统还是支持自己的军事部门为英国提供飞机，还有 2.2 万支 30 口径的机枪、2.5 万支自动步枪、900 支 75 毫米口径的榴弹炮、5.8 万支防空武器、50 万支恩菲尔德步枪（可惜都是一战的遗物）、1.3 亿发子弹。但就目前而言，这是罗斯福愿意付出的全部了。因此，当德国的飞机和军队将法国打得投降时，针对罗斯福的流言蜚语愈来愈多。这些问题直指罗斯福对纳粹威胁回应的核心。干涉主义者质疑，为何这位雄辩的自由主义者，这位视极权主义为敌人的人，站在那里被动地袖手旁观，先是慕尼黑协定带来的恐怖，现在是法国的沦陷之痛？为何这个格罗顿高中的毕业生和哈佛的儿子，曾为贫困家庭不懈奋斗，而现在又冷酷地无视那些挤满美国驻外领事馆的希特勒受害者？伦敦的人也在质疑，为什么白宫的行动会出现如此奇怪的断层——罗斯福扬名天下的大胆即兴政策去哪儿了？最后人们质疑，为什么美国几乎推行着"美国至上"主义？

此外，罗斯福难道就没有看到，他对国内政治声望的追求已经付出了沉重的代价——他在向希特勒发出美国对此袖手旁观的信号？

的确，罗斯福在进行双面博弈。他一边拼命努力让英国重建武装，一边继续坚持向美国公众宣称，美国不会参战。然而在他迎合不想卷入战争的国人情绪的同时，这位总统无法让国家一直回避参战的问题。无论如何，那都由不得他。

罗斯福站在了十字路口，此时巴黎将要沦陷，法国政府出逃，墨索里尼执政的意大利宣战并以蔚蓝海岸[1]为支撑点发动攻击。他总得反驳一下，宣告美国实际上将委托他人代为参战。在弗吉尼亚州夏洛茨维尔一所大学的毕业典礼上，他的讲话激动人心，声明美国将自己的存在看做"强权支配的世界中的一个孤岛"是一种错觉。虽然他没有提及具体的内容，但他反复强调，美国应当为那些坚定致力于反抗德国的国家提供武器和援助。他的声音如黄钟大吕："我们将把这个国家的物资输送给那些反抗的人，同时我们将加速利用起这些资源，让自己可以拥有适合战争的设备和战斗力。"他停顿了一下以示强调，最后总结："全速前进！"

在英吉利海峡对岸，铁面丘吉尔正蜷缩在无线电旁，一字不漏地聆听总统的讲话。当听到罗斯福说"全速前进"时，首相高兴得几乎跳了起来。就算美国不打算参战，它至少会帮助英国在战场上撑到底。"我们昨晚都听了你的讲话，"心怀感激的丘吉尔写信给罗斯福，"都因你的宏伟蓝图而更加坚定。你声明美国会为斗争中的盟军提供物资援助，是在黑暗但非绝望的时刻给予的巨大鼓励。"现在，美国没有回头路可走了。即便总统拒绝承认，美国还是在朝备战状态走去。起初谨小慎微的罗斯福政府变得更加果断，它呼吁实行强制性军事训练，制订草案，组建 100 万人马的大军，并利用美国海军为英国提供物资。可以肯定的是，诋毁者是存在的。反战派参议员伯顿·惠勒（Burton Wheeler）对美国正卷入"欧洲大屠杀战争"进行抨击，

---

[1]　蔚蓝海岸（Côte d'Azur）指的是法国东南部从马赛旁边的卡西斯（Cassis）小镇到与意大利接壤的小城芒通（Menton）之间相连的大片滨海地区，总长度约 400 公里，沿岸有多个著名城市。

而这一抨击在日后看来代价惨重。参议院任期最长的成员威廉·博拉（William Borah）则对罗斯福进行了严厉的攻击，坚持认为美国现在的"加入"将会是"主动介入的第一步"。而大名鼎鼎的飞行员查尔斯·林德伯格（Charles Lindbergh），也是全美最出名的反战主义者，亦蹚了这趟反战热潮的浑水。

罗斯福没有行动，他在等待，并相信瞬息万变的国际版图将最终让反战派哑口无言。截至目前，奥地利和捷克斯洛伐克已经从欧洲国家的名单上消失，还有波兰。法国已经沦陷，荷兰也不复存在了。挪威和丹麦生活在纳粹的铁蹄下，而希腊受袭、巴尔干半岛被蹂躏也只是时间问题。危险似乎无处不在。国内的舆论依然没有统一，但反战情绪已经在弱化。1940年7月的盖洛普民意调查显示，61%的美国人认为最重要的事情是不卷入战争；而同样也是在这次调查中，73%的人支持为缺乏战争资源的英国提供一切可能的援助。

然而该如何才能动员国家参战呢？如果罗斯福不以坚定的声音给予国家引导，国家就会一直四分五裂，陷入大规模的激烈口水战。对一些人来说，无论发生什么，他们都不想参战。有些人则心怀憎恨，他们厌恶犹太人，鄙视英国人，或是支持法西斯主义者。左翼反战派将战争视为绝对的恶，而右翼反战派则将战争视为独裁者罗斯福的玩物。还有一些母亲，她们只是单纯无法忍受自己的孩子死在遥远的战场。当然这当中也有一些想立即打击纳粹的人。

除此之外，还有越来越多挺身支持罗斯福行动承诺的人：帮助英国，提供物资，但不参与战争。

反战派的声音最大，特别是美国第一委员会，其成员规模惊人，有6万名会员，势力强大，正在像"着火的房子"一样扩张。但随着人们对纳粹攻占的愤怒加深，国会中反战派成员逐渐失守。

1940年11月5日晚过后，美国又一次向战争前进了一步。当晚，富兰克林·罗斯福再次当选总统。容光焕发的罗斯福沿袭了自己在三次全国大选中的传统，他松开领带，脱掉外套，在海德帕克自己童年住所的客厅里休憩，并将投票结果制成表格。他的家人和朋友正在住所的其他房间里啃着面包，嚼着炒鸡蛋；吸烟室里，电传打字机响个不停，正在吞吐最后的结果报告。午夜时分，德军空军轰炸机无情地袭击伦敦时，在海德帕克等候的人群高声呐喊，齐唱胜利凯歌，兴高采烈的民主党人排成绚丽的队列，在罗斯福家的草坪上燃起火炬。此时，罗斯福抽着香烟，挥舞着双臂，春风满面。"我们的国家在面对艰难的时刻，"他对送上良好祝愿的人说，"但我相信，你们在未来见到的富兰克林·罗斯福依然会和许多年前你们认识的那个我一样。"结合了纯粹的野心和虚荣心，再经由第二次世界大战的助推，罗斯福已经超越了美国历来最伟大的总统——甚至包括他的远房亲戚西奥多——第三次当选总统。选举日是有史以来美国人参与投票最多的一次——共计 5000 万人。事实上，自 1916 年伍德罗·威尔逊当选以来，罗斯福赢得的票数为历届最低，但他依然有足够长的任期来帮助陷入困境的欧洲，如果他会这么选择的话。

那么问题就是，他会如此选择吗？

蝉联当选不久，罗斯福回到华盛顿。他的火车缓缓驶入首都，在支持者们的追捧中简短地沉浸了一会儿，他拿出了自己习惯性的派头，摘下众选民熟悉的软呢帽，扔向迎接他的欢呼人群。在这里，从联合车站到白宫，为了获得观看总统专车驶过的最佳视野，孩子们爬上树木和箱子；在这里，成千上万的观众欢呼着挤满了宾夕法尼亚大街，他们挥舞着小旗，一遍又一遍地喊着："我们需要罗斯福！我们需要罗斯福！"直到总统的汽车消失在白宫敞开的大门后。然而，取得惊人的连任成绩之后的总统看起来莫名的心不在焉，甚至有点烦躁。人们不知道，第三次连任的压力以及欧洲的情况开始让罗斯福付出了代价。"我睡得越多，就越想睡觉"，总统有一天如此嘀咕。

但睡眠是他没有的奢侈品。

随着不列颠的战火熊熊燃烧，德国人无情地轰炸城市，英国人正在失去大批战船。1940 年 7 月中旬，仅仅 10 天之内，德军就损坏并击沉了 11 艘英国驱逐舰。到 11 月 3 日前，英国有超过 40 万吨的船舶永沉大西洋底。丘吉尔沮丧不已。6 月，他三度紧急请求美国提供驱逐舰，称其为"生死攸关之事"。英王乔治六世甚至也与罗斯福联系，乞求他在"一切为时已晚之前"给予援助。罗斯福却在担心这会在国会中带来什么政治后果。1940 年 7 月 21 日，英国首相再次言辞激昂地向罗斯福发出恳求，要求获得 50 艘到 60 艘美国驱逐舰，并"立即"派遣。

他写道："总统先生，我怀着万分敬意，必须告诉你，从全世界的悠久历史看来，这都是现在该做的事情！"

罗斯福想要伸出援助之手，另一群美国精英亦如此，那群人称自己为世纪集团。他们发动了一场激烈的全国运动，呼吁为罗斯福提供一些政治空间，好让他采取行动。然而国会仍坚定地反对。罗斯福热忱的盟友参议员克劳德·佩珀（Claude Pepper）面无表情地告诉总统，批准派遣驱逐舰前往英国的法案没有通过的可能。最终，总检察长罗伯特·杰克逊（Robert Jackson）提出了可以完全跳过国会的想法。杰克逊辩论说，总统其实可以派遣驱逐舰——它们实际上是亟待整修的旧驱逐舰，而且只有 6 艘老船会在 1940 年底被派上用场——总统可以自行下令，通过"交易它们"的方式来获取英国加勒比海基地长达 99 年的使用权。罗斯福同意了，并打电话将这一突破进展告知丘吉尔，后者立即表示同意。精明的总统那时才通知国会。结束视察一家弗吉尼亚的破旧工厂三刻钟后，他在乘坐总统专用火车上宣布了这个无关痛痒的消息。他面带淘气的笑容，转着眼珠，将这个惊人的消息透露给一小群叽叽喳喳的记者，并声称此举为一项"自路易斯安那购买案后，加固我国国防的最重要行动"。

初期的骚动立即显现了。《圣路易斯邮报》怒斥罗斯福为"美国的第一个独裁者"。1940 年的共和党总统候选人温德尔·威尔基（Wendell Willkie）

不甘人后地称罗斯福为"美国总统史上最随心所欲的总统"。众议院中，议员代表弗朗西斯·博尔顿（Frances Bolton）高呼，如果罗斯福能在没有咨询国会的情况下做到这一点，那么美国的男孩被征召入伍时，"只有上帝才知道他会对他们做些什么"。

不过，基地交易充其量只是个权宜之计。虽然希特勒确实搁置了进攻英国的计划——"海狮作战"，但纳粹的屠杀依旧是无情的。到了 12 月，电报通过特殊解码机从白厅[1]大批涌入白宫，这些电报详细介绍了德国极具毁灭性的进攻：标志性建筑、厂房、住宅、街角的酒吧甚至是下议院都被夷为平地。此外还有一个同样要命的问题：英国现在已经国库亏空了。相反，德国则有能力通过掠夺其占领的工业大国——法国、比利时、荷兰和捷克斯洛伐克，再辅以从波兰搜集的苦役，提升战斗能力。大家都有了不祥的预感，面临经济紧缩的英国可能在一年之内就被击败。

12 月 3 日，罗斯福内阁匆匆会面，苦苦思索该如何帮助身处困境的英国。他们得出沉重的结论，30 天内，财政拮据的英国会耗尽它的黄金和美元储备，且无力支付急需的物资。美国生产部门官员和陆军参谋长对提高美国国防生产设备产量表示认同，但资金支持仍然是一大问题，向英国转移军事资产也同样如此。沮丧的战争部长亨利·史汀生（Henry Stimson）劝说众人该放弃敷衍了事，把整个事项提交国会。他的同事们纷纷摇头。大家无法达成共识的一点是罗斯福对此会如何反应，他愿意将提案带到国会山[2]吗？或者这只会正中立法机关反战派的下怀？

在英国，丘吉尔花费数周给总统写了一封慷慨激昂的信，并将其称为自己生命中"最重要"的事物之一。在信的开头，他以非凡的笔触概述了令人不安的策略平衡。他认为，英国本身的实力将无法与横跨整个欧洲的德军大队人马抗衡。尽管如此，他还是认为 1941 年的成败系于海上，也认

---

[1]　白厅（White Hall），特指英国政府。
[2]　即国会大厦，指美国国会办公机构的国会建筑，坐落在华盛顿特区国会山的顶部。

同罗斯福内阁已经明确的事实——"很快我们也无力支付运输和供给了"。
丘吉尔一再补充声明，英国可以忍受住宅被轰炸震得地动山摇，忍受平民
被无差别的空袭屠杀，却招架不住那些"非紧急、非大规模但同样致命的
危险"——无法养活自己的人民、无法进口各种所需的弹药。他还充满希
望地加上了一句："你可以放心，我们会证明自己已准备好了受苦，准备
好了全力为实现目标而牺牲。"他向总统直截了当地摊牌："总统先生，我
相信，你能被我说服，击败纳粹和法西斯暴政对美国人民至关重要……你不
会将这封信视为援助请求，而是一份为实现你我共同目标所需的最基本的
行动声明。"

这封信漂洋过海的时候，罗斯福正在加勒比海的美国军舰塔斯卡卢萨
号（Tuscaloosa）上进行为期十天的巡航。他知道，持续逃避公众和私下操
作已经没有用了，他也清楚地了解，敌人正在密切地注视和评估他。他敏
锐地感觉到，自己需要做一个重大的决定。他需要干脆地向世界——轴心
国和盟友们——表明他的立场。丘吉尔的信会让他的行动方针具体化。

在塔斯卡卢萨号上，总统每天只工作几个小时。其余时间，他会宴请
殖民地官员，玩扑克，钓鱼，边晒太阳边读侦探小说，午饭后小憩，看
电影放松，他甚至会看贝蒂·格拉布尔（Betty Grable）的《叮砰巷》（Tin
Pan Alley），还有加里·库珀（Gary Cooper）的《骑军血战史》（Northwest
Mounted Police）。可以肯定的是，每一天他都会得到战况文件，以及海军水
上飞机带来的简报，但在周围的人看来，他似乎只会将它们放在一边。用
哈里·霍普金斯的话说，人人都觉得疲惫的总统是在给自己"充电"。

收到丘吉尔那封意义重大的信件后，罗斯福的担忧更深重了。他不再
参与社交，接连两天，总统将自己与外界隔绝，孤独地坐在躺椅上，默默
地思索。他一遍又一遍地读着丘吉尔的信，想知道美国要怎样帮助英国。
他可以输送武器，将飞机和大炮作为礼物送给英国，但美国人民不会接受。
他可以把钱借给囊中羞涩的英国，但美国人民同样不会同意。他可以要求
废除中立法案，但对他来说，这在政治上仍然不切实际。他从没有咨询过

内阁，没有要求任何工作人员做研究，也没有拿起电话打给那些有影响力
的参议院盟友打探消息，或者是打给他的好朋友、亲信耳目，那个话风强
硬且老谋深算的哈里·霍普金斯寻求意见。他在船上所采纳的唯一建议似
乎来自海明威，他传话告诉罗斯福该如何更好地用猪皮钓到大鱼（总统尝
试过但是失败了）。

　　终于，罗斯福在一天晚上对英国的财政困窘问题有所顿悟。有一段时
间，他一直在琢磨如何将货船借给战时的英国。如果美国可以借船，那为
什么枪支、飞机或其他弹药不可以呢？他说服自己：如果必须要遏制希特勒，
美国只需借给英国它所需的任何东西，然后在战争结束后的某个遥远未
来，让英国以非美元而是实物的形式返回所借之物。他受到了自己第一次
竞选国会议员时的想法启发，相信自己已经找到了解决方案——著名的租
借法案。虽然罗斯福目前还不清楚该计划是否合乎法律，但霍普金斯说，"他
心中根本不曾怀疑自己终将找到出路"。在罗斯福漫长、传奇的政治生涯中，
这会是他最大胆的一次行动，而接下来的几周也将成为他总统任期中最为
关键的时期之一。财政部长小亨利·摩根索甚至称之为罗斯福"在任期间
做过的最重大努力"。实际上，罗斯福的方法是纯粹虚构的——战争结束以
后，英国只需要归还一堆经受风吹雨打后生锈的船舶，更别提成千上万辆
磨损的坦克，还有脏兮兮的枪支，想想这些就令人觉得荒谬。该计划实际
上就是一份不计代价的礼物。不过在政治上，租借概念是辉煌卓越的，军
事上更是如此。

　　这是罗斯福的典型作风，也是下定决心的他如何大胆避开整个官僚机
构（也就是国会）的又一个典型例子。

〜

　　12 月 16 日，总统一回到白宫，就跟他那群躁动的助手开了一系列会议。
此时的罗斯福处在最佳状态——精力集中，着眼大局，速断速决。统一了

所有细节之后，他将记者们叫到办公室召开新闻发布会，声称没有什么"特别新闻"。实际上当然有了。他不赞同那些认为给英国输送武器、枪炮和飞机是馈赠的观点。他坚持道：不，有一个更好的方法，从美国的角度出发，严格来说，我们应当提高产量，只有这样才能"以按揭的方式向英国租借或是出售军备"。

他口吻严肃，但夹杂几分俏皮："我目前所尝试的是消除美元符号。对在场所有人来说，取消傻笨的旧美元符号都是个全新的想法。"记者们开始摇头：总统究竟在说什么？罗斯福告诉他们："好吧，让我来给你们举一个例子：假设我家邻居的房子着火了，我有一根 100 多米长的浇花水管。如果他可以把我花园里的水管和他的消火栓接连起来，我就可以帮助他把火灭了。我会怎么办呢？我不会在这么做之前说：'邻居，我的浇花管花了我 15 美元，你得付我 15 美元。'……我不在乎那 15 美元——只希望他把火浇灭以后还回我家的水管。就这回事儿，如果水管不被烧毁，他会完好无损地还给我，然后万分感激我把水管借给他用。"

他提示，换句话说，如果美国的军火和战争物资只是堆在仓库里生锈，这是没有好处的；相反，如果它们能上战场，为战斗中的英国人所用，它们能发挥的作用就大得多。战争结束以后，英国可以实物的形式偿还美国，这样就能"忽略美元符号，为英国绅士所承诺的实物所代替"。总统笑了笑，"我想大家都明白这一点"。

并不是所有人。当罗斯福将他的计划和盘托出后，记者们明显变成了交响乐团，罗斯福则是他们的指挥。记者们连珠炮似的向他提问。这是否表明美国正逐步迈向战争？罗斯福摇摇头：不是。这是否意味着，如同国会在之后会问起的，美国海军将有义务帮助护送弹药？罗斯福又一次否认。国是会否会点头——是否需要总统去争取呢？是的，他会。机智的罗斯福没有给记者机会问他那一最为关键的问题："实物"偿还到底是什么意思，这确定不是一份不计回报的礼物？

国外的反响是惊人的。丘吉尔称之为"历史上最大公无私的行为"，而纳粹发言人则讥讽罗斯福的政策"不足挂齿……是种侮辱和道德攻击"。

对罗斯福来说，眼下是将租借计划向国家推行的时候了，借助他任期中最为重要的一次炉边谈话。周日，也就是 12 月 29 日下午 6 时 40 分，正如许多次重要演讲前一样，他来到白宫的医生办公室，进行疏通鼻窦和保持声带湿润的治疗。他甚至有四分之一的治疗是用可卡因洗涤鼻子，这在当时还是合法的。在那之后，亚瑟·普雷蒂曼（Arthur Prettyman）将总统推到椭圆形外交接待室，那里的技术人员已经为罗斯福的全国演讲装好了电线和麦克风。他被安置在简洁的木桌后，桌上只有印着 NBC、CBS 和 MBS 字样的麦克风，附近聚集着一小群目不转睛的人——总统最重要的内阁成员，包括国务卿科德尔·赫尔、陆军部长亨利·史汀生和财政部长小亨利·摩根索；他最重要的家庭成员，埃莉诺·罗斯福和他的母亲萨拉；此外还有他在参议院的重要伙伴，精明且谈判风格强硬的多数党领袖阿尔本·巴克利（Alben Barkley）。

围绕在罗斯福周围的听众可以看出，罗斯福晒黑的肤色不见了，眼睛下方是疲惫的黑眼圈，但他很放松，洪亮的声音也一如既往地流畅。9 点钟的时候，讲话开始了，全国各地的人们齐齐安静了下来：他们停下了晚餐，离开了电影院，好倾听罗斯福的现场演讲。人们围着客厅里的收音机，将音量调大。极少数拥有电视机的人则打开了电视。70% 的美国人一字不漏地聆听了讲话。

他对民众说："这一次的谈话无关战争，而是有关国家安全——你们的总统更关心的是，要让现在的你们，以及你们未来的儿女孙辈免于战争，为守护美国的独立背水一战。"罗斯福停顿下来以示强调。"自打第一代移民从詹姆斯敦（Jamestown）和普利茅斯岩（Plymouth Rock）开始了美国的文明，我们的文明还从未像现在这样身处这等险境……德国的纳粹分子已经明确地表示，他们的目标不仅仅是主宰本国的一切生命和思想，还要奴役整个欧洲，然后再通过欧洲的资源，在世界其他角落称霸。"

总统一针见血地评论纳粹侵略和国内外那些粉饰法西斯的人："过去两年的经验无疑向我们表明，任何国家都无法安抚纳粹。没有人可以把老虎抚摸驯化成一只小猫。对待残忍，任何姑息皆不可行。"他激昂地嘲笑那些顽固分子坚持让美国干脆和"那帮非法之徒"联手，发挥自己的影响力，换取"口头议定的和平"和"协商得来的和平"。这只会"让美国人向保全自己致敬"，他低吼道。美国不能再"默许"欧洲的失败，"温顺地服从"轴心国的胜利，或是"坐以待毙"，成为下一轮被攻击的对象，否则只会让德国更胆大妄为，让轴心国火力全开，征服世界，这样的后果将会使"我们所有人，所有美国人……生活在枪口底下"。他如此宣扬。

不过他依然有所保留。对那些认为这是美国直接步入战争的序曲的人，他猛烈地驳斥他们这种想法是"蓄意造谣"。他承认"我们可能采取的任何行动都风险深重"，这一点没错，但美国人别无选择，只能摆脱"一切照旧"的想法，他如是承认。为了让人们真正理解这一点，他补充道："我们很清楚，爬上床用被子蒙住脑袋不能让我们逃避危险或对危险的恐惧。"

他继续声明："我们的国家政策不是战争导向的，它唯一的目的是远离战争。"随后他道出了自己任期以来——也是历任总统中——最令人难以忘怀的一句话，他号召美国人民："我们必须成为民主国家的兵工厂！这对我们来说，和战争本身一样紧要。"满怀热忱的罗斯福还表示（这次演讲一共有七次修改稿），美国人必须怀着"决心、迫切感、爱国主义和牺牲精神，如同我们会在战争中展示的一样"。而对那些指责他漠视欧洲疾苦的人，他又指出："近些年的历史证明，枪杀、铁链和集中营不仅仅是短命的工具，更是现代独裁主义的祭坛。他们或许会讨论新世界秩序，但心中所想的不过是复苏最古老、最恶劣的暴政。"最后，他如往常那般令人信服地命令美国开启史上"规模最大的生产活动"。"我以我们热爱且尊敬的国家名义呼吁，以我们荣幸而自豪地为之服务的国家名义呼吁！"

当晚同一时间，在大西洋彼岸的伦敦，纳粹正以开战以来最猛烈的炮火轰炸英国的首都。历史悠久的老贝利街被毁于一旦；位于舰队街的塞缪尔·

约翰逊博士^[1]居所也难逃一劫；老城的大部分地区化成了冒烟的废墟；古老的市政厅那曾被修复的木制屋顶火光冲天，这座位于格雷沙姆街和佩星和尔街交叉路口的建筑可以追溯至 1411 年，曾于 1666 年的伦敦大火中奇迹般地幸免于难，而现在，这座伦敦曾经的行政中心却只剩下了一个烧焦的外壳。尽管如此，即便已经到了凌晨 2 点钟，即便纳粹的飞机依旧在疯狂地盘旋，成千上万的伦敦人还是打开了收音机，和美国人民一样聚精会神地听罗斯福的演讲。当他结束炉边谈话，就寝前看电影放松时，白宫被排山倒海的电报淹没，演讲的支持率达到了惊人的 100∶1。

经过这次演讲，加上他随后的就职典礼讲话，罗斯福似乎站到了自己政治声望和声誉的顶峰。他在民意调查中遥遥领先，因此 1939 年至 1940 年间，国会几乎顺利通过了他提议的所有国家安全措施。罗斯福击退了民主党内对他的批评声，并挫败了共和党内的对手。他大胆改组了内阁，撤换了副总统。他已经出人意料地赢得了三次连任，加深了他与温斯顿·丘吉尔的关系。在推动租借法案通过的道路上，他在国家舞台发挥影响的才干丝毫不逊色于引领他在 1933 年登上巅峰、事事如意的才华。他曾经为合法化零军事行动和无对外战争的民族情绪付出了诸多心血。此时，1941 年的他要做的则是将本国军事与英国军事结合在一起，而他的首要任务便是击败反战派。

但奇怪的是，即便此时，不仅整个国家似乎仍存在分歧，罗斯福本人也同样矛盾。1940 年新年前夜，丘吉尔写道："记住，总统先生，我们不了解你在想什么或美国打算采取什么行动，但我们都是为了生存而战。"

这些话语戳中了罗斯福，他知道，必须以某种方式来安抚首相。1 月 19 日，

---

[1] 塞缪尔·约翰逊（Samuel Johnson，1709 年 9 月 7 日—1784 年 12 月 13 日），常被称为约翰逊博士，是英国文学史上重要的诗人、散文家、传记家，编纂的《英语词典》对英语发展做出了重大贡献。

他私下将一封信交给了温德尔·威尔基——他在大选中击败的对手，目前已受任驻英国使者——让他转交丘吉尔。凭着记忆，罗斯福潦草地在纸上写下了诗人朗费罗[1]《造船记》(The Building of the Ship) 一诗中的诗句。当丘吉尔打开信阅读时，地面上仍然堆着积雪。

　　亲爱的丘吉尔：

　　　　温德尔·威尔基会把这封信带给你。他一直尽心尽力帮助我们的政治远离此处的困扰。

　　　　我觉得这节诗不仅适用于我的人民，也适用于你的人民。

　　　　噢，国家之船，继续航行吧！
　　　　继续航行吧，强健又伟大的国度！
　　　　满溢着恐惧，
　　　　又向往着来日的人性，
　　　　它的命运与尔等休戚与共！

　　　　　　　　　　　　　　　　　　　　你永远的，
　　　　　　　　　　　　　　　　　　　　富兰克林·罗斯福

　　新的一年到来了，罗斯福还得先确保租借法案通过，现在它已经以国会法案的形式存在了，编号 HR 1776。有人曾说，英国议会什么都可以做，除了将男人变成女人，HR 1776 的威力也同样如此。这项法案将全面批准与任何政府交换或租借一切物品。同时，政府将其阐释为远离欧洲梦魇的必要手段，而非让美国深陷战争的必然措施。但罗斯福的反对者并不相信他。

---

[1]　亨利·沃兹沃斯·朗费罗（Henry Wadsworth Longfellow，1807 年 2 月 27 日—1882 年 3 月 24 日），美国诗人、翻译家，他在英格兰的声誉与丁尼生并驾齐驱。人们将他的半身像安放在威斯敏斯特教堂的"诗人角"，是美国作家中第一个获此殊荣的人。

脾气火爆的参议员伯顿·惠勒的尖叫声从电台里传来："美国从来没有赋予任何人剥夺国家防御的权力。"颇有影响力的《芝加哥论坛报》表示赞同，坚称："这是破坏美利坚合众国的法案，一份不受约束的独裁势力夺取美国人民财产和生命的令状。"然而，反战派中声音最响亮的竟是查尔斯·林德伯格。英俊、时髦又富魅力的他是受人欢迎的英雄，他曾勇敢地飞越大西洋，用他的魔力让世界各地的人臣服。他呼吁美国通过谈判实现和平，而非反过来放行这种法案，让大西洋两岸的人民流更多的血："我们的国家足够强大，我们足以在这个半球继续自己的生活，不用去理会……地球的另一边。"

1941 年到来了，"美国至上"运动仍在继续，干预主义者的保卫美国委员会也不甘落后。两方都在派发闪亮的纽扣勋章和彩色海报，当然，还有小册子。他们的游行队伍都举着广播器走过华盛顿，都在国会面前发表声明，并将声明发送到电台。

最终，反战派在总统面前败下阵来。他动用了所有的影响力，租借法案在两院通过，赢得惊人的多数投票。早在 3 月，国会内的反对党就在垮台。公众是站在总统这一边的。

然而，当丘吉尔称租借法案为"希特勒的死期"时，希特勒只是在傲慢地窃笑。

接下来，德国元首准备好了下一步棋。

尽管英国人经受住了不列颠之战的大风大浪，很多人仍恐惧不已，害怕纳粹会横跨海峡开展毁灭性进攻。在欧洲大陆的另一端，巴尔干地区的人民生活在恐惧之中，对即将到来的纳粹铁拳惶惶不安。的确，从地图上来看，希特勒吞噬直布罗陀、围攻马耳他似乎只是时间问题，接下来他会横扫北非和近东。西班牙的压力越发沉重，希腊亦是如此。在大西洋，纳粹继续以令人心悸的速度击沉英国和美国的战船——被德军 U 型潜水艇击毁的船只数量是美国造船厂替换速率的 3 倍。葡萄牙和土耳其则威胁要加入轴心国。就连法国维希政权也愈发深陷纳粹势力的魔爪。这就好比，希特勒兴高采烈地将棋盘上的车和教皇向前推进时，盟军只能死命守住一把小卒，希特勒步步为营，挫败并扼杀那些孤独的反抗者，再一步接一步地将纳粹的"卐"字符号散播在一个又一个国家。

1941 年 4 月 6 日，希特勒再次来袭，下令对南斯拉夫和焦虑的希腊进行闪电袭击。虽然身处绝望和困境，这两个国家仍誓死抵抗。太阳爬上南斯拉夫首都贝尔格莱德的上空时，希特勒告诉他的军队，"时候到了"。坦克和机动车纵队一辆接一辆地在街道上开过。德国空军在轰炸手无寸铁的首都，地面部队已经夺取斯科普里（Skopje），他们将目光投向通往希腊的门户，无人把守的莫纳斯提尔峡（Monastir Gap）。一位蔑视敌人的希腊将军在他的碉堡上放言："我们会用牙齿咬住他们。"然而不论是他们的牙齿，还是枪和勇气都不足够。14 个德国师迅速纠集起来围攻守卫者。包括美国在内的西方国家不得不为希腊人的勇气所折服。在这里，最终挺身面对贪婪德军的是一个小小国度，古希腊城邦的遗魂勇敢依旧。但面对不断涌入的德军，希腊人被不断镇压。绝望中的希腊政府匆忙收拾行李，逃往开罗。英军已筑起了坚固的防线，却收效甚微。很快，英国人同希腊人一样开始涌向南方，冒着黑烟的车辆沿着尘土飞扬的崎岖小道逃离。1941 年 4 月 17 日，南斯拉夫投降。接下来的一周里，希腊也步了前者的后尘。在一栋建筑中，德国人发现墙上有一段显眼的预言，用粉笔潦草地写着："温泉关战役后，三百勇士阵亡。"[1] 但这次的实际伤亡要惨重得多，1.7 万名德军身亡，30 万名南斯拉夫人和 27 万名希腊人被德国人俘虏。被砍成碎片的南斯拉夫游击

---

[1] 这是矗立在希腊德摩比勒隘口（Thermopylae，直译为温泉关），纪念公元前 480 年温泉关战役的一尊狮子状纪念碑上镌刻的铭文。温泉关之战是第一次波希战争中的马拉松战役之后第 10 年，波斯帝国和古希腊的又一次具有历史意义的交锋，也是第二次波希战争中的一次著名战役。希腊军队在这个狭小的关隘依托优势地形，抵抗了 3 天，阻挡了在数量上几十倍于自己的波斯军队，但是波斯军队人数众多，在杀了近 2 万人的波斯军队后，300 名勇士全部牺牲。

队员还被吊在了街灯柱上。部分地区被置于德国的盟友匈牙利、意大利和保加利亚的手下，塞尔维亚和克罗地亚则成了附庸国。

希特勒的残暴胃口似乎永远得不到满足。德国人随后在克里特岛上空进行了凶猛的闪电袭击，1.6万名伞兵和身着迷彩服的山地兵，加上1200架飞机，横扫了岛屿上的防卫武装。这一惊人的举措，是现代军事史上第一次完整的空袭。岛上的希腊部队及英国盟友进行了顽强的反击。他们动用各种可能的方式打击德军——在空中，在地上，数以百计的德国人被杀死。不过他们最终还是寡不敌众，无力抵抗。到月底，克里特已经为纳粹所占。征服了地中海东部后，希特勒将目光投向了盛产石油的中东地区。一如丘吉尔对罗斯福所说的，丢失埃及和中东地区所带来的危险将无法估量。

面对这一切，罗斯福竭尽所能地反击纳粹。美国的军事力量眼下仍然处于弱势，所能触及的范围十分有限。5月3日，目睹了一轮又一轮挫败，丘吉尔焦虑难耐，他直接要求罗斯福以"参战国"的身份介入战争，罗斯福却谨慎耐心，忽略了这一请求。相反，他试图再次安抚首相，说美国正在"尽己所能"帮助英国。但就在5月10日晚上，当总统正在洛杉矶写回信时，500架德国飞机在伦敦上空开启了迄今为止最猛烈的轰炸，不仅破坏了伦敦大部分地区，还出人意料地摧毁了英国民主的核心——下议院。就连狮心王查理那受人崇敬的雕像也化为废墟。看着黑烟滚滚的残垣断壁，丘吉尔绝望地垂下头，步入一片瓦砾中的他痛哭流涕。

此时，总统催促和威胁并用，千方百计地推动形势。但柏林的希特勒和纳粹无动于衷。在德国元首看来，罗斯福是一个精神错乱的瘸子，既没有带领美国人民走向战争的决心，也没有做出大量牺牲的魄力。无论总统发出多少威胁，做多少次演讲，它们都空洞无味。当罗斯福于1941年5月底宣布"全国紧急状态无限期延长"，希特勒轻蔑地视其为单纯的咆哮。希特勒阅读地图的能力不输给任何人，而从地图上来看，世界上最强大的民主国家在呼吁其他小国抵抗强大德军的吞噬，本身却畏缩在反战派的帘幕之后，并以相隔半个地球之遥的大西洋作为缓冲。希特勒耳听八方，他的翻译团队亦如此。他们都知道美国总统并未要求废除中立法案，也没有要求提高战争权限，他仍然坚持可通过"继续运转主要民主国家——也就是英国——的防御来赢得战争"。希特勒知道，美国在眼睁睁地看着德国入侵保加利亚，击垮南斯拉夫和希腊。

事实上，罗斯福希望能循序渐进地做好准备迎接舆论战，他与丘吉尔在纽芬兰海岸旁两艘战列舰上秘密会面，并批准美军及英军人员间的秘密交流。

但决策性行动尚未公布，德国元首依然一无所惧。

罗斯福手下的政府成员也对总统抱有怀疑。在他们看来，罗斯福的策略既不是战争也不是和平。一些人则在思索，英国是否能从德国不间断的猛攻中幸存下来。"这就好像活在噩梦里，头上一直悬着灾难。"艾弗里尔·哈里曼（Averill Harriman）给哈里·霍普金斯的一封信里如此描述。总统身后的最高级别副手决定推动罗斯福采取更多行动。陆军部长亨利·史汀生和总统一起坐下来，他坚持认为总统应该表现出更具道德感的领导力、更坚定的行动、更多的决心，而不只是简单的谈话。在他看来，总统全然"心烦意乱"了。焦虑不安的小亨利·摩根索则尖锐地指出，"总统不太愿意加入这场战争。与领导舆论相比，他宁愿遵循前者"。罗斯福本人也向自己的内阁坦白，他"不愿意打响第一枪"。然而尽管他一再表示美国将远离战争，他也有了不同的看法："我在等着被推下水。"

在最后的推力到来之前，罗斯福依然不会表态。但眼下，希特勒还不愿意上钩，他甚至限制纳粹战船对大西洋的美军进行过分的挑衅。

而对罗斯福来说，持续不表态就意味着对所有国家不表态，英国也好，地中海国家也罢，很快会再加上苏联，当然，还有被困欧洲、四面楚歌的犹太人。

第八章

上帝的磨坊

　　1941 年春天，当罗斯福还在寻找他的取胜之道时，希特勒已经找到了自己的道路。他的生命充斥着沸腾的怒火，身为一个荒诞不经的道德狂热分子，行事莽撞又短视，阿道夫·希特勒不会让纳粹军停下脚步，直至德国完成征服的任务。此时的他威压群臣，权力已接近顶峰。在就寝和早饭时间，他只要挑一挑眉或挥一挥手，就能翻转数百万人的命运，推翻古代君主制，让国家首脑下台，或将一座村庄付之一炬。要是他一时兴起，还可以允许一个国家的人活命——或下令把整个种族灭门。他有一颗暴君的心。同时，他也十分自信，并且相信只他自己一人拥有政治家的本能和常胜将军的精确直觉。他恐吓身边的每一个人，身边的圈子越发狭小，其中有对他卑躬屈膝的戈林、戈培尔和希姆莱，有他的盟友墨索里尼——那就是个享乐娇惯、爱放马后炮的家伙，还有那些被当做"淘气包"对待的投降国的傀儡元首。

　　他的将领——所有那些专家——应当有所作为，但他们没有。一次又一次，当他对沉默的军事领导就政治、历史和战略高谈阔论时，他们敬畏地站在元首面前。难道不是他复兴了德国的命运吗？难道不是他将国家从绝望的深渊中解救出来，助其跃上权力的巅峰吗？难道不是他展现出了如何结合外交与政治宣传，然后从空中施以压迫，在地面发挥威力吗？一位观察者的看法也许并不足为奇，他说当希特勒于 1941 年 3 月底纠集手下的军官，让他们聆听又一回长篇大论时，"他们就坐在他面前，顽固地沉默着，这份沉默只被打破了两次，一次是与会者在元首从后门雄赳赳地进来时立正敬礼，另一次是会议结束后离开时立正敬礼。将领们没有提出任何异议。更值得注意的是，他们一个字也没说"。

他们当时真应该说点什么的。因为在 5 月到来之前，希特勒最终确定了他在战争中最惊人的决定之一：开辟两线作战。6 月 22 日，纳粹军队将全力以赴地向苏联发动大规模进攻。陶醉于自己的丰功伟绩的希特勒认定，没有什么可以阻挡他们。他冲手下咆哮道："我们只要临门一脚，整个腐坏的大楼都会轰然倒下。"如醉如痴的戈培尔表示赞同，"布尔什维克主义会垮台的，就像纸牌屋一样"，他如是想。

这项决议经过了好几个月的审议评估。表面上看来，这根本就是疯了。对于刚接触战争的人来说，这意味着出卖盟友；就在 11 月 12 日，印着红黄两色锤子镰刀的苏联国旗与纳粹旗帜还并肩飘扬在德国的首都，纳粹接待了一个俄国代表团，讨论如何瓜分世界大部分领土。不仅如此，希特勒本人还曾经于《我的奋斗》[1] 中断言，永远不应该两线作战。而且他自己的将军也坚持认为，军事历史的第一课就是："不要入侵俄国。"他们可是有很好的理由。俄国疆土广阔，国界绵延万里，曾吞噬了无数梦想征服他们的潜在入侵者——奥斯曼帝国在叶卡捷琳娜二世面前一败涂地，对抗沙皇亚历山大的拿破仑也好不到哪儿去。

在其他入侵者看来，俄国就是一片无情的墓地，但在元首眼中，它充满了可能性。对希特勒来说，开辟第二战场将不仅仅成为战争的转折点，还将成为全力以赴的最后一击，征服目中无人的苏联，逼迫英国跪地求饶，同时还能在美国进入战场前先发制人。从表面来看，这似乎是一个可行的

---

[1] 阿道夫·希特勒于 1925 年出版的一部自传。

计划。希特勒在欧洲的军队无人能敌，而发动过无数次高级将领肃清的斯大林却有一支看起来糟糕透顶的军队。事实上，美国和英国的军事领袖一致认为，短短六周时间，红军就会在希特勒的屠杀下灭亡。希特勒的计划也十分大胆：夺取乌克兰和高加索的油田，从而切断俄国的作战资源。此外，遏制苏联不仅能得到石油，还有其他的富饶资源：乌克兰的小麦和农作物，罗马尼亚的天然气，甚至是克里米亚的水果。此举还可以为德国提供奴隶工人，使希特勒为德国东部人口提供"lebensraum"，即生存空间。但是希特勒能不能成功呢？

　　曾经有许多人怀疑希特勒会打击德国的在野党，但他难道没有做过吗？很少有人认为他会让纳粹反对派和犹太人一样成为阶下囚，但他不也那么做了吗？而且他把从英吉利海峡到遥远的巴尔干半岛的欧洲几乎全部纳入囊中，又有谁能无视呢？此外，他越是思索，就越能找到更多必须进攻俄国的理由。拒绝被征服的英国仍是桀骜不驯的力量。尽管罗斯福心中胆怯，他似乎还在为最后的武装对抗铺路，而且正如希特勒本人所承认的一样，"从1942年起加入战争"。现在，尽管苏联仍是德意日三国同盟条约[1]的成员，希特勒却蔑视布尔什维克派，将斯拉夫民众视为"人类的败类"，将俄国看成是由"国际犹太人"统治的国家。不管怎样，元首不仅认为拥有惊人体量的俄国已经到了可以收割的时候，他还想象苦难迷信的俄国人民对沙皇的旧路念念不忘，他们只是在等待甩开布尔什维克枷锁的时机。

　　就算如此，希特勒还是没有仓促做出决定。早在1940年12月，希特勒就召集他的战地指挥官，告知众人他已私下向最高统帅部透露的信息：做好准备，发动针对俄国的空前的地面进攻。"德国的武装力量必须做好准备，甚至要在对英作战结束前，就迅速击垮苏联。"他在第21号军事指令中如

---

[1] 指纳粹德国、法西斯意大利和日本于1940年9月27日在柏林签署的条约，确立了上述三个轴心国同盟关系的基础。在条约签订前，苏联表示出加入条约的意愿，并派代表团谈判，最终于1941年1月签署了经济方面的协议。

北 冰 洋

大 西 洋

雷克雅未克 •

冰 岛
1940 年 英国占领区

60°

法罗群岛
(丹麦)
1940 年 英国占领区

设得兰群岛 (英属)

奥克尼群岛

斯卡帕湾

英 国

北爱尔兰
格拉斯哥 • • 爱丁堡
贝尔法斯特 •

都柏林

爱尔兰

大不列颠

北 海

盟军登陆
1940 年 4 月—5 月

纳尔维克 •

瑞 典

瓦萨 •

纳姆索斯

安道尔森尼斯

挪 威
1940

卑尔根 •

斯塔万格 •

• 奥斯陆

斯德哥尔摩 •

波罗的海

奥尔堡 •

丹 麦
1940

默默尔地区
1939

哥本哈根 •

基尔 •

加

格但斯克 •

东

什切青 •

伯明翰 •

• 考文垂

布里斯托尔 •

普利茅斯 •

伦敦 •

英吉利海峡

布雷斯特 •

45°

敦刻尔克 •

• 勒阿弗尔

荷 兰
1940

英军撤离
1940 年 5 月—6 月

阿姆斯特丹 •

鹿特丹 •

比利时
1940

布鲁塞尔 •

卢森堡
1940

• 巴黎

塞纳河

法 国
1940

南特 •

卢瓦尔河

斯特拉斯堡 •

• 伯尔尼

瑞 士

埃森 •

德 国

科隆 •

莱比锡 •

卡塞尔 •

法兰克福 •

德累斯顿 •

1938

波兹南 •

柏林 •

奥得河

弗洛茨瓦夫 •

布拉格 •

克

比尔森 •

捷克斯洛伐克
1939

不来梅 •

汉堡 •

吕贝克 •

维也纳 •

奥地利
1938

斯图加特 •

慕尼黑 •

因斯布鲁克 •

格拉茨 •

布达佩斯

罗兹 •

比斯开湾

波尔多 •

法国维希政权
未占领
1940

维希 •

里昂 •

图卢兹 •

加龙河

罗讷河

马赛 •

的里雅斯特 •

威尼斯 •

波河

米兰 •

热那亚 •

佛罗伦萨 •

扎达尔
(意属)

斯普利特 •

南

亚得里亚海

葡萄牙

里斯本 •

塔霍河

马德里 •

西班牙

西属巴利阿里群岛

撒丁岛

意大利

罗马 •

那不勒斯 •

塔兰托 •

第勒尼安海

墨西拿 • 194

巴勒莫 • 西西里岛

卡塔尼亚 •

直布罗陀海峡

拉巴特 •

丹吉尔 •

直布罗陀 (英属)

法国舰队被击沉
1940 年 7 月 3 日

西属摩洛哥

摩洛哥
1940

奥兰 •

阿尔及尔 •

阿尔及利亚
1940

比塞大 •

突尼斯市 •

突尼斯
1940

马耳他 (英属)

地

土伦 •

科西嘉 (法属)

欧洲中心地图

1939 年 9 月—1941 年 6 月

1941 年，希特勒轴心国统治下的欧洲地图

- 1939 年 8 月 19 日前轴心国与占领区
- 1941 年 6 月 21 日前轴心国与占领区
- 维希法国及维希政权控制地区
- 德国入侵前的苏联吞并地区（波兰东部，立陶宛，拉脱维亚及爱沙尼亚）
- 盟军及盟军控制国
- 中立国家

0   300   600

白海

·阿尔汉格尔斯克

·普多日
奥涅加湖

苏维埃社会主义
共和国联盟

·沃洛格达   ·高尔基   ·古比雪夫

·列宁格勒
·季赫温
·诺夫哥罗德

·图拉   ·梁赞   ·萨拉托夫

·奥廖尔
·明斯克
·切尔尼戈夫   ·库尔斯克   斯大林格勒·   ·阿斯特拉罕   里 海

乌克兰   塔甘罗格·

基辅
日托米尔·   ·第聂伯罗彼得罗夫斯克

捷尔诺波尔   亚速海
德涅斯特河
比萨拉比亚   ·敖德萨   克里米亚   ·巴统   伊 朗
苏占 1940   塞瓦斯托波尔 ·雅尔塔   英-苏占领区
马尼亚· 1940   黑 海   1941

普洛耶什蒂·   伊拉克
布加勒斯特·   ·鲁塞 ·锡利斯特拉   英国占领区
保加利亚   ·瓦尔纳   1941
1941   ·布尔加斯
·普罗夫迪夫   土耳其   叙利亚
·卡瓦拉   英国—自由法国占领区
塞萨洛尼基   1941
爱琴海   黎巴嫩
腊   沙特阿拉伯
41   ·雅典   巴勒斯坦
特雷   罗得岛（意属）
马塔潘角   外约旦
战役
月 27 日   克里特岛（希属）

埃及· 1940

是强调。入侵行动的代号是"巴巴罗萨"[1]——纪念这位曾在欧洲中部获得巨大胜利的中世纪皇帝，最早的德意志神圣罗马帝国的统治者。怀着混杂了主观的道德确信感和道德蔑视的思想，希特勒让自己的将军们坐好，狂热地向他们灌输这场不可避免的殊死搏斗，这场国家社会主义[2]和"可怕的"布尔什维主义间的"圣战"。他一遍遍地强调，通过打击东方，战争将在西方取得胜利，到时英国会求和，美国将保持观望。随后，他开始概述这次史上最大胆的军事行动，这场战争将让320万男性投入长达1800英里的战线，动用不计其数的飞机和装甲车，还有规模同样庞大的坦克，战场将从北部的波罗的海直抵南部的黑海，包括两地之间绵长的开阔平原。

时间所剩无几。到初春时节，美国副国务卿萨姆纳·威尔斯开始向克里姆林宫发出有关希特勒计划进攻俄国的报告。同时，盟军情报机构嗡嗡作响的机器在源源不断地传递着德国急速向东方前进的报告。然而在战争的迷雾之中，没有人能破译希特勒的真实动机。毕竟，就算希特勒与日本代表会面，放出暗示，明确与苏联的冲突是不可避免的，还是有人谣传他会在春天攻击英国。斯大林花了很长时间才开始做最坏的打算。他告诉克里姆林宫的官员，"鉴于当前的国际形势，红军要么等待德国进攻，要么就得主动出击"。但袭击来得比他预料的还要更快。

1941年6月的第三周，德国驻莫斯科大使收到了一封从德国发来的电报，措辞生硬。早上6点，也就是在最早的齐射和火炮攻击开始的两个半小时后（德国的机枪已于凌晨3点半向苏联所有边境开火），昏暗的天空被染成一片火红。钻进车内的德国大使被送往苏联外交部，在那里，他向苍白颤抖的莫洛托夫大声宣读了电报。起初，外交部长没有流露任何情绪，他那双被一道道黑眼圈包裹的疲惫双眼一眨不眨。

但随后，莫洛托夫沉默着爆发了，他撕毁了公报，朝上面吐了口痰，焦

---

[1] 直译为红胡子，此处指12世纪建立德意志神圣罗马帝国的腓特烈一世。

[2] 纳粹主义即"国家社会主义"的缩写，奉行国家至上的极权主义和种族主义。

虑地回复道："这是宣战。"与此同时，就在罗斯福总统于白宫入睡时，震惊和愤怒的斯大林陷入了几近崩溃的状态。

这是希特勒一生中至关重要的一个决定，而且在很多方面，也是左右战争的一个决定。在部署进攻时，元首相信，拿破仑之所以会陷入困境，主要是因为他只专注于莫斯科。他的纳粹将领们表示反对，认为攻陷莫斯科将斩断苏联的蛇头，让苏联无力在乌拉尔山脉以西作战。不过一如既往，决定权在希特勒手中。因此，德国在俄国北部、南部和中部发动袭击，而且从一开始，命运女神似乎是站在希特勒这一边的。德军在开战首日就摧毁了俄国的全部部队，还有比不列颠之战中更多的飞机。

在德国，兴高采烈的戈培尔在日记中写道："现在，枪声将如滚滚雷声。愿上帝保佑我们的武器。"此时，希特勒的声音在广播里回荡，他宣称："反击犹太人阴谋和盎格鲁—撒克逊好战分子的时机已到。"接下来的几天中，德军继续以前所未有的冷酷和力量打击苏联。他们用尽一切办法打击俄国人——用丘吉尔的独特表述形容就是"一窝伺机而动的蝗虫"；总之，德国部署了超过 300 万人的军队、3600 辆坦克、60 万辆机动车辆、7000 门火炮、62.5 万匹马和 2500 架飞机。这场战争完全出其不意。在北面，600 辆坦克（即 3 个装甲师）外加机动车车辆和装甲车粉碎了毫无抵抗的苏联步兵师；在中部，德军部署了更多人马，包括 1500 辆坦克。这两个地区一片混乱，受到重创，在几天后目瞪口呆的苏联军队徒劳地发出无线电报："我们被攻击了，我们该怎么做？"他们没有收到任何回复。南部也同样如此：又有一支德国军队用一眨眼的工夫就解决了无助的苏联防御力量。沿着坚硬道路前行的坦克队列无穷无尽，延伸数里，德军指挥官在经过大火熊熊的俄国村庄时咆哮着发令，炮火声在远处回荡。与此同时，德国空军在空中制霸，首轮进攻就击落了 1000 余架苏联飞机——只剩下地面上扭成一团的金属和冒烟的残骸，还有 800 架飞机在空中就被击毁了。

　　苏联灾难的严重后果是惊人的。苏联人民饱受苦难，村落被烧为灰烬，大批德军装甲部队先是在平行道路疾驰，然后沿纵横交错的小路围剿整个苏联师，有时甚至是整支苏联军队。作为苏联前线的中心城市布列斯特[1]（Brest-Litovsk）迅速失守。当周结束时，德国已经夺取了立陶宛和拉脱维亚。在北方战场，列宁格勒[2]是纳粹的目标，德军已经接近奥斯特罗夫（Ostrov）。而在中部，白俄罗斯的大部分地区已经沦陷，明斯克（Minsk）被包抄，并于五天内被攻下。几个月内，约 300 万苏联士兵就会沦为德国人的俘虏，大多数人将再也回不了家。而到了 7 月中旬，德国人碾压斯摩棱斯克（Smolensk）[3]之时，距离莫斯科仅剩下 200 英里；10 月中旬，距离俄国首都就剩下 40 英里。从任何标准来看，这都是一场规模宏大的战争，纳粹似乎势不可挡。在他们沿着波罗的海向列宁格勒疾行的同时，冯·伦德施泰特横扫了乌克兰。从波罗的海的里加（Riga）[4]到中部的比亚韦斯托克（Bialystock）[5]，从敖德萨（Odessa）[6]到南部黑海沿岸的塞瓦斯托波尔（Sebastopol）[7]，德国都在无情地挺进。

　　元首已经大言不惭地预测过，苏联将是法国沦陷的重演——要在苏联第一场雪降临前的八周内完成闪电战。现在，他那令人惊恐的预言似乎是要应验了。随着德国陆军迅速在苏联版图上移动，接线员不得不将电话挪至前线阵地——纳粹已经赶超了原始的苏联通信系统。希特勒现在正以前无古人、后无来者的霸主姿态横跨于欧洲大陆之上。俾斯麦不曾做到这一点，拿破仑也没有，甚至连恺撒也从未夺取过如此广阔的领土，奴役过这么多

---

[1]　白俄罗斯近波兰边境的一座城市（第二次世界大战前属于波兰），是柏林—莫斯科铁路中途站，苏联的主要陆路关卡城市。1941 年苏德战争首先在此爆发。

[2]　即今日的圣彼得堡。

[3]　位于俄罗斯西部第聂伯河畔，距离莫斯科 360 公里。

[4]　拉脱维亚首都。

[5]　波兰东北部最大城市，位于华沙北部约 180 公里。

[6]　乌克兰港口城市，位于黑海西北岸。

[7]　位于克里米亚半岛西南端，面向黑海，为乌克兰重要港口城市。

的人民。现在一整个大陆都在元首的掌握之中。

土地之后是纳粹的肆虐。作为征服的一部分，希特勒曾授权海因里希·希姆莱实施恐怖统治，屠杀所有苏联政治官员。纳粹掠夺了整片整片的村庄，手段残酷得难以言喻。然而，这仅仅是个开始。在苏联被占初期，希特勒和第三帝国做出了另一个重大决定：彻底处理犹太人问题。

除了劫掠领土和财富，希特勒入侵苏联的目的还在于打造一个东方新帝国，在那里，他针对"犹太人问题"的残酷预言将最终实现。随着德军沿 200 英里长的地带推进，种族灭绝也即将到来。对于犹太人来说，死亡即将开始。

有趣的是，"最终解决方案"曾一度被认为是一个领土方案。希特勒原本计划将乌拉尔山脉外的欧洲犹太人赶到冰天雪地、寒风凛冽的西伯利亚荒原。希特勒的传记作者伊恩·克肖（Ian Kershaw）[1] 回忆道，在那里他们将作为奴隶工作到死，作为下等人饥饿至死。而苏联境内约五六百万犹太人也将面临同样的命运。希特勒带着异常的坦率向柏林官员汉斯·弗兰克（Hans Frank）[2] 吹嘘，如同他在 1939 年预言的那样，犹太人将被"清除"。[3]

如果说以上是理论，现实则完全不同。在苏联被占地区，纳粹党卫军别动队 [4]——移动行刑小队——受命消灭所有"极端分子"，这在很大程度上指的是像政委这样的共产党官员，当然还有"为党服务的犹太人"。然而，蓄意的残酷杀戮在此有歧义。"为党服务"到底是什么意思？德军中的不同

---

[1] 德国现代史研究专家。
[2] 纳粹德国领导人之一，曾任波兰总督。
[3] 即 1939 年 1 月希特勒于德国议会有关反犹主义的演讲。
[4] 又名突击队、行刑队，由纳粹党卫队中的一等兵组成的部队。一等兵也叫突击队员，他们的任务是大规模执行搜索、抓捕和屠杀。

人群有着不同的理解。

　　遇害者的人数起初很少，但随后迅速飙升。别动队在行动前几乎没有浪费时间；就在"巴巴罗萨行动"开始后的两天，秘密警察就将立陶宛一个小村庄的201名犹太人一字排开，扫射而死。三周内，行刑队已经在夸耀自己屠杀了近3500名受害者了；截至8月，已经有超过1.2万名犹太男性被杀死。阅读屠杀详细报告的约瑟夫·戈培尔欣喜若狂，他在日记中发狂地写道，"针对犹太人和波罗的海大城镇的复仇欲望得到了宣泄"。

　　复仇才刚刚开始。纳粹的暴行很快就被当地的反犹主义者如法炮制。定下种族灭绝基调的大屠杀之一就发生在立陶宛城镇科夫诺（Kovno）。犹太人被成群赶往镇中心，口中念念有词的围观群众则兴奋地聚集起来。随后，暴行开始了。就在犹太人被一个接一个地野蛮殴打致死的同时，立陶宛人怂恿刽子手，疯狂地拍手称快。这一处决前既没有审判，也没有任何理由，仅仅因为这些人是犹太人。心满意足的德国军官站在场边嬉笑嘲弄，他们拍了一系列照片以流传后世，或是寄回给家人。这种野蛮行径迅速变成了公共演出，妇女们甚至将孩子放到肩膀或举过头顶来见证混乱。法国大革命的血腥策划者罗伯斯庇尔（Robespierre）一定会赞同这样的举动，党卫军当然也会如此。屠杀持续了整整45分钟，直到所有犹太人都被打倒，众人津津有味的程度几乎难以衡量。高潮终于达到了顶峰。欣喜得满面红光的屠夫们跃上尸体堆起的小丘开始跳舞，并兴奋地用手风琴奏起立陶宛国歌。在一切都结束的时候，整个小镇的犹太人已经全部被屠杀殆尽。

　　自此，虚荣、残忍、狂妄自大的纳粹穿着制服横行霸道，他们对当地居民的行动尤为赞赏，并继续煽动他们。纳粹一再重复，种族灭绝的正义行为是必要的，是针对犹太人的生死斗争。戈培尔轻蔑地指出，犹太人是"可耻的"，是"虱子"，应对他们的唯一办法就是采取暴行。"如果你们饶恕他们，"他沉吟道，"你们以后就会成为他们的受害者。"那些富有声望、应当做出更理性判断的职业军官也表示赞同。他们中就有第六集团军的总司令，他嘱咐部下要秉承"无情的种族主义思想"，成为针对"犹太亚人类"的"复仇者"。在柏林，装腔作势的希特勒对大屠杀的看法则更富有"哲理"："如果欧洲再也没有犹太人，欧洲国家的团结就再也不会受到侵扰。"

于是，一切从这里开始。首当其冲的受害者主要是男性，这一点毫无疑问。有时德国人也会进行些许军事管制，让射击行刑队进行正式的处决。但这一切不过是在作秀。随着时间推移，大屠杀很快就延伸至手无寸铁的妇女和无辜的儿童，而且屠杀往往是强迫赤裸的犹太人跪在土坑边缘，然后再用机枪对他们进行扫射。

1941 年的 9 月 29 日和 30 日迎来了又一场残酷的屠杀，基辅[1] 的犹太人被纳粹命令在犹太墓地聚集，并携带所有财产、现金、证件、"贵重物品"和"保暖衣物"。在那里，他们会——或者以为会——被塞进火车，然后送往安置点。但随后事情出现了意想不到的突然转折。德国人以为只会有五六千名犹太人来报道，实际上来了 3 万多人。惊慌失措的受害者排成了巨大的蜿蜒队伍，他们被告知要丢弃行李，还有大衣、鞋子、贵重物品、衣物，甚至是内衣。每一件物品都必须被精准地放进它们特定的那一堆里。鞋子在这里，大衣在那里，裤子是这一堆，帽子在另一堆，袜子在这边，皮带在那边，贵重物品在另一边，如此种种。他们一脱下衣服，就被命令站在刚掘出的土堆上，身下则是峡谷幽深的窄口，它的名字将永远遭人唾弃：娘子谷（Babi Yar）[2]。

德国人将老年男女一字排开，用枪托抵着他们松弛的腹部和乳房；他们将抱着孩子的母亲一字排开，随后将仍在上学的儿童一字排开。

然后，机枪旁的枪手也一字排开。

行刑队执行了他们的血腥任务，将其变成了一次残酷盲目的肆意屠杀。一小时接一小时，机枪扫射了整整两天。而在这接连的两天中，就在一段道路和一座普通小镇的不远处，受害者的赤裸尸体跌入被先前死者填充的

---

[1] 乌克兰首都。
[2] 基辅北部的一条大峡谷，因二战期间德国占领军在此大量屠杀平民与战俘而声名狼藉。

坑中，他们层层堆积着，形成了越发高耸的层堆，鲜血渗透了土地。虽然有许多人直接被机枪扫射而死，还是有庞大数目的人没有被一枪毙命，只是受了伤，像是被困在迷宫中的动物，一头雾水地仓皇乱窜。而在娘子谷发生的更为卑劣的暴行之一，就是纳粹拎起孩子们的双腿，将他们活活丢入坑中。

这一幕"人类的悲伤和绝望"让那些惊恐地目睹了一切的人无法承受。那一天晚上，当太阳开始西沉时，纳粹挥起了犁和铁锹，大刀阔斧地将尸体埋在厚厚的"土层"之下。然而，还有相当数量的受害人尚未死亡，土层过了好一阵子仍有动静，那是伤者还在扭动着，颤抖着，疯狂地挪动他们的胳膊和双腿。同样可怕的是从地下发出的声音。人们能听到奇怪的呻吟声，如果那还可以被称之为声音的话——受害者在痛苦中无望地对彼此发出混沌不清的呼喊。此外还有抽泣声和窒息的声音。人们还可以听见一个小女孩的哭喊："妈咪，为什么他们要把沙子倒进我的眼睛？"

傲慢放肆的德国士兵和党卫军在继续巡查，他们高举着火把检查尸体，然后用他们的左轮手枪向任何看起来还活着的人"发射子弹"。其他一些德国人则大步踏过尸体，踩着人们的四肢和肚子去寻找值钱的东西。接连数小时，一队有说有笑的士兵在黑夜中闲逛着，手枪里还时不时发出零星的枪声，响彻天空。

总而言之，超过3.3万名犹太人被杀害。值得注意的是，一名年轻女孩不知为什么没有死去。一动不动的她听到为数不多的几个幸存者在呜咽和喘息，直到他们一个个停止了呼吸。她听到了党卫军在大声发号施令，然后是纳粹喽啰检查死人的声响。当一个党卫军用沉重的靴子猛踢她的胸部，并用脚踩在她的右手上直到她的骨头"断裂"时，她感觉到了前所未有的疼痛。她面朝上躺着，然后嘴里开始被塞满东西——那是泥土；她是在被慢慢地活埋。但她是当天唯一的奇迹。气喘吁吁又惊魂不定的她拼尽绝望中的最后一丝力气，成功地为自己挖出了一条路，然后"爬上边缘"，走向自由。很多年后，她将独自为娘子谷的可怕罪行作证。

在这场残酷扭曲的浩劫中，希特勒的个人决定在一定程度上促成了娘子谷大屠杀，正是他将自己耀武扬威的装甲师送往了南方，占领基辅，而不是继续向莫斯科挺进。希特勒的装甲师指挥官已经飞到柏林，恳求元首批准北行，希特勒想要得到的却是基辅。9 月 27 日，就在娘子谷大屠杀的前两天，他的部队抓获了又一批俄国俘虏，共计 65 万人。苏联在基辅的败北是任何军队所能遭遇的最惨痛失利。

然而，一切还远没有结束。

在被德军占领的城市或城镇执行的任何一次处决都会引发更多处决，而且同样的罪孽会一再上演。在接下来的数月中，纳粹的刽子手变得越发凶残。在纳粹统治的波兰华沙，遍地都是死亡、疾病和绝望。人们无数次地问，希特勒怎么会变得如此强大，他怎么能做到接管波兰、捷克斯洛伐克和法国，还进攻苏联？他们还在质问，美国为什么没有加入战争？但大多数人都没有答案，只有越来越沉重的无力感。持续的饥饿翻搅着他们的胃，刺痛着他们的脑袋；但在这里，饥荒也不能让纳粹满足。有一天，打算传递讯息的德国警察将 30 名浑身发抖的孩子拖到一片积满水的土坑旁，然后将他们一个接一个地丢入坑中，直到他们全部被淹死。此时，据报纸记载，犹太人"行尸走肉般"在贫民窟里游走。在东欧，就算已有成千上万的犹太人将狭小的壁橱、水管或类似的地方（如潮气逼人的下水道、湿冷的废弃建筑物）当做避难所，来回巡视的纳粹及其走狗仍然在进行挨家挨户的搜索。犹太人最后的避难所也正在崩落。一个 15 岁的孩子悲叹："我们觉得自己就像是被猎人围困的野兽。"生活已经变成了盲人面前的悬崖。

而猎人也在变得愈发狡猾。在德国人统治的任何一个地方，他们都在雇用暗杀者，批准私刑，兴致勃勃地制造流血事件。在 10 月的乌克兰港口城市敖德萨，1.9 万名犹太人被推入了由木条围起来的城市广场。这一次没有枪击，取而代之的是刽子手有条不紊地向受害者身上浇泼汽油，然后将他们置于熊熊的火焰中燃烧，让他们在痛苦的嚎叫和缓慢的剧痛中死亡，最后只剩下烧焦的肉块和干燥苍白的尸骨碎片。

短短的四个月内，50 万犹太人被屠杀，惨绝人寰。

冬天慢慢笼罩了大地，幸存者的生存环境还是没有什么改观。在华沙，70 个被冷空气刺穿肺部的孩子颤抖着冻死街头。事实上，冻僵的尸体现在变成了家常便饭。陷入疯狂的忧伤母亲会抱着她们死去的孩子，急切地想要温暖那些已经了无气息的小小躯体。更令人心碎的场景是那些簇拥在母亲身边的孩子，他们抚摸着母亲的脸，拉着她们的袖子，以为母亲只是睡着了，而事实上，她们已经悄悄地离开了人世。

在英国，愤怒的温斯顿·丘吉尔试图公开为长期处于苦难中的犹太人发声。他在《犹太纪事报》（*Jewish Chronicle*）[1] 发表了一篇著名文章，提到："没有谁比犹太民族受过的苦难更深重，他们一直在承担也仍将继续承担这看上去无法忍受的负重，但没有让苦难摧毁自己的精神，从来没有失去抵抗的意志……诚然，在胜利的那一天，犹太人的苦难和他们在斗争中的付出将不会被遗忘……我们将可以看到，尽管上帝的磨坊磨得很慢，但它们磨得非常精细。"

不过，虽然当时发生了这等大屠杀事件，德国依然尚未筹划"最终解决方案"。相反，他们仍在继续考虑领土解决方案，也就是将犹太人转移到

---

[1] 《犹太纪事报》乃 1841 年起在英国开始发行的犹太人周报。

东欧深处的某个地方。移民和撤离是他们的口号。希特勒主张，"犹太人要被发配去的地方是西伯利亚还是马达加斯加都无关紧要"。可是，当希特勒的暴虐言辞日益激愤，世界上其他国家在很大程度上还是保持着沉默，只当他在虚张声势，或者仅仅是小心行事，避免直接抵抗产生什么后果。不过，希特勒又一次被他的邻国和敌人低估了。

不仅是希特勒本人，他的高级将领也开始愈发关注犹太人问题。他们的口头言辞和笔下措辞涌动的杀气越来越浓烈。每一条指令，每一个在对付犹太人时遇到的技术问题都被加以审核，每一个妨碍了欧洲"去犹太人化"进程的官僚障碍都被剖析。波兰的纳粹政府不经意中灵光一现，打算修建一座庞大的集中营，将所有犹太人赶往那里，让他们在煤矿里做苦工。然而，每一个解决方案都遇到了新困难或新问题：那些没法工作的人呢？（当然了，总有办法把犹太人送往东边去。）不过，犹太人要被送往东边的什么地方呢？（到了深秋，希特勒期待在苏联推行的闪电战最终被证明只是空想。[1]）用什么方式运输呢？（火车已经供不应求。）对犹太人实行大规模的饥荒可行吗？（但即便是这样，也需要为饿死他们找到一块地方。）当时纳粹试图夺取莫斯科，但其绵长的战线势头低落。在对苏战场日益陷入僵局的情况下，德国人不得不审视处决犹太人的其他办法。

其间，关于种族灭绝的协调完好的政策还没有出炉，阿道夫·艾希曼，一个无所畏惧的人物，已经开始筹备"犹太人问题解决方案最终版"的全面计划了，赫尔曼·戈林也在高呼出台"最终解决方案"。同时，希姆莱和莱因哈德·海德里希也着手在拉脱维亚的里加建立死亡集中营——一个能接纳1000万人，集监狱和劳改营为一体的现成监狱网络。但由于当地的游击战争，计划随后流产。尽管如此，希特勒从来没有抛弃过复仇和暴力的想法。

---

[1] 指1941年8月起，纳粹对列宁格勒进行了长达872天的围城战。苏联最终于1944年1月赶走了列宁格勒市南部郊区的德军。

到了9月，他同意将德国、奥地利和捷克的犹太人向东转移。他厉声说道，犹太人问题的解决方案必须积极有力，但不能造成不必要的困难。在波兰的克拉科夫，汉斯·弗兰克也强调："就犹太人而言，我可以坦率地告诉你，我们必须通过某种方式来处理他们了。"希姆莱也在一旁帮腔，坚称犹太人必须被消灭得一干二净。

正是在这个时候，也就是1941年的秋天，纳粹开始考虑使用毒气。

通往产业化大规模屠杀的大桥即将动工。

大规模枪杀和任意屠宰在杀戮者身上产生的负面影响渐渐累积起来。即便是让党卫军自豪的军纪也无法平息屠杀带来的压力。德国人中的醉酒和违纪行为有所增加，军队内部的抗议也无休无止。身为纳粹军官的贝克尔博士甚至抱怨，屠杀对士兵造成了巨大的精神创伤和损害。白俄罗斯总领事威廉·库贝（Wilhelm Kube）也认同，要求终止掩埋事后会爬出坟墓的幸存伤者的残忍策略。此外，德国当局也认为，必须找到一个更清洁、曝光率更低的方式进行屠杀，而非大规模的射杀。在1940年的东普鲁士，纳粹使用毒气货车来对肢体或精神残障的受害者执行安乐死。不管是在哪里，德国也好，奥地利和波兰也罢，只要发现长相畸形或被毁容的人，或长期精神病患者，纳粹就会通过管道向拖车中输入一氧化碳，或是直接将气体输入室内。有时候，老人们会因吸入从特殊设计的管道中涌出的废气而窒息。德国人也尝试了别的方法，包括静态屠杀设施。

于是，在1941年，15辆移动式毒气货车被交付给别动队，用以对付东欧被占领国家的犹太人。再微小的技术细节也难逃纳粹的注意。纳粹党羽担忧天气因素，因为货车只能在绝对干燥的天气里使用。他们担忧行刑气体会造成持续性头痛，这是对行刑者的严重伤害。他们还担心外观，用涂上优雅彩绘的百叶窗将毒气车装点成家用房车。有些人甚至担心受害者的死亡性质。贝克尔博士就曾在一份备忘录中鼓吹正确使用毒气的方法，以便死亡来得更快，让囚犯如同安详熟睡般死去。

1941 年 9 月 2 日晚上的另一场实验中，数百名苏联战俘被赶进了奥斯维辛的第 11 号建筑。当时那里主要用作政敌集中营（大部分为波兰人）。他们挤满了漆黑的地下室，然后被施以齐克隆 B 气体。[1]

消息很快就在第三帝国的领导人中间传开：该试验结果判定成功。

1942 年 1 月 2 日，也就是美国正式参战后一个月不到，德国人正为将于柏林市郊万湖区的美丽湖畔召开的会议做筹备工作。会议目的是要进行共同对话，讨论与"最终解决方案"相关的剩余工作。正如一位纳粹官员所说，这将是一场重大讨论。但在这场重大讨论前，德军又进行了一次毒气实验。在 1941 年 12 月 7 日的昏沉天空下，当日本飞机将珍珠港的美国战舰变成废铜烂铁时，700 名犹太人被装入卡车，行驶在波兰小村庄海乌姆诺（Chelmno）[2] 旁坑坑洼洼的道路上。谎言的版本是一模一样的：他们被告知目的地是 5 英里以外的火车站，从那里他们会被转移到东部的农场或工厂参加工作。结果他们根本没有抵达。相反，这群恐惧迷茫的流放者被关进了村庄郊外的一小栋破旧别墅里过夜。

翌日清晨，80 名囚犯被拖进了一辆特殊货车，向海乌姆诺葱郁森林中的一块空地飞驰。到了旅程的终点，他们为获得一点空气徒劳地挣扎着。车已停好，不慌不忙中，发动机开始运转，货车用管道向车后部输入一氧化碳，用气体将车里的人杀害。门被打开后，车内恶臭的排泄物和汗水令人作呕。尸体从车中被移走，货车又一次回到别墅，然后再回到树林。八趟来回后，

---

[1]　以氰化物为主的消毒熏蒸剂和杀虫剂，在第二次世界大战期间被纳粹德国用于执行种族灭绝。

[2]　位于波兰罗兹市外 50 公里处。德军在二战时建立的第一座集中营即在此处。

700 人全部死亡。这项血腥工作持续了四天，每天都有 1000 人殒命，总计 4000 人。尸体被简单地丢进了森林旁一块空地中的万人坑里。就在富兰克林·罗斯福总统向世界宣布 12 月 7 日将是让人蒙羞的一天，也就在那时候，德国人在重重掩护下，开启了"最终解决方案"的第一天。

与日本偷袭珍珠港事件中美国人的死亡数量相比，在这些与世隔绝的波兰森林中丧命的犹太人几乎是前者的两倍。从那一天起，纳粹毒气车就开始加班加点，没有休息，没有停顿。海乌姆诺的 50 多个社区就这样被全部抹除。根据一位当地居民不加渲染的观察记录，当时的情况是"一天一千人（Ein tag—ein tausend）"。

在克拉科夫，狂喜的汉斯·弗兰克刚从柏林回来，将即将实施的犹太人政策传达给自己的内阁。"你们觉得他们会被安置在东方总督辖区 [1] 和村庄吗？"他反问，"在柏林的时候，我们听见他们说，为什么要这么麻烦？我们根本不用在东方总督辖区里给他们安排什么。"那么，他们要干什么？

柏林虚张声势地回道："你们自己去处理他们吧。"

至此，犹太人不再有被豁免的可能。而此前，与雅利安人结合的德国犹太人、被冠以战争英雄美名的德国犹太人和犹太混血儿（Mischlinge）都会被赦免。当 1000 名这样的德国犹太人乘坐的一列火车缓缓驶入里加时，即便海因里希·希姆莱打来紧急电话，力图阻止屠杀，一切也已经太迟了——1000 人全部遇难。

然而，万湖会议结束后，这样的困惑将不复存在。

---

[1] 二战期间德国在波罗的海三国（爱沙尼亚、拉脱维亚和立陶宛）以及白俄罗斯的部分地区建立的政权。

∾

　　1942 年 1 月 20 日，豪华的轿车队经过了整洁结实的房屋，快速开向西柏林郊区的湖畔。那里的道路已被清扫干净，烟囱正冒着炊烟。车队从闻名遐迩的万湖沙滩旁的宁静居民区街道驶过，来到了一条树木林立的车道上，旁边是一栋宽阔优雅的石制别墅。戈培尔的家离这里只有几百米远。这座 1914 年的别墅现为党卫军的会议中心。第三帝国的重要部长接连现身，讨论"最终解决方案"。这里聚集了来自东部辖区、外交部、内政部以及司法部的官员，还有"四年计划"[1] 办公室和波兰总督府的官员，当然还有盖世太保。这里有来自帝国总理府、种族和移民安置办公室以及纳粹党的代表，还有会议流程秘书，负责对所有发生的事情进行书面记录。冷血杀手也来到了这里，包括阴沉的官僚阿道夫·艾希曼与党卫军大队长鲁道夫·朗格博士（Rudolf Lange），后者因在拉脱维亚成功实施针对犹太人的野蛮杀戮而受邀参会。

　　终于，全体大会于中午开始，摆在他们面前的是一项艰巨的任务。曾欢欣鼓舞地打响对苏作战的德军久攻莫斯科无果。骤降至零下 20 度的气温鞭笞着德国进攻者，让他们的皮肤生满黑色的冻疮，就连他们的曲轴箱[2] 也被冻住了。在德国人被迫寻求掩护的同时，苏军开始毫不留情地反攻。的确，希特勒曾咆哮说，要将乌拉尔山脉以西的苏联领土变为德国的伊甸园，然而地面上的现实情况却表明，这会是一场漫长的战争，苏联可能永远也不会被完全征服。此外，日军偷袭珍珠港已促使元首对美国宣战，这就意味着，德国眼下正面临真正的两线作战。然而，这一切都没有让与会者放弃他们珍视的目标：制定欧洲犹太人问题的"最终解决方案"。

---

[1] 纳粹德国的一项经济计划，由希特勒提出。共分两次，第一次于 1933 年执行，目标是使德国人达到生活富足；第二次则是令德国在资源上尽可能达到自给自足。1936 年起，赫尔曼·戈林被任命为计划总负责人，直到 1945 年因其与多位其他负责人产生冲突而被解除职位。

[2] 汽车气缸中的机械装置。

即便是在纳粹看来，将欧洲所有犹太人驱逐到东部地区再杀死他们的想法也显得愚蠢透顶。无论是人力还是物资，德国的资源都已经严重紧缺。因此，把宝贵的劳动力和不可替代的工匠通通杀光这种前景令一些德国官员感到惊恐，因为这些人都可以为战时建设提供帮助。从任何意义上来看，开展针对犹太人的大规模行动，包括上百万人的集结、登记、编档和运输，都是一项艰巨的组织任务。技术障碍本身就令人望而却步。仅在海乌姆诺一处，毒气实验室也经常会发生故障，预定在 15 分钟内完成的屠杀有时要花费好几个小时，当门打开时，通常还剩下一些受害者侥幸活下来。任何情况下，铁路、官员、盖世太保和军队都必须齐心协力，以达成这一项难以估量的唯一目标。德国人必须从零开始，建造出某种前所未有的东西——某个能实现灭族的完整装置。

偏远地区的死亡集中营必须建起来，精确的时间表必须设定好，与无休无止的驱逐潮相匹配的关押政策必须制定完善，临时中转犹太人的聚集区必须成立起来。而且德国人还得依赖彼此间的默契，与成千上万毫无联系的人——绝无异议的行政人员，勤勉的秘书，警觉的官僚和党卫军官员——建立前所未有的信任。所有人都必须毫不犹豫地开展自己的工作，教唆搜捕，监督大规模囚禁，将一个又一个城镇的犹太人送上安置好的道路。至于当地居民，要么可以让他们立即成为进行中的大规模屠杀的同谋，要么可以通过某种方式哄骗他们加入，或者至少让他们对屠杀视而不见，因为纳粹无法保证所有的德国人都会通力配合每一件必要的事情。

在华美的大理石柱、炫目的桃木装饰、超大的壁炉和光线充足的法式落地窗的环绕下，海德里希明确向与会者表示，"最终解决方案"将比先前所设想的更加宽泛。移民和遣散已经无法满足要求了，枪杀也一样。一脸坚定的他平静地解释，"最终解决方案"现在将扩展到整个欧洲及其以外地区，囊括整整 1100 万名犹太人。随后，他面无表情地陈述所有涉及的犹太人的精确数目，其中包括 33 万英国犹太人、4000 名爱尔兰犹太人、中立国家的犹太人（包括 5.5 万名土耳其犹太人、1.8 万名瑞士犹太人、1 万名西班

牙犹太人、8000 名瑞典犹太人）和立陶宛剩下的 3.4 万名犹太人，那里已有
20 万犹太人被别动队杀害。

没有哪一组数字会因为太大或过小而被纳粹忽略，也没有任何国家能侥
幸逃脱。犹太人数量最多的国家是乌克兰，共计 2994684 人。第二大聚集地
则在德国，共计 2284000 人。排名第三的是德国的盟友匈牙利，共计 742800 人。
第四则是法国的未占领区，共计 700000 人，包括在北非法属殖民地摩洛哥、
阿尔及利亚和突尼斯的犹太人。最小的数目是意大利占领下的阿尔巴尼亚
的 200 名犹太人。还有一个条目甚至列出了美国犹太人的预测人数。爱沙尼
亚也在名单上，那里被简洁地标为"没有犹太人"。[1]

当人们围坐在抛光的桌子前时，海德里希——帝国最残忍和血腥的虐
杀者之一（他称犹太人为"终极亚人类"），简要介绍了"最终解决方案"
的机制。他强调，欧洲将会被从西向东梳理一遍。在撤离的犹太人被送往
更远的东方之前，他们将会被一点一点地安置在临时聚居区。犹太人会按
性别、做奴隶劳工的能力以及所属地区加以区分。在诸如匈牙利等迄今为
止保护犹太人的国家，则有必要强制安排一名针对犹太问题的顾问。

与会者还做出了另一个重要决定。海德里希的得力助手阿道夫·艾
希曼将负责协调"最终解决方案"的各个方面。他的代表（其实就像是
死亡的使者）将会四散在整个欧洲，而他本人将坐镇德国的首都柏林发
号施令，反过来，众人将就他正在部署和已经展开的每一次驱逐行动进
行评估。就是这些再平常不过的细节，让千百万人命悬一线。几乎一夜
之间，成千上万英里的铁路线就落到了艾希曼的手中，还有庞杂的官方
谋杀体系。除此之外，还有一套精心制作的保密系统，以掩盖"最终解
决方案"的真实意图。短短几个月内，铁路电报就会变得喋喋不休，艾
希曼会把他的爪牙部署在法国、比利时、荷兰、卢森堡、挪威、罗马尼亚、

---

[1]　在德国于 1941 年 7 月入侵爱沙尼亚前，该国共有 4300 名犹太人。其中，10% 的犹太人在苏联
　　1940 年占领期间被转移到西伯利亚，75% 的犹太人因得知纳粹即将入侵而逃亡苏联。剩余的人
　　则被行动队在 1941 年全部杀害。故海德里希称爱沙尼亚"没有犹太人"。

希腊、保加利亚、匈牙利和斯洛伐克。

本次会议接近尾声的时候，明亮的光线已经透过窗户射了进来，坐在椅子上的艾希曼、海德里希和另一位同事从近旁的一个火炉取暖。海德里希一反常态地点燃了一支香烟。他们喝着白兰地，而且根据艾希曼日后的供述，几人像战友一样坐在一起，在辛苦了数小时之后休息放松。他们相信，拥有如此力量和纯正血统的纳粹第三帝国将是不可战胜的。他们也感觉到了，摧毁犹太人将最终激起人们的敬畏，并为他们宏伟的遗产正名，留下无边的荣耀之光。

十天后，也就是阿道夫·希特勒掌权的第九年，他在柏林体育宫面对无数沸腾的观众发表讲话。他的演讲通过广播传遍了柏林和整个第三帝国，也传到了华盛顿和伦敦。他传达的信息一如既往地令人不寒而栗。"时机即将到来，最邪恶的世界公敌将会覆灭……一千年"。

当万湖会议接近尾声，东欧大片地区还与世界其他地区隔绝时，党卫军正在位于德国和波兰此前的边境、布格河（Bug River）以西地区的偏远村庄进行勘察。在该地的三处地点，人们很快就会拿起锤头和锯子改造旧劳改营，修建成新的死亡集中营。阴谋与诡计的混合之下，一切似乎都在通过精确的、程式化的细节展开。德国人咨询了建筑师、营造商、盖世太保、工业领导人以及病虫防治专家。他们一边喝着雪利酒，吞咽着鱼子酱，一边惊叹建筑师的微型模型。而奴工在淤泥、寒冷和黑暗中努力建造集中营时，党卫军则如同罗马暴君一般大步流星地四处游走，催促囚犯干活再卖力一些。有的工人劳作到精疲力竭而死，有些则因为斑疹伤寒或其他疾病发作而丧命。但这些都不算什么，工作仍要继续。

那里曾一度被树木包围，而现在，这些营地成为迄今为止人类所能想到的最野心勃勃的建设工程之一。可它并不是古老的凡尔赛宫，有着精细修剪的树篱和冒泡的喷泉；也不是罗马宏伟的帝国广场，[1] 节日时人群涌动；亦不是埃及炫目繁复的卡纳克神庙（Karnak）[2] 和奢华的俄国冬宫，[3] 或奥斯曼帝国苏丹位于君士坦丁堡外的夏日行宫极乐宫。[4] 阿道夫·希特勒和第三帝国对死亡而非生命的钻研精神可谓历史上独一无二的。

最早的四个地点 [5] 虽然偏僻，但被一条铁路所推动，它连接着无数小镇，那里囚禁着饥肠辘辘的犹太人。第一处贝尔塞克（Belzec）跟利沃夫（Lvov）[6] 和克拉科夫相连，覆盖了波兰的整个加利西亚（Galicia）地区，内设 6 座被设计成澡堂、摆着天竺葵的毒气室，"大卫之星"被作为体贴的俏皮装饰涂在屋顶上。这里每天能够处死 1.5 万人。通过铁路，华沙境内的所有犹太人都可以被带到特雷布林卡（Treblinka），30 余座毒气室每天能掠走 2.5 万个灵魂。而索比堡（Sobibór）坐落在林海深处，铁路网连接着分散在海乌姆（Chelm）[7] 的大量犹太人口。第四座集中营就是海乌姆诺，自 1941 年 12 月起就已经存在。

相比之下，第五座集中营并没有蜷缩在波兰东部某个偏远的村庄中，它没有整洁小巧的房屋，也没有几乎开满每个院落的花朵，相反，它是一座规模较大的城镇，拥有重要的铁路线路，与欧洲的每一个重要国家相连——西边的法国和比利时，南边的意大利和南斯拉夫，还有第三帝国和波兰的铁路网。在 1942 年春天之前，那里是一座劳动营。后来，选址在一片参天白桦林中的新集中营开始动工。德国人给它起了个简洁的新名字：比克瑙。后人称呼其为"奥斯维辛—比克瑙"。很快，它将为远至上西里西亚省东部

---

[1]　由一系列有纪念性意义的广场组成，是古罗马时代公共广场建筑群。
[2]　底比斯最为古老的庙宇，位于尼罗河东岸的卢克索镇（Luxor）北 4 公里处。
[3]　俄罗斯圣彼得堡的标志性建筑，始建于 1721—1762 年，从建成之初到 1917 年罗曼诺夫王朝结束一直为俄国皇帝的皇宫。
[4]　Sa'adabad，由 17 世纪奥斯曼帝国苏丹艾哈迈德三世建造。
[5]　纳粹在德国共建立了六座灭绝集中营，分别是海乌姆诺、贝尔塞克、索比堡、特雷布林卡、奥斯维辛—比克瑙和马伊达内克。
[6]　乌克兰西部重要城市，临近波兰。
[7]　波兰东部城市。

的纳粹战时准备提供苦力奴工，无论是综合煤炭工厂还是橡胶厂，无论军工企业还是工业企业，以及煤矿。

1942 年 6 月，德国人制订了将犹太人从西欧驱逐到营地的计划。同年 7 月，第一批押运开始，居住在波兰和德国犹太人聚居区的犹太人被火车运载到营地。那一年夏天，新毒气室修建完成，产业化的大规模屠杀系统投入运行。到目前为止，曾经断断续续的、偶发的、心血来潮且多半带点娱乐性质的屠杀事件已经变成条理分明的长期运作系统。"最终解决方案"在以惊人的速度展开。

到了年底，党卫军已经可以报道"最终解决方案"的初步成果了。1941 年结束时，只有 50 万居住在苏联被占领区的犹太人被处决，但到了 1942 年底，约有 400 万犹太人命丧黄泉。

这就像是一次劈裂大陆的地震，一个人类历史就此翻转且再也无法回头的转折点。但它基本上没有留下任何记录。在美国，工厂正在运转，士兵在接受操练。盟军国家的目光和它们的战争机器正着眼于东方的太平洋和西边的北非。在那里，英国已经摆好了与隆美尔作战的架势。

然后，等待美国。

真正的事实是，1942 年的美国已经与德国宣战了几个月，但现在两边都还一枪未开。不过，情况很快就会发生变化了。就在英军与隆美尔在北非战场一决雌雄的时候，华盛顿和伦敦的官员自春天起就度过了无数个不眠之夜，他们在讨论开辟对抗希特勒的第二条战线及筹备工作。德怀特·艾森豪威尔怒吼："我们必须去欧洲作战，不能再浪费世界各地的资源。"艾森豪威尔、国防部长亨利·史汀生和参谋长乔治·马歇尔都坚持认为，只有通过大规模的直接攻击才能迫使欧洲的纳粹军队后退，并削弱其力量。他们希望在未来六个月里在英国建立一支突击军队，然后在 1943 年春天发动跨海峡入侵。他们的想法很直接：马歇尔和艾森豪威尔向往一场天翻地覆的战斗，一次地面战，尽可能地动用军力，同时还要让美国最伟大的坦克指挥官在欧洲北部平原粉碎德国的装甲师。

　　丘吉尔则有另外的想法。他并不觉得盟军已经做好了对抗在法德军的准备。而且，他对索姆河战役——即一战中那场令英国在一天之内就损失了 6 万名出色的年轻士兵的恐怖战役——仍然心有余悸。因此，他更倾向于在地中海、北非或意大利南部进行外围战。那样既可以试水，而且用他的话说也可以"从边缘向终点围拢，而不是直取中心"。

　　艾森豪威尔和马歇尔不屈不挠，两人画出了大规模跨海峡战役的初步草图，把正在蓄力的盟军代号设为"波列罗"（Bolero），[1] 把定于 1943 年进攻法国的实际行动命名为"集结行动"（Roundup）。1942 年 4 月 1 日，这份计划在一片热议中被提交到了总统手中。为应对苏联军队可能的崩盘（这也是罗斯福的一大担忧），两人还在 1942 年下半年设计出一项有限制条件的紧急行动，意在转移德国物资。罗斯福会签署这些计划吗？心怀疑问的史汀生想过可能会被驳回，他担心总统在进行如此大规模的行动时会缺乏"刚硬的心"。结果，罗斯福却让他们大吃一惊。他不仅批准了计划，还立即派乔治·马歇尔和他的私人助理哈里·霍普金斯去伦敦与丘吉尔见面讨论。

　　在唐宁街 10 号与美国人的会议上，丘吉尔与众官员的态度有些勉强。然而，他们都知道这一提议对总统有多重要。其实，罗斯福已经致电首相："哈里和乔治·马歇尔将会把我所思所想的一切都告诉你。"让马歇尔惊讶的是，到周末结束时，丘吉尔表现出了不同寻常的合作态度。他点头、眨眼又微

---

[1]　一种西班牙民间舞蹈，气氛热烈，节奏鲜明。

笑，强调自己对美国的备选方案敞开大门。此外，他似乎已经批准了"波列罗计划"。"一切顺利。"霍普金斯向远在祖国的罗斯福发出电报。事实是，整个周末，这位在危难关头将人民团结起来的首相都在导演一出精妙的戏。现在，面对美国代表，他一直在争取时间。

丘吉尔表面上的变化让罗斯福欣喜不已，他向约瑟夫·斯大林发去电报，邀请俄罗斯外长前往华盛顿，讨论第二战场的计划。好战的维亚切斯拉夫·莫洛托夫于 5 月 29 日下午抵达白宫。那一天是星期五。当时有两名翻译在场，罗斯福想尽办法让莫洛托夫满意。他曾在一份备忘录中向参谋长坦承："我们当前的主要目标是帮助苏联。我们必须不断重申，苏联军队杀死的德国人和摧毁的轴心国物资比 25 个国家的联盟加在一起都要多。"罗斯福魅力十足，透过圆框眼镜严肃观察总统的莫洛托夫则十分固执。罗斯福想要让莫洛托夫满意，莫洛托夫则想要让斯大林满意。最后，罗斯福妥协了。在尚未商定第二战场发动时间和地点的情况下，罗斯福直接让苏联外长通知斯大林："我们预计在今年开辟第二战场。"

一个伎俩得用另一个伎俩来圆场。伦敦的丘吉尔耷拉着脑袋，饶有兴致地关注着这一切，还带着点担忧。事实上，他已经感觉到了未来的走向。得知罗斯福与莫洛托夫的会议结果后，丘吉尔目瞪口呆。此时，他迅速采取行动。6 月 10 日，丘吉尔立即邀请莫洛托夫访问伦敦，向后者说明，他反对在 1942 年的任何时间点发动跨海峡入侵行动。次日，英国内阁投票反对进攻欧洲，并将行动推迟到 1943 年甚至更迟。随后，丘吉尔决定立即飞往华盛顿，与总统本人讨论军事战略。6 月 18 日，首相抵达华盛顿，并于翌日清晨迅速赶往海德帕克与总统会面。他不知道的是，罗斯福早已感受到了政治压力，左右为难，既想要满足马歇尔和艾森豪威尔，也希望平息、安抚最亲密的盟友丘吉尔。就一眨眼的反转，总统脱口告诉马歇尔，再次开启西北非战场的时机已到。

当罗斯福和丘吉尔在海德帕克坐下来谈论要事时，首相开始连珠炮似的向总统发问，他提出了一系列有关进攻的战略问题。运送士兵的船只够吗？他们会在哪里登陆？需要多少兵力？实际计划是什么？丘吉尔朝罗斯福挥舞双手，双眼闪闪发亮，问题层出不穷。然而罗斯福也没有答案。此时，丘吉尔开始大声质疑，是否存在缓解苏联压力的其他选择？他苦思冥想："我们是否该在'波列罗行动'的总体框架内准备其他计划，这样既能让我们取得优势地位，也能直接或间接地分担苏联的重担？"就在这时，丘吉尔提出了已经出现在罗斯福脑海中的想法：在法属西北非地区发动一次军事行动。

　　6月20日，两人乘火车返回华盛顿。第二天早晨，他们又一次于总统的书房中开会。会议期间，一名助手悄悄走进房间，将一张纸条塞入总统手中。罗斯福颤抖着读完了信息，然后静静地将它递给首相。盯着纸条的丘吉尔脸上浮现出深重的忧虑。消息是灾难性的。在利比亚图卜鲁格(Tobruk)[1]看上去坚不可摧的英军，已经败给了隆美尔的非洲军团。这些消息只有大概，战败的全貌要等到18个小时后才清楚：在图卜鲁格奋勇作战了33周的英军曾成功拖延了德国的围攻，而现在，3万名英国士兵已经被隆美尔围捕囚禁，而后者正准备直接进攻作为战略奖赏的埃及。凭借这场胜利，隆美尔夺取了大批弹药和食品，还有最要命的汽油。在希特勒的庇佑下，隆美尔炫耀着战果："我要去苏伊士运河了！"

　　丘吉尔沮丧不已。"战败是一回事，"他后来写道，"耻辱是另一回事。"在之后的岁月里，他甚至将图卜鲁格的失利看做他在战争期间所经历的最为沉重的打击之一。

　　总统察觉到了这一点。良久的沉默后，罗斯福终于开口："我们能做些什么来帮助你们吗？"

　　丘吉尔镇定了下来，他转身对罗斯福说："尽可能地调配谢尔曼坦克给我们，越多越好，并且以最快的速度运送到中东。"总统立刻答应了。几天内，美国向英国第八集团军运输的300辆坦克和100架自行火炮已经在前往亚历

[1]　利比亚东北部的一座港口城市，自古是兵家必争之地，也是二战时北非的重要战场。

山大港（Alexandria）的路上了。

图卜鲁格的劫难对丘吉尔的影响是立竿见影的，他坚定了自己对 1942 年跨海峡进攻的反对态度。同样被消息所震惊的罗斯福在直觉上理解这一点，现在，他认真地将讨论转向自己几天前向马歇尔暗示的想法：在法属北非发动规模较小的进攻。他解释，此举将在中东给予英军即时的援助，而且还能迫使德军从东部的对苏作战前线转移军力。

欣喜的丘吉尔对这一想法表示赞同，他声音洪亮地对总统说道："这将是 1942 年真正的第二战场！是我们所能实现的最安全和最富有成效的尝试！"

现在要做的只剩下通知马歇尔和艾森豪威尔，然后迅速部署行动了。这一行动的代号为"火炬"。

这是罗斯福的一贯作风——基于直觉和本能做出即时的决定，而非基于大量的研究探讨。在他手下负责执行计划的高级顾问表示强烈反对。他们有充分的理由指出，几个月前，当罗斯福写下一系列军事行动备选方案时，该计划根本没有被列入其中。艾森豪威尔得知最终决定时，在日记中写道，命令签署的 7 月 28 日将成为史上最黑暗的一天。战争部长史汀生坚信，"火炬行动"将是一场灾难，是血腥的加里波利之战[1]的又一次重演。马歇尔也持同样的看法。他们也有其他方面的顾虑。罗斯福此前曾向莫洛托夫承诺，会在 1942 年开辟第二战场。但是"火炬行动"并非第二战场。此外，进攻部队甚至不会与德国人交火。他们的敌人只会是捍卫法属北非帝国的法国

---

[1] 又称达达尼尔战役，是第一次世界大战中土耳其加里波利半岛的一场战役。英法联军行动强行闯入达达尼尔海峡，试图打通博斯普鲁斯海峡，然后占领奥斯曼帝国首都伊斯坦布尔。协约国方面先后有 50 万士兵远渡重洋来到加里波利半岛。在近 11 个月的战斗后，71985 名士兵死亡，96937 人受伤。

殖民地军队，那是美军希望吸引到同盟国一方的军队势力。

从政治上来看，"火炬行动"是有问题的。它加深了斯大林对其资本主义合作伙伴可靠性的疑心。从军事上来看，它也同样令人烦恼，艾森豪威尔和马歇尔对风险有所担心。正如艾森豪威尔所说，他们的目标是几个世纪以来都没有大型军事行动的大陆边缘地区。那里的险峻沙滩、岩石和山脉绵延上千英里，从大西洋东岸的卡萨布兰卡直抵地中海的狭窄地带，再到西西里岛和意大利南部，中间还有突尼斯的海岸。在那里，法国维希政权像奥斯曼的苏丹般统治着卡萨布兰卡、奥兰（Oran）、阿尔及尔（Algiers）和突尼斯市。意大利人和德国人像恺撒大帝般控制着的黎波里（Tripoli）和昔兰尼加（Cyrenaica）。驻扎在开罗西北部160英里处的阿拉曼（El Alamein）的隆美尔军队则像古罗马军团般主宰一切。

备战也是一大难题。"我们只有几个星期的时间。"艾森豪威尔抱怨，而不是花上几个月进行系统化的筹备。他多少有些夸张，但时间的确短暂。在哪儿登陆也是个问题。与欧洲不同，他们对当地地形知之甚少。况且，说实话，那里就像是充满未知的旋涡，没有一个选项是吸引人的。阿尔及利亚闪闪发光的海滩虽拥有地形优势，但同时也是高风险的登陆地点，纳粹有极大可能会横穿西班牙，通过西班牙控制下的摩洛哥切断盟军进攻队伍。而在非洲大西洋海岸的岩礁上着陆就意味着与恶劣的天气博弈，尤其是冲刷着卡萨布兰卡海滩的五六米高的滔天白浪。无论是在北大西洋的哪一处登陆，都意味着数百艘船只和成千上万名士兵将穿过凶猛的U型潜艇监视下的黢黑水域。而且不管美国人多么想要开辟第二战场，这场行动都将消耗美国在太平洋上的海军力量。在艾森豪威尔看来，在外围打击德国而非直捣黄龙，只会延长战争，这可是个致命的错误。最后，"火炬行动"的批评者们还担心，绝望的斯大林会再一次与希特勒单独媾和，这一次他可以有所斩获。

看到自己的将军们烦恼不已，罗斯福很是满意。8月6日，最终方案已经敲定，艾森豪威尔被任命为盟军远征军总司令，罗斯福的"秘密杀手锏"[1]
（按亨利·史汀生的话形容）会开始推进。无论"火炬行动"会否使战争延长（当
今的大多数历史学家不这样认为），无论发动一场更成熟完备的跨海峡行动
会否在当时就达成更好的结果，"火炬行动"还是带来了不可否认的好处——
美国的地面部队终于在 1942 年打响了对抗轴心国的战役。丘吉尔和罗斯福
几乎是唯一能明白这一点的人，就连艾森豪威尔和马歇尔也不能明白。日后，
马歇尔才承认："我们当时没有看到民主领导者想要取悦人民的意图。"

　　事实上，"取悦"是一个并不雅观的委婉说法。更准确地说，罗斯福是
在通过这场行动振奋美国人民的精神。因此，他在 8 月 30 日给丘吉尔的信
中写道："我很强烈地感觉到，首次进攻必须完全由美国地面部队执行。"
他们将得到英国空军和运输车队的支持，这也让罗斯福担忧美军和英军的
区分问题，丘吉尔则揶揄罗斯福："到了晚上，所有猫儿都是灰色的。"这
让罗斯福放了心。"我们已经算一条战壕里的了。"他告诉丘吉尔。丘吉尔
回应道，如果方便的话，英国军队可以"穿上你们的制服，他们会很骄傲
这么做的"。

　　罗斯福说道："万岁！"

　　丘吉尔隔天表示同意："好了，全力以赴吧。"

　　进攻要在什么时候打响？起初，罗斯福将时间定在了 10 月下旬。双手
作祈求状的他向马歇尔恳求："请在选举日前发动进攻。"但直到最后一刻，
艾森豪威尔仍在与他的同事们敲定细节，因为在几周内，美国人和英国人就
行动的细节发生了无休止的争吵，最终进攻被推迟到了大选后的第五天——
11 月 8 日。这是罗斯福在战争中的第一次重大军事行动，一次不顾所有军
事顾问反对而下达的命令。

　　对总统来说，这场行动需要胜利。

---

[1] 即艾森豪威尔。

第九章

巨大的坟墓

可能谁也没想到，他会成为所有人生命的主宰者。他既没有宏大的野心，也没有重大的人格缺陷。的确，从几乎每个角度来看，他——爱德华·舒尔特（Eduard Schulte）——都是一个谜，有着骄傲的血统，是个"纯净无瑕"的德国人——严谨细致，有着钢铁般的意志，既上进又神秘，心里埋藏着一个鲜为人道的愿景。这位实业家有着深藏不露的一面，一个会令他的同事和高雅的社交伙伴（一群打着白色领结、穿着燕尾服的男人和披着皮草的女人）震惊的一面。无疑，就连他自己也感到诧异，在纳粹推行残酷暴政的时期，他那难以置信的双手最后竟可能掌控成百上千名无辜犹太人的命运，并影响"最终解决方案"的走向。

他的外形让人过目难忘——身高 6 英尺，肩膀宽阔，步态充满自信，皮肤很苍白，鹰钩鼻，双眸漆黑，流露着悲伤和忧思。他走路时还明显地一瘸一拐，那是一次悲剧性意外的"纪念品"，几乎让他丢了性命。那一次他不小心滑入了一节火车车厢底部，结果不得不接受左脚的截肢，并最终失去了整条左腿。

从他的背景来看，我们大概难以预测到，此人会在"最终解决方案"的剧本中扮演的核心角色。自 17 世纪起，舒尔特家族就一直居住在德国，他的祖父母成长于威斯特伐利亚(Westphalia)的尖顶教堂和绿草如茵的公园里。舒尔特在杜塞尔多夫的童年故居也富丽堂皇，洋溢着贵族气息。他的家族生活在高档餐厅与奢华的娱乐之中，身边的朋友都是杰出的律师、银行家、医生和艺术家。这就是他们的社会阶层，战前经济繁荣的受益者。他们生活在上流名绅之中，包括爱德华在内的晚辈都接受了最好的社交礼仪教育，因此，在爱德华日后的生活中，"高雅和尊严（Anstand und Würde）"是他的座右铭。他的家族热衷打猎，并以此作为周末度假的消遣，舒尔特日后还会买下一片土地，盖起一栋规模等同于小度假村的大型狩猎屋。此外，他们还收藏金表。

舒尔特家族有一群家仆，包括一位厨师、一位管家、一位专职园艺师（每天负责打理植物繁盛的园子）、一位家庭教师和一位保姆（她身材高大强壮，负责给孩子们沐浴，带他们进行日常锻炼）。圣诞节期间，全家人享用牡蛎和香槟的盛宴时，孩子们骑着自己的玩具木马，或兴奋地把玩一大箱结实的、漆绿釉的发条火车。这个家族若不是在当地众多咖啡馆中的一家细细品尝着葡萄干蛋糕，就是去度假，这是他们惯有的休闲方式，虽然只是待在德国——通常是黑森林地区。

在宗教方面，舒尔特的家庭属于新教徒，他们在政治方面趋于保守，因此在一战后，从 1919 年起，他的父母将票全都投给了右翼国家人民党。[1]然而，无论是政治还是宗教，舒尔特家族既不教条，也不主张过分的意识形态；他们远离过度的宗教仪式——即便是在舒尔特自己有了孩子以后，他也没有去过教堂；经常阅读《法兰克福日报》，即德国最知名的自由派报纸之一。而爱德华在童年时代最亲密的一位朋友就是犹太人，这也塑造了多年以后他的人生观。小时候，他俩会一起跳上自行车去探索杜塞尔多夫

---

[1]　魏玛政权期间的保守党，在纳粹国家社会主义工人党上台前，它是德国最主要的保守党和民族主义党。

城（Düsseldorf），交换儿时的梦想和故事。舒尔特从来就不是一个反犹主义者，这是在他那个时代所罕见的。

自青年时期起，爱德华就是一个成功的人。他读《鲁滨孙漂流记》，也为詹姆斯·费尼莫尔·库柏（James Fenimore Cooper）[1] 的《杀鹿者》（The Deerslayer）激动不已，还会久久地沉醉于西奥多·罗斯福在非洲野生动物故事集 [2] 中的大幅光彩夺目的照片。随着年龄的增长，他已经是个准精英人士，是杜塞尔多夫市政中学的优秀模范学生：在那里，他学习拉丁文，然后又转攻希腊语。他能说一口流利的希腊语，能读懂荷马的原著，可以背诵《奥德赛》中的片段。和当时大多数典型的德国人一样，他的英语只能算一般。他展示出了领导能力：很少自夸，能够在必要的时候抽身而退，还能迎合那些在他之上的人，并主宰（或是启发）不如他的人。

当他还只是个孩子的时候，他就经常幻想以后要干什么。他想象自己通过机智的谈判，在危机中找到出路，他也想赚钱，雄心勃勃又一根筋的他想成为富人。不久，他征服了迂腐的德国银行系统，展现出了操纵股票市场的天赋。1913 年春天，取得了政权交易法学位后，舒尔特移居柏林，成为了德国一家规模最大的银行的普通员工。三年后，他加入了普鲁士战争部的供应厅 [3]，虽然还很年轻，却已经负责德国的肥皂生产和销售——一个听起来相当平淡，实际地位却很是显著的职位。他的晋升速度非常快。1917 年，他步入婚姻，育有两个儿子——沃尔夫冈和鲁普雷希特。30 岁时，他已成为阳光肥皂公司的总经理。走到这一步，他可以为自己的好运欢呼了。

然后人生的低谷降临了。当时德国的经济发展放缓，通货膨胀严重，爱德华被解雇了。没有哪一份工作能够吸引他。巴伐利亚的行政部门曾为

---

[1]　19 世纪美国作家，代表作为《皮袜子故事集》（The Leatherstocking Tales，包括《开拓者》、《最后一个莫希干人》、《草原》、《探路者》和《杀鹿者》）。故事赞扬了印第安人的正直，揭露了殖民者的残暴，情节惊险曲折。

[2]　西奥多·罗斯福于 1909 年出版的有关自己在黑非洲历险的故事集。

[3]　专门为政府从事采购工作。

他提供了一个职位，但他拒绝了，不仅仅是因为薪酬不及阳光公司的零头，更要命的是他对蜷缩在政府公文后度过余生的生活毫无意愿。有一段时间，他对一切事物都失去了兴趣，在柏林的街道上打转。直到有一天，他无意中碰到了一位家族朋友。这让他倍感意外，但在朋友的建议下，舒尔特向德国历史最悠久的工业巨头公司吉舍（Giesche）递交了总经理职位的申请，这家公司是有色金属（尤其是锌）的行业领袖。古老、保守又杰出的吉舍公司似乎无处不在，其官方历史可以写满厚厚的三卷书。它还生产陶器和砖块，还有化学品和染料，并拥有一支驳船队和一家玄武岩采石场。《纽约时报》略带夸张地将其称为"世界上最古老的工业企业"及欧洲"最有价值的企业"之一。不到 35 岁的爱德华经过了一轮轮面试，不久之后，他被聘为该公司的负责人。

自一战后，吉舍一直负债累累，无法投入资金完成新矿的现代化。舒尔特精心管理公司，争取到了急需的贷款，并努力建立起与美国传奇金融家艾弗里尔·哈里曼（Averell Harriman）及其巨蟒铜矿公司（Anaconda Copper Mining Company）的合作关系。吉舍的总部设在布雷斯劳（Breslau），[1] 舒尔特举家迁移到那里。此外，公司在波兰的卡托维兹镇（Kattowitz）也设有厂房。

布雷斯劳既是德国东部规模最大、最重要的城市，也是德国最灿烂的文化中心之一，十分繁华。1920 年代中期的布雷斯劳发行着多种日报，到处是精美的巴洛克建筑，夏季有露天音乐会，冬天有室外滑冰场，城市公园里甚至还有白天鹅在散步。它还拥有一所欣欣向荣的大学和一座机场。但就算如此生机勃勃，布雷斯劳仍然比不上慕尼黑和汉堡，更何况世界级的柏林、伦敦或巴黎。这里空气污浊，街道狭窄，大型工厂喷出滚滚黑烟。其周边地区曾繁荣一时，现在却相对贫困，特别是与蒸蒸日上的德国西部相比。此外，随着世界经济日益陷入停滞，许多居民都忧心忡忡。

然而对爱德华来说，他的生活好得不能再好了。他的家人搬进了由公

---

[1]　现为波兰西部最大城市，在二战之前仍属于德国。

司购置的宽敞公寓，有 10 个房间，位于富裕郊区，建筑的风格类似于巴黎、伦敦和柏林的成千上万栋楼宇。住址的地理位置非常优越，每个方向都有学校，而且只要几分钟的路程，还有一个可供全家人打网球的俱乐部，以及一座适宜散步的公园。夏天，他们会去巨人山脉远足。当爱德华去柏林、伦敦、瑞士或是纽约谈生意时，他会住进豪华的酒店套房——在纽约，他住在华尔道夫（Waldorf Astoria），[1] 在柏林，他待在奢华的库伯格宫酒店（Coburg）。他赚了钱，然后将钱明智地投资出去。1929 年的大崩盘让他血本无归，1932 年，锌市场崩溃。然而到了 1935 年，与纳粹政府有所勾结的吉舍又开始充实它的金库，舒尔特再度变成了有钱人。

德国普遍的纯净道德规范让他感觉无比自在。不过，他会嘲笑德国贵族中最常见的吻手礼，奚落黑领带、燕尾服以及吸烟便服。即便如此，既挑剔又虚荣的他还是十分关心自己的外表。他的头发经过精心修剪，以此遮掩就要秃顶的事实；他的牙齿也是东歪西倒，给他带来了无尽的烦恼；他穿着讲究，会在伦敦的旅途中带回最好的面料以定制西服。尽管他缺了一只脚，但看起来不像严重残疾人。在家里，他会击打沙袋，经常练习拳击以强身健体；在办公室，他也常备哑铃。他还喜爱独处和待在自家乡下的庄园里打猎。

他与妻子克拉拉的婚姻是持久的，两人像是组成了一支合作团队。不过他们在很多方面截然相反，他是一个实际的商人，不喜欢理论，克拉拉则是一个知识分子，热爱精神生活，在巴黎大学和伦敦留过学。如果说爱德华保守超然，低调杰出，克拉拉就是热情敏感，也容易伤春悲秋。当他避免出风头时，她却喜欢将自己频频推向众人关注的焦点——在家中壁炉边的聚会上侃侃而谈，她还在布雷斯劳组织了一个沙龙讨论时事。但他们至少有一点是相似的：当他拼命工作，经常一天长达 16 个钟头时，她的日程安排也是同样忙碌——撰写两本历史小说。

---

[1]　希尔顿集团顶级奢华酒店品牌。

爱德华·舒尔特始终是一个德国人，他深切地热爱着自己的祖国，对民主并不抱有太大的热情。他认为，德国在一战中败北是一场灾难，《凡尔赛条约》是丧权辱国的耻辱。但除此之外，言辞简洁又离群的他有意隐藏自己的政治观点。但如果只从表面上来看，舒尔特隐约感觉到自己不再适合1933 年希特勒掌权后的德国。讽刺的是，他一直对上届政府中过高的贵族比例保持怀疑。然而随着德国经济危机的加深，忍饥挨饿的人的名单越来越长，此时，超过 1500 万德国人在依靠福利过活，柏林还出现了世界上最长的一条待分配救济品队伍，占满了整条选帝侯大街（Kurfürstendamm）——对舒尔特来说，德国所面临的已经不再是左倾还是右倾的问题了，而是纳粹党势不可挡的逐年扩张，已经摧毁了两边的党派。

在舒尔特看来，警报无处不在。不同的政见和阴谋在国内蜂拥四起。纳粹的流氓在街上游行。有迹象表明，希特勒的言论经常变个不停。随意动用蛮力打击政敌的现象也存在——不管政敌是真实的还是臆想出来的。有人认为，德国的致命弱点不只是犹太人，而是欺骗、贸易商和外国阴谋。某天下午，当一位波兰工人在舒尔特一家人面前被纳粹冲锋队残忍地活活打死时，舒尔特感觉到了前所未有的震惊。这是盲目肆意的屠杀。然后就是 1934 年 6 月的"长刀之夜（Long Knives）"，希特勒的党羽在当时逮捕并杀害了几十名假想的政治对手。短短几天内，纳粹党卫军和盖世太保——臭名昭著的秘密警察——系统清除了大批政权反对者；很多副总理的亲近官员被谋杀，据说大约有 85 人。令人难以想象的还有被冠以莫须有罪名的副总理，他在家中遭到逮捕，而他的两位同僚则在同一时间被枪决。人们在慕尼黑城外茂密的树林里发现了反对党首席代表的尸体，他那支离破碎的尸首显然是被鹤嘴锄剁成了碎块。整个事态最令人不寒而栗的，大概是内阁和法庭对这些法外处决的纵容，这扭曲了德国几世纪以来的法律。期间，数千人惨遭围捕，只因为他们持有不同的政治观点。

然而，对于大多数德国人来说，尽管纳粹的凶残放纵无度，一切看起来却像是奇妙的新时代曙光，它是一个再生和繁荣的时代，一个人们期待已久的德国复兴和发展的时代。赤贫和极富间的差距在缩小，人们也迸发出了爱国热情和全面的资源动员。大多数德国人欣喜若狂。他们觉得新政府不受陈腐的情绪、过时的策略和旧贵族政权无效的管理方式束缚。他们认为，这是一个注定要持续千年的时代。当旧国家处于一贫如洗、四分五裂的崩溃边缘时，纳粹开始打造单一民族的国家。外国人可能会无情地讥讽希特勒，却没有哪个政治家能像他一样，知道该如何吸引德国人心中的怨恨。众人欢呼雀跃。

但舒尔特没有。日益疲倦和沮丧的他断定，纳粹比"土匪"好不到哪里去，这些怪物会"毁了德国"。但随着厌恶而来的是谨慎，因为狂热的纳粹拥护者到处都是。他在吉舍的大部分同事都踊跃支持纳粹，家里的园丁和清洁女工亦如此。他担心自己的孩子最终也会变成这样。他们被逼加入了希特勒青年团。他还知道，如果不小心流露了自己的想法，纳粹政府将在他周围织起紧密的网，他越是挣扎着想要得到自由，亦或说越是说出自己的想法，就会愈发无法逃离。到这个时候，就连他最亲密的朋友也不知道他心中暗涌的强烈情绪了。

因为这些顾虑的关系，他的选择似乎很有限。周围的人在议论，只有希特勒的参与才能建立起一个良性的政府，而非相反。还有一些人说他是德国的富兰克林·罗斯福，能够感受到人民的脉搏，真正激发民众的力量，维护他们的利益。诚然，有时候纳粹是既代表生命也代表死亡的先知，既是进步的先驱，也是中世纪式恐怖的锻造者，然而这一切难道不是为了国家的福祉？舒尔特并不以为然，但他闭紧了双唇。

随着时间推移，纳粹党的铁腕越发强势。国内没有任何能够威胁到纳粹党的愤怒浪潮，也没有来自中心内部的强烈冲突。希特勒开始加速前进。他消除了失业，建起宏伟的新高速公路，并举办了奥运会，同时还开始重整军备。他塑造出一副和平使者的形象，并在国内收获了一批拥戴者。不过，他也毫不掩饰自己是在向德国人民高谈阔论，而非征求他们的意见；有时他是在强迫他们，而不是说服他们；他给他们说故事，而非事实。然而，德国人民似乎都沉醉于他的承诺和征服，愉悦地追随他。那段时期，整个国家都兴奋陶醉，似乎拥有了巨大的创造力。对于纳粹来说这是一段令人兴奋的日子，一个具备了高度目的性和创造力的时期。希特勒的外交手段将德国人重新团结在了一起，他的军队在为战争带来革命——即著名的闪电战——并将欧洲国家归入纳粹的轨道。随着时间的推移，希特勒的胜利将使德国人的足迹从莱茵河畔扩展到奥地利，从捷克斯洛伐克到波兰，甚至直到巴黎。

大多数情况下，舒尔特会对任何反政府的激进主义感到焦虑：一切都太危险了。可以肯定的是，有那么几次，他在妻子克拉拉面前暴躁地抨击纳粹，然而在面对外界时，他不得不加以掩饰。他像变色龙一样去适应不断变化的世界。尽管如此，那些岁月对他来说还是无比痛苦。

实际上，他从一开始就在清楚地观察希特勒。1933 年的一天，德国竞选活动接近高潮，纳粹党徽被贴满电线杆。当天他应邀前往赫尔曼·戈林的私人住宅，同德国银行精英、工业巨头以及政府官员一起参加一场特别会议。纳粹需要资金。

参会的有克虏伯钢厂，[1] 联合钢铁公司的总裁也在，还有法本公司的负责人。戈林在著名的总统府里主持了这场会议。他是第一次世界大战中的王牌飞行员，也是德国下议院中——即德意志帝国议会——希特勒手下最富魅力的公众面孔。大部分受邀者的座位是精心排列好的，他们对即将开始的会议满怀期待。元首让大家等待了 15 分钟，然后大摇大摆地登场了。他同所有人握手，与舒尔特也握了手，随后发表了激烈的言论，关于迫切需要重整军备，关于自由主义的邪恶，关于布尔什维克主义与社会主义的"双重陷阱"。他说，他将让国防军恢复其昔日的辉煌。他还厉声指出，德国需要"新精神"和"新政治制度"。说到这里时，他停了下来，好让听众充分理解自己的暗示。他无耻地抨击执政联盟中的一些政治伙伴——即右翼德

---

[1] 19 到 20 世纪德国钢铁业中规模最大的公司，在二战时成为全世界最主要的军火生产商之一。

国民族党人士。这些人，他强调，将必须为国家社会党让路。他的暗示似是而非，晦涩地表明，到那时可能有必要"武装夺取"政府。然后他离开了会场，就像一开始的匆忙入场一样。随后，戈林对在场的人宣布了一个惊人的消息——接下来的选举，也就是 1933 年 3 月，将会十年里的"最后一次"选举，甚至也可能是一个世纪里的最后一次。

已呼吁过"企业家全力支持元首"的狂热实业家古斯塔夫·克虏伯·冯·波伦（Gustav Krupp von Bohlen）[1] 站起身来，宣誓为国家捐献 100 万马克，其他人则谄媚地许诺要捐出 200 万甚至更多。至于舒尔特呢？他一直沉默不语，尽他所能地去消化希特勒漫无边际的独白。当他会后步入自己的豪华轿车时，他不禁觉得希特勒是个"胡言乱语的疯子"，他在把德国，甚至是整个世界带往毁灭的道路。不出所料，纳粹党召集了其十年内的最后一次议会投票。舒尔特最担心的事情变成了现实。

1938 年，愈发感到孤独离群的舒尔特向吉舍请了长假，一连在国外呆了好几个月。在一个温暖的 7 月午后，舒尔特在伦敦的希思街与朱利叶斯·施洛斯（Julius Schloss）闲逛，后者是他的老朋友和商业伙伴，已经开始着手移民英国。当时街上满是乱转的人群，两人便缓步走入一家当地酒吧——杰克·斯特劳城堡。施洛斯对希特勒没有好感，非常突然地，舒尔特决定表达自己的想法。大战在即，舒尔特说道，吞并奥地利只是个开始，捷克斯洛伐克将下一个目标，然后会是波兰和其他国家。施洛斯不以为然，他觉得德国的军官和银行家会尽一切可能来阻止战争。舒尔特摇了摇头：不会，希特勒已经恐吓过反对派，德国人民都顺从地站在他身后。

德国不会有所节制吗？施洛斯问道。

不会，舒尔特说，希特勒已经狡猾地藏起了他的"终极目标"。

两人都沉默了。舒尔特又开了口，如果他是个犹太人，他如是感叹，他会登上下一班火车离开德国，越快越好。不过，他又叹了口气，但他是

---

[1]　克虏伯公司的负责人，1945 年在纽伦堡接受审判。

德国人，他的家人在那里，他所珍视的一切也在那里。他不能忍受自己住在纽约、巴黎或者伦敦。

挣扎一番后，他坚持自己将留在德国，直到"苦涩的结局"来临。

但在"水晶之夜"的屠杀事件之后，在奥地利被接管——所谓的德奥合并之后，在捷克斯洛伐克惨遭蹂躏，波兰被击垮，丹麦、挪威、荷兰、比利时和法国都被占领之后，"苦涩的结局"似乎的确苦不堪言。身在柏林的舒尔特慢慢地消化着这些残酷的事件。到了 1940 年，这些事情对他来说已不是荣耀，而是从德国的每个毛孔里渗出的鲜血。在希特勒铁拳挤压下的大陆呈现出一幅令人惊恐的画面。在狂热纳粹分子的包围下他感觉孤立无援，沮丧郁闷，毫无归属感。那些身穿褐衫、好勇斗狠的纳粹党徒势力一天天壮大，元首强有力的神秘形象也在一分一秒地膨胀。在接下来的岁月里，舒尔特在不断加深的恐惧中看着纳粹扩充军备，屠戮批评者，焚烧书籍，建立集中营，看着纳粹支持者们发出尖叫的嘲讽，当然，还有灾难性的战争。

然后，海因里希·希姆莱出席了一场至关重要的聚会。

可笑的是，舒尔特被放在了战时准备的显要位置。位于上西里西亚地区的吉舍波兰分部被德国视为"重要的军工厂"，因而舒尔特在纳粹行列中的地位即刻得到了提升。舒尔特在吉舍的副手奥托·菲茨纳（Otto Fitzner）是一个狂热的纳粹分子。外表英俊、野心勃勃且工作勤奋的菲茨纳既是经验丰富的工程师，也是第一次世界大战的老兵，他迅速搭上了德国新秩序的快轨。通过仔细的谋划，他在纳粹内部急速升迁：先是成为纳粹褐衫党徒的高级指挥官，然后又被调到党卫军，接下来又光荣地成为海因里希·希姆莱的部下，负责领导经济部中的金属工业分支。现在他又接到了一项尤为重要的任务，作为上西里西亚省民政局的负责人监督该地区。菲茨纳竟然还与阿道夫·艾希曼见了面，成为事先得知驱逐犹太人计划的德国人之一。很少有人会质疑他是如何获得第三帝国内的某些敏感信息。然而，纳粹高级军官不了解的一点是，作为企业家的菲茨纳有一个致命弱点：他很爱自吹自擂。他还自以为舒尔特也同他一样，是狂热的纳粹分子。不知不觉间，菲茨纳成为了舒尔特在整个战争期间的信息管道。

舒尔特也有其他渠道。他在下西里西亚省有一位朋友，此人曾是出售梅赛德斯汽车的戴姆勒-奔驰公司的高级主管，后来被任命为党卫军长官。通过吉舍，他认识了一些高层的德国军官。在战时喧嚣的德国首都，他也结交了一批位高权重的朋友。在柏林的夜总会中，他与外交官和将领称兄道弟，把酒言欢。虽然纳粹政权倾向于保密，闲话在喧嚣的战争中仍然是常见的交流。对于舒尔特来说，将事实从虚构中剥离出来是一个更大的挑战。

舒尔特收集信息的决心很快就变成了一种不可遏止的欲望，这种欲望很快又转变成行动的要求，他为自己创造出一个戏剧性的角色：暗中削弱纳粹政权。

舒尔特冒着极大的风险将纳粹的秘密送往西方。他频繁地访问瑞士，并借此将他对情况的评估和德国的计划，外加一些蜚短流长传达给波兰特勤局，而后者又会通过秘密的无线电发射器或是外交邮袋将信息传递给英国。从那里，消息又会被传达给华盛顿的美国人。

这些信息有多重要？可以肯定的是，舒尔特不过是成百上千的线人之一。但很快，他将成为最重要的一位——只要美国和同盟国愿意倾听。

在德国境内时，舒尔特经常会抱着自己的收音机，听断断续续的BBC新闻，虽然一旦被盖世太保发现，他可能会被处以极刑。在压力之下，他变得喜怒无常，高度紧张，但仍然充满决心。他在瑞士时，传达了《苏德互不侵犯条约》[1]的重要消息。他转述了德国正在大规模准备"巴巴罗萨行动"

---

[1] 1939年第二次世界大战爆发前苏联与纳粹德国在莫斯科所秘密签订的互不侵犯条约，目标是初步建立苏德在扩张之间的友谊与共识，并导致波兰被瓜分。条约也称为莫洛托夫—里宾特洛甫条约。

的信息。他还就德国工业对原材料的依赖做出了评估，甚至还侧面评论了希特勒与其将领的关系。

不过，最令人震惊的消息来自于波兰偏远地区的一场晚宴，十分偶然地被他捕捉到了。该信息的暗示是惊人的。数百万人的生命危如累卵，就在他获取这个消息的时候，他自己也身处险境。

1942 年 7 月 17 日上午，在办公室中的舒尔特于报纸中搜索着信息，并思考着从前线传来的消息。此时正值著名的德国将军埃尔温·隆美尔在阿拉曼苦战中排兵布阵，迎战英国的蒙哥马利将军，德国的前锋部队已经大步向东推进，到达苏联的顿涅茨河（Donets River），罗斯福也切断了与德国结盟的芬兰的外交。正当舒尔特要召唤秘书时，他的副手缓步走入办公室，带来了一个惊人的消息。党卫军的头领海因里希·希姆莱，也就是希特勒第三帝国最令人生畏的人，在该地区有"重要事务"要处理。舒尔特僵住了。希姆莱被称为天才组织者，他是来吉舍视察工作的吗？菲茨纳向他保证说不是，相反，他是来参观"奥斯维辛"的——这座规模空前的恐怖建筑，只需要希姆莱挥一挥手或动一动指头就能修建完成。对舒尔特来说，这令人费解：奥斯维辛并不是什么重要的地方。

舒尔特对这个问题思索得越多，就越觉得它没有意义。诚然，上西里西亚地区的东部工业活动繁盛。被大幅减税和使用大批奴隶工人赚钱所吸引，煤矿、合成燃料厂和橡胶厂，以及数百家其他军事和工业厂房都从德国迁至该区，吉舍本身也是受益者。但奥斯维辛呢？作为神圣罗马帝国的一部分，奥斯维辛是一个不起眼的小镇，前身可追溯至 1804 年的一家酿酒厂，并以社会疾苦和悲惨的经济状况出名。它位于沼泽地边，疟疾肆虐，还有一个集中营。但据舒尔特所知，一战时，那里主要是一处奥地利占领的旧要塞，只有 22 栋斜顶的砖房和 90 间营房，现在则用来收容俄国战俘。

有一样东西它确实还有，那就是重要的铁路枢纽，位于环绕卡托维兹的煤炭开采区域以及别尔斯科的工业区之间，直接连通克拉科夫和维也纳。除了交通连接，它还有一大便利：易于与世隔绝。但舒尔特对此一无所知，而且就算他知道了这些，也不会将它们拼凑在一起。

$\sim$

舒尔特也不会知道，希姆莱，这个矮胖且病态的前养鸡户会成为操控整个纳粹集中营系统的人物，而且会变成除希特勒外，造成史上最多死亡人数的人。他固执己见且心计深重，心狠手辣又心地狭隘，离希特勒虚构的雅利安精英形象相距甚远。他有一张猫头鹰般的脸，下巴凹陷，视力也很不好，姿容很是糟糕。他是一个臭名昭著的抑郁症患者，伴有经常性胃部痉挛和剧烈头痛，为此要吃一大把各种各样的药。

希姆莱生于 1900 年，起先走在完全不同的人生轨迹上。他的父亲在慕尼黑著名的威廉文法学校教授拉丁语和希腊语，希姆莱本人也是一个认真勤勉的学生，会躲在房间里幻想骑士精神和十字军东征的丰功伟绩。一战到来时，他于 1918 年踊跃报名加入巴伐利亚军团，渴望成为战争的一部分，看着刺刀不断劈向每一座丘陵、每一条山脊和每一个山顶，德军的血液浸透战地。但让他无限懊恼的是，他没有见识到任何行动——他所在的军队从一开始就被遣散了。同样令他失望的是颜面无存的君主制，眼下正颤抖着走向瓦解。

战后年代一片混乱，随着通货膨胀和失业率飙升，希姆莱父亲的经济状况受到了严重影响，希姆莱无法继续在慕尼黑大学的学业，结果不得不拿着一张农业文凭，在一间人造化肥厂里找了一份平庸无奇的助理工作。他在一年之内就辞了职。后来，希特勒找到了他的使命，希姆莱也一样——成为职业纳粹。

他立马就抓住机会，再次穿起了制服，哪怕只是在周末。他加入了德国战斗联盟，即辅佐希特勒发动慕尼黑政变但未遂的狂热准军事组织。这一年是 1923 年，在此期间，他与父亲闹翻了，后者将纳粹视为"下层阶级的暴徒"，他与母亲的关系也很僵。被禁止活动的纳粹党被迫转入地下，希姆莱很快就报名加入，成为一名通讯员。

同时，在无所事事的闲暇时间里，他将毫不相干的肤浅知识甚至是偏执妄想拼凑成一个哲学世界观。他通过研究占星著作寻求指导，阅读了大量反犹太人作品，还热心钻研巫术和巫术实验。他爱上了一个有着闪闪发光的蓝眼睛和丝绸般金发的护士，玛格丽特·博登（Margarete Boden），比他年长八岁的她信奉一句格言："犹太人永远都是犹太人！"放在其他任何一个欧洲国家里，他最多只会成为一个有知识的怪人，那种带着从乡村市集的投币机里掉落的——或是从疯癫的种族主义者那里得来的——想法的人。1928 年，他在慕尼黑郊区开设了一家小养鸡场，养了 50 只下蛋母鸡，但项目从一开始就失败了。母鸡几乎不产蛋，他手头拮据，婚姻也遭遇危机，靠着纳粹党每月 200 马克的微薄工资挣扎度日。现在他是纳粹宣传副手，鄙视民主，是一个狂热的反犹主义者和极端的民族主义者。

1929 年，希特勒提拔他为党卫队的副队长，即所谓"保护队"，职责是保护纳粹高层的安全。这个时候的德国，背叛无处不在。希姆莱在"长刀之夜"发动了一场臭名昭著的谋杀，针对纳粹的两名精神导师格雷戈尔·施特拉塞尔（Gregor Strasser）和恩斯特·罗姆（Ernst Röhm），希姆莱曾经是他们的忠实信徒。抓住机会的他将党卫军建成了一个种族贵族帝国，20 多万名队员对他的每一次心血来潮都言听计从。希姆莱巧妙地操纵着，通过种种解雇和花招，打入了希特勒的内部圈子。现在，他的一个眼神就能化成寒气逼人的敲门声，或是毒气室里令人无法忘怀的威胁。有一次，他甚至对希特勒吹嘘，如果后者命令他射杀自己的母亲，他也照做不误，而且会"对自己的信心倍感骄傲"。难怪自负的希姆莱党卫军会在帽子印上骷髅徽章。

他不仅自命不凡，飞扬跋扈，也十分特立独行。在 1929 年的纽伦堡大会上，他告诫每一个当地党卫军首领，他们的行李中要带上足够数量的衣刷。狡猾又好说教的他还涉足种族理论，比如党卫军未来妻子的"遗传健康"，并亲自审查每一张党卫军申请人的照片，用放大镜识别任何可疑的种族特征。就算如此，他并没有将自己视为怪兽或恶魔，甚至也不是没有灵魂的技术官僚，他将自己看做是英雄的爱国者和体面人，强调处决犹太人的任务是祖国无法避免的"全面清洗"职责。他也是一个狂热的自然崇拜者。尽管他对自己的妻女和养子不管不问（还另生了两个私生子），他总是摆出一副尽心尽责的柔情父亲的形象，因此大家都亲切地称他为"Heinie"（德国大兵）。他坚持认为处决犹太人是对祖国的"彻底清洗"，是无可避免的职责。为了与他扭曲的信条保持一致，他还坚持党卫军要"体面地"杀人。内心沸腾着意识形态仇恨的希姆莱明确地区分了两种杀害犹太人的行为动机，"政治动机"和"自私、施虐或性侵犯动机"，他认为前者是合法的，后者则属于过失杀人或犯罪行为。但不管他是否曾就此向手下咆哮或是大声咒骂，他一生的基调都是狡猾、狂热和野心勃勃——还有死亡。

在舒尔特仍对希姆莱出现在奥斯维辛感到困惑不解时，希姆莱正忙碌于自己的种族灭绝产业化机制。

对希姆莱来说，1942 年 7 月最初几周的工作似乎无休无止。他从柏林向党卫军头领和中将（德国警察部队负责人）发来重新安置的秘密指令。他召集会议，与集中营视察团的负责人以及党卫军少将（将作为医院的负责人）会面，讨论在奥斯维辛进行犹太人医学实验，希姆莱警告这是"最高机密"行动。他还必须做出一系列的任命，如委派鲁道夫·胡斯为奥斯维辛集中营的指挥官，然后亲自视察营地。

1941 年 3 月 1 日，他曾经造访过那里。当时，他的兴趣盎然令人十分惊讶，因为他此前从未显示出对集中营的丝毫关注，甚至还在 1940 年 10 月取消过一次视察。尽管如此，他还是下令扩张集中营到可容纳 3 万名犯人的规模，并建造了更大规模的营地，也就是日后的比克瑙集中营。1942 年 7 月 17 日，这是个阳光灿烂的温暖日子，他乘坐黑色敞篷梅赛德斯跑车，带着庞大的随从队伍，第二次访问奥斯维辛。他得到了国家元首般的接待，他停下了脚步，对正在演奏捷克歌剧著名咏叹调《被出卖的新嫁娘》（*The Bartered Bride*）的集中营乐团致以满意的微笑。一个犯人震惊地注意到，希姆莱举手投足间的优雅和魅力简直和人们在一场英国花园派对中所看到的一样。

就在那一天，态度冷漠的他半带依稀厌烦的神情，半带些许被逗乐的神情观看了毒气室从开始到结束的完整流程。建筑师自豪地展示工作时，他徘徊着，审视现有的毒气室及其扩建施工现场——一组更大、更新的毒气室和一处用来处理尸体的火葬场将实现旧系统性能的巨大提升。（在旧系统中，焚烧过的尸体会被埋入巨大的坑中，雪化和雨后，腐烂的尸体会从土中露出来，如同僵尸复生一般。）接着，他大步来到奥斯维辛火车站台前，鼻梁上那副无框眼镜在阳光下闪闪发光。在那里，他听到了一声嘹亮的汽笛声，两辆载满荷兰犹太人的火车到站了。他看着党卫军医生对犹太人的命运进行裁决：有劳动能力的男女在殴打中被赶入营房，其余的人则被划向死亡。他看到赤裸女人的头发和身体的毛发被一丝不苟地剃光，然后毛发被仔细地塞入麻袋，作为豪华床垫的填充物在德国出售。他看到包括老人、病人、体弱者和儿童在内的 449 人被塞入 2 号碉堡，然后门被封死。通过观察窗，他看到他们开始大声叫喊和抓挠，在死前留下满地的呕吐物和排泄物。希姆莱看着这一切发生，没有说一句话，也没有表现出任何悔恨的情绪。20 分钟不到，一切就都结束了。

随后，他完成了余下的行程，参观正在建设的大坝、农业实验室、农场种植园、药草园以及实验工厂。他在医院大楼内停留，简要地了解了几天前才下令进行的医学实验，其中包括用 X 射线阉割男性和通过注射对妇女进行绝育手术。他花了大量时间与集中营医生讨论高居不下的死亡率问题，以及因卫生设施不足、饮食缺乏和难以忍受的拥挤而在囚犯中持续传染的疾病。希姆莱既没有表现出任何兴趣，也没有显示出任何同情。他视察了生活区和厨房，甚至爬上塔楼去查看排水系统。然后，他参观了法本公司的合成橡胶厂和油厂布纳（Buna）。

当天晚上，心满意足的希姆莱在奥斯维辛吃了晚饭，然后动身前往吉舍的别墅。

晚饭时分，希姆莱与上西里西亚省的纳粹党首领弗里茨·布拉赫特（Fritz Bracht）一同坐下，此外还有集中营最高指挥部的众多官员。餐桌上摆满了充足的食物，而以自己"最光辉的形象"示人的希姆莱与德国军官就事业和家庭愉快地聊着天，仿佛刚刚从一场体育比赛中归来，而不是毒气室。甜点上了桌，最后的饮料也被一扫而空，一班人马便再次爬进他们的梅赛德斯轿车，消失在卡托维兹旁一座迷宫般的松树和桦树林中，前往一栋典雅别墅，也就是布拉赫特现在的住所。舒尔特的吉舍公司是别墅的拥有者，别墅就像一座巨大无比的芬芳花园，有光线充足的高大窗户，还有明净蔚蓝的地面游泳池和高尔夫球场——在战时都是少见的设施。屋内有用深色红木嵌板及抛光地板装点的会客室、休息室和餐厅。大门敞开了，客人们鱼贯进入：男人们穿着制服，为数不多的几个女人佩戴珠宝，身着精美华服。希姆莱给自己倒了一杯红酒（这是一个罕见的举动），并点燃了一根雪茄，然后开始接受"朝拜"。不管怎么说，他都处于个人的魅力巅峰，一点儿也不高傲冷漠，相反，他引导了一场包罗万象的谈话，从儿童教育到房屋新风格，再谈到自己在战线上的巡查。

在那里，也许是第一次，希姆莱公开与嘉宾谈论起（保证已经避开了女士们的耳朵），要在奥斯维辛进行更大规模的建设。不仅如此，他和客人还公开讨论起希特勒的计划，即有计划地杀害欧洲及以外地区的所有犹太人——直到最后一名男子、女子和儿童倒下。

第二天，希姆莱回到营地，小心翼翼地穿行在专门整理犹太死刑犯财物的地方，之后，他满意而冷酷地观看一名犯盗窃罪的营地妓女裸露背部，接受鞭刑。他鼓动胡斯中校，告诉他必须立即着手建造升级的火葬场系统。他警示，会有更多的犹太人大批到来。事实上，从来就没有一刻停歇——犹太人源源不断地从法国、斯堪的纳维亚、比利时和巴尔干半岛被运往奥斯维辛集中营，最终，还将有匈牙利犹太人。

临走前，他确保自己同胡斯的妻子和孩子们亲切地交流了几句。第二天回到柏林后，也就是 7 月 19 日，他向克拉科夫的弗里德里希·威廉·克鲁格（Friedrich Wilhelm Kruger）指挥官发出紧急指令，"全体犹太居民的重新安置"必须于 1942 年 12 月 1 日前完成。在那之前，华沙的犹太贫民窟——一块狭小的区域，长约 2.5 英里，宽约 1 英里，之前只住了 16 万人——还是挤进了 40 万人。而希姆莱一声令下后，每天都有 6000 人被聚集起来——向东方流放。

一周半之后，有关希姆莱的晚宴及消灭欧洲所有犹太人的计划传到了舒尔特耳中。他惊呆了。消灭他们？所有人？这些数字不可思议。直到那时为止，每次希特勒谈起犹太人，舒尔特的理解一直是，比如，犹太人会被重新安置在马达加斯加这样的地方。虽然整个德国可能都对希特勒受害者的哭声装聋作哑，舒尔特却没有。

就在那一刻，他决定登上下一班前往苏黎世的火车，将这一致命消息通过某种方式告诉同盟国，并希望它能尽快传达给富兰克林·罗斯福。

对舒尔特来说，他是在和时间赛跑。

截至目前，舒尔特仿佛就是一家巨大影院里的观众，看了一场可怕的

1936 年，阿道夫·希特勒在柏林得意洋洋地检阅仪仗队。

1938 年 11 月 9 日—10 日的水晶之夜，是纳粹政权即将对犹太人发难的第一个令人毛骨悚然的信号。众多犹太教堂在人们惊恐的目光里被付之一炬，图为其中之一。

1941 年，随着对苏联领土的占领，纳粹开始集体处决犹太人。图为党卫军冷眼旁观一名乌克兰犹太人被处决。

1942 年，纳粹在万豪别墅（Wannsee Villa）极其秘密地制定了系统化、产业化地大规模屠杀犹太人的计划：最终解决方案。计划提交后，德国人去图书馆啜饮雪莉酒。

通往奥斯维辛正门入口的火车轨道。

1942 年 7 月 17 日，海因里希·希姆勒（左数第三位）和旁边面朝镜头的鲁道夫·胡斯视察奥斯维辛旁边的莫诺维茨 – 布纳集中营。

格哈特·里格纳。与一位地位颇高的德国工业家爱德华·舒尔特秘密会晤之后，1942 年 8 月，里格纳写了一封至关重要的电报，向罗斯福与美国政府发出欧洲犹太人即将面临大屠杀的警告。

自 1940 年 6 月起，布雷肯里奇·朗和美国国务院设置了一重又一重的障碍以阻止犹太人进入美国境内，这相当于宣布了他们的死刑。财政部长亨利·摩根索一度夸张地告诉朗："坦白说，布雷克，种种迹象表明你是反犹主义者。"

史蒂芬·怀斯拉比（右一），罗斯福的亲密伙伴和美国最杰出的犹太人之一，对犹太人的命运"悲伤到发狂"。他在背后督促白宫做更多努力。照片中他正在召集一场 4.7 万人的集会，以激起公众对于欧洲犹太人遭受迫害的关注。

扬·卡尔斯基，波兰地下党成员，他曾秘密潜入死亡集中营之一并亲眼目睹了纳粹针对犹太人的暴行。1943 年 7 月，他与罗斯福见面约谈，深刻影响了总统的看法。然而，波兰大使说，总统并没有给出任何实际行动的承诺。

亨利·摩根索，美国历史上第二位进入内阁的犹太人。多年以来他都不愿意在罗斯福面前提到犹太人的问题，但面对最终解决方案令人警醒的事实和行政部门漠不关心的态度，他决心不再顾虑自己所珍视的与总统之间的友谊。1944 年 1 月，他向罗斯福提出激烈的抗议，指责美国政府对"犹太人大屠杀的纵容"。

1944 年 1 月，罗斯福仓促创立战时难民事务委员会。图为国务卿科德尔·赫尔、摩根索以及战争部长亨利·史汀生共聚此处与执行主席约翰·佩勒进行会晤。委员会将拯救至少 20 万人的生命，摩根索为此发出悲叹，委员会创立之前那"可怕的 18 个月"的延误时间。

1944 年春天对匈牙利犹太人的毒气室屠杀是这场战争中最恶劣的单次屠杀事件，执行速度快到可怕。照片中他们正在斜坡上被挑选送往奥斯维辛—比克瑙。人道主义者们，包括最终加入的战时难民事务委员会在内，都在强烈呼吁白宫下令轰炸死亡集中营。

瑞典特使 拉乌尔·瓦伦伯格，战时难民事务委员会 1944 年 6 月派他前往匈牙利，不计代价地拯救那里的犹太人。他甚至当面威胁党卫军官员，如果他敢执行处决犹太人，他的尸体就会"挂在灯柱上"。瓦伦伯格是为欧洲犹太人利益斗争的一个足智多谋的人道主义榜样——这种足智多谋已经在美国政策中多年难觅了。

德黑兰会议上的富兰克林 D. 罗斯福、约瑟夫·斯大林和温斯顿·丘吉尔，伊朗德黑兰，1943 年 11 月 29 日。三巨头在这里达成了 1944 年的战略决策——春天里在法国开启第二战线。

德黑兰会议后，富兰克林·罗斯福与德怀特·艾森豪威尔将军和巴顿将军在西西里。在这场战争最重要的决定之一里，罗斯福简单地告诉艾森豪威尔："艾克，你来指挥'霸王行动'。"

1944年，盟军最高指挥部在英国计划"霸王行动"，会议充满了紧张而焦虑的各种问题。6月4日，天气出了问题，一位将军评论道："这是一场可怕的赌博。"艾森豪威尔随后发出命令："好吧，我们出发。"

1944 年 6 月 5 日，艾森豪威尔召集接见 101 空降师的士兵们。他直言不讳地大声吼道："去干掉他们。"

1944 年 6 月 6 日上午七点半，美国大兵们在奥马哈海滩从登陆艇上跳下，涉水登岸。盟军伤亡惨重，德国人的炮火永无止歇，而大兵们一直在奋力前进。

犹他海滩，滑翔机在持续向盟军部队输送供给。

盟军部队继续在犹他海滩向前推进，一个星期里已经有超过 30 万的增援抵达法国。但德国人还是想方设法继续坚守了超过 11 个月的时间。

1944 年春天，盟军基本掌握了制空权，许多德国城市化为如照片中路德维希港一般的废墟。也是在这个时候，关于轰炸奥斯维辛的争论逐渐激烈起来。

战争助理国务卿约翰　麦克洛伊（左）驳回了所有轰炸奥斯维辛的请求，以及营救濒临灭种的犹太人的军事努力。摩根索为此斥他为"犹太人的迫害者"。

解放奥尔德鲁夫和其他纳粹集中营的美国人，看到了再多准备也无法接受的可怕景象。图为1945年4月4日，艾森豪威尔和他的将军们在奥尔德鲁夫查看囚犯们烧焦的尸体。巴顿将军出现了严重的生理不适，呕吐了。下图是像木材一样堆积在一起的奥尔德鲁夫的囚犯尸体。

1945 年 2 月 9 日，温斯顿·丘吉尔、富兰克林·罗斯福和约瑟夫·斯大林在里瓦几亚宫雅尔塔会议上讨论战后世界格局。罗斯福承认他比以往任何时候都想用"更嗜血"的手段来对付德国人，但他的注意力集中在联合国的创建上。他的健康恶化显而易见，此时罗斯福已经只有两个月可活了。

电影。但现在他不再是了。1942 年 7 月 29 日，他在布雷斯劳悄悄地登上了火车，然后安稳地坐进了他的头等车厢，当火车稳步向南开去时，坐在车厢里的他错愕不已。那里并不像是战时的德国和波兰，和科隆（Cologne）一样被 1000 架英国飞机摧毁，或像但泽（Danzig）[1] 那样遭遇盟军的无情空袭。相反，路上的景观都相对完好。火车经过了风景如画的白色村庄和高大的松树林。在伯布林根（Böblingen）[2] 和海伦贝格（Herrenberg）[3]，能看到树木、果园、绵羊和牧场。在埃宁根（Ehningen）[4]，还能看到有洋葱形高塔的精美教堂。路过邦多夫（Bondorf）和内卡劳森（Neckarhausen）的时候，火车平行移动至一条空铁轨上，然后沿着内卡河（Neckar）[5]前进。

到辛根（Singen）[6] 的时候，火车停了下来，列车长宣布，所有人必须下车，以通过边境管制。

会有麻烦吗？

乘客们一个接一个地爬出火车，然后被引向车站里一个不起眼的房间，屋内的两名警察在仔细检查他们的护照。海关检查花费了大约 20 分钟，然后，乘客又重新登上火车。他们的头顶上，天空突然变暗，舒尔特望向莱茵河和瑞士边境，天气转为多云。即使是在阴天，拥有自然隐世和美丽山谷的瑞士，也有一种与战争格格不入的健康和自由的氛围，崎岖的山峰直冲云霄，空气像是颜色与美好气味的旋涡。

不久，舒尔特就看到了在一座小木屋顶上随风飘扬的瑞士国旗。他很快就要到达目的地了。

---

[1]　波兰港口城市。
[2]　德国巴登—符腾堡州的一个县。
[3]　斯图加特南部的小城。
[4]　与内卡劳森及邦多夫均为德国巴登—符腾堡州的市镇。
[5]　莱茵河的第四大支流，始于黑森林东部。
[6]　位于德国巴登—符腾堡州的最南端。

在火车前进的过程中，舒尔特一直忍不住在想，盖世太保会因为他将要做的事情追捕和绑架他，或者是杀了他。但此时火车已抵达苏黎世中央火车站，行李员将他护送到豪华轿车里，舒尔特知道他已不能回头。汽车飞驰着经过苏黎世的优雅商店和最大的银行总部，然后向右转弯，以缓慢的速度开到了宾馆门口。酒店经理热情洋溢地迎接舒尔特，并陪同他来到惯住的套房，那里能看到波光粼粼的绚烂湖景。套房的墙壁上饰有挂毯，公共空间里则嵌满了都铎镶板，舒尔特的房间里，一瓶插花和一瓶红酒在等着他。

舒尔特拿起了电话。现在是午后3点。

即便是在中立国瑞士，几乎也没有人怀疑这里属于战时大陆。虽然现在是旺季，除了身着制服的男子在来回踱步，街上仍人烟稀少得有些诡异——现在可是大中午。到处都在实行配给制度。一些较小的商店已经关门停业，许多大型企业也经营惨淡——比如入住率只有旺季十分之一的酒店。这儿汽油短缺，肉类也供不应求。当然，就和在欧洲的其他国家一样，这里晚上也会停电。不过城市周围仍布满了美国文化的印记，像一个征兆——舒尔特下榻酒店的不远处，米基·鲁尼 (Mickey Rooney)[1] 的一出喜剧正在上演。

舒尔特在思索该向谁转达他的信息。那个人必须小心谨慎，否则舒尔特会遇到生命危险，同时他也要有必要的关系网和影响力，还得拥有与舒尔特自己一样的危机感。波兰人、瑞士人、美国人……舒尔特在自己广袤的关系网中反复翻找着各种名字。最后，他认为，此人必须与美国的重要

---

[1] 20世纪美国著名电影演员和艺人，曾获得4次奥斯卡奖提名，并获奖1次。

犹太人机构有所关联，那样他就可以将信息送到白宫。

他与一名在高级金融圈中身居要职的犹太人安排了会面。

那天晚上，舒尔特与一位名叫多丽丝的犹太女人一起吃饭，那时他与她坠入了爱河。点菜的时候，多丽丝注意到了他脸上的痛苦神色。舒尔特只是简洁地回答："遇到一些困难。"

第二天早上，舒尔特与他的联系人见了面。他直奔主题，将希特勒消除欧洲所有犹太人的罪恶计划和盘托出。不是数千人，不是数十万，而是第三帝国掌控之下的每一个男人、每一个女人和每一个孩子。他敦促联系人立即将这一讯息转达给美国犹太人的领导组织以及美国政府。他强调，如果不立即采取行动，犹太人将会被灭绝。纳粹已经建成了一个规模庞大的火葬场，并计划将三四百万犹太人运往东部，用氢氰酸的毒气杀死他们。他还强调，这一信息的源头来自纳粹政权上层，绝对可靠，所以也是保密级别极高的计划。

舒尔特的联系人目瞪口呆地坐在那里。尽管这样的方案听起来不可思议，他还是知道东欧的犹太人正遭到围捕和屠杀。然而，如此庞大的屠杀规模几乎是难以想象的。这不是俄国人针对波兰军官的大屠杀，也不是立陶宛的暴徒将犹太人赶入新挖掘的坑中进行集体扫射，甚至不是四处游荡的纳粹刺杀小队随意了结过路人的性命。这一屠杀规模是史无前例的。如果是别的什么人而非舒尔特告诉他这个消息——战争中本来就有各种谣言——他可能会持怀疑态度。然而舒尔特的消息来源是毋庸置疑的。

唯一的问题，也是相当重大的一个问题，就是舒尔特的联系人与外交使者和瑞士的犹太领袖的关系都不够紧密。联系人转而推荐了自己的另一位同事，他是一名犹太记者，在瑞士所有体面的社交圈中都很有地位。舒尔特同意了。

联系人立即给记者打了电话，没有浪费一分一秒。他得知记者不在城内，又急切地找寻他，给他留下了一张字条，称此事"生死攸关"。

当他终于联系上记者本诺·萨格洛维茨（Benno Sagalowitz），萨格洛维茨同意第二天就坐火车回苏黎世。但就目前而言，舒尔特并不想见萨格洛维茨。这太危险了。不管怎么说，他在柏林还有一场不容缺席的重要会议，就算他只是去那儿露个脸。他授权联系人可以使用他的名字，但仅限于对萨格洛维茨。

就在舒尔特乘火车回家时，他的联系人见到了本诺，对本诺解释，一名身居高位的德国实业家舒尔特要传达一个可怕的消息。他一边说着，一边从兜里掏出一叠纸，开始读纸上那些令人震惊的内容。"我已经收到了来源绝对可靠的消息，"他说，声音因情绪而颤抖不已，"希特勒的总部正在酝酿一项计划，目的是杀死欧洲剩余的所有犹太人。"

将这个卑鄙的故事全部说完后，他传达了舒尔特的强调：必须马上采取"行动"。而且这里的"行动"并不是指外交辞令上的行动，如典型的美国国务院抗议或盟军的警告，而是某种更显眼的、类似以牙还牙的行动，例如在美国围捕德国公民。

本诺停下来想消化他刚刚听到的一切。"我可以在传递消息时，"他说，"引述他的话吗？"

联系人摇了摇头："在任何情况下都不行。"

然而对本诺来说，还有很多悬而未决的问题：这是否只是一种宣传手段？就像是一战时流传的漏洞百出的故事，比如婴儿被刺刀刺穿，被德国人吃掉，还有被侵犯的修女。本诺思索着他得知的和没有想到的一切。事实上，就在一周前，他曾从一张瑞士主流报纸上剪下一篇文章，内容鼓舞人心，是温斯顿·丘吉尔本人在麦迪逊广场花园向一大群聚集的美国犹太人发表的讲话。他发出了急迫的警告：一百多万犹太人被杀，而且希特勒是不会善罢甘休的，直到将犹太人生活的"欧洲城市"变为"巨大坟场"。舒尔特断定的事情是否就是丘吉尔拉响的警报？希特勒会不会又一次被低估了？此外，元首的势力如日中天——西欧和东欧的大部分地区被他玩弄于股掌；在北非，他的威力如同在挪威北部一样势不可挡；在苏联境内，纳粹军队已经抵达莫斯科郊外。整整一个大陆濒临彻底的绝望边缘，甚至连余下的中立国里也充斥着恐惧和谣言。

两人认为，只有一个人可以扭转数百万犹太人的生死。本诺决定，必须尽快联系罗斯福总统，这一点与舒尔特不谋而合。

不过这件事要怎样才行得通？自由世界里，似乎人人都想得到美国总统的注意。这项艰巨的任务最后交给了一位年轻的流亡律师，他在日内瓦一间带着霉味的办事处工作，那里曾经是贝尔维尤酒店。萨格洛维茨的这位联系人刚满30岁，名叫格哈特·里格纳（Gerhart Riegner），身材弱小，骨瘦如柴，笑容干涩，梳着光顺的背头。他出生在柏林一个舒适的中产阶级犹太家庭，深深地扎根于德国文化，子从父业，专事法律，曾在巴黎大学学习，期间穿梭于巴黎的酒吧。后来他屡次受挫，因为希特勒上台后，德国和法国对犹太人都不再宽容。法国当局通过了一项法令，禁止外国人进入法律行业，只有在他们加入法国国籍满十年后，才可以做律师。当里格纳束手无策之时，甚至考虑过移居巴勒斯坦，他征询了一位著名法律哲学家的意见，后者建议他去日内瓦，并转投国际法领域。里格纳遵循了哲学家的建议，搬到了日内瓦。1936年，他在国际联盟里找到了一个职位，拿到了一大批意见调查文件，负责"监督"一战结束前批准的少数派群众权利保障条约。不过，随着希特勒力量的壮大，国联的势力在减弱，该组织最终灰飞烟灭了。尽管如此，里格纳坚定的努力还是被一位世界犹太人大会的创办人看在了眼里，他邀请他接管（大会位于）日内瓦的组织，负责日常事务的运作。

这项工作有着令人却步的前景。突然之间，礼貌、保守、认真且本身就是难民的里格纳开始报道起了日益猖狂的犹太人迫害事例，还负责纳粹在欧洲占领区内最重要的"情报监听站"，尤其是大屠杀相关的零散信息开始涌现之后。事实上，世界犹太人大会的名义成分多于现实成分。它成立于 1936 年，目标为保护欧洲犹太人的权利，并"动员民主世界反抗纳粹暴行"。大会几乎没有预算，也没有任何权威和外交接触。它曾在纽约设有一间狭小的办公室，伦敦也有一间差不多大小的办事处。大会在国外的使者很少，还不得不面对无情的社会公众和焦头烂额的西方联盟。它针对纳粹政权的抗议和经济抵制呼吁都没有下文，对反犹主义的谴责也无人理睬，真正的权威更多来自它的创办者——秘书长，以及他所能召集的任何有说服力的权威。

最初，世界犹太人大会的总部设在巴黎，法国被德国占领后，大会被迫迁移至日内瓦，当时那里已设有一间联络办公室。欧洲大部分地区于 1940 年沦为纳粹占领区时，即使在中立国瑞士，里格纳也从未觉得自己彻底安全。因此，他总是随身携带装满基本日用品的帆布包，以便在德国进攻的时候，"做好逃入山中的准备"。包里有一本假的玻利维亚护照，上面写有完整的身份信息，以及美国的紧急签证。此外，他还知道瑞士的立场并不坚定，一想到自己的安全问题，警钟就在滴答作响。事实上，就在他与萨格洛维茨见面的一周内，瑞士警方开始拦截设法跨越边境的犹太难民。里格纳也发现身边还有其他令人担忧的迹象。当他与反犹主义发生第一次争执时还只有 5 岁，有个同学嘲笑他是"肮脏的犹太人"。长大以后的他清楚地记得，1933 年，纳粹流氓在他父母位于德国的家外聚集起来，一遍又一遍地高呼"犹太人滚出来！犹太人滚出来！"里格纳惊恐地在浴室里缩成一团。他也还刻骨铭心地记得，纳粹褐衫军团砸烂犹太人住宅和商店的窗户，将犹太人从屋里揪出来，殴打和辱骂他们，并最终将他们杀害。

里格纳与萨格洛维茨共进午餐，在餐桌上详谈了 5 个小时，剖析了舒尔特提供的每一个细节。里格纳想确认这位实业家的消息值得信赖，萨格洛维茨保证了这一点。午饭后，两人沿着日内瓦湖最美丽的一片湖畔沙滩一路漫步，直到停下脚步，看到水中滑过的小船。那是一个晴朗的日子，景色和空气都令人沉醉。起初，里格纳对舒尔特传达的二手警告感到难以置信，倾向于认定其中必定有一些错误，因为它没有任何意义。可以肯定的是，里格纳对大屠杀初期的模糊报告，以及纳粹迫害犹太人的广泛而骇人听闻的报道都有所了解。他知道逮捕和流放，知道贫民区和滥用监禁，知道强制劳动和终极屠杀，也知道有关"移动毒气车"的阴暗传闻。他还知道，希特勒曾三度在公开讲话中宣布，他将消灭欧洲的犹太人。

的确，他忆起一位同僚在1942年初写给他的信，还有信中可怕的结论："战后，我们的死亡人数不会以千计或万计，而是以百万为单位。"到了1942年6月，里格纳本人全面了解到，整个欧洲境内有越来越多的地区在清除犹太人——从法国到比利时，从奥地利到荷兰，甚至从德国到波兰。这提出了一个问题：犹太人在哪里才能安居？似乎无人能够回答。

舒尔特报告的独特之处在于，其消息来源并非犹太受害者或犹太人领袖，而是拥有希特勒核心圈子入场券的德国实业家。毒气室？这是里格纳头一回听说。也是头一回，有纳粹在欧洲全境及以外地区实施灭绝计划的证据出现。

街道上已经半空。现在，对里格纳来说，不是畏首畏尾的时候了。他和萨格洛维茨都十分震惊。两人十分清楚，他们可能会被冠以最坏的指控——散播恐慌。但如果这个消息是真的，每一天，甚至每一小时都至关重要。和舒尔特一样，里格纳相信，必须尽快将这条消息传达给罗斯福总统。

不过从一开始，他就必须找准支持他的听众。自那时起，里格纳就开始筹备计划。他和萨格洛维茨决定在苏黎世再见一次面，时间定在8月3日周一。

由此，两人将构思这份名垂青史的电报——里格纳电报。

2

当然，无论是里格纳还是舒尔特，都不知道希特勒的计划已经开始了，纳粹杀气腾腾的机器现在正秘密地以繁重的步伐运转。特雷布林卡、索比堡和贝尔塞克的集中营已经在大规模地杀害犹太人。纳粹已经开始屠杀华沙的犹太人区，那里的犹太人曾英勇抗争，但是失败了。到目前为止，已经有150多万犹太人被杀死。

～

舒尔特这一边，焦虑的他回到了布雷斯劳，过起了双重生活，完美无瑕地玩转着掩人耳目的把戏。他继续如以往一样昂首阔步，维持日常工作的正常运转。他面对的一大棘手问题是，陆军部要求他为生产弹药提供锌；此外，他自己的约会和开会日程表也不能有所松懈；原料供应问题自始至终都存在。从另一方面来看，他需要夜以继日地工作，以获取纳粹屠杀欧洲全体犹太人的进一步情报。而他也在热切地盼望瑞士联系人能注意到他的消息。

还有一则消息，他希望他们也能够注意。基于他对第三帝国内部工作的熟悉，他知道简单的演讲和外交行动对希特勒及其政权都没有任何威慑效果。他们轻视罗斯福，只崇尚武力。因此，只有通过某种引人注目的具体行动或可怕的毁灭性打击才有可能动摇纳粹，比如逮捕成千上万名在美生活的德国人，并广泛宣传（有别于罗斯福在日本偷袭珍珠港后发动的全体囚禁），或让盟军进行轰炸。

他所要承担的风险如此艰巨，因此他有个挥之不去的念头：或许有一天来党卫军会敲响他的门，逮捕他。

～

对里格纳来说，压力几乎已经无法承受。尽管如此，当欧洲犹太人正被撕成一块块碎片之时，他还是下定决心，不被艰巨的任务击垮。深思熟虑后（他自己也承认花了整整两天时间，把事情都捋清了），他决定前往日内瓦的美、英领事馆，要求他们将信息传递给各自的政府，再以编码信息的形式转达给史蒂芬·怀斯（Stephen Wise）——美国最杰出的犹太人，也是罗斯福总统的亲密私人伙伴之一。8月8日上午，他来到了英国领事馆，转达了舒尔特的消息。到了8月10日下午4点48分，一封编码电报被送往伦敦外事办公室，并于当天晚上6点25分抵达外事办。

当天晚些时候，里格纳来到美国领事馆，会见了副领事小霍华德·艾尔汀（Howard Elting, Jr）。

眼下，里格纳正直言不讳地将纳粹的特别计划和盘托出，看上去十分镇定的他事实上正处于"极度激动"的状态。他说："希特勒的总部一直在考虑——也正在酝酿一项计划，他们会将德国和欧洲德国掌控区中的所有犹太人向东边转移——大概是波兰境内，然后再实施集体灭绝。"他继续道，"计划人数在350万人至400万人，而且希特勒的目标是一次性解决欧洲的犹太人问题"。衣冠楚楚的艾尔汀有一头黑色卷发，身着三件套的西装。听闻此言，他先是吃了一惊，该报告似乎"令人难以置信"。里格纳点了点头表示同意，他自己在第一次听到时也是这么觉得。但是他强调，这与德国近来的大规模驱逐及他们所得知的其他针对犹太人的行动相吻合。

他将消息的摘要递给艾尔汀，并嘱咐后者尽快用电报将其发送给华盛顿和其他盟国政府，还有史蒂芬·怀斯。不管艾尔汀还有多少疑虑，他已经被里格纳的真挚所打动。他没有浪费任何时间，立即将里格纳的信息转达给伯尔尼（Bern）的美国大使馆，并称就他"个人判断"，里格纳是"一个严肃公正的人"。此外，他建议将报告"转交"国务院。

艾尔汀被告知需要向国务卿起草一份正式报告，他在报告中强调了他对"情报提供者的严肃态度"的深信不疑。

就在舒尔特抵达苏黎世的十天后，所有事件相关者似乎都认为罗斯福、丘吉尔及全世界很快就将了解希特勒针对犹太人计划的恐怖本质。

他们可都大错特错了。

∽

可以说，从战局的任何方面看来，白宫都不可能从第三帝国核心获取如此权威的信息。就在 8 月 11 日，美国驻瑞士公使利兰德·哈里森（Leland Harrison）给里格纳报告附上一封信，试图让这出戏早早流产，他淡然地将里格纳的故事简单定义为"因恐惧而生的战争谣传，世人无不知晓难民悲惨的实际遭遇，他们由于遭受肢体虐待、迫害、长久赤贫、营养不良和疾病而大批死亡"。

里格纳的电报没有抵达椭圆形的白宫办公室，而是停留在了国务院欧洲事务所的办公桌上，在那里它被政府官员们一致驳回。一名易怒的官员保罗·克柏森（Paul Culbertson）还说，他从没想到伯尔尼使馆竟然会把这样的东西写进电报里。而他那态度漠然且面色苍白的同事埃尔布里奇·德布罗（Elbridge Durbrow）立场更尖锐，他刻薄地评价，瑞士使馆根本不应当将这样的信息传递给第三方国家，并强调此事无关美国的利益，这样的评价无疑是悲剧性的。这位德国实业家披露的信息可信吗？它不过是另一个"不切实际"的战争谣言。有人好奇这位德国实业家的身份吗？值得注意的是，没有。有人对他是如何打入希特勒核心集团有兴趣吗？同样没有。至于里格纳，这位知情人是谁？他只是一个被视为居无定所、招人讨厌的莽夫。在国务院封闭的世界里，例行公会几乎没有受到里格纳报告的任何影响。华盛顿好像遮住了眼睛和耳朵，只为等待混乱结束。

国务院眼下只剩下了一个决定，即是否按里格纳要求的那样，将报告转交给罗斯福的朋友拉比·史蒂芬·怀斯拉比。回答是否定的。

"我从来没有如此强烈地感觉被人遗弃，无能为力又孤独凄凉，"里格纳回忆道，"当我惊恐地将有关灾难的消息转达给自由世界时，没有人相信我。"毫无疑问，舒尔特也处于同样的绝望中。

第十章

里格纳

接下来几天，美国国务院内部对里格纳电报的态度产生了分歧，但无关其内容，仅在于处理方式。保罗·克柏森并不情愿将电报转交给史蒂芬·怀斯，但他也提醒大家："如果拉比事后听闻我们收到情报却没有告知他，极有可能会大发雷霆。"他的解决办法是以一种明褒暗贬的方式转交上去，并补充说明"公使馆未曾收到任何佐证信息，无法确保其真实性"。而其他人，如埃尔布里奇·德布罗则持相反意见。他指出电报中的指控实属"无稽之谈"，就算发生大屠杀事件，恐怕我们也"爱莫能助"。他有什么建议吗？他的建议就是毙掉这份报告，继续别的事务。这也正是他们真实的做法。

德布罗还另外起草了一份备忘录，知会瑞士公使馆以后不应再向"第三方"转递此类情报，除非情报确凿无疑，且与"美国利益"相关。这份备忘录十分富有预见性——此后半年里，美国国务院竭尽全力阻截来自瑞士的有关大屠杀的情报。

四天后，美国国务院才姗姗来迟地通知美国驻瑞士大使利兰德·哈里森，里格纳的电报由于未能核实，无法转交怀斯。一个星期之后，里格纳也收到了同样的通知；不过，他还被告知如能够提供"确凿的证据"，国务院会进一步商酌他的情报。

要把情报传达给罗斯福，里格纳最后也是最大的希望仍然是怀斯。然而，怀斯却始终被蒙在鼓里。

∾

史蒂芬·怀斯何许人也？他为何扮演着如此重要的角色？从理论上来说，没有人比怀斯更适合将里格纳电报公之于众，实际亦是如此。他智慧过人、桀骜不驯、当机立断且颇具感染力，是 20 世纪 30 年代和 40 年代美国最为知名的犹太社团领导人。对于他的仰慕者而言，他是一位经验丰富的外交官，一名口若悬河的"谏臣"，也是底层民众的坚定守护者。而在反对者眼中，他武断专行，身处历史的对立面，算是个令人讨厌至极的家伙。但不论是他的朋友还是敌人，都无法忽视他那强大的人脉、广泛的追随者和坚定的使命。

怀斯于 1874 年出生于布达佩斯，是匈牙利首席拉比的孙子，这让他拥有了一份贵族血统。他的父母讲德语，在他小的时候便举家移民到了纽约。后来，怀斯成为犹太教徒间的重要纽带，连结起两个隔阂颇深的教派——他毕业于哥伦比亚大学，能接受新世界教义，同时在维也纳担任革新派拉比，与旧世界保持着良好关系。他在俄勒冈的波特兰市（Portland）领导着一个犹太教会，又在纽约建立了著名的自由犹太教堂[1]，这座教堂很快便成为了焦点，声名鹊起，怀斯随即被赋予特权，可以不受教派约束地祷告，而且教会一改惯例，允许他自愿交纳会费。作为一名古道热肠的自由主义政治家，怀斯坚持不懈地致力于社会公平正义。他推动童工保护法的出台，积极捍卫劳工权益，为罢工雇员争取利益，并坚定不移地推进言论自由和公民权利。

---

[1]　此处指史蒂芬·怀斯自由犹太教堂（Stephen Wise Free Synagogue），位于纽约曼哈顿区。

他与基督教改革派领导人结成坚定的联盟，为诚实政府和自由工会等普遍性社会问题而奋力抗争。此外，他还奋力为黑人争取权利。这些事业让怀斯愈加敢做敢为，在他的帮助下，全美有色人种协会（NAACP）正式成立，而这只是他诸多丰功伟绩中的一项。像拜伦爵士一样，他声望日隆。

私下里，怀斯对待朋友幽默风趣、真心实意，对待家人呵护备至。在公共场合，他魅力四射、充满活力、敢于直言，凭借如簧巧舌成为传奇人物，他的影响力早已超出犹太人社区。不论是为犹太人辩护，还是为穷人陈情，怀斯总是口若悬河，声音总是那样雄浑有力。对于长期受苦的民众来说，他就像一则鼓舞人心的神谕：让人不必自觉低人一等，遭人嘲笑或孤苦无依。从体魄来看，怀斯也完全能够胜任这一角色。他高大威猛，拥有钢铁工人般的体格，罗马摔跤手一般结实的下巴，但举手投足却像个十足的政客。他的头发浓密厚实，孔武有力的双臂一伸展，就变身一名魅力四射的演说家。怀斯在宗教界和政治界均游刃有余，他的政治能量成长极快。

1898 年，年轻的怀斯出差欧洲时见到了激进的现代犹太复国主义[1]创始人西奥多·赫茨尔（Theodor Herzl），很快他便与大多数改革派拉比决裂，成为一名致力于建立犹太国家的早期犹太复国主义者。怀斯还曾担任后来的美国最高法院大法官路易斯·布兰代斯（Louis Brandeis）的副手，两人一起促成伍德罗·威尔逊总统对 1917 年的《贝尔福宣言》表态支持，这份宣言明确了英国赞成在古老的巴勒斯坦建立犹太民族家园。随后数年，美国犹太人的生活中似乎随处可见怀斯的身影：他先后担任世界犹太人大会主席（里格纳所在的机构，1920 年怀斯曾参与建立）、美国犹太人大会主席、知名神学院希伯来联合学院犹太宗教研究所所长、美国犹太复国主义组织负责人和《观点》杂志主编，还是《国会周刊》杂志的重要推动者之一。

美国经济大萧条来临之时，怀斯最先发声，他经常呼吁完善失业保险和救济措施。那时，他已经与富兰克林·罗斯福结下了深厚友谊，全力支

---

[1]　犹太民族主义者拟在巴勒斯坦重建犹太国家的主张。

持后者在 1928 年参选纽约州长，尽管共和党候选人是一位犹太同胞。怀斯后来坦承："我从未以犹太人的身份投出选票，而总是以美国人的身份投票。"作为富兰克林·罗斯福总统新政早期的坚定支持者，怀斯同民主党大佬及罗斯福的顾问建立了良好的关系，其中包括小亨利·摩根索、费利克斯·法兰克福特（Felix Frankfurter）、弗朗西丝·珀金斯和哈罗德·伊克斯。但在跻身美国政治界高层智囊的同时，怀斯同罗斯福的私人关系却变得复杂且矛盾起来。罗斯福从骨子里来说是个务实主义者，而怀斯的思想则相当激进；罗斯福总是广泛地结交各个阶层的政客，只要他们能够为他所用，而怀斯的世界则非黑即白；罗斯福既直率坦诚又有些大智若愚，而怀斯则是麻木不仁之人的眼中钉。从某种意义上来说，罗斯福以自我为中心，而怀斯则超越了自我。

当罗斯福在 1932 年总统大选中对于纽约的坦慕尼（Tammany Hall）政治集团的态度举棋不定时，失望之极的怀斯拒绝再支持他。不过一年后，罗斯福总统以其个人魅力和推行的新政重新赢得了怀斯的支持。自此，怀斯便完全中了罗斯福的魔法，他对总统的支持再未有半分犹豫。怀斯称罗斯福为"大佬"，这个称呼就相当于他心目中的英雄一般。"他重新赢得了我的无限钦慕，"怀斯后来充满激情地说，"不论我走到哪里，总会带着极大的热情谈起他。"他再也未曾退缩。1936 年，怀斯满腔热情地支持罗斯福连任；1937 年，罗斯福的最高法院改组计划失败，国会中的反对声音日渐高涨，但怀斯丝毫不动摇；1940 年，他再次为罗斯福第三度连任提供了莫大支持。总而言之，怀斯对罗斯福有着绝对的信任。

1933 年希特勒掌权之后，时而精细过人，时而又情绪化的怀斯成为了纳粹德国的坚定反对者。《时代周刊》对希特勒的野心似乎抱持玩味态度，认为他不过是个"胡子拉碴，有些大腹便便的"43 岁中年人，总爱"抚摸他那蓬棕色胡子"，好像他只不过是个长得酷似查理·卓别林（Charlie Chaplin）的滑稽人物。但怀斯却不这样认为。他从一开始就知道，魔鬼已经被放出来了。他还明白，一旦这些肌肉发达的褐衫党徒、戴着大盖帽和红色纳粹党徽（准确的说法是"十字章"）的纳粹冲锋队员开始攻击和屠杀犹太人，那么不论男女老少，只要他们在纳粹党高声唱着"Deautschland erwache!"（德国，醒来吧！）沿街游行时没有伸直胳膊行"嗨"礼，那么即将上演的不会只是一群极端分子的闹剧，而是欧洲历史恐怖篇章的开始。

怀斯一边反对希特勒，一边发起了一场抵制德国商品的运动。他要求罗斯福竭尽全力反对纳粹政权，在美国发动了多场反对纳粹的运动，同时还在纽约发动了持续的大规模反纳粹抗议活动，其中就包括麦迪逊广场花园的那次，吸引了5万多人参加。然而，怀斯对他人的评价有时未免有所偏颇——他始终对总统充满敬畏，自然无法客观地看待他，更不用说提出批评了。1930年代的时候，他相信，总统像他自己一样愿意帮助受迫害的犹太人。诚然，老练世故的罗斯福没有采取任何手段阻止怀斯，甚至还委派他进入詹姆斯 G. 麦克唐纳领导的政治难民咨询委员会。到1940年代，他仍相信罗斯福会不惜一切挽救数百万大屠杀的受难者。种种迹象让他相信，罗斯福热心地支持着犹太复国运动。

怀斯对罗斯福的信心是空中楼阁吗？答案既是又非。在战争早期，罗斯福总统便通过炉边谈话提振了美国人的信心，难道他现在不能如法炮制，对犹太人施以援手吗？然而，在追求个人事业的过程中，怀斯却遭受重挫。他试图扭转国会对于1924年移民法案的反对态度，却并未成功，罗斯福几乎没有给他任何帮助。在努力改变英国对巴勒斯坦的政策时，他又一次功亏一篑，再度孤军作战的他未能得到当局的任何支持。到了1941年和1942年，有关纳粹对犹太人实施暴行的消息断断续续从欧洲传出，怀斯备受打击。1942年对他而言痛苦至极，他听到一些令人震惊的小道消息，证实难以计数的波兰犹太人（约有70万人）已惨遭德国人毒手。听到这一消息，怀斯悲痛欲绝。

作为总统咨询委员会的一员，怀斯提请并敦促美国国务院为受到纳粹威胁的犹太人提供紧急旅游签证，为此他差一点与国务院人员大打出手，这让内阁大为光火。一连串的挫折开始将他耗干，年迈多病也让他饱受折磨。

1942 年，已 68 岁高龄的怀斯亲口向一位同僚承认自己"身体大不如前"。他患有双侧疝气且无法开刀手术，为此必须频繁接受 X 光治疗；除此之外，他还患有脾肿大和一种骨髓疾病，这些病痛经常令他面色苍白、虚弱不堪。尽管他的身体状况已经不允许他再飞来飞去，但怀斯却经常乘坐火车四处奔波，甘愿榨干身体里的最后一滴血。

几个月过去，某个棘手问题在持续发酵。越来越多的犹太人对怀斯产生了怀疑，对激进派而言，他显得有些过分保守，在保守派眼中，他又过于激进。还有一种普遍的观点认为，怀斯对于罗斯福的信任是错位的，他在犹太人的问题上总是口惠而实不至，怀斯却深陷在他的魅力中无法自拔。就连怀斯试图统一美国犹太社团的努力都宣告失败，因为保守派犹太人反对他主张的自由主义，反对他对新政的支持，同时也反对犹太复国主义。

尽管挫折不断，怀斯的忧国忧民和满腔热情却是实实在在的。实际上，他是美国历史上公民权利和民权运动的先驱之一，同时也是世界上最重要的犹太领导人之一。如果说有人是为了拯救犹太人而生，那么这个人似乎就是怀斯。如果有人能够劝说罗斯福采取行动，或是在国务院各派系中间进行斡旋，那么这个人一定是怀斯。如果有人能够长驱直入走进总统办公室，将里格纳电报送到罗斯福眼前，那么这个人必定是怀斯无疑。

但是到了 1942 年 8 月，由于美国国务院干的"好事"，怀斯仍然是个局外人。

更多耸人听闻的纳粹暴行源源不断地传到了华盛顿，职业外交官们似乎已使出浑身解数：他们身着条纹西裤、硬翻领、戴着夹鼻眼镜；他们摊开稿纸，拟好电文，出席一场又一场会议，有条不紊。

尽管里格纳电报在华盛顿受阻，却引起了伦敦方面的持续关注。一开始英国外交部举棋不定，整整一个星期没有任何行动。但机敏的里格纳同时要求将报告转交给德高望重的大律师塞缪尔·悉尼·西尔弗曼（Samuel Sidney Silverman），此人是英国国会议员，同时也是世界犹太人大会英国分会主席。封好信笺之后，里格纳又在发往伦敦的电报上加了一行字："请通知并征求纽约的意见。"他指的就是怀斯。

8月28日，西尔弗曼开始行动了，他将里格纳的情报发往美国，直接寄给了怀斯本人。阻截里格纳这样一位名不见经传的瑞士犹太人的情报是一回事，藏匿一位英国国会议员的信件则是另外一回事。这一次，政府官员们忙里偷闲，喝着白兰地，抽着雪茄侃侃而谈时，西尔弗曼的情报迅速传到了美国国务院和陆军部。情报在一个星期五被送到了怀斯的桌面，当时他正在为安息日做准备。怀斯对于美国国务院已经收到里格纳电报的事当然毫不知情，对于他们并未准备将电报内容告知自己的事更是一无所知。

接连数日，怀斯紧急与同僚们展开了磋商，他们全都被那绘声绘色的描述吓得"手足无措"。接着，他做出了一个决定。9月2日，怀斯将西尔弗曼的电报转交给副国务卿萨姆纳·威尔斯。怀斯还在电报上添加了一点个人看法，认为里格纳不是一个危言耸听的人，而是一个完全值得信赖的学者、一个保守而温和的人。他还进一步请求副国务卿敦促美国驻瑞士大使与里格纳进行秘密磋商，以确定情报的可靠性。

怀斯建议，里格纳的情报应直接递交给罗斯福总统。

怀斯为何不直接将情报亲手交给国务卿？国务卿的妻子就是个混血犹太人。怀斯认为相较于科德尔·赫尔，威尔斯更愿意倾听他的诉求。长期以来，两大政党之间的官僚主义冲突不断，由此导致的仇恨和嫉妒已将美国国务院弄得四分五裂。但一次又一次的经验证明，最终赢得罗斯福信任的总是威尔斯。这一点儿也不足为奇。55岁的威尔斯身材高大，仪态庄严，金发碧眼，永远都"穿着得体"地出现在人们面前，手里总拿着一根手杖，与所有人都保持着良好的关系。他身家雄厚，出身高贵，是格罗顿中学和哈佛大学的高材生，每年都会前往巴尔港避暑。他还是马萨诸塞州议员，奴隶制的死敌，坚定的自由倡议者——查尔斯·萨姆纳（Charles Sumner）[1] 的亲戚。更重要的是，多年以来他一直与总统和第一夫人保持着亲密的私人友情——《纽约时报》撰文称，罗斯福总统对威尔斯怀有"私人情感"，埃莉诺跟国务院里的其他人一样持续关注着犹太人的处境。作为一名天生的人道主义者，威尔斯逐渐也成为了一名犹太支持者。

赫尔的履历同样无懈可击：出身"小木屋"[2]，历任国会议员、参议员和民主党全国委员会主席，也是美国历史上在位时间最长的国务卿，还为联合国的成立立下了汗马功劳，赢得了诺贝尔和平奖。然而与罗斯福一样，他的健康一直在走下坡路。大多数时候，他都疲惫不堪，步履维艰，因此更像是国务院的精神领袖。糟糕的健康状况曾经迫使他将部门的领导权交给副手长达六个星期的时间。他的妻子拥有一半犹太血统，可这不但帮不上他什么忙，实际上还是块绊脚石，他还得不时站出来证明自己绝不会受到某些特殊利益的影响；实际上，他正是冷漠地驱逐 1939 年 6 月的德国犹太难民船只圣路易斯号的官员之一。

因此，当怀斯在权衡如何穿过政府阴谋的乱局，将情报送到罗斯福面前时，威尔斯似乎是最合适的人选。

有的时候辩解是必要的，有的时候则纯属浪费口舌。大多数时候，美国国务院的官员——从布雷肯里奇·朗到欧洲事务部都认为，怀斯不过是个习惯高喊"狼来了"的孩子，或者说他提出的问题都是些无关紧要的旁

---

[1] 查尔斯·萨姆纳（1811 年 1 月 6 日—1874 年 3 月 11 日），美国参议员（1852—1874），外交委员会主席，南北战争时期致力于人类平等和废奴运动的政治家。

[2] "从小木屋到白宫"，常用来形容典型的美国梦，指从平民出身、白手起家到平步青云的过程。

枝末节。他们越来越擅长发表伪善的陈词滥调却无所作为，而欧洲事务部又阻截了一封自伦敦发给怀斯的电报，这封电报呼吁美国根据里格纳的报告采取紧急措施。

相比之下，英国政府对于这种威胁十分谨慎，且持续了一段时间。实际上早在1933年，英国驻柏林大使就对这个"狂热分子和异端分子占了上风"的国家表达过"深切的担忧和不安"。

同年，美国马里兰州参议员米勒德·泰丁斯（Millard Tydings）提出了一个解决方案，呼吁罗斯福发表公开声明，表明美国民众在获悉德意志第三帝国对于犹太公民施以歧视和压迫后深感意外和痛苦。美国国务院对这一方案提出了强烈反对，宣称这种做法会让总统陷入尴尬境地，尤其是罗斯福该如何解释美国黑人没有选举权，或者美国存在私刑（特别是在马里兰州）？国务卿赫尔通过全体委员会议否决了这一提议。就职仅三个月后，罗斯福承认德国犹太人遭到了"不体面"的待遇，但他随后补充道，我们爱莫能助，我们只能帮助美国公民。罗斯福无法找到一个更全面的解决办法，他甚至对美国顶尖的犹太家族沃伯格（Warburgs）家族[1]的一员开起了玩笑："你知道的，吉米，如果我派一个犹太人担任美国驻柏林大使，肯定够那个叫希特勒的家伙受的。你喜欢这份工作吗？"

不过到目前为止，1933年的困境相比之下只能算是小事一桩。更多关于犹太人大屠杀的消息持续涌入，这些消息来自瑞士、波兰流亡政府、伦敦，还有千里之外的巴勒斯坦。总体形势日渐明朗，虽然还有大量细节有待勘误或逐渐变得不合时宜。然而美国国务院的官员仍旧无动于衷。欧洲事务部部长雷·阿瑟顿（Ray Atherton）在威尔斯的脑中撒播下了怀疑的种子，坚称没有确切证据表明究竟有多少犹太人被"流放至东方"。至于"大屠杀"，他再次对证据的可靠性提出了质疑。实际上，美国国务院官员确信沉默不安的犹太人正因纳粹的战事行动而沦落为奴工，同俄国战犯和波兰

---

[1]　世界上最杰出的犹太家族之一，与罗斯柴尔德家族一样备受尊崇，被视为犹太皇族。

俘虏没什么两样。

不愿站在时代潮流对立面的威尔斯在 9 月 3 日致电怀斯。他要求怀斯在"确认"电报的真实性之前不要公开里格纳的电报。

命运使然,怀斯让步了。

他照做了,压根不知道这部政府机器要拖上多久。纳粹的集结仍在继续,运畜拖车不断开往东方,每天有成百上千的犹太人被杀害。

虽然怀斯坚守对威尔斯的承诺,未将里格纳的电报公诸于众,但他还是继续在幕后采取多种手段帮助身陷险境的难民。压力逐渐开始浮现。他对自己的好朋友、杰出的新教牧师约翰·海恩斯·霍尔姆斯(John Haynes Holmes)坦承:"同胞的苦难几乎让我精神错乱。"他不确定应该去推动哪一股力量,不知道该跟谁交谈,更不知道该采取什么行动。有一天他在纽约跟另外一位同僚交换观点,这位同僚刚收到瑞士传来的消息,华沙的犹太人居住区已被"洗劫一空",超过 10 万名犹太人遭到"残忍屠杀"。电报中还说,遇害者的尸体全部被用于制造"人造肥料"。电报末尾附着一则紧急请求,强调:"只有美国方面采取强有力的措施,或有可能阻止这些迫害行为。请务必竭尽全力促使美国采取行动。"

"只有美国方面采取强有力措施",这句话如同汽笛一般在他们脑中回响。怀斯的同僚承认"这封令人心痛的电报彻底击垮了他",怀斯也一样。这封电报让他如临世界末日,他将其视为对里格纳电报的佐证。他们把电报复印件直接送到了富兰克林·罗斯福和埃莉诺·罗斯福的面前,却没有得到任何答复。怀斯请求杰出的最高法院大法官费利克斯·法兰克福特与罗斯福面谈,但法兰克福特拒绝了。

纳粹的威胁到了令人发指的地步。接下来,怀斯率先组织有影响力的犹太领导人成立了临时委员会,敦促当局采取更强有力的行动。他们想尽了一切办法。怀斯还与罗斯福派往罗马教廷的密使迈伦·C. 泰勒（Myron C. Taylor）进行了接触，请求他向教皇陈情，此人曾作为总统代表参加埃维昂会议。泰勒照做了，但是没有起到任何作用。罗马教廷草率地通知泰勒，教皇不会为"此类小事屈尊"，而且不管怎样，教皇已经向世界做出警告，"上帝会祝福或诅咒统治者"，这取决于他们对待子民的方式。同时，身在纽约的怀斯会见了总统的政治难民咨询委员会，该组织自 1938 年起便负责针对难民问题为罗斯福提供决策建议，但不论今时往日，其影响力都十分有限。不过，他还是促成了手下的特别小组同萨姆纳·威尔斯及一众其他官员在 9 月 10 日的会面。

带着一颗沉重不堪的心，心灰意冷的怀斯登上了开往华盛顿的火车。

&

他的日程安排得很紧。1942 年 9 月 10 日，心意已决的怀斯同萨姆纳·威尔斯、副总统亨利·华莱士、迪安·艾奇逊（Dean Acheson，未来的传奇国务卿）、助理总检察长奥斯卡·考克斯(Oscar Cox)一干人等见面，将"可怕的电报"——里格纳电报呈送到他们面前。对情报毫不关心的副总统反驳说，他早就听闻犹太人被运送到了俄国前线当劳工，像劳累过度的牲口一样，主要是为了建造纳粹防御工事。在考克斯看来，他并不知道这是否是"最后一根稻草"，它是否将促使联合国尽快成立战争罪行委员会——这只是一小步，但意义非凡。至少，威尔斯答应了继续调查。等到 10 月上旬，尽管花去四个星期的时间，愤怒的威尔斯还是私下指示美国驻瑞士使团团长利兰德·哈里森会见里格纳，弄清事实真相。他还将新近收到的关于华沙的犹太人在集中营遭到屠杀的消息作为三级优先消息呈送上去。

转瞬之间，各方都开始了实际行动。这一次，哈里森将情报转交给了威尔斯，情报表明犹太人实际上被集中起来"送往东方，迎接未知的命运"。贝尔塞克集中营首次得到了确认，9 月下旬发行的一份犹太报纸上刊登了一篇文章，细致描述了一位掘墓人目睹的纳粹毒气屠杀。在迈伦·泰勒的敦促下，罗马教廷突然承认曾收到一份未经证实的关于"对于非雅利安人大屠杀"的情报——尽管教廷仍犹疑不决，不肯采取进一步行动。罗马教廷教义严格，任职的主教大多胸怀大志，他们不愿任由希特勒军队的摆布。然而此时此刻，各种消息开始传入白宫，对于一些棘手问题，美国当局无法轻描淡写地回避或辩解，哪怕"最终解决方案"的相关细节尚未明确。可以肯定的是，战火在欧洲四处蔓延，带来了痛苦、饥饿和贫困。欧洲变成了臭气熏天的屠宰场，美国却在小心翼翼地关注着即将开始的北非战役。然而，纳粹对犹太人的恐怖屠杀似乎与以往截然不同，是一种全新的手段，迫切需要各国采取行动。

最终，一则声明拉开了行动的序幕。1942 年 8 月，罗斯福对纳粹做出了所有战犯必将面临"严厉惩罚"警告，同年 10 月 7 日，白宫发表声明以示响应，表明总统已经注意到纳粹持续犯下的战争罪行。骑墙观望的罗斯福做出了最大限度的承诺，但还没有任何实际行动，因为他的武装部队很快就将前往北非。他宣称，战犯将在战争结束时因其暴行而受到"公正和必然的惩罚"。为此，联合国将成立战争罪行调查委员会。最终，罗斯福对纳粹分子和那些帮助他们"阻止暴力行为发生"的人们发表了简短声明，"好让他们知道自己已被文明世界盯上了"。但罗斯福总统并未请求在欧洲大陆建立上千避难所，或是照会意大利、匈牙利、罗马尼亚、保加利亚和法国维希政府，拒绝与德国联手驱逐出境的犹太人。

∽

杀戮和死亡仍在继续。白宫的举措未能让怀斯和他的同僚释怀。抗争让怀斯感到疲惫不堪，唤醒民众的使命促使他依然奋力前行，在公开集会上反对纳粹的背信弃义。他还游说美国内政部开放维尔京群岛（Virgin Islands）接收逃离希特勒魔爪的难民，举措虽小，但聊胜于无。然而罗斯福提出异议，拒绝了这一要求。此时，回到瑞士的里格纳和一位同僚编辑了一份长达 30 页的文件，涵盖了迄今为止最为详细的情报，包括舒尔特提供的佐证文件。他们亲自将这份文件交到利兰德·哈里森手中，注视着他从第一页开始翻阅。报告毫无保留地指出，"这种全面灭绝的政策在希特勒身上得到了反复印证，现在正在如火如荼地执行中"。面无表情的哈里森一边阅读报告，一边不慌不忙、有条不紊地在空白处做起了笔记和注释。读完之后，他抬起了头，问起了这位提供大部分情报、身处希特勒核心集团的德国实业家的名字。里格纳和他的同僚犹豫了一下，沉默表明他们进退两难。说出舒尔特的名字有可能会让他曝光，遭到逮捕或暗杀，也会违背萨格洛维茨当初对他的承诺。但是隐瞒舒尔特的名字或许罪过更大——这份报告的可信性会大打折扣。

最后他们妥协了，交给哈里森一个密封信封，里面只有一张纸片，上面写着：常务董事舒尔特博士，采矿业，与战时经济主导人物有着十分密切或是密切至极的关系。

这些情报似乎还不充分，他们补充说，国际红十字会的一位高级官员、欧洲顶尖知识分子已独立证实了舒尔特的情报。从那以后，更多确凿的证据持续从各种渠道传入。一位游历了华沙全境的瑞士商人获悉，有一半犹太人遭到了杀害。为此，一家小型出版商《全国犹太人月刊》（*National Jewish Monthly*）开始调查起与自身业务毫不相干的种族灭绝之谜。它高声质问，犹太人都去了哪里？如果是被当成劳工奴役也总有个去处。在波兰的犹太社区吗？不可能——有情报显示 30 多万犹太人消失得"无影无踪"。在纳粹控制下的白俄罗斯？不可能——苏联游击队声称所有的犹太人都已被清除出去了。在德国？不可能——德国发来的电报声称德意志第三帝国没有一个犹太人。月刊被迫做出这样的推论："纳粹分子正在实施大屠杀，他们宁愿杀死所有的犹太人也不愿意雇佣他们。"

不久之后，另一本杂志《犹太前线》（*Jewish Frontier*）也加入了讨论，该杂志强烈质疑犹太人是否只是简单地受雇为劳工。"有一项政策正在实施，公开目标就是要消灭整个种族，"该刊物坚称，"这是一项有组织地屠杀无辜公民的政策，就残忍度和组织性而言，在整个人类历史上无出其右。"英国的坎特伯雷大主教表示赞同，他宣称自己不相信奴工的解释，并强调一个有计划的种族灭绝项目正在进行中。即将继任大主教的威廉·坦普尔（William Temple）也表达了相同意见，声称这样令人震惊的结论实在让人无法反驳。

巧合的是，美国驻日内瓦领事保罗·斯奎尔（Paul Squire）收到了一封令人震惊的信笺影印件，这些影印件从华沙寄出，以德文和半代码书写。影印件提供了有力证据，证明德国人正在屠杀大量犹太人。难以置信的是，这封信笺经由外交航空转寄，花了三个星期才送达美国国务院，然后又花了差不多三个星期才引起萨姆纳·威尔斯的注意。当然，源源不断涌入的情报有时也会互相矛盾，令人困惑，奥斯维辛集中营仍是一个严加看守的秘密场所，其他的集中营尚未得到曝光。

不过到了1942年11月，"最终解决方案"的关键信息逐渐浮出了水面。

德国的形势也渐渐明朗起来。当失眠症患者阿道夫·希特勒不去俯身研究令人失望的苏联战役地图，或责骂他的指挥官，便会像常人一样过些日常生活。他经常在接近正午的时候跟助手闲聊一阵，讲一些漫无边际的独白，关于战争的状态以及德国人民的"牺牲"与"英勇抗争"；然后他会喝个下午茶，再聊上一阵，晚上则雷打不动地看电影，通常是两部，是他的宣传部长戈培尔为他找来的。希特勒总是喜怒无常，又出人意料地拘谨古板——他是素食主义者，从不吸食尼古丁，对脏话似乎也无法容忍。他讲过的最出格的话就是"Um Himmel willen!"（看在老天的份上！）。他一向自诩为知识分子：偶尔会听听唱片，通常是贝多芬的交响曲或他钟爱的瓦格纳精选集，靠在椅子上似乎在发呆，全神贯注地听着音乐，慢慢地闭上眼睛。

这些天，屠杀了上百万犹太人的希特勒愈发神秘起来，他逐渐淡出了德国民众和前线士兵的视线，越来越少在公共场合现身。但他无法逃避战场上的军事现实，尽管他试图这样做。战事逐渐趋于崩溃，胜利的天平开始向盟军一方倾斜。

英国提高了夜间轰炸的强度：慕尼黑首当其冲，杜塞尔多夫、不莱梅和杜伊斯堡也成为轰炸对象。同时，大批麻木不堪的民众涌上街头，震惊不已，抱怨连天。整个德国随处可见大批失望透顶、饥肠辘辘的妇女排着长队等待食物配给。在东方战场，意图侵吞俄国领土的斯大林格勒战役正处于胶着状态，希特勒本以为十天便可以拿下这座城市，而大批德军却身陷白雪皑皑的伏尔加河湾无法抽身，战役已经演变为惨烈异常的战争炼狱——苏联旗帜飘扬在远方的每条街道、每间房屋、每座乌烟瘴气的废墟上，战斗随处可见，从地下室、排水沟的淤泥到连根拔起的植物和熊熊燃烧的百货商店。臭气熏天的尸体到处都是。在这场激烈的战争中，德国人与俄国人经常近距离互相扫射，或赤手空拳进行肉搏，直到一方被彻底歼灭。这场死亡舞会仍在继续，医疗用品消耗殆尽，粮食物资也捉襟见肘。

即便是在柏林，情况也同样严峻：欢呼雀跃的民众陷入了沉默，曾经欢欣鼓舞的民众在读完贴在报纸或商店橱窗上的阵亡名单后，沿着林荫大道脚步迟疑、身形凝滞地拖着步子离开。对于希特勒来说，北非战役的形势丝毫不容乐观，尽管隆美尔的报告没有多少负面消息，但他的军队缺少武器，物资供给不足，运气也稍显欠佳。负责大规模撤退行动的隆美尔在进攻苏伊士运河附近城市阿拉曼三天后便被迫中止了行动，尽管如此，希特勒还是授予了"沙漠之狐"一根元帅手杖。

在这种情况下，1942年9月30日，希特勒化身回归领袖，在柏林体育馆前现身以鼓舞德国的低落士气，并发表了一篇软弱无力、冗长含糊的演说，拉开了冬季救援活动的序幕。他时常停顿下来，这是他的招牌动作，此时巨大而拥挤的体育场里便会回响起呐喊声："胜利！胜利！"他嘲讽罗斯福是"白宫里头的精神病"，并附加了一句意味深长的嘱咐："同志们，尽管美国三军最高统帅发表的那份声明言语朴实，但你们根本不知道背后隐藏的真实意图。"然而，他又用挑衅的态度坦然提到了自己于1939年9月1日在德国国会发表的那份声明，他宣称："如果犹太人胆敢发动世界大战，妄图消灭欧洲的雅利安民族，那么遭到清洗的将是犹太人，而非雅利安人。"他再次停顿，等待着潮水般的掌声（听众都是由盖世太保挑选出来的）。接着他又做了一个夸张的动作，继续说："德国的犹太人也曾嘲笑过我的预言。我不知道他们现在是否仍然笑得出来，抑或是他们已经丢掉了这一爱好，但是我向大家保证，他们的笑声将就此终止。我的预言终将成真。"

数百万德国民众守在收音机旁，这篇演说还在BBC电台进行了播放，并转录至美国无线电台。希特勒在面向德国民众发表这篇充满仇恨的长篇演说的同时，全世界都听到了他的声音。

此时，有关犹太大屠杀的情报纷至沓来，就连那些墨守成规、麻木至极的人都无法坐视不管。但美国国务院内多位纷争不断的高级官员却延续着他们的一贯作风，继续气势汹汹地质疑"最终解决方案"的相关情报。不过萨姆纳·威尔斯对此深信不疑，他已不再抱持怀疑态度。现在他的面前有两条路：将此事提交白宫，或交给史蒂芬·怀斯。他选择了怀斯。11月24日，威尔斯紧急致电怀斯，请求他即刻前来国务院见面。当天晚些时候，怀斯来到了威尔斯的办公室，副国务卿递给他一叠报告，还有他本人得出的可怕结论。他明确表示，这绝不仅仅是一群排着长队走向东方，步履迟缓的难民或劳工。"很遗憾地告诉您，怀斯博士，"威尔斯的声音激动不已，"报告没有丝毫夸张，这些文件确认并证实了您的担忧。"

威尔斯坚持认为自己无法将这份情报向新闻媒体公布，"至于原因，你懂的"。这件事由怀斯去做会更加合适，而且不会再有人阻拦他了。他补充道："如果由你来公布，甚至可能对解决问题有所帮助。"

怀斯同意了。卸掉保密压力的他当天晚上便召开了一个新闻发布会，邀请《纽约时报》《华盛顿邮报》等 17 家媒体出席，梳理了一些细节。纳粹党人将欧洲各国的犹太人强制押送到波兰进行屠杀。在华沙约有 50 万犹太人遭遇不幸，只有 10 万人幸存。纳粹的"清洗运动"已经杀害了大约 200 万犹太人。

当晚，情绪低落的怀斯搭乘火车回到纽约，继续向那些热心的听众讲述纳粹暴行的种种细节。第二天下午，他召开了另外一场新闻发布会，正如他所说的那样，目的是为了"赢得基督教的支持，使他们的领导人参与抗议希特勒对欧洲犹太人的屠杀"。突然之间，他在最意想不到的地方收获了大批盟友。伦敦的波兰流亡政府发布了一份图文声明，表明犹太人被塞进运畜拖车运送到索比堡、特雷布林卡和贝尔塞克的"特殊集中营"。声明指出，纳粹分子打着"重新定居东方"的幌子，正以惊人的速度屠杀犹太人。在遥远的圣城耶路撒冷，一家犹太媒体发表文章对混凝土毒气室进行了细致描述，并首次向世人披露大量犹太人被运送到"克拉科夫附近的奥斯维辛（Oswiecim）火葬场"。

Oswiecim 是奥斯维辛在波兰语中的名称。

第二天，17 家报刊登载了怀斯提供的情报，但有 5 家将这则消息放到了内页。不过，这算是迄今为止对于这场灾难最大规模的宣传了。一位才华横溢的记者詹姆斯·麦克唐纳发给《纽约时报》的特别报道最为精彩，题目为"希姆莱计划内幕，屠杀波兰犹太人——波兰官方公布信息，怀斯博士取证国务院"，麦克唐纳写道："纳粹正在用最惨无人道的方式对犹太人进行彻底清洗，波兰境内的所有犹太人，不论老幼病残，要么被执行枪决，要么以其他方式被残忍杀害，要么被迫从事苦力最终走向死亡，他们以种种手段执行着纳粹盖世太保头子的种族灭绝计划。"在这篇报道中，麦克唐纳还提到了许多耸人听闻的细节。"这些人被塞进货车里，因窒息、脱水或饥饿而大量死亡。每当火车抵达终点的时候，总会有一半的人已然死去。"幸存者则被送到集中营屠杀，"就连小孩和婴儿也无一幸免。收容所和托儿所里的孤儿也被悉数清除"。文章进一步指出，只有极少数"身强力壮的年轻人"活了下来，他们沦落为德国人的奴工，时日无多。报纸还登载了一篇 UPI（合众国际社）的报道，指出怀斯的情报已得到美国国务院的证实。

《纽约时报》专门刊载了一篇发自巴勒斯坦的专线报道，详细描述发生在"奥斯维辛"的大屠杀事件，尽管有人事后还是辩称自己对奥斯维辛集中营缺乏了解。

12 月 2 日是哀悼和祈祷日，美国和其他 29 个国家举行了隆重的纪念仪式。各地纷纷举行纪念仪式和宗教仪式，当地电台为此制作了特别节目，报社也出版了特刊。人们发表激烈的演讲，举办午餐会和临时聚会。沉默的人群站在冷风中缅怀大量的受害者。纽约是美国最大的犹太人聚居区，在这个熙熙攘攘的城市里，市长菲奥雷洛·拉瓜迪亚带头支持当天的活动。不管从哪个角度来看，这些活动都堪称感人至深：多家商店橱窗贴出了纪念通知，当天早上 50 多万工厂和商店的工人站立起身，停止生产数分钟，同时广播电台停播了所有节目，沉默长达两分钟之久。指针指向正午的时候，美国人收听了一条长达 60 分钟的电台节目。当天晚些时候，NBC（美国全国广播公司）专门抽出 15 分钟现场直播全国各地的纪念活动。

白宫和烦躁的国务院本想对整件事置之不理，但雪片般的电报和信件很快便涌进来，呼吁当局尽快采取行动。报纸上的报道让埃莉诺·罗斯福大为"惊恐"，她表明自己此时才真正领教了大屠杀的残暴。英国的战时内阁中，谴责德国的意向日渐高涨。

就连德国的纳粹领导人也注意到了活动引起的骚动。"英国人和美国人质疑纳粹正在对欧洲犹太人进行屠杀，他们已经把此事摆上了首位"。戈培尔本人也在日记中对此事表示关切，"实际上，我相信英国人和美国人定会对我们清洗犹太渣滓的行动感到高兴"。

ॐ

　　行将发生的种族灭绝引起了民众的高度关注，这让怀斯信心倍增。他突然产生了一个念头，亲自写信给罗斯福本人，请求就建立临时委员会一事直接与总统面谈。"亲爱的大佬，"他写道，"我无意给您添麻烦，您神奇地肩负起了千钧重担，我相信是上天给予了您力量。"很明显，"犹太史上的灭顶之灾"正在欧洲上演。"尽管您对此十分关切，但设若您无法接见我们的代表团，此举势必会引起极大的误解。"他带着酸楚和绝望在结尾写道："作为您的老朋友，我请求您对此事做出安排。"

　　罗斯福答应了他的请求，在 12 月 8 号接见了怀斯和他的四位同僚。这是罗斯福总统与犹太领袖仅有的几次会面之一。

ॐ

　　正午时分，总统办公室的门打开了，罗斯福接见了怀斯和他的同僚。总统用打趣的口吻迫不及待地详细描述了他的战后德国改造计划——他已开始展望未来，自信胜利终将属于盟军一方。怀斯当即拿出一封两页长的信笺，表情严肃地读了起来，声音沉稳，"除非采取紧急行动，否则希特勒统治下的欧洲犹太人在劫难逃"。至于要怎么做，信中请求罗斯福对纳粹发出严正警告，他们将"为所犯下的罪行"受到严厉惩罚。信中还简明扼要地提出了一个请求，希望美国能够成立一个委员会，对纳粹暴行的证据进行筛选，然后"向世界公布"。

　　"请在您的权力允许的范围内竭尽所能，"怀斯的声音中带着伤感，"引起全世界的关注，并尽全力阻止这一切。"说完，他递给总统一份长达 20 页的备忘录，备忘录题为"灭绝蓝图"，系统总结了纳粹分子耸人听闻的暴行，包括里格纳提供的各国形势分析。罗斯福回应，自己对于纳粹的"最终解决方案"已有初步了解，至少对美国政府和怀斯掌握的情况已经有所了解。

"美国政府对于你提请我们注意的事实已经有了充分了解，我们近日已从多个渠道证实了这件不幸的事实。美国政府驻瑞士和其他中立国的代表已向我们确认了你们所说的情况"。为了支持白宫10月发表的声明，罗斯福当即表示，政府定会谴责纳粹的战争罪行。不过他不希望引起公众的误解，以为"所有德国人都是大屠杀的共犯"。他指出，希特勒是个"疯子"，他身边的那群人是"全民精神错乱的代表人物"。

他想知道怀斯是否还有其他建议？怀斯和他的同僚都迟疑了一阵子。除了口头警告和成立委员会，他们并没有提出其他实质性要求。他们早就心知肚明，总统的接见十分难得，这是千载难逢的机会。接着，总统开始打趣地说起一系列无关犹太悲剧的话题，据大家回忆，这些闲谈占据了此次谈话的百分之八十，使得这次会面未能取得深入进展。当然，这就是他的魅力和政治智慧的一部分。大家本以为他会勃然大怒或失望透顶，他却没有表现出半点情绪，永远那样镇定自若。但怀斯和他的同僚对此毫无察觉。中午12点30分，一位助手走进了总统办公室，示意会面结束。当他们步出总统办公室的时候，罗斯福声音洪亮地说道："先生们，你们可以着手准备这份声明。我相信你们一定能够运用合适的措辞表达出我的想法。"

罗斯福同来访者一一握手，然后动情地说："我们将竭尽所能，帮助你们的同胞度过这个悲惨时刻。"

但是，有一件事虽在罗斯福的权限之内，他却没有采取行动。他不愿放松战事，也不愿拿自己的政治资本冒险，因此他既没有发表演说谴责"最终解决方案"，也没有在炉边谈话中谈及此事，相反却谈论了诸如定量配给和橡胶等战时问题。他更没有采取任何措施对美国国务院的蓄意阻挠加以约束。不久，他便指示罗伯特·墨菲（Robert Murphy）在"火炬行动"前将非洲发来的直接报告呈送给自己，并特别指示他"不要走国务院的渠道……那个地方无法保守秘密"。作为总统的代言人，这一重任再次落到怀斯身上。接下来是英国政府。

怀斯再次召开新闻发布会，向奋笔疾书的记者宣布，犹太领导人刚刚面见了总统，获悉200万犹太人死于"纳粹的统治和暴行"后，总统"深感震惊"，而且他声称，美国人将会让这些罪犯受到严厉的惩罚，最后的审判日终将到来。

最后，社会上似乎掀起了一股潮流——正如罗斯福所预测的，9天之后的12月17日，联合国（当时主要由三个同盟国美国、英国和苏联组成）连同8个被占领国家的政府，发表了联合公报，对犹太人的痛苦遭遇表示关切，并谴责纳粹实施种族灭绝的行为。该公报使用"野蛮"一词来形容德国人的行为，通篇措辞激烈。公报受到了广泛关注，影响深远。

在伦敦，意志坚定的英国外长安东尼·艾登绝望地向目瞪口呆的下议院宣读了这份公报。"很遗憾地通知下议院，"他说，"首相近日已收到可靠情报，证实犹太人正在遭受野蛮残暴和极不人道的待遇。"他面无表情，逐字逐句读完了整份公报。"那些被带走的犹太人从此音讯全无。剩下的老弱病残要么因挨饿受冻而死，要么遭到大规模屠杀"。国会的议员们十分震惊，全都低着头一言不发地站在那里，沉默了好一会儿。波兰流亡政府的拉钦斯基公爵通过BBC发表讲话，谴责德国对犹太人"施行种族灭绝政策"，这个民族曾为德国的文明发展做出卓越贡献。

然而，华盛顿还存在一些质疑的声音，有些来自于政府内部，有些则来自于普通民众。这份严厉的公报很大程度上得益于英国战时内阁的行动，而非怀斯与罗斯福的会面。实际上，当英国政府向美国国务院提出发表公报的提议时，一位官员冷淡地表示自己对于这份公报的"可行性和适当性"持"深切怀疑"态度，总之，他认为这些主要源自于里格纳电报的报告"缺乏事实依据"。

公众对于纳粹暴行引发的全球恐慌似乎也态度不一。由于罗斯福迟迟没有表态，媒体中存在许多质疑者，那些反对帮助犹太人的批评家更是如此，比如颇具影响力的新教杂志《基督世纪》（*Christian Century*）的主编坦承，毫无疑问，波兰的犹太人正在经历十分可怕的事情，但值得怀疑的是"公开发表此类控诉是否有助于解决问题"。三个星期之后，联合国发表声明，谴责犹太人大屠杀，《基督世纪》继续视而不见，只承认"对于波兰发生的恐怖事件，应一针见血地向纳粹表明，此种行径已被载入史册，这便是最好的回应"，帮助犹太人最好的方式就是"进一步加强"前线的进攻。《新闻周刊》对此有着不同的看法。11 月上旬罗斯福请求新近成立的战争权力立法会授权他终止相关法律，因为这些法律妨碍了"人员、财产和情报"在美国的自由流动，国会拒绝了他的请求。总统和他的副手亨利·华莱士会见了颇具影响力的美国众议院院长萨姆·雷伯恩，后者认为该项法案绝无可能在众议院筹款委员会通过。罗斯福默默地放下了这一议题，没有进行进一步的争取。该法案旨在为产业和军事顾问进出美国制造便利，但一旦获得通过，将会使美国面临打开大门，接纳犹太难民的风险。

《新闻周刊》总结："丑陋的真相就是，反犹主义在作祟，使得总统的提议遭到强烈反对。"

但是反犹主义只是一种片面的解释。《纽约时报》撰写了一篇社论，认为罗斯福愈加坚信："最糟糕的是整个世界无力阻止纳粹的暴行，而战争仍在继续。"换言之，未能取得压倒纳粹的全面胜利，盟军除了"指责"纳粹战犯，并承诺对他们进行"惩罚"之外，也无能为力了。

在诸多神秘的历史时刻，许多历史事件自成一脉，随后产生不可抗拒的影响力，或许此刻正当其时？事实并非如此。爱德华·舒尔特冒着生命危险将情报送到罗斯福手中，并敦促盟军摧毁纳粹的死亡集中营。他最终的确成功地将情报送到了罗斯福手中，但是美国并没有采取任何实质行动，只有一篇姗姗来迟的公开谴责，甚至连围绕下一步措施的讨论都少之又少。回顾历史，有关"最终解决方案"的确凿证据堆积如山，但美国政府却未能持续跟进，这在道义上来说不啻于内维尔·张伯伦，他在捷克斯洛伐克大清洗当晚通过 BBC 发表的那篇演说令人瞠目结舌："多么可怕，多么不可思议，多么难以置信啊，就因为发生在一个遥不可及的国家里的一场纷争，我们就得在这里深挖战壕，戴上防毒面具，而我们对那些家伙根本一无所知！"

∽

如果将关注的焦点移开些许，我们会发现罗斯福在 1942 年忙得实在不可开交。公众对于罗斯福在国内外采取的一系列战时措施表示强烈不满。由于美国即将迎来参战周年纪念日，总统每个月都要不断费神，如何提振士气，如何维持和鼓舞美国民众的精神。

在国内，民众依靠食物配给生活。白糖十分稀缺，肉类和咖啡也少得可怜，黄油供应量被削减，烟草也成了稀罕玩意。日用商品黑市交易异常繁荣。政府在全国范围内实行天然气配给（多数情况下每个星期只供应 5 加仑）以节约战时急需的橡胶。尽管薪水保持稳定，但食品价格飞涨，通货膨胀正在一点一点吞噬实体经济。农场主抱怨连天。小企业家的日子也不好过，他们已经被严厉的监管压榨得体无完肤。商店的货架空无一物，家庭主妇无法理解为何罐装食品、发夹、相机，甚至闹钟也被限制买卖或需要配给。当局呼吁美国人拿出爱国精神，公众的不满却日益加剧，罗斯福在议会选举中为此付出了代价。他的党派在众议院中丢掉了 44 席，在参议院中失掉了 9 席，此外还失去了一些州的州长职位。

9 月中旬，罗斯福亲自视察多家兵工厂、海军造船厂和军事基地，以期提振士气。

德国在斯大林格勒附近渐渐陷入垂死挣扎，罗斯福逐渐意识到战争的转折点即将到来。10 月中旬，他兴高采烈地致信大不列颠的乔治国王："总体来说，我们在 1942 年秋天的境遇要比去年春天好多了……我们将在 1943 年取得全面胜利，形势一片大好，轴心国已经穷途末路。"

但是在欧洲战场，美国人尚未对纳粹开火。他们正在太平洋战场同日本人拼得你死我活，美军需要亮出自己反对轴心国的立场。

他们将在北非战场对纳粹开战。

那是一片荒凉的不毛之地。

阳光猛烈地炙烤着布满岩石的大地，巨大的沙丘在日光下泛着亮光，如同大西洋中波光粼粼的白色泡沫。高温让人们产生了幻觉。此地距离海岸线十分遥远，几乎无路可行，仅有的几条羊肠小道上布满了地雷。当陆军元帅埃尔温·隆美尔受命指挥利比亚的德意志非洲军团时，英国人并未预见到危机的到来。

同美国内战时期著名的南森·贝德福德·弗瑞斯特（Nathan Bedford Forrest）将军一样，隆美尔是一位杰出的战略家，也是闪电战大师，总能巧妙地见缝插针。跟拿破仑一样，手下人对隆美尔十分崇拜，甘愿为他赴汤蹈火。他经常出生入死，在前线指挥并四处奔波，这一点同成吉思汗十分相似。他精明能干、身材颀长，有勇有识又富有骑士精神，是德国最出色的指挥官。他声名远播，就连丘吉尔也对他赞赏有加。尽管患有衰弱头痛，还有些神经质、高血压和关节痛（这是风湿病导致的），他仍是德军高级将领中独一无二的人物。直言不讳的他曾敦促德国元首提早结束战争，希特勒却对他的建议置之不理。

隆美尔始终坚持浴血奋战。在美国人开火之前，他和英国人在绵延数百英里的沙漠中持续迂回了整整 14 个月。一开始，运筹帷幄的他智取英军，将他们赶到了埃及，英军只在利比亚港口城市图卜鲁格留下几处孤零零的军事要塞。1941 年整个夏天和秋天，丘吉尔竭尽全力强化临时堡垒，全力对抗隆美尔的侧面进攻。这是他们在沙漠中的最后防线。

有时两军也会借着明亮的月光发起冲锋和撤退，但双方都未能给予对方致命一击。盟军的士兵也不得安生：他们不得不绞尽脑汁盘算自己如何才能逃出这片绵延数百英里的灼热荒野。同英国皇家海军一样，他们利用指南针和星空作为导航。夜幕之下的行动往往很冒险：坦克纵队停止行军，大家都不知道敌军是在 50 英里之外，还是近在咫尺。四处飞扬的尘土无处不在——众士兵的护目镜、靴子、内衣上到处都是，就连头发里也全是土块，这可谓是他们最大的敌人之一。大家极目远眺，映入眼帘的只有丑陋不堪、荒凉贫瘠的土地和坦克履带碾压的痕迹，以及之前的交锋留下的爆胎。高温与大风让他们的境况都好不到哪儿去，不论白天还是晚上，臭气、尘土和汗水将众人团团围住。一打开罐头食品便会吸引一大堆蚊虫，围着他们上下翻飞嗡嗡不停。

就是在这样的条件下，隆美尔趁着丘吉尔与罗斯福在 6 月会晤之机拿下了图卜鲁格，然后开始向开罗进军。英国决定阻击德国人，并开启将他们赶回老家的进程，他们等待着美国的加入。

10 月 23 日，英国发动第二次阿拉曼战役，对隆美尔进行反击，杀气腾腾的苏军在斯大林格勒逼退纳粹军队，美国最终决定参战。一支由 670 艘舰艇组成的舰队（包括商船、战船和运兵船）运送 10 万余名突击队员穿越大西洋，向遥远的北非战场进发。还有 100 多艘战舰将从美国出发。同时，随着决战的临近，华盛顿和伦敦的气氛前所未有地紧张起来——这一局的成败就取决于机密的保守了。无疑，美国军队尚是初出茅庐，他们将在与敌军的血战中成长。

疲惫不堪的艾森豪威尔忧心忡忡，由于长时间俯看地图和报告，他的肩膀突发痉挛。他的呼吸也出现了问题，因为他不停抽烟，每天要抽上三包。有一阵子他不得不弓着背走路。

作战计划要求部队在夜色掩护下抢滩，但是艾森豪威尔十分清楚，此前美军从未在远离基地的情况下在夜晚登陆敌军海岸线。指挥所设在直布罗陀巨岩下的一条黑漆漆的地道里。在战役打响的前夜，艾森豪威尔就睡在战地指挥所的行军床上。他迟疑不决地写下了这样一段话："战斗即将打响……我们必须背水一战。"乔治·巴顿将军则自信得多。他高声对自己的

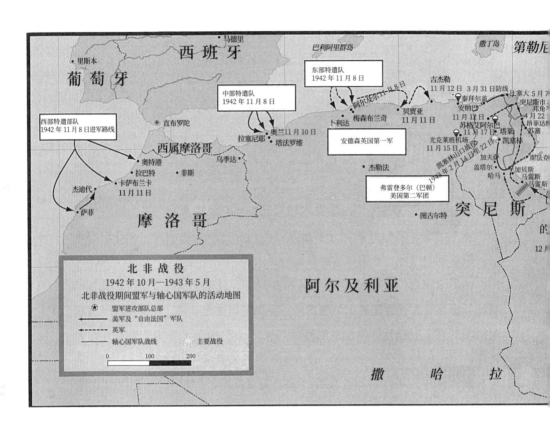

北非战役期间盟军与轴心国军队的活动地图

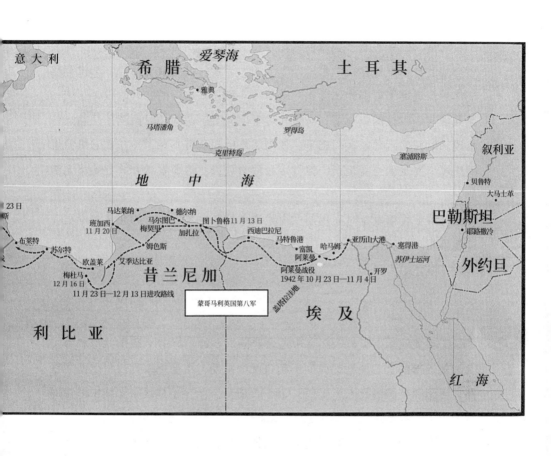

意大利　　希　腊　　爱琴海　　　　　土　耳　其

雅典

马塔潘角　　　　罗得岛

克里特岛　　　　　　　塞浦路斯　　叙利亚

地　中　海　　　　　　　　　　　贝鲁特

大马士革

23日　　　　马达莱纳　　德尔纳　　　　　　巴勒斯坦

斯　　　班加西　　马尔图巴　图卜鲁格11月13日　　　耶路撒冷

布莱特　　11月20日　梅契里　加扎拉　西迪巴拉尼

苏尔特　　　　姆色斯　　　马特鲁港　亚历山大港　塞得港

欧盖莱　艾季达比亚　　　　富凯　哈马姆　　苏伊士运河　外约旦

梅杜马　　　昔兰尼加　　　阿曼　　开罗

12月16日　　　　　　　　阿莱蔓战役

11月23日—12月13日进攻路线　　1942年10月23日—11月4日

蒙哥马利英国第八军　　　埃　及

利　比　亚　　　　　　　　　　　红　海

手下喊话："我才不相信狗娘养的海军能在离岸 100 英里的地方跟我们接头……有什么关系，把我们送到非洲，我们自己走过去！"

此时，在 4000 英里以外的凯托克廷山区（Catoctin Mountains），罗斯福正在他的香格里拉总统别墅（即今天的大卫营）试着放松身心，却没有丝毫作用。远离了首都无休无止的政治缠斗和逐渐迫近的北非战役，总统一会儿摆弄一下他的集邮册，一会儿玩下单人纸牌游戏，时而读上几篇廉价小说，时而悠闲地躺在门廊下。他的俏皮话和玩笑不见了，一贯的热情也消失了。要是他还能走路，他肯定会踱来踱去。他那颗悬着的心始终无法放下。

行动于香格里拉时间星期六夜晚零点拉开序幕：此时的北非海岸正在迎接黎明。

艾森豪威尔知道，一年之中适合登陆大西洋沿岸的卡萨布兰卡和阿尔及利亚西部的奥兰两地的时间不超过两个星期，这是三线进攻中的两条线路，美国和英国各投入了 3.5 万人和 3.9 万人。第三条战线将在地中海中部城市阿尔及尔展开，美国和英国在这条战线各投入 1 万人和 2.3 万人。

目空一切的美国军队认为自己已经完全适应了现代战场，但事实并非如此。实际上，他们虽作战灵活、胆识过人，但缺乏实战经验。此外，他们不仅训练不足，协同作战能力也糟糕透顶。他们不知道战壕的作用，更不会进行军事伪装。他们也没有学会憎恨敌人（艾森豪威尔语）。诚然，美军为战士们提供了最精良的武器。他们拥有多管火炮和水陆两用牵引车，经过改良的谢尔曼坦克和最好的冲锋枪，甚至还有最新研发的运载火箭：巴祖卡火箭炮。军需官为他们提供了各种便利：墨镜、折梯、放大镜、蚊帐、橡皮艇、保温袜子和自行车，还有抵御北非寒夜的羊毛毯子、防沙尘暴用的护目镜和防尘口罩、逃生用的充气艇，还有黑色的篮球鞋。当然，还有插在海滩上的美国国旗。

美军抵达之前，艾森豪威尔的副将马克·W. 克拉克（Mark W. Clark）和美国国务院官员罗伯特·墨菲以为，美国政府已经与法国殖民部队达成协议，将进攻阻力降到了最低。他们的如意算盘就是：法国人应该不想同美国开战，并且他们也想迎头痛击纳粹。总之，罗斯福指示自己的顾问照会法国方面，美国绝非作为侵略者而是解放者而来。实际情况却是，一小撮维希政权支持者和同情者，还有反殖民分子和自由法国派分子已经失控，乱成一团。罗斯福无法不去想象，要是北非的维希法国武装坚决反对美国登陆，那么这次任务就会受阻，这场战斗势必会损失数千人。

在无线电的沉默中，600 艘舰艇组成的护航队启航了。行将登陆之前，罗斯福向舰艇上的全体官兵发布了一则振奋人心的讲话。"你们的自由，你们所爱之人的自由，全都取决于这场战争的结果。"总统还通过广播向北非的法国人传递了同样的信息。在太阳洒下第一缕光线之前，他们意外听到了罗斯福发来的长篇演讲，演讲通过伦敦的 BBC 电台以法语发送，他说："在纳粹的铁蹄之下饱受煎熬的朋友们，我曾于 1918 年在法国海陆军服役，今天我以军人的身份向你们发表演讲，我一生对法国人民怀有深厚的感情。"他的讲话极富感染力："我了解你们的农场，你们的村庄和你们的城市。我了解你们的士兵、教授和工人。我……再次重申自己对于自由、平等和博爱的信仰。"最后他呼吁法国人支持这次进攻："我们不想给你们造成任何伤害。"最后他高呼："Vive la France éternelle！（法兰西万岁！）"

凌晨 3 点，日出之前，南到拉巴特（Rabat），西至阿尔及尔，一支由 800 多艘战船和运兵船组成的舰队在祈祷声中开始向非洲海岸聚集。

∾

此刻，不论是邮票还是小说，都无法缓解罗斯福的紧张，哈里·霍普金斯和几位好友的陪伴也无济于事。整整一天他都紧绷着脸，眼睛不停地看着电话，等待着已经开始的战役的消息。11 月 7 日星期六晚上 9 点，电话铃声终于响了起来，罗斯福的秘书格蕾丝·塔利接了起来，是美国陆军部的来电。

罗斯福准备接听电话，他的手抖得十分厉害，动作迟缓得像是电影慢镜头。

∾

他一言不发地听了几分钟，然后高声喊道："感谢上帝，感谢上帝！真是个好消息。祝贺你们。伤亡相对较小——比预期小得多。"他又说了一句："感谢上帝！"然后将轮椅转了一圈，面向来访者，脸上挂着笑容，欣喜若狂地解释："我们已经在北非登陆，伤亡数字比预期要少。我们正在对纳粹进行反击！"

事实上，好运一直站在盟军一边。大西洋的海面异常平静，他们也没有遇到德国佬的 U 型潜艇。数次登陆进行得如同时钟发条一般有条不紊，美军迅速登上内陆，几乎没有遭遇任何抵抗。在卡萨布兰卡，美军战舰和巡洋舰将海港内毫无戒备的法国舰队一举摧毁。但他们偶尔也遇到一些小麻烦。士兵们得携带 200 磅的弹药和武器，摸索着穿过海浪，许多人最后只好扔掉了行军背囊。第二天破晓时分，岸边乱七八糟地堆满了浸了水的武器和湿淋淋的行囊。

此外他们还要面临一些别的问题。有时候，战士们的登陆地点距离目标地点远达数英里。最可怕的是，法国人站到了轴心国一边，对美军发起了反击。零星交火时有发生，尤其是在奥兰和大西洋滩头堡一带，法国人组织起了有效反击，一些船只下落不明，另外一些登陆行动混乱无序，被迫推迟，甚至宣告失败。让罗斯福失望的是，自负易怒的法国人宣布与美国断绝外交关系，穷凶极恶的希特勒以此次进攻为借口，接管了法国南部维希政权控制的区域。11 月 11 日晚，德国的装甲部队公然越过法国停战线，虽然引发的只是小规模冲突，但他们几乎没有遭遇抵抗。现在，纳粹控制了整个法国。

尽管失利在所难免，但大部分情况下，美国人还是占据了全面优势，作战十分成功。到了第八天中午，他们迅速包围了阿尔及尔，拿下了这座城市。奥兰的情况也大致如此。尽管经验不足的美国兵缺乏训练，但他们还是凭着人数优势击溃了敌军。卡萨布兰卡迅速沦陷。战略要地拉巴特山口亦如此。盟军一路向突尼斯的岩石山丘高歌猛进。

罗斯福一直是对的，士气的确重要。在美国，全国上下一片欢腾，《新闻周刊》写道："就该这样！——11月7日星期六晚上9点，全美国人都是这么想的……美国将向世界展示自己的实力——一如以往。"盟军登陆的消息一经发布，体育比赛中的人们立刻中止了比赛，爆发出阵阵欢呼。在家里，人们纷纷拿出地图用食指追溯着盟军登陆的线路。在咖啡馆和基督教青年会，孩子们兴奋得玩起了侧空翻，他们的父母一边挠头，一边苦思冥想那些从未听过的北非城市的奇怪名字该怎么念。人人似乎都在对着手中的报纸头条微笑着。

作战进入到第二阶段。11月12日，艾森豪威尔授予前维希总司令让·弗朗索瓦·达朗（Jean-François Darlan）将军法国驻北非高级特派员称号，意在减少阻力，并建立起政治秩序，交换条件是达朗必须说服法国士兵放下武器停止抵抗。如果计划进行顺利，法国人还将帮助美国解放突尼斯。达朗接受了这个条件。美法之间的敌对状态结束了。对于北非的美国将领来说，这是一个非常务实的安排，避免了无谓的流血牺牲。正如艾森豪威尔写给马歇尔的信中说的那样，他不愿去想象，打在法国人身上的每一颗子弹都是为了打倒德国人。

但令他们始料未及的是，仅仅过了一晚，这个决定便被证明大错特错：罗斯福和英国人在国内遭遇了前所未有的抗议。整个政治界的评论家们都在质问：达朗不正代表了西方社会所鄙视的一切吗？他是个彻头彻尾的法西斯分子，还是个臭名昭著的卖国贼——纳粹入侵法国的时候，他飞速站到了那一边；犹太人在法国遭到围捕的时候，他从未发声抗议；现在艾森豪威尔和罗斯福却高度认可"达朗交易"这样的叛国行为。这个代价不是太大了吗？整桩交易十分丑陋。但在许多人来看来，罗斯福和盟军似乎不仅希望与法西斯分子进行交易，更希望与德国元首交易。法国维希政府首脑马歇尔·亨利—菲利普·贝当（Marshal Henri-Philippe Pétain）拒绝接受盟军登陆和解放，导致事态进一步恶化。"我们遭到了袭击！"他怒吼，"我们要奋起自卫！这就是我下达的命令。"评论家们认为，达朗至少是个叛国者，对法国人许诺以自由，然后将他们置于侵略者的控制之下，这就是一桩肮脏的交易。

这些不仅仅是自由专栏作家和左翼激进团体的叫嚣，罗斯福的财政部长小亨利·摩根索也加入了论战，指责达朗是"贩卖数千人为奴的人贩子"。罗斯福的前任竞争对手和战时盟友温德尔·威尔基也随声附和。"难道我们要眼睁睁地看着我国政府长期以来对维希政权实行的绥靖政策就此结束，转而与希特勒的走狗达朗合作吗？"他厉声质问。在伦敦，自由法国领导人夏尔·戴高乐也表示赞成，他只说了一句"美国可以给叛国者提供金钱支持，但绝不能冠以法国之名"，此言掷地有声。

一开始，罗斯福对这些抗议充耳不闻，接着又不堪其扰，很快，批评的声音就让他痛苦不堪。艾森豪威尔试图遏制这些言论带来的伤害，他发电报给总统，说明如果他们放弃这桩交易，法国武装力量将"被迫"乃至"主动"发起抵抗。但这无益于平息纷争。罗斯福发现自己走进了死胡同。事实证明，整件事就像一个巨大的沼泽地。他最终发表了一项声明，宣称自己只是"暂时"接受艾森豪威尔的计划，并补充说明自己不会与达朗签订任何永久协定。总统再次反驳："我们反对的是支持希特勒和轴心国的法国人。"若是这样的解释无法令大家满意，他再三重申：这次安排只是"权宜之计"，仅在"战争压力"下具有一定的合理性。

摩根索在白宫见到了总统，他向自己的头儿和海德帕克的邻居抱怨，北非交易"伤害了我的灵魂"。罗斯福用一句古老的保加利亚谚语予以反驳：

"危急之时可与魔鬼结伴以安度险桥。"

但道德问题仍在发酵。我们能够与魔鬼携手多久？是冲刺跑还是马拉松？假使魔鬼绕路而行怎么办？

这些质疑绝不会就此罢休。

这场不合时宜的争论似乎无休无止。罗斯福时而灰心丧气，时而懊恼不已，对那些反对声音恨之入骨。面对日益高涨的抗议，他似乎已经憔悴得不堪重负。在他身边的人看来，那些批评的声音似乎让他饱受困扰。每天早上他都会打开报纸，对着不怀好意的编辑大加抨击，用轻蔑的口吻大声读出每一篇令人不快的文章和评论的每一个字，几乎不加掩饰。而有些时候，他表现得好像北非战役压根儿没有发生过一样，不肯谈论与之相关的只言片语。还有些时候，他只能在自己的兴趣爱好中寻找安慰：开车到乡下去兜风，给助手留几张好玩的小纸条，每天开上几个无伤大雅的玩笑，当然还少不了他最爱的鸡尾酒。最后他干脆逃离了华盛顿，乘坐火车前往海德帕克以保持头脑清醒。

命中注定，随后发生的一场意外事件拯救了他的政治生涯：一个来自阿尔及利亚的法国保皇党年轻人在圣诞夜刺杀了达朗，对他开了两枪。恢复了元气的罗斯福向海军部长约瑟夫斯·丹尼尔斯通报了这一消息："今天我非常高兴，三个月以来我一直在第二战线的事情上忍气吞声，现在终于结束了。"

罗斯福的脸上恢复了笑容。1942 年底，战争显然来到了紧要关头——正值他别出心裁地推出租借法案帮助走投无路的英国人后两年，珍珠港事件爆发后一年。德国人身陷俄国战场无法自拔，在这场战争中投入了难以计数的人力，伤亡十分惨重。在阿拉曼，英国第八军团占据了进攻的主动权，随着盟军在北非战役中的节节胜利，隆美尔全线溃败；随着德国人在地中海南部的溃败，轴心国力量被赶出北非只是时间问题。虽然美军遭受重挫，在凯塞林山口被隆美尔的装甲军打得溃不成军，这场战役总的来说却取得了全面胜利。这为厌倦了战争的英国人打了一针强心剂，促使英美结成真正的军事同盟，对于开辟欧洲战场起到了关键作用。正是在北非，急需磨炼的美国的军队快速成长，不论是受人尊敬的军官，还是最低级的大兵，都在那里获得了大量作战经验。头脑清醒的艾森豪威尔很快就淘汰掉了那些昏聩无能的指挥官。最后，北非战役的胜利为即将到来的西西里岛登陆战和意大利战役铺平了道路。

情绪高涨的罗斯福背靠座椅，深吸了一口雪茄，回味着成功路上的点点滴滴。他饶有兴味地向记者讲述了"火炬行动"的精心策划过程。他皱着眉头解释说第二战场不是一朝一夕建立起来的，也不仅仅是"商店里买来的成品"。但前所未有的胜利气息笼罩了整个华盛顿。盟军踏上法国国土只是时间问题，罗斯福也被奉为国际政策大师。得益于这场战争，美国国内经济持续复苏，数以百万计的美国人脱离了贫困线，失业率几乎为零。而在英国，教堂在年尾敲响了钟声以庆祝北非战役的胜利。

丘吉尔充满激情地对英国人民发表演说："现在战争还未结束，甚至还没有进入尾声，但是可以说，我们已经走到了这场序幕的尾声！"

～

12月，欧洲传来了更多消息。1942年12月13日，爱德华R.默罗那雄浑的男中音在CBS电台响起。他的声音远渡重洋，伴随着电台的沙沙声，但他一开口，那抑扬顿挫的腔调便引发了广大听众的共鸣："这是……伦敦。"当默罗说出这句话的时候，数百万美国人正守候在收音机前。"目前的情况是，数百万人，大多是犹太人，被迅速集中起来，惨遭屠杀……'集中营'一词已经过时了，就像'经济制裁'或'予以否认'一样不合时宜。现在我们只能称之为'灭绝营'。"

这个可怕的秘密对于每一位热心的听众而言，已不再是秘密。

与前一年不同的是，罗斯福在白宫度过了一个欢乐的新年夜，既有鸡尾酒，也有朋友和家人的陪伴。白宫举行了盛大晚宴，私人影院播放了亨弗莱·鲍嘉（Humphrey Bogart）主演的《卡萨布兰卡》。人人都兴高采烈。就在午夜钟声敲响，1943 年开始的一刻，总统和他的宾客聚集在二楼的书房里。香槟酒端了上来。罗斯福举起酒杯，一如既往致祝酒词："敬美利坚合众国！"

之后，在罗斯福的提议下，大家再次举起了酒杯。这一次，总统向战后的世界致了新祝酒词："敬联合国！"

第十一章

1943 年

　　1943 年伊始，柏林异常平静。从非洲到苏联，德国军队遭到全线围攻，战况逐渐被扭转，伤亡数字高居不下且节节攀升。但是在首都柏林，暂时没有防空警报划破天际，没有盟军炸弹从夜空落下时发出的刺耳呼啸声，也没有令人战栗的雷鸣般的爆炸声。高射炮安静地躺在那里，没有密集的炮弹飞向空中再砸向地面。街上没有瓦砾，防空洞里空无一人。那是暴风雨前的寂静。德国高级指挥官对此心知肚明。他们很快就会派出与约瑟夫·戈培尔等同级别的纳粹宣传部官员，前往柏林体育宫。那是一座位于柏林市西南郊的大型竞技场。戈培尔将代替隐遁的希特勒在一群经过精挑细选的群众面前发表演讲，他的四周堆满花环和卐字旗，一套精心制作的扬声器预先录制好了喝彩声和欢呼声，这些纳粹的宣传机器就相当于某种喜剧套路。主席台上方悬挂着一幅标语：全面战争——最短的战争。这正是戈培尔此行兜售的思想。

　　打手势、摇手指、不时用手抚摸臀部，戈培尔用尽了所有的演说技巧。必要的时候，他还会提高嗓门。一旦察觉群众的热情有所减退，他就会沉下声调，迫使听众聚精会神地抓住他说的每一个字。他的演讲直奔主题：

酒吧和夜店必须关掉，奢侈品商店、美容院和高档餐厅也要停业。"战争结束后，我们会再次变成美食家的！"他高呼，"我们的新口号是'节衣缩食'！"这句话在人群中掀起了一阵高潮。戈培尔呼吁民众支持全面战争，并请他们相信最终的胜利一定属于德国人民。"你们想来一场彻头彻尾、激烈无比的战争吗？"

"想！"如雷的掌声伴着人群的回应。

"你们愿意下定决心，排除万难，追随元首，肩负起最沉重的负担吗？"

最后所有听众全都站了起来齐声高喊："元首去哪儿，我们去哪儿！"

"你们给予了我回答！你们已经让敌人听到了我们的声音！"戈培尔回应。

大西洋彼岸的华盛顿也出现了爆发全面战争的迹象。奉行孤立主义的美国长久以来坐视不管，旁观欧洲盟国的土地被纳粹战争机器蚕食而置身事外，现在他们把怯懦抛在了一边。同时被抛弃的还有 1940 年代早期奉行的殊死防守政策，当时美国正在狂热地筹建民主兵工厂。

当纳粹军队进入波兰的时候，华盛顿有 1.5 万名无家可归的流浪者。在这个城市里，绵延数十英里的防水棚贫民窟跟卡洛拉玛（Kalorama）丘陵一带的豪华大宅与政府办公大楼富丽堂皇的大理石外墙同时并存。天气晴好的日子，访客可以漫步穿过白宫的院子。大门是新近安装的，多年以来，白宫的草地一直是郊游者的最爱。日本偷袭珍珠港时，美国财政部长小亨利·摩根索提出了保卫白宫计划，他命令情报部门在各个入口堆放沙袋，每道门口放置几挺机关枪。白宫的每位工作人员都分到了一个防毒面罩，总统还老老实实地将面罩挂在了轮椅上。

珍珠港事件发生后，经与英国磋商，白宫建筑师设计修建了一座防空洞，里面有一条地道直通财政部和白宫东翼。这个防空洞可以抵挡 500 磅炸药，内部装有柴油机以供发电和过滤空气之用。白宫的房顶架起了高射炮。但还有一个问题，军队的防空武器十分紧缺，因此军需官决定将大部分高射炮换成上了漆的木制仿品。至于那些真家伙呢？战争结束后，人们才发现，堆在这些武器旁边的弹药尺寸根本就榫不对卯。与柏林不同的是，华盛顿并未打算向高空发射高射炮或是从国家动物园地下的防空洞发起反击。压根儿没有这个必要。两座城市之间的差异显而易见。远离战火的华盛顿在大西洋彼岸十分安全，这座城市一向如此。但到了 1943 年，华盛顿却发生了翻天覆地的变化。

如同内战期间一样，华盛顿居民的生活基本没有受到影响。当然也会出现食品短缺的问题，居民不得不使用配给卡，男孩子们被送上了战场。但是学校照常上课，办事处照常上班，大家照常玩足球和橄榄球，照常野餐，电影院定期放映新片，为数不多的瓦砾堆则是推掉整座城市和市郊的建设工程留下的。

城市改造浪潮的顶峰发生在波托马克河（Potomac）对岸距离阿灵顿国家公墓（Arlington National Cemetery）不远的地方，负责建造纽约拉瓜迪亚机场（La Guardia Airport）的设计师在此地兴建了五角大楼。为了这座五边形的巨型建筑，1.3 万余名工人日夜不停赶工。300 位建筑师挤在一座废弃的飞机棚里，他们必须要保证设计能赶上工人的施工进度，这些工人经常不打招呼就直接从绘图桌上拿走未完成的草图。1943 年初，五角大楼终于竣工，成为当时世界上最大的建筑，足够容纳 4000 人和配套的文件、电话、打字机及官场所需的一切设备。但在启用的第一天，五角大楼还是稍显拥挤了些，军方不得不继续使用对岸的办公室。

整座城市进入了高速发展时期。人行道上挤满了海军和水手，美国每天要为战争支出 30 万美元。临时办公建筑沿国家广场一字排开，硬生生地把那里变成了拖车公园。每年都有超过 5 万人涌入这座城市，大多数是为了寻找工作，这也让城市变得拥挤不堪。交通很糟糕，住房更是如此。政府工作人员实际上是在他们共享的房间里轮流睡觉，很多人生活在像美国一号公路沿线那样的真正的拖车公园里。这是一座在砂砾和临时建筑上运转的城市，混乱无序，却是世界首屈一指的强权之都，也将成为战争胜利的主导力量，只不过还需假以时日。

尽管击中了轴心国在北非地区的"要害"，但同盟国还没有做好在法国北部发动全面战争的准备，胜利也不会在几个月内到来。然而纳粹军队的优势明显减弱，等到逆转的一刻到来，盟军的势头将如同秋风扫落叶一般不可阻挡，至少在许多人看来战事将如此发展，其中就包括总统本人。

1943 年 1 月 7 日，美国总统罗斯福走上主席台向国会发表年度国情咨文，他似乎比平时更加神采飞扬，这也在大家的意料之中。在潮水般的掌声中，他缓缓开口说道："过去的一年，我们阻止了日本人。今年，我们将继续前进。"他对欧洲战场同样信心满满。罗斯福用招牌式的腔调指出："轴心国明白，他们必须在 1942 年打赢战争，否则就会全盘皆输。不用我说，大家都知道敌人的如意算盘落空了。"

他接下去说道："我无法预言，也无法告诉大家，联盟国将于何时何地对欧洲实施打击。但我们将发起进攻——猛烈的进攻。"国会里响起了热烈的掌声，罗斯福没有停下，这一次轮到他嘲讽希特勒了。"我无法告诉大家我们将在何地对他们发起进攻，是挪威还是荷兰，是法国、撒丁岛还是西西里，是巴尔干半岛还是波兰。或许我们会在几个地点同时开火。"

"但是，我们将与英国人和苏联人一起，从空中对他们进行猛烈无情的打击……是的，这是纳粹和法西斯分子自找的，"他象征性地顿了一下以示强调，"他们将自食其果。"

罗斯福十分肯定，此刻自己最想做的就是谈一谈战争结束后的和平问题。"有人告诉我，现在还不是时候谈论如何在战后建设更好的美国。有人说这是一个错误的决定。

"我不敢苟同。

"我希望大家充满信心，加倍努力。无论是和平年代还是战争时期，我们都面临着一项代价巨大、漫长持久的任务。但当我们真正面对它的时候，我们将会看到这个国家的未来十分美好。"

∽

　　一个星期后，罗斯福住进了刚刚解放的卡萨布兰卡的幸福别墅（Dar-es-Saada villa），里面的防空洞由游泳池匆忙改建而成。别墅里的安保十分森严。光是起居室就占了两层，法式的落地窗安装了能够抵挡子弹和榴霰弹的滑动钢铁窗帘。别墅由乔治·巴顿领导的一支全副武装的卫队守护，四周全是带刺的铁丝网，铁丝网外围还驻扎着一支防空部队。

　　先行抵达的埃利奥特·罗斯福回忆说，有人告诉他卡萨布兰卡刚刚从德国人手中夺回，到处都是法国法西斯间谍。特工处做了充分的准备，以防止各种意外事件，他们甚至选派了一位极限游泳选手陪同总统的专机。一旦飞机被击落在海上，这位特工可以让总统尽可能长时间地浮在海面上。

　　罗斯福本计划举行一场三方会谈，但约瑟夫·斯大林表示反对，因为苏军正在斯大林格勒展开大规模反击，将德军截成了两段，30多万德国人落入了包围圈。因此这次磋商只能再次在罗斯福和丘吉尔之间展开，而罗斯福希望选在一个温暖些的地方。埃利奥特·罗斯福记得，别墅的装饰十分豪华，为罗斯福准备的卧室就在一楼，房间里到处都是饰带和装饰品，相邻的浴室里有一个黑色的大理石浴缸。这位美国总统环顾一圈，吹了个口哨，开玩笑说："现在就缺个女主人了。"

　　最后跟罗斯福会面的只有住在毗邻别墅的丘吉尔，另外还有罗斯福的军事助手们，以马歇尔将军为首。会谈的内容大多为推测性质。要想在北非战场彻底击败德军还需时日，但随着英国的蒙哥马利将军逐步西进穿越整个利比亚，这一天将很快到来。

　　但前方依旧障碍重重：德国的U型潜水艇仍在大西洋巡逻，尽管比起德军入侵初期，苏联被击溃的危险小了许多，但这种可能性依然存在。现在的头等大事就是确保租借物资能顺利抵达苏联。鉴于现实情况，罗斯福答应苏联开辟欧洲第二战场的承诺显然没法在1943年实现。夏季是发动进攻的唯一时机，从军事日程上来看，这一天即将来临。截至目前，盟军还没有找到支撑进攻的后勤基地，遭到围困的纳粹空军依然在天空盘旋。刚刚完成北非登陆归来的德怀特·艾森豪威尔无奈地指出，进攻欧洲的兵力恐怕要到 1944 年才能集结完毕，因为盟军的运输效率还有待提高。

随着军事任务的推进，形势逐渐明朗起来：立即对法国发动进攻就算不是一场白日梦，也称得上是一场华丽的冒险。何去何从？从其他地点对地中海发起进攻？他们对此进行了充分讨论。英国军队希望从西西里岛登陆。他们认为此举将打通海上运输通道，将意大利踢出局，凭借事先部署在北非的军事力量，这次进攻很快便可以完成。马歇尔则强烈建议在法国开辟第二战场，他仍然坚持应该发动跨海峡进攻。但罗斯福与丘吉尔已达成一致：下一目标是西西里岛。进攻将于当年开始。

丘吉尔领导的英国再次说服了罗斯福。在艾森豪威尔的记忆中，丘吉尔"将幽默和悲情运用得十分娴熟，擅长引经据典，不论是希腊经典还是唐老鸭，不论是陈词滥调，还是简短有力的俚语，他都能用来支持自己的观点"。而罗斯福则一如既往，总是能够洞察战争中的微妙平衡点，在丘吉尔和斯大林中间穿针引线，并一眼看穿眼下应该采取何种措施以及如何让自己占据上风。选择进攻西西里岛，放弃欧洲第二战场，他沉思道："我们被迫做出战略妥协，很有可能会冒犯到苏联人，这样一来我们日后就可以强迫英国做出冒犯他们利益的妥协。"

罗斯福希望能够探望那些为了民主而战斗牺牲的军人，但是他手下的将领们反对他视察前线。因此他只好驱车 85 英里看望了拉巴特的部队，回来之后他注意到，就算是乘坐吉普车也要花上好一段时间。总统还接见了90 岁高龄的摩洛哥大维齐尔（grand vizier）[1] 和 9 岁大的苏丹。大维齐尔携带礼物前来拜访，他送了罗斯福一把金质匕首，送给第一夫人一对金手镯和一顶硕大的皇冠。罗斯福看到皇冠后对儿子眨了眨眼。"我们同时想到了她戴着那个廉价货在白宫主持大局的画面。"埃利奥特后来挖苦道。作为回礼，

---

[1]　伊斯兰教国家的首相。

罗斯福向大维齐尔赠送了一幅他本人的镶框照片。

晚饭之后，罗斯福用法语阐述了他对摩洛哥新政的计划，建议大维齐尔制订计划，开采当地的自然资源，包括磷酸盐、钴、锰矿和石油等，然后拿出一笔资金用于改善当地人民的生活水平。罗斯福甚至建议摩洛哥人前来美国的大学就读，而美国的公司可以在摩洛哥开发项目。

此次高层会晤的高潮是法国政治这一微妙议题，合影仪式引发了争议，因为法国流亡政府的两位对手——抵抗组织代表夏尔·戴高乐与北非妥协派领导人亨利·吉罗（Henri Giraud）将军将同时出席这一仪式。合影仪式结束，火药味变得浓烈起来。罗斯福和丘吉尔在卡萨布兰卡的一块草坪上接见了记者。罗斯福提到了另外一位著名的美国领袖——受人爱戴的内战将领格兰特，据说"无条件投降"一词就是他发明的——之后他说了这样一句话，"彻底消灭德军、日军和意大利军就意味着德国、意大利和日本无条件投降"。

开弓没有回头箭。无条件投降成为二战后期的指导箴言。

这究竟是罗斯福一时兴起有感而发，还是经过反复商讨和深思熟虑，旨在安抚斯大林并鼓舞盟军士气的进击策略，国际社会围绕这一问题展开了激烈争论。实际上，就连丘吉尔也大吃一惊。无条件投降的要求很有可能激化轴心国的抵抗，延长战事，并扼杀那些有可能推动和平更快速、平和到来的力量。

但不论从哪一方面来看，这几乎都是一个伪命题。对于身处柏林的阿道夫·希特勒来说，投降从不在他的选项里。他始终坚信无条件的胜利。

德国军队在前线节节败退，这已是无可争辩的事实。暴跳如雷的元首此时仍沉浸在幻想之中，不肯接受现实，将他手下的将领逼上了绝路。在他的内心深处，战争似乎仍停留在 1942 年 10 月纳粹占据全面优势的时刻，当时的希特勒是继拿破仑之后控制欧洲领土面积最广阔的领袖。在东方，他手下那些经验丰富的部队控制了苏联的大部分领土，开拔到距离莫斯科仅 40 英里的地方；在西方，他控制了欧洲皇冠上的珍珠——法国北部；在东南地区，他拿下了高加索地区最高峰厄尔布鲁士山（Mount Elbrus）；在南部，他将地中海牢牢控制在自己的铁钳之下；在北部，瑞典逐渐被边缘化，而挪威仍处于暴政之下；除了一群无组织的游击队的占领区外，巴尔干半岛已成为德意志第三帝国的一部分；在北非，只要他一声令下，隆美尔就能打进亚历山大港和苏伊士运河。

但这一切只是幻想。随着 1943 年的到来，现实变得愈加严峻。苏联战场上，德军的形势急转直下。希特勒没能为部队提供足够的过冬装备，当莫斯科进入严酷的冬季，德国人的武器结了冰，人也被冻僵了。雪中夹杂着冻雨，冰里混合着污泥，消耗殆尽的德国人陷入了绝望。几个月之后，纳粹的伤亡人数将突破 100 万。之前的胜利——吞并奥地利，闪电袭击波兰与法国——并不能阻止发生在苏联冰冷街头的惨剧。一位德国将领一针见血地指出，在莫斯科，德国军队不可一世的神话破灭了。

斯大林格勒的情况同样惨不忍睹。苏联红军从侧面发起攻击，成功将德军击退 40 英里，迫使他们撤退到了西面的唐湾（Don Bend）。处于崩溃边缘的希特勒命令手下的指挥官要战斗至死。走投无路的他致电陆军元帅弗里德里希·保卢斯（Friedrich von Paulus）："投降绝无可能！我们的军队将战斗到死！"（早前他曾对手下的官员怒吼："我绝不会离开伏尔加！"）但是在数次试图重新安置陷入重围的纳粹军队而无果之后，保卢斯只有投降。其间，22 个德国师和 2 个罗马尼亚师——德军之花——被留在了斯大林格勒的街巷，全军覆灭。号称拥有 30 万人的第六集团军，最终只有 9.1 万名衣衫褴褛的幸存者缴械投降，而其中回到德国的只有 5000 人。

对于驻扎在地中海的纳粹部队来说，他们的日子同样不好过。这里是著名的"沙漠之狐"隆美尔的败北之地。希特勒命令隆美尔死守北非。这注定是死路一条。蒙哥马利发动了猛烈的防守反击，在遭受毫无必要的重

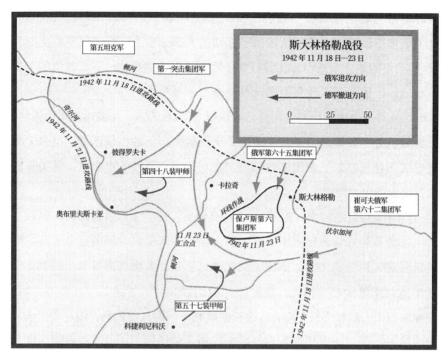

斯大林格勒战役作战地图

创之后，希特勒孤注一掷，下达了"将每一杆枪和每一个人都投入到战斗中，要么胜利要么死"的命令，但隆美尔无视他的命令，决定全面撤退。蒙哥马利率众对隆美尔的部队穷追猛打，他的逃跑路线变成了一条死亡之径——每一道水沟、每一座平坦的山丘、每一个悬崖，四处散布着烧焦的汽车、爆炸的坦克还有战争留下的碎片。冷静下来的隆美尔凭着过人的勇气，尽其所能在凯塞林山口对第二集团军发动一系列猛攻，结果缺乏经验的美国兵完败。后来，他又率领手下对蒙哥马利发动了四次突围。不久，隆美尔得到了11万人和数百吨物资的增援，德军开始四处侦查出击，广挖战壕，但这最后的挣扎收效甚微。

很快，强大的盟军势不可挡。美军和英国第八集团军分别从相距2000

英里的地方出发，一路上如同挥舞的镰刀一样向前推进，最后汇合在一起，切断了隆美尔的撤退路线。

突尼斯很快就会陷落，精疲力竭的隆美尔拖着疲惫的身体和郁闷的心情，被匆忙召回德国，这让他逃过了战败的屈辱——他放弃了军队的指挥权，再也没有回到曾经让他封神的北非沙漠。余下的德国部队很快便开始崩溃，盟军俘获了 25 万名战俘，其中超过 10 万是德国人。对于罗斯福和丘吉尔来说，突尼斯战役的胜利几乎等同于斯大林格勒的胜利。斯大林对此似乎也十分认同，他在发给罗斯福的电报中写道："祝贺您和英勇的美英联军取得辉煌胜利，将突尼斯从希特勒的暴政中解放出来。"

就连希特勒本人也不得不承认盟军胜利的重大意义。他轻描淡写地对手下的几位官员说，德军在突尼斯的行动至少将盟军进攻欧洲的时间拖延了 6 个月之久。此外，他曾宣称占领突尼斯对战争的胜负具有决定性作用，现在他坚称，若不是德军在北非殊死抵抗，盟军恐怕早已在意大利站稳脚跟，控制了阿尔卑斯山主峰布伦纳山口（Brenner Pass）。

"这样一来，将造成我军不可避免的失利。"他说。

到这个时候，希特勒的暴躁与愤怒已举世皆知。他躲在"狼穴"[1]，远离德国人民甚至是他的指挥官，身边全是一些唯唯诺诺的马屁精。他只听那些党内奉承者、私人医生和占星师的话，这些人都折服于他的个人魅力。尽管身体欠佳，精神萎靡，他的决心却从未动摇过半分。即便战事开始分崩离析，他依然固执己见。实际上戈培尔曾经说过："我们不仅面临着领导危机，严格来讲可以说是'领袖危机'！我们身处柏林，就算有紧急事件也无法向他汇报。"

1943 年 2 月 20 日，希特勒的一位助手在见到元首的样貌之后吓了一跳，他发现，过去的 14 个月里，元首苍老了许多。他惊恐地发现希特勒的

---

[1]　位于波兰东北部的森林深处一座废弃的防空堡垒，是第二次世界大战期间阿道夫·希特勒的主要军事指挥部之一。

左手抖得十分厉害，言语也有些迟缓，举手投足明显少了许多"自信"。实际上，希特勒的健康状况比这位助手想象的还要糟糕。他的胃病越来越严重，双眼浑浊无神，走起路来活像个老头。他的左腿经常抽筋，为此走路的时候不得不拖着脚弓着背。他显然是患上了帕金森综合征，饱受抑郁症困扰，整晚无法入睡。为了防止病情恶化，他每天要服用 28 片药丸，但这些药根本不起任何作用。

然而，意志坚定的希特勒仍然不时大发雷霆，他夸张地跛着步子，对手下那群懦弱的指挥官大喊大叫，骂他们愚蠢、不称职、不爱国，骂他们不愿把手下逼到极限，或是骂他们在战场上缺乏想象力。不论在哪儿，他都能看到背叛、无能，尤其是懦弱。他用极其恶毒的语言肆无忌惮地责骂自己的助手和顾问。他总是头脑发热又固执己见，不管多小的战术问题他都要插上一手，但他的建议往往愚蠢至极，只会让困难恶化。

听到来自前线的令人沮丧的报告，希特勒简直要抓狂。但每到傍晚，他要么摆弄自己的眼镜，要么转动红铅笔，显得平静许多。接着，他通常会在火炉前徘徊上一阵，教训教训那些疲惫不堪、头昏脑胀的官员。当他开始发表沉闷无趣、胡言乱语的长篇大论时，脸上总会呈现出一副饱经风霜的样子，双眼却炯炯有神，表情异常亢奋。剧本总是一成不变：他看不起那些人——官僚和德国贵族家庭、知识分子和工业家、股票经纪人和外国投资者，还有美丽的圣彼得堡（他拒绝称之为列宁格勒），这座城市将被封锁、轰炸，然后投降。还有律师，他也一样看不起。纳粹德国空军和他的核心集团都令他相当失望，比如戈林和施佩尔。他也有喜欢的——农村姑娘、普通的大兵、乡下人、德国的土地、他最爱的大众汽车、普通工人、双眼发亮的婴儿、他的狗布隆迪，还有墨索里尼。他的对手有好几个——罗斯福，那个"诡计多端、令人讨厌的犹太人"、"杂种"、精神错乱的瘸子；丘吉尔，那个"道德败坏的猪猡"、"老婊子"；还有斯大林，那个"半兽人"，他的残忍真值得所有领袖学习。当然，他也对各个民族的特征进行了概括——英国人，尽管他看不起他们，但私下里却对他们充满钦佩之情（真可笑，大英帝国永远是他进行剥削和掠夺的动力）；苏联人，他们简直不配为人；美国人，他向来看不起他们。最后他总会将话题转回到这群人身上——全世界所有灾难的源头：犹太人。

～

究竟是什么原因导致希特勒和他的纳粹政权堕落到如此境地？这是前所未有的惊人的非人性和狂妄力量最纯粹的、不受约束的表达吗？还是他只是一个蛊惑人心的右翼政客，一个疯狂民族的化身？可以肯定的是，希特勒的一切都让人十分费解。在历史上的大批独裁者和暴君之中，希特勒一枝独秀，就连恺撒、伊迪·阿明（Idi Amin）和波尔布特（Pol Pot）也甘拜下风，因为他简直是为 20 世纪和 21 世纪的极权主义独裁统治开创了先河。但他也最终为历史留下了许多令人困扰的无解谜题。希特勒为何会犯下如此令人发指的罪行？在这样一个文明程度极高的欧洲国家，他是如何走上权力的神坛并持续掌权，实施如此令人不寒而栗的大屠杀政策的？

这个蓬头乱发的无名小卒是如何将整个世界拖入战争泥潭的？

关于他的一切似乎都十分难以定义。他最喜欢的一部电影是《金刚》[1]（King Kong）。他一生独来独往，没有朋友也没有知己。虽然希特勒与戈培尔可以称得上是朋友，但他死的时候身边一个朋友也没有。他与情人爱娃·布劳恩的关系也不温不火，他把她留在身边做伴，刚跟她结婚便让她服毒自尽，接着又在地堡中开枪自杀。实际上他把更多的爱倾注在了爱犬布隆迪身上。他勤奋上进，经常学习各种礼仪，这帮助他快速跻身日耳曼上流圈子，但不管他如何努力，他总是那样粗鲁自私。他风格朴素，生活检点，从不酗酒也不吸烟（所以他认为丘吉尔是个妄自尊大的老傻瓜），

---

[1]　该电影为 2005 年同名电影的首映版。

仿佛法国革命家罗伯斯庇尔在 20 世纪重生。

他还是一个饱受细菌困扰的神经病患者。有一次，有人告诉他，一个做过妓女的女人碰了他，把他吓得大惊失色，赶紧沐浴净身——他十分害怕性病。德国人和外国使节都认为，他那冰冷而神秘的眼神十分富有魅力。但真相是，这是他站在一面高大的镜子前几个小时不停练习的结果。他的优雅举止亦是如此。作为一名魅力四射的演说家，他的发言就像他钟爱的瓦格纳歌剧一样：刚开始他会试探一下大家的反应，然后逐渐抛出无数连珠妙语。

他的出身奠定了他一生的基石。他于 1889 年 4 月 20 日出生在奥地利的布劳瑙 (Braunau)，当天正值复活节，天气寒冷阴郁。他的父亲是受人尊敬的 52 岁奥地利海关官员阿洛伊斯·希特勒 (Alois Hitler)，母亲是父亲的第三任妻子，一个年轻的乡下姑娘克拉拉·波佐 (Klara Poelzl)。父母均来自下奥地利州的偏远地区，一家人过着舒适的中产阶级生活。然而，小希特勒的心中却充满怨恨，他经常感到不满，还有些懒散。他喜怒无常，经常大发脾气。婴儿时期的照片里，他看上去有些困惑。那双眼睛让人印象深刻，总爱古怪地盯着天空，长大成人后亦是如此。

他的父亲不苟言笑且傲慢专横。小希特勒既惧怕他，又看不起他，相反，他很爱戴宽容勤劳的母亲，一辈子都把她的相片带在身边，直到地堡中最后的日子里也没有丢弃。或许她是希特勒一生唯一爱过的人。"我尊敬我的父亲，"他在《我的奋斗》一书中写道，"但深爱着我的母亲。"

他们搬了几次家，最后终于在一个边城小镇林兹 (Linz) 定居下来。在希特勒的余生中，他始终将林兹视为自己的故乡。希特勒中学的时候被送到了一所实科学校，与传统的文科学校不同的是，这所学校更加注重"现代"学科。但是希特勒在这里很不适应，他成绩平平，也没有什么好友——他压根儿就不想结交朋友。大家都认为他脾气暴躁而且举止粗鲁。他只对那些激动人心的日耳曼历史功绩感兴趣，可见他天生就是个民族主义者。他的父亲坚持让阿道夫去做公务员，而叛逆的阿道夫希望成为一名艺术家，对此他的父亲回应："不行，只要我活着你就别想！"造化弄人，命运拯救了希特勒的理想。1903 年 1 月 3 日，他的父亲坐下来给自己倒了一杯酒，然后突然倒地不起，很快便撒手人寰。

16 岁的时候，希特勒离开了学校，继续追求画家的梦想。溺爱他的母亲同意了，但希特勒却开始浑噩度日。他经常漫无目的地混日子，幻想着自己将来能够成为一名杰出的艺术家。傍晚的时候他常去电影院或剧院，每天都在外面流连到很晚，早上也起得很晚。他醒着的时候似乎一直都在画素描和做梦，要不然就是在尝试写诗。

渐渐地，他开始装腔作势，经常穿一件黑色外套，戴一顶深色帽子，手里还拿着一根象牙柄手杖。亲戚们劝他找份工作，他却对这个念头嗤之以鼻。他的幻想越来越膨胀，对于艺术的野心亦如此。突然有一天，他突发奇想要搬到维也纳，进入维也纳美术学院（Viennese Academy of Fine Arts）。希特勒本人也承认，那段日子是他人生中"最快乐的时光"，几乎像是"一场美丽的梦"。

美梦很快化成了泡影，他的母亲罹患了乳腺癌。希特勒于 1907 年 9 月收拾行囊登上列车，前往维也纳，参加维也纳美术学院的入学考试，成为 113 位投考者之一，在此之前，他一直悉心照料着自己的母亲。他通过了初试，却在第二轮考试中败北。当他向学院院长询问自己失利的原因时，院长平静地告诉希特勒，他的天赋不在美术而在建筑上。

此时，年仅 47 岁的母亲已经去世，希特勒悲痛欲绝。他几乎身无分文，母亲的病花光了家里的所有积蓄。用他自己的话来说，"贫穷和残酷的现实"清清楚楚地摆在眼前。他手头的钱仅够他撑一年。

他再次收拾起行囊，离开温馨的林兹小镇去了维也纳，这一走竟是永诀。

从 1908 年到 1913 年，穷困潦倒的希特勒一直在反犹主义的国际大都会维也纳的圈子中流浪，追求一种默默无闻的艺术家生活。勉强维持生计的他早已放弃成为一名伟大画家的幻想，现在的他怀有一种不切实际的愿望，希望自己能够成为一名有成就的建筑师。但失败总是环环相扣的：他中途辍学，没有学位证书，也不可能搞到证书，更没有朋友。他藐视这个将自己视为不稳定因素的社会。实际上，25 岁的时候，他就跟流浪汉差不多。他自己也承认，他是生活在维也纳的一个无名小卒。有一次，他竟然落魄到身穿爬满虱子的衣服跟一群流浪汉和醉鬼住在一间肮脏破烂的招待所。为了赚钱，他扫过雪，在火车站为人扛过行李，只要有钱赚，不管什么古怪的工作他都愿意做，甚至还产生过贩卖一种有奇效的"生发药"的念头。一有机会，他就会兜售自己的素描和绘画作品。只要有可能，他就阅读维也纳报摊上十分畅销的种族主义书籍，从中寻找慰藉。他十分崇拜激进的反犹民族主义和泛日耳曼主义领袖格奥尔格·冯·舍纳雷尔（Georg Ritter von Schönerer）[1]。

后来希特勒搬到了流浪汉之家，条件比招待所稍好一点。流浪汉朋友们依着因反英而闻名于世的布尔人领袖给他取了个外号——"欧姆·保罗·克鲁格（Ohm Paul Kruger）"。

希特勒对音乐兴趣浓厚，贝多芬、布鲁克纳、莫扎特和勃拉姆斯都是他的挚爱。维也纳拥有世界上最好的歌剧院，然而当威尔第和普契尼在座无虚席的皇家剧院演出时，希特勒却无动于衷——他们都是意大利人。饱受宏伟的愿景和业余爱好梦想所困扰的希特勒，唯一的真爱便是德国音乐。他的挚爱当属瓦格纳，此人在他眼中如同传奇。瓦格纳的唱片希特勒听了一遍又一遍，他反复聆听"逝去世界的旋律"，这个充斥着史诗战争和剧烈救赎的世界，是哲学国和顶尖艺术家的世界，是日耳曼英雄、异国骑士和英勇的日耳曼历史的世界。渐渐地，他的世界观发生了不可逆转的变化。

尽管此时还不是素食主义者，但希特勒逐渐变成了一个中规中矩的人。维也纳充满了文化和商业气息，到处都是作家、思想家和学者。此外，维也纳还推行性法规，旨在维护日耳曼民族的清新质朴。但这种观念也有着

---

[1] 奥地利地主，奥匈帝国的政治家，活跃在 19 世纪晚期和 20 世纪早期，是个激进的反天主教政客，反犹主义分子。

十分丑恶和不正当的一面：堕落、罪恶和出卖灵魂。对于希特勒而言，维也纳丢失了纯净正直的高尚目标，成了一个新的巴比伦。在红灯区，他憎恨古斯塔夫·克里姆特（Gustav Klimt）的公开色情艺术和年轻的异装癖，那些人涂脂抹粉，信步走进昏暗的酒吧。他也憎恨那些在这座城市破旧不堪的公寓街区公开揽客的流莺，或是在镁光灯下赤身裸体跟男人和女人在柜台做爱的娼妓，以及那些挥舞着皮鞭的强壮有力的妓女，还有母女齐上阵的母女娼妓。

　　希特勒本人离经叛道，其方式却与其他人不同。他害怕疾病和细菌，女人似乎也令他胆战心惊。他从不约会，也没有交过女朋友。实际上，有一回他去歌剧院的时候，一个年轻女孩对他表现出了浓厚的"性趣"，结果他被吓得落荒而逃。同性恋也让他恶心，还有手淫。卖淫也是如此，尽管他奇怪地对卖淫感到着迷。不止一次，有人看到他流连于施比特贝格街巷（Spittelberggasse），盯着那些互相挑逗的偷窥狂，虽然他经常大骂道德沦丧和卖淫的罪恶。

　　希特勒在政治上也取得了很大进步。作为一名激进的德国民族主义者，他憎恨社会民主主义，多语种议会让他心生恐惧。他还十分鄙视哈布斯堡（Hapsburg）政权，对于多民族融合十分不齿，他哀叹这会腐蚀日耳曼的古老文化。他经常入不敷出，却恬不知耻地坚持自己不会再为钱作画，除非对方能够打动自己。他坐在廉价的咖啡馆里，向每一位热心听众滔滔不绝地阐述自己关于大德意志帝国的设想，以此来填补懒惰生活带来的挫败感。逐渐地（尽管历史有待考证），他受到维也纳蛊惑人心的反犹市长（据称是"日耳曼历史上最伟大的市长"）卡尔·鲁伊格（Karl Lueger）不切实际的种族理论的蛊惑。他相信所有的社会问题都可归咎于"赤色分子"[1]，然后是"耶稣会教士"，归根结底是"犹太人"。据他自己承认，这是他最大的转变。不论是社会动乱还是文化或政治腐败，问题归根结底在于"日耳曼民族的

---

[1]　对信仰共产主义的共产党员及其追随者的称呼。

诱惑者"——犹太人，他们逐渐破坏了雅利安民族保持了几个世纪的纯洁性。

希特勒是一个人在战斗吗？在维也纳并非如此，这里一直是偏见最严重、反犹呼声最高的欧洲城市。毒药一般的反犹主义无处不在。在复活节，大家指责犹太人犯有杀婴罪，媒体上，犹太人常被描述成嫖娼和堕落之首。

有一天，希特勒收拾行囊在慕尼黑短暂停留了几天，他认为这里是真正的日耳曼城市，然后便参加了第一次世界大战。

他第一次产生了一种归属感，并拥有了一种事业心。"我双膝跪地，"他后来写道，"真心感谢上天让我有幸生活在这个时代。"他在西方战场做了四年的传令兵，数次赢得铁十字勋章，包括一次一等勋章，这对于现役军人来说十分难得。讽刺的地方就在于，授予他勋章的竟是一位犹太指挥官。他的战友都称他为"艺术家"。突然之间，希特勒找到了自己的人生观和世界观。他立刻变得英勇无畏、冷酷无情起来。当其他人为了人世苦难而不知所措时，他却看到了创造一个改良的、种族纯净的德国的机会。当其他人跟法国姑娘调情的时候，他怒不可遏地呵斥："你没有德国人的荣誉感吗？"当其他人酗酒、吸烟、吹牛皮的时候，他就会一个人躲在战壕里生闷气。

但是，在10月13日和14日晚上，希特勒受到芥子气攻击暂时失明。他的战争生涯就此结束。很快，第一次世界大战就以德国失败而告终。

一开始，饱受折磨的希特勒对于德国在1918年11月的投降和那些投降的"战俘"久久不能释怀。1918年11月8日是他一生的转折点。双眼尚未恢复的他躺在帕塞瓦尔克（Pasewalk）一家战地医院里，一位新教牧师走了进来，清了清喉咙，然后向希特勒所在病房里的人宣布了休战协定。希特勒十分震惊，将其称为"恐怖事件"和本世纪"最严重的罪行"。他相信德军定是"遭到了暗算"。实际上，遭受暗算一说不过是一个宣传的说辞——德军在最后的四个月里已经分崩离析。与此同时，整个德国都出现了行业动荡、愈发严格的媒体审查和严重的食品短缺。突然之间，抗议和叛乱此起彼伏。随着前线战事的减弱，混乱无序的马克思主义启发下的动乱消耗着德国：基尔（Kiel）发生了海军暴乱；乡下接连爆发动乱；仅一天之后，柏林也发生了暴乱，慕尼黑的情况稍好一些。这无异于一场小型内战。

在慕尼黑，希特勒眼见临时苏维埃政权正试图控制这个城市，这让他屈辱难平。他们到处煽动叛乱。同时，心直口快的犹太领导人，如罗莎·卢森堡（Rosa Luxemburg），四处宣扬要在成千上万红军的帮助下推翻该政权，后者基本上是由幻想破灭的工人组成。此外，行政院的领导权落入了尤金·莱文（Eugene Levine）手中，他是一个精神癫狂的犹太人，宣称犹太人正在组织一个旨在发动世界革命的秘密国际组织。这激发了希特勒心中的反犹大屠杀和反布尔什维克主义的种子。

然而，革命很快胎死腹中。几周之内，正规军和退伍军人被重新征召入伍。反革命分子还刺杀了卢森堡，慕尼黑等城市变成了一座座军营，到处都是路障和铁丝网。其间，希特勒开始构想出了个人的独特的反犹主义，将犹太人称为寄生虫一般的社会毒瘤。

作为一名坚定的反犹分子，希特勒对犹太人的偏执尤甚从前。6 月，他在军队的举荐下进入了慕尼黑大学，学习了反布尔什维克"指导课程"。不久，他就树立了专家的声誉，亲自在部队进行反布尔什维克主义和反犹演讲，他的情绪十分激动，就连他的上司也建议他不要这样张扬。他有生以来第一次发现了自己的天赋，也是第一次在公开场合提出了"犹太问题"。1919 年 9 月，希特勒告诉一位前来聆听演讲的听众，反犹主义是有事实依据的，彻底消灭所有犹太人乃是不刊之论。

希特勒给上司留下了深刻印象。1919 年夏天，他受命负责所谓的教务工作，主要任务是暗中监视战后慕尼黑的高压政治氛围下的极右派和极左派。有一天，希特勒受命调查一个由理想主义分子组成的民族主义团体，该团体约有 500 名成员，他们被称为"德国工人党"。希特勒在聆听一篇演讲时终于失去了冷静，他亲自登上了主席台。德国工人党慕尼黑分会主席对希特勒的演说大吃一惊，他说："天哪，瞧他那张嘴。我们会用他的。"

他们的确雇佣了希特勒。1919 年 9 月 16 日，这个头脑发热的巴伐利亚人，这个困顿不堪的艺术家，这个缺乏教育的煽动者，这个未能晋升中士的下士，加入了慕尼黑种族主义政党——德国工人党，当时这个组织还显得无足轻重。他的党内编号为555。该党很快便改名为国家社会主义德国工人党（NSDAP）。1921年夏天，他成功地点燃了仇恨的火焰，成为一场3000人规模的民间运动的领导者。几个月之后，他就被公认为元首，或者说领袖。

上任之后，希特勒做的第一件事就是为新党制定口号——仪式性地重复"万岁"（Heil!）或"胜利万岁"（Sieg heil!），还有新的标志纳粹十字，这代表着雅利安民族的神话。该团体的教义浓缩为25条纲领，每一条都针对《凡尔赛条约》和犹太人。但真正的影响力来自希特勒本人。他一本正经、装腔作势、粗粝刺耳的声音让听众十分着迷，还有他那无与伦比的自我表现天赋。希特勒雇佣了一支身体强壮的武装部队殴打反对者并维持会场秩序，借此扩大了自己的权势。这支部队后来成为希特勒身边臭名昭著的黑衣私人保镖——纳粹党卫军和由恩斯特·罗姆组织的冲锋队，他们将在今后的日子里，在光天化日之下刺杀希特勒的政治对手。

1923年，希特勒的野心进一步膨胀。他认为魏玛共和国即将倒台，因此密谋推翻巴伐利亚政府。他冲进慕尼黑一家看起来毫不起眼的啤酒馆，挥舞着手中的勃朗宁手枪，朝天花板扣动了扳机，大声宣布自己正在主持一届新的政府，将对柏林的犹太政府发动革命。接着，希特勒和手下全副武装的追随者，大约2000多人，阔步穿过了慕尼黑城，期许赢得更多的支持。结果他们却遭遇了警方的驱逐。希特勒的14名追随者丧命，啤酒馆暴动就这样流产了。负伤的纳粹领导人飞快地逃离了现场，躲避警察的追捕，他的左肩在混乱中脱了臼。希特勒遭到了通缉和逮捕，最终被判在兰茨贝格堡（Landsberg）服刑五年。希特勒一如既往地目中无人，仿佛自己是被送上断头台的大块头丹东（Danton），他对公诉人大喊："尽管去宣判我们有罪吧！千百次也没什么了不得的！历史的正义女神会对我们微笑，把判决书……撕得粉碎！"

他说得一点也没错。监狱长给了他很多便利，包括一间漂亮的大屋子，窗外的风景如仙境一般美好，还有一张结实的写字台和一些写作材料，这些东西在他手中都大派用场。他于 7 月发布了一条惊人的消息，宣称自己将退出政界，利用这段间歇期向自己忠实的追随者鲁道夫·赫斯（Rudolf Hess）口述了后来的纳粹党圣经——《我的奋斗》。此书是种族神话、反犹主义和肤浅的社会达尔文主义的拼凑结合（"种族问题不仅是世界历史的关键，也是全部人类文化的关键"），却引起了广泛共鸣，被翻译成 16 种语言，销售了 1000 万册，甚至还推出了盲文版。这本书让饥肠辘辘的艺术家一跃成为超级富豪。

仅 9 个月之后，希特勒就被释放出来。在监狱的大门口，他的党羽像迎接凯旋归来的英雄一般为他喝彩，看守他的狱卒满怀深情地为他送别。离开的时候，希特勒甚至还停留了一会儿，拍了几张照片。当时，希特勒被禁止在公开场合演讲，他领导的党派也被宣布为非法组织，为此他精明地意识到自己的权力之路不能只靠武力，相反，他向公众承诺自己会遵守国家法律，但这纯属胡扯。他决定在未来几年里重新组建纳粹党，发动一场大型的民粹主义运动，让独裁卷土重来，并运用议会力量和国会以外的恐吓手段。实际上，他的目标是利用德国宪法，合法地推翻魏玛共和国。

计划分为几个阶段。1925 年，纳粹党的禁令得到解除。希特勒巧施计谋，很快就击败了党内由格雷戈尔·施特拉塞尔领导的北德"社会主义"力量，确立了自己的党魁地位。他的重心不在国家社会主义的具体规划，而在于个人魅力的施展——民众对元首的狂热崇拜。不出一年，他的魅力便超出了巴伐利亚，收获了大量左翼和右翼追随者。1928 年的大选中，纳粹党仍属于少数党派，他们只赢得了 12 个席位，即 2.6% 的选票。接着进入了大萧条时期，希特勒借机成为公众人物，登上了权力顶峰。

事后分析可以看出，正是一战和大萧条成就了希特勒。他比任何人都更有说服力，为这个战败的国家许下了美好的未来。一扇崭新的历史大门就此开启。的确，1932 年的大饥荒和大屠杀拖垮了每一个大都市的发展脚步。但对于混乱的德国来说，有一点显著不同：受全球事件的影响，德国的中产阶级在大萧条时期被彻底击垮。德国人眼睁睁地看着一生的积蓄在几小时之内付之东流，国家的货币体系彻底崩溃，通货膨胀失去了控制。很快，各个阶级的人群都开始拥护元首关于借助武力和团结实现国家自由的愿景。他得到了传媒大亨阿尔弗雷德·胡根贝格（Alfred Hugenberg）的支持，还获得了有影响力的军界大佬以及大量年轻人的支持。他把自己当成了德国的救世主。社会瓦解、超高的失业率、歇斯底里和燃烧的仇恨成为希特勒最好的朋友。

1932 年，纳粹党赢得了 18.3% 的选票，约 650 万张，在德意志帝国国会占 107 席，成为德国第二大党。同其他政党不同，希特勒的行动似乎赢得了社会各界的一致支持。这愈发不同寻常，要知道就在几年前他的支持者还只是一群头脑不正常的疯子。实际上，即使在 1932 年 1 月，国家社会主义仍然是一种耻辱。出身名门的德国人认为纳粹党缺乏教养，因为他们亲眼目睹了纳粹分子在街头大肆屠杀反对者。但到了 1932 年秋天，当富兰克林·罗斯福在美国人的支持下入主白宫时，德国贵族正在重新评价希特勒。随后的一场公开演说中，希特勒在一个著名俱乐部中发表演讲，告诉高级实业家，在纳粹党内他们用不着害怕激进分子。值此之际，越来越多的人开始为他提供竞选资金。

希特勒正式获得了德国公民的身份，然后顺理成章地成为总统候选人，得到了 1300 万选票，高出共产党候选人四倍之多。其间，纳粹逐渐成为德国第一大党，在国会中拥有 230 个席位。尽管前陆军元帅保罗·冯·兴登堡（Paul von Hindenburg）最终出任总统，但自视为接班人的希特勒逐渐形成一股不可忽视的势力。

不过，希特勒之所以能够在 1933 年掌权，凭借的绝不仅仅是意志力，如同他后来在自己精心炮制的传奇事迹中一口咬定的那样。的确，他在全国拥有 1300 万支持者，此外还得到了一群由民族主义者、军国主义者和实业家组成的阴谋集团的支持，这些人帮助他登上了权力巅峰。令人意外的是，他还获得了引领时代的知识分子、演员、作家和艺术家的支持。有些人错误地以为，行使权力的责任会让希特勒的激进有所收敛，其中以出身名门、温文尔雅的德国前总理弗朗茨·冯·帕彭（Franz von Papen）为代表，但希特勒对他们十分不齿。他们错了。他们还认为，希特勒一旦上台就会恢复经济复苏所需的和平。在极力说服希特勒加入联合政府无果之后，为了确保自己承诺过的"稳健政策"能顺利实现，不顾一切的冯·帕彭劝说冯·兴登堡任命希特勒（他称呼希特勒为"那个波西米亚下士"）为内阁总理。1933 年 1 月 30 日，希特勒宣誓就职。在极其偶然的情况下，一位摄影师为历史留下了希特勒的表情——他的脸上充满了喜悦。

德国的民主试验尚未施展拳脚便遭到了废弃。戈培尔热心地评论"希特勒是德意志共和国总理，这就像个童话故事"。当天晚上，极度兴奋的纳粹党羽游行穿过勃兰登堡门（Brandenburg Gate）以示庆祝。同时也有人偷偷议论，灾难即将降临。希特勒的一些政治对手匆忙离开了德国，他们为自己的安危甚至是生命感到担忧。但就算在最严厉的批评者中间，也没有几个人相信纳粹党能够长久执政。在美国，有些人则对德国新总理情有独钟，如杰出的专栏作家沃尔特·李普曼，称赞希特勒的一篇演说为"真正的政治家演说"，并补充："我们又一次穿透迷雾和喧嚣，聆听了一位真正的文明人的真实声音。"

上台之后，希特勒运用计谋和策略以惊人的速度击败了自己的敌人。仅仅几个月之后，他就在全国实施了戒严令。保守派人士被逐出了政府，自由贸易联盟被彻底取缔，社会民主党人不准参与政治生活，当然他还针对犹太人采取了更多的惩罚措施。接下来，纳粹政权采取了有计划的胁迫策略。总理要求大家绝对忠诚，他清洗了德国一些最著名的教授，打压政治对手，所有直言不讳的人都被迫噤声。至于那些不听话的顽固分子，希特勒立刻把他们抓进了监狱。大约 4000 人被捕入狱，其中包括不少德国国会代表，此举震惊全国。最坚定的希特勒反对者的境遇则完全不同，等待他们的将是德国的第一座集中营——达豪集中营。

1933 年 3 月 5 日，欧洲统治阶级沮丧地目睹德国举行了最后一次民主选举,这次选举变成了德国历史上最暴力的活动。纳粹党徽悬挂在高楼大厦,迎风飘扬,纳粹海报贴满了全国的布告栏。同时,公共广播中全天候播放着嘹亮的军歌,大街小巷随处可见穿着褐色衬衫的日耳曼年轻人。纳粹冲锋队员不是破门而入殴打反对者,就是举着火把没日没夜地游行。现在回想起来,民主反对党绝无上台的机会。希特勒第一次赢得了绝对多数选票,共1700多万张选票。接下来,借由大肆宣传和恐吓,他很快就成为德意志第三帝国无可争议的独裁者。几番恐吓反对者之后,他对魏玛共和国的意见领袖采用了拉拢策略。他十分强调自己的政治家身份,取消了前往位于波茨坦的兵营教堂(Garrison Church)向总统冯·兴登堡致意的古老礼节,腓特烈大帝(Frederick the Great)就葬在那里。对于那些怀念魏玛共和国"黄金岁月"的人来说,此举意味深长。

两天之后,德意志帝国议会进入柏林的克罗尔歌剧院(Kroll Opera House)进行选举投票,给予了希特勒梦寐以求的绝对权威。影响深远的宪法修正案《授权法案》以444票同意、84票反对的结果通过,德国成为独裁国家。希特勒现在不仅拥有立法权,还可以控制国家财政,并随意进行外交活动。

到了第二年早春,德国人对于希特勒的个人崇拜达到了前所未有的疯狂地步,其他地方亦如此。人们写诗赞美他。树木都被命名为"希特勒橡树"后种下。到处都是以他的名字命名的学校,市政广场也一样。在他44岁生日当天(他十分年轻,他的副手更加年轻),整个国家载歌载舞为他庆祝,把他捧上了天。5月10日,德国的大学教师合力点燃了一大堆篝火,震惊了整个文明世界:他们烧毁了书籍,包括心理学、哲学和历史书籍,这些书对纳粹政权来说是绝对不可接受的。

1934年8月,86岁的冯·兴登堡去世,希特勒以非法手段独揽元首和总理大权。一夜之间,他大权在握。每一位德国官员都要宣誓对他效忠,不是对政府或国家效忠,而是对一个即便在当时地位也饱受质疑的人的幻想效忠。毋庸置疑,希特勒是欧洲最有影响力的国家的统治者。同时,他让自己的党羽、死心塌地的追随者希姆莱、戈林和戈培尔各自独当一面。不过，还是有许多德国人相信，他不超过一年就会下台。

但上台三年后，希特勒的政权得到了稳固。他摧毁了左派，拉拢了保守党精英；他废止了《凡尔赛条约》，赢得了广泛赞誉；将军队数量扩充至可允许规模的五倍，并强制大不列颠允许德国增加海军预算。在将莱茵兰（Rhineland）重新军事化之后，他如同神灵重生。非凡的成就接踵而至——1936 年德国签订了《罗马—柏林协定》，1938 年德奥合并解放苏台德（Sudeten），1939 年吞并捷克斯洛伐克。希特勒兵不血刃的成功与德国的领土扩张为德国民众带来了极大的精神欢愉，使得他们对集中营、令人毛骨悚然的纽伦堡种族法案[1]以及不同政见者遭受的迫害视而不见。他们没有看到德国已经变成一个野蛮的流氓国家的现实。

许多事情极具讽刺意味：在那些为了保命而逃离德国的人中间，有一位名叫恩斯特·汉夫施滕格尔（Ernst Hanfstaengl）的人，他不仅曾经给予希特勒竞选支持，而且在 1923 年纳粹暴动失败后给予了他庇护。在希特勒的精心策划下，他的许多亲密盟友在"长刀之夜"被暗杀，其中包括他曾经的左膀右臂——恩斯特·罗姆。

希特勒的独裁统治同其他独裁者相比具有哪些特点？人们极少思考这个问题，答案却十分发人深省。相比之下，希特勒的国家社会主义虽然也有秘密警察——纳粹党卫军，但却是在绝大多数人的支持下获得力量，成为民粹主义独裁政体。同大萧条时期承受重负的民主制度不同，德国经济十分繁荣，军事整备计划极大地补充了国家经济，发展速度十分惊人——德国的收入翻倍，产能增加了 102%，民众的生活和幸福指数达到了顶峰。就连德国的出生率也大幅攀升，这表明大家对国家日益繁荣的信心。随着希特勒在国内和国外的成功，他成了一名卓越的政治家，当代的

[1] 1935 年，纳粹德国政府颁布的反犹太人法案，其中对"犹太人"作出定义，并剥夺了犹太人的德国国民权利。

罗伯斯庇尔，人们顶礼膜拜的对象。希特勒从不会让德国人忘记，他们的国家曾在1918年受到侮辱和嘲笑，因此他代表了民众的恨意、沮丧和期望。奇怪的是，当时的世界舞台上活跃着许多卓越的领导人，如丘吉尔和罗斯福，还有许多富有传奇色彩的领袖，如海尔·塞拉西（Haile Selassie）、贝尼托·墨索里尼和马歇尔·贝当（Marshal Henri-Philippe Pétain），希特勒竟成为世界上最受欢迎的领袖——至少在1940年前如此。

同罗斯福或丘吉尔一样，希特勒天生就是一位戏剧演员，他无时无刻不在表演，永远身处舞台中央。他还是一个手段高超的骗子，曾经一本正经地对罗斯福总统说，没有人比自己更加渴望和平，纳粹党无意将其他任何国家纳入德国版图。他努力营造一种神秘和威严的形象，因此总是故意迟到片刻，缓步走进水泄不通的大厅，精心遣词造句，设计自己的肢体语言。每次开始演讲之前，他都喜欢稍事停顿，让紧张的情绪释放，然后在犹豫不决的时刻再次略微停顿，迎来一阵潮水般的欢呼声，令他的追随者折服。他对民众的爱也十分做作——亲吻女士的手，扮演和蔼的希特勒叔叔为孩子们分发巧克力，扮演普通民众同长满老茧的农民和工人握手。

他的纳粹哲学独树一帜。对于希特勒而言，德国是一个"民族"，或者说"种族"。而他的人民来自世界各地，全都拥有无懈可击的德国种族血统。在他看来，他们的出身就是一部传奇的历史：早在国家统一之前，就有了德国种族，德国顺理成章地成为他们的政治家园。反过来，作为元首，他是这个家园的守护者。因此他的座右铭是"一个民族，一个帝国，一个元首（Ein Volk, Ein Reich, Ein Führer）"。

随着希特勒的上台，德国逐渐被打上了他的独特印记。一路走来，希特勒网罗了许多同谋，他们乐意对他的一切模糊不清、转瞬即逝的幻想俯首帖耳，对于他的种族主义倾向更是百依百顺。希特勒手下的将领恬不知耻地迎合他的种种战术错误，不管这些错误多么致命。大多数德国人也盲目顺从他的意愿。而这一切本身就很神奇。

灾难从一开始便埋下了伏笔。希特勒对于自己的神话和全能全知坚信不疑，从最初那些激动人心的胜利开始，他就决定了战争的走势。全能意味着什么？一旦时机成熟，他可以随心所欲地利用手中的权力处决任何人——英国人、法国人、波兰人、荷兰人、匈牙利人、比利时人、捷克斯洛伐克人、希腊人、苏联人、穷人和富人、强者和弱者、男女老少、他最亲密的盟友，甚至是那些"胆小如鼠"的子民，还有万年不变的——犹太人。

1943 年，江河日下之时，当胜利无望的德军乱作一团，当业已低迷的军队士气一落千丈，他手下那些最杰出的将领不愿再听从他的指挥，当盟军登陆那不勒斯，罗斯福和丘吉尔已做好进军法国的准备，而苏联正在准备西进，当他自己的祖国遭到轮番夜间空袭，他的人民穷困潦倒，希特勒却一头钻进"狼穴"和元首地堡中，埋首于那个虚幻的世界。他在那里指挥着一支并不存在的军队发动攻击，彻底陷入幻想、偏执和厌世之中。

一个强有力的目标似乎在不断地激励着他：奥斯维辛集中营的毒气室。

让我们将目光转回华盛顿和伦敦。在那儿，要求对欧洲遭到迫害的犹太人提供帮助的压力与日俱增。罗斯福总统精心制订了一个伟大的作战计划——下一步，让美国军队从北非开始向北进发，然后强势进入意大利。但国务院的反对者空前之多。1943 年 2 月 10 日发生了历史上最大的丑闻。一份令人震惊的 354 号电报被送到了瑞士伯尔尼公使馆，署名为美国国务卿。电报要求使馆停止转递任何个人提供的情报，"特殊情况"除外。这是一种外交辞令，真正目的是为了封锁不断发生的大屠杀消息从欧洲传入美国。实际上，美国国务院正在利用国家机器来阻止营救犹太人，而非提供帮助。

迄今为止，美国国会始终保持着沉默。或许他们自知无法仅仅为了行善而立法，也无法像罗斯福一样调动军队，发动空袭轰炸平民。但他们很快就亮出了立场。

1943 年 2 月底，参议院多数派领袖阿尔本·W. 巴克利（Alben Barkley）

终于加入了争论。作为一名律师、卫理公会派教徒和自由民主党人，巴克利是美国最具声望的政治家之一，也是罗斯福的亲密盟友，曾任民主党代表大会主席，并在 1940 年选举中第三度提名罗斯福。后来他做了哈里·杜鲁门（Harry Truman）的副手。巴克利从不放过哪怕是极其微小的立法细节，从他的性格和信仰来看，他绝不是那种随心所欲的立法委员。但当他心怀不满时，他就变成了冒险家，日后他还将变成一位犹太复国主义者和犹太人民的热心守护者。3 月 9 日，就他提出的决议，表示美国人民对于纳粹的暴行和犹太男女老少遭到大规模屠杀的愤慨，参议院投票进行表决。这项决议严厉谴责了这种野蛮的、不可原谅的暴行，最终以压倒性优势获得通过。

此时，大西洋彼岸也爆发了对纳粹暴行的抗议。颇有声望的坎特伯雷大主教威廉·坦普尔于 3 月 23 日在上议院发表演说，此时距离他去世仅剩一年时间。他走上主席台，用清晰洪亮的声音紧急呼吁上议院立即采取措施帮助犹太人。他为错失时机的几个月而惋惜，此前的行动一拖再拖，外交争论和拖延漫不经心，政客们还一叶障目。他警告大家："每天有成百上千的犹太人遭到屠杀……此时此刻，我们肩负着巨大的责任，我们将站上历史、人性和上帝的审判席。"

颇有影响力的周刊《国家》在一篇批判性的社论中对此表示赞同。"在这个国家，你、我、总统以及国会和国务院都是希特勒的帮凶，终将因他而获罪。"社论还评论："到底是什么让这个国家的民众认为，我们在面对世界最大的悲剧时应该冷漠地袖手旁观？"

3 月 9 日傍晚，4 万名纽约人列队进入麦迪逊广场花园，参加一场名为"犹太不死"的活动，创下了空前的纪录。这是一场为纪念死于纳粹党之手的犹太人举行的纪念仪式。花园外，数千民众站立着，在寒冷的夜晚跺着脚，期待着返场演出。这项活动不是一场普通的露天表演，它邀请了爱德华·G.罗宾逊（Edward G. Robinson）担任解说，还有当红演员弗兰克·辛纳屈（Frank Sinatra）、伯吉斯·梅雷迪思（Burgess Meredith）、拉尔夫·贝拉米（Ralph Bellamy）登台表演，以及保罗·穆尼（Paul Muni）献声。活动的主办者为传奇经理人比利·罗斯（Billy Rose），他是白宫的亲密盟友。奥斯卡获奖编剧、戏剧家和小说家本·赫克特（Ben Hecht）担任编剧，他曾为阿尔弗雷德·希区柯克（Alfred Hitchcock）的电影《美人计》（*Notorious*）和 1932 年的经典之作《疤面人》（*Scarface*）操刀撰写剧本。

演出开始的时候，整个大厅一片漆黑，接着无数道炫目的光芒打在了舞台上。背景是两块 12 米见方的石板，上面刻有《圣经》的"十诫（Ten Commandments）"[1]。数十位演员沉默着走到前台站定。然后他们开口了，提到犹太人对人类的贡献——摩西、迈蒙尼德和爱因斯坦，提到了犹太人冒着生命危险支持盟军，然后表演起战后和平大会的盛况——正如罗斯福所期望的那样——死去的犹太人重生之后，讲述他们在德国人魔爪之下遭到屠杀的悲惨故事。一个虚无缥缈的声音恳求道："请记住我们。"这声音久久萦绕在人们心头。观众中传出了一阵抽泣声。那让人难忘的声音再次传来："犹太人的尸体躺在文明的阶梯上。看吧，就在这里！"接着是一声对良知的呼唤："无人喝止刽子手，没有政府喝令屠杀停止。"

这场感人至深的演出也通过电台进行了转播，很快便造成了轰动。报纸和新闻报道铺天盖地。演出团体进行了全国巡演，所到之处包括费城、芝加哥、波士顿甚至是洛杉矶的好莱坞露天剧场，赢得了广泛赞誉。到了华盛顿，连埃莉诺·罗斯福也前来观看演出，还有 6 位最高法院的法官、无数内阁成员、300 多名参议员和国会议员、军界政要甚至外国使节。共计 10 万多名美国民众观看了演出。

美国民众对于希特勒的集中营的恐怖程度表示难以理解。埃莉诺·罗斯福还深受感动，在《我的一天》专栏中专门为这场演出撰文。她写道："'犹太不死'，是我观看过的最动人心弦、最感人至深的演出。演出团体走到台前，娓娓道来他们在冷酷无情的德军手下的遭遇，没有人会忘记那句萦绕不绝

---

[1]　十诫，是《圣经》记载的上帝耶和华借由以色列的先知和众部族首领摩西向以色列民族颁布的十条规定。据《圣经》记载这是上帝亲自用指头写在石版上，后被放在约柜内。犹太人奉之为生活的准则，也是最初的法律条文。

的话：请记住我们。"

没有人会忘记？尽管演出赢得了广泛关注，但大家却明显遗漏了一件事：营救欧洲受困难民的具体措施。

实际上，当这场演出的导演、白宫的亲密战友比利·罗斯前往白宫，要求罗斯福总统发表一份简要的声明，加入到"犹太不死"的演出中，白宫拒绝了。

2月13日，《纽约时报》刊载了一篇重大新闻，为营救犹太人提供了第一个重大契机。

文章标题为"罗马尼亚计划转移犹太人"，伦敦特派记者发回的这篇报道宣称，罗马尼亚政府打算释放7万名犹太人，把他们从德涅斯特河沿岸[1]转移到盟军选定的条件更好的巴勒斯坦，罗马尼亚人愿意提供船只保证犹太人安全转移。他们为何要这样做？为何要选择这样的时机？很简单，他们只是为了现金。因战争而陷入赤贫的罗马尼亚人要求每名难民支付130美元，运输和相关费用另计。但更重要的原因是，罗马尼亚人认清了战争的走势，认为战争的天平已经向盟军一方倾斜，轴心国倒台只是时间问题，尽管德国宣传部长约瑟夫·戈培尔还在发表不切实际的演说，声称每一天德国人都像战争开始时那样挺直身板。因此，罗马尼亚希望通过释放犹太人来讨好盟军，借此减轻自己因与纳粹合作而应受的惩罚。这清楚地表明，德国以外的轴心国越来越担心因迫害难以计数的无辜之人（尤其是犹太人）而付出惨重代价。为了表示政府的诚意，《纽约时报》报道称，布加勒斯特（Bucharest）大主教和教廷大使将监督转移过程，而且为了确保安全通行，

---

[1] 简称德左，是东欧的一个特定地域，拥有独立国家政权，由于该地区处于德涅斯特河（Nistru/ Dniester）在摩尔多瓦境内的东岸，因此有了"德涅斯特河沿岸"这个称谓。

船只将悬挂罗马教廷的标志。

对世界各地的人道主义者而言，这样的好消息简直令人难以置信。

～

一位民间激进主义分子不愿意冒险等待盟军发起行动。彼得·H. 伯格森（Peter H. Bergson），这位出生于巴勒斯坦的犹太人曾受到大批崇拜者的追捧、称赞和尊敬，但他的批评者却不太信任也不喜欢他，甚至对他恨之入骨。伯格森原名希勒尔·库克（Hillel Kook），他已故的叔叔曾是巴勒斯坦的大拉比。他最初来到美国希望能够参加犹太军队，接着又转变重心，开始营救犹太人，使他们免遭全种族的毁灭。他满腔热情又富有魅力，是一位活力四射的演说家和富有影响力的领袖，同时也是一位巧于应对困难的艺术大师。伯格森和他的追随者们宁愿通过高调的活动为水深火热的犹太人争取全国性的支持，也不愿与国务院或是白宫合作。他们的做法包括展示巨幅陈列广告和大规模示威游行。《纽约时报》发表关于罗马尼亚的文章三天后，他的团队在这份报纸上刊登了一整版的广告，标题直指人心：

> 寻人性买家
> 70000 名犹太人
> 每人 50 美元起

这则广告直言不讳，令当局十分尴尬。它宣称，罗马尼亚"已经厌倦屠杀犹太人。过去的两年里，罗马尼亚政府杀害了 10 万犹太人"，但现在他们愿意"无条件释放犹太人"。

广告号召读者写信给自己所在地区的国会议员，并发动身边的朋友立刻采取行动，呼吁"趁现在还有时间"。这则广告背后隐含了一个基本诉求，即"联合国应立即成立跨政府委员会"，尽一切努力阻止大屠杀。数日后，伯格森的团队又在《纽约先驱论坛报》上刊登了另外一则广告，同样呼吁建立一个跨政府营救组织。自此，一波围绕营救问题的新宣传攻势正式拉开了帷幕。随后，欣喜若狂的史蒂芬·怀斯和美国犹太大会合作开展了一次"阻止希特勒"的示威游行。7.5 万名民众参加了集会，再次将麦迪逊广场花园挤了个水泄不通，还有人举着标语，手拉着手在广场外示威。纽约市长菲奥雷洛·拉瓜迪亚在集会上发表演讲，前总统候选人温德尔·威尔基、纽约州州长托马斯·杜威（Thomas Dewey）和坎特伯雷大主教等人的口讯也在会上得到宣读。这一次，怀斯和他的团队提出一个详细的 11 条计划，拟呈交罗斯福。《纽约时报》专栏作家安妮·奥黑尔·麦考密克（Anne O'Hare McCormick）强调，"世界的耻辱于星期一晚在整个麦迪逊广场花园展现得淋漓尽致"。怀斯决定效仿伯格森，立即致电所有具有公共影响力的大人物：罗斯福、国务卿科德尔·赫尔、参议院和众议院的所有议员以及颇有名望的报纸编辑，电文内容中包括 11 条救助建议。

然而，总统还是用老一套的说辞打发了怀斯，他语气温和地写道："本届政府已经有所行动，而且不会停下脚步，只要战事条件允许，我们将帮助纳粹铁蹄下的犹太人摆脱压迫……"至于罗马尼亚的犹太人呢？并不只有财政部长小亨利·摩根索一人火急火燎地将《纽约时报》的文章拿到白宫呈送给了罗斯福。但每一次的结果都一样。罗斯福宣称自己对此事了解甚少，告诉摩根索应将这篇报道送到国务院。在那里，副国务卿萨姆纳·威尔斯表示他会对文章进行核实。可以预见，调查充其量只是敷衍了事。两周之后，美国国务院坚称，《纽约时报》的报道站不住脚，消息来源并非是罗马尼亚政府，而是德国宣传机器，其目的是在同盟国制造混乱和猜忌。实际上，在战后的纽伦堡审判中，这种说法得到了否认。

尽管如此，美国当局已经开始感到了政治压力。两天之后，一份机密情报从美国国务院泄露出来，表明美国和英国正在展开磋商，讨论召开一场外交会议以对难民问题进行初步调查。此次会议将于 4 月下旬在百慕大召开。

与此同时，日内瓦又传出了新一轮大屠杀的消息，保加利亚的犹太人正在被大批驱逐。

～

3 月 27 日，英国的大批飞机对德国首都发动了迄今为止火力最大的空袭，在柏林投下了共计 1000 吨炸药，整片城市区变成了焦黑的残骸，当时罗斯福总统则在华盛顿同他的特别助理哈里·霍普金斯、国务卿科德尔·赫尔、英国外交部长安东尼·艾登和英国大使哈利法克斯爵士（Lord Halifax）进行会面，萨姆纳·威尔斯也在场。政治天才就在于拥有高人一等的眼界，能够看到普通人无法预见的未来。神采奕奕的罗斯福主要谈论了战后的和平问题，这一问题将建立在轴心国集团垮台和联合国正式成立的基础上。用总统的话来说，这一机构将在未来数年帮助维持世界秩序。但是政治天才也要与令人不悦的现实问题角力。赫尔一度为犹太人陈情，提到除非盟军能将 7 万名保加利亚犹太人秘密转移，否则他们即将遭受灭顶之灾。

安东尼·艾登对于将所有犹太人转移出保加利亚的建议提出了警告。"要是我们这样做，"他讥讽，"那么全世界的犹太人都会指望我们以同样的方式帮助他们在波兰和德国的同胞。"当然，这不正是联合国会想看到的吗？结果这一提议遭到了否决。艾登补充："希特勒或许会接受我们的提议，只是我们没有足够的船只和运输手段。"半个世纪后，这样的麻木不仁看起来似乎十分难以理喻。人道主义完全变了味道——世人不担心犹太人走向覆灭，反倒害怕他们被解救到同盟国。没有人反对这一思路，包括罗斯福自己在内。事实上，总统建议将此事移交给国务院处理。

究竟是什么原因导致罗斯福缄口，对恶贯满盈的死亡集中营视而不见，充耳不闻，噤若寒蝉？实际上，艾登的逻辑、罗斯福的缄默与 1943 年美国国务院内部盛行的观点不谋而合。"德国政府随时有可能同意将大量犹太难民移交给美国……这种危险将一直存在。难民的数量将超出美国的接纳能力，到时死亡集中营会变成一个过渡。"美国国务院的 R. 波登·里姆斯（R. Borden Reams）如是写道。他荒唐地辩称："这样的话，犹太人持续遭受迫害的问题基本上都将由德国政府转移到联合国。"这番话的言外之意，就是说相比将任何负担转移到美国，他们更乐意接受将犹太人送往毒气室或劳动营。这不禁让人想起了英国国会议员托马斯·莫尔爵士（Sir Thomas Moore）在战争早期所做的论断，他找不到任何纳粹政权虐待犹太人的证据。（当时他宣称："从我的个人经验来看，和平与正义正是希特勒先生政策的关键词。"）

固然，眼下存在着诸多难以解决的现实问题，但这些问题无关其他，更多的是与军事能力和人心妄想密切相关。拯救犹太人免遭纳粹政权的血腥屠杀是一项巨大的挑战。很明显，不管同盟国做出什么决定，希特勒都无意释放任何一名犹太人。而且就眼下来看，同盟国还没有办法营救那些尚未被驱逐出境的犹太人。不过事实是，他们甚至连尝试都没有付出过。

实际上，如果能够达成某项协议，犹太人就可以穿过连绵不绝的群山，跨越巴尔干半岛逃往土耳其。而且就在华盛顿会晤十天之后，英国便宣布打算将 2 万名波兰难民——非犹太人——转移到安全的东非地区。到了下半年，营救范围将扩大至 3.6 万名非犹太裔南斯拉夫人。

激进的犹太领袖不禁要问，为什么他们不能同等对待希特勒统治下的犹太难民？

1943 年早春，史蒂芬·怀斯同白宫接触，要求同罗斯福会面。不出所料，白宫拒绝了他的请求。

目前，即将在百慕大举行的英美难民问题会议成为营救犹太人仅存的一丝希望。与此同时，四座大型火葬场在奥斯维辛集中营投入使用，犹太大屠杀还在无休无止地继续。

为了体面圆滑地处理好外交事务，参加百慕大会议的外交官们早就做好了准备。12 天里，他们一直下榻在"地平线"别墅。这是一座建成于 1760 年的 18 世纪庄园，作为百慕大最古老、最别具一格的建筑，这座庄园坐落在一块高地上，四周是一座占地 25 英亩的风格奇特的花园，种满了摇曳的棕榈树，还有大片修剪整齐的草地和木槿。从这里可以俯看波光粼粼的碧蓝色海水和粉色海滩，优美的景色几乎令人窒息。就在这儿，在阳光充沛的会客室、富丽堂皇的套房和巨大的吊扇下，众代表将展开工作。百慕大的优势不止于此，原本有人提议在加拿大或华盛顿召开这次会议，但是这两地极其容易遭到压力集团的抗议。相比之下，战时管制封死了所有通向这个小岛的线路，这样一来会议可以远离媒体（或者说被美国国务院视为喧嚣杂乱、华而不实的人道主义团体）的窥探。

罗斯福本希望助理大法官欧文·J. 罗伯茨（Owen J. Roberts）出任美国代表团的主席，但是罗伯茨因日程安排拒绝了。罗斯福回复道："我充分理解，但还是很遗憾，您不能前往百慕大——特别是在复活节百合花盛开的时候！"于是，他推选了普林斯顿大学校长哈罗德·W. 多兹博士（Dr. Harold W. Dodds）担任代表团主席，陪同他前往百慕大的是颇具影响力的外交事务委员会主席索尔·布鲁姆（Sol Bloom），以及直言不讳的伊利诺伊州多数党准领导人斯科特·卢卡斯（Scott Lucas）议员。怀斯和其他杰出的犹太领袖希望犹太团体能够在会上发声，但政府只允许总统的难民咨询委员会执行秘书乔治·沃伦（George Warren）以技术顾问的身份参会。事后来看，批评家们是正确的——会议的结果在一开始便已有定论。

从表面上看，伦敦和华盛顿似乎是在争取公众对于两国在犹太难民问题上的关切，这次由全体同盟国领导人参加的会议从一开始也显得十分激烈。大会一致同意，应该采取措施鼓励中立的欧洲国家将难民转运到安全地带；应确保将难民转送到欧洲和非洲等地；最后，大会呼吁成立所谓的跨政府难民委员会，以执行会议达成的决议。然而，由于担心"特定种族或信仰"的"明显倾向性"会引发各同盟国的非议，任何对犹太人的特别强调从一开始便被严令禁止。此外代表们还收到警告，罗斯福的政府无权放宽或废除移民法，这意味着要忽视政府无法满足法定配额的事实。

历史学家詹姆斯·麦格雷戈·伯恩斯（James MacGregor Burns）恰如其分地指出，会议一开始美国政府显然就在用"木腿"走路。国会议员布鲁姆建议应与德国政府接触，看他们是否愿意每月释放一定数量的难民。但这一提议没有起到任何实质性作用，只是引起了一阵愤愤不平的抗议。为了维护体面，美国国务院坚决反对同德国政府展开任何谈判。但如果罗马尼亚或保加利亚等轴心附属国有可能愿意签订单独的协定，和他们接触会好些吗？这一点甚至没有得到讨论。为饥肠辘辘的难民提供食物如何？代表团很快就否定了这一提议，因其明显超出了此次会议的议程。至于德国是否有可能自愿释放一定数量的难民——这对于那些即将命丧毒气室的人来说无疑是一个天大的好消息，代表团再一次选择了袖手旁观、冷眼相对。这一建议之所以遭到否决，是因为代表们担心希特勒可能会精心挑选大量间谍，送入同盟国境内，或是同盟国缺少船只，无法负担大规模的犹太人撤离。

当然，事实要复杂得多。大量为运送军事物资和士兵而穿越大西洋的船只在返航美国的时候是空载的，但没人态度坚定地指出这一点。那么这场大会究竟想要达成什么目的？多年以后，这份如此棘手的大会倡议书读起来令人十分震惊。首先是西班牙。英国最早提出，大约有6000名到8000名犹太难民正在西班牙饱受煎熬——这些幸运儿在去年夏天逃脱了法国的大搜捕，并设法穿越了比利牛斯山（Pyrenees Mountains）——他们应该被送往北非的收容所。现在，他们大多数人被关进了监狱和集中营，境况十分恶劣。在某个难得一见的清醒时刻，有人指出其中有3000人十分健康，能够为盟军执行军事任务。但是美国人依然犹豫不决，辩称他们的船只已经超负荷，难民或许会连累军事行动。大会一次又一次地在这个问题上绕圈子，美国甚至认为北非有可能成为未来的军事战场。然而，就在代表们一直敷衍了事的时候，英国人强烈地感觉到，如果大会连这一提议都无法接受，那么愤怒的公众将会得出结论——同盟国没有为解决难民问题付诸任何实质性的努力。

面对这一指责，美国代表团主席多兹紧急向布雷肯里奇·朗递送了一张便条，请求他再次考虑这一提议。他坦白地补充，"美国政府提出的'非洲避难所'的理念似乎是我们为引发舆论关注做出的唯一贡献"。

眼下，人道主义宗旨、战略考量以及公众支持三者之间产生了不可调和的矛盾。考虑到英国的提议，这一次最终胜出的是公众舆论。朗把"北非难民营"的计划呈交给美国陆军部，后者由于担心大量的欧洲犹太人会激怒当地的约旦人，否决了这一计划。艾森豪威尔将军却不这么认为，他对这一计划表示赞成。大会最终跟随了艾森豪威尔的指示，理由是"服从军事考量"。然而当消息传到华盛顿后，罗斯福迟疑不决，他认为该政策极不明智。经过与英国的深入磋商后，罗斯福方才点头同意。计划将在7月执行。最后，只有 630 名犹太人被运送到了北非的安全地带。

大多数情况下，这些接受过高等教育且出身良好的代表提出一个又一个计划，然后又一个接一个地进行否决。大家不停地对计划吹毛求疵，反复剖析。计划不断延期，留待日后研究。参会人员不愿提供资金，也不愿提供运送难民的船只，更不愿意承诺修改移民法。这是一次流于空想的、失败的大会。在外交官们喋喋不休之时，会议陷入僵局之后，代表们强烈地意识到，他们需要制订一个"具体议案"，因为现有的建议数量太少，而且力度不大。第一条建议声明，同盟国反对在释放犹太难民的问题上与希特勒进行接触；第二条建议主张，美英两国政府希望中立国能够承担起运送难民的责任；第三条中，英国权衡了允许难民进入利比亚东部昔兰尼加的可能性；第四条建议将西班牙的犹太人运送到北非；第五条建议同盟国发表关于战后难民安置的联合声明；第六条无足轻重，计划重组跨政府委员会。

在场没有人强烈反对。技术顾问乔治·沃伦后来说道，他对反对营救行动的声音深感震惊，现在回想起来，那就像是一场梦游者之间的对话。或者说，代表团好像是在处理1933年的非暴力反犹主义事件，而不是1943年的死亡集中营事件，好像此时并非特雷布林卡和达豪集中营时期，而是德国的电影院和餐馆到处都张贴着醒目的标志"犹太人不得入内（Juden unerwünscht）"的时期；并非犹太人被驱逐出德国和华沙犹太难民区时期，而是肉铺外悬挂写有"犹太人禁止入内（Für Juden kein Zutritt）"布告的时期；并非奥斯维辛集中营时期，而是犹太人不能进入牛奶店为他们的孩子买上一杯牛奶或进入药店购买处方药的时期。或许出于这个原因，尽管大会的初衷是为了平息公众舆论，最终却出人意料地决定对计划保密。大会将向媒体发布一份一页纸的公报，但公报只写明代表团就诸多可能性进行了认真分析，代表们正在向各自政府提出机密建议。

返回普林斯顿之前，大会主席多兹公开宣称，帮助难民最好的方式就是"赢得战争"。

世界各地的人道主义者浑身发抖，愤怒不已。《犹太展望》杂志（Jewish Outlook）万念俱灰，认为大会毁掉了一切希望。在众议院，议员塞缪尔·迪克斯坦（Samuel Dickstein）愤怒地表示："就算是悲观至极的人也预料不到这种结果。"在参议院，思想独立的共和党人威廉·兰格（William Langer）大声咆哮："欧洲已有200万犹太人遭到屠杀，还有500万犹太人面临着同样的命运，除非他们能够得到及时救助。"伟大的基督教神学家莱因霍尔德·尼布尔（Reinhold Niebuhr）警告罗斯福总统，这次会议触发公众产生了深切的悲观情绪。素来以温和节制著称的拉比伊斯雷尔·戈德斯坦（Israel Goldstein）此刻也愤然批评："很明显，百慕大会议的任务不是从纳粹手中营救难民，而是营救美国国务院……"

实际上，自从希特勒于1933年掌权后，美国总统就一直因犹太人的困境而饱受困扰。在外界压力的推动和催促下，他曾数次指责纳粹分子，并警告说他们的罪行将受到严厉惩罚。但很明显，他的警告没有起到威慑作用，至少到目前为止是这样。

而现在，接下来的几个月至关重要，总统凭借着自己的细心慎重而非一贯的义愤填膺为美国政府的决策定下了基调。美国国务院花费了几个星期，甚至是几个月来处理各种争论，或者说只是简单处理几封信件，这不足为奇。每个月、每个星期都有成千上万的无辜生命在希特勒那可怕的集中营里丧命。那么，罗斯福为何如此铁石心肠，迟迟不肯采取行动？数百万犹太人，不论男女老少，全都被困在纳粹政权手中，成为毒气室的牺牲品——为何他在面对这样的难题时显得如此无能为力？

没有答案，犹太人必须自己找出答案。他们在华沙展开了英勇的自救行动。

1942 年 7 月，冷酷无情的纳粹杀人机器在波兰华沙全面开动。华沙和周围城市的犹太人全都被集中到了华沙的犹太隔离区，这是一块由十条街区组成的区域，背靠犹太公墓，另一端是铁轨的终点。战争开始时，大约有 35 万犹太人生活和奋斗在波兰首都，几乎占据了该城市总人口的三分之一。华沙的犹太人是波兰及整个欧洲最大的犹太群体，也是仅次于纽约的世界第二大犹太群体。

1939 年 9 月，华沙沦陷的一周后，德国人建立了一个犹太居民委员会。两个月之内，所有的犹太人都必须佩戴蓝色的"大卫之星"徽章。学校关闭，财产充公，犹太男人被集中起来从事苦力。犹太人隔离区建成于 1940 年 10 月，40 万来自华沙和周边城市的犹太人要在一个月内搬进这个 1.3 平方英里的区域。在一个又一个街区里，建筑一栋挨着一栋。一个房间要住 7 个人，条件十分恶劣。犹太隔离区四周是 3 米高的围墙，上面还拉了一道铁丝网，与日后冷战时期的柏林出奇地相似。犹太隔离区和华沙城里其他非犹太居住区互不相通。在高墙里面，食物供应永远不足，孩子们被活活饿死，他们瘦弱的身体蜷缩在门口和板凳上。不到两年，就有 8.3 万余名犹太人死于饥饿和疾病。但犹太人仍保持着尊严，他们坚持秘密祈祷和学习。

1942 年 7 月 22 日，第一次大规模驱逐开始，一辆又一辆列车驶离了车站，开往特雷布林卡的死亡集中营。到了 9 月，又有 26.5 万名犹太人被强行带离犹太隔离区，送往这一可怕的死亡集中营。尽管纳粹想方设法隔离华沙的犹太人，幸存者们还是十分清楚自己将被送往何方。9 月 11 日，一家地下报社刊登了一位特雷布林卡逃脱者的口述文章。文章写道，"今天，每个犹太人都应该知道那些被重新安置的犹太人的命运……千万不要被捕！躲藏起来吧，别被带走！……在这个可怕的战场上，人人都是战士！死亡正在等待着我们——奋起反抗是唯一的出路"。面对这些残酷的事实，两个犹太地下组织展开了行动。他们组成了武装抵抗团体，大约有 750 人，武器主要是从波兰救国军那里非法偷运过来的简易手枪和炸弹。

但纳粹的行动同样十分迅速。1942 年秋天，海因里希·希姆莱下令对犹太隔离区进行最终清洗。身体健全的居民将被送往卢布林（Lublin）附近的劳工集中营，其余人将被屠杀。1943 年 1 月 18 日，驱逐犹太人行动在短暂停止后重启。然而，犹太人在这一次做好了反抗的准备，带着手枪的犹太勇士们设法混进了一支运输大队。他们一直耐心等待，收到信号后马上开始向德国护卫队开火，德国人迅速还击，场面一片混乱，剩下的犹太人趁机逃跑了。三天之后，德国人停止了驱逐行动，隔离区里的犹太人做好了准备。他们开始修建地堡和防空洞，一旦德国人将计划付诸实施，彻底清洗犹太隔离区，他们就准备好藏身和战斗。

几个月过去了，德国人限定了最后的清算期限：4 月 19 日，逾越节（Passover）[1] 傍晚。那相当于一份声明，具有确凿无疑的象征意义。他们计

---

[1]　逾越节是犹太历正月十四日白昼及其前夜，是犹太人的新年，通常在公历的 3 月、4 月间。

划进行最后清洗，整个过程只需要三天。然而当纳粹党卫军和警察冲进犹太隔离区时，他们发现街上空无一人，房屋早已废弃。几乎每一个活着的犹太人都躲进了藏身处或是地堡。接着犹太战士们开火了。用一个犹太人的话来说就是——我们压抑着冲动，拿起了武器。犹太人将手枪和致命武器（一种自制的炸弹）瞄准了目瞪口呆的德国人，毫无准备的后者匆忙撤离到隔离区高墙外。6 名德国人和 6 个乌克兰雇佣兵被杀死。当纳粹军队卷土重来时，他们这一次的任务是要赶尽杀绝，把所有的建筑夷为平地，并把隔离区的街区逐个摧毁。为此，他们架起火焰喷射器，扣动了扳机。火焰吞噬了墙壁，浓烟从窗户中滚滚喷出，藏在里面的犹太人被迫跳楼殒命。德国人看到他们便开火，趁着难民们站在阳台上准备跳下或无助坠落时，将他们的身体打成筛子。即便他们成功落地，德军也会在地面开火。虽然经历了熊熊燃烧的大火和惨无人道的大屠杀，一小部分犹太人还是设法躲开了德国人，与他们对抗了将近一个月的时间。用一位不屈不挠的战士的话来说，"我们像动物一样为赤裸裸地活着而战斗"。

他们做到了，但这远远不够。到 5 月 16 日，犹太隔离区被彻底清洗，德国指挥官下令摧毁特洛马基大街（Tlomacki Street）的犹太大教堂。5.6 万余名犹太人遭到逮捕，大多数人被送往卢布林郊外的马伊达内克集中营。根据德国人的记录，约有 7000 名犹太人在这次起义中被杀，其中包括部分从特雷布林卡逃脱并带来毒气室和死亡集中营消息的逃亡者。隔离区内另外 7000 人被送往了特雷布林卡集中营，他们一到那里便被关进了毒气室。

出乎意料的是，华沙城内的几名犹太人竟然幸存下来。有些人躲在贫民区内的废墟里，一有机会便袭击德国巡逻队。有些人偷偷逃了出来，跑到了雅利安人居住区。还有一些不愿束手就擒的人吞下了氰化物药片。即便是在 1943 年 9 月犹太隔离区被彻底摧毁之后，一些人仍旧生活在地洞中，同自然、阳光和人类世界完全断绝了联系。犹太人起义的消息很快传播开来。接下来的几个月中，比亚韦斯托克（Bialystok）和明斯克接连爆发反纳粹起义，特雷布林卡和索比堡集中营的犯人也纷纷奋起反抗。但这些尝试只是徒劳，大多只会以更多的死亡告终，然而在 1943 年的秋天，特雷布林卡和索比堡正在拆除中。

战斗打响两天之后，一台神秘的波兰发报机发送了一条无线电讯息，为这次起义画上了无情的句号。这台发报机只发送出四句话，信号便被切断了，结尾有两个简单的字眼——救命。斯德哥尔摩收到了这条讯息，然后将其转发到世界各地。但是这条讯息并没有引起伦敦和华盛顿方面的注意。在百慕大，那场尽人皆知的会议仍在进行中，沉默是唯一的回应。

此时，经过长期的斗争之后，盟军继续高歌猛进。罗斯福总统一心追求的军事胜利开始有了回报。北非战役在 5 月 13 日进入尾声，盟军取得了全面胜利。在 25 万德国人和意大利人被俘的同时，问题也随之而来：接下来该做什么？基于对这一问题的考量，罗斯福和丘吉尔再次在华盛顿举行会晤，就战争下一阶段的具体问题进行磋商，这就是著名的"三叉戟会议"（Trident conference）。到了 1943 年，察觉到战争结束指日可待，两国政要如同全球剧场的演员一般频繁在世界各地碰头。1 月，罗斯福在卡萨布兰卡会见了丘吉尔，同行的还有吉罗和戴高乐；3 月，他在华盛顿接见了艾登；5 月，罗斯福同丘吉尔以及出席参谋长联席会议的领导人会面，当月底丘吉尔、马歇尔和艾森豪威尔还在阿尔及尔会晤。就连夏天他们也不休息，罗斯福和丘吉尔以及各自手下的官员将于 8 月下旬在魁北克会晤，并于 9 月在白宫再次展开磋商。这些会议还将扩展到全球各地：罗斯福和丘吉尔将于 11 月下旬飞往开罗，罗斯福、丘吉尔和斯大林将于 11 月底在德黑兰进行历史性会晤，最后罗斯福和丘吉尔 12 月初还会再次在开罗会谈。

尽管长途飞行十分疲惫，欢欣鼓舞的罗斯福已经开始展望未来，他现在思考的是更加长远的名垂青史的问题。在写给自己的好友、著名诗人、美国国会图书馆馆长阿奇博尔德·麦克利什（Archibald MacLeish）的信中，他说道，应该有人记录下这场全球性斗争，重现"公众日复一日对这场大战的反应……包括宣传的过程——这是媒体大亨扮演的角色，等等"。他还说："这不是索然无味的历史，也不是书籍、文章和报告的编目。我们应该在一个伟大的梦想凋零之前捕捉它。"罗斯福的战争部长亨利·史汀生对罗斯福的伟大梦想表示赞同，他回忆起 1864 年春天，美国人民在内战中经受了痛苦磨难，当时他们在莽原战役[1]中损失惨重，但还是选择了奋勇向前。史汀生神色严峻地告诉罗斯福，"我们正面临着艰难的一年，一旦我们有所动摇，那群胆小如鼠又不怀好意的人就会把我们的战争指挥权夺走"。但目前，罗斯福并没有丝毫动摇，随着华盛顿"三叉戟会议"的召开，在军事策略和进攻意大利面前，历史问题退居到了幕后。

整整两个星期，罗斯福和丘吉尔就军事战略问题争执不下——尤其是跨海峡进攻的时机问题。这一次就像是卡萨布兰卡的再现。旧的分歧再次被提及。旧有的偏见重新被唤起。罗斯福和他的手下急于在英国召集一支强大的军事力量，从法国发起攻击，对德国进行直接打击，而丘吉尔和他的军事顾问则希望继续在地中海地区推进并敦促意大利投降，然后从所谓欧洲的"软肋"从容地进入德国。争论十分激烈，大家的脾气都十分火爆，绝望的丘吉尔一度不知所措地抱怨罗斯福，说他不赞成登陆意大利，真让人恼火十足。但两种观点都有一定的道理。对于美国人来说，根本问题在于，意大利四面不通。美国的高级指挥官认为，意大利战役在这个意义上来看就像是一场代价高昂的余兴表演，让人回忆起一战期间的童谣，"我们来这儿是因为我们在这儿，是因为我们来这儿"。在他们眼中，进攻意大利只是一厢情愿，通过战争消耗击败德国也只是妄想。即便是在最乐观的情况下，一旦意大利被顺利攻占，盟军还是要越过阿尔卑斯山才能到达德国。美国还认为，这样也不利于资源的使用，因为意大利地势险峻，气候恶劣，山

[1] 美国南北战争时期的战役之一，发生在 1864 年 5 月 4 日，地点位于弗吉尼亚州怀尔德内斯，北军 12 万人与南军 6.4 万人对战。

道险阻，并不适合开展进攻。此外，它还需要召集比凯塞林的德国军团更多的盟军兵力。

然而北非战役的大量兵力几乎可以确保意大利战役的顺利进行。因为进攻法国的计划至少要到1944年春天——罗斯福对此心知肚明——在盟军击败北非的轴心国力量之后，要想将这架巨大的战争机器拉回英国似乎只会适得其反。相比之下，意大利则是成熟的进攻目标，正在等待盟军夺取。如果同盟国不出兵西西里岛和意大利，那么他们将面临同1942年一样的困境，只是背景换到了另一块大陆——他们将在1943年剩余的数月里和1944年的大部分时间里无所事事，只能轰炸软目标，即纳粹城市和平民，以及硬目标，如橡胶和石油工厂。

此外，进攻意大利还能为盟军带来一些巨大的益处。攻占意大利之后，他们可以占领重要的飞机场，使得盟军的空军力量得以冲击整个巴尔干半岛和波兰的军事目标，包括左右着德国这部战争机器的那些杂乱无章的工厂网络。最后，还有最重要的士气问题，罗斯福比任何人都清楚这一点。意大利是北非的自然延伸，1943年的意大利战役将向世界表明，美国和英国将在这块大陆展开攻势，解放只是时间问题。

谈判陷入了僵局，罗斯福决定破冰，带丘吉尔到世外桃源去——凯托克廷山的总统木屋别墅。在那里，罗斯福花了几个小时摆弄他的邮票，第二天一早便邀请丘吉尔去附近钓鱼。这些活动放松了罗斯福和丘吉尔的神经，然而他们在战略问题上仍然僵持不下。那之后的几天里，丘吉尔总在房间里踱来踱去，夜晚工作，白天睡觉，经常烦躁不安，直到他最后打算返回英国。就在那时，突然之间，僵局被打破了。就在谈判行将破裂，会谈即将结束的时候，罗斯福和丘吉尔各自做出了让步。

丘吉尔勉强同意将重心放在进攻法国上，且不得无限期延迟，这就是后来的"霸王行动"。这样一来，双方将进攻日期定在了1944年5月1日。为此，英国将加快速度为发动总攻集结军备力量。罗斯福则同意进攻意大利，但前提是盟军要使用已在地中海投入的兵力，那样一来，就不会分散跨海峡作战的兵力。一旦西西里沦陷，七个师的兵力很快就能从地中海转移到法国。

　　5 月 27 日，丘吉尔离开美国后，罗斯福便动身前往海德帕克。在那里，他连续三天每晚都要睡 10 个小时。

　　碰巧，他那一年至少患上了两种严重的疾病。他自嘲地将第一种称为"冈比亚热之类的毛病"，告诉丘吉尔自己跟"你们口中叫做巴瑟斯特（Bathurst）的鬼地方"结下了不解之缘；至于第二种，他告诉丘吉尔那是一种讨厌的流感。但是他两次都挺了过来，甚至向丘吉尔吹嘘痊愈后的自己像只"斗鸡"。

　　但这只是总统的一厢情愿。未来还有更多的疾病在等待着他。

　　军事上，一切都已准备就绪。意大利战役最终打响了。接连数天，大量盟军涌入了班加西（Benghazi）、特里波利（Tripoli）、亚历山大港、海法（Haifa）和遥远的贝鲁特（Beirut）。之后盟军开始轰炸西西里岛，削弱敌军的防守力量。此时，刺骨的寒风在黎明到来之前猛烈地呼啸。

　　西西里岛登陆战于 7 月 10 日打响。

　　第一天，多达 17.5 万名盟军士兵迎着每小时 45 英里的大风抢滩。两天之内，近 50 万名士兵——还有坦克和登陆艇——涉水上岸，他们只遇到了6 万名惊慌失措的德军。刚刚从北非凯旋归来的英国将领伯纳德·蒙哥马利率领手下作战经验丰富的第八集团军作为尖兵团，从东海岸长驱直入，很快就拿下了古老的明珠锡拉库萨（Syracuse）[1]，然后转战幅员辽阔、战略地位重要的卡塔尼亚（Catania）。在那里，德国人在凯塞林的指挥下进行了顽强抵抗。与此同时，乔治·巴顿领导的第七集团军雄赳赳气昂昂地在南部登陆，掩护蒙哥马利军的左翼部队。然而，巴顿一如既往地特立独行，无

---

[1]　锡拉库萨是位于意大利西西里岛上的一座沿海古城，为锡拉库萨省的省会，由古希腊科林斯的殖民者于公元前 734 年建立。

视命令，持续向西北进发，一直到了巴勒莫（Palermo）。他势不可挡，不论是岩石山脊还是泥泞的峡谷，全都不在话下，大部分意大利守军更是不值一提，他们要么陆陆续续投降，要么只能组织起微弱的抵抗。西西里岛的居民们挤在自家的阳台上，欣喜地向进攻者致意，纷纷在窗户上挂起了白旗并递上装满新鲜水果和鲜花的篮子。

而德国军队，即纳粹精锐部队的境遇则完全不同。逐步撤离的德军摧毁了桥梁，疯狂地还击，藏身在山头和峭壁进行射击。战略目标在岛屿的最东边——墨西拿（Messina）。就在蒙哥马利的部队正在海滨跟顽强的守军打得难解难分之时，美国军队则犀利地持续向前推进。美英的机械师势不可挡。他们英勇地将重型武器运过狭窄的原始小径，在深渊上架起桥梁，所到之处留下了一个又一个奇迹。

7月17日，盟军开始打起了心理战，他们空投下许多传单。这些传单就像神圣的罗马和其他法西斯城市街道上的彩纸一样，印有罗斯福和丘吉尔的联署签名。为了给意大利施加压力，敦促意大利尽快与希特勒分道扬镳，传单呐喊道："墨索里尼是民族和自由的极端破坏者，是他将你们一手带入了战争。墨索里尼以为希特勒已经胜利，于是肆无忌惮地将你们卷入了这场战争。尽管意大利脆弱不堪……你们的法西斯领袖却把你们的儿子送到了遥远的战场……帮助德国占领英国、苏联和整个世界……是时候做个了断了，意大利人是该为墨索里尼和希特勒而死，还是为意大利，为文明而生？"

显然，意大利人并不准备为墨索里尼或希特勒而死。在盟军的猛烈攻击下，意大利军队已经人心涣散。每个城市都爆发了起义和战斗，墨索里尼的政权很快便开始动摇。就在两天之后的7月19日，当蒙哥马利和巴顿正在西西里狠狠打击轴心国军队时，意大利独裁者与希特勒在一座美丽的乡村别墅中会面。暴跳如雷的元首坚持认为，西西里必须成为另外一个斯大林格勒。但是意大利议会再也无法容忍下去了。7月25日星期天，意大利议会在天色破晓之际匆忙同墨索里尼召开一个简短的会议，并对他投下了不信任案。几个小时之后，意大利国王维克托·伊曼纽尔三世（Victor

Emmanuel III）召墨索里尼入宫，气急败坏地告诉他："现在你是意大利最臭名昭著的人，士兵们再也不想打仗了。"离开的时候，墨索里尼一路跟跄，然后他马上就被先前的盟友、意大利最古老的国家军事警察——宪兵扣押起来。他们把墨索里尼塞到了一辆救护车里，送往意大利中部一座遥远的山间别墅里软禁起来。

长久的低落之后，意大利人民再度欢欣鼓舞起来。

欢欣鼓舞的不只是他们。罗斯福从电台听到了墨索里尼被捕的消息，他在外交接待大厅的一大簇麦克风前进行了 2 月以来的首次炉边谈话。演讲在晚上 9 点 25 分准时开始。他高声说道："轴心国的第一次破裂已经到来，罪恶腐败的意大利法西斯政权即将分崩离析。法西斯主义和纳粹的强盗逻辑是经受不住考验的。"随后，他以军人的精准严谨概述了 1942 年以来民主制度所取得的"不可思议"的成就：一年之内，商船运输量增加到 190 万吨；军舰产量增加了 75%；武器弹药产量增长了 83%；飞机产量 8.6 万架，几乎为上一年的两倍。他忍不住夸下海口，但又不动声色地打上了一层现实主义色彩："我们为打败墨索里尼和他的同伙所制订的计划已经取得了极大成功。但我们还要在德国和日本本土击败希特勒和东条英机。我们都知道这并不容易。"

至于意大利，他语气笃定地说道："我们的立场从来没有改变，绝不与法西斯主义为伍。"

接着他扬起双手，对戈培尔在柏林发表的那篇关于全面战争必要性的异想天开的演说进行了完美驳斥："美国必须在这场战争中投入全部的力量、智慧和毅力。"

接下来的日子里，罗斯福准备在意大利和德国之间快速制造分裂。他的性格中求真务实的一面再次显现出来。罗斯福表示，自己已经做好准备同狡猾善变的意大利新领袖马歇尔·彼得罗·巴多利奥（Marshal Pietro Badoglio）达成最后协议。此人同达朗是同样货色，已经私下与盟军在西班牙和葡萄牙展开秘密磋商。罗斯福暂时将此前在卡萨布兰卡发表的关于无条件投降的言论放在一边，暗示将给予意大利人民优惠待遇。他在 7 月 30 日告诉媒体："我不在乎跟我们打交道的是哪个意大利人，只要他不是法西斯政府分子，只要我们能让他们放下武器，而且不会陷入无政府状态就行。"他特别强调，自己希望能够最终实现和平，血洗德国人。考虑到美国国内活跃的意大利裔美国选民的情绪，他补充说："这个人可以是国王，也可以是现任首相，抑或是一位镇长或村长。"

他很快便找到了答案。1943 年 9 月 3 日的黎明前，英国部队涌进意大利本土，罗斯福的计划暂时取得了成效。在锡拉库萨的一片橄榄树林中，新意大利政府改旗易帜，对纳粹"宣战"，接着就胆战心惊地逃了罗马。纳粹立即对意大利实施报复。希特勒对意大利的背叛大为光火，派了 16 个身经百战的德国师涌入意大利腹地，他们很快就到达了布伦纳山口，包围了罗马。在其他地方，他们对阿布鲁奇（Abruzzi）的度假山庄发动大胆突袭，90 名德国滑翔机伞兵在纳粹党卫军的带领下劫走了墨索里尼，并让他官复原职。期间，罗马也被占领，意大利军队缴械投降。同时，纳粹截取了意大利的全部黄金储备，凯塞林将军宣布意大利由德国接管。德国人再次开始疯狂迫害幸存的犹太人。

6 天之后，盟军开始反击。9 月 9 日，萨莱诺（Salerno）闪着微光的海滩见证了令人震惊的一幕——美英军队大批登陆。实际上，美国军队在夜晚便已上岸。两国军队开始向那不勒斯进发。在滩头堡的环形防线内，德国的沿海防御部队抵抗十分激烈：到处浓烟滚滚，美国人遭遇了猛烈的坦克射击和重型火炮攻击。德国人还通过高音喇叭用英语趾高气扬地奚落着盟军。

凯塞林在反击中采取了顽强抵抗战术。他几乎将美国第五军一分为二，隆美尔则受命前往意大利北部组织防御。但这还远远不够。尽管柏林电台鼓吹将在 10 月 1 日再现敦刻尔克式大撤退[1]的盛况，盟军却牢牢控制了那不勒斯，德国人被迫撤退，匆匆忙忙又损失惨重。自此，美国人和英国人开始了艰辛跋涉，穿过险道隘路和风化的山顶小镇，一路朝着雄伟的罗马和托斯卡纳进发。

　　尽管血迹斑斑的北上之路异常缓慢——意大利遭遇了 20 年来最恐怖的寒冬——盟军距离进攻法国、开辟第二战场的目标越来越近了。

　　除此以外还有一个好消息。盟军占领了福贾，那是一座极具军事价值的机场，这不但让他们掌握了制空权，还可以为美军的地面作战提供战斗机掩护。这座飞机场还有一个用途——美军终于能够在巴尔干半岛、奥地利甚至是遥远的波兰及 620 英里以外的奥斯维辛集中营附近区域使用重型轰炸机。

---

[1]　第二次世界大战初期英法联军的军事撤退行动。1940 年 5 月 25 日，英法联军防线在德国机械化部队的快速攻势下崩溃之后，英军在敦刻尔克这个位于法国东北部、靠近比利时边境的港口小城，进行了当时历史上最大规模的军事撤退行动。

第十二章

"美国政府纵容犹太大屠杀"

　　战时峰会和军事谋划期间，面对前线发回的令人震惊的报告和同盟国争吵不断的消息，加上麻烦不断的国内情况，罗斯福始终保持沉默。诚然，随着战争形势的发展，有那么几次，他的耐心经受了极大的考验。"我收到了很多互相矛盾的建议，"有一次他坦承道，"我的脑子简直要裂开了。"有时他也不免会抱怨自己的难处。每一天都有大量令人痛心的消息传来，血腥的战争过后到处都是成堆的尸体。每一天，他都会收到手下受伤、阵亡或被俘的消息。三年多的战争过后，62岁高龄的罗斯福罹患多种并发症，他的嗜睡症经常复发，或是呼吸浅促，心律不齐，偶尔还会感染使人虚弱的流感。但在大多数美国人眼中，他似乎是块"硬骨头"。他的精力——更准确地说是他的意志——永远不会衰竭。他总是开怀大笑，把头歪向一边的习惯动作富有感染力。他那会心的笑容和随时随地说故事的本领表明，他的生活似乎总是无忧无虑。在例行的鸡尾酒时间，他总是开怀畅饮。诚然，他不得不取消一些热爱的消遣活动。以前他总会在上床睡觉之前摆弄几个小时的邮票，现在不得不研究坦克生产或诺曼底登陆的准备情况。以前，他经常会在傍晚的时候在白宫泳池里泡上一会儿，现在，被助手和大量文件包围的他不得不处理堆积如山的工作——备忘录、绝密文件、人事投诉和公众来信，每天大约有4000件，而且似乎没完没了。从生活方式来看，他是个不折不扣的工作狂，但从另一方面来说，他也是个富有传奇色彩的"万人迷"。他偶尔会极度陶醉于个人荣耀——像个爱慕虚荣的歌剧女王，似乎无法忍受长时间离开镁光灯的生活——但他的政治领导力是无可争辩的，他内心对美国人民的热爱也是毋庸置疑的。

是什么在支撑着他一路走到现在？一方面，战争的巨大天平正在坚定地向着盟军一方倾斜，越来越多的利好消息从前线传来。盟军针对德国进行猛烈轰炸，拉开了一场复仇之战：美军飞机在白天轰炸德国城市，英军的行动则在夜晚展开。另一方面，罗斯福总是能够找到让自己放松的方法。在他挚爱的鸡尾酒时间，任何有关政治或战争的话题都被严令禁止，电影他总是看不够，还有纸牌游戏，他很喜欢赢。他总是尽力把日程安排在白宫。当他感到有必要的时候——他经常这样做——就会前往海德帕克过周末，在那里，他总是很晚才上床睡觉，直到第二天下午才开始工作，还经常悠闲地开车到乡下去，那些地方让他感觉良好。

但是接下来，纽约发生了一起为欧洲犹太人请愿的群众集会，于是他接见了史蒂芬·怀斯。7月22日，他在白宫办公室与波兰地下党成员扬·卡尔斯基（Jan Karski）进行了长达一小时的会谈。有些时候，要把错觉抹除掉不容易，这一点在那些对犹太人的困境视而不见的国家身上体现得淋漓尽致。

但这一次情况不同了。

随着7月临近尾声，百慕大会议的不作为引起了人道主义者的反感，他们决定亲自出马。整整3天，大约有1500人聚集在曼哈顿的科莫多尔酒店（Hotel Commodore），商讨帮助那些在纳粹占领区幸存下来的犹太人的行动方案。与以往不同的是，这次行动并非由怀斯发起，而是由彼得·伯格森担任发起人。一群令人钦佩的演讲者相继上台表达自己的心声，他们拥有不同的背景，持有不同的政治观点，既有犹太人，也有非犹太人。纽约市长菲奥雷洛·拉瓜迪亚也参加了这次集会，，在会上慷慨陈词。还有一些著名作家，如马克思·勒纳（Max Lerner）和多萝西·帕克（Dorothy Parker），他们也滔滔不绝，一针见血。就连前总统赫伯特·胡佛也通过电话参与了这次集会。

　　一般情况下，总统会在危机爆发后采取行动。迫于公众压力，罗斯福为此次集会发来了一条电文，在会议结束时公开宣读。但总统的承诺含糊不清，用多丽丝·科恩斯·古德温（Doris Kearns Goodwin）的话来说，就是"意向不明"且"不置可否"。他反复强调当局为营救欧洲犹太人所做出的"不懈努力"，但与会代表知道是怎么一回事。他进一步承诺，政府的行动将不会停止，直到纳粹政权被彻底击垮，然而与会人员不禁要问，所谓的"努力"究竟是什么？等到纳粹政权垮台的时候，犹太人还活着吗？

　　曾经对犹太人的境遇表示同情的埃莉诺·罗斯福也向这场紧急会议发来了一条电文，但是这一次她也有些离谱。她坚持自己愿意提供任何形式的帮助，但不确定眼下能够拿出什么可行的计划。接着，她搬出了在美国国务院演讲时常用的那套说辞。她坚称，美国人对于轴心国在犹太人身上实施的暴行感到震惊和意外，愿意竭尽全力减轻欧洲犹太人的痛苦，并帮助他们在其他地方重建家园，前提是犹太人能够及时撤离。

　　但是他们眼下可以采取一些紧急措施，而且不见得会妨碍盟军的军事行动。在如坐针毡的三天里，所有救援支持者共同拟定了一份细致的清单。市长拉瓜迪亚指出，美国政府早已错过了向移民敞开大门的时机。他坚称："我们的政府只有首先做出表率，才能敦促其他国家采取行动。"但首先，发言者强调，美国政府有必要尽快成立一个专门负责营救犹太人的具体机构。该机构将与官僚派系斗争，培植政治势力，并承担长期存在的风险。前总统胡佛考虑得更加长远，他指出还要采取额外手段，包括盟军应为那些成功偷渡到中立国家的犹太人提供保护，在中立国开放更多的难民避难所，向轴心集团的附属国施压，阻止他们驱逐犹太人。此外，他们还建议在中东国家开展斡旋，以迫使在英国控制下的巴勒斯坦接纳更多犹太人。

会议结束时，一个名为"紧急委员会"的新机构应运而生。

委员会的领导人彼得·伯格森于8月中旬同埃莉诺·罗斯福私下会面。他代表犹太人由衷陈情，给埃莉诺留下了深刻的印象。第二天一早（1943年8月8日），她在《我的一天》专栏中写道："遇害的犹太人比例远超联合国中任一成员国的人员损失。我不知道该如何拯救欧洲的犹太人，也不知道如何为他们找到家园，但是我知道，如果任由错误继续而置之不理，那么我们很快就会成为受害者。"当然，埃莉诺没有呼吁采取积极行动，但重要的是，她将伯格森的信转交给了总统，信中简要陈述了建立一个特殊的政府救援机构的必要性。

但心烦意乱的罗斯福丝毫不为之所动。他给埃莉诺回了一张字迹潦草的便条："我认为眼下无需做出答复。——FDR"

犹太人再也经不起等待了。

这一点显得尤为真切，尤其是在1943年7月28日罗斯福接见了32岁的波兰地下党领袖扬·卡尔斯基之后，后者冒着生命危险揭露了发生在波兰的骇人听闻的事件。

扬身材颀长，面容英俊，勇敢无畏，眼神敏锐，而且有着过目不忘的记忆力。战争早期，他落入了盖世太保的手中，差点被折磨致死，为了保命他砍伤了自己的手腕，防止泄密，但又奇迹般地被波兰突击队营救出来。现在，操着一口德语的卡尔斯基与犹太领袖合作，承担起侦查犹太贫民窟和灭绝营真实状况的危险任务。起初，他们穿着破衣烂衫，戴着蓝色的"大卫之星"，伪装成犹太人潜入了华沙的犹太隔离区，他描述："我们穿过泥浆和瓦砾，没有一处干净的地方，希特勒青年团在那里比赛搜寻犹太人，一个个都兴高采烈。"接着，他穿上了爱沙尼亚民兵的制服，偷偷潜入到他以为是贝尔塞克集中营的地方，但真正的贝尔塞克集中营坐落在华沙东部100英里左右，隐藏在波兰的西部地区。实际上，他所到的地方可能曾经是伊兹比卡（Izbica）的一个转运点。每一个被送往这里的犹太人都难以逃脱被屠杀的命运，他知道一般的报告都会这样写。但他们究竟是以什么样的方式被杀害？

他决心找出第一手资料。

亲眼目睹了纳粹的暴行之后，他坐上了穿越欧洲的列车，从华沙出发，经由柏林到维希法国，再到西班牙，然后回到伦敦，他把存有报告的微缩胶卷塞进一把普通的钥匙柄中，里面藏有数百份文件。

他的侦查触目惊心。在距离集中营1英里远的地方，就能够听到令人恐惧的呐喊、枪声和尖叫，这让卡尔斯基目瞪口呆。而在集中营里，他见到了混乱、悲惨和极其可怕的景象。他看到上了年纪的犹太人坐在地上浑身颤抖，一言不发，身上连半块布片也没有。他看到年幼的孩子穿着褴褛的衣衫独自蜷缩在一角，用惊恐不安的大眼睛仰头看着他。他看到每天晚上都有2000名到3000名饥肠辘辘、被剥夺了人性的犹太人被迫睡在寒冷、潮湿和阴冷的露天处。他看到德国人花了整整3个小时，轮流晃动手中的步枪并扣动扳机，将130名哀嚎痛哭的犹太人塞进货车车厢，这些车厢本来至多只能装进40名士兵，总共有46辆车。他眼睁睁地看着这些人在生石灰中窒息，痛苦地死去，厚重的白色粉末吞噬掉了他们的骨肉。

从某种意义上来说，热心的德国人爱德华·舒尔特在战争早期的期盼也是波兰人扬·卡尔斯基最终的希望——希望美国能够采取行动。

卡尔斯基明白，大多数美国人很难理解希特勒肃清犹太人的范围有多宽泛，又有多野蛮。实际上，当他会见最高法院法官费利克斯·法兰克福特的时候，目瞪口呆的法兰克福特也表现出了一副难以置信的样子，尽管他本人也是一名犹太人。卡尔斯基后来写道："我知道许多人不相信我，但这些都是我亲眼所见，没有丝毫夸大。我没有其他的证据，没有照片。我只能说这些都是我亲眼所见，而且就是事实。"很明显，这绝不仅仅是美国国务院口中所称的间接伤害或战争意外带来的不幸。当罗斯福揶揄地询问，卡尔斯基有关犹太伤亡人数的公开报告是否准确时，他回答说："我确信这一数字没有丝毫水分。我们的地下组织可以肯定，德国人打算消灭欧洲所有的犹太人。"

他告诉总统，180万名波兰犹太人已经遭到屠杀，如果盟军不出手干预，几个月之后，波兰的犹太人就会灭绝。盟军能做些什么呢？卡尔斯基建议采纳舒尔特早前提出的策略：针对"所有能找到的"德国平民进行报复。

罗斯福详细了解了波兰的游击运动以及德国士兵的士气状态。之后，卡尔斯基逐一列出了一长串集中营的名字，包括奥斯维辛集中营。

据说，卡尔斯基手中详实的一手报告把素来活力四射的罗斯福惊得呆若木鸡。的确，两人交谈了1个小时15分钟，超过了预定的30分钟。科德尔·赫尔后来承认罗斯福当时听得彻底忘我了。罗斯福请卡尔斯基转告波兰地下党："白宫里有你们的朋友。"罗斯福的热情让卡尔斯基大为感动。但是当卡尔斯基走出白宫的时候，波兰大使提醒他，总统的话不过是些陈词滥调。

总统的话真的只是陈词滥调吗？毫无疑问，总统为了赢得战争和击垮希特勒付出了大量心血。他不愿让任何事牵扯他的时间、精力或资源，妨碍他实现目标。但是无论何时，只要出现人道主义需求，比如当南斯拉夫和希腊的难民请求帮助的时候，美国政府总会协助转移难民并寻求解决办法，这一点也是毋庸置疑的。

不过，成功出兵意大利为罗斯福，也为犹太人带来了大量的机遇，尽管这些机遇同时也带来了政治和军事上的问题。当盟军逐渐向意大利山区推进，罗斯福急需地中海国家人民的直接援助——至少是暗中支援。这对许多反法西斯国家来讲是一个机会，但也让他们陷入了困境。因为这些国家多为世仇，彼此间充斥着无法消弭的隔阂，对大国也无法给予充分信任。

最炙手可热的地方是巴勒斯坦，这里曾是令人垂涎的天堂，同时也是一方泥潭。对于不幸落入纳粹手中的犹太人来说，他们的逃生路线并非西方的英国和美国，而是穿过地中海去往东方。因此，在罗斯福看来，在犹太人问题上的种种机遇中，最有可能的避难所似乎就在巴勒斯坦——在古老的耶路撒冷、海法和阿卡（Acre）。不过让人担心的是，这样的做法可能会令那些深陷战争泥潭的国家的穆斯林反感，从而阻碍总统一心追求的胜利。

罗斯福极力想要避开这政客的炼狱，因此他屡次三番地选择做一名骑墙派。这样的做法很不牢靠，让他进退两难，但似乎又不可避免。他经常开空头支票，许诺让巴勒斯坦成为犹太人家园。1862 年林肯曾动过念头，将美国黑人重新安置到海地或非洲。罗斯福跟林肯一样，他轻率地打算把犹太人重新安置到遥远的地方，比如喀麦隆，后来是巴拉圭，再后来是葡属西非安哥拉。正如林肯在一个世纪之前的政策注定不会成功，现如今罗斯福也难逃这样的命运。

1942 年已渐渐接近尾声，罗斯福再次考虑了巴勒斯坦的问题。他告诉摩根索："我的想法是，首先，我将巴勒斯坦视为一个宗教国家，然后，我会让耶路撒冷维持现状，接着，让正统的希腊天主教、新教和犹太人共同执政——成立联合委员会……我会在巴勒斯坦周边竖起铁丝网。"

兴致勃勃的罗斯福继续说道，"我会在中东给阿拉伯人另找一块地方……每迁出一户阿拉伯人，我们就要迁入一户犹太人……但是迁入的人口不能超过此地的经济负载能力"。

不过到了 1943 年，事实证明这番话不过是一场空论。罗斯福接见了多个犹太复国主义代表团，如 1943 年 6 月接见的犹太复国主义领袖哈伊姆·魏茨曼，此举在沙特阿拉伯、叙利亚和埃及引发了强烈的抗议。1943 年，罗斯福试图促成犹太人领导人和阿拉伯领导人的双边会谈，但是阿拉伯人很难对付，伊本·沙特（Ibn Saud）拒绝合作，美国陆军部也有所犹豫，因此这次会面也流产了。1943 年秋天，罗斯福想出了一个新的补救措施——对巴勒斯坦实行托管，使其成为官方认证的圣地，由犹太教、基督教和伊斯兰教三大教派共同管理，但事实证明这个想法毫无可行性。

有人曾援引罗斯福的话，他说自己从未认同过英国在 1939 年发表的对犹太移民进行限制的白皮书。但是每当他必须要在维持中东地区稳定和营救犹太人中间做出选择时，总统无一例外都选择了前者——也就是稳定。这就是世界大战的错综复杂性。为此，受制于长期斗争与无休止的拖延，令人沮丧的僵局始终无法打破。

在此期间，纳粹杀人机器却在持续高速运转。《新共和》杂志的编辑提出的那个困扰人们已久的问题显然已是不争的事实。8 月 30 日，他们写下了这样一段话："民主国家未能做出任何持续、坚决的努力以化解大屠杀的危机，这是人类文明史上最大的悲剧之一。"

他们补充："道德疲软束缚住了政治家的手脚，这一点在当前的传统信条下表现得尤为明显……他们认为只有胜利才能拯救欧洲的犹太人。"

下面的一句话是："犹太人能够等到胜利的那一天吗？"

让我们将目光转向瑞士，对不肯言弃的格哈特·里格纳而言，他希望犹太人能够看到胜利到来的一天。春天的时候，他有段时间一直忙于对罗马尼亚和法国的犹太人开展广泛的救援行动。尽管希望渺茫，但眼下还是出现了两个机会。罗马尼亚方面，如果资金充足，那里的犹太儿童便可以被安全地转移到巴勒斯坦。此外，食物、药品和其他物资也可以分发到德涅斯特河沿岸的犹太人手中，那里是罗马尼亚控制下的乌克兰地区，早前罗马尼亚官员同意让德涅斯特河沿岸共和国的 7 万名犹太人支付 17 万美金离开，如今他们开出的条件有所变化。此时，第二个机会出现在了法国，大量犹太人以惊人的速度被驱逐，为此里格纳考虑对隐藏起来的犹太儿童实施大胆营救，他制订了计划准备帮助他们逃往西班牙。不论是哪种情况，救援所需的资金将由美国的犹太组织而非政府提供。这些钱绝不能流入或流出轴心国。美国政府只需要将资金从美国转移到瑞士户头，确保罗马尼亚官员能够在战后得到偿付。

再来看美国，为了让里格纳的计划获得通过，史蒂芬·怀斯花了 11 个星期的时间积极同国务院展开磋商。但该计划最后还是无疾而终。首先，美国国务院坚持认为该计划不够明确。其次，资金有可能被用作赎金，这是美国政府极力反对的。最后，美国国务院承认，他们反对大规模营救计划的真正原因在于该计划成功率极低，因为巴勒斯坦的白皮书[1] 仅提供了 3 万个可用的疏散配额，他们还坚持表明，无法找到其他可用来疏散剩余犹太人的地方。

6 月，美国国务院终于就这一计划同负责为转移海外资金发放许可的财政部进行了商讨。听取了国务院反对意见的财政部认为，这些借口无法令人信服。他们很快采取了行动，7 月 16 日，财政部表示他们已经做好发放许可的准备。

结果，由于国务院从中作梗，计划再次陷入僵局。

对此事十分关切的怀斯设法于 7 月 22 日在白宫见到了罗斯福。鉴于总统担心该计划可能会对战事产生不利影响，怀斯向总统阐述了自己对于该计划的展望，以打消总统的疑虑。他指出，这笔资金直到战后才会被动用。怀斯的请求让罗斯福大为感动，他很快就签署了这项计划，并告诉怀斯："史蒂芬，你放开手脚去干吧！"怀斯担心摩根索不肯合作，总统立即致电后者，

---

[1] 白皮书通常指具有权威性的报告或指导性文本，用以阐述、解决或决策，是政府就某一重要政
    策或议题而正式发表的官方报告书。

用亲切的口吻表示："亨利，史蒂芬提出的犹太人赎身计划是个非常公平的建议。"实际上，说服摩根索纯属多此一举。

三个星期之后，罗斯福再次致信怀斯，向他保证计划即将付诸实施，只待国务院和美国驻伯尔尼特使将一些细节问题梳理完毕即可。

结果就在这一节点，历史再一次重演。整整 6 周半，美国国务院偷偷地推迟了许可发放。实际上，国务院打算在收到首笔资金的请求后拖足 8 个月，届时里格纳的营救计划就会失去意义，到那时阿道夫·艾希曼将给罗马尼亚人施压，迫使他们取消整个计划。

怀斯同罗斯福会面两天之后，盟军的轰炸行动将德国汉堡夷为平地，整座城市只剩下一堆熊熊燃烧、浓烟滚滚的废墟。4.2 万名德国平民在汉堡大轰炸中丧生，这一数字远超过英国平民在那场惨烈的闪电战中的伤亡人数。几周之前，杜塞尔多夫和科隆的遭遇同样凄惨。同鲁尔区、柏林和罗马尼亚的普洛耶什蒂（Ploieşti）油田一样，罗斯福兴奋地称之为"了不起的胜利"。在发给国会的信中，罗斯福带着孩子气的喜悦，再次借机用希特勒之前讽刺自己的话回敬了后者："希特勒一开始吹嘘自己将欧洲变成了固若金汤的堡垒。但他却忘记为这座堡垒盖房顶了。美英空军对这座露天的堡垒进行了轰炸，取得了很大成效。"同时，随着纳粹伤亡人数在后方节节攀升，约瑟夫·戈培尔不得不承认盟军的进攻是迄今为止一场难以想象的灾难。

盟军确立了无数轰炸目标，而且范围仍在不断扩大，包括炼油厂和橡胶厂、运输设施和运输工具、滚珠轴承厂、造船厂、弹药库和飞机。当然，还有对平民的附带伤害。对于轰炸造成的德国平民伤亡，罗斯福从未感到丝毫不安，不过他也匆忙补充说，美国轰炸平民并不是为了杀人取乐。他希望借此削弱德军力量，并摧毁德国人民的士气。

虽然罗斯福并不认为轰炸德国是对犹太大屠杀的一种报复行为，纳粹分子却不这样想。他们公开声称将血洗犹太隔离区，以此报复盟军的轰炸。

∾

1943 年 8 月 17 日，罗斯福与丘吉尔举行第四次会晤，起初是在海德帕克，他们品尝着威士忌，大口嚼着热狗，然后移师魁北克举行更正式的会晤。

魁北克会议主要商讨的是即将到来的诺曼底登陆。总统和首相深入探讨了跨海峡过程中棘手的后勤问题，谈到了登陆艇和燃料管线，移动避难所和数吨物资的部署。在"霸王行动"的指挥权问题上，双方一致同意交给美国人负责。接着，罗斯福谨慎展望未来，提到了希特勒投降的事宜。他想知道军事首脑们是否为德国的突然垮台做好了两手准备。英国向罗斯福总统保证，一旦有需要，计划随时可以出台。

魁北克会议上赫然出现了另外一个议题：原子弹。1939 年 10 月，国际著名科学家艾尔伯特·爱因斯坦寄了一封急件给罗斯福，向他说明了恩里科·费米（Enrico Fermi）和利奥·奇拉（Leo Szilard）利用铀元素所进行的开创性试验，并催促总统尽快开展核武器初步研究。此外，他还特别强调了核链式反应和核裂变的巨大破坏性，"可以预见的是——尽管无法确定——一种威力超强的新型炸弹将会出现，这种炸弹威力十分巨大，足以摧毁整个港口和周边地区"。同时，他指出纳粹可能已经开始核武器的研究。

纳粹兵工厂里有核武器？没有比这更加不可想象的事情了。尽管武器技术提升本身存在诸多问题和不确定性，但罗斯福担心被纳粹抢得先机，还是把核武器研究当成了战争中的头等大事。他采取行动，成立了铀元素咨询委员会，正式开展武器研发计划，这在过去是十分难以想象的。即便新一代常规武器已经开发并进入到装配阶段，包括雷达引导火箭、水陆两栖坦克、巴祖卡火箭炮、手榴弹、凝固汽油弹和 SCR-594 地面雷达，那些研发核弹的科学家似乎还是在一开始就遇到了瓶颈——理论难题已经够复杂了，操作问题更是复杂到无以复加。

第一年，咨询委员会的工作几乎停滞不前，似乎没有任何进展。伟大的科学家尼尔斯·玻尔（Niels Bohr）无奈地将他们的工作比喻为"古代的炼金术师，徒劳地在黑暗中摸索，只为炼出金子"。他的话一点也不夸张。相比之下，英国人要更加乐观，他们相信可以利用铀235制造出原子弹。他们投入了大量资源，预计到1943年底就可以制造出第一颗原子弹。

丘吉尔核准了英国的核武器研发，但罗斯福却在犹豫是否应在美国停止这项研究。珍珠港事件成为了转折点。他用带有白宫抬头的信纸给一位助手写了张便条："好吧——恢复研发。不过我想你最好不要把这张纸条泄露出去。——FDR"

美国的研究突然进入了空前紧迫的状态。很快，英国科学家带着一个闪闪发光的黑色铁箱抵达了华盛顿，铁箱里面装满了科学机密，美国则迅速对研究机构和人事进行了改组。最后，总统下令成立国防研究委员会，该委员会汇集了科技领域最耀眼的明星，有关原子裂变的综合研究终于开始了。在军队的支持下，"曼哈顿计划"[1]诞生了，这个代号得名于曼哈顿百老汇大街270号的一栋秘密建筑。同时，美国陆军工程兵团开始建造大型科研设施：如同科幻小说一般，致力于研究最高机密的未来原子城市。当陆军部长亨利·史汀生向美国国会索取经费时，大名鼎鼎的议员萨姆·雷伯恩摆了摆手说："我不想知道理由。"项目所需的资金全部隐藏在陆军部的预算中。

没人知道提炼铀235同位素和生产钚的方法。扩散法？电磁法？重水？不同的试点项目针对不同元素展开了研究。在芝加哥大学的冶金实验室里，费米绞尽了脑汁，刻苦钻研钚元素。在美孚石油公司，百折不挠的物理学

---

[1] 美国陆军部于1942年6月开始实施的利用核裂变反应来研制原子弹的计划。为了先于纳粹德国制造出原子弹，该工程集中了当时西方国家（除纳粹德国外）最优秀的核科学家，动员了10万多人参加这一工程，历时3年，耗资20亿美元，于1945年7月16日成功地进行了世界上第一次核爆炸，并按计划制造出两颗实用的原子弹。

家们则忙着进行离心机法的试验。在哥伦比亚大学,哈罗德·尤里(Harold
Urey)另辟蹊径,使用了气体扩散研究。科学家们和官员们都只有一个念头,
那就是他们需要加快速度,不能让希特勒捷足先登。

不幸的是,哈佛大学校长詹姆斯·B. 柯南特(James B. Conant)抛出了
一个惊人的结论:德国人的研究似乎比盟军早了一年。他悲伤地表示:"落
后三个月,就足够致命了。"

从一开始,美英便同意合作,两国很快合并了研究项目。由于德国持
续对英国发动空袭,丘吉尔担心在英国建设开发原子弹所需的大型设施会
面临巨大风险。因此,罗斯福当即同意承担起这一重担,为美国国内开展
研究提供了上千万美元的资助。自此,所有的研发工作都在美国进行。政
府为"曼哈顿计划"投入了 20 亿美元,雇佣了 12 万人。实际上,当原子
弹项目工作持续推进,新墨西哥州的洛斯阿拉莫斯(Los Alamos)实验室里
的灯光彻夜通明的时候,德国人竟然决定搁置核武器研究,转而生产 V-1 和
V-2 火箭弹。1942 年 1 月,德国人正式决定实施万湖会议中提出的"最终解
决方案",德意志第三帝国军械部长阿尔贝特·施佩尔认为,制造核武器所
需的资金简直是天文数字,而且风险太大。总之,目中无人的希特勒一如
既往,讽刺核科学为"犹太物理学",并表示自己对核武器毫无兴趣。

丘吉尔和罗斯福在魁北克重申英美两国将分享"曼哈顿计划"成果,
他们将保守秘密,并且在未取得两方同意的情况下不得使用这种毁灭性的
武器。两位领导人签署协议后,罗伯特·奥本海默(Robert Oppenheimer)
手下的上千名科学家和技术人员在各自的领域里为这项浩大的工程忙碌
起来。

1944 年 12 月 30 日,罗斯福将收到一份报告,表示第一颗原子弹将在
1945 年 8 月 1 日出炉,其威力相当于 1 万吨 TNT 炸药。

同战事的其他诸多方面一样,盟军再次在核武器上领先了轴心国。

∾

距财政部实施营救计划以帮助罗马尼亚的犹太人（即里格纳计划），以及摩根索原本以为的"小事一桩"——让美国驻瑞士大使签发许可——已经过去了整整三个半月的时间。国务院的背信弃义彻底激怒了摩根索，他直接写信给科德尔·赫尔。这时候，似乎四处都充满了阴谋诡计。约翰·佩勒（John Pehle），摩根索的外资控制主席对国务院颇有微词："他们就是这样踢皮球……谈后又突然插了一杠子，把此事提交跨政府委员会，结果只能是无疾而终。"英国外交部也出手干涉，因为美国国务院坚持要咨询他们的意见。他们表示，英国政府对于里格纳计划覆盖的 7 万难民的"安排"表示担忧。

除了美国国务院的反对，财政部还要面对英国外交部的咨文。摩根索猛烈抨击这是"英式冷漠和外交辞令的邪恶结合，冷漠、正确，结果不啻于死亡判决"。对于美国国务院的态度，摩根索的助手安塞尔·勒克斯福德（Ansel Luxford）指出："在犹太人的问题上，你们的答复毫无新意……你可以找出一百万个理由说明你们无法帮助他们离开欧洲，但是如果有人真心想要帮助他们离开，你们便会花上十年时间来研究如何安置这些犹太人。"

心灰意冷的摩根索也持有相同看法，他大胆断言："等你们的研究有了结果，你们会发现我们今天的态度跟希特勒没什么两样。"这番话得到了摩根索手下众顾问的支持。兰多夫·保罗说："我不知道我们有什么脸面批评德国人杀人，我们不正在干同样的事吗？这在法律上称为'等罪（para delicto）'。"赫伯特·加斯顿（Herbert Gaston）补充说："我们没有朝他们开枪，但我们让别人充当刽子手，任凭他们挨饿受冻而死。"

一段时间以来，意志坚定的租借物资管理局成员奥斯卡·考克斯一直力劝摩根索争取成立一个独立的救援机构，难民的遭遇让他的心灵饱受折磨，这正是演讲者们在早春时节的麦迪逊广场花园集会上提出的主张。考克斯认为，该战争难民救援委员会将重新着手解决所有问题。他知道摩根索起草了租借法案和收容日裔美国人的法律意见书，还曾对战争早期潜入美国的德国破坏分子提起公诉。尽管摩根索经过了仔细考虑，还是坚持认为美国国务院能够收拾残局。但实际上他们并没有这么做。

他安排星期一上午与美国国务卿和布雷肯里奇·朗会面。赫尔希望双方能够消除误会，他辩称该问题是因墨守成规而非玩忽职守所导致的。他解释，"麻烦在于下面的那些家伙"，还补充道，"我压根儿没有机会了解眼下的全部情况"。当然，摩根索和赫尔都知道这一点，但财政部能够在一天之内采取行动，国务院却在几个月的时间里迟迟未动。赫尔还发表了一番颠倒是非的独白，几乎把所有人都指责了一遍——英国人、纳粹分子、拉丁美洲国家，当然还有美国政府里的官僚，抱怨他们妨碍了心地善良的美国人对犹太难民的救援行动。

听到赫尔的解释后，布雷肯里奇·朗将摩根索拉到一边，请求与他私下交谈。他迅速撇清自己，将自己同他本人多年来极力推动的政策划清了界限，也指责了"国务院下面的人"，甚至批评起一位官员［即伯纳德·梅尔茨（Bernard Meltzer）］来，而摩根索知道，此人正是国务院中为数不多的赞成营救罗马尼亚犹太人的人。

看到朗如此厚颜无耻地推卸责任，摩根索再也控制不住自己。"好吧，布雷克，"他盯着对方的眼睛，"既然你挑起了这个话题，咱们就开诚布公吧。大家普遍认为你反犹！"朗大吃一惊，抗议道："我就知道是这样。我希望你能够运用你的影响力帮我正名，因为我并不是反犹分子。"

"我非常非常高兴得知这一点。"摩根索回答。但是他并未打算让步，又接着说，美国国务院同英国外交部没什么两样——这大概是他能够做出的最严厉的指责了。

经过五个月的耽搁，尴尬的朗终于同意放行救援计划。如果说摩根索的刺激属于内部压力，那么几股强大的力量正在外部构成更大的压力。

∽

1943 年 11 月 9 日，12 名具有影响力的议员在盖伊·吉列（Guy Gillette）的带领下（其中包括参议院外交委员会的 6 名成员），重拾由伯格森发起的议题。他们提出了一项决议，呼吁总统成立一个"政府营救机构"，拯救欧洲幸存的犹太人，使他们免遭在纳粹德国手中灭绝的命运。期间，他们的决议逐渐得到了众议院的支持，直言不讳的加利福尼亚州民主党员小威尔·罗杰斯（Will Rogers Jr.）就是议案的主要发起人。如果"吉列—罗杰斯决议"传到众议院或参议院层面，势必会掀起一场关于政府对犹太困境处置不当的尴尬争论。随着这一举措得到的支持越来越多，考克斯警告国务院，国会将获得主动权，并去做政府早就该做的事。

很快，历时 5 天的营救决议听证会在众议院外事委员会举行。会议由索尔·布鲁姆主持，他是罗斯福的亲密盟友，也是命运多舛的百慕大会议的参会代表之一。布鲁姆首先否认自己反对立法机关（即国会），他的态度从一开始至多只能算是不愠不火，他反复强调营救 10 万人需要花费的资金。"每个人至少需要 2000 美元，"他说，"所以总费用将达到 2 亿美元。"这番话让议员安德鲁·舍弗勒（Andrew Schiffler）气愤不已，他怒气冲冲地驳斥道："我认为金钱不是最重要的。"

实际上，布鲁姆现在骑虎难下。决议的支持者认为，听证会主席似乎意图否决这一提议，至少是在从中作梗。但面对日益上升的公众压力，布鲁姆在发给《纽约邮报》（New York Post）编辑的电报中写道："就我个人来说，我赞同通过那份决议。"

听证会的高潮发生在 11 月 26 日，布雷肯里奇·朗在一场闭门会议上作证。为何要闭门？朗坚持对会议保密，理由是纳粹分子可能混进来，阻碍未来的难民营救行动。

在备受煎熬的三个半小时的听证会中，朗的演技达到了炉火纯青的地步。他引用了国务院防守严密的签证系统里一些鲜为人知的事实，促使委员会成员相信政府正在权限范围内竭尽全力阻止纳粹和营救犹太人。他不仅试图晓之以理，还尝试动之以情，拉长了声调说："一直以来，都有一个美国政府机构负责处理难民的事情，已经差不多四年了。许多时候，我都会想起这个房间里所有我认识的人，他们的祖先无一不是难民，这是一个不争的事实。我的祖先也一样，每一位都是难民。"他还威逼众委员："我觉得委员会应该考虑一下……你们的行动是否会被看作是对犹太事业的背弃。"

一些委员被朗表面上的真诚和甜言蜜语打动了，他们一个接一个地争相感谢朗的付出和孜孜不倦的努力。此外，至于是否应该呼吁巴勒斯坦立即向犹太难民开放，这一充满政治意味的议题在听证会上搁浅了。众议员卡尔·蒙特（Karl Mundt）一度抱怨法律已经成为一块"烫手山芋"。朗的证词以摧枯拉朽之势成功地扼杀了营救决议，将其拦截在抵达众议院层面之前。尽管布鲁姆担心会激怒美国的犹太人，这位委员会主席还是决定放弃保密，将朗的证词全文刊发，平息来自犹太人的压力。

但事与愿违，暴动一触即发。

实际上，朗在证言中明目张胆地误导了委员会。一方面，他声称没有可用于输送难民的船只，而实际上葡萄牙和西班牙开往美国的客轮上有四分之三的空位。另一方面，他声称自希特勒上台之后美国已经接纳了58万名难民，该新闻还罕见地登上了《纽约时报》的头版，标题为"美国十年间接纳58万难民"。事实真相并非如此。大卫·S. 怀曼（David S. Wyman）指出，这个数字包含了所有签证，不论是永久签证还是临时签证，也不论该签证是否被有效使用，同时签发对象也不仅限于犹太人。这一数字只是美国发放的签证数，而非实际进入美国的难民数。准确的数字不及该数字的一半，而且许多难民并非犹太人。实际上，在之前的一年里，只有2705名逃离了纳粹魔爪的犹太人得以获准进入美国，这只相当于奥斯维辛集中营一个小时内用毒气杀死的犹太人数量。

《纽约邮报》称朗的证词"错误连篇且歪曲事实"，他的强词夺理让国会议员火冒三丈。困惑不解又愤怒不已的伊曼纽尔·采拉尔（Emanuel Celler）几乎难以自制，他说："朗对于饱受迫害的犹太人抱以同情的眼泪实际上是鳄鱼的眼泪。"这话说出了大家的心声。他呼吁朗立即辞职，并断言国务院显然已经抛弃了为难民提供庇护这一历史悠久的传统。

"吉列－罗杰斯决议"不但没有被耽搁，反而在12月继续开展得如火如荼。密切关注此事的参议院外交委员会已做好准备跳过听证会，在1944年1月24日假期过后的参议院全体会议举办前采取行动。"本质上来说，这是一个人道主义的问题。"委员会在报告中一致认为，"这不是一个简单的犹太问题，它涉及基督教，同时也牵涉到文明进步。"

报告还提到："我们展开了讨论，我们表示了同情，我们表达了内心的恐惧，但行动的时机早已过去。"议员吉列信誓旦旦地预言，决议将顺利通过，参议院绝不会有反对声音。

在此期间，政府官员，尤其是财政部的官员们，也在小心翼翼地观察着形势的发展。摩根索感到十分惋惜："这个问题就像是国会山的开水壶，他握不住它，但它就快要沸腾，所以得加快速度行动，否则美国国会就会替你行动。"他和其他几位官员担心，总统——身为人道主义者的罗斯福，身为救世主的罗斯福，身为领袖的罗斯福——在就这些问题公开发表意见时会受到伤害，从而被民众冠以新的绰号：大屠杀共犯罗斯福。

一切都将在圣诞节当天发生转折。

罗斯福在德黑兰峰会上首次见到斯大林后返回美国时，志得意满但筋疲力尽的他在华盛顿登上了一辆列车，前往北方的海德帕克度假。表面上看来，圣诞节是个神奇的节日。十多年来，罗斯福第一次跟家人一起过圣诞。纽约北部的天气清冷但十分澄澈。罗斯福家中装饰着红色的彩带、花环和一棵巨大的圣诞树。当地的唱诗班令罗斯福一家十分激动，罗斯福本人还亲自为访客朗诵了一段狄更斯的经典之作《圣诞颂歌》，他那标志性的纽约上东区上流社会腔调在字里行间流露得淋漓尽致。

但他再次染上了流感。一开始咳嗽不断，然后是发烧，最后变成周身疼痛。

他上床睡觉的时候，华盛顿的官员们大多在喝蛋酒、吃烤鹅、开睡衣派对。然而有一个人却不在此列。罗斯福不知道，财政部一位年轻律师小约西亚·杜波依斯正在加班加点为财政部长小亨利·摩根索起草一份备忘录。这份文件后来成为了美国历史上最重要的备忘录之一。

他写道："历史上最大的罪行之一，欧洲的犹太人大屠杀，丝毫没有得到缓解。"他提到了政府在这个问题处理上的悲剧历史，并指出国务院的官员们不仅未能发动手中的国家机器，从希特勒手中营救难民，反而利用政府机器阻止营救行动。他警告："时间十分宝贵，然而国务院一年以来一直在踢皮球，寻找各种借口无限期进行拖延，毫无建树。"他按照时间顺序逐一列举了政府的不作为、共谋或蓄意阻挠（或是直接反犹）的行为，种种细节着实令人触目惊心。他还特别提到了在爱德华·舒尔特的英勇努力下传递出来的里格纳情报。他对布雷肯里奇·朗的"肺腑之言"和歪曲事实大加嘲讽。他回顾了国务院的丑闻，即下令封锁来自于瑞士的关于大屠杀消息的电报，而且近乎离经叛道地在备忘录中详细引述了国会议员对于政府的批评言论。

他最终得出了这样的结论："如果让朗这样个性和态度的人继续掌管移民管理事宜，我们还是拿掉自由女神身上的勋章，熄灭金色大门旁边的明灯吧！"

完成这份 18 页长的备忘录之后，他取了一个爆炸性的标题："致部长报告：美国政府纵容犹太大屠杀"。

~

　　重任落在了小亨利·摩根索的肩上。他会继承美国政府的道德衣钵吗？实际上，命运和历史的变化无常将让他迎来辉煌人生中的闪光时刻。

　　摩根索是勇敢刚毅的德国犹太人后裔，他的那些虔诚祖先是博学多识的希伯来文教师和商人，曾做过祭司和拉比。1866 年，生活拮据的一家人为了寻找更多的机会，将目光对准了大西洋彼岸，移民来到了刚刚结束内战的美国。摩根索的祖父，一位不太成功的发明家（他是贴标机的发明者）始终游离在破产的边缘。相比之下，他那志向远大、富有远见的父亲大亨利却闯出了一番天地。他身价不菲、意志坚定，颇为自负又有控制欲，一直渴望坐上财政大臣的宝座，并且差一点就成功了。作为白手起家的房地产大鳄，他是伍德罗·威尔逊第一次总统竞选时的支持者。后来他在一战期间赢得了驻土耳其大使的美差，在那里进行了坚持不懈的斗争。当土耳其人于 1915 年 4 月开始以强行军和大屠杀对亚美尼亚人实施迫害时，他促使美国出手干预。游刃有余地周旋于各权势集团的他也是史蒂芬·怀斯的朋友。

　　老摩根索对他那沉默寡言、性格倔强的儿子抱着同样高远的期望。1891年 5 月出生在富贵之家的亨利似乎注定会成功。但在青年时代，他的运气实在是糟糕透顶。家人把他送到了埃克塞特（Exeter）的小学，他在那里过得痛苦极了，结果患上了学习障碍症，写字和说话都不太利索，最后只读了两年便退学了。他的父亲为他请了一位家庭教师，效果也是差强人意。后来亨利进入康奈尔大学攻读建筑学学位，但厄运再一次找上门来——他中途退学了。一筹莫展之际，老摩根索为亨利在一处建筑工地谋得了一份计时员的职位，希望能够让他借此步入房地产界。结果事与愿违，摩根索患上了伤寒热。

　　亨利性格腼腆内向，而且缺乏自信。在社交方面，他同样不太擅长。他沉默寡言，甚至有些忧郁，健康状况也令人担忧。他患有偏头痛，睡眠时好时坏，有时一阵阵的反胃会反复折磨他好几天。当他被确诊患上伤寒之后，就被送到了德克萨斯州的一个农场进行调养。在那里，他发现自己对农业有着极大的热情，他的父亲对此却毫无兴趣。但是年轻的摩根索却孜孜不倦地追求着这项事业。他回到康奈尔大学学习建筑与农业，并于1913年顺利毕业，然后在纽约的达奇斯县（Dutchess County）买下了一座荒废已久的占地上千亩的苹果园和乳牛场。摩根索自己也承认，远离盛气凌人的父亲，重塑自我是一个"疯狂至极的举动"。但这一举动的意义不止于此，突然间，他做出了一连串明智的决定。

他在1916年迎娶了雷曼兄弟公司创始人之一的孙女，八面玲珑的艾莉诺·费特曼（Elinor Fatman）。她曾在瓦萨学院（Vassar）学习戏剧表演，是个精明能干、聪敏睿达的人，而且跟亨利的父亲一样充满野心。他们在达奇斯县又买下了1000亩土地，建造了菲什基尔农场（Fishkill Farms），过上了乡绅一般的生活，生了三个子女，种植了大量苹果、黑麦、玉米和卷心菜，甚至还养了一些菜牛，这让摩根索的父亲相当失望。

亨利很快便与那位有名的邻居——和蔼可亲的富兰克林·罗斯福熟络起来，当时后者正盯着奥尔巴尼，想要谋求纽约州长一职。有一次，摩根索受邀前往海德帕克用茶，罗斯福的母亲萨拉在日记中写下了这样一段话："年轻的摩根索性格随和且彬彬有礼，严肃又聪明。"她还提到："他的妻子则是个典型的犹太人。"罗斯福与摩根索的友谊迅速升温，他们的妻子也变得亲密起来。罗斯福十分健谈，摩根索则少言寡语；罗斯福爱出风头且信心十足，摩根索则时常对社会不公颇有微词；罗斯福性格随和，摩根索则有些脾气暴躁，甚至郁郁寡欢。罗斯福玩笑般地称他的好友为：太平间的亨利。他甚至建议摩根索参选达奇斯县长。但摩根索搭上了罗斯福的便车，随着时间的推移，罗斯福越来越欣赏摩根索那坚定、审慎、扎实的学问和绝对的忠诚。

1921年罗斯福身体瘫痪，政治生涯似乎也在一瞬间走到了尽头，但两人的友谊却变得更加深厚坚固了。随着时间的推移，这位海德帕克的邻居成了罗斯福家族的一员，跟他的几个儿子尤其亲密。

摩根索还设法成为罗斯福眼中的理想农民。他一时兴起买下了一本鲜为人知的杂志——《美国农民》(*American Agriculturist*),开始吹捧菲什基尔农场的成功经验,但这纯属一派胡言,实际上农场正在亏钱。不过对罗斯福来说这不算什么。罗斯福眼里的摩根索不仅仅象征着友谊,还有他们对于达奇斯县,对于这片土地、蓝天和绿树共同的爱。

摩根索仍旧孜孜不倦地支持着罗斯福。两人可能是最令人匪夷所思的盟友:罗斯福是格罗顿中学毕业的残疾人,从未真正离家,看人待物总是以老派的"贵族举止"为准则;摩根索这个缺乏安全感但身价不菲的纽约犹太人则一心想要进入美国主流社会圈子。出于贵族的本能,罗斯福夫妇对于当时的社会偏见几乎不能免俗。有一次,参加完为华尔街金融家伯纳德·巴鲁克举行的盛大宴会之后,埃莉诺抱怨道:"犹太人的聚会真可怕。"摩根索对于自己的犹太身份十分谨慎。虽然谢了顶,但他的穿着十分合体,西装的剪裁十分考究,举手投足间无不流露着贵族气质。他极力避免犹太集会,对韦斯切斯特(Westchester County)的犹太乡间俱乐部也是敬而远之,这一点并不奇怪。他对犹太复国主义持犹疑态度。摩根索敏锐地意识到了时下的社会偏见,坚称自己不希望被当成犹太人,而应被看作是"百分之一百的美国人"。

当然,他的勇气和真诚绝对经得起任何考验,他的勤奋亦是如此。当罗斯福于1928年竞逐州长一职时,摩根索收拾好行李,做起了罗斯福的司机和经理人。他开着一辆破旧的别克车,载着这位候选人绕着整个州行驶了7500英里。他一丝不苟地规划着罗斯福的巡回竞选,甚至在关键时刻请来了媒体助阵。竞选成功的罗斯福任命摩根索为农业咨询委员会主席,后来又让他出任保护委员会主席。摩根索最珍贵的东西之一就是一张喜气洋洋的黑白照片,照片上两个人坐在敞篷车里开怀大笑,罗斯福在照片上写下了这样一行字:人以类聚。

1932年,罗斯福当选为美国总统。摩根索游说他让自己出任农业部长,这是他毕生的梦想,但是中西部党首对此大加嘲讽。原因何在?因为摩根索是犹太人，而且是纽约犹太人。美国还没有准备好接纳一个犹太人担任农业部长，罗斯福亦如此。因此他任命摩根索为农业信贷管理局局长以示安慰。一年之后，摩根索迎来了一个更大、更辉煌的机会，罗斯福的首任财政部长威廉·伍丁（William Woodin）突然病逝。摩根索再次苦苦游说，亲自拜见总统。用他自己的话来说，他赌上了一切。这一次，罗斯福将这个令人垂涎三尺的职位交给了他的达奇斯县邻居，先是任命摩根索为财政部次长，然后让他成为了美国历史上进入内阁的第二位犹太人。

当时也有一些质疑的声音。批评者们尖酸地指责罗斯福任人唯亲，甚至是搞裙带关系。《财富》杂志讽刺新任财政部长为养尊处优的犹太慈善家后代，一生平平无奇，大部分时间都花在了农耕上。著名的纽约共和党金主格拉迪丝·斯特劳斯（Gladys Straus）嘲笑罗斯福发现了世界上唯一一个对金融一窍不通的犹太人，甚至连摩根索的父亲也认为，"他没那两把刷子"。保守的预算部长刘易斯·道格拉斯（Lewis Douglas）则对摩根索的"愚蠢和希伯来人的高傲"颇有微词。

在诋毁者眼中，摩根索性情暴躁、食古不化，根本不适合这个职位。罗斯福却不这样认为。摩根索有些吹毛求疵而且喜怒无常，有时不免令人讨厌，但正如总统的长期顾问路易斯·豪所说的那样，其他人只关心自己的事，摩根索却总是以罗斯福的利益为先。在这样一个精英荟萃的部门里，有亨利·史汀生、科德尔·赫尔、萨姆纳·威尔斯、迪安·艾奇逊和他的对手哈里·霍普金斯，以及与罗斯福关系亲近的米西·勒汉德和格雷丝·塔利，摩根索始终独一无二。他目光敏锐，说话强硬，坚持原则，对于总统的变幻无常总是表现得善解人意，即便他无法感同身受。作为唯一一个与总统交情深厚的内阁成员——他每个星期一都会同罗斯福共进午餐——他总是能够通过与众不同的方式接近总统。二战开始的时候，罗斯福曾对摩根索开玩笑："你我将共同主导这场战争。"罗斯福和摩根索曾不止一次在内阁会议上开玩笑地互传诙谐字条，这是他们友谊的象征。嫉妒的科德尔·赫尔甚至抱怨摩根索觊觎国务次卿一职，而摩根索根本没把在背后偷偷挖苦他的美国陆军部长亨利·史汀生当成一回事。

在官场中，摩根索向来直言不讳，从不对自己的措辞加以粉饰。在1938年美国经济开始衰退之时，正是他公开做出了"经济衰退的大萧条"警告。当希特勒在20世纪30年代一再打破承诺，征服一块又一块土地时，也是摩根索提出美国没有选择，只能出兵干预欧洲。"如果我们现在不能阻止希特勒，他将把部队开到黑海，"他斩钉截铁地对罗斯福说，"然后会发生什么？"赫尔和约翰·麦克洛伊等官员认为纳粹政权和普通德国民众之间有着本质区别，但摩根索却认为德国人是个"好战的民族"，整个国家都犯有战争罪。

尽管摩根索同总统关系密切，但在官场上他仍孤掌难鸣。他的支持者实际上只有一个：罗斯福。总统一皱眉头，摩根索就会惶恐不已。总统一咧嘴大笑，或是说上几句俏皮话，就能让他重见天日。摩根索知道总统喜欢隐藏自己的真实想法，观念总是变来变去，他阴晴不定，乐于让手下的顾问斗来斗去。实际上，摩根索每天早上醒来时都担心总统会甩掉他，害怕这是自己在政府的最后一天，并与这种折磨人的恐惧进行斗争。有一次，摩根索曾抱怨总统总是欺负和吓唬自己。当他从利奥·克罗利（Leo Crowley）口中听到罗斯福说过"这是一个新教国家，天主教徒和犹太人在这里一直逆来顺受"这样的话时，更加胆战心惊了。逆来顺受？这些话让他变得惶惶不安，也更不愿意再在犹太难民的问题上对总统施压。后来摩根索提出了一个长期计划，呼吁在战后削弱德国，压制它的重工业，使其无法对世界构成威胁，但这根本无济于事。史汀生在日记中写道，摩根索是个危险的顾问，他那犹太人的怨恨使他戴上了有色眼镜。麦克洛伊则表示，摩根索根本无权参与和平条款的制订，原因很简单，因为"他是犹太人"（实际上，罗斯福本人曾说过，尽管他有所顾虑，但德国人可以在"流动厨房"[1]吃饭）。

---

[1] 即施食处，救济穷人或难民的赈济所。

早在战争伊始，摩根索就在小心翼翼地寻找机会帮助犹太难民。但是随着美国政府了解到越来越多的消息，如惨不忍睹的大屠杀，运畜拖车和成堆的尸体，纳粹对儿童和老人大肆滥杀，无家可归的儿童成日生活在恐惧之中并在惊恐中死去，犹太人大量死亡的数量超出了人们的想象，摩根索觉醒了。国务院不愿意对难民施以援手，对此摩根索感到十分愤怒，他直截了当地告诉赫尔（他的妻子也拥有一半犹太血统）："如果你是德国内阁的一员，你很有可能被投进集中营，你的妻子在哪儿只有上帝知道了。"（恰巧，一位誓死不屈的女人在1943年的德国被杀害，她的丈夫是个犹太人。）

因此，当摩根索收到助理约西亚·杜波依斯送来的备忘录时，他当即意识到了这份报告的重要性。

摩根索会把这份备忘录呈送罗斯福吗？他曾经对一位助理说过，自己跟总统之间的友谊高于一切。但他也抱怨过："这么说吧，罗斯福在犹太问题上做得不够好。"摩根索的整个政治生涯跟总统休戚与共，他也曾固执地拒绝大家把他看作是内阁中的犹太代表，但现在，他必须要做出选择，是否要赌上一切把这份备忘录直接呈送到罗斯福面前。

摩根索正是这样做的。

在摩根索看来，这份报告将成为选举年的一桩丑闻，也将作为罗斯福任期内的道德污点被历史记录在案。摩根索相信，如果罗斯福不改变政策，一整个犹太民族的灭绝也将有部分责任归咎于他。杜波依斯曾说过，"如果这样还不够，假使摩根索对这份报告置之不理，我将会请辞，并向媒体公布这份报告的内容"。这份备忘录加上参议院中悬而未决的争论，足以对总统造成毁灭性的打击。

摩根索思考着下一步动作。他知道自己必须要跟罗斯福进行面谈。为了给这次会面铺路，他慎重地同科德尔·赫尔进行了第二次会面，试探他的态度。正如事先预见的那样，这次会面无果而终。因此，他致电萨姆·罗森曼（Sam Rosenman），那个深得罗斯福喜爱和信任的演讲撰稿人兼白宫助手。接下来，两人的会面针锋相对。罗森曼心存疑虑，担心引来负面新闻，并坚持一切非公开化。摩根索的脸明显地抽搐了几下，然后彻底爆发了。"别担心媒体！"他怒气冲冲咆哮道，"我希望他拿出智慧和勇气——勇气是第一位，智慧是第二位的。"

摩根索罕见地在自家召开了一次财政部全体会议，远离了媒体视线和当局的阴谋。会议的初衷是找到一种方法，说服罗斯福同意在美国成立一家独立的营救组织。他还邀请了一直积极主张成立单独营救组织的奥斯卡·考克斯、罗斯福智囊团的核心人物本·科恩（Ben Cohen）还有罗森曼参会。摩根索的助手哈里·德克斯特·怀特（Harry Dexter White）认为，罗斯福从未重视过犹太问题，除非他不得不做出决定。摩根索认为，只要即刻将事实摆在总统面前，他有可能会被说服，从而采取恰当的措施。

现在，摩根索做好了一切准备。首先，他决定换掉杜波依斯的政治敏感标题，将其变成更加温和的标题："致总统的私人报告"。备忘录的内容则保持不变。考克斯建议通过总统行政令建立难民委员会以取代立法过程，这个建议得到了摩根索的赞同。

这时，在财政部的另外一场会议上，怀特对目前的形势做出了判断，全面剖析了难民政策的政治复杂性。此前，英国多次在盟军关于欧洲犹太问题的决定上占据主导地位。他认为，只有罗斯福才能担当起领导的重任，同时克服美国国内和英国的阻力，为欧洲幸存的犹太人提供帮助。反过来，只有摩根索可以劝说总统采取果断行动，并建立营救机构。已经下定决心的摩根索表示同意。

事态发展得十分迅速。摩根索不由地担心总统会因此疏远自己，他带着一丝焦虑，急匆匆地将会面安排在了星期天，地点则为白宫，这十分罕见。对于罗斯福而言，这本该是轻松惬意的一天——与挪威皇太子茶叙，然后去看医生，最后独自享用晚餐。

❧

　　1944 年 1 月 16 日中午 12 点 40 分，摩根索同法律总顾问兰多夫·保罗和外资管控部长约翰·佩勒在工作人员的陪同下来到了白宫总统办公室楼上的家庭室，罗斯福对他们的到来表示欢迎。他们带来了一份报告的副本，连同一份通过总统行政令建立营救委员会的建议书副本。几乎可以肯定，罗森曼此前已经向罗斯福简要说明了周末会议的目的。罗斯福尽管衣冠整洁，但仍然未从流感中痊愈。

　　总统让摩根索简要概述一下报告的内容，然后他做出了回应。罗斯福一如既往地为朗辩护，坚称自己无意阻止营救行动，不过，他也承认朗对难民有些刻薄，把他们当成了安全隐患。摩根索当即反驳说，他从司法部长那儿了解到，在整个战争期间只有 3 名犹太人获准入境美国，这无论如何也说不过去。

　　然后，摩根索把几个星期以来对所有热心听众做出的警告原封不动地告诉了罗斯福。如果罗斯福不采取行动，那么国会就会插手，然后自行采取措施。

　　罗斯福大致看了一下总统行政令，并提出了一处修改意见：新的营救机构将由摩根索、国务卿科德尔·赫尔和对外经济管理局局长利奥·克罗利共同领导。但由于只有军队可以为难民提供帮助并分发救济物品，罗斯福建议陆军部长亨利·史汀生代替克罗利担任委员会委员。在总统看来，史汀生能够对战时难民事务委员会起到一定的稳定作用。摩根索接受了。

　　除此之外，罗斯福很快签署文件同意成立新机构。为了表示对此事的高度重视，总统建议萨姆·罗森曼（他曾经是一位律师，现在是总统在重大问题上的耳目）留在智囊团，他还跟摩根索讨论了将犹太人转移到西班牙、瑞士和土耳其的可能性。回想起来，说服罗斯福要比摩根索想象中简单得多。他根本无需说服罗斯福。面对一大堆政治丑闻且准备四度连任的总统在犹太难民问题上逐渐被孤立，他担心参议院会针对自己，并知道自己无论如何都不能再对成立营救组织的事置之不理。此外，战争发展到现阶段，罗斯福敏锐地意识到拯救犹太人的时机已经到来了。

然而，棘手的问题依然存在。自史蒂芬·怀斯与总统会面并讨论发生在纳粹集中营里惨无人道的大屠杀这一令人震惊的事件后，已经整整过去了14个月，为何营救机构迟迟未能建立（摩根索将这段时期称为"惨不忍睹的18个月"，后来他又推翻了这一说法，"悲剧的是——该死！——这件事早在去年2月就该完成了"）？美国政府为何没有为营救犹太人做出努力，反而对他们的悲惨命运极力加以掩饰？总统点燃了民众的希望，激发了民众的活力，完美地应对了经济大萧条，并带领美国参加了又一场世界大战。但他为何偏偏在犹太问题上迟迟没有动作？总统对手下的机构了如指掌，不论是财政部还是国务院还是陆军部。它们"机构庞大、分布广泛，而且根基牢固"，总统曾嘲笑五角大楼的固执态度，"哦，别担心那里面的人"。他也曾说过，试图改变海军部就像一拳打在棉花上（"你轮流用左右手搏击，最后变得筋疲力尽，才发现那玩意跟之前没什么两样"），还曾通过决心的考验和巧妙的时机，学会如何在与拖延的官僚体制或顽固的政府官员的斗争中取胜，那么他为什么不及早采取更多的手段？评论家们不禁要问：为什么？为什么？

不过现在，总统终于有所行动了。1月22日，罗斯福签署了第9417号总统行政令，正式成立战时难民事务委员会（WRB）——参议院原计划在两天后对"吉列—罗杰斯决议"进行讨论。

行政令声明："本政府决定，在权限范围之内竭尽全力救助处于敌人压迫下的敌占区难民，帮助其远离死亡的危险，同时，在保证战略顺利执行的前提下，为难民提供救援和帮助。"

第三部分

宿命抉择

图为 1944 年 11 月一艘美军侦察机航拍的奥斯维辛一号集中营

第十三章

知与无知的困境

1944 年 2 月，欧洲的犹太人人口已大幅度下降。

要如何领悟这一切的严重性呢？若不是出生时的造化或是护照的庇佑，还会有更多数不清的人丧生，死亡集中营的名录里恐怕还能把这些人物也轻易罗列进去：爱德华·G. 罗宾逊、比利·怀尔德（Billy Wilder）（好莱坞黄金时代的最佳制片人之一，希特勒执政后他逃出了德国）、梅·韦斯特（Mae West）、英格丽·褒曼（Ingrid Bergman）、格特鲁德·斯泰因（Gertrude Stein）、艺术家马克·罗斯科（Mark Rothko）和马克·夏加尔（Marc Chagall）、作曲家伦纳德·伯恩斯坦（Leonard Bernstein）、伟大的词曲创作家欧文·柏林（Irving Berlin）、尼曼（Neiman Marcus）[1] 的创办人斯坦利·马库斯（Stanley Marcus）、西尔斯（Sears）[2] 主席莱辛·罗森沃

尔德（Lessing Rosenwald）、杰克·本尼（Jack Benny）、阿瑟·米勒（Arthur Miller）、马丁·布伯（Martin Buber）、底特律老虎队的汉克·格林伯格（Hank Greenberg）和乔纳斯·索尔克（Jonas Salk）、芝加哥熊队的锡德·卢克曼（Sid Luckman）、网球明星海伦·雅各布斯（Helen Jacobs）、有史以来最伟大的头脑之一——爱因斯坦、原子弹和氢弹之父——罗伯特·奥本海默和爱德华·泰勒（Edward Teller）、诺贝尔奖得主经济学家米尔顿·弗里德曼（Milton Friedman）、《华盛顿邮报》所有者尤金·迈耶（Eugene Meyer）以及迈耶的孙女——《华盛顿邮报》出版商凯瑟琳·格雷厄姆（Katherine Graham）、《纽约时报》的所有者苏兹贝格·奥克斯（Sulzberger-Ochs）家族、某家大型出版公司[1] 的创始人艾尔弗雷德·克诺夫（Alfred Knopf）。这份写满了伟人的名单可能还可以更长些：作家安·兰德（Ayn Rand）、哲学家汉娜·阿伦特（Hannah Arendt）、小说家杰罗姆·大卫·塞林格（J. D. Salinger）、电影大亨路易·B. 梅耶（Louis B. Mayer）和塞缪尔·戈尔德温（Samuel Goldwyn）、小亨利·摩根索、最高法院知名大法官费利克斯·法兰克福特、美国将军莫里斯·罗斯（Maurice Rose）。有些孩子也许根本没机会出生到这个世上：鲍勃·迪伦(Bob Dylan)、诺拉·依弗朗(Nora Ephron)、芭芭拉·史翠珊(Barbara Streisand)、迈克尔·道格拉斯（Michael Douglas）、迈克尔·布隆伯格（Michael Bloomberg）。这些是科学、艺术、体育、人文和政治等领域的锦绣画卷，是20 世纪下半叶乃至 21 世纪的定海神针。已经不可能知道还有多少像他们一样的天才被害。

500 万犹太人已经死去，200 万人身陷海乌姆诺、贝尔塞克、特雷布林卡和索比堡集中营，而奥斯维辛集中营也在加班加点地运行着。

---

[1]　指克诺夫出版社。

自 1944 年开年起，盟军似乎势不可挡。的确，到 1 月下旬为止（苏联）红军在 900 天的围剿后攻破了被围困的列宁格勒。他们在 2 月拿下了爱沙尼亚，到了 3 月，他们抵达波兰的布格河和德涅斯特河两地，将在几周之内夺回塞瓦斯托波尔（Sebastopol），解放敖德萨和克里米亚地区。而盟军已在意大利安齐奥登陆，正朝着卡西诺山（Monte Cassino）猛冲。同时，美军和英军正对法国、荷兰进行不间断的空袭，汉堡、纽伦堡等地更不在话下，还直接对柏林——纳粹首都首次发起大型日间轰炸袭击。单单在 2 月下旬那发生了很多重要事件的一周，第八航空部队发动了长达 7 天的轰炸行动，一举摧毁了德国 70% 的飞机制造工厂。随着春天临近，空军在 4 月出动了 2.1 万架次飞机对德国的桥梁、铁路和其他供应线进行轰炸。正如英国轰炸机司令部总司令亚瑟·哈里斯（Arthur Harris）所评论："纳粹进入战争时，抱着只有他们轰炸别人，没人会来轰炸自己的妄想……他们这是恶有恶报！"

当然，所有的这一切都为（美国）战时难民事务委员会创造了机会。

战时难民事务委员会所得资助大多来自私人捐赠，它的成立时间非常晚，对于数以百万计的生命而言，他们太迟了。尽管如此，在任命了新的临时负责人——摩根索手下那名作风强硬的顾问约翰·佩勒之后，刚刚组建的董事会立马开始了工作。委员会不仅得到了公共机构的资助，还最终获得了道义层面上的真正支持。该委员会名义上是由财政部部长、国务卿和陆军部部长组建而成，但实际上完全独立于摩根索的部门进行运作。它很快将一股长久以来极度缺乏的精神注入政府的工作当中。

委员会迅速针对救援希特勒的受害者制订了多方面的计划，不遗漏任何一个角落的受害者。速度是关键，行动也是。摩根索本人也说过，理事会里都是一群"斗士"。然而委员会依然有一些颇具影响力的反对者，一名国家部门官员曾作评论暗讽："那个犹太人摩根索和他的犹太助手如杜波依斯之流正试图接管这个地方。"（其实杜波依斯是一名新教徒。）现在他们在最不可能的地方找到了臣服于这种思维方式的人。

早在 1944 年 2 月 11 日，参谋官员汇聚一堂，围坐在陆军部会议室的一张大橡木桌子边上，讨论了一番新近崛起的战时难民事务委员会，以及要如何向战场上的指挥官解说这一组织。一名官员坚称："我们在那里是要赢得战争，而不是为了照顾难民。"约翰·麦克洛伊的行政助理哈里森·格哈特上校（Harrison Gerhardt）则反驳道："总统可不这么认为，他认为救援行动也是这场战争胜利的一部分。"为此，委员会走遍欧洲，到处搜寻救助的机会。如果没有雄心壮志，他们将一事无成。那年春天，佩勒向西班牙政府建议开放其边境，收留从纳粹控制的法国逃出的犹太人。值得一提的是，在这件事上，委员会得到了美国陆军部的支持。这期间，委员会资助了一系列秘密行动，以保护法国境内幸存的几千名犹太儿童。他们竭尽所能，为这些儿童伪造了出生证明、假工作证和洗礼证书等等，并且很快在比利牛斯山脉开发了一条连通法国和西班牙的逃生路线。

为了那些想方设法逃到巴勒斯坦的难民，委员会的代表向土耳其官员施压，要求每 10 天允许 200 名犹太人利用伊斯坦布尔作为他们逃往自由的旅途中转站，这一举措总共拯救了大约 7000 人。在巴尔干半岛地区，在佩勒的激进领导下，委员会在保加利亚为犹太人打开了一条陆路通道，为罗马尼亚的犹太人开辟一条海上路线。急于退出战争的罗马尼亚政府最终不得不从德涅斯特（原来的 7 万人中）疏散了 4.8 万名犹太人到罗马尼亚境内，使他们远离那些疯狂的德国军队撤离前线所经的路线。这些犹太人因此而获救。委员会还在瑞士贿赂边防守卫，让难民可以逃入瑞士境内，总共约 2.7 万名犹太难民成功逃脱。爱尔兰政府踏出的一小步，却是极具象征意义的一步，当局被说服接收了 500 名犹太难民儿童。委员会以同样的方式让葡萄牙和瑞典同意接收逃亡的犹太人。

但并不是每一场战役他们都取得了胜利。当月晚些时候，佩勒想出了个一揽子计划：由总统大胆宣布，美国现在将暂时接收"所有逃离希特勒的受压迫者"。总统会这么做吗？佩勒递交给罗斯福一份他自己口述的备忘录，主张"除非逃脱的难民有一处可以期待的避风港可去，否则任何营救计划都不会成功"。事实上，他再三向总统保证：只有极少数难民会真的到美国来。但他恳求总统能理解，为了让其他国家敞开大门援助犹太人，美国政府必须先以身作则。佩勒推荐的解决方案，总统本人之前也曾为了达到目的而多次实施，也就是绕过不情愿的国会单方面采取行动，这种情况下，就要颁布行政命令，暂时允许难民逃入国内。就摩根索而言，他本人强烈支持这一建议。

但陆军部部长亨利·史汀生强烈反对，罗斯福竟赞同了他的观点。"我恐怕国会会认为，这将成为违反我国移民法的不良先例。"史汀生坚持这么认为。总统否决了佩勒草拟的提案，反而签署了一份保守得多的折中协议。诺曼底登陆行动两天后，他为982名难民提供了临时避难所。这些难民大部分是来自南意大利的犹太人，还有若干经历了达豪和布痕瓦尔德集中营恐怖暴行的幸存犹太人。1944年8月，他们最终在纽约奥斯威戈（Oswego）安大略堡简陋破旧的避难棚里安顿下来。在那里，在军队把守的铁丝网后方，他们如囚犯一般度过寒冷的冬天。讽刺的是，罗斯福对自己的这一举措颇为自得，热情地对摩根索表示："我很了解安大略堡……那是一个非常好的地方。"事实却并非如此。在奥斯威戈的尝试被证明作用甚小。就大多数旁观者而言，包括对难民本身来说，这整个就是一次彻底的失败。但面对着公众间本土主义情绪的持续蔓延，加之处于选举年，这已经是总统愿意妥协的底线。

不过在3月份，无论是对于罗斯福本人还是战时难民事务委员会，一个更严峻的挑战已经来临。

匈牙利。

∾

　　3 月初，希特勒因染上了伤寒，左腿留下了颤抖的后遗症，右眼也为视力模糊所苦。他传召约瑟夫·戈培尔到伯格霍夫（Berghof）。尽管战事颇为不利，元首仍然决心彻底杜绝匈牙利国内不断发生的"通敌背叛"行为。碰巧，这段时间以来，匈牙利人一直眼看着纳粹国运衰落，已经开始试图与西方同盟国和苏联建立外交关系。海军上将霍尔蒂·米克洛什（Miklós Horthy）[1]——75 岁的匈牙利国家元首，还批准了近 100 万名匈牙利犹太人平安离开，还有数千名来自波兰、斯洛伐克、罗马尼亚的犹太人早已到达此地避难。怒火中烧的元首希特勒则下定决心要结束这一切。

　　两周后，正当希特勒恫吓霍尔蒂签署一份联合声明，以示同意对匈牙利进行军事占领之时，德国军队正为德军在这场战争中的最后一次入侵行动做准备。第二天，1944 年 3 月 19 日，阿道夫·艾希曼的爪牙在成群的德军部队护送下进驻了匈牙利首都。匈牙利现在已经牢牢掌控在德国人手里了。等到政权接管完成，人类历史上最大规模的一次大屠杀也搭建好了舞台——灭绝该国 75 万犹太人。

　　纳粹没有浪费丝毫时间。几天内，2000 名犹太人遭到围捕。一个月内，第一列专用于驱逐出境的火车启动了，列车上载有的 3000 多名犹太男女老少挤在 40 节条件恶劣的运载牲畜的车厢之中。他们的目的地是奥斯维辛集中营——"最终解决方案"的主体区。

　　无以计数的人正命悬一线。

---

[1]　即霍尔蒂·米克洛什，匈牙利军人和政治人物。一战期间，因匈牙利苏维埃共和国政府无力反抗，霍尔蒂掌握政权，成立匈牙利王国并出任王国摄政，建立军事独裁体制。二战期间，霍尔蒂为占领捷克斯洛伐克以及罗马尼亚两国匈牙利人的居住地区而与希特勒结盟。

　　摩根索和战时难民事务委员会劝说总统就匈牙利事件做出强有力的声明，为此委员会的工作人员已完成了声明的起草。但总统能够发表这一声明吗？罗斯福现在病得很重，肺部积液，心脏也已是强弩之末，但他仍然对摩根索关于政府对欧洲犹太人命运坐视不理的报告耿耿于怀。因此，3月24日，就在他前往贝塞斯达海军医院与布鲁恩医生那次宿命般的会面的几天前，总统还是费了大力气明确有力地表示，政府的目标不仅仅是为纳粹暴政压迫下的欧洲犹太人提供援助，还应"把援助的范围扩大，代表所有饱受纳粹德国和日本折磨的受害者发出诉求"，罗斯福的助手威廉·哈西特这么解释道。尽管罗斯福发表这份声明时嗓音刺耳，但这仍是他迄今为止最令人叹服的一份声明。

　　"这场历史上最令人发指的罪行之一，就是纳粹对欧洲犹太人每个小时里从未松懈的大规模计划性谋杀。"总统平时蓬勃有力的声音现在听起来显得沙哑无力，他继续说，"近几日发生的事件——希特勒的部队突然对这些地区增加了军事部署，导致那些受尽迫害、原本得以在匈牙利和巴尔干地区找到避风港的成千上万犹太人此刻正面临灭绝的威胁。"考虑到诺曼底登陆日的迫近，他补充道，"那些无辜的幸存者已经在希特勒的愤怒之下饱受了十年煎熬，如若在我们赢得战争之际，他们被这些野蛮人迫害致死，将是一大悲剧"。

　　罗斯福承诺，纳粹将很快遭受惩罚。"因而，我们理应再三表明决心——那些参与施暴之人，没有一人会逍遥法外。"他不仅仅只是在警告纳粹政权，也是在警告那些附属国。"所有明知故犯将犹太人驱逐至波兰致死的参与者……都与刽子手同罪。凡有罪者都将受到应有的惩处。"他向德国人抛出了橄榄枝，将他们与希特勒疯狂的犯罪欲望区别对待。他劝勉那些处于纳粹统治之下的民众帮助藏匿希特勒势力尚未发觉的受害者，并且记录证据，以供将来定罪之用。此外他主张联合国为他们找到避难之所，直到将暴君希特勒从他们的故乡驱逐出去。

这份声明令人振奋。突然之间，"最终解决方案"终于得到了它早就应得的处置。《纽约时报》的头版头条标题振聋发聩："罗斯福警告德国人——犹太问题的一切罪恶推手必为暴行付出代价，呼吁民众帮助难民"。接下来的几天，这份声明被翻译成多种语言，传遍了整个欧洲大陆。英国广播公司多次播放，无数地下广播调频也不甘其后轮番播放，充分发挥了该声明的效用。中立广播电台也紧随其后。这份声明深入敌后广为传播，甚至被印刷成许多出版物流传进了纳粹的附属国。

也许最重要的是，战时难民事务委员会确保该声明传遍了布达佩斯的大街小巷，一如他们在匈牙利空投的几千张传单。董事会还安排空投了追诉战争罪行的警告传单。同时，委员会还赢得了著名大主教弗兰茨·约瑟夫·斯佩尔曼（Francis Joseph Spellman）的支持，斯佩尔曼是罗斯福的密友，也是罗斯福与教皇庇护十二世（Pope Pius XII）之间的联络纽带。他录制了一份无线电广播，告诫匈牙利的天主教徒：迫害犹太人是对教会教义的严重亵渎。

三天后，罗斯福再次发出警告，希望能够使匈牙利进一步中止迫害行动。"除非匈牙利停止驱逐犹太人出境，否则该国不会得到其他任何一个文明国家的待遇"。为了进一步强调罗斯福的话语，董事会敦促艾森豪威尔将军表达了自己的看法，并在 6 月诺曼底登陆行动后广泛散布了将军的这一发言。罗斯福很快批准了由战时难民事务委员会去警告纳粹，切勿伤害无辜民众（"无论他们是犹太人还是其他民族"）。艾森豪威尔的表态言论稍显缓和，不过他的命令仍然和总统的一般直接：

"德国人！你们的集中营和强制劳动营里有很多伟人！

"德国人！无论他们信仰何种宗教，是什么国籍，都不要服从任何怂恿你骚扰、伤害或迫害他们的命令，不论这些命令来自何人。

"同盟国的盟军早已在德国站稳了脚跟，期待在前进时能够找到那些安然无恙的幸存者。那些直接或间接虐待他们的人都将受到严惩重罚。

"希望我所说的可以对那些目前有权发号施令者有所警示。"

与此同时，匈牙利的犹太人满怀恐惧和期待地等待着。他们等待着，听着牛车前进时发出的尖锐哨声。他们等待盟军来拯救他们。听到他人窃窃低语着远方解放的消息时，他们等待苏联人来解放他们。如果他们知道委员会发布了警告的话，他们就会等待德国实业家爱德华·舒尔特、瑞士人道主义者格哈特·里格纳、行动派积极分子史蒂芬·怀斯、巴勒斯坦的政治鼓动者彼得·柏格森、波兰特工卡尔斯基、奥斯维辛逃亡者弗尔巴和韦茨勒、内阁大臣小亨利·摩根索和他的助手约翰·佩勒，等待战时难民事务委员会、坎特伯雷大主教、波兰地下组织，等待他们唤起世界采取行动，等待头顶飞过的轰炸机和地面上的美国步兵，等待轴心国的附属国燃起沸腾的滔天怒火，等待纳粹政权在内部崩溃的边缘摇摆，等待着集中营被轰炸到投降。而最重要的是，他们正等待着美国英明的总统富兰克林·德拉诺·罗斯福向他们施以援手。1944年春末，欧洲文明基石的最后残迹——成百上千名犹太人希望他们的等待能够尽快结束。

他们没有太多时间了。

就这样，罗斯福下达了个人总统任期内最重大的决定之一，也是战时最重大的决定之一。当美国、英国以及加拿大的步兵团在诺曼底海滩英勇地披荆斩棘，冲击德军防线时，致命的问题出现了：盟军是否应该炸掉通往奥斯维辛的铁路或直接炸掉奥斯维辛集中营？

∾

1944 年 5 月 10 日，在美国合众社报道了 30 万名匈牙利犹太人被迫进入集合营的数周后，《纽约时报》发表了该报最惊世骇俗的一篇报道，那是一封从伊斯坦布尔发来的电报，题为——"在匈犹太人的灭绝恐惧"。约瑟夫·利维（Joseph Levy）写道："虽然听起来难以置信，但这是事实，匈牙利原本是相对较好地安置了犹太市民的国家，自 3 月 19 日开始，正准备以最残忍的方式灭绝在匈犹太人。总理斯托尧伊·德迈（Doeme Sztojay）的纳粹傀儡政府对罗斯福总统的警告嗤之以鼻，加紧完成计划，即将屠杀约 1 亿因相信匈牙利的公正原则而自认为安全的人。"

文章接着引用了一名中立外交官的哀悼："他们正在实施最可恶的犯罪。"抛开对匈牙利的感情，他几乎就要邀请盟军轰炸布达佩斯以结束这种野蛮的行径了。

几天后，《纽约时报》又发表另一份报道，这一次的内容是纳粹已经从匈牙利农村抓走第一批犹太人，押往波兰的谋杀集中营。罗斯福有什么反应？刚休养了一个月，从南卡罗来纳州回来，总统仍然感觉十分疲惫，病根未除。他的声音里失却了激情和活力，助手们有时几乎听不清他说的话。第二天早晨，《纽约时报》用横贯全页的大标题报道称"罗斯福健康告急，命不久矣"，并声称总统的医师罗斯·麦金太尔认为罗斯福需要继续比平时更加轻松的生活。目前而言，这意味着奥斯维辛问题将落到政府其他人的肩上。

1944 年 6 月 2 日，诺曼底登陆日四天前，内政部长哈罗德·伊克斯写信给富兰克林·罗斯福，陈述了他视作十万火急的迫切要务，即收容大约 12 万日裔美国人的问题，两年半前这些日裔美国人被强制从西海岸移居到了 10 处安置营地，罗斯福本人甚至称其为"集中营"。它们位于亚利桑那州、怀俄明州、爱达荷州、阿肯色州、犹他州和加利福尼亚州各地的偏远地区，最好的营房条件也只能称得上原始粗糙。每个营地里只有附属建筑物，几乎没有基本的下水道设施，不下 25 人挤在一处设计容纳 4 人的空间里生活。夏季，处于沙漠的营地里温度高达 115 华氏度（46 摄氏度），而在冬季，这个数字则会剧降至零下 35 华氏度（零下 37 摄氏度）。铁丝网和武装警卫层层包围着每一处营地。

伊克斯认为没有正当理由再继续拘留他们了，现在他一条一条按序列出了他的论据：针对居住在西海岸的日裔美国人实行的禁令显然违反了宪法；此外，最高法院很可能在今年年内晚些时候对此进行评估；它阻碍了为落入日本手中的美军战俘争取获得更好的待遇。1943 年末，图利湖的一处集中营发生被拘留人员大规模抗议后，日本人单方面终止了所有囚徒交换谈判，而且，这整个过程都对日裔美国人的心理造成了伤害。伊克斯甚至这么写道——继续把这些无辜的人扣留在再安置中心，将会成为这个国家的历史污点。

对此事惴惴不安的不止伊克斯。埃莉诺·罗斯福也曾长期向她的丈夫施压，要求关闭这些营地，并启动一个项目向美国人灌输民主原则的观念。现在她与伊克斯一同要求罗斯福撤销于 1942 年 2 月签署的 9066 号行政命令，该行政令的实施建立了营地和拘留制度。总统过了好些时间才做出了回应。6 月 12 日，他做出了决定。这些营地暂且将继续保留，并且，为了保证内部的平静，他将逐步处理全部的问题。换言之，就目前而言，该命令将会继续执行下去。

对于罗斯福的这一决定，没有人比战争助理国务卿约翰·麦克洛伊更感到如释重负了。他为人所知的身份是政府内部负责国土安全的核心成员。6 月 12 日，他自行前往白宫，商讨将一定数量的日裔美国人送回加利福尼亚州的提议之后，他回禀西海岸的军事指挥官："我刚从总统那儿出来。总统否决了这一计划。那时总统的政治顾问包围着他，反复强调这一计划将会激起加利福尼亚年轻一代和加利福尼亚州的反弹，我想，这大概是个重要的（竞选）州吧。"1944 年毕竟是个大选年，如同犹太人问题一样，这可能会是一个令人难堪的隐患。

美国拘留日本裔公民问题的根源早在珍珠港事件之前就已种下了，而正是罗斯福任命的那个人——约翰·杰伊·麦克洛伊对此举尤为支持。麦克洛伊在生活的很多方面都和罗斯福有莫大的相似之处。两人都尚年青时，他们的父亲都因心脏病去世，母亲都是意志坚强的女子。两人都不是偏好内省的人，都接受过法律教育。但罗斯福没有从事法律工作，而麦克洛伊则沉浸其中，在纽约一家顶尖的公司步步高升，平步青云。此外他们还有很多关键的差异。

当罗斯福的父亲因心脏问题丧失了大部分劳动能力的时候，年轻的富兰克林并没有对物质产生忧虑或欲望。他的经济状况足以令其衣食无忧。相反，当老约翰·麦克洛伊死于心脏病突发时，约翰·麦克洛伊家里没有了经济收入，甚至没有任何保险补助，因为麦克洛伊的雇主佩恩互助保险公司不会为自己的主管出具死亡索赔的保险申请单。公司的一位医生曾发现老麦克洛伊的心脏有杂音，于是他的公司立即否决了资深雇员老麦克洛伊的投保申请。相反，麦克洛伊的寡母自学理发，成为了显赫人物的理发师，如百货巨头约翰·沃纳梅克等人，养活了自己和儿子。

麦克洛伊 12 岁时，母亲把他送到新泽西州海茨敦镇（Hightstown）的一所寄宿学校——佩迪中学读书。这所学校培养的是工业和经济领域多数中间派人士的儿子们，麦克洛伊在那里发现了自己的网球天赋，成绩也很好，并被马萨诸塞州西部伯克郡（Berkshire）的阿默斯特学院录取。后来，他申请了哈佛，并于 1916 年秋入学。

一战时，麦克洛伊加入了预备役军官训练团（Reserve Officer's Training Corps, ROTC），被分派到了普拉茨堡（Plattsburgh）。他专攻野战炮兵，没有上法国的战场，而是先被派遣到佛蒙特州伊森艾伦堡（Fort Ethan Allen）。就是在那里，他吸引了美国空军准将盖伊·普雷斯顿（Guy Preston）的注意。在等待部署欧洲各地兵力的过程中，普雷斯顿让麦克洛伊担任了他的副官一职。尽管普雷斯顿上校极力挽留，他还是拒绝了在军队任职，并回到了哈佛法学院。后来，在一家费城的公司过了一段碌碌无为的日子之后，他设法去华尔街打拼事业，最终留在了克拉瓦斯、亨德森与德格斯多夫的合伙公司。

　　在那里，他负责公司重组和证券发行方面的工作，因而有机会游遍了整个欧洲。到了1929年7月1日，他成为了公司合伙人。次年，他和纽约州一名颇具影响力的国会议员的小姨子结婚了。克拉瓦斯派麦克洛伊赴巴黎开设一间办事处。在那里，他受理了一件海牙国际法庭指派的案件。被告伯利恒钢铁公司是克拉瓦斯的客户，声称在1916年发生的、摧毁了价值数百万美元的伯利恒军需产品的纽约港口爆炸事件实际上是德国特工的杰作。对麦克洛伊而言，这个案子就像是一部间谍惊悚片，他看得入了迷。

　　20世纪30年代，麦克洛伊大半时间都花费在追踪整个欧洲内的所谓"德国破坏分子"，某些情况下他甚至会拖着妻子一起跟踪他们。这里面有关于隐形墨水和截获无线电密码等等颇为惊心动魄的故事。1941年，那起案件最终由最高法院判为麦克洛伊的客户胜诉，但这几桩破坏活动的指控影响极为深远。这让麦克洛伊对任何所谓的颠覆行动都有十分清醒的认识，也使得他对"第五纵队"的概念非常敏感。"第五纵队"这一称呼指代国内的叛徒，他和布雷肯里奇·朗对此的观点基本一致。加入陆军部之后，他就很快晋升为陆军助理国务卿。

　　用麦克洛伊的传记作者凯·伯德（Kai Bird）的话说，在德国军队在欧洲高歌猛进之时，麦克洛伊正痴迷于间谍问题。1941年整个年初，他都在一刻不停地向军方情报机关传发各种可疑破坏分子的流言，以及他们与美国国防工厂的一连串罢工事件之间的关联。到了1941年11月，当麦克洛伊批读一份声称日本在太平洋沿岸拥有一个发达的间谍网络的军事报告时，麦克洛伊——用伯德的话来说——不假思索地相信了。

　　珍珠港偷袭事件引发了麦克洛伊最深的恐惧。（偷袭）轰炸后第二天，麦克洛伊从家里打电话给秘书辛普森，让他递送了一份报告，该报告声称敌人的舰队正在靠近旧金山。虽然很快发现这只是一场虚惊，但很多人相信，日本特工已经渗透了夏威夷和美国西海岸。袭击发生后的五天内，就有近 1400 名日籍人士被扣留。《洛杉矶时报》等报刊匆忙报道了日本突袭西海岸的可能性。到 1 月份，洛杉矶的一位国会议员要求将所有的日本人都安置到内陆集中营里去。与德国和意大利的移民相比，居住在美国西海岸的日裔美国人只是少数群体，大约只有 12 万人，且三分之二是在美国出生的。但可笑的是，这让他们成为了一个更易于管理的目标群体，甚至连他们在西海岸聚居这种行为也让他们显得更加刺眼，更容易被针对。

1942 年 1 月 24 日，罗伯茨委员会发表报告后，麦克洛伊的癔病日益严重。负责调查珍珠港偷袭事件的委员会指出，日本军事打击力量一直受益于在夏威夷活动的间谍特工。该委员会没有提供任何佐证文件，但仅仅这一句话就够了。该地区的军队上将约翰·德威特（Johe Dewitt）开始在言辞间将日本人称作"敌对的种族"。

华盛顿方面，不少人如美国联邦调查局的约翰·埃德加·胡佛（J. Edgar Hoover）对此持有异议。在胡佛看来，军队的这些情报显现出了一定的情绪失控和判断力缺失。

1942 年 2 月 1 日，支持和反对驱逐日本人的双方人士在国家首都聚首。司法部长和胡佛都极力反对拘留行为，军方则坚持扣留日本人。战争部门的民事代表约翰·J. 麦克洛伊静静地坐在会议室里，没有发表任何看法。

当双方你来我往、互不相让时，麦克洛伊终于打断了司法部长的讲话，说道："如果这是一个关乎国家安全或美国宪法的问题，为什么我觉得宪法在此事上只是一张废纸？"

的确如此。接下来的几天，德威特将军不断施压，做报告称：他相信美国大陆的日本特务与海岸附近潜艇上的日本人保持着定期联络。而这又给了麦克洛伊很大的助力。他现在开始寻找一种方式，通过大规模疏散将日裔市民从他们聚集的整个西海岸家园和社区中驱逐出去。

2 月 11 日，在麦克洛伊的催促下，陆军部长史汀生联系了罗斯福，试探总统对撤离计划的支持力度。史汀生列出了他的观点论据，罗斯福欣然同意。"对此他的态度很积极，还告诉我自己看着怎么好就怎么办。"这位国务卿在他的日记中这么写道，"或者，正如麦克洛伊所说的，就总统而言，他认为我们有权去做我们想做的事情。"但并不是每一个军官都同意这一做法。军队副参谋长马克·克拉克将军强烈反对这一计划，他尤其反对为疏散计划增派更多部队。海军情报局主管日本方面的专家——海军少校肯尼思·D. 林格尔（Kenneth D. Ringle）估计，只有不到3%或者说只有约3500人可能会造成威胁，而他们中的大部分早已被扣留了起来。罗斯福是真的赞同了疏散方案，还是仅仅把决定权交给了史汀生，这一点还存在争议。不过有一点很清楚，总统作为总司令，将此事交由了他的陆军部门做最后的判断决定，而军方人士和他们的民意老板们都决定同意执行疏散计划。罗斯福于2月19日毫不后悔地签署了第9066号行政令。"我认为他不会多关心此举的严重性或影响，"司法部长这么写道，并补充道，"任何一位身处战争年代的总统都不会把宪法看得很重。"

第9066号行政令授权了作战部长以指定"军事区域"为名，驱逐该地区的任何居民，也给予了陆军部门决定任何人员进出这些区域的权力。下一步是包围日本人。军方强迫他们离开自己的家园，出售自己的商品和土地，这使得他们的财产损失超4亿美元——价值远超21世纪的50亿美元。该疏散计划不仅按地理位置，也遵循血统原则来执行。最初，任何有1/16及以上日本血统的日裔美籍人都被囊括在了强制疏散令的执行范围内，但后来疏散令进行了修改，豁免了日本血统不到一半以及有高加索（白种人）背景的人。因此，现在有成千上万的日裔美国人困在集结中心，如圣阿尼塔（Santa Anita）赛马场之类的地方。他们被安置在马厩里，周围都是警卫塔和探照灯。

截至1942年年底，已有超过10万日本人被正式扣留在西部各地，居住在防水沥青纸搭建的简陋营地，配以学校、公用厨房甚至教堂和娱乐中心等设施。原本负责此项目的是米尔顿·艾森豪威尔（Milton Eisenhower），他是德怀特·D. 艾森豪威尔将军的弟弟，但三个月之后他辞职了。他对继任者这么说："如果你做了这份工作还能在晚上睡得着的话，那就接手吧。"

米尔顿·艾森豪威尔做不到。讽刺的是，美国刚在太平洋战场上取得了重大胜利，军方就全面开展了拘禁行动。截至 1942 年底，日本舰队已在中途岛遭到了严重打击，随着一个月又一个月过去，预期破坏行动和入侵西海岸的可能性都越来越渺茫。然而，麦克洛伊仍坚持不懈，努力维持着将西海岸的日裔美国人拘禁在铁丝网内的现状。德国人关了多久犹太人，现在麦克洛伊就要把日本人关多久。最初在华盛顿几乎没有人对此出声反对，加以阻止。

对于营地内的日本人来说，那里的条件往往非常恶劣。在加利福尼亚州图利湖的营地，有半打坦克在四周巡逻，一个铁丝网围着集中营，营地的武装警卫是一整个营的强壮士兵，全副武装，拿着机枪。防水纸糊着这些建筑，浴室没有供暖，而且还得露天步行经过多达 14 栋楼房才能到达。"联邦监狱都不会这么对待成年囚犯，"第九巡回上诉法院首席法官威廉·登曼（William Denman）后来这么写，"这里还有儿童和婴儿受着这种苦。"

到 1943 年末，随着人们对欧洲犹太人越来越担忧，华盛顿官方对继续拘禁日裔产生了新的恐慌，而恰恰在此时，最高法院受理了有人提出的质疑——拘禁行为是否符合宪法？在审查这一整个问题时，司法部长比德尔写信给罗斯福表示，"集中营"的做法违背了一个民选政府应遵循的每一条原则。1944 年 5 月，亨利·史汀生也告诉罗斯福，已经没有军事方面的理由再拘禁集中营里那些忠诚的日裔美国人了。当然，哈罗德·伊克斯和埃莉诺·罗斯福早在 6 月初就提出要求将他们释放。但就罗斯福而言，1944 年大选的重要性压倒了其他的一切，在面临理性与政治之间的选择时，他选择了政治。政府以最可怕的方式迎合民众，他们担心如果释放了日本人，就会失去加州的关键选票。（实际上，纽约的选票重要得多。）对麦克洛伊而言，他担心一旦罗斯福大选失败，斯大林就会确信应单方面与德国达成媾和条约，因此他的工作重心变成了保密拘禁日本人的问题，直到秋末。

1944 年 12 月 17 日，针对留在集中营里的日本人的最终释放令颁布了，这恰是最高法院公布裁决结果的前一天。法院裁定，战时指挥中心无权对那些公认的忠诚市民行使留置程序，不让他们离开，就此迫使军方释放了所有他们无法证明不忠的被拘者。

但在 1944 年 6 月及那之后，当局等待、拖延的态度对成千上万并非本土出生的日裔美国人和他们的孩子造成了深远的影响和致命的后果。在很大程度上，这是负责处理拘禁日本人事宜的约翰·J. 麦克洛伊造成的，他即将成为陆军部内对于被困或被送进奥斯维辛纳粹死亡集中营的犹太人展开营救行动的最有话语权的关键人物。

5 月下旬，《纽约时报》又发表了另一篇报道，这一次，报道称纳粹已经从匈牙利的农村将第一批犹太人运往了"波兰谋杀集中营"。

6 月中旬，一些被激怒的积极分子率先通力合作，敦促美国政府援助匈牙利的犹太人。以色列正教世界组织的雅各布·罗森海姆（Jacob Rosenheim）一连给高层政府官员写了好几封哀伤的信件（"我向你求助"），呼吁他们不要只是在口头上激扬文字、纸上谈兵，更要采取实质行动。过去，史蒂芬·怀斯和格哈德·里格纳之辈的活动家经常把问题留待政府解决，但这次不同。罗森海姆列出了具体的方案建议。他要求盟军轰炸通往奥斯维辛集中营的主要铁路沿线的铁路交汇处，地点在普雷绍夫（Rresov）和科希策（Kosice）。他坚持认为，这一措施可以使纳粹灭绝犹太人的努力瘫痪。但他提示，时间是关键。"爆破行动必须立刻进行，"他写道，"因为每一天的延误都意味着更多人的性命岌岌可危。"罗森海姆的信息已经不需要再质疑了。

罗森海姆曾看过那份令人震惊的弗尔巴—韦茨勒报告，该报告也第一次让灭绝集中营——奥斯维辛坐实了罪名，这份报告里用长达 30 页的篇幅详尽地描述了令人胆寒的死亡集中营的内部运作，以及毒气室本身等等细节。5 月初，这份报告抵达了布达佩斯，出现在匈牙利犹太人领导人的办公桌上，之后直到 6 月中旬，这份报告才辗转发给了在瑞士的艾伦·杜勒斯（Allen Dulles，后来成为了中央情报局的第一任领导人），然后又被转发给战时难民事务委员会在日内瓦的代表罗斯威尔·麦克莱兰（Roswell McClelland）。麦克莱兰匆忙做出决定：弗尔巴和韦茨勒的证词是如此可怕，如此不可思议，他决定写一份更长的电报概述（报告中的）这些发现。但他知道此事十万火急，于是在 6 月 24 日当日向华盛顿的佩勒发送了一份三页长的电报。他以沉重的心情总结："根据最近的报道，毫无疑问，有许多匈牙利的犹太人被送到了奥斯维辛集中营和位于上西里西亚西部的比克瑙灭绝营（Rajska），自 1942 年夏初至今，已有至少 150 万犹太人遭到屠杀。"

他还补充道，很快会把更详细的报告以电报形式发来。

凭着一腔诗人情怀，他还描述了一番犹太人在匈牙利遭驱逐的情况，他们去往波兰路上那艰苦的三天行程，以及数百名犹太人是如何因缺乏食物和空气而丧生的。他还传达了来自斯洛伐克和匈牙利的请求：炸毁铁轨线路，尤其是桥梁，这是放缓乃至中止更多驱逐行动的唯一可行方法。行事官僚的麦克莱兰认为，战时难民事务委员会没有特许权限采取军事制裁措施。因此，他在备忘录中表示：不能因为一条认定轰炸计划有用的意见，就采取冒险的行动。但他（在电报后）附上了这一（轰炸）提案的简单事实，也明确表达了支持对通往奥斯维辛的运输路线采取直接行动。

也就是同一天，忧心忡忡的佩勒和麦克洛伊坐在宽敞的陆军部办公室里，对罗森海姆的轰炸方案进行了一番商讨。这对佩勒来说是个浑然陌生的领域，他自己也明白这一点。战时难民事务委员会最初的使命是拯救那些朝不保夕的犹太人，而这与美国控诉战争的目标利益是一致的。但这是否就意味着委员会能够为了解救犹太人而采取牵涉军事力量的措施呢？答案既是又非，从某种意义上说，这取决于白宫的想法。无论罗斯福倾向哪一种，他清楚地知道战争存在着其自身的必要性，政策常常需要做出变化、即兴调整或复制。他曾对弗朗西丝·珀金斯说："少许竞争可以起到刺激作用，你知道的，这能使所有人都不断想要证明他比下一任更好。"

尽管如此，佩勒明确表示他对此事仍抱有若干疑问。他不太愿意借助军事人员的力量，也很想知道，使铁轨线路瘫痪足够长的时间能否显著地改变死亡集中营的运行现状。在现阶段，佩勒显然还在摸索。后来，他写了一份备忘录，向麦克洛伊非常明确地表示：他没有具体要求陆军部就轰炸提案采取任何行动，仅仅是适度探讨这一提案的可行性。然而，他附加了一个限制前提："至少眼下是这样的。"也就是说，他显然是在两边下注，为今后提出更坚决的要求留有余地。

麦克洛伊可是个玩弄制度的政治高手，他告诉佩勒，自己会认真考虑这一提案，并且核实情况。对于佩勒来说，他正慢慢向麦克洛伊施加压力。一周不到，佩勒就发送了一份麦克莱兰的电报副本给麦克洛伊，强调、重申了炸毁铁轨线路"关键路段"的要求。这时候，陆军部自身的齿轮也开始转动了，他们对罗森海姆最初的请求做出了回应。这种体制行为令人联想到了国务院——没有上级施压，因而也没有人实际研究轰炸铁路线的军事可行性或其他可减缓（对犹太人）驱逐的替代方案。相反，中尉约翰·E.赫尔（John E. Hull）肩负着回应电报的艰巨任务，却只是简单借鉴了罗斯福的公开声明，也就是陆军部在 1944 年 2 月的内部备忘录就给出的答案，依然是老一套答复："对遭受敌方迫害的受害者最有效的帮助是确保能迅速击败轴心国。"

麦克洛伊收到赫尔的回复后，当即签署了文件，并指示私人助理阿尔·格哈特了结此事。1944 年 7 月 3 日，格哈特写信给麦克洛伊："我知道您是让我来了结此事，但自从您下达这些指示后，我们就收到了佩勒寄出的附信。我建议发出附上的答复。"

好像一切都变了，又好像什么都没有改变，回复里这么写道："陆军部认为提案中的空袭轰炸不可行。执行这一提案必须要分散众多的空中支援力量，而那些兵力正是现在确保我军当前的决定性作战成功的重要一环，况且，这一提案所说的行动的实际作用仍存有相当的疑问，不值得付诸实际操作。"麦克洛伊几乎没多想，就在格哈特写的答复草稿上签下了名字。

　　这都是些假仁假义的托词，格哈特也一定知道这一点。战时难民事务委员会的一名员工本杰明·阿克津（Benjamin Akzin）脸色铁青，极为不忿。他知道，所谓的轰炸铁轨路线必须分散大量空中兵力纯粹是一派胡言。自打那年春天，盟军在意大利夺取了福贾空军基地，美国的远程轰炸机一直在集中营综合设施附近或上空飞行，同时，盟军空中力量已经将希特勒的空军部队削弱到只剩下空架子了。早在 4 月 4 日，空中侦察机就拍摄下了奥斯维辛集中营的照片——弗尔巴本人后来清晰地记起头顶上空传来的飞机轰鸣声，还有相邻的法尔本石油化学工厂的隆隆声。实际上，1944 年 6 月 26 日，就在麦克洛伊告知佩勒无法实现轰炸铁路计划的几天之前，飞机再一次拍摄到了集中营的照片。

　　事实上，美国空军对德国合成燃料厂发起的报复性战役即将于未来几周内在同一区域打响，空军飞机经常在死亡集中营附近盘旋而过。轰炸袭击的效果立竿见影——德国生产合成的油量从 7 月 1 日至 7 月 25 日由每天 1000 多吨骤降至仅有 417 吨。据各方面记述，德国的石油损失扼杀了第三帝国的军事行动。在德国本土，一名沮丧的军备部长在配给燃料极度紧缺的情况下，要求希特勒停止所有航空快递服务，客机也一样。这种举措在战时几乎是不可想象的。而盟军则不受这样的限制。

　　8 月 7 日，一支载有美国空军 76 架轰炸机和 64 架战斗机的舰队将目光对准了它们的目标——位于切比纳（Trzebinia）的炼油厂，那里距离奥斯维辛东北部仅 13 英里。8 月 20 日晚 10 点 32 分，美国空军第 15 军在空中全面列阵铺开队形，对莫诺维茨集中营展开实际轰炸，该地距离奥斯维辛—比克瑙仅 3 英里远，轰炸造成了相当程度的破坏。震耳欲聋的 28 分钟里，127 架 B-17 轰炸机由 100 架野马式战斗机护送着，从海拔大约 8000 米的高空总共抛下 1336 枚重达 500 磅的炸弹。所剩无几的德军防线只击落了一架飞机。地面上有人员伤亡。超过 300 名奴隶劳工受伤；尽管纳粹党卫军守卫已尽力逃跑或匆匆钻进碉堡，还是有很多纳粹党卫军受了伤。这一回的轰炸目标是奥斯维辛集中营的一个隶属分营，生产合成的原油和橡胶。

　　战斗继续进行着。8 月 27 日，350 架重型轰炸机飞上了天空，对布莱希哈莫尔（Blechhammer）发起了猛攻。两天后，218 架轰炸机如法炮制，袭击了波胡明（Bohumín），两地都处于奥斯维辛的地界范围内。

　　除了 4 月 4 日和 6 月 26 日，美国飞行侦察机还多次在别的时间段从奥斯维辛的上空拍下了集中营的航拍照片，包括 8 月 9 日、12 日以及 25 日等时间。如果他们认真分析这些照片（然而他们没有），空军可能已经准确地找到毒气室、焚尸炉、铁路专用线、火车和站台、女子营地里的小屋，甚至是为了遮蔽毒气室而专门建成的景观花园等等。8 月 25 日的照片由于在晴朗的天气拍摄而尤为显眼——上百个弹坑清晰可见，也可以同样清晰地看到 151 栋不同的建筑，包括安置了从比克瑙转移到奥斯维辛三营的大约 3 万名犹太人的营地。此外还能看到一些令人吃惊的画面：犹太人从运畜车跋涉到毒气室那蜿蜒曲折的队伍。透过画面，他们依稀可辨的身影让人久久难以忘怀。

～

　　毫无疑问，对于抵达奥斯维辛的成千上万名匈牙利人来说，大多数人仍怀着最后一丝希望，热切地企盼盟军轰炸机的到来，即使这意味着他们自己也会在空袭中命丧黄泉。眼见盟军的飞机经过他们的头顶并向更远的目标发起攻击，或者是听到轰炸机巨大的隆隆声时，奥斯维辛的囚徒们感受到了深深的震撼。"有很多次，我们都在天空中看到了银色的轨迹，"一名叫做埃里希·库尔卡（Erich Kulka）的囚犯日后回忆时说起，"那时所有党卫军都会躲入地堡，但我们却会跑到营房外面，祈祷有炸弹落下，或是有士兵和武器随着降落伞飘落，不过这些希望都落空了。"15 岁的匈牙利男孩雨果·格林（Hugo Gryn）后来提道："在集中营里最痛苦的一件事，就是感觉自己被完全遗弃了。"诺贝尔和平奖得主兼奥斯维辛集中营幸存者伊利·威塞尔则声称："我们不再惧怕死亡，至少对那样的死法不再恐惧。"

事实上，正如爱德华·默罗在广播中所说的，"在布痕瓦尔德集中营，人们会在死前谈到总统"。奥斯维辛集中营的人无疑也会如此。被关押在奥斯维辛的意大利游击队员普里莫·莱维（Primo Levi）——后来他成了著名的小说家——写道："对我们来说，就算是被彻底摧毁也让我们一无所惧。为数不多的几个尚有理智和感觉的人都从轰炸中获得了力量和希望。"

但是在华盛顿，佩勒本人对轰炸的效用仍心存怀疑，并依然小心翼翼地操纵着官僚主义的迷宫。然而，他手下的工作人员却没有类似的犹豫。面对罗斯威尔·麦克莱兰于 6 月 24 日发来的电报，他的助手本杰明·阿克津对其中附带的缩略版弗尔巴—韦茨勒报告的描述震惊不已。他坐下来写了一份备忘录，坚决主张轰炸现有的毒气室。这份备忘录预示着这场辩论不仅将继续下去，还会延续至今，它摧毁了这样一个认知，即轰炸营地只是建立在 21 世纪价值观基础上的 21 世纪的想法。阿克津在一时冲动中写下的这份备忘录是道德、策略和战术的杰作。

阿克津指出，轰炸毒气室会让有条不紊的德国人投入大量时间和资源去重建，或者迫使其开发同样有效的大屠杀流程。他公正地指出，不管怎样，德国的人力和物力已经严重枯竭，德国当局可能无法再专注于修建新的大规模灭绝中心，由此我们将能够实现拯救为数可观的一批生命的目标，至少暂时如此。阿克津还向佩勒强调，这是一种道义责任，或者是所谓的"原则问题"。他认为，将集中营作为摧毁目标将是最实在的证明——这些阴森森的营房让人悲愤难平。

此外，他还据理力争，称轰炸有充分的军事逻辑。对先行军来说，此举能够铲除大批最凶狠卑劣的纳粹。在他看来，轰炸与当前的军事目的十分一致，因为设有采矿和制造中心的奥斯维辛系统是关键的军事目标，在德国的军事工业中扮演着重要角色。至于盟军是否该为了军事行动将导致大量犹太人丧生的事实而止步，他也直截了当地驳斥一番，大声疾呼他们不应该。他认为，这些犹太人无论如何都在劫难逃，而且不去轰炸灭绝集中营纯粹就是本末倒置、感情用事，比摧毁集中营的决定更残酷。而且，无论怎么样，由轰炸引发的混乱都可能帮助一些囚犯藏身和逃脱。

现在，最有力、最具说服性的奥斯维辛轰炸提议出现了。阿克津和大多数世人都清楚，每一天都约有 1.5 万名匈牙利犹太人正被运往奥斯维辛集中营。随着时间推移，越来越多的证据表明，每天约有 1.2 万名犹太人被毒死在集中营里的毒气室中，到了 8 月，这一数字将上升至惊人的 2.4 万——即使对纳粹来说也是破纪录的。尽管如此，接下来的几周内，佩勒依然举棋不定。虽然他在处理战时难民事务委员会接到的无数问题时都能果敢坚决，但在面对轰炸奥斯维辛集中营时却裹足不前。他需要再次前往陆军部吗？还是要争取摩根索的援助或是与白宫接触？

相反，他在自己财政部的办公室里等待，阅读摊满办公桌的电报，其中详细描述了奥斯维辛死亡机器令人毛骨悚然的产业化细节。7 月 1 日，他派驻瑞典的代表艾弗·奥尔森（Iver Olsen）发来了有关奥斯维辛的长篇报告，确凿地肯定了正在肆虐的暴行，还有无作为带来的恶果。他读得很仔细，并且还会评论"消息实在是难以置信的可怕"，"无法用语言描述"。光数字就让人震惊：已有约 60 万犹太人死亡或是被驱逐出境。

奥尔森还在报告里写道："有证据表明，这些人目前正被送往匈牙利与波兰边境的某个地方，那里有一座设施正在使用毒气杀人……男女老幼像沙丁鱼般被塞进车厢，然后被送往这个偏远的地方……许多人在抵达前就已经死了。那些幸存下来的人则被剥光衣服，德国人给每人一块肥皂，告诉他们要在在澡堂清洗身体。'浴室'看起来确实像是一座大洗澡间……受害者们摩肩接踵地被推进一个可容纳 2000 人的大房间。不分年龄也不分性别，所有人都赤身裸体。当澡堂里的空气因大量聚集的人体而升温时，天花板会打开，一种精细粉末撒下来，和热气接触后形成的有毒气体杀死里面的所有人。尸体随后被卡车运走，然后被焚毁。"

有意思的是，该电报后来是由温斯顿·丘吉尔的儿子伦道夫传给丘吉尔本人的，而不是经由富兰克林·罗斯福或战时难民事务委员会。

接着，佩勒在 7 月 8 日又收到了驻瑞士代表的另一封电报，这是一份有关弗尔巴—韦茨勒报告的 8 页摘要。他还要再等上几个月时间，才能看到完整的 29 页内容，但奥尔森的备忘录和这封电报已足以令他震撼，让他再次提起军事行动的议题。这一次，他写了一份长篇报告，发给了委员会的其他成员，并将副本送往作战部长亨利·史汀生及其助理部长麦克洛伊处。佩勒提出了一系列大胆的军事建议，包括轰炸营地，向奥斯维辛的囚犯空投武器，甚至让跳伞部队帮助那些不幸的人逃脱。

但再一次，麦克洛伊按兵不动。他相信大规模屠杀会被当做骇人的产业来运作吗？可能吧。他真的理解了？没人清楚。但这期间，不管是罗斯福还是白宫，都没有敦促麦克洛伊或对委员会表示支持。因此，就像他迄今为止对待日裔美国人被囚禁的态度一样，麦克洛伊也同样乐于等待佩勒表态。尽管如此，信息源源不断地涌进华盛顿的时候，弗尔巴—韦茨勒报告恰巧于 7 月 4 日被送到了伦敦外事办公室。与美国人不同的是，英国人的行动迅速而公开。翌日，安东尼·艾登告诉下议院，"野蛮的驱逐出境行动"已经开始，导致了"许多人被杀害"。在一张措辞严厉的便笺中，他补充道："遗憾的是，没有丝毫迹象表明，盟军那些一再重复的声明在以任何方式减轻纳粹死亡机器的暴行。"

此言当然是一种质疑。第二天，艾登向丘吉尔提起轰炸死亡集中营的事宜。他低着头，眉头紧蹙，丘吉尔则聚精会神地听着。艾登解释说，这个想法已经被研究过了，但他表示自己现在完全赞成这种做法。事实证明，首相也同样这么认为。丘吉尔立即就领会了奥斯维辛集中营的噩梦报道，与华盛顿的麦克洛伊、陆军部和国务院的其他人大相径庭。他立刻表示批准针对集中营的军事行动。7 月 7 日，丘吉尔告诉艾登："你我观点一致。你可以调动任何能够调动的空军力量，如果有需要就让我出马。"几天后，丘吉尔面对自己的外交大臣发表了一席话，感染力十足——尽管人们期待同样的话语是由罗斯福说出的，但后者却一直对此事保持沉默。首相说道："不用怀疑，这可能是世界历史上最大规模也是最毛骨悚然的罪行。那些道貌岸然的文明人在伟大国家和欧洲最先进民族的名义下，使用科学机器来造孽！"他补充说，"任何与之相关的人都应该被穷追猛打并以死谢罪"。

很快，轰炸集中营的想法得到了支持——至少是在英国。丘吉尔发出声明后，艾登立即采取了进一步行动，针对骇人听闻的匈牙利犹太人迫害事件写信给英国国务大臣，并向空军部咨询了有关轰炸奥斯维辛的可行性建议。"我非常希望能做些什么，"他告诉国务大臣，"我得到了首相的批准，他也同意了。"

如果说有任何轰炸集中营的行动势态，那么它的发生几乎纯属偶然。7月4日，布达佩斯的黄昏里，霍尔蒂将军告诉纳粹代表，整整一天他都在接听抗议驱逐的愤怒电话，更有电报洪水般涌来要求制止杀戮，其中包括一度沉默的梵蒂冈和曾经举棋不定的国际红十字会领导人。除此之外，霍尔蒂还收到了来自瑞典、土耳其、瑞士和西班牙政府的严厉批判，他们为这场争论摇旗呐喊——很大程度上这也是战时难民事务委员会的功劳。

然而，不管匈牙利觉得自己受了多少孤立排挤，其政权依然没有做出任何实质意义上的止步。一眨眼的工夫，它任凭近50万犹太人丧命。不过真正让霍尔蒂思索再三的是匈牙利人自美国驻伯尔尼代表那里截获的一封电报。该电报提议盟军空袭布达佩斯，并列出了涉嫌驱逐犹太人的匈牙利机构和德国机构所在的准确街道和门牌号码。此外，电报还点名直接参与驱逐的70个人。霍尔蒂可能会屈服于希特勒的胁迫，但他也有强烈的自保本能。比起德国的惩罚，盟军的复仇更让他害怕——布达佩斯的铁路乃至政府建筑和私人住宅已经在7月2日受到了美军炮火的猛烈攻击，那些对轰炸奥斯维辛持怀疑态度的人终于认清了现实——霍尔蒂于下7月7日亲自下令暂停驱逐。

不过，即使匈牙利停止了驱逐，死亡列车仍然雷打不动地从其他国家驶来。而且，就在众人继续争论着是否要轰炸奥斯维辛集中营的时候，所有这些生命——约30万人——依旧在地狱的门口徘徊。

❧

此时，战时难民事务委员会急忙派出了 31 岁的瑞典特使拉乌尔·瓦伦伯格（Raoul Wallenberg）。他在外交掩护下来到布达佩斯，立马就抓住了昏暗中出现的第一缕微弱的希望。

瓦伦伯格在 7 月 9 日抵达布达佩斯，随行的还有他的搭档艾弗·奥尔森，也是瑞典人。他带着两个背包、一把左轮手枪（他说这能壮胆）、一件风衣，还有一个睡袋。到了这一阶段，匈牙利境内的驱逐已经暂停，但这能持续多久，谁也说不准。在那期间，郊区已经被清理完毕。毫不夸张地说，几周内就约有 60 万犹太人诡异地消失。瓦伦伯格也知道，还有 30 多万犹太人仍处于危险之中。他竭尽所能拯救生命的英勇果敢在战争中几乎无人能敌，他既扮演外交官，也扮演着间谍的角色。

作为一名语言学家、旅行家和建筑师，瓦伦伯格足智多谋又百折不挠。他温文儒雅的举止富有欺骗性。必要的时候，他能够愚弄德国人，要不然，他就会咆哮恫吓。当他需要其他战术时，就会用委员会提供的资金来贿赂——只要能挽救生命，无论怎样都行。他谦恭坚忍，爱发脾气又多愁善感，魅力十足又情绪易变。但他总是很冷静实际，意志无比坚定。他租了 30 栋楼，把它们变成犹太难民的安全避风港。西班牙和瑞士使馆也学习了他的做法。他精心设计出了一个给数万犹太人发送伪造护照或保护证明的计划——尤其是那些急需签证的十岁以下儿童。这一策略很奏效。

他设立了施食处，并将食品偷偷运往匈牙利的犹太人贫民窟。而当武装巡逻开始抓捕和屠宰犹太人时，他直接挺身而出。最后，当可怕的箭十字党（Arrow Cross）——匈牙利可鄙的亲纳粹党——威胁要将贫民窟里的居民赶尽杀绝时，瓦伦伯格亲自叱喝党卫军司令，并发誓，只要他敢执行大规模的处决，他自己跟手下就都死定了，尸体还会被挂在街灯柱上示众。德国人放弃了。瓦伦伯格的努力并非没有风险。苏格兰传教士简·海宁（Jane Haining）是一所由苏格兰教会管辖的匈牙利女孩之家的负责人，身为非犹太人的她也被驱逐出境，死在了奥斯维辛集中营。她的罪行是在往自家犹太女孩的衣服上粘贴黄色"大卫之星"时掉下了眼泪。

然而瓦伦伯格从不退缩。

瓦伦伯格到底拯救了多少性命？数以万计——可能多达 7.5 万人。但不管数字是多少，在坊间和历史上，他向世界展示了该如何挽救生命。他为人道主义理念赋予了新的含义，证明了它不仅仅是战争迷雾中黯然失色的、被玷污的美德。他尽全力与委员会一起给所有美国人做出了延续至今的榜样，也留下了挥之不去的谜题——如果早一些建立战时难民事务委员会，事情会有怎样的结局？

后来，瓦伦伯格神秘失踪了。据说他是被苏联人杀害了。

是否轰炸奥斯维辛集中营的争论仍在继续。尽管丘吉尔全力支持，英国的官僚机构却拖拉成性。国务大臣告诉安东尼·艾登："截断连通死亡集中营的铁路不在我们的能力范围之内。"至于轰炸集中营，他则认为，从基地到那里的距离完全排除了英军开展类似行动的可能性。不过他建议，美国人或许可以在白天展开这样的进攻，但如此一来将代价高昂且风险十足。他还故弄玄虚地加了一句奥威尔式的评论："即使摧毁了工厂，我也不确定这能真正帮助受害者。"

让我们将视线拉回华盛顿，同样的犹豫态度继续在陆军部占据上风。然而，活动家们依然在推进军事解决的途径。8 月初，世界犹太人大会救援部门负责人莱昂·科布维斯基（Leon Kubowitzki）向麦克洛伊呈递了一份慷慨激昂的请愿，它来自一名捷克流亡政府的成员，此人要求轰炸集中营和铁路。科布维斯基的恳求别有分量。今夏早些时候，他同犹太社区内的其他人一样，无法承受首当其冲的受害者将是犹太人的事实，因而对轰炸营地抱有相当大的保留态度。相反，他提出派遣苏联伞兵以解救集中营的囚徒，但这个想法没有得到落实。现在，地面情况发生了变化——盟军士气高昂地在诺曼底登陆，匈牙利的大规模驱逐受到重创——他继续对轰炸行动发出大声疾呼，因为剩下的时间已经十分有限了。但再一次，麦克洛伊驳回了他的请求；再一次，甚至懒得去联系欧洲战场的空军指挥官；再一次，放弃了研究这一军事解决途径；再一次，他觉得没有必要与委员会交流。

麦克洛伊重复着过去的那套说法："轰炸必将造成空中支援的大规模转移……而这些支援是别处作战的关键部队。"这一次，他甚至给政府的回应又加了一条新的说辞。尽管麦克洛伊承认了这条请求背后的人道主义动机，但他依然在兜售麻木不仁的理念，即"就算这样的努力可行，还是有可能引起德国人更凶猛的报复行动"。轰炸的支持者倍感绝望，百思不得其解，到底还能有什么"更凶猛的报复"，而奥斯维辛的囚犯们的感受则跟麦克洛伊的说法完全不同。

年轻人沙洛姆·林登鲍姆（Shalom Lindenbaum）记忆犹新，他曾看到盟军的轰炸机在头顶上出现，然后又消失在天际。"我们心中的喜悦难以言表，大家祈祷着，希望他们来炸掉我们，让我们逃脱毒气室里无助的死亡。轰炸也意味着有杀死德国人的可能。所以当飞机飞过却没有丢下炸弹时，我们感到深深的失望和难过。"

而白宫，再一次保持了沉默。

事实上，复杂的轰炸行动并非完全不可行。1944 年 10 月 29 日，《纽约时报》报道了一次夺人眼球的英国皇家空军空袭（代号"杰里科行动"），该行动解救了 100 名法国抵抗运动成员，他们被关押在德国占领下的法国亚眠市（Amiens）监狱，面临着被处决的命运。

这是一项艰巨的行动，在战争中首开先河，以大无畏的精神和精准度铸就了不凡。实际上，这次行动的精准度甚至比攻击奥斯维辛的要求更甚。

空军队员仔细研究了监狱模型，做足了准备。那是一座十字型建筑，四周围着高墙，墙体高达 6 米，厚近 1 米。他们的任务似乎困难重重——必须先攻破墙体，摧毁德国人的营房，但炸药量要控制到最小，以确保相邻监狱内的伤亡人数降至最低。

那是 1944 年的 2 月 18 日，天气阴冷。虽然军用机场上积了厚厚一层雪，由喷火式战斗机护卫的蚊型轰炸机中队还是起飞了，军队准备通过三次连续进攻向监狱发起冲击。他们携带了延迟时间为 11 秒的炸弹。出发前，珀西·皮卡德上尉（Percy Pickard）曾冲着手下的士兵厉吼："孩子们，这是一个要么战死，要么赢得荣耀的任务。"飞行途中，由于天气恶劣，4 架蚊型战机与编队失去了联系，只能返回基地。剩余的飞机继续行动。

在东北和西北方向，新西兰空军中队率先接近目的地。正午过一分，他们抵达了目标地区。随着炸弹落地，墙体被成功炸裂。几分钟过后，第二波赶到的轰炸机掀起了又一轮进攻，这一次是飞行在离地 15 米高度的澳大利亚人。他们将警卫营房的四端炸得粉碎，炸弹击中目标的声音震耳欲聋，割开并撕裂了监狱，对守卫室的直接打击杀死和重伤了大量德军。浓烟在空中翻滚，大火熊熊燃烧。

到此行动任务已经完成。但为了确保成功，空军对当地火车站发起了牵制性进攻。

有一架飞机安装了照相机，在监狱上方盘旋了三圈，带回了精彩画面，画面中看得到德国人血染雪地、横尸遍野的场景。相机还拍摄到了另一幅令人振奋的画面，囚犯们冲出燃烧着的墙壁上的破洞，消失在监狱外的雪地中。

虽然有一部分法国人在纳粹的机枪扫射下丧命，还有很多人最终又被逮捕，不过获得自由的人数还是颇为可观。他们与隐藏在附近林区的地下人员接头，后者也在等待他们。悲伤的是，由于飞机尾部被德国高射炮击断，皮卡德上尉献出了生命。虽然如此，飞行员们还是欣喜若狂。一位澳大利亚飞行员激动地表示："我们中队的成员觉得，即使全队兄弟在任务中都遇难了也没有关系。"他补充道，"这次行动让我感觉到，就算在这场战争中再没别的作为，还是做成了一些事情"。

～

无论同盟国如何行事，还是有其他人在一点一滴地努力反抗纳粹的杀人机器，拯救犹太人，留下激动人心的故事。小国阿尔巴尼亚1943年9月被纳粹占领，政府看似亲法西斯，假装与德国人合作，但常常阳奉阴违。从沿海小镇到稍具规模的城市，从小山村到首都，普通市民们帮助犹太人躲避追捕，从一个地下室躲到另一个地下室，从一个谷仓躲到另一个谷仓，从一个藏身之所到下一个藏身之所。当纳粹指挥官索取犹太人名单时，阿尔巴尼亚政府坚称国内没有犹太人。纳粹占领区科索沃有许多阿尔巴尼亚少数民族，那里的救援行动也层出不穷。当地向犹太人发放使用穆斯林名字的伪造身份证明，让他们能够得到庇护。一个名叫阿尔斯兰·雷兹尼奇(Arsllan Rezniqi)的杂货商，将400名犹太人藏在卡车后车厢的水果蔬菜下面，从马其顿送往安全区。

总体来说，阿尔巴尼亚救了本国的200名犹太人，还有400名来自奥地利和德国的犹太难民，并帮助超过100名犹太人逃出了纳粹占领的巴尔干地区。值得注意的是，到战争结束时，阿尔巴尼亚的犹太人数量比战前还要多。他们为什么要这么做？因为国家的信条就是，公民有义务为寻求庇护的人提供安全通道——即使要冒着生命危险。

～

美国陆军部反对在奥斯维辛展开协同轰炸，军方也反对轰炸营地，沉默不语的白宫也明显持同样意见。但值得注意的是，轰炸还是发生了。

9月13日，美国空军再次飞往莫诺维茨炼油厂，此次行动是"盟军石油战争"的后续部分，那里离奥斯维辛毒气室仅 5 英里。但这一次，个别炸弹略微偏离了轨道，意外地落在了奥斯维辛一号营。在空袭警报的嚎啕声中，几处党卫军营房被摧毁，要么像纸袋一般被夷为平地，要么在火焰与黑烟的旋涡中化为灰烬。15 名党卫军在向掩体狂奔的过程中或是措手不及的状况下，被盟军毫无障碍地干掉了；超过 28 人受了重伤，呻吟着翻滚；服装作坊也被意外击中，23 名犹太人丧生，还有 65 名囚犯受了重伤，倒在了血泊中。

在此次偏离轨道的进攻中，美国的炸弹第一次落入了邪恶的奥斯维辛—比克瑙集中营内部，那里也是毒气室的所在之处，这一点尤为重要。复仇行动在这里上演了。一枚盟军炸弹落进了火葬场的墙内，导致 30 名劳工死亡。第二枚炸弹坠入了连接集中营的铁路路堤。还有一枚炸弹呼啸直入党卫军的防空洞。突然间一片混乱，警犬疯狂吠叫，德国士兵风急火燎地寻求掩护，警报器高声鸣叫。但犹太人只是驻足观看。刹那间，他们的痛苦减弱了，虽然几乎无法思考，勉强才能站立起来，但他们依旧欣喜若狂。他们从来没有见过如此脆弱无助的纳粹，也从来没有见过他们如此失控。

"看着空军中队一个接一个地横空而出，投下炸弹，摧毁建筑物，并杀死统治民族[1]的成员，这是一件多么美好的事情。"一名囚犯心想，"那些轰炸提升了我们的士气，并且矛盾又奇迹般地唤醒了我们……在这个地狱中生存下来并逃命的希望。"

然而在战场这一边，地狱的疆界却还在扩张。

伟大的普鲁士军事家卡尔·冯·克劳塞维茨（Carl von Clausewitz）曾提出过关于战争冲突的公理：计划很少能够按部就班地进行，策略在不断变

---

[1]　纳粹德国鼓吹自己为统治民族，即天生优越的种族。

化。就在这当口——德国人被赶出法国和希腊，东欧的大片土地被红军收割，华沙突然发生了起义。现在，陆军部和罗斯福被迫重新评估轰炸战略的基础。

8 月 1 日，波兰救国军的抵抗力量开始在华沙发起反对纳粹的大规模进攻。起义在苏军距离华沙市 12 英里时打响，但后来又停止了。波兰救国军原计划通过领导起义分散德军的注意力，让苏联军队向华沙进发。但是苏军并没有向前推进。

那 63 天里，反而是约 3.7 万名波兰抵抗运动战士在孤军迎战德国人。他们在城市底下穿梭，在下水道里穿行。他们总共只有 2000 件左右的武器，而且几乎都是小型武器和自制汽油弹。战斗初期，波兰人夺得了一些建筑物，包括几座政府机关大楼，并挑衅地升起了波兰国旗。作为回应，希姆莱下令德国军队把城里的所有居民都杀光，无须逮捕，碾平华沙，杀鸡儆猴。德国的坦克和空军淹没了城市，2.1 万德军来到这里。天然气被灌入了下水道。德国空军开始对城市展开轰炸。

在维斯瓦河（Vistula）对岸，苏联军队竟闲坐下来，高射炮没有开火，飞机也停留在地面上。在伦敦，绝望的温斯顿·丘吉尔开始为波兰反政府武装乞求帮助。随着时间推移，人们日渐明白，由斯大林掌舵的苏联已经停止了进攻，任由德国人大举消灭波兰反政府武装力量，这样就能为战后被牢牢置于苏联轨道下的政府铺路。波兰反政府武装曾听到过苏联的枪声，莫斯科电台也没少发出过"是时候开始行动"的呼号。但到了 8 月 7 日，德军已经大规模处决了城内超过 6.5 万平民。德国人挨家挨户地对平民进行围捕和枪杀。但反政府武装仍然在抵抗。

∾

波兰的苦难在整个世界的注视下继续。

视线转回伦敦，那里的波兰官员对英国政府进行了激烈的游说，要求后者有所作为。他们恳求再一次空降补给。波兰的抵抗战士需要枪支、食物和医疗用品。然而，身处意大利的英国皇家空军指挥官约翰·斯莱瑟（John Slessor）却犹豫了。他警告说，空军从意大利飞向华沙提供补给只是无关紧要的援助，不管怎样都不可能影响战争的走向，而且在任何情况下，这样的飞行都会导致代价高昂且令人却步的损失。也许情况会是这样，但正如当初面对轰炸奥斯维辛的建议一样，丘吉尔想要对哀鸿遍野的（波兰）人民信守承诺。这一次，他下令执行飞行任务。八九月间，英国空军从意大利出发执行了 22 趟夜间行动，总计出动了 181 架轰炸机。在斯莱瑟看来，这种援助几乎没有带来任何成效。但丘吉尔并不这么看，他从来没有在战斗中退缩过，更何况这种说法只是一个借口。

与此同时，首相对罗斯福大力施压，要求他加入战斗。不过总统并不需要被说服。他迅速出动美国的轰炸机，加入了行动。虽然他的健康每况愈下，但仍心系战争，正如同对待总统竞选[1]一样。他听取了芝加哥选区政治名流的提醒——他需要波兰裔选民的投票。在华盛顿和芝加哥的竞选之旅中，他已经答应了美国国会的波兰裔代表，会保卫波兰的国土完整。因此，他与丘吉尔联手，呼吁斯大林帮助华沙的波兰爱国战士，虽然这都是徒劳。

他知道情况严峻，而且选择有限。华沙已有 25 万波兰人丧生，城市的大片地区只剩下一片废墟。连美国空军也得出战略性结论，认为游击队的战斗会是一场失败。尽管如此，罗斯福还是写道，他们有责任竭尽所能地拯救爱国者。

很快就轮到美国轰炸机登场了。4 天内，107 架装满物资的轰炸机停到了英国的跑道上，他们在等待合适的天气。机群等待着，一直在等待。终于，9 月 18 日，他们接到命令——出发。他们的确出发了。前往苏联空军机场之前，机群向华沙投下了 1284 个装有武器和物资的集装箱。对波兰游击队来说，看着箱子从天而降是一个小小的奇迹。然而该举措在很大程度上只是无用的努力，罗斯福也明白这一点。只有 288 箱物资被波兰救国军顺利接

[1]　指罗斯福的第四次总统竞选。

收，其余的则被德国人截获。游击队很快就会惨遭屠杀，波兰最终将落入苏联人手中。当前任特使亚瑟·布利斯·兰恩（Arthur Bliss Lane）呼吁总统为波兰的独立做出更多努力之时，罗斯福尖刻地回答道："你是要我同苏联开战吗？"

但事有先例。虽然总统常被骂虚伪，他到底还是个大胆前进的务实派，也是个能够驾驭政治风云的浪漫派。一如美国空军战略部的情报处长所总结的那样，眼下只要总统确定这次任务有充分的理由，他就愿意调动大批空军——就算任务的成功概率极低。

情报处长总结道："尽管这样做取得的实际成果远远低于实际代价……有一个事实十分引人注目，那是上至总统、下至空军飞行员都理解的事实——每一个美国人都希望，都尝试过，也确实通过各种手段和可能性施以援手。"罗斯福本人就在与丘吉尔的联合声明中表示过："我们正从世界的角度考量华沙的反纳粹势力是否已经被世人真正地抛弃了。"

相较于政治舞台上的其他人来说，罗斯福无疑是巧妙领导盟军壮大至今的第一人，这一点毋庸置疑。他知道希特勒的城市已经化为废墟。仅仅在 1944 年夏天，元首就遭遇了 100 多万人死亡、受伤和失踪的重创，而此前已经有 300 万人丧生了。希特勒可能已经准备好了自己在西方战场的最后一搏——德军正在往阿登高地（Ardennes）[1] 进军。但对罗斯福来说，透过地图室墙上的挂图，他已经可以预见未来。

毫无疑问，同盟国很快就要赢得战争，不是 1944 年，就是 1945 年。

如果说他在某一时刻感知到了胜利，并向自己致以祝贺，这是可以理解的。

---

[1]　位于法国北部、比利时东南部及卢森堡北部的高原。

1944 年的最后几天里，他的政府还将得到一次机会，结束发生在茂密的波兰白桦林里的暴行，或至少对世界发表声明。最后一次，他的政府将有机会就"到底是形势优于策略，还是策略掌控形势"进行博弈。

～

现在再看看财政部，佩勒终于在 11 月初收到了近 30 页的弗尔巴—韦茨勒报告完整版，此时距离二人最初的口述已有半年之久。与报告一同发来的是另两份经过证实的文件。一向头脑冷静的佩勒越读越感到愤慨和厌恶。他意识到，现在早已不是官僚式推诿的时候了。11 月 8 日，他又一次联系了麦克洛伊，在信的开头说明中附上了奥斯维辛逃离者报告的副本。他写道："当局收到的有关纳粹暴行的所有报告中，没有哪一份报告比得上这一份，它如此清醒、真实地呈现了奥斯维辛—比克瑙集中营正在发生的可怖暴行。我真诚地希望你能阅读这些报告。"

他在个人总结中指出，消灭如此之多的受害者并不是一个简单的过程。为了执行这种流水线式的谋杀，纳粹不得不进行大量技术创新并改善管理技能。

然后他指出，纵然承受着多方压力，他过去还是在可能是战争最关键的决定性时刻犹豫了，也没能敦促采取破坏集中营的直接军事行动。

不过现在他不会再犹豫了。

"强有力的军事当局如果能够看到这些行动的可行性，它们就是无可非议的，我确信现在就是时候。"他说。最后那一句有关军事当局的句子目前只是形式上的声明，毫无疑问，佩勒清楚需要做些什么。此外，佩勒有感军方会有所迟疑，便提出了全面轰炸死亡集中营的战略提案。制造手榴弹弹壳的克虏伯、西门子和布纳（全部在奥斯维辛）将在行动中被摧毁，还有德国的营房和警卫室，甚至是（集中营）营长的住宅。他呼应了本杰明·阿克津向他强调的话，并写道"这将大大鼓舞波兰地下组织和美国重要的盟友国家"。再者，就算是最糟糕的结果，轰炸也将消灭大批纳粹军队。最后，许多犯人能够借助激烈战斗引发的混乱成功逃离。他还补充说，证据和先例都能证明这一点。然后附上了《纽约时报》有关英军轰炸亚眠监狱时，法国抵抗战士溜进树林或逃上公路的文章。

就在佩勒写备忘录的当口，奥斯维辛集中营的大屠杀终于走向了尽头。世事就是这么让人唏嘘。不过又一次，麦克洛伊驳回了佩勒的请求。麦克洛伊的立场无关紧要，他们只是证明了一个准则：军队或白宫不想采取行动的时候，他们总能找到各种理由。尽管如此，其中的细节依然值得推敲。麦克洛伊在 11 月 18 日写道："轰炸奥斯维辛集中营只能由停靠在英国的美国重型轰炸机完成，飞机必须冒险往返穿越敌军领地，飞行距离约为 2000 英里，而且没有护航，十分危险。"他补充，不管怎么说，由于目标超出了盟军轰炸机飞行的最大范围，这意味着将有难以负担的损失。

他当然没有提到意大利的福贾空军基地有条件把飞行距离缩短不止 700 英里。他还忽略了一个事实——美国飞机已经多次穿越整个奥斯维辛地区，往返轰炸工业目标，而且每一次突袭中，每一架战斗机都配有护航，此举也被证实为可行的先例。他当然没有提到在此前的 6 月，P-38 俯冲轰炸机从意大利基地起飞，经过一段较长距离的飞行后，前往普洛耶什蒂摧毁那里的炼油厂。他当然也省略了另一个事实——盟军已找到为华沙游击队再次提供补给的方法。

除此之外，他当然也丝毫没有提起奥斯维辛—比克瑙已经在不经意间被轰炸过的事实。

他告诉佩勒，陆军部的结论是"合理的"。

∾

在给佩勒的答复中，麦克洛伊附上了弗尔巴—韦茨勒报告，但并没有表明他是否已经阅读。

　　麦克洛伊的传记作者凯·伯德指出，在处理争议性问题诸如军队内部种族歧视或是为林肯旅[1]老兵提供军队佣金等方面，麦克洛伊表现出了极大的勇气和主动性，但在面对开展针对死亡集中营的攻击时，他却成了懦夫，这一点出人意料。

　　世人很难想象，还有什么别的决定比这一决定更让人悲伤。如果麦克洛伊能在8月中旬下达轰炸的命令，他就能从毒气室里救出十几万名匈牙利犹太人，比观看2013年超级碗[2]比赛的观众人数多出了约3万人，并略微超过了葛底斯堡战役期间波托马克军队的服役人数。如果决定能在更早的时候通过，比如7月7日前后，就会有超过75万人幸免于难。被屠杀的匈牙利犹太人数量恰恰和盟军登陆诺曼底头两个星期内的阵亡人数相当。

　　这一切正在上演的时候，总统在哪里呢？9月初，本杰明·阿克津告诉佩勒："我敢肯定，一旦总统了解事实，他就会意识到其中涉及的利害关系，就能从陆军部惯性使然的反对中杀出一条血路，下达直接轰炸目标的命令。"

　　那么，在面对世界最关注的道德挑战时，这位人道主义的时代模范是怎么看的？对此，历史打了一个问号。诚然，罗斯福很少向媒体坦露内心的想法，或是向自己的助手倾吐个人感受，但是，难道他就没有在某个时刻情不自禁地将头埋在手中深深自责，就像他在珍珠港被袭后的那样，抑或是在听说可怕的信息之后，在某一时刻对进行中的大屠杀发出过嫌恶愤慨的低声抱怨？他是否曾停下脚步，衡量自我留给历史的道德意义？许多年后，麦克洛伊告诉记者，罗斯福的亲密顾问兼好友哈里·霍普金斯认为，"老大并不太倾向于"下达轰炸死亡集中营的命令。尽管如此，霍普金斯本

---

[1]　即亚伯拉罕·林肯旅，不是一个作战单位，而是指所有美国志愿参战者，其成员来自各行各业，有数量众多的黑人。
[2]　美国橄榄球超级杯大赛。

人曾要求麦克洛伊征求陆军部的意见。而麦克洛伊表示空军反对轰炸营地，并坚称他从来没有与总统亲自交流过此事，还直言不讳："然后就没有了。"

然而多年以后，老态龙钟且良心明显受到谴责的麦克洛伊说出了另一个完全不同的版本。他在跟摩根索的儿子面谈时提及，自己和罗斯福曾经一同讨论过是否该轰炸奥斯维辛集中营。这一版描述中，麦克洛伊指出，总统认为轰炸会将收效甚微，只会使美国看起来是"最终解决方案"的同谋，一些犹太人也是这么认为的。显然，罗斯福曾冲着麦克洛伊怒吼，美国将因为轰炸这些无辜的人、参与这一可怕事件而受到指责。因此，总统本人拒绝了这一请求，而且也没有提供其他建设性的替代方案。

哪一个描述才是真的？两者似乎都有一定的真实性，最终记录却模糊不清。唯一明确的是，协同轰炸未能成行。6 月没有。7 月没有。8 月没有。9 月没有。10 月没有。11 月没有。向华沙投递补给后没有。大胆轰炸德国占领下的法国亚眠监狱和拯救囚犯的消息流出后没有。比克瑙被误炸后也没有。总统没有终结这架有史以来最惊悚的死亡机器，即使他已经知悉了所有细节。任务更艰难但成效也最明显的 1944 年初夏没有，盟军全面占领法国滩头阵地、解放巴黎、罗马尼亚明确了立场的仲夏也没有。苏联人在白俄罗斯前线 800 英里处重击了德军一个月后，约翰·J. 斯默坦科（Johan J. Smertenko）直接于 1944 年 7 月 24 日向总统写信之后没有，诺曼底登陆后的秋天也没有——尽管在那时轰炸已经可以算是更直接的行动，且毒气室的屠杀也有所放缓。他没有想办法减缓死亡机器的运行，也没有向世界发表声明，指出这种令人发指的行为终将被绳之以法。当一名又一名受害者纷至沓来脱下衣物，听着齐克隆 B 气体被激活的声响，耳闻其他受害者的呜咽和尖叫时，他没有。当这些人变成毫无声息的尸体于火葬场或大型火炕被焚烧成灰时，他也没有。

毫无疑问，拒绝直接轰炸奥斯维辛集中营是总统的决定，或者说这至少反映了他的意愿。和华盛顿的所有其他人一样，他曾获悉大量信息，却悲剧性地选择不去深究这个问题，或将其作为他自己所面对的问题。多年后，众议员伊曼纽尔·采拉尔指责总统未能表现出哪怕一丁点勇敢的领导者活力，仅仅是沉默不语，并且满不在乎。但毋庸置疑的是，罗斯福正专注于发动一场世界斗争，无疑，他所思所想的是数不清的问题。力求终结战争、建立战后和平秩序的想法耗尽了他的精力，为此，1944 年的他似乎被困在了"知与无知"的昏暗之中。

而且马上，还有别的事情也牵制着他——迅速衰落的健康和最后一场竞赛——为第四届任期再次参选。

第十四章

风中沉寂

德国的上一次选举还是在 1938 年。但从那之后，它早已成了一党制国家。纳粹控制了政府的每一个部门，并试图就此来控制德国每一个人的思想。在 1938 年国会公投中，99% 的选票都投给了德国国家社会党。无论是哪里发出的反对声音，都立即被迅速残暴地打压下去。为了避免有人不识时务，盖世太保在一场非暴力反纳粹示威运动中围捕并斩杀了 6 位著名的檄文执笔者和白玫瑰小组[1] 的涂鸦艺术家。在战场的另一端，即使是大不列颠帝国也推迟了议会选举，应对战时紧急情况，当时整个欧洲都没有举行任何选举活动。然而，在美国，1944 年按惯例依旧是个换届选举年。实际上，自美国参战以来，他们已经举行了三次议会选举，还举办了数以百计的州选举。

在战时的高度紧张情况下举办总统大选，历史上只在 1864 年有过一次，那时正是内战白热化阶段，几场最激烈的战役就发生在那一时期，其中包括可怕的莽原战役。但是，美国宪法里并没有推迟联邦选举的条例。这么

---

[1] "白玫瑰小组"是 1942 年由慕尼黑大学的师生组成的一个反对纳粹的青年组织。是由汉斯·绍尔（Hans Scholl）和索菲·绍尔（Sophie Scholl）兄妹发起和组织的，致力于揭露和反对纳粹的宣传，并计划暗杀希特勒。在不到一年的时间里，白玫瑰小组印刷并散发了数千份反纳粹传单。

一来，身为美国的最高统帅，富兰克林·罗斯福心里怀揣着无可匹敌的自我信念，准备最后一次面对选民，以期实现在白宫史无前例的第四次连任。

不过罗斯福并没有公布这些。他的竞选是一个幻影，当众他什么也没有说，什么也没做，几乎没有承认那年是选举年。他妙语连珠，比如"今天没有新闻呢"，又或是"我不会再多谈自己已经做过的事了"。此外他跟卡尔文·柯立芝（Calvin Coolidge）一样沉默。他是党内全体一致提名的候选人，大多数时候他都满怀激情，但也不总是这样。1月份的时候，他们就已经过了第一关，那时举行了南方州长会议，所有齐聚华盛顿、准备出席年度会议的民主党人几乎都很支持罗斯福。最后，北卡罗来纳州的州长站出来直言不讳地说："我们来参加会议是为了驳斥罗斯福的，只是在1944年，我们实在想不出任何其他比罗斯福更合适的人选。"

民主党国家委员会则更加急切难耐。1944年1月，民主党国家委员会记名投票一致通过，恳请罗斯福再担任四年世界伟大领导人。但该大会到7月就中止了，这为某些人耍阴谋诡计空出了几个月的时间。事实上，一些势力庞大的政治大腕跟完全不反对罗斯福的民主党不是一条战壕的，他们站在了共和党一边。几近12年未能执政白宫之后，共和党的焦虑之情溢于言表。他们不断将候选人推上前台，首先是温德尔·威尔基，但他在早期的代表竞争中失利落败，随后又有一股热潮，追捧魅力非凡的太平洋战场指挥官道格拉斯·麦克阿瑟将军，他们还打算对此保密直到能够在大会上为他提名。然而，当一名内布拉斯加州国会议员公开了一些信件时，这些筹谋都成了泡影。在那些信里，他对新政大加抨击，而麦克阿瑟还对其中"这是借我们目前混乱迷惑的现状所做的阴险作秀"的相关段落字句表示了完全赞同。此后不久，麦克阿瑟宣布，他没有觊觎提名，而且不会接受它，宣称他的志向在于军队，无意出任政府高官。

如此一来，共和党就只剩下了唯一的人选——现任纽约州州长、共和党人托马斯·杜威。正如1932年的罗斯福一样，杜威很年轻，只有42岁，年少有成，还是一名有魅力的演说家。他曾经尝试成为一名职业歌手，现在则将自己的口才都应用到了演讲上，话语流利，舌灿莲花。但是要詹姆斯·麦格雷戈·伯恩斯来说，他那呆板霸道、严肃过度的作风也是名声在外。爱丽丝·罗斯福·朗沃斯则形容他就像"婚礼蛋糕上的男性小人偶"。但杜威也有发起攻击的打算。他在一次大会演讲上，严厉批评民主党为当局培养出了一个"精力不济又吵吵嚷嚷的老顽固"。这自然说的就是民主党的主席和门面——总统富兰克林·罗斯福。

毫无疑问，罗斯福喜欢当总统。他喜欢人群，喜欢真情流露。记者团的关注让他十分受用，他的每一个字都能令他们屏住呼吸。成为总统意味着世界触手可及。他还一直拥有风趣的晚餐对话，总统办公室门外总是有一长排的访客，总会有忠实的员工准备奉献他们自己并听从罗斯福的号令。但更重要的是，自从二战开始，罗斯福就决心——甚至是不顾一切地——要坚持到最后结束的那一刻。他梦想着自己将成功完成伍德罗·威尔逊未能做到的事情。他还意图留下一个可以永远废除战争的国际组织，能在永久和平基础之上建立新的国际秩序，作为他对后人的馈赠。他不希望战争的结局是让孤立主义者再次占领最前线，又或是战争一结束就要求美国再一次退出世界舞台。他希望应对战争，但总的来说他希望成为和平的核心构建者。自打早年与丘吉尔会面以及与斯大林首次会面后，这已经成了他的使命。现在，1944 年夏天，美国完成了诺曼底登陆，军队稳步推进穿越法国，罗斯福似乎终于要大功告成。

他尽量人为地推迟竞选，节约每一滴仅剩的精力，精明地限制了共和党人可能将矛头指向他的时间。毕竟，当他还不是候选人时，所有争论不休的主题都是他到底会否参与竞选。任何可能抛向他的中伤之词充其量都只是些插曲。于是，他选择在 7 月 11 日新闻发布会的尾声抛出消息："我还有其他事情要宣布。"总统读了一封来自民主党国家委员会会长的信件来起头，后者礼貌地请他传达自己的意图。中途，罗斯福请求来一根烟，他的新闻秘书史蒂夫·厄尔利（Steve Early）就尽职尽责地为他点了一支。他的手拿起信纸时还在不停颤抖着，烟灰如雨散落在他的办公桌上。他开始答复：

"如果国会提名我，我就会接受。如果人民选择我，我就义不容辞。"他调动自己所有的修辞技巧，狡猾地宣称："就我个人而言，我并不想竞选，但作为一名优秀的战士，我重申——我将接受并继续担任行使总统之职。"

尽管如此，并非罗斯福或杜威做出了参加选举这一最重要的决定，而是蜷缩在白宫二楼书房的一群民主党老板做出了这一决定。这个小团体的成员被责令找出一名新的副总统候选人来接替现任副总统——亨利·华莱士。评论家认为华莱士太理智、太自由主义、太不切实际（反正罗斯福也不太喜欢他）。他们也不太了解自己需要的人是什么样的，但鉴于罗斯福的身体每况愈下，他们知道副总统将有可能会在未来四年——也许更早——成为总统。他们绝对不想要让华莱士有成为总统的可能性。

事实上，罗斯福最初的人选是他的老对手和最近的盟友——威尔基，此人将有助于创建一个新的政治党派。但这种想法很快破灭了。随后，他推荐法官威廉·道格拉斯（William O. Douglas）。这一想法也同样破灭了。他们最终选定了密苏里州的参议员——哈里·杜鲁门。罗斯福对此有些想法——他觉得杜鲁门太老了——但还是默许了，虽然他的确没有亲自告诉华莱士，有人将接手他的职位，这几乎又是一次艾森豪威尔和马歇尔事件的重演。他还对副总统的另一名竞争对手比尔·道格拉斯（Bill Douglas）表示支持。现在就等民主党国家委员会主席在芝加哥把事情了结，告一段落了。民主党国家委员会主席在总统列车忙忙碌碌，在把信笺寄往代表手中前，他让罗斯福最起码得在信中把杜鲁门的名字写在道格拉斯之前。在做此改动之前，这位密苏里州的议员可能从未晋升到需要这张入场券的程度。

杜鲁门自己也不太情愿，他支持来自南卡罗来纳州的詹姆斯·伯恩斯（James Byrnes）——当时后者已从高级法院辞去了经济稳定办公室负责人的职位——虽然他自己确实在泰山压顶般的压力下签署了文件，还旁听了罗斯福和民主党国家委员会主席之间的一通电话。在这通电话里，罗斯福说："若民主党为此在战争期间解体，那就是杜鲁门的责任。"深夜的几通电话后，他一同意，国会就准备好提名杜鲁门为副总统。当杜鲁门夫妇离开大厅时，保镖、摄影师还有那些要求他签名的人立即将他们团团围住，贝丝·杜鲁门（Bess Truman）吓坏了，问道："难道我们下半辈子都得忍受这样的生活吗？"

然而，罗斯福甚至没有出现在大会上，他正乘坐火车前往圣地亚哥，而且是从装甲列车的瞭望车里进行电台广播提名演讲的，并没有亲自现身。总统不必担心与会者，因为他们都会表示支持。相反，现在他的当务之急是证明他的活力、精力以及控制力，破除所有声称他健康状况每况愈下的谣言，让美国公众想起他们当初为何会热爱富兰克林·德拉诺·罗斯福并继续热爱他。罗斯福接受提名的演讲再一次展现了他对政治舞台的卓越掌控力，就是将他最大的弱点——体能化作一种长处，直截了当地将对手置于被动的局面。"通常情况下，我是不该竞选这一职位的，"罗斯福的声音通过扬声器被缓缓拖长，"如今这些悲伤的日子里，我的确不认为这样的举动是理所应当的。此外，在全球战争的这些日子里，我也不应当有时间来做这件事。"

"1944 年摆在我们面前的使命是什么？首先是取得胜利，以压倒性的优势快速赢得战争。其次，组建世界性的国际组织，安排调遣世界主权国家的武装力量，以令在可预见的未来不再爆发另一场战争。第三，为所有的退伍军人，也为全美国人建立一种提供就业并实现体面生活的经济模式。"罗斯福的结束语引用了亚伯拉罕·林肯的第二次雄辩的就职演讲，谈到要弥合民族创伤，"……并尽全力实现和珍惜我们之间以及所有民族之间的公正、持久的和平"。9 个月内，这些工作都在推进，事实也证明引用林肯的那些话并非空话套话。

有趣的是，罗斯福本人当时差点没能发表演讲。

罗斯福已出发前去加州，那是一趟长达一个月的旅程，始于圣地亚哥，然后到夏威夷。按行程安排他会在夏威夷和道格拉斯·麦克阿瑟商讨在太平洋的战争策略。列车行驶得很缓慢，一如罗斯福所乘坐的所有火车。一路上，罗斯福悠闲地用餐，玩几把金罗美游戏（gin rummy）[1]，有时间阅读，同时还能完成一些工作。罗斯福沉醉在他人的陪伴与谈话之中。

1944 年 7 月 20 日，列车抵达圣地亚哥。当罗斯福计划第二天去加利福尼亚州的欧申赛德（Oceanside）检阅一场两栖登陆的演习时，埃莉诺正准备启程。当晚，他将第四次接受民主党提名参选美国总统。罗斯福打算由他的儿子吉米陪同整个检阅过程。吉米早已作为指挥官总司令登上了列车，随时准备启程。

突然，就像上次在德黑兰发生过的一样，罗斯福的脸变得一片惨白。"他脸上露出了痛苦的表情。"吉米回忆道。

"吉米，我不知道这次是否能挺过去，"总统深吸一口气，"我痛得厉害。"吉米立刻想到要跑去请医生，但罗斯福阻止了他。罗斯福坚持那只不过是一次寻常的胃痛，示意身强体壮的儿子帮助他下床，让自己能平躺在地板上。美国总统就在这样一列有轨列车的车厢地板上躺了大约有 10 分钟。他双眼紧闭，面色憔悴，身体则随着阵阵袭来的疼痛不时地抽搐着，独留吉米一人在极度折磨的寂静中眼睁睁地看着。

随着时间一分一秒地流逝，罗斯福脸上的苍白褪去，身体渐趋平静。"现在扶我起来，吉米，"他低声说，"我感觉好些了。"就好像什么事也没有发生一般，罗斯福让人将自己送上了一辆敞篷车，开往一处高崖观看 5000 名海军陆战队员和 3000 名海军在加利福尼亚海滩启动的登陆演习。几个小时内，罗斯福向忠诚的民主党人士致辞讲话。人群欢呼着。然而，之后发生的事情实在让人无法再欢呼起来。

等到罗斯福说可以拍摄自己演讲的照片后，一大群摄影师蜂拥而至。摄影师快速拍下罗斯福或张嘴或闭口的镜头，随后将这些照片紧急送到洛杉矶，美联社进行了后期处理，然后将照片发送给各大主流广播电台媒体。在美联社编辑从胶卷中取出的照片里，罗斯福正张着嘴说话。但当照片冲

---

[1]　一种纸牌游戏，类似中国的麻将，每人发十张牌，要把手中的牌组合成套路。

印出来时，却显示了更多的内容——总统目光失神，面容憔悴，下巴松弛，看上去疲惫得无以复加。可以预见，反罗斯福的报纸都刊登了这张图片，而且同样可以预见的是，罗斯福的新闻秘书史蒂夫·厄尔利大发雷霆，对那些拍下行程中其他照片的摄影师极为恼怒。然而，事情已经不可挽回了，已经没有办法再让那张照片回到暗室之中了。即使这没有给竞选造成灾难，托马斯·杜威和他的支持者这下也有了充分的说辞，可以对罗斯福的健康问题大做文章了。而且他们这么做也是正确的。

　　正当罗斯福满面倦容的照片传遍整个美国之时，德国正在进行一场疯狂的搜捕行动。7月20日，元首正带着他的顶级军事专员一同出席一场简短的作战说明会，有人向希特勒位于"狼穴"的寓所会议室里投放并引爆了一枚炸弹。爆炸声响彻云霄，结果也是毁灭性的。门窗尽毁，玻璃碎片迸射到空中，木块在爆炸中粉碎。浓烟中飘浮着碎片和其他杂物废料。火焰在作战小屋的墙上熊熊燃起。元首的裤子直接被点燃，后脑勺也被烧焦了。令人惊讶的是，他是房间里仅有的两名生还者之一，没有受到冲击，只受了一些皮外伤。

　　这已经不是第一次有人想要取希特勒的性命了，但每次他都能安然无恙地脱险。第一次徒劳无功的刺杀可以追溯到1939年。后面的刺杀计划都越发精密复杂。曾有人将伪装成两瓶干邑的炸弹安放在希特勒的飞机上，但不知何故未能引爆。还有一回是希特勒去参观一场苏联战场缴获战利品的展览，有人设置了一枚延时十分钟的引线炸弹，结果希特勒在里面只待了不到两分钟，被这变故弄得发疯的炸弹刺客只能被迫在厕所里拆解自己未能引爆的爆炸装置。还有其他一些失败的刺杀行动，甚至在狼穴也有不止一次。然而7月20日的刺杀注定是最后一次，也是最具决定性的刺杀，执行者是优雅的贵族上校克劳斯·申克·冯·施陶芬贝格（Claus Schenk Graf von Stauffenberg)。他曾是国家社会主义的支持者，但 1938 年开始反对第三帝国发动战争。最终，他的立场变化是因为纳粹政权愈演愈烈的暴行，尤其是看到了党卫军对乌克兰犹太人惨绝人寰的大规模屠杀的可怕报道。作为一名在北非战争中受伤的老兵，施陶芬贝格失去了右眼和右手。他最初是以一名策划者的身份加入到这个计划中来的，后经由提拔，成为被委派的刺客。对于自己即将扮演的角色，他说："如果一个人有勇气做一些必须要做的事情，那么他一定清楚自己会以叛徒的身份留在德国的历史上。但如果他不那么做，他就会成为自我良知的叛徒。"

他是对的。可惜残骸中没有拉出希特勒的尸体，反而是刺杀同盟的领导人都被追踪包围，在围堵的车灯照射中被行刑队当场射杀，或是被挂在巨大的肉钩上。尸体之后被拖走掩埋。翌日，希姆莱发布命令，将这些死去的志士从土中掘出火化。最后一次刺杀希特勒的尝试业已成灰。

另外，德国最伟大的上将之一、著名的"沙漠之狐"埃尔温·隆美尔也被卷入了这场阴谋，被党卫军逼迫服毒自杀。

现在，推翻希特勒的唯一途径就是等待盟军的坦克最终开进柏林。

在圣地亚哥，罗斯福焦急地等待着暗杀行动细节的消息。7 月 21 日的午夜，罗斯福启程前往珍珠港会见道格拉斯·麦克阿瑟。在黑夜的笼罩之下，海军巡洋舰巴尔的摩号在机动规避之后驶出了港口，慢慢驶向开阔的太平洋。罗斯福在心底一直把自己当做一名海军，他很高兴能够在广阔的海面上，朝着一个新的目的地航行。

成群结队的民众围在珍珠港口，挤满了码头。夏威夷的居民全体出动，每条船上的水手都靠着栏杆站成一排，全神贯注地注视着巴尔的摩号，一看到政要们就欢呼雀跃起来。尼米兹上将和随行政要都跑上踏板，在后甲板上向他们的最高统帅行礼致意。只有一名军方人员缺席——太平洋战争总司令道格拉斯·麦克阿瑟。他是一个傲慢无礼、飞扬跋扈的神秘男人，为自己安排了出场方式。伴着一阵警笛鸣响，麦克阿瑟乘坐着一辆加长型黑色敞篷轿车，在摩托车队的护送下现身了。车辆由一名军事司机驾驶，麦克阿瑟则穿着他标志性的皮夹克坐在后座。热烈的掌声再度响起，但这位总司令的心情毫无波动。"你好，道格，"罗斯福说，"今天热得要命，你怎么还穿着皮夹克呢？"

麦克阿瑟只能虚张声势地说道："哦，我刚从澳大利亚回来，那里可冷得很。"

鉴于欧洲战场已经显露出不可逆转的终结之势，罗斯福现在和一众指挥官商讨的是太平洋战区的战略——到底是向中国的台湾岛屿和大陆海岸发起进攻，还是绕开台湾，集中兵力解放菲律宾群岛（后者是麦克阿瑟支持的战略）。他还挤出时间参观了岛上的军事基地，其中包括一家军事医院，里面有一间病房满是截肢伤患。罗斯福一进门就唤来了一名特工，推着他的轮椅经过一张又一张病床，躺在病床上的年轻人都失去了一条或两条腿。总统朝他们微笑着说了几句鼓励的话，虽然他没有特意谈及自己双腿也无法行走的事实，但他萎缩的下肢一览无余。他要表达的意思很明确：总统也有过这种经历，一觉醒来，双腿已废，但他开始了新的生活，他们也可以做到这一点。"我从未看到过罗斯福眼中含泪的模样，"他的副官萨姆·罗森曼回忆道，"那天离开医院的时候，他和这群病号已经打成了一片。"

与会者很快对各项军事议题做出了决议。一名与会者认为罗斯福状态甚佳。但私底下，麦克阿瑟却得出了另一个令人非常不安的结论。这位上将告诉他的妻子："总统现在只是一具行尸走肉。六个月之内他大概就会踏入坟墓。"

夏威夷之行不可避免地流出了关于总统健康状况的种种谣言。华盛顿也已经盛传：罗斯福在霍布考休养时做了一次秘密的癌症手术。还有其他人含糊地暗示，罗斯福中风了或是罹患严重的心脏病。人们对他的身体状况的猜测铺天盖地，各方人士议论纷纷，特工迈克·莱利不得不允许记者团在罗斯福现身南卡罗来纳州的时候，在一定距离内观察罗斯福，此举只为破除那些声称总统实际上正身处波士顿或芝加哥的医院这类流言蜚语。这一回，罗斯福还在夏威夷的时候，哈里·霍普金斯发电报给总统说，驻扎在这座岛屿上的一名联邦调查局特工告知了约翰·埃德加·胡佛，由于罗斯福身体不适而取消了太平洋之行。总统旅程的下一站是阿拉斯加州西海岸的艾德克岛（Adak），也是美国的一处军事基地。还有，火车回程之前，他们最后还要回大陆和华盛顿州一趟。

无论这是关于健康状况谣言的产物，还是罗斯福想要证明自己，又或是他天性就偏爱人群对自己的崇拜和奉承，总统要是没来一次盛大的公开演讲，就不想踏上归程的列车回到华盛顿。他本来要求去一处棒球体育场进行演讲，但是特工处不敢放行。哈里·霍普金斯发电报建议总统在之前搭乘的驱逐舰甲板上演讲，身后还有一大堆气派的机枪作背景。罗斯福热切地同意了。这次演讲的观众将会是在布雷默顿（Bremerton）船坞的一万多名造船工人，还有全国的无线电听众。

罗斯福决定站着演讲，但自他上一次站立以来，几个月的时间，双腿变得更加消瘦了，肌肉慢慢萎缩，他穿的腿部支架也不再合身了。他几乎不能保持平衡。那天风很大，甲板摇摇晃晃，因而总统只能紧紧地攥住他的小讲台，几乎没法翻动演讲稿。用传记作家詹姆斯·麦格雷戈·伯恩斯的话来说，他通常亮如洪钟的声音如今变得不温不火、断断续续，演说本身也不甚连贯。但更加令人不安的是罗斯福演讲时身体出现的状况。起初15分钟里，罗斯福的胸膛像被虎头钳夹住一样痛苦，并蔓延到了两个肩膀。总统先生大汗淋漓。漫长的数分钟之后，痛苦开始逐渐缓解。那是一次心绞痛发作，这也是他从未忍受过的一种疼痛，可见他的身体状况比较以往都更危险了。离开甲板回到船长室时，他瘫坐在一张椅子上几乎一动不动。布鲁恩医生采了血，查看了心电图，但图像显示不存在永久性损伤。尽管如此，布鲁恩还是留下医嘱，要求罗斯福在接下来的回程中好好休息，总统也同意谨遵医嘱。

演讲之后，《华盛顿邮报》率先为罗斯福的政治生涯画上了句号，指出"年迈的总统看上去大不如前"且"必须结束竞选活动了"。

罗斯福回到华盛顿五天后，就去了海德帕克。但他仍然没有找到自己寻求的宁静。房间里宾客盈门。哈西特认为："总统仍然有点紧张焦虑，他现在还没有从这次太平洋地区长达五周的海陆之旅中缓过劲来。用餐时还有太多的访问者，什么年龄、什么性别的人都有，加上之前的劳碌，这实在无法让一个疲惫不堪的人感到轻松。"甚至连埃莉诺都注意到了，她记述道："爸爸抱怨说自己身心疲惫，我觉得他看上去又老了。我禁不住担心他的心脏。"

但眼见关于他身体状况的蜚短流长甚嚣尘上，罗斯福不由怒火中烧。他变得出奇的精力充沛和脾气暴躁，不想被认作已经无甚用处的废人。新闻记者戴维·布林克莱（David Brinkley）其后记录道："几个月来，他看上去孤独而沮丧，对任何事都提不起兴趣，只愿意时不时地为他的竞选活动出一封书面声明。但在1944年秋天的某段时间，他受自己对托马斯·E. 杜威的憎恶驱使，又恢复了几分力气。"

世界上其他地方也没有因为富兰克林·罗斯福或者1944年11月的选举大会而停止运转。自6月初，正当德国的战争机器无法逆转地从法国南部慢慢撤离，一列列火车从欧洲各个地方继续向北面和东面咔嚓咔嚓地前进，经过曾经辉煌的维也纳，路过古老的波兰城市克拉科夫，最后开进奥斯维辛的站台。残疾人、病人、孕妇、小孩还有老人被以每30分钟多达2000人的惊人速度送往毒气室，几小时内死去的人数比诺曼底登陆第一天的伤亡人数还要多。毒气室在7月份的一次暂缓运行后，再度全速运转起来。

8月1日，亡国的波兰人勇敢起义，对抗华沙的德国人。而不久之后，在阿姆斯特丹的荷兰人也发起了反抗运动，盖世太保正在赶来，他们的皮靴踏过街道，踏上楼梯发出咚咚的声音，他们正前往秘密的附属建筑，这里是奥图·弗兰克一家人曾经的藏身之处。奥图的女儿安妮正在等待命运的降临。她和家人将踏上最后一列从荷兰开往奥斯维辛集中营的火车。

∽

8 月 23 日，当德国人正要把重型迫击炮、燃烧火箭和一台远程控制的车辆地雷撒布器运往华沙，试图进一步镇压起义的时候，同盟国正在解放法国首都巴黎，罗斯福也暂时回到华盛顿特区短暂停留。由于埃莉诺仍然留在海德帕克，这天下午，露西·拉瑟弗德及女儿、继子和罗斯福的女儿安娜陪伴着罗斯福，待了一小时。他们一起聚在白宫的南骑楼，享用了茶和松饼。回到海德帕克一周后，罗斯福下令让火车沿着另一条不同的路线行驶，并在北新泽西露西的一处居所那儿停了下来。他甚至让露西旁听了自己跟丘吉尔的电话内容。两国首脑下周将会在第七次魁北克高层会议上见面。丘吉尔说他将把夫人也带来，罗斯福回复他也会把埃莉诺带来。过后，总统咨询特勤处，现在的这一新泽西路线是否能再通往海德帕克。一番研究后，特工给了肯定的答复。

1944 年 9 月，魁北克的高层峰会拉开了肃杀之秋的帷幕。就在各位军事联合参谋部长计划着让德国人赶在圣诞节之前——也就是 12 个星期之内投降——的时候，罗斯福和丘吉尔会面了。罗斯福很明显依然满腹疑虑，但他还是对建立占领区的主意很感兴趣，甚至愿意让美国人承担监视法国的义务。但战后如何处理德国的问题更令人烦忧。就像一战后发生的那样，他思索着怎么样才能在不为第三次世界大战埋下种子的前提下，让德国得到相应的惩罚，化解德国在未来带来的任何威胁。

小亨利·摩根索以财政部官员的身份提出了想法，再一次给人留下了深刻的印象——他建议把德国划分成许多个州，关闭煤矿，废弃工厂，去重工业化，最后把德国变成一个以农业为主的国家。这样一来，德国也就没有能力在未来兴风作浪，再度发动战争了。丘吉尔最初是持反对意见的，但到了第二天，他也和激动不已的罗斯福一样签字同意了这一提案。总统兴奋地告诉史汀生："必须把德意志民族赶回老家，这整个国家一直在进行一场反现代文明的非法战役。"然而，当一场媒体泄密风波将该计划的消息传来之后，华盛顿一片哗然。陆军部的史汀生和国务卿赫尔都大吃一惊。史汀生表示："这是疯狂的亲犹太主义。"而赫尔认为，这最终必然会受到德国人内部的反对和阻力。共和党人将该计划当成一个可能的竞选污点来大加斥责，而罗斯福迅速选择妥协。还没两周，他就声称自己完全不知道这个计划是怎么提出来的。

这到底是罗斯福在用娴熟的手法粉饰个人行径，还是病入膏肓的身体发出的又一个信号？刚从急性肺炎恢复过来的丘吉尔在会议期间极为担心总统阁下的健康，于是找来了麦金太尔医生询问总统的病情。麦金太尔坚称罗斯福的状况良好。但丘吉尔的一位助手莫兰勋爵提到："你都可以把拳头塞进他的衣领子里头了。我个人认为，人这一辈子是不可能无缘无故一下子瘦那么多的。"

两位首脑正要离开魁北克的时候，关于德国抵抗的增长又有新的消息传来。现在看来，12个星期内结束战争不过仍是一场幻想。

魁北克会议之后，丘吉尔到海德帕克短暂地参观了一番。首相保持着他平常猫头鹰般的作息时间，两位领袖都熬到了深夜1点才睡。但丘吉尔启程离开后，罗斯福晚上7点就上床了，还严格嘱咐助理一定要到早上再叫醒他。

同时，托马斯·杜威则把竞选活动搞得热火朝天，声称"现在一个疲惫不堪的老头正主持美国政府大局"，这句话几乎成了他的口头禅。对于许多人而言，他们很难反驳这样的评价。

罗斯福知道，自己必须改变竞选的方向和关注点。而他只剩下不到8周的时间。

∽

　　二战末期的那几年里，新斯塔特勒酒店（New Statler Hotel）是人们举办各式活动的流行地，那里适合举办各种会议、聚会、正式宴会和演说，也常常是普罗大众颁发各种徽章、相互拥抱和握手结交的地方。酒店位于第十六大街 1001 号，离白宫仅有几条街的距离。不仅如此，酒店的设计还特意用心为宾夕法尼亚大街 1600 号[1]的现任主人考虑了一番。总统套房有一间宽敞的私人电梯，正好可以到达夹层，还有一条从街上直通电梯的专用通道。这样的设计是为了让总统的豪华轿车能够直接开进电梯，进入酒店。如此一来，总统就能在绝对隐秘的条件下，经轿车载送后换乘轮椅，然后坐在轮椅上滚着轮子把自己推到主桌前，而所有这一切都将远离记者或其他任何人的视线。所有打算举办晚宴、期待美利坚合众国的总统阁下到场出席的组织团体都会想尽办法地预订斯塔特勒酒店的总统套房。

　　因此，1944 年 9 月 23 日，美国卡车司机公会选在了斯塔特勒酒店举办宴会，富兰克林·罗斯福也将在那里发表演讲。

　　在布雷默顿那次几近灾难的出行之后，这场演讲的风险尤其高。"总统在进行演说的前一晚上，疯狂地练习使用他的腿部支架，"助手萨姆·罗森曼回忆道，"毫不夸张地说，他就是在试图重新学会走路。"他倚靠在麦金太尔医生身上，但消瘦的四肢几乎不能支撑起他的整个身体。事实很快摆在了面前——罗斯福完成这次演讲的唯一办法就是坐在轮椅上。

　　那天，房间里挤满了人，人们都翘首以待。主持人介绍完罗斯福后，他的女儿安娜低声问罗森曼："你觉得爸爸能完成演讲吗？"整个屋子里有数百位工会成员、民主党政客和华盛顿的官员，众人都把椅子往后靠了靠，等待着。富兰克林·罗斯福用略显刺耳却缓慢温暖的语调开始演讲。他开玩笑："你们都知道实际上我比你们所了解的年纪大了四岁，这可能会惹一

---

[1]　此处指白宫。

些人讨厌。"他讲话的时候为了强调，加重了一些音节。他继续说："事实上，要好好计算一下的话，当我们开始收拾 1933 年留给大家的混乱萧条时，已经有上百万的美国人，甚至更多——（此处他又拉长了音调）比我们老了不止十一岁啊。"话音刚落，房间里炸开了锅，罗斯福像一个抛出妙语的喜剧演员一样，放松端坐。

这是针对忠诚支持者的一场演讲，嘲讽那些共和党人中伤、攻击了工会三年半之久，又将在之后的几个月内赶在这轮选举前讨好他们。罗斯福称他的对手为骗子，并补充道："我们都见过马戏团表演里许多不可思议的特技，但没有一只演出的大象可以翻着筋斗还能不摔得仰面朝天。"他还提到，"如果我是一名共和党领袖，正对着各类听众讲话，那么我的字典里绝不会出现的词语就是'萧条'"。罗斯福的演讲饱含激情，很受大众喜爱。人们欢呼雀跃，还有一个卡车司机兴奋得直用勺子起劲地敲打自己的银托盘。"老大哥仍旧雄风不减。"一位《时代周刊》杂志的记者这么写道，"他就像一位资深演奏家正在演奏一首多年钟爱的曲子一样……这位总统大哥在演奏他喜欢的那首曲子——政治。"

此刻，最后的锋芒还未展露，罗斯福的气势越来越强，他说："这些共和党领导人一向不满足于非难我、我的妻子和孩子们。不，不止这些，现在他们还开始抹黑我家的小狗法拉。当然，我不会因为这些负面言论愤恨不已，我的家人也不会，但是（罗斯福稍微停顿了一下）法拉肯定会很生气的。"罗斯福还加了一句："我觉得我有权利对这些言语攻击表达愤怒，也有权拒绝那些对我的狗的诽谤。"几乎是一夜之间，长达数月的公众猜疑就被打得烟消云散，曾经的罗斯福又重回聚光灯之下。但杜威仍在继续竭力推销自己的观点，罗斯福知道他在这场淘汰赛上想要稳操胜券，就需要再次出击得分。这一击将是一次纽约之行。那天的日期是 10 月 21 日，星期六。

～

这期间，就在 10 月 2 日，波兰地下军队在华沙投降。起义过程中约有 20 万波兰人遇难，德国先头部队在野战医院将一些受伤的起义者活活烧死。大约有 5.5 万人被送进集中营，另有 15 万人被送去德国的强迫劳动集中营。据报道，有 2.6 万名德国人丧生、受伤或失踪。后来的几周内，和在苏联一样，纳粹开始了报复性的洗劫行动。华沙所有剩下的原材料、纺织品甚至餐桌都被运出了城，剩下的一切要么被大火烧尽，要么被德国炮弹夷为平地。

～

从华盛顿驶来的总统特别专列于上午 7 点停靠在了纽约站。

罗斯福原计划搭乘一辆敞篷车，视察纽约五个区中的四个：布鲁克林区、皇后区、布朗克斯区和曼哈顿区。然而，飓风之后的雨水淹没了此时的纽约：洪水肆虐街道，人行道和建筑物也被浸在水里。冰冷的大雨瓢泼而下。但罗斯福还是决定按原先的计划出行。罗斯福从布鲁克林开始，在艾比斯球场稍作停留。他靠着腿部的支架艰难地登上了二垒[1] 后面的演讲台，表达了自己对道奇队的坚定拥护，还称赞了参议员鲍勃·瓦格纳（Bob Wagner）。罗斯福站在那里的时候，雨还下得很大，他的双腿靠支架撑着，水花飞溅在夹鼻眼镜上，被雨水打湿的头发贴在了脸上。后来，这位全身湿透、瑟瑟发抖的总统接受了一会儿快速按摩，并从海岸摩托警卫队那里拿到了保暖的衣服。

随后，尽管麦金太尔医生几次三番诚挚地恳求，罗斯福依旧坐到敞篷车里继续视察。没有任何竞选者比罗斯福更了解公众想要看到的是什么。人们想要一位充满活力、面带微笑的总统，即便大雨打湿他的衬衫，衣物

[1] 棒球比赛场地中所设定的区域，由防守方的二垒手防守。

紧贴在胳膊上。雨水从他的软呢帽檐滑落，沿着脸成股流下。他的西装都湿透了。但总统的肾上腺素在燃烧，他一直保持着愉悦的微笑，向群众挥手。人们在伞下望着罗斯福，积极地回应他。这场视察在正午时结束了。罗斯福虽然身心疲惫但却满怀欣喜，他前去埃莉诺位于华盛顿广场的公寓，麦金太尔医生在那里开好了一瓶波旁威士忌给这位总统暖身子。罗斯福喝了三杯。尽管埃莉诺已经在这间公寓里住了两年多，罗斯福还是第一次去妻子在纽约城的家。她领着他简单在房间里转了转，为他指出几处没有阶梯的位置，还提供给他两间卧室，通过浴室连接的两间房关上门就能隔开公寓的其他地方，方便他休息。下午，罗斯福终于换上了干燥的衣服，好好小憩了一番。然后他洗了个热水澡。当晚他还要到华尔道夫酒店（Waldorf Astoria）为 2000 名外交政策协会成员做演讲。

罗斯福再次用一场演讲为成立联合国安理会争取支持，而且他将这一组织定义为实现自己构想的战后世界的重要核心。即兴讲述了一番美苏关系何以渐行渐远的历程后，罗斯福明确表示，美国今后将贯彻维护和平的基本原则。罗斯福坚称："和平，如同战争，只有靠信念和力量强有力地执行下来才能实现。"安理会必须有快速的执行力，在必要的情况下，也能够果断地诉诸武力维护和平。之后，罗斯福又加入了一点自己最爱的朴素平实的类比技巧，说道："一名警察如果看到一个罪犯入室抢劫，却不得不先去市政厅，召集举办市民大会，发布逮捕令，然后才能逮捕罪犯，那么他就称不上是一名有作为的警察。所以我单纯地认为，很显然，假若这个世界组织有任何实现的可能，我们先让人民亲自以宪法规定的方式，通过各自的国会代表，赋予美国代表行动的权力。"人们纷纷起立，掌声如雷，对罗斯福表示支持。他的列车正等在台下的专用铁轨上，等待将他送去海德帕克。

罗斯福的助手威廉·哈西特注意到，总统在与崇拜他的人群相处了整整一天后，第二天早上显得"容光焕发，面色红润，丝毫没有感冒的迹象，甚至没有一点鼻音"。而那时市长菲奥雷洛·拉瓜迪亚已经卧床休息了，许多特勤处的特工都生病了，他们的老板反而好好的。他简直比魔鬼还要疯狂，激情满满，斗志昂扬，现在没有什么能够让他停下。哈西特还补充道："我所有的恐惧和疑虑都和总统的健康相关，但那时当我看到他时，这些疑虑、忧惧就像晨露一般蒸发了。"他在最后一行写道："总统最终一定会让那些诋毁他的人一败涂地。"

　　罗斯福一路上在另外三个主要地点停留：乘坐另一辆敞篷车浏览了费城风光；到芝加哥的士兵广场上做一场演讲，当时场内外分别有 10 万人迎着湖边刺骨的寒风，听着总统的话语回荡在广场的远方和后方；最后一处是波士顿的芬威公园，在这里的演讲是他最后一次大型演讲，也是政治生涯中最后的巅峰。四年前，罗斯福曾向美国的母亲们承诺，会让她们的儿子们远离海外的战争。现在他谈到各族裔美国人如何在全世界一起战斗。他还提到："任何一个血气方刚、真真正正的美国人都会在我们的国土遭到他人侵犯时站出来，选择战斗。"人们纷纷鼓掌，罗斯福最后一次站在了竞选的聚光灯下，沐浴着荣耀和光芒。

　　第二天，他会到海德帕克附近走动走动，再通过全国广播做一场竞选演讲。然后也没什么别的可做了，除了进行大选前夕千篇一律的仪式：坐在餐桌旁，将结果列成表格。座位上放好了记录表和铅笔，还放了苹果汁和甜甜圈。大型广播电台和新闻媒体已经开始报道。晚上 11 点时，海德帕克的邻居来这里为总统加油鼓劲，当时一位摄影师为后世抓拍到了罗斯福坐在门廊招待这些人的一幕。总统的大斗篷挂在轮椅上，他双腿交叉，裤腿高高挽起，还能清晰地看到其中一只脚踝明显有些肿胀，从鞋子里凸了出来，这是有淤血和心脏衰竭的迹象。软呢帽下，他的眼睛灰蒙蒙的，从某个角度还能看到下面青肿的眼袋，疲惫的脸上显露出一种匮乏的空洞表情。但欢腾的人群并没有看到镜头记录下的这些。罗斯福自己也没有示弱，他一直等到凌晨 3 点，等到结果明了——他将继续在这个国家执政，他将成为美国历史上前所未有的四次连任的总统。

　　杜威在 3 点 16 分时发表了败选声明，罗斯福在大约 4 点时做好了入睡的准备。哈西特走过去跟他的老板道了一句晚安，而总统那晚说的最后一句话是："我依然认为他是个混蛋。"

当希特勒离开位于"狼穴"的总部，登上列车离开柏林时，在华盛顿特区，有 3 万人冒着暴雨，等在联合车站外，迎接罗斯福从海德帕克凯旋。由于在纽约，这场决定性的竞选活动期还未结束，总统坚持降下他的车顶。即将离任的副总统华莱士、即将上任的副总统哈里·杜鲁门和他们的最高统帅一道挤进了车内。罗斯福年轻的孙子约翰尼·伯蒂格（Johnnie Boettiger）站在最前面。乐队在一旁演奏，骑着摩托车的警察引领护航。去往白宫的路上聚集的人数暴增至 30 万人，其中有为了欢迎总统回到白宫而放了一天假的联邦雇员和学生。选举投票的结果是不容置疑的——432∶99，罗斯福获得了胜利，虽然这次普选的票数差距只比杜威的 4800 万票高出了 360 万票，这是自伍德罗·威尔逊在 1916 年的竞选以来，票数差最少的一次连任竞选。不过，总统在国会有了不少重量级的新同盟，他们所在部门中起领导作用的保守主义者和独立主义者都已经被解雇。对总统本人而言，他将全民对他的远大愿景——实现战后由联合国管辖的世界——进行公开投票视作个人的胜利。

尽管罗斯福的白天是过得那么欢畅，尽管被问及 1948 年是否会再次竞选时，他和记者一起毫不介怀地同声欢笑，仍然有一股不安的暗流涌动。虽然总统在竞选巡游、热烈回应人群的追捧时，血压确实降了下来，两周之后的身体检查也显示肺部健康状况良好，心音听诊的结果尚佳，血压指数是 210/112，但罗斯福还是累了。他渐渐没了食欲，脸色也不再红润，变得越来越苍白。而且战争与和平的对决也尚未完全分出胜负。

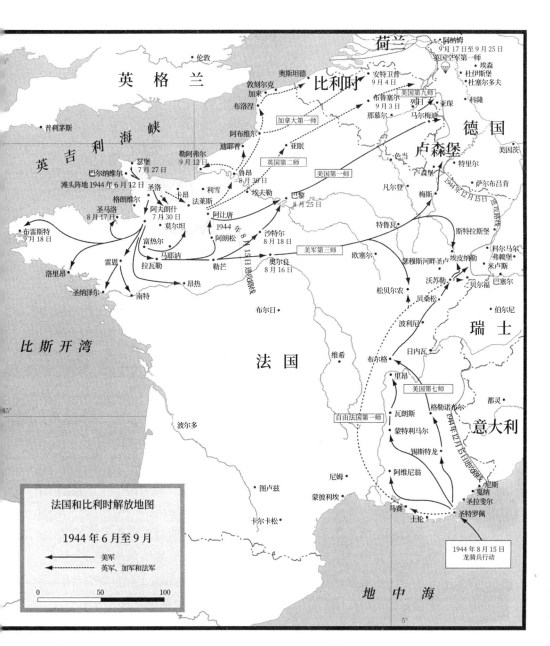

英格兰
伦敦
奥斯坦德
敦刻尔克
加来
比利时
荷兰
阿纳姆
9月17日至9月25日
英国空军第一师
埃森
杜伊斯堡
杜塞尔多夫
科隆
布洛涅
安特卫普
9月4日
布鲁塞尔
9月3日
那慕尔
列日
亚琛
马尔梅迪
德国
美因茨
普利茅斯
英吉利海峡
瑟堡
7月27日
巴纳维尔
滩头阵地1944年6月12日
圣洛
格朗维尔
圣马洛
8月17日
布雷斯特
9月18日
洛里昂
圣纳泽尔
南特
雷恩
拉瓦勒
马耶纳
富热尔
阿夫朗什
7月30日
莫尔坦
1944年
阿朗松
8月15日地中海登陆线
勒芒
昂热
比斯开湾
法国
波尔多
图卢兹
卡尔卡松
尼姆
蒙彼利埃
阿布维尔
迪耶普
勒阿弗尔
9月12日
卡昂
法莱斯
利雪
阿让唐
沙特尔
8月18日
奥尔良
8月16日
亚眠
鲁昂
8月30日
埃夫勒
巴黎
8月25日
欧塞尔
特鲁瓦
松贝尔农
波利尼
维希
布尔日
日内瓦
布尔格
里昂
瓦朗斯
蒙特利马尔
锡斯特龙
阿维尼翁
马赛
土伦
加拿大第一师
英国第二师
美国第一师
美军第三师
色当
凡尔登
梅斯
特里尔
卢森堡
萨尔布吕肯
斯特拉斯堡
科尔马
弗赖堡
米卢斯
巴塞尔
贝尔福
沃苏勒
贝桑松
瑟穆斯河畔圣卢
埃皮纳勒
格勒诺布尔
圣特罗佩
伯尔尼
瑞士
意大利
都灵
尼斯
戛纳
圣拉斐尔
自由法国第一师
美国第七师
卢森堡
德国
1944年12月15日的突出部
1944年12月15日的突出部
美国第九师

法国和比利时解放地图

1944年6月至9月

← 美军
←- 英军、加军和法军

0   50   100

地 中 海

1944年8月15日
龙骑兵行动

∞

正在穿越法国和低地国家（指荷兰、比利时、卢森堡三个国家）的盟军部队，并未对德军发起闪电战。盟军在诺曼底击溃了德国第七集团军，他们对南部的这个党卫军装甲师发起了报复行动，这支装甲师曾血洗了格拉讷河畔的奥拉杜尔镇（Oradour-sur-Glâne）。目前而言，尽管盟军拥有 37个师、7500 多辆坦克、6000 架轰炸机、5000 架战斗机和 2000 架运输飞机，盟军还是缺少一个大型港口。几乎所有的弹药燃料、每一颗零件、每一罐食物都不得不在诺曼底完成装卸。随着盟军向边界推进，这条繁重的补给线和德军垂死挣扎的反抗一同粉碎了立即结束战争的希望。实际上，被俘的年轻德国军官在采访时透露，他们仍异想天开地相信，最后的胜利还是属于纳粹的。德国人甚至继续坚守在意大利，牢牢牵制着盟军的两支军队。而且，当德国元首的精神状态恢复理智的时候，他为这些真实存在的部队制订了一个计划：等到天气恶劣之时，为敌方冲锋军队设下陷阱，坐等美英与斯大林的联盟破裂。

这纯粹是无用的把戏。绝望的德国指挥官可悲地征用希特勒青年禁卫军甚至老年人入伍援助，紧急加固城镇、桥梁、港口和位于盟军必经之路的防线，但是德国最顶端的领导层却在节节溃败。9 月初，希特勒曾抱怨过他的右眼感到了阵阵压力，这是拜施陶芬贝格刺杀团在"狼穴"的那次袭击所赐。接下来的几周，他的血压也很不稳定，手脚发颤，脚踝肿胀，头晕眼花，之后还出现了严重的胃痉挛，这些症状让元首不得不卧床休息。他被诊断患上了黄疸。到了 10 月中旬，周围的人都说他看起来毫无生气。他还瘦了 16 磅，心脏逐渐衰竭，颤抖的症状意味着他还患了帕金森综合征，甚至声带也受损了。起伏不定的情绪、恐惧心理和歇斯底里也加重了他的病情。但正如历史学家伊恩·克肖所述："希特勒并非精神不正常。"所以其中有什么反常吗？有的。这种症状并不止发生在希特勒一人身上，许多领导者都出现了，他们有一群盲从轻信的人群撑腰，都怀着征服和荡平欧洲的宏图斗志。但现在盟军正势不可挡地进逼德国边境。

而除了摇摇欲坠的战争帝国以外，希特勒的另一个帝国——死亡帝国，庞大的劳工系统和死亡集中营——也将遭遇意料之外的攻击。这一刻终于来了。

1943 年，正值利沃夫城附近的贝尔塞克集中营遭废弃，索比堡和特雷布林卡发起未遂的起义招致了纳粹疯狂无底线的杀戮，奥斯维辛才完全激发了它的屠杀潜力。紧接着，马伊达内克集中营的关闭，使得奥斯维辛—比克瑙集中营成了东部地区的死亡中心。四个新的火葬场以罗马数字分别编为二号、三号、四号、五号。最后两个则隐匿于集中营高大的树木之中，被称为森林火葬场。这些火葬场的设计者不断改进调试，使它们变得更具杀伤力，他们还提议增建加热氰化氢的供热系统，加速死亡进程。火葬场的最大容量可在一天内让火焰吞噬多达 4756 具尸体。二号火葬场和三号火葬场是最大的，都能够一次性将 1440 具尸体处理成骨头和灰烬的灰色混合物。但即使是如此大的容量，还是无法跟上纳粹杀戮的速度。当火葬场计划处理 2 具尸体的时候，往往会来 5 具尸体，被起重机吊着或者装在桶里送来，尸体的胳膊和下肢被折叠成奇怪的形状，横七竖八地伸出来，头发被剃光了，镶金的牙齿也被扭下，手指被切掉以便于摘取戒指。当这些受害者被送去焚烧炉时，只能勉强算是人体残留物罢了。

尸体被分流进焚烧炉，由于炉胆和烟囱反复出现因大面积过热的问题而无法运转，特遣队不得不在开放式壕沟里堆砌大量火葬用柴来焚烧残骸，火焰往往要花上几个小时才能烧完尸骸。

特遣队员的预期寿命大都很短，8 个月是最长的，有一些只能撑几周。任务完成之后，他们会被开枪射杀或者被毒气杀死。许多特遣队员早早就自杀结束了生命。党卫军需要壮丁加入特遣队，他们招募的许多成员都曾参与过法国抵抗运动和波兰共产党的地下组织。早在 1943 年夏天，特遣队就开始组建他们的秘密联盟。他们的计划很大胆，甚至可以说是鲁莽的，但无疑是勇气十足的——夺取武器，摧毁火葬场，组织突围行动。他们把战略写在了一本小笔记本上，装在瓶子里埋在地下。

他们密谋让三名少女带着装假底的食品托盘，将炸药偷运进比克瑙，但最终却是纳粹的党卫军决定了正面对峙的那一刻。发现他们企图逃跑之后，纳粹党卫队朝 200 名特遣队员发泄了怒气，在一间储藏室内用氰化物毒杀了他们。然后纳粹党卫队还下令，让剩下的特遣队成员亲自从自己的队伍中挑选出另外 300 多名成员给他们"宣泄"。1944 年 10 月 7 日那一天，纳粹宣布把俘虏运输到另一个集中营，表面上是让他们去别处工作，但那些装箱的男人都很清楚接下来会发生些什么。他们知道这是死亡的日子，也知道必须迅速采取行动了。

要跟党卫军一决高下了。

下午 1 点半，当一群纳粹党卫军走向四号火葬场时，特遣队突然像一群幽灵一样出现，高呼着"万岁！"，手持石头、斧头和铁条，发起进攻，捉拿拷打党卫军。他们还把其中一名盖世太保扔进了噼啪作响的火堆里。当党卫军士兵试图躲到铁丝网后面的时候，起义者烧毁了四号火葬场附近的数百个稻草床垫，火焰大起，然后用偷运来的手榴弹炸毁了建筑物和焚烧炉。纳粹党卫军增援部队迅速开摩托车赶到这里，架设了机枪，向人群开火，将囚犯驱赶向四号火葬场。在二号火葬场，大约 600 名特遣队员剪断了铁丝网，穿过了鱼类养殖厂和索拉河周边的农庄，逃进了森林。纳粹党卫军拉响警报，封锁了这片区域。不过仍有人成功地逃了出去。有党卫军发现了一群藏在谷仓里的人，就把他们锁在里面放火，活活烤死那些待在里面的活人，射杀从里面跑出来的人。从工作的集中营里偷运炸药、藏在衣服里带给特遣队员的 4 名犹太妇女被抓了起来，受尽折磨，最后被绞死。但她们毫无惧色。

至少 425 名特遣队队员在这次起义中牺牲。但他们也奋勇杀敌，杀死了

3 名党卫军下士，重创 12 人以上。

现在四号火葬场已被捣毁。此事相当值得留意——囚犯们竟然自己成功地完成了盟军没能做到的事。然而，剩下的三个火葬场仍然继续运转着，抽吸着灰烬，向天空喷着烟。起义两天后，4000 名犹太妇女遭毒气毒杀并被焚尸，其中 2000 人来自新到站的运输列车，还有 2000 名妇女则是精心选自那群早已囚禁于比克瑙集中营的囚徒。截至当月底，短短 31 天内，超过3.3 万名犹太人被毒气杀害，自从匈牙利开通运输列车以来，出现这样的杀人效率还是头一次。

就算德国元首半身瘫痪在床，就算美国第十二集团军横扫了法国阿登森林，正缓慢而势不可挡地向莱茵河挺进，就算苏联红军距离华沙已近在咫尺，就算富兰克林·罗斯福在雨中搭着敞篷车驶过纽约的街道——这些对奥斯维辛而言，都无关紧要。即便奥斯维辛的运转速度渐行渐缓，但它的运转方式一如既往。在匈牙利，至多只剩下 20 万犹太人幸存。

奥斯维辛就像一块渐入公众视野的拼图，一块碎片接着一块碎片，一块又一块连成片，外人在 1944 年秋天之前甚至难以得见它的外形轮廓。然而，现在不止在华盛顿、伦敦、梵蒂冈和纽约，全世界都可以看到。早在1942 年 7 月，波兰流亡政府就发布过相关报告，里格纳电报也曾提及，之后英国广播公司在 1943 年秋天也发表过相关报道，随后扬·卡尔斯基与罗斯福会晤时也曾提及，弗尔巴—韦茨勒的报告内容在 1944 年的春末夏初时节也被后来的两名逃亡者——切斯沃夫·莫罗维茨和阿尔诺什特·罗辛证实，之后出现了大量相关文章、电台报道，甚至还有盟军侦察机拍摄的航拍照片。

1944 年 6 月下旬，麦克洛伊拒绝轰炸奥斯维辛集中营，此时出现的照片已经尤为清楚详细，可以看到那条邪恶的坡道上站着一排排朝着毒气室和焚尸炉的方向行走的人。

到了 7 月下旬，证据更加确凿。那个时候，俄罗斯人已经解放了波兰卢布林地区附近的马伊达内克，也就是多趟开往奥斯维辛的列车的始发地。俄罗斯人在那里发现了毒气室，上面却标着无菌浴室和消毒室的无害标记。他们还发现了火葬场和匆匆掩埋的大型坟墓。到集中营的路上尸横遍野，一名曾效力于俄罗斯军队的波兰犹太人回忆说："他们不是战死沙场的士兵。他们是穿着条纹囚衣的犹太囚犯，在集中营倒塌几个小时前因逃跑而被射杀。他们很瘦，没有毛发，身上不着寸缕。有些人死不瞑目，还有些被射伤后仍艰难地向前爬行。"

苏联军队在营地里、低矮的单层建筑里以及两排通电带刺的铁丝网外面，发现了成堆成堆的鞋子，多到难以计数。鞋子像一块块煤炭堆在一起，又像垒得高高的谷仓。有些鞋子已经穿破了鞋底，没有鞋带；有些从鞋子堆高处跌落在地上。其中一间房间里的所有鞋子都很小，小得可以用成人的一只手掌包住，这些鞋子属于婴儿和蹒跚学步的儿童，其中很多都是这些孩子拥有的第一双鞋。除了成堆的鞋子，还有成堆的人类牙齿、成堆的头发、成堆的眼镜，里面混着破碎的镜片和弯曲或断裂的眼镜架。到处都是这么一堆一堆的东西。一名犹太士兵回忆："我一闭上眼，脑子里就全是这些成堆的小鞋子。他们从母亲的怀里夺走了这些孩子，杀死他们，却把这些鞋子留了下来。甚至当我睡着的时候，我也会梦到这些鞋子。这种行为简直太惨无人道了。"《时代周刊》的一名记者毫不掩饰地描述，突然间一切对他而言都变得"真实"起来。

世人逐渐发掘、披露了马伊达内克的秘密。1943 年 11 月 3 日，德国人举行了一场美其名曰"丰收节"的活动，当日在森林里枪杀了 1.8 万人（当时弗尔巴也在场）。然而，即便马伊达内克如此恐怖，它还不及最可怕的奥斯维辛集中营。

　　奥斯维辛孑然独立在所有集中营之中，那里徒留风声与寂静陪伴着亡魂。

　　到了9月，特遣队的成员才真正拍下了奥斯维辛集中营内部的照片。他们的镜头穿过门廊，捕捉了其他特遣队成员站在露天燃烧的尸体旁。另一张照片显示了一群妇女在被赶进毒气室之前在外面脱衣服的场景。这些胶卷被偷偷运到了克拉科夫的波兰抵抗组织手中。证据到处都是，但证据本身不会制定决策。而但凡涉及决策，几乎什么都不明朗。

　　10月10日，美国和英国联合向德国政府发出警告：如果奥斯维辛和比克瑙两处集中营中再发生大规模屠杀，所有牵扯其中的德军——无论官位高低——都将为此付出代价，他们将不遗余力地缉拿有罪之人，绳之以法。德国电讯局立即回应称，这些相关报道是彻头彻尾的谎言。英国对德国的回应颇为满意，他们相信那份宣言起到了一定效果。但事实上，他们说的这些话对阻止这场屠杀几乎毫无作用，给奥斯维辛集中营救急的只有西进的苏联先头部队。

　　自1944年夏天开始，火车和卡车一直从波兰向奥地利和德国运送囚犯和成堆的私人物件，甚至还有建筑材料和设备。实际上，即便德国人试图疯狂掩盖自己的罪行，也只是将处死囚犯的过程改成小规模执行，并转移到离祖国更近的地方——布痕瓦尔德、福洛森堡（Flossenburg）、拉文斯布吕克（Ravensbrück）、达豪、毛特豪森（Mauthausen）、格罗斯—罗森（Gross-Rosen）、贝尔根—贝尔森（Bergen-Belsen）、茨维勒（Natzweiler）、萨克森豪森以及诺因加默（Neuengamme）等几处集中营。11月26日，惊慌失措的希姆莱得知极速前进的盟军正在靠近后，立即下令捣毁奥斯维辛集中营的火葬场。其间，他们将二号火葬场的电机和通风系统装箱运往毛特豪森，天然气基础设施则分配到了格罗斯—罗森集中营。截至11月29日，美国飞机从头顶高处拍摄的多张空中侦察照片显示：二号火葬场正在被拆毁，而比克瑙铁路空空如也，并没有火车等待卸载人类货物。

接下来是有条不紊地处理证据。囚犯被迫继续劳动，将那些用以焚烧尸骸的沟渠清除并填平。12 月 5 日，天空下着雪，纳粹选出 50 名女犹太囚犯，命令她们挖出之前扔进了四号火葬场附近万人坑的所有尸体，也就是在特遣队员起义中被摧毁的那个火葬场。尽管冰天雪地，气温极低，但是一旦挖掘出尸体，他们还会在露天空地上焚烧。随后，那些原本填满骨灰和残骸的地表裂口和洞穴得清干净，再次覆上泥土，重新种上植被。

一号火葬场在拆除焚烧炉后成了一处防空洞，烟囱和天花板上放毒气的洞都没了，毒气室和焚化炉之间的通道封锁隐藏了起来。正如本杰明·阿克津预测的那样，这个破坏过程还在继续。12 月 21 日那天，纳粹拆毁了多处警卫塔、比克瑙集中营周围的带电围栏、火葬场的围墙，甚至还有更衣室的屋顶。但是命运总是爱开残酷的玩笑，毒气室没能完成的事，寒冷和恶劣的天气条件慢慢实现了：12 月在奥斯维辛集中营有超过 2000 名妇女冻死。

这场有条不紊的拆除行动与纳粹在西线对盟军大胆发起的进攻同时开始。战斗在阿登高地爆发，史称"坦克大决战"。这又是一个未解之谜，留有多个疑点。有难民告诉盟军，德军集结了大量坦克和装甲车，但没有人跟进这些听上去并不可信的情报。与此类似的是，截获的情报显示，大西洋和波罗的海基地的德国潜艇正在发送大量天气报告，这一点也被忽视了。应德国要求传输的默兹地区航拍照片也是如此。盟军总部普遍认为，德国人是将阿登高地当做一处修整地，他们准备撤退到东部战线，而且缺乏足够的燃料来发动攻击，更不用说要发动冬季战了。那一次，大不列颠的蒙哥马利将军简直重现了隆美尔在诺曼底登陆日为妻子买鞋的状况，竟然计

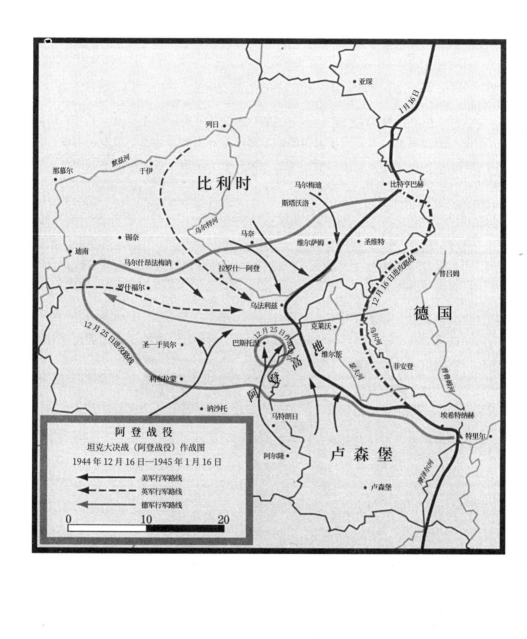

亚琛

1月16日

列日

那慕尔　　默兹河　　于伊

比利时

马尔梅迪

斯塔沃洛

比特亨巴赫

锡奈

马尔特河

马奈

维尔萨姆

圣维特

12月16日进攻路线

普吕姆

德国

迪南

马尔什昂法梅讷

拉罗什—阿登

乌法利兹

克莱沃

维尔茨

菲安登

12月25日进攻路线

罗什福尔

圣—于贝尔

巴斯托涅

12月25日德军据点

阿登高地

利布拉蒙

讷沙托

马特朗日

埃希特纳赫

特里尔

阿尔隆

卢森堡

卢森堡

阿登战役

坦克大决战（阿登战役）作战图

1944年12月16日—1945年1月16日

美军行军路线

英军行军路线

德军行军路线

0　　　　10　　　　20

划去英格兰度圣诞节，因而缺席了每晚的情势分析会议，这种态度一直持续到战争白热化时期。

进攻西方战线是希特勒最后的拼死一搏，战斗开始于 12 月 16 日早晨 6 点，敌方以最精锐的部队对盟军战线防守最薄弱的环节展开了长达 1 小时的炮火攻击。当武装党卫军的精英装甲军冲出寒冷的雾气现身——据一名军事历史学家所言——盟军人心惶惶，呆若木鸡。由于德国人有茂密的森林掩护，又被茫茫大雾所笼罩，这次攻击完全是一次突袭，盟军毫无防备，措手不及。几天之内，巴斯托涅镇（Bastogne）上一处交通要道的路口已经濒临失守。就像 1939 年的情况一样，德国人要求第 101 空降师投降，准将安东尼·麦考利夫（Anthony McAuliffe）简明扼要地给出答复："没门！"他绝不投降。这时，艾森豪威尔迅速采取行动，有点类似美国南北战争期间罗伯特·E. 李（Robert E. Lee）将军的做法，他将自己的军队分割，将一部分军队交给蒙哥马利将军指挥北上以突破德军，其余留在南方的部分军队都由美国指挥官奥马尔·布拉德利将军领导。

双方都要面临恶劣的天气，尤其是那些冬衣不够的美国人。道路变得泥泞不堪，暴雪纷纷而下。寒风白雾之中，坦克驾驶员只能在能见度近乎为零的情况下苦苦前行。巴斯托涅镇的军队获得了空运补给，拒绝向德国人投降，艾森豪威尔开始从南部发起反击战，在德军周围形成了钳形攻势。圣诞节前夕，1 万架飞机冲破云层，狂风暴雨般攻向德国军队。这是美国军队史上规模最大的一场战斗。1 月 3 日德国人终于被迫向后撤退。

希特勒舍车保帅的策略失败了。德国人虽然得以撤退，但损失巨大——3 万多人战死，4 万人受伤，600 多辆装甲车被摧毁或因燃料缺乏被遗弃。应丘吉尔恳求，斯大林重整自己的军队穿过维斯瓦河向东部发起了攻击。盟军尚未西渡莱茵河，也未东入德国境内，但他们马上就可以了。

苏联每前进 1 英里，他们就离奥斯维辛集中营更近 1 英里。

～

　　1 月中旬,苏联炮火声在远处回荡,除了撤离死亡集中营,德军别无他选。他们只扔下了那些重病、太过虚弱而无力行走或没有工作能力的人。奥斯维辛集中营只留下了不到 2000 名囚犯,比克瑙集中营则有 6000 多人。其余大约 5.8 万人——包括男子、妇女和儿童——排成一条条巨型柱状队伍步行出发,还有多达 2500 名囚犯单独列成另外一组。犹太人的柱形队伍长到厌战的党卫军士兵都无法及时监视他们的动态。任何倒下且不能立马站起来的人都会被枪杀。队伍跋涉多日,其中不仅有从大型集中营出发的,也有从遍布波兰各地稍小型的奴隶营组成的网络里来的。当队伍涌入大城市,他们就被押进火车或敞篷卡车,发配到仍在运转的德国集中营去。

　　伊利·威塞尔是这些队伍中的一员。他很幸运地被装进了火车,那里至少有车顶可以抵御寒冷,或者他自己是这么认为的。他回想起一群群囚徒在月台上试图吃下"相邻之人背上的落雪"来解渴的场景。他们在雪地里站上了几个小时,盯着地平线,等着火车出现。"一列长得没有尽头的火车,全是敞篷运畜车。纳粹党卫军用力把我们推进车内,每节车 100 人,我们是那么瘦,简直皮包骨头! "天亮时,车厢里的人"一个挨着一个蜷缩着,像一处被雪覆盖的墓地"。此时此刻,活着的人和死去的人几乎没有什么区别。大约有 1.5 万人在途中死亡,死尸被扔下车,罗布在铁轨的两旁。车内,威塞尔看着一个男孩被饥饿和疲惫折磨得头脑混乱,将拳头如雨点般砸向他的父亲,夺走了父亲那一丁点儿面包。当儿子往自己的嘴巴里塞面包的时候,也遭到了袭击,被杀死了。

　　两具尸体,肩并着肩。

　　新集中营里,死亡在数千人之中蔓延扩张。仅 1945 年 3 月,就有大约 1.8 万人死于饥饿、疫病以及难以启齿的污秽之事。

　　即使盖世太保只把最体弱的囚徒留在了奥斯维辛集中营,他们也没有丝毫掉以轻心。从 1 月 20 日到 23 日,他们在(营地)病号区射杀了数百人,放火烧毁了"加拿大"储藏库，大火烧了整整 6 天后，30 个集中营只剩下了 6 个。然后他们成功炸毁了火葬场和毒气室，完成了将威力无穷的杀人机器变成废墟的任务。他们离开时保留了五号火葬场以继续焚烧最后的尸体（那些死于后颈枪杀的囚犯），然后才把它炸毁。此时，俄国人正继续朝西挺进。一天半之后，苏联军队于 1 月 27 日下午 3 时到达了奥斯维辛集中营。

　　这是全世界都闻所未闻、见所未见之事。集中营只剩下 7000 名幸存者。其他数字更为惊人：37 万件男士西装、83.7 万件女士外套和裙子、4.4 万双鞋、1.4 万条毯子、7.7 吨人类头发，都用麻袋整齐地包裹捆扎起来，贴好标签分类码放，只待运输。然后还有无数在"加拿大"储藏库销毁后留存下来的手提箱，这些箱子来自当时源源不断地被运进（集中营）来的人们。两年半的时间里，奥斯维辛系统在欧洲各德国占领区及其盟国境内几乎杀害了近百万犹太人。除此之外，另有约 20 万名苏联战俘、波兰政治犯、吉普赛人和其他来自欧洲各地的非犹太人被送往奥斯维辛，约 12.5 万人死于毒气室或集中营。虽然苏联人已经开进马伊达内克进行检验审查，奥斯维辛却仍处于关闭状态。虽然有报告和谣言流出，但大多是零星的消息。直到 4 月 27 日，在英国施压后，苏联才以一封电报对此做出了回应："经调查发现，德国在奥斯维辛多个集中营内，杀害了共计超过 400 万名来自欧洲不同国家的平民。"另外——幸存者中无一人为英籍人士。英国断定这份电文太离奇，这一数字肯定夸张了。最终发现这一结果的确偏高，但最终确认的数字仍然高得吓人：集中营共接收了 130 万人，110 万惨遭杀害，其中 1944 年当年的死亡人数尤为惊人。

　　这一年，盟军毫无疑虑地确信，在这场战争中，他们终将取胜。

∽

　　在苏联人到达奥斯维辛的一周前，1945 年 1 月 20 日星期六，富兰克林·罗斯福再度宣誓就任美国总统。现在他脆弱不堪的身躯与长驱直入不断向东推进的盟军之间的另一场拉锯赛又要开始了。

第四部分

1945 年

美国第七集团军解放阿拉赫（Allach）集中营时，囚徒们挥舞着自制的美国国旗欢庆解放

第十五章

终结日

"1945年——这新的一年——将是人类取得历史上最伟大成就的一年。"富兰克林·罗斯福在当年1月的一场炉边谈话中如是宣称。他指出了纳粹恐怖统治即将被推翻，还有日本帝国的罪恶政权也将走向末日。但他首要关注的是，对1945年的最大展望是看到建立世界和平组织的实质性开端。罗斯福一心专注于这一目标，全神贯注地将视线牢牢锁定于此。那是他从战争初期就拥有的狂热梦想，事实上，这是在伍德罗·威尔逊执政期间，他首度担当公职的时候就已经有的想法。现在，现实终于有可能处于他的掌握之下了。

但他的掌控力却日益衰微。

在就职典礼的前一天，罗斯福将他的内阁成员召集在一起。劳工部长弗朗西丝·珀金斯自罗斯福上台起就跟在他身边，当日倍感震惊的她后来记下的不是那场讨论，而是左右那场讨论的人。虽然罗斯福仍能够激起沸腾的欢呼声，但他的皮肤已经苍白得难以形容，曾经炯炯有神的双眼也变得呆滞无力，身上的衣服显得宽松过头。到聚会结束的时候，他便开始用手撑着头，仿佛他的脖子和脊柱不能独立承受太过沉重的脑袋了。他的嘴唇发紫，双手战栗。他甚至只为了节省最后一点儿力气，而打算取消朝国会大厦去的就职游行活动。

尽管他的就职委员会承诺将为这次庆祝会拨款 2.5 万美元，罗斯福却表示反对，他可以将庆祝会的支出控制在 2000 美元以下，不需要招摇过市，就在白宫南骑楼举行一场简单的户外典礼即可。就这样，原本庆祝会邀请了 8000 人，最后只有不到 5000 人出席，他们站在阵阵寒风里，脚下是坚硬的积雪覆盖的白宫南草坪，身穿闪闪发光的红衣服的海军乐队在一边演奏。罗斯福的儿子詹姆斯和一名特勤人员将他从位置上扶起来，让他可以够得着小讲台。

尽管那天早上他"浑身发冷、颤抖不已"，胸口还有"刀割般的痛楚"，他依然在那里完成了就职宣誓，还做了演说。

他说道："我们要记住的伟大事实是，文明本身的发展趋势永远都是进步的。"就在此时此刻，西部各个拘留营正在逐步释放日裔美国人。大多数人重新白手起家，许多人回乡后发现，已经有陌生人搬进了他们的房子或带着他们的财物消失了。

罗斯福倚靠腿部支架保持平衡，从南骑楼向外望去，他的声音很平静，补充道："我们已经认识到，我们无法独善其身，独自坚守和平，我们的福祉有赖于其他遥远国度的幸福。"

就在此时此刻，纳粹正在奥斯维辛集中营为进行最后一次撤离做准备，他们让囚犯乘坐没有供暖的火车和敞开式的卡车向西行进。这些囚犯没有毛毯，除了坐成一排紧挨着彼此瘦弱的身躯，没有别的取暖方式。而垫后的盖世太保仍然会开枪射杀那些被留下的最虚弱的人。

罗斯福继续讲道："我们已经认识到，必须以人的尊严活下去，而不是像鸵鸟或马槽里的狗。"

在阿登战役的西部前线一带，盟军早在四天前就已经汇合，发起了一轮钳形攻势。但盟军仍在搜索小股负隅顽抗的德国人，枪声和死亡还在严寒中继续。在罗斯福演讲的时刻，希特勒正发疯似的命令装甲车撤出阿登高地的森林。

也是此时此刻，在新墨西哥州洛斯阿拉莫斯的沙漠里，一众科学家以燃烧自我的激情埋头工作，只为在 8 月 1 日前完成他们的承诺——研发出一颗相当于 1 万吨 TNT 爆炸威力的原子弹，或者用一位科学家的话来讲，"它比 1000 颗太阳还要明亮"，这是罗斯福最重大的决定之一。是夜，美国燃烧弹点亮了东京的夜空。

总统对聚集的人群说："我们已学会了将自己当做世界的公民，人类社会的一员。"

在此，罗斯福重现了林肯的第二次就职演说，放慢了语速，又加入了自己要强调的重点："我们认清了一个朴素的真理——正如爱默生所言——获得友谊的唯一途径是付出友谊。"

两周后，罗斯福将和丘吉尔、斯大林在雅尔塔（Yalta）会面，考验他自己的战时友谊极限，这将是他们三人的最后一次聚首。

以温斯顿·丘吉尔的观点来看，就算同盟国花上十年时间去寻找，恐怕也找不到比雅尔塔更糟糕的会面地点了。而事实上，雅尔塔本身就是战争的牺牲品。此地位于崎岖的山脉和黑海之间，气温比周边大多数地区都要暖和，人们还一度刻意地维护它未经破坏的荒野。俄国历代沙皇和贵族人士经常在那里享受明媚的阳光、温暖的海风、海边沿岸欣欣向荣的气氛、皇家庄园小型港湾里的绿水碧波、柏树林、果园、葡萄园，还有正开花的果树、丁香花和紫藤，这一切让他们无比惬意。尼古拉斯二世在那里建造了一座精美的宫殿——里瓦几亚宫（Livadia），这座由白色石灰石所建的华丽建筑坐落在海边高耸的悬崖边上，前有壮丽的玫瑰花园，后有白雪盖顶的山脉。但后来苏维埃政党上台，把这座皇家庄园改建成了一座专门的肺结核病患疗养院。德国人占领乌克兰的时候，军队受报复心理驱使，特地费尽心思摧毁了雅尔塔和近郊的其他地方。宫殿被洗劫一空,德国人像瓜分死亡集中营受害者的财物一般彻彻底底地搜刮了这座宫殿。他们在里瓦几亚宫的搜刮行为异常细致,不仅搬走了家具和艺术品,还拆下了水管装置、门把手和锁。他们没有撕毁地板这一点倒显得出乎意料。德军对附近的塞瓦斯托波尔的破坏则更加彻底,每一座建筑都支离破碎,市体育俱乐部仅仅在平地上剩下一些被砍折的树木和坑坑洼洼的坑洞,教堂也只是断壁残垣。

而在雅尔塔当地,德国人一撤退,鼠群和其他动物居民就在宫殿和别墅自由出没,以致跳蚤和虱子大量繁殖。很难说这里是举行同盟国会议的最佳地点。因此苏联的工作人员疯狂地铲起碎石和瓦砾,强行从莫斯科附近的别墅征用了一些摆件和装饰品来代替德国人掠走或摧毁的那些。所有的服务人员都是从莫斯科的三家酒店抽调后,乘坐火车赶来的。那里的条件如此糟糕,连斯大林都允许美国海军医疗人员赶在总统聚会之前到达,为宫殿进行消毒和清洁工作。

丘吉尔刚刚从华氏 102 度(约合 38.9 摄氏度)的高烧康复过来,在飞往克里米亚之前在马耳他与罗斯福进行了一次简短的会面。据丘吉尔的女儿回忆,她不得不藏起自己对总统阁下惊人变化的震惊之情——自他们上一次在德黑兰见面不过一年零两个月的时间,虽然总统一如既往颇具魅力,充满热情,但很显然他病得很严重。丘吉尔的内科医生莫兰勋爵断言,总统阁下罹患晚期动脉硬化症,只剩下六个月的寿命。人们还察觉到这一回不同于以往的那几次会面,国务院的助手重重包围并隔绝了罗斯福,令他断开了与外界的联系。但其中的缘由既可能是罗斯福与斯大林之间的政治角力,也可能是美国额外保护总统脆弱的健康状态,而且两个因素的分量差不多。正如以往由斯大林指定三巨头会面的地点,这一次,随着他的军队迅速向西推进,苏联的掌舵人有了更大的影响力。

和上次德黑兰会议的最后一天一样,罗斯福又一次淘气地把丘吉尔抛在一边,力图拉拢斯大林。就在议程开始前,罗斯福私下与斯大林和莫洛托夫见了一面。这位美国总统坦承，他对克里米亚所遭受的破坏表示极度痛恨，并且补充道，他比一年前更渴望把德国人五马分尸，希望能和元帅为处决5万德国军官再干一杯——这样的祝酒词在德黑兰就把丘吉尔惊呆了。斯大林无所谓地回应道：比起一年前，每个人都更加残忍了。

富兰克林·德拉诺·罗斯福随后便设法将对话的话题引向法国，并且试图引起斯大林的注意，声称将告诉他一些不该这么草率就说出口的事情，因为那些事情他可不想在丘吉尔面前说起。他所谓的趣闻是这两年以来英国人试图刻意将法国打造成一个强国，这对于将法国看作通敌叛徒的俄国人来说，是极其可憎的。罗斯福虚伪地补充道："英国人是一个奇怪的民族，他们往往鱼和熊掌都想要。"斯大林也很乐意批评批评英国人。等到离开时，罗斯福相信他们这次小聚已经修复了双方的友谊，关系已经恢复到了当年德黑兰会议那时的状况。

雅尔塔会议开了八天，那是一次杂乱无序的会议。各位部长和军事首领都在早上碰头，而三巨头则在下午4点会面，但是午餐与晚餐期间也会有商谈的情况，两位领袖之间还有自行安排的私下会面。三巨头提出了许多问题，但这些问题却鲜有得到正式解决的。几次讨论之后，这些问题反而分别被派给会面中的外国部长或军事领导，或直接因为另一个问题的出现而被扔在一边，无人问津。

罗斯福仍然相信会上总能即兴想出些解决方案来，但参加雅尔塔会议的人比德黑兰会议时要多得多，这也使得巨头们能够自由裁量的机会更少了。国务院顾问和总统的翻译官查尔斯·波伦（Charles Bohlen）指出："随着议程推进，我们可以慢慢看出来，罗斯福此前显然没有多花时间去研究手上本该尽可能关注的汇报卷宗。"

雅尔塔会议上出现了正式议程上没有的两项议题。第一个议题，与会者很容易理解，就是罗斯福的身体状况。除了最后一天晚上斯大林为美国总统的健康祝酒，向罗斯福的租借法案和动员全世界来对抗希特勒的举动表示致敬，这个话题是有些出格的。不管怎样，毫无疑问，斯大林显然看得出罗斯福的身体状况不是很好。此外，隐藏起来的苏联的记录装置——其中包括几只能够捕捉到两百米以外对话声音的定向传声器——很可能获取到了布鲁恩医生反复进行的血压检查报告和心电图读数，也可能已经侦查到有人提出波兰战后的议题后，总统身上一连串反复无常的心跳声。他最终恢复了平静，但还有其他几次令人担忧的时刻，包括一次闲聊时，罗斯福说的话远没有在第二次会议开始时发表的演说有条理。他谈起了在1886年他还只是个孩子时所知的德国——一个由繁荣的半自治州所组成的德国，与希特勒所统治的德国截然不同。总统的结论是，柏林的中央集权体制是这个世界现在遭遇不幸的源头。但俄国人和英国人没有回应这一观点。或许最意味深长的是，罗斯福招待斯大林和丘吉尔晚宴时，他第一次没有调制鸡尾酒。

没有人在任何正式场合提起进行严肃商讨的另一项议题是关于欧洲幸存犹太人今后的命运。苏联军队的确在会议开始前的一周就已经解放了奥斯维辛集中营，却没有任何记录显示斯大林在会上转达了军队在那里的恐怖发现。这一话题只在最后的晚餐聚会上才稍有提及。那时斯大林和丘吉尔开始谈及英国的议会选举，斯大林试图转移话题，就拿"犹太人的问题很棘手"开了个头。这位苏联的领袖提到，他曾有意在俄罗斯境内农业区比罗比詹（Birobidzhan）为犹太人创建一个永久的家园，但两三年后，犹太人就分散到了各个城市。"他们中只有很小一部分人在农业上取得了成功。"这位俄国领导人补充道。这个时候，罗斯福加入了对话，声称他是一名犹太复国主义者（民主党和共和党的党纲的确都包含了支持犹太复国主义的政纲条款），斯大林附和称，原则上自己也是个犹太复国主义者，但现实存在很多困难。罗斯福微微深入话题，透露他将会见沙特国王，商讨准许犹太人入境巴勒斯坦的事宜。斯大林好奇罗斯福是否会让渡一些利益给伊本·沙特国王。这位美国总统反驳："美国有600万犹太人。"他使用了这一个日后回顾时证明尤其不合适的数字。但是斯大林没能听懂这个糟糕的笑话，他没有像曾经重新安置苏联犹太人那样细细思量，反而琢磨起"重新安置美国犹太人"这句话的字面意思，还说犹太人是一群"二道贩子、投机者和寄生虫"。接着斯大林自己开了一个玩笑：没有犹太人能住进雅罗斯拉夫（Yaroslav）——据美国翻译官波伦解说，这座城市以小贩的精明著称。罗斯福没有回击，只是笑了笑，斯大林最终不再反对把犹太人送往巴勒斯坦。

结果，三巨头在雅尔塔的最高级会议上做最后的总结陈词时，除了发布声明指出所有流离失所的平民将回到原籍国以外，别无他言，似乎那些欧洲犹太人的命运——无论是已遭杀害的还是苦苦求生的——在三巨头的眼里完全不值一提。

罗斯福虽病弱体虚，但仍是一名手握重权的杰出人物，他主持了每一场全体大会，确保没有遗漏任何一项重要的议题。既然他们已取得了一项历史性的非凡成就——在抗击希特勒的战争中几近取胜，那么罗斯福现在最关心的就是确保苏联出兵，加入太平洋战争抗击日本人。他想得到非公开的承诺，他也这么做了，以正式公报的秘密条款的方式。他预计攻占东京将会是一场旷日持久的战斗，他以日本投降后对中国满洲部分地区的控制作为交换，取得了斯大林的承诺——俄军将在德国人投降后 90 天内参与到太平洋战争中来。总统的第二个主要目标是确保与会国一致同意，达成建立联合国的协议，以推进构建实现世界和平的国际框架。此外还有一些令人困扰不堪的战后问题：怎么处置德国？法国可以在战败国内拥有一处占领区吗？战争赔款如何分割，成效会如何？德国会分裂吗？波兰——作为奥斯维辛集中营的大本营所在国、华沙犹太人区所在地、华沙起义的发生地以及战争的象征——命运会如何？她将成为自由民主的国家，还是变成苏联的附属国之一？这些疑问将是随后几年里罗斯福留给后人的遗留问题。

虽然大多数问题看上去都得以解决，但结果显然好坏参半：法国也将参与瓜分、占领德国，负责监视英国和美国的占领区领土，而德国将支付战争赔款，其中一半数额将用于补偿苏联；未来，苏联边境一带的缓

冲国^[1] 政府也将会跟莫斯科政权（苏联）友好相处。让大多数旁观者懊恼的
是，总统在波兰方面付出的代价太大了。波兰的战后政府将包括共产党成员，
这基本就是让波兰从听命于德国人变成直接听命于俄国人。但罗斯福辩解
说，既然这个国家如今里里外外到处都是苏联军队，那么这实际上就是不
言自明的地理因素带来的注定结果。不过，政府官方公报仍然承诺选举自
由不受限制，采取普选制和无记名投票的方式。会议就美国关于联合国安
全理事会的表决计划达成了协议：联合国将设有五个常任理事国，每个常
任理事国对理事会所做的决定都有一票否决权。关于联合国的其他决定将
在随后的 4 月末在旧金山举行的就职会议上决议。丘吉尔损失的利益可以
说是最多的，东欧国家显然不会踏上他为之设想好的那条光明的民主之路。
但从某些方面来看，斯大林也做出了一定的妥协，比如对是否允许法国加
入德国管制委员会的问题。而很明显，罗斯福也在波兰的问题上做出了
让步。

最初，人们称赞雅尔塔会议是一次伟大的成功，标志着同盟国战后合
作的可能性。罗斯福和其代表团离开时身心疲惫，但也对未来的展望欣欣
鼓舞。

回程中，总统中途停下，会见了埃及国王、沙特阿拉伯国王和埃塞俄
比亚君王。

罗斯福披着随风飘动的黑色披肩，在"昆西"号（Quincy）炮甲板上
依次接见了他们。埃及国王和埃塞俄比亚君王先来商谈。沙特阿拉伯的伊
本·沙特国王后到，他在第二天登上了专门派来接驾的美国驱逐舰"墨菲"

---

[1] 地处于两个敌对国家或集团之间的、不介入双方冲突的国家，因这些国家对冲突双方起到一定
的缓冲作用而得名。

号（Murphy）。《纽约时报》写道："船舰从吉达（Jeddah）出发的那一刻起，便成了一道令人惊艳的风景线——就像一座微型的阿拉伯宫殿。"驱逐舰的甲板上铺了厚厚的地毯，前炮塔的旁边还安置了一顶皇家帐篷。船身出现在众人视野之中的时候，这位国王正坐在一把豪华的镀金椅子上，一派王者风范，四周铺满了珍贵的地毯，光着脚的努比亚士兵守护在他身边，他们的军刀已出鞘，做好了随时作战的准备。除了地毯、羊群、帐篷、木炭烹饪桶和圣洁之水，伊本·沙特还带来了一批随行人员，包括亲戚、守卫、贴身男仆和食物品鉴师，以及王室占星师和几名咖啡礼仪服务师。另外，还有九个多才多艺的侍从——兼具奴隶、厨师、搬运工和佣人等职能。这是沙特国王第一次离开他的沙漠家园，手下的一些随行人员从来没有见过大海，而且多数都没有坐过船，他们所有人都畏缩不前，不敢走下甲板到下面去。至于食物，沙特阿拉伯人拒绝食用任何来自船上食堂的餐点，反倒要宰杀自己带来的羊，这些羊就被关在扇状船尾上专门建造的围栏里。令船上的长官和全体船员更加瞠目结舌的是，他们看到沙特阿拉伯人居然毫无察觉地在填满弹药的升降机旁边搭起火盆，自己熬煮咖啡。

沙特国王已经70岁了，跟罗斯福一样，已经感受到了岁月的侵蚀，愈加精力不济。他行走缓慢，步履蹒跚，全靠一根拐棍保持平衡。在凉风习习的甲板上，这位国王挨着罗斯福在一张长毛绒的豪华座椅上坐下，两人肩并肩坐在一起，沙特国王宽松的长袍与罗斯福异常大的斗篷如波浪般在风中一同起伏着。一张矮桌已经摆好，方便两人享用咖啡，出于对国王的尊重，昆西号的甲板也铺上了色彩明艳的多层地毯。国王面前不允许女人在场，因此陪伴了总统整个雅尔塔之行的女儿安娜，早已不得不被安置到甲板下。

最初的客套、赠礼和谈论了一些关于石油和重新造林的问题之后，罗斯福考虑到自己没有出力将犹太人从奥斯维辛集中营解救出来，便想至少试着帮助其中的一些幸存者。他的目的是帮助那些被蹂躏的犹太人，满足犹太民族迫切需要一方家园的要求，这并非无足轻重的需求。他将会话引向了主要目标：请求沙特国王额外允许 1 万名犹太人入境巴勒斯坦。罗斯福一如既往对自身魅力和无往不利的说服力满怀信心，他所建议的人数在整个阿拉伯世界总人口中只占极小的比例。但他得到的回复却是毫不含糊的拒绝。伊本·沙特之后发表了一通自己的见解，公然抨击犹太人利用英美资本家的钱把阿拉伯乡村变"繁荣"的行为，谴责犹太人跟阿拉伯人斗争而不是跟德国人［事实上，原因在于大穆夫提（Grand Mufti）站到了希特勒的一边，而犹太人只是在抗击德国人］，并且发誓比起为更多的犹太移民让路，阿拉伯人宁肯自己拿起武器捍卫家园。"阿拉伯人宁愿选择死亡也不愿把他们的土地拱手让给犹太人。"他的回答很坦率。罗斯福还尝试了很多其他谈判策略，包括淡化美国亲犹太复国主义情绪，并补充表示他作为总统可以随其心意制定外交政策。然而，沙特国王每一次的拒绝都愈加坚决。他在昆西号上留下了一飞机的礼物，但在犹太难民的问题上没有做出丝毫让步。实际上，罗斯福的亲密顾问哈里·霍普金斯十分沮丧，担心总统因为糟糕的健康情况，在亲犹太复国主义的立场上屈服得太快了。

除了在传说中的埃及城市亚历山大的阴影下与温斯顿·丘吉尔共享一顿家庭午餐，也没有其他什么要事可办了。他的大限之日即将来临，还有哈里·霍普金斯（1946 年去世）也是，他和罗斯福一样遭受着病痛的折磨。总统的女儿、丘吉尔及其儿子伦道夫和女儿莎拉都出席了这场家宴。后来，丘吉尔是这样描述他的朋友兼同盟的——平静而脆弱，奄奄一息，气若游丝。美国驻沙特阿拉伯特使则更直接，他说罗斯福的脸是灰白色的，还加上了这样的描述："皱纹很深，双眼在无助的疲惫下失去了光泽，完全是一具行尸走肉。"

几乎是在昆西号一朝西行、穿过地中海的时候，暴风雨就降临了。罗斯福和丘吉尔曾说服斯大林邀请法国将军夏尔·戴高乐加入到战后国际构架中，现在这位将军却轻蔑地拒绝了与总统在阿尔及尔的会面，而精疲力尽的哈里·霍普金斯宁愿选择飞回家，也不想在海上多待个把星期。两天后，罗斯福长久以来的忠实助手帕·沃森死在这艘船上的手术室里，死因是充血性心力衰竭和脑出血。

总统每个早上都躺在床上，下午则和女儿在甲板上度过。他凝视着海水，抽着烟，偶尔随便抓起面前的任何一本书粗粗浏览几页。酒宴和晚餐似乎让罗斯福找回了旧日雄风，但是2月27日结束航行的时候，罗斯福只想直接坐火车回华盛顿。两天后，他将在那里最后一次面对国会。

犹太人被迫继续向深入德国领土的方向行进，走过了整个2月，又走进了3月。他们在寒风刺骨的天气里徒步千里。然而，即使是那些有幸听见苏联大炮声的人，最终也很可能已经被塞进了火车，运往远离前线，也更远离自由解放的地方。纳粹每隔一天才供应一次饮水，几乎没有食物。3月，在一列密封火车上，在1月份离开东柏林纳粹集中营的1000名女性中，最后只有200人幸存下来。仍有成千上万的犹太人继续徒步跋涉着。

此时，这批看不见尽头的犹太人队伍还得想法子在路上活下去，他们已经逃过了被送进毒气室的命运，克服了饥饿和疾病，此时正走向位于德国与奥地利心脏地带臭名昭著的死亡工厂的险恶路途中。当他们穿越德国的城镇时，党卫军不会让当地居民向他们提供任何食物，他们会说"这些人是犹太人"，孩子们就会沿途捡起石头，狠狠扔向跌跌撞撞的队伍。这些犹太人的最终目的地是贝尔根—贝尔森集中营、达豪集中营、布痕瓦尔德集中营、毛特豪森集中营、萨克森豪森集中营和拉文斯布吕克集中营，以及它们如触手般延伸分布在各处的附属营，这些都是"最终解决方案"的残余。随着战线朝着柏林方向后撤收缩，纳粹的想法比以往更加异想天开，他们相信来自集中营的犹太人和其他囚徒将为他们提供新一轮的奴隶劳动。在这种扭曲的妄想之中，这些犹太人会造路修桥、铺设铁轨或设置坦克陷阱，阻挡盟军前进，还会在苏台德山脉和奥地利阿尔卑斯山挖凿地下防空洞，希特勒和纳粹国防军妄想着可以在那里继续指挥作战，打一场假想的游击战以左右战局。然而，现实则是截然不同的另一副模样。

在贝尔根—贝尔森，一群犹太人躺在地板上，他们既没有毛毯也没有食物。就像在奥斯维辛集中营一样，虱子到处横行，斑疹伤寒和霍乱等疾病四处肆虐。外面成堆叠放的死尸正开始慢慢腐烂。抵达集中营的人里，就有安妮·弗兰克。

她和妹妹玛戈特是 1944 年 10 月第一批离开奥斯维辛的犹太人，被送往了西部。她们已经在奥斯维辛集中营以搬石头的方式证明了自己能够干体力活，被挑选出来送往西部，成为新劳工的一员，然而她们的父母却被留了下来。在贝尔根—贝尔森，安妮留给一名幸存者的印象是她圆圆的眼睛和随时可以显露的微笑消失了，可怜巴巴地为一点余粮乞求。对小孩和青少年而言，挨饿是常有的事，斑疹伤寒也在他们之间猖獗地蔓延着。玛戈特·弗兰克是第一个生病的。等着盟军来营救的梦想破灭了，不久安妮也倒下了。

盟军正在往她们的方向缓慢前进，但距离她们仍十分遥远。

总统在国会联合会议举行演说是一项可以追溯到乔治·华盛顿时期的传统，那个时候的首都最开始在纽约，然后搬到了费城。在华盛顿特区国会的大圆顶下，立法机关齐聚会议厅，听取行政首脑（总统）向众议院所做的汇报。参议院占据了一块更私密的位置，那儿有一张张小红木桌，还有多年以来各位议员镌刻下的个人名字和姓氏的首字母。但回溯 1857 年，人们就会发现众议院会议厅是个杂乱无章的地方，里面全是一排排没有指定座次的座位和一大片半圆形的旁听席边座。3 月 1 日，当富兰克林·罗斯福抵达的时候，里面已是人满为患。

这一幕景象对国会议员而言是极不和谐的。现在战争结束后出现在他们面前的总统与早前武装冲突开始时在国会发言的那个总统有天壤之别。他没有像上次在珍珠港事件哀悼期做演讲时那般装戴他的腿部支架，借着他人的搀扶保持平衡自信地行走，反而第一次由人轻轻地推着轮椅进入了大厅的天井，然后换坐到一张小桌子前的豪华红椅子上。不过大家仍对他的到来表达了热烈欢迎，厅内响起了雷鸣般的掌声。罗斯福在发言开端难得地提起了他的双腿，底下平时穿戴的钢铁足有 10 磅重，他还开玩笑地请求在座人士原谅他只能坐着演讲。而且这次演讲的大多数内容也与以往不同。

罗斯福的坚定支持者都很喜欢这次演讲，但是大多数人未能再见识到昔日的罗斯福。如历史学家所记载的那样，虽然总统做演讲时用手指翻看着文稿，但他还是把一些短语说得磕磕巴巴，吐字也含糊不清。他在演讲过程中加入了即兴创作，偶尔还神游物外、偏离主题，他的演说断断续续、神思不属，字句也随波逐流、跳脱不定。"我不认为那是一次特别好的演说，"失望的威廉·哈西特在日记中透露了自己的想法，"开头不够直截了当，总统还做了细致的即兴创作，即便竭尽全力，这一不明智的做法也会让他白费不少劲。"罗斯福提到了在雅尔塔会议之后会见了伊本·沙特，还补充道，两人的那次见面让他了解了不少犹太与穆斯林的相关问题。总统只有偶尔为了强调重点时才提高嗓门，多数时间都只用了平和单调的语气。著名的未来国务卿迪安·艾奇逊指出，那不是一名国家领袖的声音，而是一个病人的声音。而那些齐聚一堂的议员也难以忽略总统拿水杯时那只颤抖的手。

只有在最后，差不多一小时之后，当他谈及他所热爱的联合国和即将在旧金山召开的会议的时候，他才表现出一定的说服力。他说起在一战结束时美国如何使它的战士们失望，还说道："我们不能再度辜负他们的期望，期待世界能自己再次挺过来。"他言过其实地吹嘘雅尔塔克里米亚会议终结了几个世纪以来的单方面行动、专属结盟、势力范围和权力制衡等等通通以失败告终的做法。相反，他们将为国际组织让路，所有的和平爱好者最后都将有机会加入到这个组织中去……

总统距离赢得战争胜利、铺就和平之路仅差一步之遥，他的话语又激起了一阵热烈的掌声。而这是他最后一次重要的公开露面。

3月3日，罗斯福离开华盛顿去往海德帕克。他计划在出发去沃姆斯普林斯玩两个星期之前，先在3月下旬再回海德帕克一次。接着，4月20日那天，他按日程计划乘火车前往旧金山参加联合国大会开幕式。在白宫，有越来越多宾客前来，包括加拿大总理、伊拉克国王和纽约民主党委员会成员在内，他们拜访逗留的时间太久，令总统与太平洋舰队总指挥官尼米兹上将不得不推迟了午餐时间。接下来，在3月17日，罗斯福夫妇与朋友和家人一同庆祝了他们的四十周年结婚纪念日。在红厅[1]品味了几杯鸡尾酒，共进了晚餐，又看了一场电影之后，罗斯福便上床睡觉了，并预先说好他会一直睡到中午。他已经开始渐渐丧失了品尝食物的能力。

查尔斯·波伦在白宫的时候，常常注意到罗斯福不断颤抖的双手，他甚至拿不稳一份电报。总统能起身会见公众人物和政治家，但在波伦看来，他的专注力很明显正在减退。"然而，"波伦又加上了一句，"我从未想到他的死期将至。"

3月30号，耶稣受难日那天，富兰克林·罗斯福抵达沃姆斯普林斯休养以期恢复。他摇着轮椅进了"小白宫"，然后留在了里面。与总统随行的威廉·哈西特将时刻保持警惕的霍华德·布鲁恩医生拉到一边，低声耳语道："他现在正渐渐离我们远去，尘世没有什么力量能够留住他了。"哈西特记录道，起初布鲁恩表示异议，但随着交谈渐渐深入，布鲁恩不得不承认自己一直只是在虚张声势罢了，还说："我确信总统已经无药可医了。"哈西特诉说了自己的担忧，关于罗斯福在选举开始时表现出来的漠不关心，还有他已经开始不再和别人交流，以及他的疲倦消沉和日益透着虚弱感的签名——"他的笔画已没有了当初挥斥方遒的潇洒气魄，笔迹往往无力地草草结束"。

布鲁恩从未像现在这样心忧这位病人的安危，但他反驳道，虽然罗斯福现在的状况的确极为危险，但并非毫无希望。然而对哈西特而言，"这场

---

[1]　红厅是第一夫人们最喜爱的房间，多用于总统夫人招待来宾。

交谈验证了我之前的想法，长官将要离我们而去了"。

　　罗斯福一反常态地向哈西特坦承，他已经瘦了 25 磅了。3 月的最后一天，哈西特在日记里笔迹狂乱地记述："总统消瘦虚弱、满面倦容的模样令我震惊……他动作无力，没有胃口，还很容易感到疲劳。"现在的问题已经不是总统是否会离世而去，而是他会在何时离去。

　　在欧洲，美国军队已经奇迹般地穿越了雷马根大桥（Remagen），继续向前行进。然而，即使是纽伦堡这类希特勒举行大型纳粹集会的地方，也已成为废墟，纳粹却还鞭策着俘虏们继续死亡跋涉。有些俘虏不仅要走路，还要拖着装满纳粹党卫军战利品的沉重行囊走上几英里。一位名叫阿里扎·贝瑟（Aliza Besser）的女人回顾当时的情况，她记得，他们在没有水的情况下困在这辆密封的运畜车里三天三夜，"有些人渴死了，大家的嘴唇都干裂了……每节车厢只有几杯水，但每个人都想喝。于是骚乱爆发了，德国警卫把那些仅剩的水倒在我们所有人面前"。他们押着那些被迫去维修维也纳火车站的犹太人远离了苏联军队正在前进的方向，之前在早春的田野里捡到的东西是他们唯一的食物。德国人射杀了那些走得太慢的囚犯，有将近一半的人死在了前往德国的路上。

　　4 月 3 日，美国第七集团军解放了 6000 名盟军战俘，这一天充满了难以名状的喜悦。但 4 月 4 日，事情却变得截然不同——那一天也是沃姆斯普林斯非常安静的一天。万里无云的晴空之下，美国军队正在穿越德国的乡村地带。突然间，德军的枪林弹雨从天而降。路标和地图显示，美军正位处一个名为奥尔德鲁夫（Ohrdruf）的小镇郊外，这个镇子最出名的地方是著名作曲家约翰·塞巴斯蒂安·巴赫（Johann Sebastian Bach）在这里创作了数首乐曲。几乎是在偶然的情况下，第 354 步兵团的一个巡逻队在这里发现了一处集中营。就像罗伯特·E. 李的军队在葛底斯堡一个不起眼的小地方找鞋子一样，他们一路探索，寻找走失的德国人，碰巧走上了一处平地上的小丘，看到另一个方向上有一处大门。然后他们往下走去。可能是一名逃脱的囚徒给他们指了路，又或者是他们自己找到了那个地方。

集中营地处森林中央，四周环绕着高大的松树，阳光从缝隙里照进来，也没有任何迹象表明集中营里发生过什么特殊的事情。摇摆的门扉后面探出一张高大的带刺铁丝网，入口上方有一块标志牌，上面印着三个奇怪的单词：Arbeit Macht Frei（劳动带来自由）。一名士兵的尸体横躺在门口，一动不动。但一进去，所有的一切都没一点正常的了。在栅栏后面，大约1万名囚犯曾聚集在庭院里，被命令到附近一座山上去挖隧道，建造一个纳粹地下总部。自1944年底以来，至少有4000名囚犯死亡或遭杀害。就在美国军队到达之前，最后仅剩的几百人也被枪决了。死者不仅包括犹太人，还有波兰和俄罗斯战俘。德国人撤退前把骨瘦如柴的尸体堆成了小山，那一具具身着条纹囚服的尸体消瘦得不成人形，头骨上留着子弹贯穿的痕迹。

巴拉克·奥巴马总统的叔祖父查尔斯·佩恩（Charles Payne）于4月6日抵达奥尔德鲁夫。他记得，"成群死去的人几乎围成圈，倒在地上，手里还攥着自己的镀锡杯子，似乎还在祈盼获得一些食物，却没想到盼来了死亡。你可以看到树丛后面曾隐藏机枪的位置"。显然，这些囚徒太虚弱了，被强行赶往另一个集中营时，连强撑起身体的力气都没有，都被就地射杀了。

"那气味简直太恐怖了。"另一名美国大兵回忆道。20岁的布鲁斯·尼科尔斯（Bruce Nikols）还记得碰见那些气味刺鼻的石灰、脏衣服和人屎尿的场景。那股恶臭来自散落在阅兵场上的尸体，数量大概远远超过了60具。

就在这块空地的不远处，一排漆成绿色的军营附近，有一间柴火棚，其中一边门洞大开。尼科尔斯回忆："那些尸体像堆木材似的互相交错，叠放成堆。这处棚屋被用作惩罚室，德国人在这里用铲子殴打囚徒的背部和头部。那里还有一个绞刑架，用来绞断犯人的脖子。还有一个用来燃烧遗骸的大坑。"

美军已经发出支援请求，获取所有可以得到的医务资源、医生、护士，但直到现在还有一个悬而未决的问题：只有少数囚犯幸存了下来。这些幸运儿躲在床下逃过了一劫，也有些人是在疏散过程中逃到周边树林里的——顺便解决了战时难民事务委员会的争议：对集中营的轰炸有利于囚犯逃跑。卡车装着其余的囚犯，向德国更深处的另一个集中营驶去。那些身体最差的、虚弱得无法行走的囚犯都被枪杀在阅兵场上了。这名美国大兵解释，德国军队这样做是因为不想放过那些囚犯，即便到了战争的尾声。

奥尔德鲁夫集中营是德国境内第一个被盟军解放的纳粹集中营。这也是美国人第一次偶然见证了生者与死者同在的地方。

这么多仰面朝天、面目全非的脸，这么浓重的悲痛。

诺曼底登陆日的英雄——三位美国将军艾森豪威尔、巴顿和布拉德利在1945年4月12日早上来到奥尔德鲁夫集中营参观巡视。巴顿将军在日记里这样描述柴火棚大门另一边的场景：那儿堆积了大约40具完全赤裸的人类尸体，消瘦的程度近乎极限，这些尸体上撒着一层薄石灰，不是为了销毁尸体，而是为了消除恶臭。据艾森豪威尔自己回忆，巴顿将军出现了严重的生理不适，这位声名赫赫的将军看到那里所有的尸体后呕吐了，几乎没有勇气强迫自己进入惩罚棚参观。两位将军确实都参观了用来焚烧尸体的坑。巴顿将军这么描述他当时在砖头地基上凝视的那口巨大焚尸炉——架在铁轨上的"猛犸象煎锅"。德国人曾试图用那东西直接在尸体上泼沥青，然后在底下点火，焚烧数百具尸体。"那些人的操作过程并不顺利，"他沉重地提到，"因为焚烧炉的上面或下面散落着头骨、烧焦的躯干，还有一堆人骨，数量显然成百上千。"布拉德利曾见识过超出了他所能承受的伤亡场面，即便如此，这样的场面还是吓得他目瞪口呆。"死亡的气息甚至在我们穿过栅栏之前就迎面扑来。浅坟里扔满了3200多具消瘦的裸尸。他们瘦骨嶙峋的躯干上包裹着蜡黄的皮肤，上面爬满了虱子。"

将军们走进集中营的时候，映入眼帘的一切都让他们以为自己走进了一个屠宰场，在那里，德国人会为了拔走囚徒嘴巴里的金牙而打碎他们的下颚。

　　而奥尔德鲁夫集中营只是一个卫星营。那里没有毒气室，也没有火葬场。主营位于布痕瓦尔德，那里于 4 月 11 日解放，里面更恐怖骇人，那里有萎缩的人头以及从人骨上刮下的骨灰。第一批美军乘坐坦克抵达时，开上了一条泥泞肮脏的泥土路，他们本来预期与德国人发生一次火拼。坦克冲破两层铁丝网时，感受到了一股强电流，然后滚动履带向小山上一簇建筑物缓缓开去。首先出现在 19 岁的一等兵哈里·赫杰（Harry Hedger）视线范围内的是一个"烟囱怪物"，还在冒着烟。"黑烟从里面钻出来，风将这些烟雾吹离我们的位置，但我们仍能闻到它的味道，一种极度可怕的恶臭，一种透着恶毒的气味。"坦克停下来后，士兵们从上面跳下来，时刻准备扫荡地面并开枪射击。然而，他们看到一群衣衫褴褛的人开始慢慢地从前面的建筑物之间爬出来。赫杰记得那种极为粗糙的布料所制的制服，上面是暗灰色和深蓝色相间的条纹。

　　一些人用虚弱沙哑的声音问道："你们是美国人吗？"

　　赫杰被派去守卫栅栏，并被告知不要让任何人进出。队长回来的时候，以一种极为安静的语调说，这就是被叫做"集中营"的地方，他们在这里即将看到的一切，根本无法想象，无法做好心理准备去面对。"他告诉我们，只要我们一息尚存，就必须看守好它，随后他转身离开去树林里散步了。"赫杰补充道，"我不是很明白队长的意思，但是我准备去了解一番。"入口处有一根沉重的木梁，上面用德文刻了三个单词——Arbeit Macht Frei（劳动带来自由）。赫杰和战友们看到很多像火柴棍般堆放的尸体，那些尸体已经变成了一种肮脏的灰绿色。附近是一座长条形的两层楼建筑物。这座建筑物里面还有一股暖意。

　　他们看见从砖壁里依次水平排列的铁门里拉出的沉重金属托盘，上面放着烧焦的部分尸体，一块托盘上放着三具尸体，至少有 30 个这样的托盘，但德国人还是不够用。

　　然后，他们发现建筑物内的床铺看上去就像大型畜棚，数百人挤在一间房里睡觉。那些人行尸走肉般彼此挤着站在一起，漫无目的、毫无生气地盯着他们，眼神麻木无辜。赫杰看着铺位，想起那些尸体，不禁对自己发问——德国人是从哪里弄来他们的？

～

对伊利·威塞尔而言，布痕瓦尔德集中营被解放后，他记得自己当时扑向了任何能找到的食物。纳粹带来的压迫折磨如此深重，以至于他回忆："我们所能想到的就是食物，从未想过报复或是我们的父母。想到的只有面包。"

～

艾森豪威尔参观结束后，对外发布了一份备忘录，要求附近所有不在前线的单位部队前来参观奥尔德鲁夫。惊慌失措的巴顿吼叫着："看看这些混蛋干的好事！"之后他亲自检查了布痕瓦尔德集中营，下令让魏玛市附近城镇的市长和每一位幸存市民穿过布痕瓦尔德去见识一番他们德国人的杰作。直到小镇的居民都到来之前，他们没有掩埋一具死尸。这些德国人参观集中营离开后——就在他们身后的布痕瓦尔德集中营大门还看得见的时候——一些德国人开始放声大笑。一位负责此事的美国军官勃然大怒，让他们每一个人都转身走回集中营，以更缓慢的速度沿着一栋一栋建筑物穿过整个集中营。这次，总算有了效果。赫杰回忆道："第二天，我们听说他们回镇上后，魏玛市长夫妇二人都自杀了。"

艾森豪威尔下令仔细记录纳粹集中营所发生的暴行，然后打电话给温斯顿·丘吉尔，亲口描述他亲眼目睹的一切。随后，图文照片以一封特殊急件的方式送往伦敦。丘吉尔在其他人领会到纳粹大屠杀的残暴之前，提前把这些图片送到每一位内阁成员手中。

然而，4月12日夜幕降临德国时，将军再也不能向总统发送电报诉说他所看到的一切。

❧

　　4月9日，罗斯福远赴85英里外的佐治亚州梅肯市（Macon）看望露西·默瑟·拉瑟弗德，在她的陪伴下回到了沃姆斯普林斯。第二天，布鲁恩医生报告认为罗斯福的气色好很多了，还注意到他的胃口也很好，并补充："总统要求提供双份的餐点食物。"但在4月11日，当小亨利·摩根索在晚餐时间顺道造访时，却对自己看到的景象无比震惊。他描述罗斯福"非常憔悴"，还注意到罗斯福的手颤抖得厉害，以至于打翻了玻璃杯。他还补充说："当他倒鸡尾酒时，我得负责拿稳每一只杯子。"罗斯福的记性很差，经常叫混名字。总统起身从轮椅上换到普通座椅上的过程异常艰难，摩根索对此尤为震惊，他写道，"看到他这样，我觉得很心痛"。

　　第二天早上，奥斯维辛的霸主阿道夫·艾希曼最后一次昂首阔步参观特莱西恩施塔特（Theresienstadt），美国轰炸机杀气腾腾地将炮弹肆意射向施韦因富特（Schweinfurt），罗斯福抱怨自己有些轻微头痛，脖子还有些僵硬。布鲁恩给总统轻轻按摩了一番。露西·默瑟的一位朋友，名叫伊丽莎白·肖马托夫（Elizabeth Shoumatoff）的画家前来给总统画像。那天早上晚些时候，伊丽莎白·肖马托夫注意到罗斯福的气色红润，与平时灰败苍白的气色截然相反。但他脸上的红晕实际上是不祥的预兆。4月12日下午1点15分，富兰克林·罗斯福举起手指了指他的后脑勺，说："我的后脑勺痛得厉害。"然后他一头栽倒在地，再也没有醒来。"我一进屋子就听到沉重的呼吸声，这已经说明了一切。"威廉·哈西特不久后这么写道。当他走进罗斯福的卧室时，看见总统双目紧闭，嘴巴张开，呼吸困难……3点30分刚过，罗斯福就停止了呼吸。布鲁恩医生试过做人工呼吸，注射咖啡因苯甲酸钠混合液，最后直接将肾上腺素注入心脏。但这一切都无济于事。3点35分，富兰克林·罗斯福总统宣告死亡。

〜

几小时后，当这个消息通过电报线路飞速传播时，震惊的哈里·杜鲁门正准备举行就职宣誓，埃莉诺·罗斯福前往沃姆斯普林斯，陪伴着她丈夫的遗体一同回家。此时此刻，一列载着109名犹太人的列车离开了维也纳火车站，开往特莱西恩施塔特集中营。这是战争期间艾希曼部门进行的最后一次纳粹官方驱逐行动。几天后，盖世太保将在汉堡一所被不幸选中的学校地下室绞杀20名犹太儿童。

4月14日，当仓促布置的总统葬礼正在白宫东厅进行时，美军在另一处纳粹附属营区内发现了一个死尸火葬坑，坑内的木柴仍然在燃烧。4月15日，富兰克林·罗斯福在海德帕克玫瑰园下葬的同一天，美军进入了诺德豪森集中营（Nordhausen），同时还有英军的一支小分队进入了贝尔根—贝尔森集中营。

一万具横陈荒野的尸体等待着他们。濒死之人和死尸一同躺在藏污纳垢的床铺上，几乎难以分辨。一名英国上校描述了他们路过时看见的场景，男男女女从床铺上跌落，然后倒在地上断气了。肮脏不堪、臭气熏天的营房里，医生们在那些认为还有生还希望的难民额头上做了红十字的标记。第一周每天都有300人死亡。在那之后的几周里，每天大约也有60人或更多人死亡。美国大兵们努力提供帮助，向那些瘦骨嶙峋的幸存者分发巧克力棒，但巧克力显然对这些人的身体机能系统而言太过奢侈，很多人都因此身亡。士兵们还分发了香烟。一些囚犯甚至没有去吸这些烟，而是直接把烟给吃了下去。

彼得·库姆斯（Peter Combs）是一名士兵，他盯着敞开的坟墓和"裹尸布"，在信中给家中的妻子写道："我看见他们的尸体就躺在他们的栅舍附近，他们大概是踉跄着步子走出来或者爬到阳光底下才死去的。我看着他们虚弱地走完最后的旅程，一些人甚至就是在我看着他们的时候断了气……他们的结局已然注定，不可避免，他们距离死神太近，我们已经无法将他们带回阳间……贝尔森就是一处活地狱……也许对于那些质疑我们一直以来为何而战的人来说，他们比以往任何时候都有必要知道，这就是一个不容置疑的答案。"

我们一直以来是为何而战？这些话语一定会像轮唱圣歌一样不断回响吟诵。确实，囚徒对食物有多贪婪，就有多渴望美国人到来。无论美国人到哪里，胜利的场面都是一样的。这些场面引人联想起永远冻结在时间长河里的那一刻——当亚伯拉罕·林肯在 1865 年 4 月内战结束时踏上里士满大地的时候，一群欢腾的旧日奴隶兴奋地围绕着他。第 71 师的 J. D. 普莱彻(J. D. Pletcher) 曾协助解救贡斯基兴 (Gunskirchen) 集中营，他叙述了这一场景："只要一名美国人出现在视线里，就会带来欢呼声、呻吟声和尖叫声。人群把他围得水泄不通，伸手去触摸他，去触摸吉普车，去亲吻手臂——或许仅仅是为了确认这是真的。那些行走不便的人会爬向我们的吉普车。而那些甚至连爬行都做不到的人，他们用手肘支撑起他们的身体，且不知为何，透过他们眼睛里饱含的所有痛楚和苦难，目光中流露出的是感激之情以及对美国人的到来所感受到的由衷喜悦。"每名囚犯都在谈论美国人的到来。那解放者自己有何感受？

普莱彻认同库姆斯所说的："我终于知道自己为什么而战斗，终于知道战斗的意义何在。"

豪华的葬礼花圈已经枯萎了，被捡走了。埃莉诺原本没有要求鲜花，但那些花还是送来了，先是送到了白宫，又送到了海德帕克。现在公园里草木郁郁葱葱，玫瑰抽芽吐芯。几周内，第一批花蕾就会膨起，一朵接一朵逐一开放。这些花朵四周围绕着一圈高高的常绿绿篱，就像一条毯子，驱散微风的凉意。富兰克林·罗斯福终于得以安眠。

海外盟友和国内政敌当即表露了悲痛哀思之情。股票停止交易，棒球比赛暂时取消，教堂的钟声也敲响了。整片欧洲大地上，就连身经百战的战士也不禁落泪。对许多人而言——这些人多到难以计数——这是他们人生中最悲伤的一天。总统列车载着罗斯福的棺椁从沃姆斯普林斯出发，沿途驶过 800 英里路程，最终抵达国家首都，铁轨两旁有成千上万的人垂首而立。丝绒般柔和的天色下，沿途送葬者云集，人群沉默地注视着，异常凝重。他们注视着，泪水夺眶而出。他们看着，双手紧握，一言不发。篝火点燃时，他们肃穆地站立着，沉默不语，从农场到种植场再到城市，人群一路目送着列车如幽灵般缓缓驶过，最终抵达华盛顿。

送葬队伍缓缓从宪法大街挪步到第十八号街，最终抵达白宫，几架军事飞机从高空疾飞而过，人群抽泣了起来。葬礼以一首总统生前喜爱的雄浑赞歌《我们父辈的信仰》为开端，在白宫东厢完成了一项简单的仪式，最后以总统具有历史意义的话语落幕——"我们唯一应该恐惧的就是恐惧本身"。随后总统的遗体就被运往了他心爱的海德帕克，那里的天空一片湛蓝，白丁香怒放，鸟儿啼鸣歌唱。这是纪念勇气和回忆的一刻。炮声响起，陆军学员向空中齐齐鸣枪三次。最后，由牧师乔治·安东尼（George Anthony）吟诵道："我们将他的身体交还大地，土归土，尘归尘。"

然而，总统的遗体一下葬，华盛顿官方的哀悼仪式就很精简了。最高法院法官罗伯特·杰克逊（Robert Jackson）回忆起来，罗斯福葬礼后的那个周日下午，他乘上了从海德帕克出发的回程送葬列车。"那些在政治上居心叵测的人怕是有不少事务要奔波处置了。返程途中，火车上原本压抑的气氛发生了相当大的变化"，他注意到了这些，并用轻描淡写的语气补充，"政客们一向择佳木而栖，忠诚易主，变节迅速"。现在总统是杜鲁门，而国外仍有一场战争等待取胜。

经历了五天的激烈战斗，巴顿的部队终于在 4 月 21 日占领了纽伦堡。眼下，艾森豪威尔表示，德国人已经见识够了盟军的轰炸实力，足够他们记上 100 年。此后，截至 4 月 25 日，柏林丧失了与外界的一切联系。纳粹中最卑劣可鄙的希姆莱和戈林都曾公然试图与西方同盟国达成停战协定。

希特勒下令将两人撤职。德国军队现在开始估量自己在战场上的处境，希望可以向美国投降，而不是向对纳粹恨之入骨的俄罗斯军队投降。

4月28日，柏林的夜空因轰炸变得一片火红。希特勒的防空洞直接受到了俄军大炮的攻击。炮弹如雨点般落下，墙壁和天花板都在地面的爆炸下瑟瑟发抖。第二天早上，元首下令将氰化物胶囊分发给他的工作人员，还有爱犬布隆迪。元首和他的副官们一一握手，安慰一番之后，口述了最后一道政治谕令——任命了他的继任者，并最后一次谴责了犹太人。然后，他急急忙忙地和爱娃·布劳恩结婚了。现在有消息传来说纳粹已经没有更多坦克了，德国人几乎弹尽粮绝。他们至多再抵挡俄罗斯军队24小时多一点。可以想见，希特勒最后的诏书是一份自杀协定。到4月30日下午3点30分，爱娃·布劳恩趴在沙发上吞下毒药，阿道夫·希特勒咬开了一枚氰化物胶囊同时扣动了他的手枪扳机，吞枪饮弹。讽刺的是，他几乎是和罗斯福同时死去的。元首的遗愿扭曲又可怕，他希望他们的尸体会被放到院子里，淋上汽油，再放一把火烧掉，正如希特勒手下数以百万计的受害者一样，在火葬场或空地上让大火吞噬干净他们的肉体和骨头。

翌日，一名会讲俄语的德国将军冒险现身，举着一面白旗。但他没有获得授权同意无条件投降。战斗一直持续到弹尽粮绝。当苏联军队无条件接管了柏林驻防区，戈培尔夫妇两人毒杀了自己的孩子，随后自杀身亡。到了这个时候，当一名俄国士兵孤身挥舞着苏联国旗，将它插在德国国会大厦的屋顶上时，整座城市大部分都已成了残垣断壁。仅苏联红军就有30万伤亡。柏林的平民伤亡达到12.5万人。而这些却远不及最惨重损失的万分之一。

当一队俄罗斯士兵在柏林偶然发现小群被隔离的幸存犹太人时，一名士兵坚持认为他们不可能还活着。这些数量稀少的最后幸存者，不是长期卧床不起，就是濒临死亡边缘，他们用昏昏沉沉的眼睛盯着这名士兵问道，为什么这样说？俄罗斯士兵用磕磕绊绊、不连贯的德语骇然回答："Nichts Juden. Juden kaput.（你不可能是犹太人，犹太人都死光了）。"

德国所有军队于 5 月 7 日正式完成了无条件全面投降仪式。第二天，兰斯（Rheims）的一间简陋校舍中，人们大张旗鼓地正式宣布了欧洲的胜利（胜利日），很快便激起了人们的回应。在莫斯科，不论是身穿睡衣还是皮草大衣的人，都汇集成群，涌入了红场，高呼："伟大的美国人，万岁！"整个世界都欢呼雀跃：伦敦、巴黎、纽约、安卡拉、布鲁塞尔、莫斯科，还有美国各地，从华尔街到华盛顿，从洛杉矶到芝加哥，五彩纸屑像雨点般洒下，礼炮隆隆，人们都涌上街头，欢呼庆祝，手舞足蹈。人群徘徊了几个小时，久久不愿散去。庆祝活动中，丘吉尔热情高涨，将这场盛典称作"人类历史上最热烈的狂欢"。的确如此。

这些就是 1944 年的果实。

然而，南斯拉夫的德军残余部队直到 1945 年 5 月 15 日才偃旗息鼓。直到 8 月中旬，罗斯福倡议使用的拥有改变世界之力的核武器投放出来，太平洋战争才真正结束。

疲惫的亚伯拉罕·林肯在世时看到了在阿波马托克斯（Appomattox）[1] 举行的令人感动的投降仪式，但富兰克林·罗斯福却没有活到见证攻陷柏林或东京崩溃的那一刻。不过，他知道这些终究会来临。几乎是自打投下第一颗炸弹、打响第一枪时，他的目光就无比坚定：柏林会被攻陷，东京也会崩溃，和平终将到来。这是非凡的远见卓识。他最后的话语写在了那篇永远未能发表的杰斐逊日（Jefferson Day）演讲稿里：他将永不放弃，仅仅征服了敌人对我们而言是不够的，他并不只是想要结束这场战争，而是想杜绝所有战争的开始。由于二战期间的死亡人数估计已达到 3600 万人——其中 1900 万为平民——罗斯福的心情可想而知。像那些在他之前与之后的

———————————

[1]　美国弗吉尼亚州中南部的一个县。

许多人道主义者一样，他想要"永久的和平"。

和平确实到来了。诚然，战争几乎无法根除，世界仍是一个无情的、危险的地方。罗斯福致力于实现的联合国往往是软弱无效的，甚至还会适得其反。但自此近70年来，世界范围内一直没有再出现大规模冲突。接下来发生的全球性冲突是伴随着紧张的平衡和思想斗争的冷战，但并没有出现大量的生命损失。而当代世界的恐怖主义是罗斯福几乎无法想象的，尽管"9·11"事件很可能会使他想起珍珠港。这意味着，在很大程度上，罗斯福所设想的和平可以用很多方式来维持。

然而，罗斯福一生的行事都有种奇怪的节奏，充满了悲怆和悲剧的色彩。富兰克林·罗斯福通过了结战争，完成了捍卫民主和西方生活方式的历史性目标，但却错失了见证解放和自由的重要时刻。内战是一场争夺继承权的战争，但最后上升为一场解放奴隶、实现人类自由的战争。亚伯拉罕·林肯享受了他在安提塔姆（Antietam）取得的耀眼战果，并以个人言行付诸实践。当他起草《解放黑人奴隶宣言》时，战争不再只是关于联邦主义、各州权利甚至是保留联邦的简单冲突，而是关于自由，乃至结束人性枷锁的苦难之源。这个国家从未代表黑人支持战争，在北方强烈反对，甚至是在自己的党派都强烈反对的情况下，林肯还是做到了。何况，林肯勇敢地一马当先，一旦他走了这一步，就再无回头路可走。相比之下，罗斯福讲了许多漂亮的话，并极力歌颂民主和人的尊严。正如《纽约时报》描述的那样："他的领导鼓舞了世界每一个角落的自由人带着更大的希望和勇气而战斗！"然而，罗斯福并未明确地表示过他将纳粹控制下的二战视作欧洲的人道主义悲剧，也不会将其视为试图将一类人种从世界扫除的恐怖计划。与内战不同，二战最终还是只关乎胜利，而非别的什么更高尚的东西，至少直到这场战争完全结束为止，就这样而已。1945年4月，艾森豪威尔将军在奥尔德鲁夫纳粹集中营首次瞥见"最终解决方案"的冰山一角时，他尖锐地写道：我们都知道美国士兵并不知道这场战斗的意义。但现在，至少他们知道自己在为什么而战斗了。

　　无法见证解放的时刻是件更悲伤的事情。罗斯福在历史上许多公众人物中独树一帜，他既体现也拥抱了人道，还有强大的鼓舞人心的力量。杰克逊法官后来从最高法院离任，担任纽伦堡国际战争罪审判中幸存的纳粹高级指挥官的首席公诉人。他如是描写这个让他内心敬佩的人："我们无法估量他的离世对人类命运的影响有多大。"杰克逊和众多其他人一样，认为罗斯福有许多值得敬佩之处，有一种非常吸引人的人格魅力，是一个慷慨大方、见识渊博的人，有一颗温暖而善解人意的心，一种强大独立的精神。共和党人罗伯特·塔夫特（Robert Taft）则重复了很多人对罗斯福的评价，称罗斯福是"我们这个时代最伟大的人物"。

　　在国土防线上，战争使罗斯福面临团结国家的棘手挑战，大体上他做到了。"那些曾与总统不共戴天的生意人仇家都应征到了总统手下，担任各种职位。那些曾不信任他的人成为他的追随者。反对他的人也都向他靠拢。"杰克逊补充道。或者又如以赛亚·伯林的公正评断："罗斯福是20世纪或任何世纪以来都难得一见的政治家，似乎从不恐惧未来。"

　　这个观点让人无法不信服。罗斯福像其他人一样，清晰地见证了纳粹德国崛起带来的威胁——或许除了丘吉尔之外。随着时间流逝，当冲突在国内蠢蠢欲动之时，他巧妙地驾驭了每一股孤立主义的情感潮流。他的租借法案是个精彩绝伦的高招，成了英国和苏联日后的救生索，该举措还给美国创造了将其巨大的生产力和人力投入战争的重要机遇。冲突一旦发生，他就建起了一个庞大的、不可战胜的民主兵工厂，还将其军事资源越来越多地投入反纳粹机制中去。

　　作为政治家、军事家、统帅，他与盟国的领导人主宰了峰会，这是不小的壮举，因为他的伙伴是重量级的丘吉尔和斯大林。在难以估量的难度规模上，他鼓励了军事工业发展：战争期间，美国生产了200万辆卡车、30万架战机、10万多辆坦克、8.7万艘军舰、5000艘货船，超过2000万支步枪、机枪和手枪以及4400万发子弹，相当于每月修建两条巴拿马运河的发展成果。他亲自做出进攻北非的艰难决定，然后不停地输送原料到东部前线。当丘吉尔在意大利开战时，他提供了援手，甚至在自己健康状况不佳时，还是视察了诺曼底登陆日的行动准备，"霸王行动"胜券在握的时候也依然保持清醒。他借助着如此完美的说服力和无以匹敌的直觉成功完成了所有一切，以至于美国人毫无保留地追随着他。

他们听着罗斯福的炉边谈话，好像罗斯福正亲自与他们每一个人交谈一样。他们挤在无线广播周围，被罗斯福闪闪发光的人格所打动，仿佛罗斯福是他们的私人朋友。他们从来没有在战争中失去信念，因为罗斯福从没有失去信念。虽然罗斯福无法轻易地走入人群，手拉手地近距离与人们接触，但他的声音替他去了那里。他还发现了如何用文字与他无法触碰的人们接触。自林肯后，从未有这样一位能够打动国家的总统。

美国人民对罗斯福的热爱之情自然是远远超出了美国海岸的辖域。国务院顾问查尔斯·波伦几乎是狂热的罗斯福党派，他提到过，总统在与外国领导人协商时几乎总是占据上风，这在很大程度上是由于他在世界各地享有的巨大声望，甚至在那些他从未去过的国家亦如此。在国内，他比战时的重要前辈亚伯拉罕·林肯、伍德罗·威尔逊以及约翰·亚当斯都更受人民敬爱。此外，和林肯不同，他不需要为公众的喜爱而死。纵然岁月流逝，也没有把罗斯福的伟大光辉从公众和历史的记忆中消磨多少，这是理所当然的。他对战争的全盘引领若不是一份巨大成就，就什么都不是了。

而尽管出手已晚，罗斯福和他的战时难民事务委员会还是营救了数十万受害者，否则他们可能就会死于纳粹毒手。英国接收了一些难民，苏联则接收从东欧逃出的犹太人，但都未有意展开大规模的营救工作。

对于超群脱俗、对时间异常有掌控力的罗斯福而言，似乎没有什么是他办不到的，或是他无法解决的，又或是他想不到的。只除了一件事情——一场大屠杀渐渐在众目睽睽下展开。他没能看到战争的迫切性与勾勒战后和平框架的迫切需要之外的情况。

鉴于公众对他的敬仰如此深切，在某些情况下，如果罗斯福曾经想过把这场战争的目的变成反抗"最终解决方案"、实现人类解放，或是结束难以想象的纳粹暴行、拯救几十万甚至上百万的无辜生命，他将借此获得美国公众毫无疑问的追随。1944 年他有这个机会，但他选择不采取更进一步的行动，这也是他最重大的决定之一，一点也不亚于他那最伟大的军事行动。于此，战争既荒诞又宏大的一面显露了出来：当枪声渐落，胜利的游行最终逐渐消失，国旗在微风中再次得意洋洋地飘荡着猎猎作响，当街头的舞蹈停止，炽热的城市灯光最终熄灭，大屠杀的全景才清晰起来。

时至今日，光阴的甬道里仍有回响，时而沉寂，时而喧嚣——撕裂又沉痛，那是百万亡灵留在历史里的悲吟。

也是 1944 年的另一枚果实。

赢取战争，实现和平，两者皆为卓越的成就。但更宏大的、模棱两可的人道主义问题不仅困扰着历史或罗斯福自己的遗留问题，也同样困扰着他的继任者。这一问题显现在布拉格之春、匈牙利起义等事件之中，一任又一任的总统对于采取行动都踌躇不定。其他数不清的大屠杀历史遗址也一定在拷问着同样的问题，但美国耸耸肩膀，袖手旁观：波尔布特（Pol Pot）在柬埔寨的恐怖大屠杀，全世界都对此视而不见；卢旺达的悲剧也许是本世纪最惨痛的一场杀戮狂欢；前南斯拉夫公然开展的种族清洗；"9·11"之前在阿富汗崛起的残暴的塔利班组织；苏丹的达尔富尔（Darfur）冲突断断续续引发的关注。为什么我们对某一个国家发生的斩首事件、饥荒或大规模屠杀会关注并介入，而换了另一个国家，却把视线移开呢？人们不禁想知道，在二战中，世人过去举棋不定的决策到底造成或推动了多少这样的惨剧？有无可能正是这种扭扭捏捏的行径、这种在重大冲突面前贯彻的试探性措施令后世的历任总统抵触不已，充满了不确定的感觉？这是历史上无休止的难题之一。

战争结束时，忧伤的爱德华·默罗在布痕瓦尔德集中营中的广播里这么说："就在总统去世之前,他们还把他的名字挂在嘴边。"至于奥斯维辛呢?

"有时我会被问起自己是否了解人们对奥斯维辛有何反应,"伊利·威塞尔这么写道,"我回答,我不但不知道,而且还不知道这种程度的悲剧能否激起人们的回应。我所知道的是……当我们提起这个邪恶黑暗的时代,它离我们是那么近,又那么远,它的关键词应该是'责任'。"或者,如亚伯拉罕·林肯曾亲口明确向国会表明的那样:"我们必须重新思考,采取新的行动……同胞们,我们不能逃避历史。就连当下这一刻,我们也要拿起权力,承担责任。"

70 年后,在世界各个角落,我们仍在努力着,回应纳粹集中营间隐约游荡的耳语:"盟军什么时候才来? 美国人什么时候才来?"

致 谢

几年前的一个晚上，我下榻在纽约的一家酒店，受邀同玛莎·斯图尔特（Martha Stewart）、迈克·华莱士（Mike Wallace）、弗兰克·麦考特（Frank McCourt），还有主人韦恩和凯瑟琳·雷诺兹夫妇（Wayne and Catherine Reynolds），以及埃利·维瑟尔（Elie Wiesel）共进晚餐。那是一次天马行空、不拘一格的对谈。席间我曾望向埃利，向他请教富兰克林·罗斯福在处理奥斯维辛集中营事件上的做法是否正确，毕竟埃利是研究犹太大屠杀的权威。他瞟了我一眼，轻声惊叹道："这一点非常重要，没有办法在这里展开讨论。"在我写作《1944》这本书时，他给了我很多启发。

又一个晚上，一小群历史学家在英国驻华盛顿大使官邸聚餐时谈起了第二次世界大战，包括安德鲁·罗伯茨（Andrew Roberts）、克里斯·巴克利（Chris Buckley）、克里斯托弗·希钦斯（Christopher Hitchens）、迈克尔·比齐罗斯（Michael Beschloss），还有我。这次交谈再一次引发了我对第二次世界大战期间外交和军事的诸多思考，这些思考在撰写《1944》时发挥了巨大作用。

同以往的作品一样，首先我要感谢多位成就杰出的学者和出类拔萃的历史学家，囿于篇幅，无法在此将名字一一列出，他们的作品曾给予我莫大的激励与启发。我还要感谢海德帕克的富兰克林·德拉诺·罗斯福总统图书馆（Franklin D. Roosevelt Presidential Library）的工作人员，他们给予我诸多帮助，特别感谢马修·汉森（Matthew Hanson）；感谢德怀特·戴维·艾森豪威尔总统图书馆（Dwight D. Eisenhower Presidential Library），特别是凯茜·施特鲁斯（Kathy Struss）；感谢美国纳粹大屠杀纪念馆，特别感谢朱迪思·科恩（Judith Cohen）和迈克尔·阿布拉莫维茨（Michael Abramowitz）；感谢位于华盛顿麦克奈尔堡（Fort McNair）的美国陆军军事历史研究中心（U.S. Army Center of Military History）；感谢美国陆军军事历史研究所（U.S. Army Military History Institute）。

我曾写过美国内战，亚伯拉罕·林肯和他的时代；写过美国建国初期的历史，乔治·华盛顿和他所处的那个动荡年代；现在我又将目光转向了第二次世界大战，富兰克林·罗斯福和他的时代。有幸置身于美国三位最伟大总统的世界，这是一种莫大的荣幸。再次申明，本书为一本纪实作品，旨在将孤立的历史碎片编织在一起，忠实还原历史事件的面貌。我曾研究过多位伟大的美国总统和美国历史上诸多波澜壮阔的时代，我相信这能让我对第二次世界大战和总统领导力产生深刻洞见。此外，许多年高资深的学界泰斗也让我获益匪浅，由衷钦佩，比如我的好朋友戈登·伍德（Gordon Wood）和詹姆斯·麦克弗森（James McPherson）。

一如既往，在本书创作期间，我有幸得到许多作家同行和人文拥护者的大力支持，他们向我提供帮助并为我打气。我想感谢我的朋友克里斯·巴克利、P. J. 奥罗克（P. J. O'Rourke）、韦恩和凯瑟琳·雷诺兹夫妇、马克·佩恩（Mark Penn）、南希·雅各布森（Nancy Jacobson），以及詹姆斯·格拉（James Guerra）。感谢国家地理频道前总裁霍华德·欧文斯（Howard Owens），我们合作得十分愉快；感谢埃文·托马斯（Evan Thomas）、罗恩·切尔诺（Ron Chernow）、麦克斯·布特（Max Boot）、大卫·伊格内休斯（David

Ignatius）、克里斯·华莱士（Chris Wallace）、布雷特·拜耳（Bret Baier）和詹姆斯·罗森（James Rosen）；感谢福特剧院董事会的诸位同仁和同事，包括埃里克·斯皮格尔（Eric Spiegel）和保罗·特劳特（Paul Tetreault）；还有杰出的学者理查德·布雷特曼（Richard Breitman），他仔细阅读了第九章关于爱德华·舒尔特的部分（实际上他曾撰写过一本关于此人的专著），并提出无数有益的建议。利里克·温尼克（Lyric Winik）在本书的排版编辑上给予了帮助。还有许多来自美国最高层的决策者，我有幸与他们就本书内容进行探讨，包括是否轰炸奥斯维辛集中营的那场生死抉择，这些决策者有：比尔·克林顿总统，在白宫私人午宴上与我进行交流的乔治·沃克·布什总统，国务院私人午宴上的国务卿赖斯，国土安全部长迈克尔·切尔托夫（Michael Chertoff），前白宫幕僚长乔希·博尔顿（Josh Bolten），大卫·彼得雷乌斯将军（Dave Petraeus）在军事方面给了我莫大启发，前国防部长比尔·科恩（Bill Cohen），以及对第二次世界大战和罗斯福总统本人如数家珍的大法官拉里·西尔贝曼（Larry Silberman），他对我提出的批评和指正不胜枚举，他的妻子特里西娅（Tricia）对我不吝款待。

国家地理学会的约翰·费伊（John Fahey）给了我莫大鼓励，还有众议院发言人南希·佩洛西（Nancy Pelosi）、约翰·罗伯茨（John Roberts）、史蒂芬·布雷耶（Stephen Breyer）、安东宁·斯卡利亚（Antonin Scalia）和山姆·阿利托（Sam Alito）。里克·阿特金森（Rick Atkinson）给了我启发，多丽丝·科恩斯·古德温（Doris Kearns Goodwin）为我树立了典范。前议员史蒂夫·索拉兹（Steve Solarz）在辞世之前为我的一本书提了一个建议——对于结尾的另外一种阐述。

特别感谢《美国文化遗产》（*American Heritage*）杂志发行人埃德·格罗夫纳（Ed Grosvenor），他慷慨地为我提供了多幅地图。

还有许许多多的人给予了我莫大鼓励，包括：罗伊和艾比·布伦特（Roy and Abby Blunt）夫妇、珍妮特·科恩（Janet Cohen）、恰克·罗伯（Chuck Robb）、韦恩和利·伯曼（Wayne and Lea Berman）夫妇、梅丽尔·切尔托夫（Meryl

Chertoff）。此外还有：瑞斯迪·鲍威尔（Rusty Powell）、肯·温斯坦（Ken Weinstein）和艾米·考夫曼（Amy Kauffman）；国家人权基金会（National Endowment for the Humanities）的卡罗尔·沃特森（Carol Watson），前主席吉姆·利奇（Jim Leach）和布鲁斯·科尔（Bruce Cole），及现任主席威廉·亚当斯（William "Bro" Adams，现已离任）；马文·克里斯洛夫（Marvin Krislov）、约翰·盖迪斯（John Gaddis）；英国驻联合国前任大使奈杰尔·施恩瓦尔德爵士（Sir Nigel Sheinwald），他在大使官邸举行的历史学家聚餐总能让我收获良多；彼得·韦斯特马科特爵士（Sir Peter Westmacott）；还有参议院多数党前领袖哈里·瑞德（Harry Reid）、汤姆·达施勒（Tom Daschle），以及米奇·麦康奈尔（Mitch McConnell）和罗斯·斯蒂伦（Rose Styron）。

我跟历史频道的史蒂夫·吉隆（Steve Gillon）和安东尼·贾基诺（Anthony Giacchino）一起参与了一部关于珍珠港事件和罗斯福的超棒的纪录片，这一经历对我启发良多。

写作《1944》让我经历了数次起起落落，此间我有幸得到了伯尼·邦德（Burnie Bond）和马克·维尔克斯曼（Mark Werksman）等朋友的支持。此外还有里克·卡伦贝格（Rick Kahlenberg）、伟大的马里·维尔（Mari Will）、马克和玛戈特·碧斯诺夫妇（Mark and Margot Bisnow）、维多利亚和克里斯·诺珀斯夫妇（Victoria and Chris Knopes）、艾莱妮·罗茜兹（Eleni Rossides）、克林特·斯汀康比（Clint Stinchcomb）、吉姆·丹顿（Jim Denton）、爱丽丝·凯利（Alice Kelly）、亚当·拉温格（Adam Lovinger）、里克和苏茜·利奇夫妇（Rick and Susie Leach）、尼娜·索拉兹（Nina Solarz）、我的网球伙伴大卫·科迪（David Cody）和斯图尔特·帕特里克（Stewart Patrick）。尤其要感谢的是我的兄嫂盖瑞与翠西·温尼克夫妇（Gary and Trish Winik），以及拉里·戈登斯坦（Larry Goldstein）。我的两位电脑专家罗伊·休伊特（Roy Hewitt）和阿里·戈德堡（Ari Goldberg）总是随叫随到。托马斯·辛普森(Thomas Simpson)和尼古拉斯·克拉瓦塔(Nicholas

Cravatta）帮我收集了大量资料。瑞秋·迪伦（Rachel Dillan）和安妮·隆巴迪（Anne Lombardi）则出色地完成了原始文献收集和其他资料收集工作。

特别感谢西蒙与舒斯特出版公司，让本书的出版成为可能。感谢我无与伦比的发行人乔纳森·卡普（Jonathan Karp），他是我的老朋友，也是出版界最顶尖的人物。本书在我的第一位编辑托马斯·勒比安（Thomas LeBien）的热心帮助下得以成型，许多观点也得到了改进。他的继任者、执行编辑普里西拉·佩因顿（Priscilla Painton）在才华横溢的助手索菲娅·吉梅内斯（Sophia Jimenez）的帮助下，积极地促成了本书由手稿到付梓成册。理查德·罗勒（Richard Rhorer）和达纳·特洛克（Dana Trocker）帮助我进行了营销。安妮·泰特·皮尔斯（Anne Tate Pearce）是我重要的宣传伙伴。每当我需要梅根·霍根（Megan Hogan）的时候，她永远不会缺席。我把全部手稿交给了《时代》杂志前高级记者安德莉亚·萨克斯（Andrea Sachs），她对本书进行了全面审校以确保原创性，并在作品档案和事实调查等诸多方面为我提供了莫大帮助，能与她一起工作让我感到十分愉快。本书代理人照旧为墨水瓶管理公司（Inkwell Management）的迈克尔·卡莱尔（Michael Carlisle）。

我要感谢我的家人。在我写作这本书的过程中，我的母亲琳恩·艾布拉姆斯（Lynn Abrams）在与癌症进行了长期抗争后离世。她喜欢我写的东西，也热爱阅读，我们几乎每天都会聊天。我非常思念她。我知道她一定会喜欢这本书。我的继父史蒂夫·艾布拉姆斯（Steve Abrams）经常探望我，所以我们几乎每天都谈到我的母亲。我那了不起的堂弟彼得（Peter）和堂妹西尔维亚·温尼克（Sylvia Winik）也一直陪伴在我左右，他们的表现超越了其职责范围。我的表兄安迪·西格尔（Andy Seagal）也同样如此。

最重要的是，我要感谢我两个亲爱的儿子，十三岁的纳撒尼尔（Nathaniel）和十一岁的BC——我生命中最伟大的福祉。当我们仨不在讨论网球时——我们经常讨论网球——我们就会谈论历史。他们很快都熟悉了1944年。他们都知道罗斯福、诺曼底登陆和大屠杀。BC是一位才华横溢的军事"历史学家"，而他的哥哥纳撒尼尔则是一位学术"巨星"，他已经读完了"老爸所有的书"。他对历史和传记都同样热爱（他已经可以和弟弟讨论有关二战的问题了），而且尤其喜欢科幻小说（即有关未来的历史）。他们二人是我的瑰宝，而我也尽可能地将更多的爱通过这本书献给他们。

注释

在我过去的作品中，我有幸接触到亚伯拉罕·林肯和内战的世界，然后来到乔治·华盛顿和1790年代创始人的时代，两者都是极其丰富、重要和迷人的时期，属于世界现代史上极为重要的阶段。现在，我又将触及富兰克林·罗斯福和第二次世界大战，这个时间段也同样重要和令人着迷，是世界舞台上伟人辈出和充满大事件的时代。和以往一样，我的方向和目标是提供一个比较性的故事，它会借鉴一系列涵盖广泛且时常迥然不同的历史和学术研究，本书就是融合了罗斯福、第二次世界大战和大屠杀的作品，并尽力提供德国视角的观点和记录。我首先要感谢的就是那些杰出的公众历史学家和激励并教导我的敬业学者们。这样的天才历史学家有太多太多，正因为站在他们的肩膀上，这本书才成为可能。我也从其他历史学家和他们的作品中获益匪浅，铭刻于心：埃利·维瑟尔，詹姆斯·麦格雷戈·伯恩斯，伊恩·克肖，马丁·吉尔伯特（Martin Gilbert），威廉·夏伊勒（William Shirer），多丽丝·科恩斯·古德温，比尔·布兰兹（Bill Brands），乔恩·米查姆（Jon Meacham），让·爱德华·史密斯（Jean Edward Smith），理查德·布雷特曼（Richard Breitman），大卫·S. 怀曼（David S. Wyman），小亚瑟·施莱辛格（Arthur Schlesinger Jr.），里克·阿特金森，斯蒂芬·安布罗斯（Stephen Ambrose），杰弗里·C. 沃德（Geoffrey C. Ward），迈克尔·比齐罗斯，迈克尔·诺伊费尔德（Michael Neufeld）和迈克尔·贝伦鲍姆（Michael Berenbaum），山姆·罗森曼（Sam Rosenman），威廉·哈塞特（William Hassett），凯·伯德（Kai Bird），罗伯特·H. 阿布祖格（Robert H. Abzug）和道格拉斯·布林克利（Douglas Brinkley）。当然，我也从富兰克林·罗斯福总统图书馆（FDRL）

获益良多。

为避免让注释部分变得拙劣——否则它可能会有数百页之长——我遵循了使用集体引用而不是个别编号引用的普遍做法。由于文献综述拥有共同的"主体"或"文本",我没有列出我所借鉴的每一个资料来源,或为每一个引文和要点提供相应注释。相反,我列出了主要和次要作品,感兴趣的读者可以查阅更多信息或为我提供有用的背景资料。我还不时列出影响我阐释和写作的重要书籍、论文、日记、报纸和期刊文章,提供有关原文的简要讨论,或者放大某个要点。说到这里,我应该补充,阅读事件参与者的原始备忘录——这个过程通常是迫不及待和充满激情的——或者查阅当时的报纸或期刊对任何学者来说都是一种非凡的体验和款待。

由于现在公共和类似的私人收藏资料都可以广泛通过网络获得,对于互联网资源,我通常会简要说明研究人员和读者应去哪里寻找关键信息。互联网正越来越成为学者们指尖的金矿。

一个重要的事实是,在我写作前,我拥有政府和国际事务方面的背景,处理过有关战争、外交、领导和政策制定的事宜,知晓官僚决策的性质;也许对这本书而言,我最为重要的经历——有关种族灭绝的污点——就是柬埔寨杀戮场。我一直给两位国防部长提供建议。由于这一经历,我有幸获得了此方面的直觉,以及在我看来十分宝贵的有关政策制定过程和领导者的见解,我相信我们可以做更多事情来增进我们对事件的理解。不过,我最终的观点是,一位历史学家要尽可能地像我一样忠实还原关键事件,像亲眼目睹一切的演员们那样重新塑造世界,活在人们的头脑和心灵之中,倾听他们不同的声音,并衡量他们的恐惧、担忧、希望和梦想。

最后,有关1944年这一关键年份到底属于何种类型历史的问题依然存在。它是一段令人振奋的战争史吗?讲述面对一个可怕的独裁体系,民主如何毫无悬念地取得胜利?这一点是肯定的。它是否讲述了一位杰出总统的故事,是他振奋了美国人民和西方世界,带来了从各种意义上来看都实属非凡的胜利?这一点也是可以肯定的。但是,这会不会也是一个苦乐参半的故事呢?一个击败纳粹主义——人类所知的最糟糕政权之一——的故事,一个本可以拯救无数无辜生命,却错失良机的故事,又或是一个人道主义的声明,但却从未完全或恰当付诸实践的故事?

历史——1944年也不例外——很少是有条不紊或简单明了的。以上问题我且让读者自己去判断。

序言 斯芬克斯

i 目之所及……战争的全局

Sarah Churchill, *A Thread in the Tapestry* (Sphere, 1968), 62–63; Rick Atkinson, *An Army at Dawn: The War in North Africa, 1942–1943* (Holt, 2007). For Churchill/FDR Cairo meeting: Notes from FDR library, official log of the president's trip, November 23; FDR pocket diary longhand notes; FDR letter to Grace Tully, in Jon Meacham, *Franklin and Winston: An Intimate Portrait of an Epic Friendship* (Random House, 2004), 246–49. See also *New York Times*, Cairo dateline, December 5; James MacGregor Burns, *Roosevelt: The Soldier of Freedom*:1940–1945 (Open Road Media, 2012), 404–16, especially 415–16. For background on Egypt, see Stacy Schiff, *Cleopatra: A Life* (Random House,2010), 1–2, 76; see also the outstanding work by Desmond Stewart, *The Pyramids and Sphinx* (Newsweek, 1979).

vi 同样是在这个 11 月的下旬……丘吉尔知晓盟军返回相对安全的英国领空时，脑海中浮现出的画面

See Stephen Ambrose, *D-Day: June 6, 1944: The Battle for the Normandy Beaches* (Pocket Books, 2002), 41. For discussion of the bombing of Berlin on November 22–23, 1943, see Donald Miller, *Masters of the Air: America's Bomber Boys Who Fought the Air War Against Nazi Germany* (Simon & Schuster, 2007); A. C. Grayling, *Among the Dead Cities* (Bloomsbury, 2006); Alan W. Cooper, *Bombers over Berlin: The RAF Offensive November 1943– March 1944*(Pen and Sword, 2013); Robin Neillands, *The Bomber War: The Allied Air Offensive Against Nazi Germany* (Barnes and Noble, 2005); Robert F. Dorr, *Mission to Berlin: The American Airmen Who Struck at the Heart of Hitler's Reich* (Zenith, 2011). Here, the bombing of Berlin relies mainly on Martin Middlebrook, *The Berlin Raids: R.A.F. Bomber Command Winter 1943–1944* (Viking, 1988), 104–23; and the superb work by Roger Moorhouse, *Berlin at War* (Basic Books, 2010), 307–35. For "sea of flames": Moorhouse, 318. Urinated: the temperature often reached fifty below for the airmen. "Everywhere it is still burning" and "remnants of walls and debris": Moorhouse, 321–22; for further details see Louis Lochner, ed, *The Goebbels Diaries,1942–1943* (Doubleday, 1948), 432–33. "Everywhere, . . . glass fragments": Moorhouse, 309. For list of ruins, see eyewitness testimony, Moorhouse,321. Shrunken to the size of small children: Moorhouse, 328. "You see nothing but remnants": Moorhouse, 322. An American general boasted; Stephen Ambrose, *The Wild Blue: The Men and Boys Who Flew the B-24s over Germany, 1944–1945* (Simon & Schuster, 2002), 108. The general was Hap Arnold. Regarding the bomber offensive, it is of note that the British were hoping it would crush the morale of the Germans, while the Americans' strategy was to hit precise targets crucial to winning the war. For more see Jorg Friedrich, *The Fire: The Bombing of Germany 1940–1945* (Columbia University Press, 2008), especially 350–51; see also the detailed work in Daniel Oakman, "The Battle of Berlin," *Wartime*, Issue 25 (2004). Oakman quotes Goebbels as lamenting that "hell itself seems to have broken loose over us." Yet German propaganda at the same time sternly referred to the bombing as the work of "Anglo-American terror plots." For more, see Helga Schneider, *The Bonfire of Berlin: A Lost Childhood in Wartime Germany* (Random House, 2006), p. 65. This book powerfully captures the reality of wartime Berlin under siege. Schneider's father was fighting on the Eastern front; her mother actually left Berlin to work as a guard in Auschwitz-Birkenau.

xi 其实，这世上还有盟军轰炸机未曾抵达过的地方……在德黑兰进行了为期三天半的紧张会晤

For the fruit trees, see the chilling memoirs of Rudolf Hoess, who calmly writes of people walking beneath the budding fruit trees of the farm into the gas chamber: Rudolph Hoess, *Death Dealer: The Memoirs of the SS Kommandant at Auschwitz* (De Capo, 1996), 159. For this episode see the magisterial work by Martin Gilbert, *The Holocaust —A History of the Jews, 1933-1945: The Years of Extermination* (Norton, 2012), 633. See also Jadwiga Bezwinska, Danuta Czech, and Krystyna Michalik, *Amidst a Nightmare of Crime: Manuscripts of Prisoners in Crematorium Squads Found at Auschwitz* (Howard Fertig, 2013), 118–19, hereafter cited as *Amidst a Nightmare*. Written in black ink on twentyone pages, in Yiddish, this manuscript was discovered in 1952 at the site of Crematorium III. The author's name is unknown. "The German nation": Gilbert, *The Holocaust*, 636–37.

第一章

004 "我刚刚听说乔叔叔打算去德黑兰了……我本来还有点怀疑，他会不会接受先前的邀请……现在看来，毫无疑问，我跟你肯定能见到他了……"

For this paragraph and indeed the entire conference (as well as visit to Sphinx, 419), see this seminal memoir: Winston Churchill, *Closing the Ring* (Rosetta, 2010), 306–18, 325–418. See also these outstanding works: Jon Meacham, *Franklin and Winston: An Intimate Portrait of an Epic Friendship* (Random House, 2004), 248; Charles Bohlen, *Witness to History: 1929–1969* (Norton, 1973), 132; James MacGregor Burns, *The Soldier of Freedom: 1940–1945* (Open Road Media, 2012), 402; Doris Kearns Goodwin, *No Ordinary Time: Franklin and Eleanor Roosevelt—The Home Front in World War II* (Simon & Schuster, 1994), 473; and H. W. Brands, *Traitor to His Class* (Doubleday, 2008), 727–28.

004 "不管是美国宪法的强硬规定、罗斯福的身体健康还是斯大林的倔强执拗……任何情况都不能阻止我们三方会晤的决心，这些困难都会被迫切的心情一扫而空。既然其他地点都不行，那么就飞往德黑兰吧。所以天刚破晓，我们就从开罗起航远行了。"

Churchill, *Closing the Ring*, 341.

004 官方第一架总统座机

See White House Museum, Air Force One.

005 罗斯福对此有所顾虑

Roosevelt's childhood had been marred by his fear of fire; a favorite aunt of his had burned to death. See Geoffrey Ward, *Before the Trumpet: Young Franklin Roosevelt, 1882–1905* (Harper and Row, 1985), 117–19.

006 这架飞机上虽然

See Von Hardesty and Bob Schiefferr, *Air Force One: The Aircraft That Shaped the Modern Presidency* (Creative Publishing International, 2005), 36–41.

006 "你可以享受那些空中的白云"

For more on trips and Roosevelt's distaste for flying, see, for instance, Meacham, *Franklin and Winston*, 204.

006 在 1300 英里的旅程中

FDR to ER, November 18, 1943, box 12, Roosevelt Family Papers, FDRL, Franklin D. Roosevelt Library; also very good are MacGregor Burns, *Soldier of Freedom*, 406; Goodwin, *No Ordinary Time*, 473. By any definition, the image of Roosevelt peering out his window to see Lend-Lease matériel is fascinating, particularly because he had just flown over Jerusalem, the ancient homeland of the Jewish people.

007 整套包间

Jean Edward Smith, *FDR* (Random House, 2008), 630; David Reynolds, *In Command of History: Churchill Fighting and Writing the Second World War* (Allen Lane, 2004), 326; Warren F. Kimball, *A Different Take on FDR at Teheran* (Center for the Study of Intelligence, 2007), http://www.cia.gov/library/center-for-the-study-of-intelligence/csi-publications/csi-studies/studies/vol49no3/html_files/FDR_Teheran_12.htm.

007 （1943 年 11 月）这个时期的德黑兰

See, for example, Philip Mattar, *Encyclopedia of the Modern Middle East and Africa*, 2004 (Macmillan Library Reference, 2004); Elliott Roosevelt, *A Rendezvous with Destiny: The Roosevelts of the White House* (Putnam, 1975); and Michael F. Reilly, *Reilly of the White House*, 173–74. On the young Washington, D.C. see Jay Winik, *The Great Upheaval* (Harper, 2007), chap. 11.

007 从机场驶往……直接上床休息去了

See Sarah Churchill, *A Thread in the Tapestry* (Sphere, 1968), 64–65; Churchill, *Closing the Ring*, 342–43; and Bohlen, *Witness to History*, 135. Sarah was a keen observer of events. She also notes that the traffic blockage was due to the fact that the shah of Iran was also driving through the city at the same time; nobody had mentioned this to the Allied delegation in advance.

009 他带着所有随身侍从

See, for instance, Bohlen, *Witness to History*, 135; and Churchill, *Closing the Ring*, 343–44. Bohlen was skeptical about the threats to the American delegation. I concur with him.

009 "警察与小偷"

For this and the protection detail see Reilly, *Reilly of the White House*, 178–79.

009 "不管你去哪里"

Ibid., 179. For more on Soviet security, which was present as much to spy on the American delegation as to protect it, see also Brands, *Traitor to His Class*, 732; MacGregor Burns, *Soldier of Freedom*, 406; Meacham, *Franklin and Winston*, 249.

010 这次会议非常能体现罗斯福个人的行事风格

Bohlen was nervous about being Roosevelt's sole interpreter and about the freewheeling nature of Roosevelt's ideas for how to structure everything. See Bohlen, *Witness to History*, 136.

010 在斯大林身上试试他那传说中的普洛斯彼罗(Prospero)般的魔法

Forrest Davis, "What Really Happened in Tehran," *Saturday Evening Post*, May 13 and 20, 1944; Goodwin, *No Ordinary Time*, 474–75; Brands, *Traitor to His Class*, 737–39; Meacham, *Franklin and Winston*, 253–54.

012 "小家伙"

For this section on the young Roosevelt, see in particular Smith, *FDR*, especially for Grover Cleveland, 23 and 17–22, which I draw upon extensively for this section.

014 进入了格罗顿(Groton)私立预科学校

For this and the powerful influence of Endicott Peabody, ibid., especially 28; see also H. W. Brands, *Traitor to His Class*, 24–27. Smith makes the point that Roosevelt found solace in his religious faith after his father's death. Roosevelt was so taken by Peabody's reading of *A Christmas Carol* that on every Christmas Eve he gathered his own family to listen to a reading of a condensed version, which included Tiny Tim's words, "God bless us every one." See Rexford G. Tugwell, *The Democratic Roosevelt* (Doubleday, 1957), 510; also James Roosevelt and Sydney Shalett, *Affectionately, FDR: A Son's Story of a Lonely Man* (Harcourt, Brace, 1959), 57. On becoming president FDR did write to Peabody, thanking him for his "inspiring example."

015 后来,哈佛最出名的坡斯廉俱乐部(Porcellian)……拒绝了他

For Roosevelt's time at Groton, his rejection from Porcellian, and his curriculum I've drawn heavily on Smith, *FDR*, 30; Brands, *Traitor to His Class*, 32–33; Geoffrey Ward, *First-Class Temperament: The Emergence of Franklin Roosevelt* (Harper and Row,1989), 31, 34, 41. "Everything I was taught was wrong": This observation would guide Roosevelt when he was president. An empiricist by nature and temperament, he was never quite the rigid ideologue that his critics depicted. Roosevelt would later comment that the most useful preparation he had in college for public service "was on the *Harvard Crimson*": quoted in Nathan Miller, *FDR: An Intimate History* (Doubleday, 1983), 39.

017 "这是我度过的最……"

For this and the trip to Washington and meeting with Theodore Roosevelt see especially Smith, *FDR*, 32.

017 "我根本不想让自己变成一头母牛"

"Dearest Cousin Sally," ER to Sara Roosevelt, December 2, 1903. See also "Dearest Mama" to Sara Roosevelt, December 4, 1903; Smith, *FDR*, 36; Ward, *First-Class Temperament*, 16–17; Brands, *A Traitor to His Class*, 36, 38–41. Ward in particular conducted original research on this subject, especially FDR's relationship with Alice Sohier, about whom he once remarked that all the debutantes "she was the loveliest." See (Franklin D. Roosevelt Library hereafter FDRL), March 21, 1934, FDR to Colonel Sohier. See also Ward, *Before the Trumpet*, 253–55. I draw heavily on all these accounts.

018 埃莉诺的生活

On Eleanor's youth and Progressive tendencies see Smith, *FDR*, 46.

019 "亲爱的男孩"

For the quotations and FDR and Eleanor's early relationship see ER to FDR, January 4, 1904, FDRL; Blanche Wiesen Cook, *Eleanor Roosevelt, 1884–1933* (Viking, 1992); Crystal Eastman, *On Women and Revolution* (Oxford University Press, 1978); Smith, *FDR*, 47; Meacham, *Franklin and Winston*, 16, 22.

020 "他的地盘下"

Smith, *FDR*, 49. Though his father and grandfather were Democrats, FDR made a point of noting that he voted for Theodore for president.

020 这个自信、富有的男生，对学习茫然中带着厌倦……也根本不作努力、以勤勉来克服他遇到的难题

Smith, *FDR*, 50.

020 算是她的第二寓所

For instance, ibid., 54. The town houses were connected by internal sliding doors. For more on FDR's relationship with his mother until his college years see Meacham, *Franklin and Winston*, 14–16, 20–22. Meacham stresses that Sara meant to dominate FDR's married life the way she did his youth, 22.

020 "我想他总是觉得"

Smith, *FDR*, 55. For the rest of his life, including as president, Roosevelt clung to the notion that he could ignore matters and that they would resolve themselves.

021 "父亲更有趣"

Ibid., 57. He also had an insatiable desire to please, and in Goodwin's words, could be evasive, devious, and lacking in candor. He also mastered the art of masking his true feelings. For a concise and elegant background treatment of Roosevelt, see Goodwin, *No Ordinary Time*, 76–80.

022 竞选州参议员

See especially Ward, *First-Class Temperament*, 122; see also Brands, *Traitor to His Class*, 69.

023 "富兰克林发现……很难放松下来"

See Ward, *First-Class Temperament*, 138–39. There is considerable debate about whether this is true. Some, like Daniel O'Connell, the veteran boss at Albany County, who would work closely with FDR, thought Roosevelt was a bigot or didn't like poor people or was tinged with anti-Catholicism. Certainly this changed over time, if it was ever true. What is definitely true is that he was a product of his upbringing early on—of a life that was rigorously scheduled, in which he saw men and women only of his class, many of whom were distant members of his own extended family, and in which he had little access to a more diverse set of people. Ward makes the point, a good one, that Roosevelt learned tolerance as he went along, "dictated by the realities of power," 138.

023 曾有过对犹太人很不温和的言论

It goes without saying that Eleanor later changed her views considerably. See Goodwin, *No Ordinary Time*, 102; Smith, *FDR*, 148. I would argue that she changed considerably more than Roosevelt himself. In fact, she, as much as anyone in the administration, would become a passionate supporter of the Jews in their time of need.

023 "我初入政坛的时候，真是一个十足刻薄的家伙"

Ward, *First-Class Temperament*, 159; Frances Perkins, *The Roosevelt I knew* (Penguin Classics, 2011), 9; Brands, *Traitor to His Class*, 54–55. This was a rare moment of introspection on Roosevelt's part.

024 自身利益才是最重要的

Even here one can discern Roosevelt's pragmatic roots, that he was as much a politician as a committed ideologue. Ward, *First-Class Temperament*, 162.

024 罗斯福在纽约市病倒了

Of note, Eleanor fell ill as well. Ward, *First-Class Temperament*, 188. Eleanor blamed this on dirty water that she and Franklin used to brush their teeth while coming back from Campobello. Tellingly, she recuperated very quickly; in an omen of things to come, he did not.

024 联系上了路易斯·豪（Louis Howe）

See Ward, *First-Class Temperament*, 196–99. Howe once remarked, "I am hated by everybody... And I want to be hated by everybody." The only thing that mattered to him was the sickly candidate who wanted his help, 196. For more on Louis Howe, who was a pivotal and fascinating figure in Roosevelt's life, see Goodwin, *No Ordinary Time*, 20, 90–91, 588–89; Brands, *Traitor to His Class*, 69–71; Meacham, *Franklin and Winston*, 26, 29. Howe, this ugly little man, riddled with quirks and eccentricity, was a genius as well, in some ways a forerunner of James Carville. Howe would be inseparable from Roosevelt for the next twenty-three years. For more, see James MacGregor Burns, *The Lion and the Fox* (Harcourt, Brace, 1956), 45.

025 在海军部

Walton Chronicle, September 23, 1914; FDR to Langdon P. Marvin, October 19, 1914; see also Smith, *FDR*, 123–25, from which I've extensively drawn this paragraph.

025 消防水龙带的比喻

See FDR to Navy League Convention, April 13, 1916; see also Smith, *FDR*, 132–34.

027 "你的手虽然握在方向盘上"

For quotation and Lucy Mercer see Michael Teague, *Mrs. L: Conversations with Alice Roosevelt Longworth* (Doubleday, 1981), 157–58; see also Smith, *FDR*, 153. Elliott Roosevelt, *An Untold Story*, 82, described "a hint of fire" in Lucy's eyes. Teague describes it as "lonely boy meets girl."

028 罗斯福也一再讲到过

Smith, *FDR*, 158. It is worth noting that at age thirty-one, Roosevelt was the youngest assistant secretary since 1860.

028 "口感完美"

For this and Roosevelt's itinerary, Smith, *FDR*, 158.

028 "一声闷响"、"冷雨泡坏了一封封情书"

Ward, *First-Class Temperament*, 392–93, 401–2; Smith, *FDR*, 158–59.

029 "我所仰赖的根基，一下子就从我的世界里消失了"

ER to Joseph Lasch, October 25, 1943, quoted in Lasch, *Eleanor and Franklin: The Story of Their Relationship* (Norton, 1971), 220. For a particularly vivid account of Roosevelt's contracting pneumonia, see Ward, who is outstanding on FDR's health issues, *First-Class Temperament*, 408, 410–412. See also Smith, *FDR*, 159–60.

029 1920 年的大选又要开始了

I particularly draw heavily on Smith, *FDR* 165–87; Ward, *First-Class Temperament*, 417–23; Goodwin, *No Ordinary Time*, 16, 20. FDR did remark about TR, "I do not profess to know what Theodore Roosevelt would say if he were alive today, but I cannot help think that the man who invented the word 'pussy footer' could not resist the temptation to apply it to Mister Harding" : FDR speech at Waukegan, Illinois, August 12, 1920, FDRL. As to Roosevelt's speaking style, it was not yet legendary or polished. Eleanor remarked, "It is becoming almost impossible to stop F. when he begins to speak. 10 minutes is always 20, 30 is always 45, and the evening speeches are now about two hours!" ER to SDR, October 19, 1920, FDRL.

029 一开始，他的双腿是隐隐钝痛……"我始终相信"

I rely upon Smith, *FDR*, 188–98; Goodwin, *No Ordinary Time*, 16–17; Brands, *Traitor to His Class*, 69–71; Goodwin's account is quite poignant. The most thorough and compelling account is Ward, *First-Class Temperament*, 584–98. Anna actually hid in the closet to listen to Doctor Lovett's pronouncements and thereby learned what was wrong with her father before he himself knew: John W. Boettiger, *A Love in Shadow* (Norton, 1978), 88. In later years, several of the children would remember that they had the sniffles as well as Franklin and they couldn't shake the thought that they too had been struck with polio, but in its mildest form. Ward, *First-Class Temperament*, 590, suggests that Grace Howe may have been moderately afflicted. Drastic measures were also contemplated. Doctor Samuel A. Levine from Boston believed that a lumbar puncture had to be done within twenty-four hours to relieve the pressure on the spine. This procedure would have immediately produced fever; in the end it was never carried out.

032 "假如你没法再使唤好自己的腿"

See Smith, *FDR*, 210–27, from which I draw this paragraph.

033 大萧条太可怕了

I have drawn on PBS, *The American Experience*, "The Bonus March," www.history.com/topics/newdeal. For a brilliant treatment of the Depression see David Kennedy, *Freedom from Fear: The American People in Depression and War, 1929–1941* (Oxford University Press, 2001). See also Robert S. McElvaine, *The Great Depression: America 1929–1941* (Times Books, 1993); and T. H. Watkins, *The Great Depression: America in the 1930s* (Little, Brown, 1993).

033 在与胡佛的选战中

On Roosevelt's election, I have drawn upon Smith, *FDR*, 249–87. For more on Roosevelt's stunning election see Goodwin, *No Ordinary Time*, 100, 110, 115; Brands, *Traitor to His Class*, 264–65.

034 "人们差一点就要为他……"

Arthur Schlesinger, *The Politics of Upheaval: 1935–1936*, Volume 3, *The Age of Roosevelt* (Mariner, 2003), 3.

035 "他的内心非常宁静"

Goodwin, *No Ordinary Time*, 204.

036 让他们袖手旁观，等着布利特自取灭亡

Brands, *Traitor to His Class*, 561–62. As regards Roosevelt's working of the press corps, in his first term he held 337 press conferences, usually at 10 a.m. on Wednesdays and 4 p.m. on Fridays. Editors were able to see the president separately. See Frank Freidel, *Franklin D. Roosevelt: Launching the New Deal* (Little, Brown, 1973), 224n.

036 "一群无能的阻挠者"

Bohlen, *Witness to History*, 210n. Bohlen goes on to say that Roosevelt felt the only way to get anything done with the Senate was to bypass it altogether. Moreover, he asserts correctly that Roosevelt despised protocol. One surprising observation he makes is that Roosevelt was not "a likable man." Instead he was likable by virtue of his position, Bohlen contends. Finally, Bohlen suggests that he did his job only "moderately well" in foreign affairs.

036 "我们都在为拯救……而战……"

Schlesinger, *The Politics of Upheaval*, 67. Roosevelt's intuitive grasp of the enormity of Hitler's threat comes through in his eloquence here.

036 "这不仅仅是新政"

Ray Tucker, "Ickes—and No Fooling," *Collier's*, September 30, 1933; Smith, *FDR*, 332. See also Jonathan Alter, *The Defining Moment: FDR's Hundred Days and the Triumph of Hope* (Simon & Schuster, 2006).

037 "好吧，比尔，该来的最后还是来了"

For this seminal episode, see Smith, *FDR*, 434.

037 "这一点我以前就说过"

Radio Address to *New York Herald Tribune* Forum, October 26, 1939; also Smith, *FDR*, 440. To be sure, Roosevelt was shameless in saying there would be no boys going to the battlefields of Europe.

037 "政府必须在……选择"

Joachim C. Fest, *Hitler* (Harcourt Brace Jovanovich, 1974), 567, 572. For Mussolini deriding democracy at the same time, and for Chamberlain, see Smith, *FDR*, 425.

038 （整个欧洲）"都会落到纳粹的手里"

Transcript, Conference with the Senate Military Affairs Committee, January 31, 1939, Item 1565, 8; *Franklin D. Roosevelt on Foreign Affairs*, Donald B. Schewe, ed. (New York: Garland, 1979). See also Smith, *FDR*, 431. Roosevelt's words were met by enthusiastic applause by the senators present.

038 "我们的国家会保持"

From 8 *Public Papers and Addresses* (Random House, Macmillan, Harper and Brothers, 1933–58), 460–64. It can also be found in Smith, *FDR*, 436. Cordell Hull strongly objected to the statement, which also proved to be a tacit rebuttal to Woodrow Wilson's contention about the nation remaining "neutral in fact as well as in name."

038 "我们的一切行动，都必须基于……的原则"

Message to Congress, September 21, 1939, 8 *Public Papers and Addresses*, 512–22. See also Joseph Alsop and Robert Kintner, *American White Paper* (New York: Simon & Schuster, 1940), 73ff; Smith, *FDR*, 438.

039 "我简直是在蛋壳上行走"

FDR to Lord Tweedsmuir, October 5, 1939, 2 *FDR: His Personal Letters* 934, Elliott Roosevelt, ed., 4 Vols (Ovoll, Sloan & Pearce, 1947–50), Smith, *FDR*, 439.

039 罗斯·麦金太尔（Ross McIntire）上将

Smith, *FDR*, 445–46. McIntire became a stern monitor of Roosevelt's health for the duration of the war. Here again we see the private eloquence of Roosevelt, though he remained reluctant to speak out publicly or expend too much political capital.

040 丘吉尔……甚至建议……放置毒瓦斯

Churchill was always a whirlwind of ideas, some eminently practicable, some not. See Meacham, *Franklin and Winston*, 10–12. For two marvelous biographies, see Martin Gilbert, *Churchill: A Life* (Holt, 1992), and William Manchester, *Winston Spencer Churchill: Alone* (Delta, 2008), 3–36; BBC Dunkirk fact page, http://www.bbc.co.uk /history/ww2peopleswar/timeline/factfiles/nonflash/a1057312.shtml.

040 德军（在 6 月 5 日调头南下）

For the German side of the picture, especially after Dunkirk, see the magisterial work by Ian Kershaw, *Hitler: A Biography* (Norton, 2010), 557–59, hereafter cited as Kershaw, *Hitler*; Smith, *FDR*, 444–48. Of interest, the late historian Stephen Ambrose made the interesting point that Roosevelt should have intervened much more forcefully earlier on. This is a debate that still properly rages.

042 在军事上，罗斯福只能拖后腿

On America's lack of preparedness, and the inadequacy of American troops, see Goodwin, *No Ordinary Time*, 143; Smith, *FDR*, 428. Actually, Roosevelt feared the Western Hemisphere was in danger.

043 他还在（傲慢地）拍着自己的大腿

For this eerie scene, see especially Kershaw, *Hitler*, 561. The reader may also go to YouTube, which has clips of the Nazis marching through Paris and of a jubilant Hitler.

043 "最伟大的战神"

Kershaw, *Hitler*, 562. The general was Wilhelm Keitel. It is hard to overstate the degree to which a number of Hitler's generals were transfixed by him.

043 和苏联摊牌

I have heavily used Kershaw, *Hitler*, 566, 569.

043 动用空军来打击英国本土

For an overview, I've drawn extensively from Stephen Ambrose and C. L. Sulzberger, *The American Heritage New History of WWII* (Viking Adult Press, 1997), 84, 87, 94–95, hereafter cited as Ambrose, *American Heritage*. For more on the Battle of Britain, see Miller, *Masters of the Air*, especially 1–24 on the heroics of the airmen.

044 "我不知道他们还能坚持多久"

From Murrow's broadcasts during the blitz, reprinted in Ambrose, *American Heritage*, 94.

045 不是所有人都喜欢（这位美国总统）

On the criticism of Roosevelt, I have closely followed MacGregor Burns, *Soldier of Freedom*, 388; I think he gets it just about right.

045 国内与日俱增的难题

Ibid., 335, 388. This paragraph follows Mac-Gregor Burns closely; he notes that in 1943, every week brought a new crisis at home—walkouts in railroads, wildcat strikes, miners' strikes, etc. See also Goodwin, *No Ordinary Time*, which recounts the same incidents: Goodwin is particularly deft at pointing out the domestic obstacles that Roosevelt faced.

046 "我们虽然讨厌……"

This vivid quote is from the Kansas Republican William Allen White, quoted in MacGregor Burns, *Soldier of Freedom*, 331.

047 "他想……"

For a treatment of Roosevelt's style of governance, see Robert Dallek, *Franklin D. Roosevelt and American Foreign Policy, 1932–1945* (Oxford University Press, 1979); MacGregor Burns, *Soldier of Freedom*, 351.

048 "犹豫不决，杂乱无章"

Schlesinger, *Politics of Upheaval*, 8, 91. Schlesinger's treatment of Roosevelt remains necessary reading to this day. To be sure, Walter Lippmann, however distinguished, was often erratic.

048 "令人高兴的是"

MacGregor Burns, *Soldier of Freedom*, 249, and for the dedication of the Jefferson Memorial, 356–57.

049 以赛亚·伯林（Isaiah Berlin）则说

Robert Rosen, *Saving the Jews: Franklin D. Roosevelt and the Holocaust* (Basic Books, 2007), 434–35.

049 周末……并给这处幽静的寓所取名为"香格里拉"

I relied on MacGregor Burns, *Soldier of Freedom*, 254. On Camp David, see especially Goodwin, *No Ordinary Time*, 385–86, which I drew on.

049 "各行其是"、"众口一词，全都恨他"

Schlesinger, *The Politics of Upheaval*, 8, 637. The Madison Square Garden speech may also be viewed on YouTube.

050 "见鬼的平衡，预算平衡……"

Schlesinger, *The Politics of Upheaval*, 511, 553, 650. This comment, of course, represents a debate that remains unresolved.

050 罗斯福……在德黑兰一行

Bohlen, *Witness to History*, 138–42. For more on this conference, see Dallek, *Roosevelt and American Foreign Policy*, 429–42; Brands, *Traitor to His Class*, 546–56; Goodwin, *No Ordinary Time*, 471–78; Meacham, *Franklin and Winston*, 248–66. For "any kind of personal," see Brands, 552. The intensity of the meeting is suggested by Bohlen's observation that at this summit he worked harder than at any other time in his career. Brands, 552, makes the point about the lack of progress cementing a personal connection between the two leaders.

053 领导人和他们的幕僚

Churchill, *Closing the Ring*, 347; Bohlen, *Witness to History*, 141–42; Brands, *Traitor to His Class*, 549. Bohlen found Stalin surprisingly soft-spoken and very fluent in choosing just the right words.

054 "英吉利海峡地区的气候真是……"

And this episode, see, for instance, Averell Harriman and Elie Abel, *Special Envoy to Churchill and Stalin, 1941–1946* (Random House, 1975), 267; Brands, *Traitor to His Class*, 549; and Meacham, *Franklin and Winston*, 251.

055 总统先生的菲律宾厨师

Reilly, *Reilly of the White House*, 150, 180.

056 调制鸡尾酒

Ibid., 180; Bohlen, *Witness to History*, 143; Meacham, *Franklin and Winston*, 145.

056 更多关于德国的核心事宜

Bohlen, *Witness to History*, 143; Meacham, *Franklin and Winston*, 252–54; Brands, *Traitor to His Class*, 551. Regarding "access to the Baltic Sea": Stalin, because of a mistaken interpretation, thought Roosevelt was talking about the Baltic states, not the Baltic Sea.

057 一个词都说不出来

Roosevelt's health incident is found in Bohlen, *Witness to History*, 143–44; and Meacham, *Franklin and Winston*, 254, both of which I draw heavily upon.

058 关于战后世界的构想

See Bohlen, *Witness to History*, 144–45.

058 越来越棘手的……问题

One can see here the three leaders jockeying more than ever for influence. Churchill, *Closing the Ring*, 363–65. On the monumental choice of Eisenhower, seemingly made at the last second, see also Michael Korda, "An Interview with George C. Marshall," Forrest C. Pogue, October 5, 1956 (Marshall files, George C. Marshall Research Library, Virginia Military Institute, Lexington); and Mark Perry, *Partners in Command* (Penguin, 2007), 238–40. Roosevelt did say that Marshall was "entitled to have his place in history": Robert Sherwood, *Roosevelt and Hopkins: An Intimate History* (Enigma, 2008), 770. Ultimately, Marshall was a victim of complicated politics within the military command structure, at home as well as with the Allies. As Perry points out, Roosevelt was slowly tilted away from Marshall's candidacy. Roosevelt was hoping that Marshall himself, ever the good soldier, would make the decision to bow out. But Marshall, who very much wanted the command, hemmed and hawed, forcing Roosevelt to make the decision, in what was surely one of the most "uncomfortable meetings" (Perry, 240) in the history of American civil-military relations. These are Perry's words, 240.

059 轮到斯大林……

Bohlen, *Witness to History*, 146; Churchill, *Closing the Ring*, 371–73.

059 他一会儿"取笑"他

Reilly, *Reilly of the White House*, 181; Bohlen, *Witness to History*, 146–47; Churchill, *Closing the Ring*, 373.

059 "不会容忍过度的杀戮"

Discussion and quotation are from Bohlen, *Witness to History*, 146–57; Churchill, *Closing the Ring*, 373–74; Brands, *Traitor to His Class*, 553; Meacham, *Franklin and Winston*, 258–61.

060 起身（走到莎拉面前，并鞠躬与之碰杯的人）竟然是斯大林

For this charming vignette see Sarah Churchill, *A Thread in the Tapestry*, 66.

062 决定不这么做了，该换条路子试试

Roosevelt's efforts to woo Stalin may be found in two sources that I draw heavily on, Meacham, *Franklin and Winston*, 264–65, 258; and Brands, *Traitor to His Class*, 552–53. "He always enjoyed other people's discomfort": MacGregor Burns makes this point as well, in *Soldier of Freedom*.

065 其实十一年来，这是他第一次

Brands, *Traitor to His Class*, 580.

第二章

066 "我们还有……"

Antony Shaw, *World War II: Day by Day* (Chartwell, 2010), 133; *The Suction Pump*, March 8, 1944, PPA 1944–1945, 99–100. See also MacGregor Burns, *Roosevelt: The Soldier of Freedom* (Harcourt, 1970), 438. Around this time, Churchill was recovering from pneumonia, for which he was prescribed antibiotics and digitalis.

067 "'罗斯福'这个名字是一个象征"

And paragraph from Edward R. Murrow, *In Search of Light: The Broadcasts of Edward R. Murrow 1938–1961*, Edward Bliss Jr., ed. (Knopf, 1967), 90–95. This is from his haunting broadcast of April 15, 1945, from Buchenwald, also reprinted in Robert Abzug, *American Views of the Holocaust, 1933–1945: A Brief Documentary History* (St. Martin's, 1999), 202.

067 还陷在对意大利战争的泥淖之中

See especially MacGregor Burns, *Soldier of Freedom*, 438–39, from which I borrowed the phrase "soldier's hell"; W. G. F. Jackson, *The Battle for Italy* (Harper, 1967), 182–201; Ambrose, *American Heritage*, 359. Rick Atkinson, *The Day of Battle: The War in Sicily and Italy, 1943–1944* (Holt, 2008), provides a superb account of the obstacles confronting the GIs and getting bogged down in the Italian campaign. See also Mark Perry, *Partners in Command* (Penguin, 2007), 272–378.

068 "紫心勋章之谷"

Ambrose, *American Heritage*, 365.

068 历史上规模最庞大的两栖登陆战役

Material on the background of the invasion is voluminous, and I've drawn extensively from it. See, for example, Perry, *Partners in Command*, 268–72, 277–98; Roland Ruppenthal, *Logistical Support of the Armies*, Volume 1, *The European Theatre of Operations* (Office of the Chief of Military History, 1953); Forrest Pogue, *D-Day: The Normandy Invasion in Retrospect* (University of Kansas Press, 1971); B. H. Liddell Hart, *The Rommel Papers* (Harcourt, Brace, 1953), 465; Cornelius Ryan, *The Longest Day* (Simon & Schuster, 1959); Samuel Eliot Morison, *The Invasion of France and Germany 1944–1945* (Little, Brown, 1959); MacGregor Burns, *Soldier of Freedom*, 473. Stephen Ambrose, *The Supreme Commander: The War Years of Dwight Eisenhower* (Anchor, 2012), provides a condensed overview, along with Ambrose, *American Heritage*, both of which I heavily relied on. For more on the vast preparations, see, for example, Ambrose, *Supreme Commander* 412–13; see also Max Hastings, *Overlord and the Battle for Normandy* (Vintage, 2006), chap. 17. In Great Britain there was a joke that the Americans were sending over so many men and so much matériel that were it not for the barrage balloons, the island would sink into the sea.

071 大兵们会……在胸前画着十字

Ambrose, *American Heritage*, 413, 465.

072 红色的那部（电话机）

For the delicious details of red and green phones, see MacGregor Burns, *Soldier of Freedom*, 474.

072 "我们绝对承受不起……"

Ambrose, *The Supreme Commander*, 431; see also Stephen Ambrose, *D-Day: June 6, 1944—The Battle for Normandy Beaches* (Pocket Books, 2002), 68.

072 希特勒手下最精明……之一

Erwin Rommel, The *Rommel Papers*, B. H. Liddell Hart, ed. (Harcourt, Brace, 1953); Ambrose, *D-Day*, 41, 588; Morison, *The Invasion*, 152–53. For a discussion of landing craft, see Gordon Harrison, *Cross Channel Attack* (Department of the Army, 1951), 59–63.

073 修筑了一套网系复杂、设计严密的（堡垒和防御）工事

Hitler's subsequent failure to use the panzer tanks would be among his worst decisions of the war, right up there with opening a second front against the Soviet Union and declaring war on the United States. In this paragraph I draw heavily on Ambrose, *American Heritage*, 465. For more on the Atlantic Wall, see J. E. Kaufmann and H. W. Kaufmann, *Fortress Third Reich: German Fortifications and Defense Systems in World War II* (Da Capo, 2007), 194–223; and Alan Wilt, *The Atlantic Wall: Hitler's Defenses in the West, 1941–1944* (Enigma, 2004).

074 "战局大势将在海滩上见分晓"

I draw particularly on Ambrose, *American Heritage*, 461–66.

075 已是一个垂死之人

Time, May 29, 1944, 18; Tully, *FDR, My Boss*, 274; William Hassett, *Off the Record with FDR* (Rutgers

University Press, 1958), 239, hereafter cited as Hassett, *Off the Record*. For an outstanding overview, see Goodwin, *No Ordinary Time*, 491–92; Brands, *Traitor to His Class*, 581–84. In a marvelous documentary by David Grubin, *FDR*, on American Experience, PBS, 1994, we hear about Roosevelt falling out of his chair.

075 神色疲倦，憔悴不堪

New York Times, March 26, 1944, 35; Hassett, *Off the Record*, 239; Goodwin, *No Ordinary Time*, 492; Brands, *Traitor to His Class*, 579; Atkinson, *The Day of Battle*, 20.

076 麻烦一个接着一个来

It is difficult to overstate the degree to which Roosevelt's health was impaired during this period. Too often this has been overlooked or underplayed by historians. Yet there were some contemporary accounts questioning his health, and now there is some critical literature. See Stephen Lomazow, MD, and Eric Fettmann, *FDR's Deadly Secret* (Public Affairs, 2009). For additional details about Roosevelt's health, see James MacGregor Burns, "FDR: The Untold Story of His Last Year," *Saturday Review*, April 11, 1970; "Did the US Elect a Dying President? The Inside Facts of the Final Weeks of FDR," *U.S. News and World Report*, March 23, 1951; George Creel, "The President's Health," *Collier's*, March 3, 1945; Karl C. Wold, "The Truth About FDR's Health," *Look*, February 15, 1949; Noah Frapericant, "Franklin D. Roosevelt's Nose and Throat Ailments," *Eye, Ear, Nose and Throat Monthly*, February 1957, 103–6; Rudolph Marx, "FDR: A Medical History," *Today's Health*, April 1961, 54; Richard Norton Smith, "'The President Is Fine' and Other Historical Lies," *Columbia Journalism Review*, September–October 2001.

076 "我感觉就像在地狱"

See Jim Bishop, *FDR's Last Year* (Morrow, 1974), 4; Smith, *FDR*, 603. Very good on this is the White House aide Hassett, *Off the Record*, 231, 233, 239–41. Significantly, as a sign of Roosevelt's declining health, in July 1935, Roosevelt's blood pressure was 136/75; on March 27, 1944, it was 186/108.

077 "格外灰败"

For this and the next two paragraphs, Goodwin, *No Ordinary Time*, 494–95, drawn from her interview with Bruenn. For more on McIntire, who plays a central role in the drama of Roosevelt's health and who frequently clashed with Dr. Bruenn, see Robert H. Farrell, *The Dying President: Franklin Roosevelt* (Missouri, 1978). "It was worse than I feared" : For more, see Howard Bruenn, "Examination Revealed," *Annals of Internal Medicine* (April 1970), 580–81.

078 "总统的脸色……"

Goodwin, *No Ordinary Time*, 494; Smith, *FDR*, 604; Lomazow and Fettman, *FDR's Deadly Secret*, 101.

079 明显非常难受

Brands, *Traitor to His Class*, 581.

079 "根本抽不出……"

For this and following paragraphs, see Atkinson, *The Day of Battle*, 308; Goodwin, *No Ordinary Time*, 495, 496; Smith, *FDR*, 603. Of note, Goodwin interviewed Bruenn on digitalis, which was considered by some a miracle drug but which could have serious side effects. By way of comparison, when Churchill had pneumonia he took a course of it as well. Lomazow and Fettman discuss the president's wen at great length, as well as the fact that he had a prostate exam and that digitalis was used for congestive heart failure, in *FDR's Deadly Secret*, 103–4. Bruenn had little advance notice that he would actually be treating Roosevelt, and at the outset was not provided with the president's medical file.

080 "稍微晒晒太阳"

Smith, *FDR*, 603–5; Goodwin, *No Ordinary Time*, 497. Smith and Goodwin provide two different dates. April 3 is the correct date.

080 让自己蒙在鼓里，一无所知。

See Brands, *Traitor to His Class*, 581; Dallek, *Roosevelt and American Foreign Policy*, 442. However, Lomazow and Fettman believe that Roosevelt was fully apprised of his condition, and that privately he was worried about it: *FDR's Deadly Secret*, 104–5.

081 寻求解决困难的办法

In *April 1865*, I make this point about leaders having to find a way during the Civil War. See also Atkinson, *Day of Battle*, 22.

082 最后，罗斯福（在霍布考庄园）待了一个月

See especially "President Returns from Month's Rest on Baruch Estate," *New York Times*, May 8, 1944, A1. See also Lee Brockington, *Plantation Between the Waters: A Brief History of Hobcaw Barony* (History Press, 2006), 95; Bernard Baruch, *Baruch: The Public Years* (Pocket Books, 1962) 335–37; and Goodwin, *No Ordinary Time*, 497.

083 无论是在哪一张地图

My discussion of Auschwitz—the town and its history—closely follows the excellent background in Sybille Steinbacher, *Auschwitz: A History* (Harper Perennial, 2005), 5–22, 22–23, 27, 89, 95, hereafter cited as Steinbacher, *Auschwitz*. An invaluable trip for any reader is to go to Auschwitz itself, to the U.S. Holocaust Museum in Washington, DC, or to Yad Vashem in Israel.

085 "多大？"

The literature on the notorious selection process is vast. The reader may want to consult Elie Wiesel, *Night* (Hill and Wang, 2006), I; Wiesel vividly describes the process from his own personal experience. I've also used Primo Levi, *Survival in Auschwitz* (Touchstone, 1996), 18–22 and, for the train ride to Auschwitz, 16–19 (which includes "Luggage afterwards").

086 挑拣完毕

The discussion on Auschwitz here comes from extensive material on which I've heavily drawn. See Peter Hellman, *The Auschwitz Album: A Book Based upon an Album Discovered by a Concentration Camp Survivor, Lili Meier* (Random House, 1981), 166. See also Steinbacher, *Auschwitz* (for plunder specifically, 104–5); Deborah Dwork and Robert Jan Van Pelt, *Auschwitz* (Norton, 2002); Otto Friedrich, *The Kingdom of Auschwitz, 1940–1945* (Harper Perennial, 1994); Yisrael Gutman and Michael Berenbaum, *Anatomy of the Auschwitz Death Camp* (Indiana University Press, 1998); Rudolf Hoess, *Death Dealer: The Memoirs of the SS Kommandant at Auschwitz* (Da Capo, 1996); Primo Levi, *Auschwitz Report* (Verso, 2006); Laurance Rees, *Auschwitz: A New History* (Public Affairs, 2006). For the chilling world of the *Sonderkommando*, whose members were slaves twice over and forced to collaborate with the Nazis in the most horrific ways, or face immediate death, see Shlomo Venezia, *Inside the Gas Chambers: Eight Months in the Sonderkommando of Auschwitz* (Polity, 2011); Rudolf Vrba, *I Escaped from Auschwitz* (Barricade, 2007). "The door was thick": Lyric Winik interview with Hans Munch, *Moment Magazine*, October 1998, 60–61, 75–78.

第三章

094 这次南卡罗来纳州之旅并非……

Elliott Roosevelt, *As He Saw It* (Duell, Sloane and Pierce, 1946), 370; Robert Dallek, *Franklin D. Roosevelt and American Foreign Policy, 1932–1945* (Oxford University Press, 1979), 442.

094 以求恢复

This section closely tracks and benefits enormously from the small, original photographs of the Nazis, too often overlooked, that are lodged in the Holocaust Museum in Washington, D.C. They are a veritable treasure trove. Originally belonging to Karl Hoeker, an aide to Richard Baer, one of the commandants of Auschwitz, this album containing 116 photos is one of the great finds in studies on the Holocaust and of importance for understanding the mind-set of the Nazi high command at Auschwitz. This section also closely follows Jennifer Geddes, "Blueberries, Accordions, and Auschwitz," in *Culture* (Institute for Advanced Studies in Culture, 2008), 2–5.

095 为期八天的假日

The photographs of these vacationing Nazis are chilling because they portray these Germans as loving, normal, people, as if they were our next-door neighbors.

097 雪地葬礼

The German notations accompanying these photographs refer to the Allies who caused Nazis' deaths as "terrorists."

097 他们就被叫醒

For the horrific conditions at Auschwitz and the other camps, see Jan Karski, "Polish Death Camps," *Collier's* (October 14, 1944), 18–19, 60–61; Robert Abzug, *America Views the Holocaust, 1933–1945: A Brief Documentary History* (St. Martin's, 1999); Yisrael Gutman and Michael Berenbaum, *Anatomy of the Auschwitz Death Camp* (Indian University Press, 1998); Deborah Dwork and Robert Jan Van Pelt, *Auschwitz* (Norton, 2002); Christopher Browning, *Remembering Survival: Inside a Nazi Slave Labor Camp* (Norton, 2011); Otto Friedrich, *The Kingdom of Auschwitz, 1940–1945* (Harper Perennial, 1994); Olga Lengyel, *Five Chimneys: The Story of Auschwitz* (Chicago Review Press, 1995); Flip Mueller, *Eyewitness Auschwitz: Three Years in the Gas Chambers* (Ivan R. Dee, 1999); Steve Hochstadt, *Sources of the Holocaust: Documents in History* (Palgrave Macmillan, 2004). Karski's observations are particularly trenchant, because he was an eyewitness at one of the camps.

099 吓人 "鹰犬"

The basis for this chapter is the remarkable memoir by Rudolf Vrba, *I Escaped from Auschwitz* (Barricade, 2002). For the sake of authenticity, I have sought to preserve his wording and voice. It was Vrba who called the whip used to lash prisoners the "cat." See also Steinbacher, *Auschwitz*.

101 "这就是奥斯维辛的法则"

Interview with Hans Munch, *Moment Magazine*, October, 1998.

103 新年庆祝活动

For this New Year's Eve festival at Auschwitz and the dinner menu, as well as the other entertainments and beautification efforts, see Steinbacher, *Auschwitz*, 73–75, also 42, on which I've extensively drawn.

104 陶瓷艺术大师乔赛亚·韦奇伍德（Josiah Wedgwood）

See Jay Winik, *The Great Upheaval* (Harper Perennial, 2008), especially 177.

104 在希特勒（的摩尼教）世界观里

Kershaw, *Hitler*, 716–17. Of course like so many other Nazi prophecies this one proved to be false; it demonstrated the megalomania, delusions, and hubris of Hitler and the Nazi high command. They believed history would vindicate them. See also Michael Kimmelman, "50 Years After Trial Eichmann Secrets Live On," *New York Times*, May 9, 2011.

105 光看外表……是最不可能胜任

For background see Vrba, *I Escaped from Auschwitz*, 14–17. Vrba was a remarkably intelligent man, despite his limited education.

106 贫民区逐渐兴起

Ibid., 15.

107 "整洁、秩序……"

Ibid., 75.

108 梦想着越狱

Ibid., 121.

109 他已成为……通讯员

Ibid., 182–85.

109 啃上一口巧克力

Ibid., 137.

110 "隔离六个月采取特殊待遇"

Ibid., 189.

110 捏造的假象

This section on the Jews from Theresienstadt closely follows Martin Gilbert's harrowing account, *Auschwitz and the Allies* (Holt, 1981), 192–95, see also 178. On July 30, 1980, Vrba gave further information in a letter to Gilbert.

111 唱起了捷克的国歌

See O. Kraus and E. Kulka, *The Death Factory* (Oxford University Press, 1966), 172–74; Erich Kulka, *Utek z tabora smrti* (Howard Fertig, 2013), 69–71; Yuri Suhl, *They Fought Back: The Story of Jewish Resistance in Nazi Europe* (London, 1968), 244; Jadwiga Danuta, *Amidst a Nightmare*, 118–19. This twenty-one-page Yiddish manuscript (cited above), written in black ink, was discovered on the site of Crematorium III in 1952. The author is unknown and the final entry is dated November 26, 1944.

112 "一支百万强军……"

Vrba, *I Escaped from Auschwitz*, 207.

113 逃犯（直译应为想要逃跑的人）

Ibid., 210.

114 "事情很明显……"

Ibid., 211.

115 靠食盐和土豆……

Ibid., 214.

115 （他们的）肢体残缺不全

Ibid., 218.

116 制订了一个大胆的计划

Ibid., 219–21.

119 奥斯维辛第一次为人所知

Tragically, the intelligence personnel didn't realize the significance of the photographs. I have drawn heavily upon "Interpretation Report D:377A," April 18, 1944, "Locality Oswiecim (Auschwitz): Synthetic Rubber and Synthetic Oil Plant," *United State Strategic Bombing Survey*, Record Group 243; on the dramatic writeup in Gilbert, *Auschwitz and the Allies*, 190–91; and on Vrba, *I Escaped from Auschwitz*, 242.

121 "他们在玩弄我们"

Vrba, *I Escaped from Auschwitz*, 242.

122 把人撕成两半

On patrol dogs, see Himmler's letter, February 8, 1943, in Raul Hilberg, *The Destruction of the European Jews* (Harper Colophon, 1979), 584. They could also hear the chilling "monotonous sounds" of Jews being gassed and cremated.

123 他们的藏身之处正好靠近

Vrba, *I Escaped from Auschwitz*, 245.

124 安置在马伊达内克集中营中

On this episode at Majdanek, see especially Gilbert, *Auschwitz and the Allies*, 201.

125 空中传来一阵嗡鸣

Ibid., 245–46. This dramatic episode of listening to the planes obviously plays into the debate about whether Auschwitz should have been bombed.

126 详尽完整的报告

Ibid., 246. For this episode, see Gilbert, *Auschwitz and the Allies*, 196.

127 再也没有回头

See Vrba, *I Escaped from Auschwitz*, 247–48.

第四章

128 启程前往……霍布考男爵伯纳德·巴鲁克（的领地）

See Bernard Baruch, *Baruch: The Public Years* (Holt, Rinehart and Winston, 1960), 335–37; Lee Brockington, *Plantation Between the Waters: A Brief History of Hobcaw Barony* (History Press, 2006); Belle W. Baruch Foundation website; Mary Miller, *Baroness of Hobcaw: The Life of Belle W. Baruch* (University of South Carolina Press, 2010).

129 美国特勤处正忙着

Michael F. Reilly, *Reilly of the White House* (Simon & Schuster, 1947), 16. Also see A. Merriman Smith, *Thank You, Mister President: A White House Notebook* (Harper, 1946), 139. Roosevelt's well-known fear of fire from his paralysis as well as from childhood experience.

130 保持着简单的生活作息

FDRL video 135, a silent film of Roosevelt's stay at Hobcaw Barony, may be seen on YouTube. This video shows Roosevelt's attendants, the magnificent estate of Hobcaw, the American flag flapping in the wind, Fala galloping with a black cat, and near the end Roosevelt fishing from Bernard Baruch's boat.

131 "健谈大师"

From Doris Kearns Goodwin's interview with Dr. Bruenn, in *No Ordinary Time* (Simon & Schuster, 1994). One can wonder whether McIntire was lax in not discussing more with Roosevelt. Roosevelt was surely content to hear as little as possible, but should McIntire have said more? It is of note that Dr. Hugh E. Evans points out that illness was not typically "discussed with patients." He adds "presidential health matters were assumed to be private, rarely reported frankly or with clinical detail." *The Hidden Campaign: FDR's Health in the 1944 Elections* (M. E. Sharp, 2002), 61.

132 "注意！这里是奥斯维辛集中营"

Rudolf Vrba, *I Escaped from Auschwitz* (Barricade, 2002), 248.

134 这份电报的数份复印件

For the text of the telegram, see Erich Kulka, "Five Escapes from Auschwitz," in Yuri Suhl, ed., *They Fought Back: The Story of Jewish Resistance in Nazi Europe* (Crown, 1968), 232. This paragraph closely follows Martin Gilbert, *Auschwitz and the Allies* (Holt, 1981), 196.

134 一见到犹太人……就立即开枪

Vrba, *I Escaped from Auschwitz*, 250.

135 突然……两个孩子

Ibid., 248–51.

136 走进别尔斯科真是……

Ibid., 251–54.

138 前往斯洛伐克的（一半）路程

Ibid., 254–59.

145 英国和美国迟早也会看到这份报告

Roosevelt, of course, had considerable information about the impending slaughter, though not as detailed nor as authoritative as what Vrba and Wetzler could provide. Vrba and Wetzler had no way of knowing this. Ibid., 258–59. See also Vrba's detailed letter in Gilbert, *Auschwitz and the Allies*, 203; more can be found in Kulka, "Five Escapes from Auschwitz," 233.

145 奥斯卡·克拉斯纳斯基（Oscar Krasnansky），一名化学工程师

Krasnansky was extremely impressed by Vrba's and Wetzler's extraordinary "memory" as he cross-examined them for two straight days on the specifics of Auschwitz. His note expressing his belief in the two escapees was first published by the War Refugee Board in Washington on November 26, 1944, as part of the overall official publication of the Vrba-Wetzler report. Yet to this very day, the details of how the Vrba-Wetzler memorandums got derailed remain clouded by the Nazis' deceptiveness, the "blood for goods" proposal, and self-deception on the part of some prominent Jews. The story is worthy of a spy thriller. See, for instance, Vrba, *I Escaped from Auschwitz*, 262–65.

145　老情人

For more on Lucy Mercer see Jean Edward Smith, *FDR* (Random House, 2008), 160–64; James MacGregor Burns with Susan Dunn, *The Three Roosevelts: Patrician Leaders Who Transformed America* (Grove, 2001), 155–56; Joseph P. Lash, *Eleanor and Franklin: The Story of Their Relationship* (Norton, 1971), 220; Elliott Roosevelt, *An Untold Story: The Roosevelts of Hyde Park* (Putnam, 1973); David D. Roosevelt, *Grandmere: A Personal History of Eleanor Roosevelt* (Warner, 2002), for example, 112.

145　令罗斯福倍感慌乱和惊吓

See Howard Bruenn, "Clinical Notes," *Annals of Internal Medicine*, April 1970, 548. Nevertheless Merriman Smith observed that Roosevelt was "in good spirits." See Smith, *Thank You*, 140–1. See also Goodwin, *No Ordinary Time*, 500; Eleanor Roosevelt, *This I Remember* (Harper, 1949), 371.

146　盟军的突击部队

Stephen Ambrose, *D-Day* (Pocket Books, 2002), 170. For a thorough treatment of the Slapton Sands episode, see Ken Small, *The Forgotten Dead* (Bloomsbury, 1988).

149　"有色人种部队"

See Craig Smith, January 24, 2005, BBC printout on Slapton Sands; Small, *Forgotten Dead*, for example 44–48. Small's account includes this description (48): "There were men shouting, screaming, praying and dying... But the crying and yelling and screaming and praying had tapered off. The men were falling asleep, and letting go of the rafts—and dying." See also Alex Kershaw, *The Bedford Boys: One American Town's Ultimate D-Day Sacrifice* (Da Capo, 2003), 89, 90; Tom Sollosi, *Valley Independent*, June 3, 2004. Kershaw writes that some officers were so shocked by the "botch-up" at Slapton Sands that they began to question their role in Overlord.

150　"缺乏韧性……"

See Harry Butcher, *My Three Years with Eisenhower* (Simon & Schuster, 1946), 531; Kershaw, *Bedford Boys*, 91. Kershaw notes (92) that secrecy about the disaster was imperative because if it became widely known it would alert the Germans to Overlord. See also Ralph Ingersoll, *Top-Secret* (Harcourt, Brace, 1946), 105. Over time, the bodies of all the intelligence officers were found; this was deemed a minor miracle.

150　"圣经说……"

And rest of paragraph, see Rick Atkinson, *The Day of Battle* (Holt, 2007), 311.

151　"像浆果一样黑"

New York Times, May 8, 1944. For "He is thin," see Goodwin, *No Ordinary Time*, 501–2; Hassett, *Off the Record*, 241.

151　"让全世界都见鬼去"

See, for example, H. W. Brands, *Traitor to His Class* (Doubleday, 2008), 583.

第五章

153　62 岁的罗斯福

Eleanor Roosevelt, *This I Remember* (New York, Harper, 1949), 372.

153　"我们必须不断……"

Morton Mintz, *Washington Post*, April 17, 1983.

154　派出了（匈牙利救援委员会成员）乔尔·布兰德（Joel Brand）

For more on the tangled, mysterious episode known as the "Brand affair," see Yehuda Bauer, *Flight and Rescue* (Magnes Press, 1981), 345. Also see Kai Bird, *The Chairman* (Simon & Schuster, 1992), 218. A young diplomat with the War Refugee Board, Ira Hirschmann, also wrote a detailed memo about the affair. For this, see especially Bird, 690, and Robert Rosen, *Saving the Jews: Franklin D. Roosevelt and the Holocaust* (Thunder's Mouth, 2006), 392–94. In the beginning, Roosevelt enjoined Hirschmann to "keep talking." While Hirschmann talked, FDR felt "these people [would] still have a chance to live."

155 难以置信的纳粹阴谋

Eichmann smoothly told Brand, "I want goods for blood." Martin Gilbert, *Auschwitz and the Allies* (Holt, 1981), 202. See also Bauer, *Flight and Rescue*, 144–49. Predictably, the whole affair eventually fell apart.

156 欧洲剩下的最后一批犹太人

For a powerful account, see especially Elie Wiesel, *Night* (Hill and Wang, 1958), 3; Rudolf Vrba, *I Escaped from Auschwitz* (Barricade, 2002), 266; and Gilbert, *Auschwitz and the Allies*, especially 182–210. The crematoriums were "littered with amorphous heads of corpses": Yehuda Bauer, *A History of the Holocaust* (Franklin Watts, 2001), 344.

156 被一齐猛推入运畜拖车

Primo Levi, the distinguished writer and Holocaust survivor, is particularly strong on this. See *Survival in Auschwitz* (Touchstone, 1996), especially 13–19. See also Vrba, *I Escaped from Auschwitz*, 40–55.

156 被抓获

Bauer, *History of the Holocaust*, 344–45. See also Kershaw, *Hitler*, 760–65, 868.

157 （他们）自己最好的衣服

Bauer, *History of the Holocaust*, 344. Wiesel, *Night*, for one, also documents the illusions many of the fearful Jews harbored.

157 围捕行动（不仅在匈牙利全境继续，也在意大利、比利时、荷兰、法国甚至波兰本国）进行着

Bauer, *History of the Holocaust*, 344. Gilbert, *Auschwitz and the Allies*, also underscores how the roundups continued.

158 4000 名（12 岁以下的）儿童

BBC interviews with survivors. These transports were among the most poignant. Survivors remembered the children before they boarded the trains.

158 每一列火车都……前行

For conditions within cattle cars, see Levi, *Survival*, 17; Gilbert, *Auschwitz and the Allies*, 437.

158 很少有人开口说话

I have taken this directly from Levi, *Survival*, 17: I think Levi captures these tense moments as well as anyone. See also *The Last Days*, a documentary about five Hungarian Jews, directed by James Moll, executive producer Steven Spielberg.

159 "那里会……有操场吗？"

See, for instance, Gilbert, *Auschwitz and the Allies*; Levi, *Survival*, 18–19; Vrba, *I Escaped from Auschwitz*, 49; Deborah Dwork and Robert Jan van Pelt, *Holocaust: A History* (Norton, 2002), especially 239–84.

160 充耳不闻

I'm basing this assessment on the interpretation of David Wyman, *The Abandonment of the Jews: America and the Holocaust, 1944–1945* (New Press, 2007), 291.

161 "我们法国见"

Stephen Ambrose, *D-Day: June 6, 1944* (Pocket Books, 2002), 166–69, quote from 168. I have drawn extensively on Ambrose for this paragraph; the English towns are from 116.

161 盟军的重型轰炸机

See Gilbert, *Auschwitz and the Allies*, 190. For more on the Italian campaign see Carlo D'Este, *Fateful Decision: Anzio and the Battle for Rome* (Harper Perennial, 1992); see also John Keegan, ed., *The Times*

Atlas of the Second World War (HarperCollins, 1989).

161 "蒙羞的总统"

Rarely did Roosevelt indulge in such distraught thinking, but this was one such moment. See interview with Jay Winik in the documentary *Pearl Harbor: 24 Hours After*, History Channel, Anthony Giachinno, director, 2010; see also the American Experience PBS documentary *FDR*, David Grubin, director. For more, see Doris Kearns Goodwin, *No Ordinary Time* (Simon & Schuster, 1994), especially 506–7 on Roosevelt wishing to be in London.

162 "速报，艾森豪威尔总指挥部宣布……"

New York Times, June 4, 1944.

163 天气、等待

Here I draw extensively on Goodwin, *No Ordinary Time*, 507; Ambrose, *D-Day*, 182–85; and *American Heritage: New History of World War II*, revised and updated by Stephen Ambrose (Penguin, 1997), 470–71. For more on the thoughts, concerns, and fears of the troops, see the magisterial Max Hastings, *Overlord: D-Day and the Battle for Normandy* (Vintage, 2006); see also *D-Day: The Normandy Landings in the Words of Those Who Took Part*, Jon E. Lewis, ed. (Magpie, 2010). There was a stark difference between the Germans' and the Allies' forecasting. The Germans were impeded by the loss of their outlying weather stations, and this situation would contribute to their lack of preparedness. Whereas Captain Stagg predicted a "window" of reasonable weather after the poor conditions, on June 5, the Germans did not. This was a fatal error for them. See also Russell Weigley, *Eisenhower's Lieutenants* (Indiana University Press, 1980); and Omar Bradley, *A Soldier's Story* (Vintage, 1964). Stephen Ambrose, *The Supreme Commander* (Doubleday, 1970), is also quite good, and for the decision to initiate D-Day, I draw extensively on 414–18, which provides the most comprehensive treatment. An especially important resource is Captain Harry C. Butcher, *My Three Years with Eisenhower* (Simon & Schuster, 1946). These sources, on which I draw heavily, are the basis for my scene about the decision to go and the beginning of D-Day. Hastings's and Ambrose's accounts are particularly strong and vivid, and were crucial to my vignettes in these pages.

163 一支数量壮观的舰队

For these passages I have relied on (among other sources) James MacGregor Burns, *Roosevelt: The Soldier of Freedom* (Harcourt, 1970), 475–76. On Eisenhower's decision to commence the Overlord invasion, see, for example, Mark Perry, *Partners in Command* (Penguin, 2007), 296–99. Some historians have Eisenhower saying, "Let's go." Perry gives the version, "We'll go!" See also Ambrose, *D-Day*, 188–89; I follow Ambrose's timing of the decision. Here, see Carlo D'Este, *Eisenhower: A Soldier's Life* (Holt, 2002), 525. "You know I'm a juggler": This is one of Roosevelt's most revealing statements.

167 当飞机从……跃出时

For these pages detailing casualties and mishaps; see in particular Ambrose: *D-Day*, 312–14; and MacGregor Burns, *Soldier of Freedom*, 476–77, on which I've drawn extensively. It was expected that the gliders would encounter problems and even crashes. Communication mishaps, however, such as those with battlefield radios, were not anticipated. Here of course is what the master strategist Carl von Clausewitz called the "fog of war."

169 "我们跟你干到底！"

This material is from Ambrose, *D-Day*, 313; and Hastings, *Overlord*. For Hitler sleeping, see Kershaw, *Hitler*, 804–6; Walter Warlimont, *Inside Hitler's Headquarters* (Presidio Press, 1962), 403–6.

171 "我们已经看不见……"

Ambrose, *D-Day*, 264.

171 "大多数人……"

Ambrose, *D-Day* (from which I've drawn extensively for this section), 263; for list of ships, see 235.

171 一场伟大交响乐的华彩终章

Ibid., 271. Goodwin, *No Ordinary Time*, is very good on the mishaps at Omaha Beach.

172 奥马哈海滩上

For more on the mishaps at Omaha, I have heavily tapped into the descriptions provided by Ambrose, *American Heritage*, 467. For more on the Bedford boys, see Alex Kershaw, *The Bedford Boys: One American Town's Ultimate D-Day Sacrifice* (Da Capo, 2003). Bedford, Virginia, was a small blue-collar town of some three thousand people. No town in America endured such a great loss on a single day, and Kershaw's vignettes— for example, of mothers and wives being notified by Western Union telegrams— are deeply moving. Many were devastated by the loss.

174 "我到鬼门关走了一遭"

Ambrose: *D-Day*, 331; the next two paragraphs closely follow 331–35. For further tribulations encountered by the Americans, see especially 337–38; for "Mother, Mom," 337.

175 撤退并不可行

Max Hastings, *Overlord* (Simon & Schuster, 1984), 92; Ambrose, *D-Day*, 435. For a while, Bradley was close to despair; see Omar Bradley and Clay Blair, *A General's Life: An Autobiography* (Simon & Schuster, 1983), 249. One German observed, "Here they had to fight savagely for every inch," Lewis, *D-Day*, 148.

175 盟军并未停止前行

As one soldier put it, "Now it was open country and we had broken through the 'Atlantic Wall,' " Lewis, *D-Day*, 135. Nonetheless, as one lieutenant pointed out, "the bombs were bursting literally everywhere all the time," Lewis, *D-Day*, 134. See also Ambrose, *D-Day*, 340.

175 "立即冲回海峡中"

Ambrose, *D-Day*, 381, 340–42. And as Kershaw, *Hitler*, points out, almost pathetically, Hitler was still sleeping.

177 进攻的消息

Details of the giddy reactions to the Allies' successes closely follow *New York Times*, June 6 and June 7, 1944; Michael Korda, *Ike* (Harper Perennial, 2007), 479–81; Ambrose, *D-Day*, 486–508, especially 489–90.

178 "这是实实在在的"

This vignette is from my *April 1865: The Month That Saved America* (HarperCollins, 2001). International and national reaction in *New Yorker*, June 10, 1944; *Wall Street Journal*, June 7, 1944; *Milwaukee Journal*, June 7, 1944; *New Orleans Times Picayune*, June 7, 1944; *New York Times*, June 7, 1944; David Lang, "Letter from Rome," *New Yorker*, June 17, 1944; *Times* (London), June 7, 1944; Alexander Werth, *Russia at War, 1941–1945* (New York: Dutton, 1964), 853–55; *Atlanta Constitution*, June 7, 1944; *Bedford Bulletin*, June 8, July 6, 1944. For an overall compilation, see also Ambrose, *D-Day*, 494.

第六章

183 浴血奋战的北非战场

See the magisterial work by Rick Atkinson, *The Day of Battle: The War in Sicily and Italy, 1943–1944* (Holt, 2007), 269.

183 罗斯福同艾森豪威尔将军坐在……

Ibid. for these three paragraphs.

184 隆美尔甚至不在前线

See Michael Korda, *Ike* (Harper Perennial, 2007), 479, for this and "Faster."

184 "我们在等待……"

D-Day, Jon E. Lewis, ed. (Magpie, 2010), 92.

185 "阳光真灿烂"

See Stephen Ambrose, *D-Day* (Pocket Books, 2002), 483. So stunning was the Allies' offensive on D-Day that Rommel told an aide on his ride back from Germany, "If I was commander of the Allied forces right now, I could finish off the war in 14 days": from Korda, *Ike*, 483.

186 他一定是发疯了才会向美国宣战

Ambrose, *American Heritage*, 476. The pilot saw the action from his P47. For these paragraphs, see also Korda, *Ike*, 477–83; James MacGregor Burns, *Roosevelt: The Soldier of Freedom* (Harcourt, 1970), 476–77; and Ambrose, *D-Day*, 530, 548, 576–77. Later there was a Wehrmacht joke— "If the plane in the sky was silver it was American, if it was blue it was British, if it was invisible it was ours": see Ambrose, *D-Day*, 578.

186 "韦茨勒和我看到了……"

Martin Gilbert, *Auschwitz and the Allies* (Holt, 1981), 231–32; for the two additional escapees, 222.

186 奥图 · 弗兰克

For the Franks, including Otto, once the owner of a successful spice company, following the progress of the war became an emotional lifeline. For more on this, see the excellent website of the Anne Frank House and Museum, which takes the viewer to the secret annex behind the bookcase, where by day the eight people in hiding had to be completely silent and had to subdue every move, every action, and every cough.

187 "全世界……"

Anne Frank, *The Diary of a Young Girl* (Longman, 1993), 55, 53, 65. The diary, actually an autograph book that she was using, ranks as one of the great works of literature. Of the million children who died in the Holocaust, Anne is surely the most famous.

187 "从一间屋到另一间屋"

For these quotes, ibid., 55, 67.

191 恐怖秘密

I have drawn heavily on Kershaw, *Hitler*, 691, 698, in these paragraphs. Kershaw underscores the seeming paradox of Hitler's secrecy regarding the destruction of the Jews. For various quotes, including "the unity of the European states," see 677, 691.

第七章

196 "在我的一生中，我一直是……"

Kershaw, *Hitler*, 469. In retrospect, this was surely one of Hitler's most significant speeches, even if it was not recognized as such at the time.

196 "虱子"、"害虫"

Ibid., 468. See also Martin Gilbert, *Auschwitz and the Allies* (Holt, 1981), 13.

197 "（人民的）怒火要是……"

Kershaw, *Hitler*, 456. See also Walter Laqueur and Richard Breitman, *Breaking the Silence: The German Who Exposed the Final Solution* (Brandeis University Press, 1994), 56. For more on the "night of broken glass," see Martin Gilbert, *The Holocaust: A History of the Jews of Europe During the Second World War* (Holt, 1985), 69–75; this book is a remarkable resource, filled with a compendium of the voices of Jews throughout the war and in the Holocaust itself. The reader may also consult two excellent works: Yehuda Bauer, *A History of the Holocaust* (Franklin Watts, 2001), 116–17; and Jean Edward Smith, *FDR* (Random House, 2008), 426. Three weeks earlier, in Berlin, famed aviator Charles Lindbergh was decorated by Hermann Göring with the Service Cross. See William Shirer, *The Nightmare Years 1930–1940* (Birlinn, 1984), 238. The "night of broken glass" caused mass panic among the Jews, who were forced to pay a staggering 1 billion reichsmarks for the destroyed property. For more see Lucy S. Dawidowicz, *The War Against the Jews* (Bantam, 1986), Hitler's Reichstag speech, 142.

198 "好极了！"

Kershaw, *Hitler*, 458. Kershaw makes significant copious use of Goebbels's diaries.

198 "（在 20 世纪）怎么还会发生这样的暴行？"

From the marvelous story by Diane Ackerman, *The Zookeeper's Wife: A War Story* (Norton, 2007), 103. For "I myself could scarcely," see Smith, *FDR*, 426. For "I ask nothing," see Ackerman, *Zookeeper's Wife*, 104.

199 经济解决方案

Here I draw upon Kershaw, *Hitler*, 459–61. Kershaw makes this astute observation: Consider the titles of the German laws themselves. For instance, there was the Law for the Protection of German Blood and German Honor. While severely circumscribing the ability of Jews to participate in civic life, it stated almost ludicrously that the right of Jews "to display the Jewish colors" enjoyed "the protection of the state." See Bauer, *History of the Holocaust*, 111 and for texts of the laws, 108–112.

200 埃维昂会议（Évian Conferenc）

Here I draw upon Kershaw, *Hitler*, 459–61. Kershaw makes this astute observation: Consider the titles of the German laws themselves. For instance, there was the Law for the Protection of German Blood and German Honor. While severely circumscribing the ability of Jews to participate in civic life, it stated almost ludicrously that the right of Jews "to display the Jewish colors" enjoyed "the protection of the state." See Bauer, *History of the Holocaust*, 111 and for texts of the laws, 108–112.

201 "（整个民主世界都同情受尽折磨的可怜犹太人，但一到了要帮助他们的时候，却铁石心肠，冷酷无情，这）真是一出不知廉耻的好戏"

For quotes from session 9, see Morris Wortman, MD, *The Holocaust: From Poland to Barbarossa* (1939, online).

202 豪华游轮圣路易斯号

I have relied on Doris Kearns Goodwin, *No Ordinary Time: Franklin and Eleanor Roosevelt—The Home Front in World War II* (Simon & Schuster, 1994), 102. For more on the évian conference and the *St. Louis* episode, see "Topics of the Times: Refugee Ship," *New York Times*, June 8, 1939; the *Times* put it well when it wrote, "Germany, with all the hospitality of its concentration camps, will welcome these unfortunates home." See also David S. Wyman, *The Abandonment of the Jews: America and the Holocaust, 1941–1945* (New Press, 1984); Arthur Morse, *While Six Million Died: A Chronicle of American Apathy* (Overlook, 1967), 270–88. In their careful study, Richard Breitman and Allan Lichtman, *FDR and the Jews* (Belknap Press of Harvard University Press, 2013), 136–39, give a very different interpretation of the *St. Louis* affair, stating that only 254 of the passengers eventually died either in the camps or seeking to evade the Nazis. They also detail the Coast Guard was not seeking to prevent any passengers from reaching American shores—rather, it was simply trying to maintain a chance to find a solution. See also Sarah Ogilvie and Scott Miller, *Refuge Denied: The St. Louis Passengers and the Holocaust* (University of Wisconsin Press, 2010); and Gordon Thomas and Max Morgan-Writt, *Voyage of the Damned: A Shocking True Story of Hope, Betrayal and Nazi Terror* (Skyhorse, 2010). For "what I am interested in," see Geoffrey Ward, *A First-Class Temperament: The Emergence of Franklin Roosevelt* (Harper and Row, 1989), 254.

204 "这些孩子不是……"

New York Times, July 7, 1940, A5; see also Goodwin, *No Ordinary Time*, 100.

204 英国的难民儿童

See the excellent and nuanced discussion in Goodwin, *No Ordinary Time*, 101.

204 洛普民意测验都显示

Daniel Yankelovich, "German Behavior, American Attitudes," talk given in May 1988 at a conference at Harvard on the Holocaust and the media. See also Goodwin, *No Ordinary Time*, 102.

205 "'第五纵队'的奸诈"

David S. Wyman, *Paper Walls: America and the Refugee Crisis, 1938–1941* (Pantheon, 1985), 188–91;

see also Henry Feingold, *The Politics of Rescue: The Roosevelt Administration and the Holocaust, 1938–1945* (Rutgers University Press, 1970), 128–31; Goodwin, *No Ordinary Time*, 103; and clips of Roosevelt's speech on YouTube and on American Experience, *FDR*, PBS documentary by David Gruban.

206 归因于一个人

Nation, December 28, 1940, 649. For more on the critical figure, Breckinridge Long, see Feingold, *Politics of Rescue*, 131–35. For "an enormous psychosis" see Breckinridge Long, *The War Diaries of Breckinridge Long: Selections from the Years 1939–1944*, Fred L. Israel, ed. (University of Nebraska Press, 1966), 108.

209 跨部门秘密备忘录

New York Times, December 11, 1943, A1. This memo by Breckinridge Long about delaying and effectively stopping immigration ranks among the ugliest in State Department history.

210 "（的确）有些地方（不太对劲）"

Goodwin, *No Ordinary Time*, 173.

210 （总统）与朗见面

Nation, December 28, 1940, 648.

211 罗斯福会见了詹姆斯·麦克唐纳（James McDonald）

Ibid., 649. *The Nation* proved to be one of the most eloquent voices on behalf of the embattled Jews and on the immigration issue. For more on McDonald, see James McDonald, *Refugees and Rescue: The Diaries and Papers of James G. McDonald, 1935–1945*, Richard Breitman, Barbara McDonald Stewart, and Severin Hochburg, eds. (Indiana University Press), 2009.

211 "不要扯任何哭哭啼啼的玩意儿"

Wyman, *Paper Walls*, 147; Goodwin, *No Ordinary Time*, 174.

211 *Quanza* 号（轮船）

For this episode, see the detailed article in the *New York Times*, August 19, 1940, A5. For extensive details, see YouTube video by Greg Hansard of Virginia Historical Society.

212 "罗斯福夫人救了我的命！"

Stella Hershan, *A Woman of Quality* (Crown, 1970), 41; Goodwin, *No Ordinary Time*, 174.

213 "最大的遗憾"

From Eleanor's interview with James Roosevelt; for more, see Goodwin, *No Ordinary Time*, 174–76. Eleanor's contention that Long was a Fascist comes from Justine Polier, oral history in FDRL.

213 百思不得其解的观察员们想知道为什么

Churchill's biographer William Manchester, a fan of Roosevelt's, makes this point about Roosevelt's reticence in *Winston Spencer Churchill: The Last Lion* (Delta 1988), 465. "The record is one": For these eloquent words, see the *Nation*, December 28, 1940, 649.

214 只得另寻他路

Wyman, *Abandonment*, 15.

214 被动地袖手旁观

See James MacGregor Burns, *Roosevelt: The Soldier of Freedom: 1940–1945* (Harcourt, 1970), 11; Smith, *FDR*, 447.

215 "全速前进"

And other quotes, see, for example, Smith, *FDR*, 448–49. By any measure, this was a deeply expressive speech, making it clear where Roosevelt's heart was in this war.

215 丘吉尔正蜷缩在无线电旁

New York Times, December 18, 1940, 1, 10. For Churchill's jubilation, and critics of Roosevelt, see Smith, *FDR*, 449, 436. As a result of what came to be known as the "stab in the back speech" (Italy declaring war on France), Smith makes the point that Roosevelt was now standing shoulder to shoulder with France and England.

216 盖洛普民意调查显示

See, for instance, Smith, *FDR*, 464.

216 但随着

Goodwin, *No Ordinary Time*, 194. For more on the America First committee, see Wayne S. Cole, *America First: The Battle Against Intervention, 1940–1941* (University of Wisconsin Press, 1953), 14.

217 罗斯福再次当选总统

MacGregor Burns, *Soldier of Freedom*, 4. Stephen Ambrose, the noted historian, had in the past been critical of Roosevelt's timidity about getting into the war.

218 "我睡得越多……"

Smith, *FDR*, 481; Goodwin, *No Ordinary Time*, 191.

218 "怀着万分敬意……"

Smith, *FDR*, 467; Ambrose, *American Heritage*, 113. This is among Churchill's most famous lines in the entire war.

218 "最重要行动"

This paragraph from *No Ordinary Time*, Goodwin, 142; Smith, *FDR*, 472. See also Winston S. Churchill, *The Second World War*, Volume 2, *Their Finest Hour* (Houghton Mifflin, 1949), 358.

219 "美国的第一个独裁者"

MacGregor Burns, *Soldier of Freedom*, 441; Goodwin, *No Ordinary Time*, 148.

219 如何帮助身处困境的英国

See, for instance, Smith, *FDR*, 483; I've drawn extensively on this in-depth discussion.

219 "最重要"

For Churchill's crucial 4,000 word letter see Smith, *FDR*, 484; Ambrose, *American Heritage*, 114; Goodwin, *No Ordinary Time*, 192–93; MacGregor Burns, *Soldier of Freedom*, 12, 13.

221 对英国的财政困窘问题

There are many fine accounts. I have used Smith, *FDR*, 484.

221 租借法案

This was vintage Roosevelt. See, for starters, the outstanding portrait by Jon Meacham, *Franklin and Winston: An Intimate Portrait of an Epic Friendship* (Random House, 2003), 78–81; MacGregor Burns, *Soldier of Freedom*, 25; Smith, *FDR*, 485.

221 一系列会议

MacGregor Burns, *Soldier of Freedom*, 26.

222 "消除美元符号"

MacGregor Burns, *Soldier of Freedom*, 26. These paragraphs draw extensively from Burns's detailed recounting of Roosevelt's speech. See also Smith, *FDR*, 485.

223 "最大公无私的行为"

Which was not an understatement. See Smith, *FDR*; MacGregor Burns, *Soldier of Freedom*, 27.

224 "民主国家的兵工厂"

For this speech, I've chosen Smith, *FDR*, 486.

224 最后，他如往常那般令人信服地……

Meacham, Franklin and Winston, 79. The Miller Center for Public Affairs at the University of Virginia has put Fireside Chat 16 on YouTube, with photos. This speech was one of Roosevelt's most stunning efforts; his voice is clear, resonant, and authoritative. For quotes, see also MacGregor Burns, *Soldier of*

Freedom, 27–29. Roosevelt himself emphasized that this was not "an ordinary" fireside chat.

227 "我们的国家足够强大"

See Smith, *FDR,* 489–90; Meacham, *Franklin and Winston,* 81. In the actual defense supplemental, Congress authorized 900,000 feet of fire hose. Notably, Wendell Willkie broke with his party's leadership and publicly endorsed Lend-Lease.

227 公众是站在总统这一边的

MacGregor Burns, *Soldier of Freedom,* 44–48. Roosevelt, at the White House Correspondents' Association, memorably said that the decisions of democracy may be slowly arrived at, but that they are proclaimed "not with the voice of one man but with the voice of 130 million."

228 对南斯拉夫和焦虑的希腊进行闪电袭击

This passage closely follows Ambrose, *American Heritage,* 114.

229 丘吉尔绝望地垂下头

See *New York Herald Tribune,* April 6, 1941, A1; Ambrose *American Heritage,* 98.

230 他（准备）……秘密会面

See, for example, Smith, *FDR,* 492.

230 "我在等着……"

Ibid., 493; see also MacGregor Burns, *Soldier of Freedom,* 66.

230 依然不会表态

On Roosevelt's strategy, and "I am waiting to be pushed," see, for instance, MacGregor Burns, *Soldier of Freedom,* 91–92; Smith, *FDR,* 492. In a sense, this is what Abraham Lincoln did in the Civil
Notes 571 War, insisting that it be the Confederates who would fire first on Fort Sumter and be regarded as the belligerents. That said, there are of course profound differences between World War II and the American Civil War.

第八章

233 "他们就坐在他面前"

James MacGregor Burns, *Roosevelt: The Soldier of Freedom, 1940–1945* (Harcourt, 1970), 72.

233 "我们只要临门一脚"

Ibid. For other quotes, Kershaw, *Hitler,* 620. I have relied extensively on Kershaw's book, which could well be the finest one-volume modern work on Hitler. For more on Hitler's relations with his generals, which are crucial to the story, see *Hitler's Secret Conversations* (Farrar Straus and Young, 1953), especially the introduction by Hugh Trevor-Roper; Hugh Trevor-Roper, ed., *Blitzkrieg to Defeat: Hitler's War Directives, 1939–1945* (Holt, Rinehart and Winston, 1965); Walter Warlimont, *Inside Hitler's Headquarters* (Praeger, 1964); Barton Whalcy, *Codeword Barbarossa* (MIT Press, 1973); Hugh Trevor-Roper, *Hitler's Tabletalk, 1941–1944,* (Enigma Books, 2007); Telford Taylor, *Sword and Swastika* (Simon & Schuster, 1952).

236 "从 1942 年起加入战争"

MacGregor Burns, *Soldier of Freedom,* 68–70. For this paragraph, see Kershaw, 587, on which I've relied.

237 入侵行动的代号是"巴巴罗萨"

This paragraph relies principally on MacGregor Burns, *Soldier of Freedom,* 68; and Kershaw, *Hitler,* 619. Operation Barbarossa was Hitler's most significant strategic military decision, all but ensuring his eventual defeat.

237 他（莫洛托夫）焦虑地回复道

This dramatic episode with Molotov is derived from MacGregor Burns, *Soldier of Freedom,* 95. It highlights how even at the highest levels of government the stress on the leaders was unremitting. The reader may recall that Roosevelt privately panicked after the bombing of Pearl Harbor; further, Stalin himself collapsed when Hitler attacked on the Eastern Front.

238 德国在俄国北部、南部和中部发动袭击

For the initial assault and details, Doris Kearns Goodwin, *No Ordinary Time* (Simon & Schuster, 1994), 253; Kershaw, *Hitler*, 621–22; MacGregor Burns, *Soldier of Freedom*, 96.

239 德国都在无情地挺进

Kershaw, *Hitler*, 622. For more on Hitler's mastery of Europe, and comparisons with other leaders, see for example my treatment of Napoleon seeking to swallow the Middle East: Jay Winik, *The Great Upheaval* (Harper, 2006). Napoleon of course made comparable mistakes in lunging into the vastness of Russia.

240 "最终解决方案"曾一度被认为是一个领土方案

Kershaw, *Hitler*, 669.

240 现实则完全不同

Ibid., 670. Kershaw's point, too rarely appreciated, is that the initial instructions were ad hoc, often confusing, and anything but systematic; I've leaned heavily on his greater explication.

241 他在日记中发狂地写道, "针对犹太人和波罗的海大城镇的复仇欲望得到了宣泄"

Kershaw, *Hitler*, 671.

241 立陶宛城镇科夫诺

There are tapes, or movie reels, of this chilling, seminal episode in Lithuania.

241 犹太人是"可耻的", 是"虱子"

Kershaw, *Hitler*, 671–77, on which I have also relied for the lapse in professionalism among the German generals in the conquered territories.

242 娘子谷

Wrenching account in Martin Gilbert, *The Holocaust* (Holt, 1985), 202–3; Anatoly Kuznetsov, *Babi Yar* (Dell, 1970).

243 "爬上边缘"

Gilbert, *Holocaust*, 204–5.

244 "行尸走肉般"

Ibid., 212–17, from which I have drawn extensively.

245 "没有谁比犹太民族受过的苦难更深重"

Jewish Chronicle, November 14, 1941; Gilbert, *Holocaust*, 232–33. Churchill's "the mills of God" is from Friedrich von Logau's poem "Retribution," translated by Henry Wadsworth Longfellow.

246 "犹太人要被发配去的地方是西伯利亚……"

Kershaw, *Hitler*, 677.

247 "就犹太人而言"

For this and related quotes, as well as discussion of the Final Solution, see Kershaw, *Hitler*, 678, 686; Gilbert, *Holocaust*, 213; and the very fine work by Anthony Read, *The Devil's Disciples: Hitler's Inner Circle* (Norton, 2004), especially 751.

247 在杀戮者身上产生的负面影响渐渐累积起来

Letter to Walther Rauff, May 16, 1942, Report of October 30, 1941, to the Commissioner General, Minsk; see also Gilbert, *Holocaust*, 222. It is a cruel irony that the Nazis wanted clean hands in carrying out their butchery.

248 死亡来得更快

Letter to Walther Rauff, May 16, 1942.

248 海乌姆诺葱郁森林

Gilbert, *Holocaust*, 239, 245; Read, *Devil's Disciples* 753. I have leaned on both.

249 "最终解决方案"的第一天

This episode, helping to inaugurate the final solution, is rendered in detail in Gilbert, *Holocaust*, 240.

249 "你们觉得……"

Gilbert, *Holocaust*, 245–47.

249 万湖会议

See especially Raul Hilberg, *The Destruction of the European Jews*, 1967, 262–64; Raul Hilberg, ed., *Documents of Destruction: Germany and Jewry, 1933–1945* (W.H. Allen, 1972), 88–99; also Gilbert, *Holocaust*, 284. On qualms about killing valuable workers, see Read, *Devil's Disciples*, 751. The Holocaust History Project also has a very useful discussion. Online, the reader may also see the villa in which the meeting took place; and BBC/HBO dramatized the conference in the compelling movie *Conspiracy* (2001), which may be watched on YouTube on demand. It strikes me as a largely accurate rendition, at least in the broad brush strokes. At the conference itself, the word "extermination" was never mentioned; instead, taking a cue from Hitler, participants talked of being "firm" and "severe." Nonetheless, their intentions were unmistakable. The participants spoke with the clinical detachment of doctors.

251 所有涉及的犹太人的精确数目

See Gilbert, *Holocaust*, 281.

252 一点一点地

Ibid., 282.

253 他们喝着白兰地

Ibid., 283.

253 "时机即将到来"

Text for Hitler's fateful speech: from Foreign Broadcast Monitoring Service, January 30, 1942, Federal Communications Commission; see also, Gilbert, *Holocaust*, 285.

253 新的死亡集中营

See Read, *Devil's Disciples*, 755; Gilbert, *Holocaust*, 285–87.

255 "我们必须去欧洲……"

For this and further quotes, and for Marshall's and Eisenhower's strategic thinking, see Goodwin, *No Ordinary Time*, 342; Mark Perry, *Partners in Command: George Marshall and Dwight Eisenhower in War and Peace* (Penguin, 2007), 76.

256 外围战

On Churchill's thinking, see Goodwin, *No Ordinary Time*, 345. After the war, Churchill repudiated with great fervor the belief that he had been against an all-out assault against Europe: Winston S. Churchill, *The Grand Alliance* (Houghton Mifflin, 1950), 581–82.

256 跨海峡战役的初步草图

See Goodwin, *No Ordinary Time*, 342, on which I've relied heavily here.

256 "哈里和乔治·马歇尔"

Ibid., 343. I've also especially drawn from Perry, *Partners in Command*, 77–79, which is very strong on the strategic interaction of the generals. See also Forrest C. Pogue, *George C. Marshall: Education of a General* (Viking, 1963). What comes across is that the American generals, as befitting the democratic process, were far more outspoken than the cowardly Nazi generals. This is an important resource because from August 1956 to April 1957 Pogue conducted a series of five extensive interviews with Marshall; these provide the best and most comprehensive account of Marshall's outlook. The interviews were taped and involved prearranged questions. It's important to note that Marshall and Eisenhower had similarities as well as differences; see Forrest C. Pogue, "The Supreme Command," in *US Army in World*

War II: European Theater of Operations (U.S. Army Center of Military History, 1996), 33–35. See also Dwight D. Eisenhower, *Crusade in Europe* (Doubleday, 1948), 17; Carlo D'Este, *Eisenhower: A Soldier's Life* (Holt, 2002); Ed Cray, *General of the Army: George C. Marshall, Soldier and Statesman* (Rowman and Littlefield, 1990).

257 莫洛托夫（于 5 月 29 日下午）抵达白宫

Goodwin, *No Ordinary Time*, 344; Forrest C. Pogue, *George C. Marshall: Ordeal and Hope* (Viking, 1966), 328.

257 一个伎俩得用另一个伎俩来圆场

I've drawn upon Perry, *Partners in Command*, 97.

257 罗斯福和丘吉尔在海德帕克

See Pogue, *George C. Marshall: Ordeal and Hope*, 323; Perry, *Partners in Command*, 99, on which I've relied.

258 图卜鲁格……已经败给了……

For this fascinating episode, when Churchill was despondent—not unlike Roosevelt in private after Pearl Harbor—see Perry, *Partners in Command*, 100; Goodwin, *No Ordinary Time*, 347; Jon Meacham, *Franklin and Winston* (Random House, 2003); Winston S. Churchill, *The Hinge of Fate* (Houghton Mifflin, 1950), 280–88, 343.

258 "我们能做些什么来帮助你们吗？"

Roosevelt's reaction was no doubt instinctive; see Goodwin, *No Ordinary Time*, 347–48; Consult also Hadley Cantril, "Evaluating the Probable Reactions to the Landing in North Africa in 1942: A Case Study," *Public Opinion Quarterly*, Fall 1965, 400–10.

259 欣喜的丘吉尔

"Here is the true" and other quotes. Goodwin, *No Ordinary Time*, 348. For Stalin's misgivings on political aspects of Torch, see Robert E. Sherwood, *Roosevelt and Hopkins* (Harper, 1948), 618.

259 史上最黑暗的一天

Captain Harry Butcher, *My Three Years with Eisenhower: The Personal Diary of Captain Harry C. Butcher, 1942–1945* (Simon & Schuster, 1946), 29.

260 "我们只有几个星期的时间"

Dwight D. Eisenhower, *Crusade in Europe* (Doubleday, 1948), 72.

261 "秘密杀手锏"

See Henry Stimson's diary, June 21, 1942, Yale University. "We failed to see" : Eric Larrabee, *Chief Franklin Delano Roosevelt, His Lieutenants, and Their War* (Harper and Row, 1987), 9; MacGregor Burns, *Soldier of Freedom*, 288–89; Goodwin, *No Ordinary Time*, 349. For more on the background of the invasion, see William L. Langer, *Our Vichy Gamble* (Knopf, 1947).

261 "我很强烈地感觉到"

MacGregor Burns, *Soldier of Freedom*, 289–90. On this issue in 1942, Roosevelt was far ahead of his advisers, who didn't appreciate the importance of the morale of the American public. Roosevelt knew U.S. troops had to be in the fight. See Goodwin, 349–49. For more on the Churchill-Roosevelt exchange in the planning of Torch, see Churchill, *Hinge of Fate*, 530–43.

261 "到了晚上，所有猫儿都是灰色的"

MacGregor Burns, *Soldier of Freedom*, 289–90.

第九章

263 爱德华·舒尔特是个德国人

This chapter draws very heavily upon the extremely important but often overlooked book about Eduard

Schulte by two extremely important Holocaust scholars: Walter Laqueur and Richard Breitman, *Breaking the Silence: The German Who Exposed the Final Solution* (Brandeis University Press, 1994), hereafter cited as *Breaking the Silence*. These authors have gone to great lengths to reconstruct Schulte's life under the Nazi regime and have produced an outstanding work of scholarship. Biographical material here is from *Breaking the Silence*, 18–37. There is also a significant article, James M. Markham, "An Unsung Good German: 'Fame' Comes at Last," *New York Times*, November 9, 1983. Breitman generously read chapter 9 and made detailed comments, for which I am grateful.

268 警报无处不在

Breaking the Silence, 41, for Schulte's personal views, which provide a rare insight into the thoughts of an opponent of the Nazi regime. For more on the Night of the Long Knives, see Anthony Read, *The Devil's Disciples* (Norton, 2004), 345–74; and Kershaw, *Hitler*, 309–16. For background on Schulte, religion, family life, marriage, early reaction to Hitler, see *Breaking the Silence*, 18–37.

269 "土匪"

Breaking the Silence, 37–51. On Hitler's foreign policy, to which Schulte was also reacting, see Gerard Weinberg, *The Foreign Policy of Hitler's Germany: Starting World War II, 1937–1939* (University of Chicago Press, 1980), 313–27. For the German military's surprising attitude toward Hitler in the 1930s, see Peter Hoffman, *The History of the German Resistance, 1933–1945* (McGill-Queens University Press, 1996).

270 应邀参加一场特别会议

For Schulte's perspective, see *Breaking the Silence*, 41. Details of this meeting between Hitler and the industrialists can also be found in William Manchester, *Winston Spencer Churchill: The Last Lion, Alone, 1932–1944* (Delta, 1988), 62–65.

271 与朱利叶斯·施洛斯闲逛，后者是他的老朋友……

Here I have relied extensively on *Breaking the Silence*, 55.

272 奥托·菲茨纳

Ibid., 68–69.

273 闲话在喧嚣的战争中仍然是常见的交流

For example, ibid., 59, 104.

274 于报纸中搜索着信息

Ibid., 12.

274 参观"奥斯维辛"

For background on Himmler and on Auschwitz, see Read, *Devil's Disciples*, 86, 757; also Sybille Steinbacher, *Auschwitz: A History* (Harper Perennial, 2005), 11.

276 "倍感骄傲"

See Read, *Devil's Disciples*, 179–80.

277 "遗传健康"

Ibid., 179. See also Martin Gilbert, *The Holocaust* (Holt, 1985), 387, for Himmler's July 19 directive to resettle the Jews.

277 对希姆莱来说，1942 年 7 月最初几周

Gilbert, *Holocaust*, 373.

278 他得到了国家元首般的接待

The best treatment of Himmler coming to Auschwitz can be found in Rudolf Vrba, *I Escaped from Auschwitz* (Barricade, 2002), 3, 5.

278 观看了毒气室从开始到结束的完整流程

Ibid., 6; for this paragraph I have also relied heavily on Read, *Devil's Disciples*, 757–59.

279 "最光辉的形象"

Read, *Devil's Disciples*, 758. See also *Breaking the Silence*.

281 他在布雷斯劳悄悄地登上了火车

Schulte's harrowing train ride into Switzerland. For these exquisite details I've drawn extensively from *Breaking the Silence*, 117–18.

283 "遇到一些困难"

Ibid., 123.

284 "生死攸关"

Ibid., 122–24. Here, in miniature, one can see even Jews wrestling with the dimensions and ghastly details of the Final Solution. Schulte's contact was Isidor Koppelmann, the right-hand man of a close business associate of Schulte's. For more on Sagalowitz, his papers are at Yad Vashem in Jerusalem.

284 "我已经收到……消息"

Breaking the Silence, 129.

284 "我可以……引述他的话吗？"

Ibid.

284 这是否只是一种宣传手段？

Ibid., 131. Many people were seduced by the notion that the atrocities were figments of the imagination or wild propaganda, akin to the stories that had been rampant during World War I; see Walter Laqueur, *The Terrible Secret: Suppression of the Truth About Hitler's "Final Solution"* (Holt, 1988), especially 171–83.

286 在餐桌上详谈了5个小时

These exquisite details of the extended lunch in *Breaking the Silence*, 137, on which I've heavily relied.

288 他决定前往

Ibid., 139.

289 会见了副领事

Martin Gilbert, *Auschwitz and the Allies* (Holt, 1981), 57; Gilbert, like Breitman, had the benefit of directly interviewing Riegner. Details about Schulte in Breslau are found in *Breaking the Silence*.

289 "极度激动"

Quotations from Elting's summary of the meeting, in David S. Wyman, *The Abandonment of the Jews: America and the Holocaust, 1941–1945* (New Press, 1984), 43. Wyman's book, one of the most significant works on this subject, is deeply critical of Roosevelt. Notably, Wyman himself is not Jewish, and no study of the subject can discount the rigor of his scholarship.

289 "个人判断"

Breaking the Silence, 148.

290 "因恐惧而生的战争谣传"

Ibid., 149.

290 里格纳的电报……停留在了

I have drawn from the assessment in Wyman, *Abandonment*, 44.

第十章

291 "如果拉比……"

From David S. Wyman, *The Abandonment of the Jews* (New Press, 1984), 43–44. For more on this pivotal figure, see Stephen Wise, *Challenging Years: The Autobiography of Stephen Wise* (East and West Library, 1949); Carl Herman Voss, ed., *Stephen S. Wise: Servant of the People* (Jewish Society, 1969);

Melvin Urofsky, *A Voice That Spoke for Justice: The Life and Times of Stephen S. Wise* (State University of New York Press, 1982).

291 "第三方"

Martin Gilbert, *Auschwitz and the Allies* (Holt, 1981), 58–59. Beyond ideology and sentiments about the Middle East and Jews, one benign explanation of the State Department's behavior is bureaucratic politics; see the classic work on the bureaucracy in action, Graham Allison, *Essence of Decision: Explaining the Cuban Missile Crisis* (Pearson, 1999). Another possible explanation is groupthink; see Irving Janis, *Groupthink: Psychological Studies of Foreign-Policy Decisions and Fiascoes* (Houghton Mifflin, 1983).

294 "他重新赢得了……"

Wyman, 69, *Abandonment*, for quotations, Wise's background and trust in Roosevelt.

294 查理·卓别林

This paragraph benefits from William Manchester, *Winston Spencer Churchill: The Last Lion* (Delta, 1988), 63.

297 认为里格纳……是一个完全值得信赖的学者

From Wyman, *Abandonment*, 45, on which I lean heavily here. See also Benjamin Wells, *Sumner Welles: FDR's Global Strategist* (St. Martin's 1997).

297 相较于科德尔·赫尔

For more see Cordell Hull, *The Memoirs of Cordell Hull* (Macmillan 1948); Harold Hinton, *Cordell Hull: A Biography* (Doubleday, 2008); For their interaction, see Irwin F. Gelman, *Secret Affairs: FDR, Cordell Hull and Sumner Welles* (Enigma, 2003); Walter Isaacson and Evan Thomas, *The Wise Men: Six Friends and the World They Made* (Simon & Schuster), 1986.

299 "深切的担忧和不安"

Manchester, *The Last Lion*, 87.

299 同年

This paragraph is drawn from the remarkable story by Erik Larsen, *In the Garden of Beasts: Love, Terror, and An American Family in Hitler's Berlin* (Crown, 2012), 241, 32, 17.

300 命运使然，怀斯让步了

See *Breaking the Silence*, 153 for this and the quotation from the State Department.

300 "……几乎让我精神错乱"

Voss, *Stephen S. Wise: Servant of the People*, 248–50; Justine Polier and James W. Wise, eds., *The Personal Letters of Stephen Wise: 1933–1949* (Beacon Press 1956), 260–1. This passage also follows Wyman, *Abandonment*, 45–46. It's important to emphasize that by this stage virtually all the Jewish leaders in America understood that the extermination of the Jews was under way, a point Wyman makes. By contrast, Walter Laqueur, in *The Terrible Secret* (Holt, 1988), suggests that American Jewish leaders were very slow to believe systematic extermination was taking place. Both explanations have elements of truth to them, but Wyman is more compelling

300 "只有美国方面采取强有力的措施"

From *Breaking the Silence*, 46. It's important to note, and not underestimate, the degree to which prominent Jews of this day were fearful of seeming too Jewish, or more Jewish than American. Frankfurter fits the bill here.

300 纳粹的威胁

Ibid., 155.

301 他的日程安排得很紧

Ibid., 154–55, for these paragraphs; also Wyman, *Abandonment*, 48.

302 "严厉惩罚"

See Robert N. Rosen, *Saving the Jews: Franklin D. Roosevelt and the Holocaust* (Thunder's Mouth,

2006), 237–38.

302 杀戮和死亡仍在继续

For quotations and the meeting with Harrison, see Wyman, *Abandonment*, 47; *Breaking the Silence*, 157.

303 交给哈里森一个密封信封

The contents of the understated yet traumatic note can be found in *Breaking the Silence*, 158.

303 犹太人都去了哪里

National Jewish Monthly, October 1942, 36–37. See also Wyman, *Abandonment*, 48–49; *New York Times*, October 30, 1942. Clearly, by this stage the pieces of the puzzle about the disappearing Jews and the Holocaust were falling into place.

305 "同志们"

From text of the September 30, 1942, Winter Relief Campaign speech. Details on Hitler's routine can be found throughout Kershaw, *Hitler*.

307 "特殊集中营"

Wyman, *Abandonment*, 52, on which I extensively draw.

307 "火葬场"

New York Times, November 25, 1942, A10. It is said that nothing was known about Auschwitz, but this dispatch from Jerusalem specifically mentioned it, using the name "Oswiecim." Government officials had only to read the newspaper. For statistics of Jews killed in the previous twelve months, see Martin Gilbert, *The Second World War* (Holt Paperbacks, 2004), 386; see also Gerard Weinberg, *Germany, Hitler and World War II* (Cambridge University, 1966), 218.

307 "希姆莱计划内幕，屠杀波兰犹太人"

New York Times, November 25, 1942, A10.

308 12 月 2 日

Details from *New York Herald Tribune*, November 25, 1942, 1. For more on the Day of Mourning and Prayer, see Doris Kearns Goodwin, *No Ordinary Time* (Simon & Schuster, 1994), 396; and Wyman, *Abandonment*, 71.

308 "质疑"

Willi A. Boelcki, ed., *Secret Conferences of Doctor Joseph Goebbels: The Nazi Propaganda War, 1939–1943* (Dutton, 1970), 240; see also Goodwin, *No Ordinary Time*, 397.

309 "亲爱的大佬"

From Adolph Held, Jewish Labor Committee Archives, December 8, 1942; the quotations may also be found in Wyman, *Abandonment*, 71–72, which presents this episode in detail.

309 "竭尽所能"

The meeting with Roosevelt is drawn heavily from *Breaking the Silence*, 162; and Rosen, *Saving the Jews*, 244. See also Deborah Lipstadt, *Beyond Belief: The American Press and the Coming of the Holocaust, 1933–1945* (Free Press, 1986), 1984–85; Richard Breitman, *Official Secrets: What the Nazis Planned, What the British and Americans Knew* (Hill and Wang, 1998), chap. 9 (this is a fascinating book); and Arthur Morse, *While 6 Million Died: A Chronicle of American Apathy* (Random House, 1968), 28.

310 "疯子"

Wyman, *Abandonment*, 73.

310 "先生们" / "我们将"

Ibid.

310 "不要走……"

James MacGregor Burns, *Roosevelt: The Soldier of Freedom, 1940–1945* (Harcourt, 1970), 286–87. Here we see vintage Roosevelt circumventing the bureaucracy when it suited his purposes.

311 怀斯再次召开

Palcor Bulletin, December 17, 1942, for these paragraphs; see also Martin Gilbert, *Auschwitz and the Allies* (Holt, 1981), 103–4, for a moving account of this episode.

311 "深切怀疑"

Wyman, *Abandonment*, 74.

312 毫无疑问

See Wyman, *Abandonment*, 65–66.

312 "丑陋的真相"

Goodwin, *No Ordinary Time*, 397.

312 "最糟糕的是"

New York Times, December 18, 1942, 46; quotations are also found in Wyman, *Abandonment*, 76.

312 "多么可怕，多么不可思议"

William Manchester, *Winston Spencer Churchill: The Last Lion* (Delta, 1988), 345.

313 在国内

This paragraph is drawn heavily from the *New York Times*, April 23, 1942, 1, 16; and August 16, 1942, section 7, 5. For related information, see *New Republic*, September 21, 1942, 336; *Fortune*, November 1942, 227; *Time*, May 25, 1942, 16. For an overview see Goodwin, *No Ordinary Time*, 356–59.

315 "战斗即将打响"

Forrest Pogue, *George C. Marshall* (Viking, 1963), 123, 402; and Mark Perry *Partners in Command* (Penguin, 2007), 127.

318 他们不仅训练不足

Perry, *Partners in Command*, 166, 175. For equipment see Goodwin, *No Ordinary Time*, 387.

319 罗斯福指示

Roosevelt's instruction to Robert Murphy is in Charles Murphy, "The Unknown Battle," *Life*, October 16, 1944, 102, 106.

319 "朋友们"

MacGregor Burns, *Soldier of Freedom*, 292.

321 《新闻周刊》写道

Goodwin, *No Ordinary Time*, 388.

321 "每一颗子弹"

Perry, *Partners in Command*, 139.

322 "达朗交易" / "我们遭到了袭击"

Major General Richard W. Stephens, "Northwest Africa: Seizing the Initiative in the West," in *US Army in World War II, Mediterranean Theater of Operations* (Government Printing Office, 1956), 260–65. See also the excellent writeup in Burns, *Soldier of Freedom*, 296, which includes the quotes in these paragraphs. I have relied heavily on Rick Atkinson, *An Army at Dawn* (Holt, 2007), 121–22; and Jean Edward Smith, *FDR* (Random House, 2008) 562–64.

322 "我们反对的是……法国人"

MacGregor Burns, *Soldier of Freedom*, 297. The Vichy government in North Africa feared (correctly) that it would be under threat from the Germans. Complicating matters, the Allies had to deal with two sets of French leaders.

323 "与魔鬼结伴"

Ibid. For Marshall's and Eisenhower's defense of the "Darlan deal," see Conference with Marshall, November 15, 1942, Clapper Papers, Library of Congress. For more on the military and politics, see Harry Butcher, *My Three Years with Eisenhower* (Simon & Schuster, 1946), 165.

323 "今天我非常高兴"

MacGregor Burns, *Soldier of Freedom*, 300.

324 "商店里"

Robert E. Sherwood, *Roosevelt and Hopkins* (Harper, 1948), 656; see also Goodwin, *No Ordinary Time*, 389. What comes across here is that Roosevelt could clearly envision the successful end of the war. Similarly, in the Civil War, when Ulysses Grant squared off against Robert E. Lee, Grant's triumph, despite appalling losses, especially in the Wilderness Campaign, became a matter of military mathematics and time.

324 "这是……伦敦"

See Kai Bird, *The Chairman, John J. McCloy: The Making of the Establishment* (Simon & Schuster, 1992), 202; this is an outstanding work.

325 新年夜

See Sherwood, *Roosevelt and Hopkins*, 665; Samuel Rosenman, *Working with Roosevelt* (Harper, 1952), 365; MacGregor Burns, *Soldier of Freedom*, 302.

第十一章

327 "我们会……"

Roger Moorhouse, *Berlin at War* (Basic Books, 2010), 336–40. The text of Goebbels's speech may be found online in German and in English. See also William Shirer, *The Rise and Fall of the Third Reich* (Simon & Schuster, 1960).

327 分到了一个防毒面罩

For Washington, D.C., during wartime, I have relied extensively on a marvelous little book, brimming with keen observations, by the veteran journalist David Brinkley, *Washington Goes to War: The Extraordinary Story of the Transformation of the City and a Nation* (Random House, 1999), 23, 73, 74–75, 83, 95–96. The reader can also consult Paul K. Williams, *Washington DC: The World War II Years* (Arcadia, 2014). Taken together, these two books are reminiscent of Margaret Leech's Pulitzer prize-winning study, *Reveille*, about the capital during the Civil War.

329 "过去的一年"

James MacGregor Burns, *Roosevelt: The Soldier of Freedom, 1940–1945* (Harcourt, 1970), 305–6; for text of speech, Samuel Rosenman, ed. *The Public Papers and Addresses of Franklin D. Roosevelt*, Volumes 1941–1945 (Harper, 1950), 21–34; for Roosevelt preparing the message for Congress, see Samuel Rosenman, *Working with Roosevelt* (Harper, 1952), 366. The text may also be found online.

330 刚刚解放的卡萨布兰卡

Michael Reilly, *Reilly of the White House* (Simon & Schuster, 1947), 150, 180.

330 先行抵达的埃利奥特·罗斯福

Elliott Roosevelt, *As He Saw It* (Duell, Sloane and Pierce, 1946), 324–25.

330 会谈的内容大多为推测性质

For discussions and strategy at Casablanca see H. W. Brands, *Traitor to His Class: The Privileged Life and Radical Presidency of Franklin Delano Roosevelt* (Doubleday, 2008), 695–708, 521–22; Jean Edward Smith, *FDR* (Random House, 2008), 565–66. It's important to remember that as a backdrop to these discussions, Rommel's panzers drubbed the U.S. II Corps at Kasserine Pass in mid-February 1943; see Dwight D. Eisenhower, *Crusade in Europe* (Doubleday, 1948), 163.

331 丘吉尔"将幽默和悲情运用得十分娴熟"

These two paragraphs rely heavily upon Jon Meacham, *Franklin and Winston* (Random House, 2004), 204, 207, and the marvelous photograph of Churchill having his way, 205; see also Elliott Roosevelt, *As He Saw It*, 329.

331 就算是乘坐吉普车

For these paragraphs, including unconditional surrender, Meacham, *Franklin and Winston*, 208, 209; Doris Kearns Goodwin, *No Ordinary Time* (Simon & Schuster, 1994), 409–10; Smith, *FDR*, 567–68. Smith makes the point that unconditional surrender had been thoroughly discussed and that Roosevelt was not shooting from the hip. The debate has continued to this day.

335 "祝贺您"

From MacGregor Burns, *Soldier of Freedom*, 330. Burns's account of Hitler during this period is very strong, and I rely heavily on his interpretations.

335 "将造成我军不可避免的失利"

Ibid.

335 希特勒的暴躁与愤怒

For Hitler's deterioration, pill taking, and symptoms, see Kershaw, *Hitler*, 752–54, on which I extensively draw in these paragraphs. See also MacGregor Burns, *Soldier of Freedom*, 331 and for the list of those Hitler hated, 309–10 (I have made some additions to this).

338 "我尊敬我的父亲"

Kershaw, *Hitler*, 5–20; it is hard to overstate the impact of the early death of his mother on Hitler. My biography of Hitler is extensively drawn from Kershaw. Other works I've consulted are Adolf Hitler, *Mein Kampf* (Houghton Mifflin, 1998); Albert Speer, *Inside the Third Reich* (Simon & Schuster, 1997); Alan Bullock, *Hitler: A Study in Tyranny* (Harper Perennial, 1991); Ron Rosenbaum, *Hitler: The Search for the Origins of His Evil* (HarperCollins, 1998); William Shirer, *The Rise and Fall of the Third Reich* (Rosetta, 2011); Daniel Goldhagen, *Hitler's Willing Executioners* (Vintage, 2011); *Adolf Hitler: A Concise Biography* (Berkeley, 2000). Burns's *Soldier of Freedom* also has fascinating insights into the Führer. For more on the crucial relationship of Hitler and his generals, see Corelli Barnett, *Hitler's Generals* (Grove Weidenfeld, 1989).

339 希特勒离开了学校

For these paragraphs, see Kershaw, *Hitler*, 9–11. Kershaw makes a powerful case that Hitler was early on a dreamer and a dilettante beset by delusions and phobias.

339 美梦很快化成了泡影

Ibid., 15, 22–24, 33, for this material.

340 "欧姆·保罗·克鲁格"

Ibid., 31.

340 他的挚爱当属瓦格纳

Ibid., 21.

341 希特勒本人离经叛道

Ibid., 27–37, which includes his burgeoning worldview and "the greatest German mayor." It is important to note that Hitler was imbibing the anti-Semitism of the time.

342 他第一次产生了一种归属感

For instance, ibid., 50–59. World War I is crucial for understanding Hitler.

343 第一次发现了自己的天赋

Ibid., 63–75.

343 "天哪，瞧他那张嘴"

Ibid., 75.

344 啤酒馆

Ibid., 128–48. See also *Mein Kampf*. It is remarkable in hindsight to think about what an extraordinary bestseller *Mein Kampf* was; it is equally remarkable to think of how Hitler was treated as a celebrity in jail. It calls to mind Harriet Beecher Stowe and her extraordinary book *Uncle Tom's Cabin*, which propelled her to international celebrity and bolstered the antislavery movement, prompting Abraham Lincoln to say to her, "So you are the little lady who started this great war." The profound difference, of course, is that Hitler was laying the groundwork for the Holocaust and the evisceration of morality, while Stowe was appealing to national and international morality with her tract.

346 1932 年，纳粹党赢得了 18.3% 的选票

Kershaw, *Hitler*, 204–5.

346 希特勒之所以能够在 1933 年掌权

The delusions of the moderates regarding Hitler were endless. On this, and for quotes, ibid., 291; and William Manchester, *Winston Spencer Churchill: The Last Lion* (Delta, 1988), 63.

347 "希特勒是德意志共和国总理"

For this and Walter Lippmann's observations, Kershaw, *Hitler*, 256; Manchester, *The Last Lion*, 81. Lippmann was considered one of America's greatest journalists, yet he was always ambivalent about his own Jewishness, and this ambivalence at times clouded his judgment: see Ronald Steel, *Walter Lippmann and the American Century* (Little, Brown, 1980).

347 上台之后

For these paragraphs about the consolidation of Hitler's power I draw heavily on Kershaw, *Hitler*, 256; Manchester, *The Last Lion*, 79–81; and Erik Larsen, *In the Garden of Beasts* (Crown, 2012), 19.

350 希特勒天生就是一位戏剧演员

See Manchester, *The Last Lion*, 117; Kershaw, *Hitler*, 174.

351 1943 年 2 月底

On the critical Senate vote, see David S. Wyman, *The Abandonment of the Jews* (New Press, 1984), 95.

352 "犹太人遭到屠杀"

Ibid. 105; and *New York Times*, December 13, 1942.

352 "在这个国家"

Nation, March 13, 1943, 366–67; and Wyman, *Abandonment*, 89–90. The *Nation* remained among the most eloquent voices of the time.

352 "犹太不死"

At the United States Holocaust Memorial Museum and at its website, the reader may see film footage from the pageant. The American Experience website and PBS, which produced *America and the Holocaust*, have more information. See also Wyman, *Abandonment*, 91, on which my account draws heavily.

353 "最动人心弦……的演出"

See Wyman, *Abandonment*, 91.

354 《罗马尼亚计划转移犹太人》

New York Times, February 13, 1943.

355 "寻人性买家"

New York Times, February 16, 1943. See also Wyman, *Abandonment*, 86–88, on which I draw heavily, for Wise's efforts to galvanize the administration and Congress.

356 美国当局已经开始感到了政治压力

See Wyman, *Abandonment*, 89.

357 罗斯福总统则在华盛顿

See minutes of the Meeting of the Joint Committee, March 29, 1943, in Wyman, *Abandonment*, 382; see also 97.

357 "这种危险将一直存在"

For this material, Wyman, *Abandonment*, 99; see also, for Sir Thomas Moore, Manchester, *The Last*

Lion, 101.

359 参加百慕大会议的外交官们

On the splendor of the conference, see *London Observer*, April 20, 1943; and *New York Times*, April 20, 1943. On the setup for the Bermuda conference, see especially Wyman, *Abandonment*, 109–10.

360 会议一开始

On the sidestepping of the main issues, see dispatches in *Manchester Guardian*, April 20–24, 1943. See also Arthur Morse, *Apathy* (Ace Publishing, 1968), 54, 60.

360 "用木腿走路"

MacGregor Burns, *Soldier of Freedom*, 396.

360 "精心挑选大量间谍"

See Wyman, *Abandonment*, 113–15, 396. I draw heavily on Wyman for the unfolding of the conference.

360 事实要复杂得多

On the back-and-forth that went nowhere, ibid., 221.

361 美国代表团主席多兹

Foreign Relations of the U.S. Volume 1, 1943, 134.

361 "服从军事考量"

And paragraph: Readers may consult Wyman, *Abandonment*, 117, for this interpretation.

361 没有人强烈反对

See Meacham, *Franklin and Winston*, 227.

362 深感震惊

For this and other quotes, Wyman, *Abandonment*, 119; for the candid discussion among the American delegates on Easter, when they finally started seeing this as what Wyman calls a people problem, see his Appendix A, 356. The German comes from Manchester, *The Last Lion*, 121. See also Meacham, *Franklin and Winston*, 227, for discussion of the administration's view on the Bermuda conference. Meacham notes that this is one of the few times when Roosevelt and Churchill actively discussed the Holocaust in May, though they reached no decision. Churchill wrote to Roosevelt on June 30, 1943, "Our immediate facilities for helping the victims of Hitler's anti-Jewish drive are so limited at present that the opening of the small camp proposed for the purpose of removing some of them to safety seems all the more incumbent on us."

362 毁掉了一切希望

See Wyman, *Abandonment*, 120–22, 143.

363 波兰华沙

This discussion follows Martin Gilbert, *The Holocaust* (Holt, 1985), 461. Also see Dan Kurzman, *The Bravest Battle: The 28 Days of the Warsaw Ghetto Uprising* (Da Capo, 1993); Israel Gutman, *Resistance: The Warsaw Ghetto Uprising* (Mariner, 1998); Kazik, *Memoirs of a Warsaw Ghetto Fighter* (Yale University Press, 2002); Emmanuel Ringleblum, *Notes from the Warsaw Ghetto* (iBooks, 2006).

365 "我们像动物一样为赤裸裸地活着而战斗"

This and preceding two paragraphs from Gilbert, *Holocaust*, 557–64.

365 华沙城内的几名犹太人

Ibid., 564–67. The two words "save us," would heroically echo through the ranks of Jews everywhere who heard them.

366 著名诗人

I am indebted to MacGregor Burns for Roosevelt's exchange with Archibald MacLeish recording the history of the war. This paragraph follows MacGregor Burns, *Soldier of Freedom*, 389–92.

367 整整两个星期

On the Trident conference and the discussion about Italy, see for example Goodwin, *No Ordinary Time*, 439. Smith, *FDR*, 572–76; Meacham, *Franklin and Winston*, 223–26.

369 "冈比亚热"

See MacGregor Burns, *Soldier of Freedom*, 390; Meacham, *Franklin and Winston*, 214; Goodwin, *No Ordinary Time*, 419.

372 "我不在乎"

Smith, *FDR*, 576, for this and other quotes.

第十二章

374 "我收到了很多互相矛盾的建议"

Harold D. Smith diary, FDRL, Roosevelt memorandum on September 14, 1942; also may be found in MacGregor Burns, *Roosevelt: The Soldier of Freedom, 1940–1945* (Harcourt, 1970), 343. For Roosevelt as chief executive, see Barry Dean Karl, *Executive Reorganization and Reform in the New Deal* (Harvard University Press, 1963); see also a fine study by Richard E. Neustadt, *Presidential Power* (Wiley, 1960), especially 214–15, which sheds light on Roosevelt's leadership. Henry Stimson also had keen observations on Roosevelt as an administrator: see his diary entries, January 23, 1943, February 3, 1943, and March 28, 1943, Stimson Papers, box 400, Library of Congress.

376 "意向不明"且"不置可否"

In Doris Kearns Goodwin, *No Ordinary Time* (Simon & Schuster, 1994), 453. For more on the emergency conference, see David S. Wyman, *The Abandonment of the Jews* (New Press, 1984) 146. I draw on both Goodwin and Wyman.

376 任何形式

Quotes from Goodwin, *No Ordinary Time*, 454.

377 "我认为眼下无需做出答复"

Wyman, *Abandonment* 148.

378 没有一处干净的地方

These paragraphs are drawn extensively from Jan Karski, *Collier's*, October 14, 1944, 18–19, 60–61. Karski went to great lengths to document everything he saw and experienced. Karski's article is haunting. See also Goodwin, *No Ordinary Time*, 454.

379 "白宫里有你们的朋友"

See American Experience PBS documentary, *America and the Holocaust*; Henry Morgenthau Diary FDRL; Robert N. Rosen, *Saving the Jews* (Thunder's Mouth, 2006), 297, 347. For more, see E. Thomas Wood and Stanislas Jankowski, *Karski: How One Man Tried to Stop the Holocaust* (Wiley, 1996). It is worth recalling that Karski's original mission was to lobby for a free Poland and to warn Roosevelt about the Soviet Union, but Karski had an awakening because of what he saw in the death camp. In addition to Cordell Hull, it was John Pehle who asserted that Roosevelt was "stunned" by Karski's account.

380 "我的想法是"

MacGregor Burns, *Soldier of Freedom*, 397. Allis Radosh and Ronald Radosh, *A Safe Haven: Harry S. Truman and the Founding of Israel* (Harper Perennial, 2009), 18–22. Roosevelt said the problem of Jews in Palestine could be settled by putting a barbed-wire fence around it. Sam Rosenman told Roosevelt in turn, yes, if it "keeps Jews in and Arabs out," 20. On colonization of the Jews: For Lincoln, I discussed this in *April 1865*. It also turns out that the principal author of the Constitution, James Madison, had comparable ideas about slaves and blacks colonizing Liberia. On the shifting sands of the Middle East: My discussion here closely follows MacGregor Burns's observation that the success in Italy opened up countless possibilities in the Middle East; for more, see Morgenthau Diary, December 3, 1942, FDRL.

381 "犹太人能够等到胜利的那一天吗"

From Wyman, *Abandonment*, 150.

382 "史蒂芬，你放开手脚去干吧！"

Rosen, *Saving the Jews*, 289, 391. On Romanian Jews: Wyman, *Abandonment*, 82–84.

383 "希特勒一开始吹嘘……"

From Franklin Delano Roosevelt, Message to Congress, September 17, 1943, 106, online (see American Presidency Project). Rosen, *Saving the Jews*, 290, has the Goebbels quote.

385 "古代的炼金术师"

MacGregor Burns, *Soldier of Freedom*, 250.

386 "落后三个月"

My discussion of the technology of war here draws extensively on Irvin Stewart, *Organizing Scientific Research for War* (Little, Brown, 1948), 5–7; as well as Jean Edward Smith, *FDR* (Random House, 2008), 578–81; and MacGregor Burns, *Soldier of Freedom*, 249–52, a section written with Douglas Rose and Stuart Burns, especially 252. My list of conventional weapons comes from MacGregor Burns and Rick Atkinson. On NDRC and civilian military cooperation and American-British scientific exchange, see James P. Baxter, *Scientists Against Time* (Little, Brown, 1946), 14–16, 119–23, 129. On the development of the atomic bomb and the fear that Hitler could get it first, there are a number of fine books. See Richard Rhodes, *The Making of the Atomic Bomb* (Simon & Schuster), 2012; Richard Rhodes, *Arsenals of Folly: The Making of the Nuclear Arms Race* (Vintage, 2008); Robert Jungk, *Brighter Than a Thousand Suns: A Personal History of the Atomic Scientists* (Mariner, 1970); and the outstanding work by Kai Bird and Martin Sherwin, *American Prometheus: The Triumph and Tragedy of J. Robert Oppenheimer* (Vintage, 2006).

387 "小事一桩"

This discussion follows Wyman, *Abandonment*, 182–89. Morgenthau's "satanic combination" is surely one of the bluntest lines coming from a cabinet member in American history; it has also become legendary for its incisiveness. By this stage, one sees, Morgenthau was at his wit's end.

387 "等你们的研究有了结果"

Wyman, *Abandonment*, 183. Time has dimmed the intensity of the Treasury Department's feelings about the government unwittingly collaborating with Hitler in the destruction of the Jews, about as harsh a criticism as could be leveled. These quotations, almost mocking in tone, evidently said with a sneer, capture some of the concern of Morgenthau and the people around him.

387 意志坚定的租借物资管理局成员奥斯卡

See the excellent work by Richard Brightman and Allan Lichtman, *FDR and the Jews* (Belknap Press of Harvard University Press, 2013), 229. By this stage, things were moving very fast politically. In hindsight, the question has to be raised: did politics trump morality?

387 "心灵饱受折磨"

This paragraph is from Rosen, *Saving the Jews*, 342; Wyman, *Abandonment*, 183.

388 "麻烦在于"

Material from Wyman, *Abandonment*, 186. That Morgenthau accused Long of being anti-Semitic indicated he was holding nothing back. That Cordell Hull sought to blame bureaucratic politics was, in the end, a flimsy explanation and an abdication of leadership.

389 "每个人至少需要"

Wyman, *Abandonment*, 194–203.

389 "就我个人来说，我赞同……"

This and next three paragraphs are drawn from the text of the House Foreign Affairs Committee Meeting, November 26, 1943 (Government Printing Office), 32. The entire text— "Rescue of the Jewish and Other Peoples in Nazi Occupied Territory, Hearings Before the Committee on Foreign Affairs, 78th Congress, First Session on H. Res. 350 and H. Res 352, Resolutions Providing for the Establishment by the Executive of a Commission to Effectuate the Rescue of the Jewish People of Europe" —is fascinating, and wrenching, reading.

390 "接纳 58 万难民"

New York Times, December 12, 1943; see also Wyman, *Abandonment*, 198–203. The *New York Times* and other major newspapers largely followed the administration line in their reporting.

391 "开水壶"

Wyman, *Abandonment*, 203.

392 "致部长报告：美国政府纵容犹太大屠杀"

Quotes are taken from the actual report. The report may be found online at the website of the Jewish Virtual Library. There has probably never been as hard-hitting a memo about the government, and this is required reading in its entirety.

393 摩根索是勇敢刚毅的德国犹太人后裔

Here I benefited extensively from Michael Beschloss, *The Conquerors: Roosevelt, Truman and the Destruction of Hitler's Germany, 1941–1945* (Simon & Schuster, 2002), especially 44–55. Other valuable sources include John Morton Blum, *Roosevelt and Morgenthau* (Houghton Mifflin, 1970); John Morton Blum, ed., *From the Morgenthau Diaries*, 3 vols. (Houghton Mifflin, 1959, 1965, 1967); and Henry Morgenthau III, *Mostly Morgenthau: A Family History* (Ticknor and Fields, 1991). For specific quotations and details see Blum, *Morgenthau Diaries*, xvi, 12–15, 193–94, 206–8, 211, 245–65; *Mostly Morgenthaus*, xiii. On Fishkill Farms, see *Time*, January 25, 1943; Henry Morgenthau III writes that Henry Sr. bought the farm for his son (Blum, *Roosevelt and Morgenthau*, 218), then Morgenthau himself insisted to journalists that he bought the farm, using profits made from his investments of family money. On Morgenthau and his changing relationship with Judaism, see *Mostly Morgenthaus*, xiii. On the Morgenthau relationship with Zionism, see *Diaries*, 193–94, 206–8. See also Geoffrey Ward, *First-Class Temperament* (Harper and Row, 1989), 253.

395 人以类聚

Beschloss, *The Conquerors*, 48. Original signed photo is at FDRL.

396 赌上了一切

See *Mostly Morgenthaus*, 267–68, 271–72; Beschloss, *The Conquerors*, 49; Blum, *Morgenthau Diaries*, Volume 1, 77.

396 "愚蠢和希伯来人的高傲"

This stunning quote from Kai Bird, *The Chairman* (Simon & Schuster, 1992), 100; other quotes from Beschloss, *The Conquerors*, 48–52. It is interesting to note that Morgenthau never attended a Passover seder until after the war by which time he had an awakening about his Jewishness.

396 "你我将共同主导这场战争"

This paragraph is extensively drawn from Beschloss, *The Conquerors*, 50–51; and Kai Bird, *The Chairman*, 224.

397 "经济衰退的大萧条"

This is among Morgenthau's most prominent observations. "If we don't stop": On Morgenthau and pre–World War II preparedness, see Blum, *Morgenthau Diaries*, Volume 2, 86–93; *Mostly Morgenthaus*, 318–20. For "war loving race," see Beschloss, *The Conquerors*, 71 and Bird.

397 甩掉他

This paragraph is drawn from Beschloss, *The Conquerors*, 51–54. For "very dangerous advisor," "biased by his Semitic," see Bird, *The Chairman*, (Simon & Schuster), 225–26. For "were a member of the cabinet in Germany" see Irwin Gellman, *Secret Affairs: Franklin Roosevelt, Cordell Hull and Sumner Welles* (Johns Hopkins University Press, 1995), 25–26, 97–99, 209, and 286; and Beschloss, *The Conquerors*, 54.

398 "罗斯福在犹太问题上做得不够好"

See Josiah Dubois interview, Henry Morgenthau III, Private Archive, Cambridge, Massachusetts, HMPA; see also Beschloss, *The Conquerors*, 54. For Jews around Roosevelt, see Ward, *First-Class Temperament*,

253–55; *Mostly Morgenthaus*, 321–22.

399 "我希望他拿出智慧和勇气"

See Samuel Rosenman, *Working with Roosevelt* (Harper, 1952), 340; *Morgenthau Diaries*, 693, 196, 202–10; Wyman, *Abandonment*, 181–83; Rosen, *Saving the Jews*, 340–47; and Richard Breitman and Alan Kraut, *American Refugee Policy* (Indiana University Press, 1988), 189. Significantly, Morgenthau would compare his activism for the Jews to his father's efforts on behalf of the Armenians: Blum, *Roosevelt and Morgenthau*, 8.

399 只要即刻将事实摆在总统面前

See, for instance, Rosen, *Saving the Jews*, 341.

400 罗斯福对他们的到来表示欢迎

Blum, *Roosevelt and Morgenthau*, 531–32; Josiah DuBois interview, HMPA; "FDR Day by Day—The Pare Lorentz Chronology," January 16, 1944, FDRL. For simplicity, one may consult the account in Beschloss, *The Conquerors*, 56.

401 "惨不忍睹的 18 个月"

For this paragraph see Blum, *Roosevelt and Morgenthau*, table of contents; Beschloss, *The Conquerors*, 58; Mac-Gregor Burns, *Soldier of Freedom*, 346–48 (including "You punch it"). Other scholars, such as Wyman, have described the period of inactivity as fourteen months. The War Refugee Board estimates that it saved 200,000 Jews; see *Mostly Morgenthaus*, 335. Others put the figure at tens of thousands; see Henry Feingold, *The Politics of Rescue*, 307; see also Wyman, *Abandonment*, 331.

第十三章

405 死亡集中营的名录

I am indebted to Rachel Dillan for helping me compile this list of American Jews who could have perished in the Holocaust; for more about them, see Biography.com.

407 "纳粹进入战争时"

See the outstanding work by Donald L. Miller, *Masters of the Air: America's Bomber Boys Who Fought the Air War Against Nazi Germany* (Simon & Schuster, 2006), 255–57; 260–66; Walter S. Moody, "Big Week: Gaining Air Superiority over the Luftwaffe," *Air Power History* 41, no. 2 (Summer 1994); Robert N. Rosen, *Saving the Jews* (Thunder's Mouth, 2006), 366; Charles Murphy, "The Unknown Battle," *Life*, October 16, 1944, 104; Bernard Lawrence Boylan, "The Development of the American Long-Range Escort Fighter," PhD dissertation, University of Missouri, 1955, 218–19.

408 "我们在那里"

This paragraph is drawn heavily from Rosen, *Saving the Jews*, 348; see also David S. Wyman, *The Abandonment of the Jews* (New Press, 1984), 219–29; "History of the WRB," FDRL, 289.

408 委员会走遍欧洲

For efforts by WRB, see Wyman, *Abandonment*, 209–20.

409 "所有逃离希特勒的受压迫者"

For establishment of an American haven for Jews, ibid., 268–72; Rosen, *Saving the Jews*, 362; Harvey Strum, "Fort Ontario Refugee Shelter, 1944–1946," *American Jewish History* 63 (September 1983–June 1984), 404; Richard Breitman and Alan Kraut, *American Refugee Policy and European Jewry, 1933–1945* (Indiana University Press, 1988), 197–99.

409 匈牙利

For the takeover of Hungry, I draw on Kershaw, *Hitler*, 795.

411 "把援助的范围扩大"

William Hassett, *Off the Record with FDR* (Rutgers University Press, 1958), 239. "In one of the blackest crimes": Michael Beschloss, *The Conquerors* (Simon & Schuster, 2002), 59; Wyman, *Abandonment*, 237; complete text is online. Actually, Roosevelt's original statement drafted by the WRB was stronger, but Sam Rosenman watered it down, saying its explicit and sole mention of the Jews would weaken it. Nonetheless the statement—about Hitler's "insane criminal desires," among other things—was a departure from the past and electrifying. Roosevelt also had cleared it with Stalin and Churchill in advance.

412 "罗斯福警告德国人"

New York Times, March 26, 1944; Rosen, *Saving the Jews*, 358, 356.

412 "德国人！"

Eisenhower's statement may be found, among other places, in Rosen, *Saving the Jews*, 356–57, or online.

414 "在匈犹太人"

New York Times, May 10, 1944, A1, for these paragraphs.

415 1944 年毕竟是个大选年

On the Japanese American question, Kai Bird, *The Chairman* (Simon & Schuster, 1942), 171, makes the point that politics proved to be a strong motivator. McCloy also early on talked about the Constitution as if it were a scrap of paper when weighed against security concerns; see Jean Edward Smith, *FDR* (Random House, 2008), 551.

416 约翰·杰伊·麦克洛伊

I rely strongly on Bird, *Chairman*, a Pulitzer prize–winning biography; on McCloy's mother and his early years, see 27–28.

416 麦克洛伊 12 岁时

For these paragraphs, ibid., 28–46, 50–53.

417 德国特工

Ibid., 77.

417 痴迷

Ibid., 126, 138.

417 敌人的舰队

Ibid., 142–43 and 147–49, from which this paragraph is drawn.

418 情绪失控和判断力缺失

Smith, *FDR*, 549–50. By this stage, J. Edgar Hoover was in his twentieth year. He also called the evacuation "utterly unwarranted." For other material here, see Bird, *Chairman*, 148–49.

418 "宪法在此事上只是一张废纸"

Significantly, the Fourteenth Amendment to the Constitution provided American citizenship to all those born in the United States regardless of ethnic heritage or their parents' status. For this reason, Smith, *FDR*, rightly describes the whole incident as "shabby." For other material, see Bird, *Chairman*, 148–49.

418 正如麦克洛伊所说的

From Bird, *Chairman*, 151–52. For a significantly different picture of Roosevelt's and McCloy's actions, see H. W. Brands, *Traitor to His Class* (Doubleday, 2008), 489–92. Brands makes the points that Roosevelt was following a historical practice of focusing on enemy aliens during wartime; that Roosevelt did not deport the Japanese Americans but instead detained them; and that Roosevelt was unwilling to risk another Pearl Harbor. For her part, Doris Kearns Goodwin, *No Ordinary Time* (Simon & Schuster, 1994), describes this decision as "tragic," quotes the American Civil Liberties Union as saying that it was "the worst single wholesale violation of civil rights of American citizens in our history," and adds that the claim of military necessity was fueled by "racism," 321–22, especially 321. Regarding the influence of McCloy on national security matters, Bird writes that McCloy "became the country's first national security manager, a sort of 'political commissar' who quietly brokered any issue where civilian political interests threatened to interfere with the military's effort to win the war," *Chairman*, 175. For a short biography of McCloy, see Alan Brinkley, "Minister Without Portfolio," *Harper's*, February 1983, 31–46.

418 "我们有权去做我们想做的事情"

See Bird, *Chairman*, 149–50. For more on the evacuation of Japanese Americans, see the work by Robert Dallek, *Franklin D. Roosevelt and American Foreign Policy 1932–1945* (Oxford University Press, 1979), 334–37. Dallek makes the point that Roosevelt was rarely theoretical and pursued "military necessity" above all else. Roosevelt even joked to Hoover, "Have you pretty well cleaned out the alien waiters in the principal Washington hotels?" Dallek says that Roosevelt's hypocrisy on these matters is "striking," 336. He points out that at the time when the president was railing against Nazi "barbarism" and speaking about "the great upsurge of human liberty" in America, he was egregiously violating the constitutional guarantees of Japanese Americans.

420 营地内

For more details on the internment, see Bird, *Chairman*, 153–55, 160–61; and Smith, *FDR*, 551–53. "No federal penitentiary": Michi Nishigiura Wegyln, *Years of Infamy: The Untold Story of America's Concentration Camps* (University of Washington Press, 1995), 156.

420 对继续拘禁日裔产生了新的恐慌

James MacGregor Burns, *Roosevelt: The Soldier of Freedom, 1940–1945* (Harcourt, 1970), 463.

421 "爆破行动必须立刻进行"

For this and Jacob Rosenheim's efforts, I've drawn from Bird, *Chairman*, 211; Michael Gilbert, *Auschwitz and the Allies* (Holt, 1981), 237; Wyman, *Abandonment*, 290–91.

422 "毫无疑问"

On McClelland's efforts, see Harrison Gerhardt (McClelland) to Secretary of State for War Refugee Board, 6/24/44, ASW, 400, 38, Jews, box 44, RG 107, NA; see also Bird, *Chairman*, 212, a summary that I employ. Clearly McClelland was going out on a limb, and this underscores how the evidence about the slaughter of the Jews was becoming increasingly horrifying.

422 "少许竞争"

See MacGregor Burns, *Soldier of Freedom*, 343, on Roosevelt's management style.

422 若干疑问

Quotes can be found in Bird, *Chairman*, 213, as can the original memo, a copy of which the author has. See also Dino Brugioni and Robert Poirier, *The Holocaust Revisited: A Retrospective Analysis of the Auschwitz Birkenau Extermination Complex* (Central Intelligence Agency, 1979), 5.

423 本杰明·阿克津脸色铁青

For the bombing debate and the military's reluctance, see the excellent work *The Bombing of Auschwitz: Should the Allies Have Attempted It?*, Michael Neufeld and Michael Berenbaum, eds. (University Press of Kansas with United States Holocaust Memorial Museum, 2003), especially 276. For a number of provocative and fascinating essays on whether or not to bomb Auschwitz, 80–181. See also the essay by Gerhart Riegner, who was of course a key actor in the drama; he feels betrayed by the Allies who failed to act when given the information. The criticized essay by Tammy Biddle is a good overview. The editors also helpfully put together all the principal documents, making their book an invaluable resource; see 240–81. For my purposes, I have used copies of originals in the WRB files. See also Bird, *Chairman*, 213–14, for a summary.

424 轰炸袭击的效果立竿见影

See Richard Davis, *Carl Spaatz and the Air War in Europe* (Smithsonian Institution Press for Center for Air Force History, 1993); Wesley Frank Craven and James Lea Cate, *The Army Air Forces in World War II*, 7 vols. (University of Chicago Press, 1948–1958). See also Gilbert, *Auschwitz and the Allies*, 283, 301–8, especially 307.

424 8 月 27 日

See Gilbert, *Auschwitz and the Allies*, 311.

425 拍下了集中营的航拍照片

Ibid., 309–10; Gilbert is superb on this, and I draw on him. I also rely on Dino Brugioni, "The Aerial Photos of the Auschwitz Birkenau Extermination Complex," in Neufeld and Berenbaum ed., *The Bombing of Auschwitz* (Kansas Press, 2000), 52–58. Brugioni points out that the Birkenau complex was photographed at least thirty times. He carries special authority on this issue, as he was a member of a bomber crew during World War II and then, after being hired by the Central Intelligence Agency in 1948, became a founder of the National Photographic Interpretation Center. Reexamining the photos later in time, he was surprised to find that they did indeed show considerable activity relating to the Holocaust at both Auschwitz and Birkenau—evidence that was completely overlooked after 1944 and early 1945. Among other images, people could be clearly seen being marched to their deaths or being processed for slave labor. Walter Laqueur, *The Terrible Secret: Suppression of the Truth About Hitler's "Final Solution"* (Little, Brown, 1980), 84–86, asserts that the intelligence services, such as British cryptologists who were able to track large numbers of trains carrying Jews to the Silesian death camps, suppressed the information. It is also possible that Churchill saw other evidence of the death camps. See also Peter Calvocorressi, *Top-Secret Ultra* (Ballantine, 1981), 16. In this memoir, Calvocorressi, a British veteran of Bletchley Park, maintains that fellow cryptologists began intercepting the daily statistics radioed to Berlin from each concentration camp. Strikingly, he says the intercepts detailed the number of new arrivals, the number of inmates in each camp, and the number killed. If so, Bletchley Park would have been expected to inform the British policy makers.

425 巨大的隆隆声

Gilbert, *Auschwitz and the Allies*, 301, 308.

425 "我们不再惧怕死亡"

Robert L. Beir with Brian Josepher, *Roosevelt and the Holocaust: A Rooseveltian Examines the Policies and Remembers the Times* (Barricade, 2006), 254; Elie Wiesel, *Night* (Avon, 1958); Primo Levi, *Survival in Auschwitz* (Summit, 1986), 388; see also Bird, *Chairman*, 214.

426 有条不紊的德国人

I have taken these quotes from the original documents; they may also be found in Bird, *Chairman*, 214–15. One of the strongest arguments against bombing has been that it applies twenty-first-century morals to World War II. Akzin's devastating memo shreds this notion.

427 "难以置信的可怕"

Quotes and emerging details of the death camps are taken from Bird, *Chairman*, 214–16. See also Neufeld and Berenbaum, *The Bombing of Auschwitz*, 274–79, for reproductions of the relevant memos.

428 艾登向丘吉尔提起

See Gilbert, *Auschwitz and the Allies*, 276–77; Bird, *Chairman*, 217. Churchill also roared that he was entirely in accord with making "the biggest outcry possible," Gilbert, *Auschwitz and the Allies*, 276. There is no doubt that Churchill's eloquence was unequivocal and heartfelt.

429 霍尔蒂还收到了……严厉批判

For the pressure on the regime in Hungary, see Gilbert, *Auschwitz and the Allies*, 266, on which I heavily leaned; on the decision to cease the deportations, see, 292, 302. Significantly, the bombing of Budapest also hit government buildings and private homes, further increasing the pressure.

429 死亡列车仍然……驶来

Bird, *Chairman*, 217.

429 拉乌尔·瓦伦伯格

See Wyman, *Abandonment*, 240–43. Rosen, *Saving the Jews*, 464–65, presents a more skeptical view, referring to Wallenberg as an American agent.

430 衣服上的黄色 "大卫之星"

Gilbert, *Auschwitz and the Allies*, 293.

431 "不在我们的能力范围之内"

For these quotes, Bird, *Chairman*, 214.

431 8 月初

See the extraordinary exchange of letters between McCloy and Kubowitzki, August 9 and August 14, reproduced in Neufeld and Berenbaum, *The Bombing of Auschwitz*, 273–74.

432 "难以言表"

Gilbert, *Auschwitz and the Allies*, 311.

432 "这次行动"

New York Times, October 29, 1943, 7. Advocates of bombing Auschwitz were in general aware of this remarkable operation.

434 小国阿尔巴尼亚

New York Times, November 19, 2013, A9.

435 "多么美好"

Gilbert, *Auschwitz and the Allies*, 315.

435 华沙发起反对纳粹的大规模进攻

I extensively used Kershaw, *Hitler*, 868; online sources, such as www.warsawuprising.com; Gordon Corrigan, *The Second World War: A Military History* (Thomas Dunne, 2011), 476–77; Neil Orpen, *Airlift to Warsaw: The Rising of 1944* (University of Oklahoma Press, 1984). On the Warsaw ghetto itself, read the rare wartime firsthand account by an escapee, Tosha Bialer, "Behind the Wall (Life— and Death—in Warsaw's Ghetto)," *Collier's*, February 20, 1943, 17–18, 66–67; February 27, 1943, 29–33. This powerful story reached millions of Americans only two months after the Allies confirmed a mass killing of European Jews; it included haunting photographs of children with legs like toothpicks sleeping in abandoned newsstands. See also Robert H. Abzug, *America Views the Holocaust 1933–1945: A Documentary History* (St. Martin's, 1999). For Slessor's account of the Warsaw uprising, see *The Central Blue: The Autobiography of Sir John Slessor, RAF* (Praeger, 1957), 611–21.

436 他们恳求再一次空降补给

For the complex politics of resupplying the Polish Resistance, and quotes ("Do you want me"), I draw on Slessor, *Central Blue*, 620; MacGregor Burns, *Soldier of Freedom*, 534–37; Dallek, *Franklin D. Roosevelt and American Foreign Policy*, 517–21; and Smith, *FDR*, 630–31.

438 愿意调动大批空军

See Wyman, *Abandonment*, 306; Slessor, *Central Blue*, 620.

438 "实际代价"

Wyman, *Abandonment*, 306.

438 赢得战争

Goodwin, *No Ordinary Time*, 520; American Heritage, *New History of World War II* (Ambrose), 488– 503; MacGregor Burns, *Soldier of Freedom*, 553.

439 联系了麦克洛伊

See the exchange of memos between John Pehle and John J. McCloy, November 8 and November 18, 1944, in Neufeld and Berenbaum, *The Bombing of Auschwitz*, 278–80. The contemporary literature about bombing Auschwitz is extensive, highly detailed, at times confusing or misleading, and often fascinating. The leading proponent of bombing is Wyman, in *Abandonment*; two of his principal critics are James H. Kitchens III and Richard H. Levy, who marshal facts about the availability and accuracy of bombers: German defenses; and the distance and placement of targets. Their central point is that it was not militarily practicable or feasible to bomb Auschwitz. However, Stuart G. Erdheim all but demolishes their arguments in a highly detailed rebuttal. Erdheim methodically points out that the failure to bomb resulted not from operational impracticability but from the Allies' mind-set and Roosevelt's policies. He points out that the logic of the critics would have led to aborting countless other World War II bombing missions. In his rigorous argument, Erdheim takes into account Luftwaffe fighter defenses, the status of German air defenses, the accuracy of bombing, weather, and other factors. There is little doubt, from what he writes, that P38 or Mosquito fighters using low-level precision bombing could have attacked

Auschwitz. So could heavy bombers, though the casualties would have been greater. Erdheim's reasoning is buttressed independently by the Air Force historian Rondall R. Rice, who points out that the Fifteenth Air Force, with B17s and B24s, had both the technical means and a window of opportunity to bomb Auschwitz with a "high probability of success"; the only reason it did not do so was a lack of political will. The distinguished military historian Williamson Murray insists that the military was preoccupied with the invasion of France and was working around the clock; but another military historian, Richard G. Davis, takes issue with that. Richard Breitman, for one, points out that on the basis of intelligence reports received in 1943, a raid could have been planned for early 1944, if there were the political will. There is also a hypothetical scenario: if Roosevelt had ordered an attack at the time of his March 24, 1944, speech, and it took place just as the Hungarian deportations were about to commence, the Nazis' killing process would have been severely impeded. It took eight months to build the complex industrial killing machines when Nazi Germany was at the zenith of its strength; in the spring of 1944, for a depleted Third Reich, rebuilding would have been very difficult. As to the contention that bombing Auschwitz is an ahistorical debate, reflecting our values in the twenty-first century, Benjamin Akzin's memorandum completely undermines that claim. Levy suggests that the Jewish community was considerably divided; by way of comparison, so was the Union during the Civil War, but this didn't stop Abraham Lincoln from issuing the Emancipation Proclamation or from forming Negro fighting units in the army. For the back-and-forth in these articles and more, see the individual essays in Neufeld and Berenbaum, *The Bombing of Auschwitz*. For discussions of accuracy and comparisons between the American and British bombing forces, see W. Hays Parks, "'Precision' and 'Area' Bombing: Who Did Which, and When?" *Journal of Strategic Studies* 18 (March 1995): 145–74. For general discussions, see Richard G. Davis, "German Railyards and Cities: US Bombing Policy, 1944–1945," *Air Power History* 42 (Summer 1995): 47–63; and Tammy Davis Biddle, "Air War," in Michael Howard, George Andreopoulos, and Mark Shulman, eds., *The Laws of War* (Yale University Press, 1994). On the degradation of Germany from the air assault by the Allies, see especially Alfred C. Mierzejewski, *The Collapse of the German War Economy, 1944–1945* (University of North Carolina Press, 1988). Around this time the Germans were seeking to divert the Allies with their "blood for goods" proposal: See Yehuda Bauer, *Jews for Sale? Nazi-Jewish Negotiations, 1933–1945* (Yale University Press, 1944); and Richard Breitman and Shlomo Aronson, "The End of the 'Final Solution'? Nazi Plans to Ransom Jews in 1944," *Central European History* 25 (1992); 177–203. For general discussions, see Verne Newton, ed., *FDR and the Holocaust* (St. Martin's, 1996).

441 "我敢肯定"

Rosen, *Saving the Jews*, 398.

441 历史打了一个问号

See the discussion in Brands, *Traitor to His Class*, 570. Brands sees the issue very differently from Goodwin in *No Ordinary Time* or Smith in *FDR*, for example. Both Goodwin and Smith see Roosevelt's failure to take stronger action as a considerable moral and political lapse, even a stain, on his otherwise stellar leadership during World War II. In hindsight, although Roosevelt left few fingerprints on the issue, there are subtle clues that he realized history might not judge inaction regarding the Jews very well. If one reads Henry Morgenthau's diary entry of December 3, 1942, one sees Roosevelt grasping for some solution that would at least save the living Jews who had escaped Hitler's clutches by providing them with a sustainable homeland in Palestine. He had ideas for Jews outside Europe as well as those in "the heart of Europe." The president told Morgenthau, "I am studying many other places in the world where the refugees from Europe can be moved." Morgenthau was surprised "that the president was studying this thing with so much interest and had gone as far as he had in making up his mind on what he wants to do. It was most encouraging to me and most heartening." See "Concerning Placing Jewish Refugees," Morgenthau Diary, December 3, 1942, in *America and the Holocaust: Responsibility for America's Failure*, Volume 13, David S. Wyman, ed. (Garland, 1991), 8–9. See also Abzug, *America Views the Holocaust*, 134–35.

442 表现出……勇敢的领导者活力

See Wyman, *Abandonment*, 313. For "between knowing and not knowing," it comes from the Protestant theologian W. A. Visser't Hooft. I found this beautiful quote in Bird, *Chairman*, 222.

第十四章

445 "今天没有新闻呢"

David Brinkley, *Washington Goes to War* (Random House, 1999), 255.

445 "我们目前混乱迷惑的现状"

Ibid.; and James MacGregor Burns, *Roosevelt: The Soldier of Freedom, 1940–1945* (Harcourt, 1970), 499–501.

446 呆板霸道、严肃过度的作风

MacGregor Burns, *Soldier of Freedom*, 502–3; Brinkley, *Washington*, 260.

446 "我还有其他事情要宣布"

See Brinkley, *Washington*, 257–58. We can still see how Roosevelt came alive in the campaign. He loved nothing more than to be coy and then surprise his opponents.

447 找出一名新的副总统候选人

Ibid., 259–60; MacGregor Burns, *Soldier of Freedom*, 504–5. I have drawn on both for these two paragraphs.

448 "我是不该竞选这一职位的"

See MacGregor Burns, *Soldier of Freedom*, 506. Roosevelt's acceptance speech is also online.

448 "1944 年摆在我们面前的使命"

MacGregor Burns, *Soldier of Freedom*, 507. For more on Lincoln's second inaugural address, which remains the finest presidential speech in history, see Jay Winik, *April 1865* (HarperCollins, 2001), 34–36.

449 "脸上露出了……表情"

See Doris Kearns Goodwin, *No Ordinary Time* (Simon & Schuster, 1994), 529. It is interesting that even now Roosevelt was bubbling with ideas, such as irrigating the Sahara Desert. At his core, even while he was a realist, he always remained a palpable idealist.

449 在美联社编辑从胶卷中取出的照片里

See Goodwin, *No Ordinary Time*, 529–30; Samuel Rosenman, *Working with Roosevelt* (Harper, 1952), 453; Brinkley, *Washington*; MacGregor Burns, *Soldier of Freedom*, 508. Dick Strobel, who took the photo, said "all hell broke loose" when it appeared; not unlike presidential staffers today, Roosevelt's people were furious with the AP. For these delicious details, Goodwin interviewed Strobel. According to MacGregor Burns, the intense concern about Roosevelt's health gave rise to a rumor that he had had a secret operation at Hobcaw Barony in May.

451 "如果一个人有勇气……"

See Kershaw, *Hitler*, 816–841, for a detailed account of the assassination attempt; quotation, 818.

452 "你好，道格"

Jean Edward Smith, *FDR* (Random House, 2008), 620; Goodwin, *No Ordinary Time*, 530–31.

452 包括一家军事医院

On the extraordinary scene in the military hospital, where Roosevelt for the first time let his guard down, see Rosenman, *Working with Roosevelt*, 458; Smith, *FDR*, 621; Goodwin, *No Ordinary Time*, 532.

452 "总统现在只是一具行尸走肉"

Smith, *FDR*, 622; William Manchester, *American Caesar, 1880–1964* (Little, Brown, 1978), 369. MacArthur was of course prescient; Of note, he did think Roosevelt was a man of "great vision" once he had all the facts.

453 不温不火、断断续续

MacGregor Burns, *Soldier of Freedom*, 507–9; on Bruenn's observations, see Goodwin, *No Ordinary Time*, 537. By way of comparison, during the Civil War, Robert E. Lee suffered from angina, which prematurely aged him. For the speech in Bremerton, see Rosenman, *Working with Roosevelt*, 461–62. For more on FDR's collapse, see Elliott Roosevelt and James Brough, *A Rendezvous with Destiny: The Roosevelts of the White House* (Putnam, 1975), 378.

454 "……看上去大不如前"

See Rosenman, *Working with Roosevelt*, 462; Smith, *FDR*, 623.

454 回到华盛顿五天后

See William Hassett, *Off the Record with FDR* (Rutgers University Press, 1958), 266–67.

454 "几个月来，他看上去……"

Brinkley, *Washington*, 262. This blunt observation was typical of Brinkley, who would later become the dean of the Washington press corps.

455 北新泽西……的一处居所

Goodwin, *No Ordinary Time*, 541–42. This time Roosevelt managed to see Lucy again at Tranquility Farms. During this period, Churchill was recovering from a bout with pneumonia.

455 魁北克的高层峰会

For the following paragraphs, I drew heavily on Lord Moran, *Churchill: Taken from the Diaries of Lord Moran—The Struggle for Survival, 1940–1965* (Houghton Mifflin, 1966), 192; Smith, *FDR*, 623–24; Cordell Hull, *The Memoirs of Cordell Hull*, 2 vols. (Macmillan, 1948), 1613–21; MacGregor Burns, *Soldier of Freedom*, 519–21. Anthony Eden and Churchill exchanged sharp words about the Morgenthau plan, with Eden insisting that Churchill could not support it; in the end, Eden had his way.

456 "德意志民族"

See Robert Dallek, *Franklin D. Roosevelt and American Foreign Policy, 1932–1945* (Oxford University Press, 1979), 473.

456 "疲惫不堪的老头"

See Goodwin, *No Ordinary Time*, 546–47. This phrase is actually Goodwin's, indicating the spirit of Dewey's campaign. Rosenman makes the point that Roosevelt had to learn to walk with his braces all over again. See Rosenman, *Working with Roosevelt*, 474.

457 新斯塔特勒酒店

Brinkley, *Washington*, 253–54.

457 "毫不夸张地说，他就是在试图重新学会走路"

Rosenman, *Working with Roosevelt*, 474.

457 房间里挤满了人

Ibid., 478; for these two paragraphs, and quotes, I drew extensively on Rosenman, "The old master" : *Time*, October 2, 1944, 21. See also MacGregor Burns, *Soldier of Freedom*, 521–23; Goodwin, *No Ordinary Time* 547–48. On the joke about Fala, see Franklin D. Roosevelt, *Public Papers and Addresses, 1944–45* (Harper, 1950), 290, also online.

459 在华沙投降

See especially Kershaw, *Hitler*, 868. In an act of continuing spite, Hitler turned the city over, not to the Wehrmacht, but instead to Himmler and the SS for destruction.

459 停靠在了纽约站

For Roosevelt's campaign in New York, I rely on the excellent accounts in Goodwin, *No Ordinary Time*, 549–51; and Mac- Gregor Burns, *Soldier of Freedom*, 525–26—the latter calls the day in New 598 Notes York a double triumph. For the apartment, Eleanor Roosevelt, *This I Remember* (Harper, 1949), 337. For "Peace, like war," Franklin D. Roosevelt, *Public Papers, 1944*, 350.

460 容光焕发，面色红润

Hassett, *Off the Record*, 282. Hassett could not have been more wrong; Roosevelt would not bury his detractors. For the following three paragraphs, and election results, see Harold Gosnell, *Champion*

Campaigner: Franklin D. Roosevelt, (Macmillan, 1952), 211–12.

462 "混蛋"

(Roosevelt's quip) Hassett, *Off the Record,* 294.

464 制订了一个计划

On Hitler and his desperate efforts at this time, Gordon Corrigan, *The Second World War: A Military History* (Thomas Dunne, 2011), 457, 485–88.

464 "并非精神不正常"

For Hitler's diminishing health and his phobias, ibid., 488; and Kershaw, *Hitler,* 869–71. The phrase "gullible population" is Kershaw's. Kershaw does note that aided and abetted by his quack doctor, Theodore Morrell, Hitler almost certainly did suffer from psychiatric and personality disorders.

465 特遣队不得不

For handy reference, see Sybelle Steinbacher, *Auschwitz: A History* (Harper Perennial, 2005), 96–104, 119–21; Martin Gilbert, *Auschwitz and the Allies* (Holt, 1981), 324–26 naming other places.

468 解放了波兰卢布林地区附近的马伊达内克

See Richard Lauterbach, "Murder, Inc.," *Time,* September 11, 1944, 36. The Soviets saw the showers, the gas chambers, the double rows of electrically charged barbed wire, the "road of death," the room full of passports and documents—and the "sea of shoes, 820,000 pairs, piled, like pieces of coal," of which the correspondent wrote movingly: "Majdenek suddenly became real. It was no longer a half remembered sequence from an old movie or a clipping from Pravda or chapters from a book by a German refugee." He also wrote of German food production: "Kill people; fertilize cabbages," after cutting bodies up scientifically before sliding them into coke-fed ovens. Remarkably, *Christian Century* wrote about this account as little more than exaggerations and fabrications: see "Biggest Atrocity Story Breaks in Poland," *Christian Century,* September 13, 1944, 1045. See also Robert H. Abzug, *America Views the Holocaust* (St. Martin's, 1999), 179–82.

468 "丰收节"

Martin Gilbert, *The Holocaust* (Holt, 1985), 627–32; on Majdanek, its liberation, and the Allies' advance, 706–11. Gilbert makes the point that "liberation and enslavement were taking place" at the same time on July 18, 1944. Photographs were published of charred human remains, arousing widespread horror. One SS brigadier fumed about the "slovenly . . . rabble" who did not "erase the traces" in time. See also accounts in Steinbacher, *Auschwitz,* 121; Gilbert, *The Holocaust,* 706–30; and Corrigan, *Second World War,* 474.

470 "坦克大决战"

See Corrigan, *Second World War,* 535–38; Martin Gilbert, *The Second World War: A Complete History* (Owl, 1989), 626. For details, see the masterly account by Pulitzer Prize–winner Rick Atkinson, *The Guns at Last Light: The War in Western Europe, 1944–1945* (Holt, 2013), 412–92. For the battle, the demand for surrender, and my casualty figures, I have also drawn on Ambrose, *American Heritage,* 502–3.

473 "相邻之人背上的落雪"

Elic Wiesel, *Night* (Hill and Wang, 2006), 96, 101–2; Gilbert, *Auschwitz and the Allies,* 333–38; Steinbacher, *Auschwitz,* 127–35; and U.S. Holocaust Memorial Museum, "Auschwitz," for the opening of Auschwitz. The reader may also go to YouTube for uncensored clips of the liberation of the camp and its aftermath. A related YouTube video of the liberation of Ohrdruf is particularly powerful, as local Nazis are forced to watch the results of their handiwork in the death camp itself; Gilbert has an account of this in *The Holocaust,* 790.

第十五章

479 在就职典礼的前一天

For these paragraphs see Franklin D. Roosevelt, *Public Papers and Addresses of Franklin D. Roosevelt,*

*

1944–45 (Harper, 1950), 523; Samuel Rosenman, *Working with Roosevelt* (Harper, 1952), 516; and James MacGregor Burns, *Roosevelt: The Soldier of Freedom, 1940–1945* (Harcourt, 1970), 558–63, from which this account is drawn. Interestingly, after the ceremony Roosevelt held the largest luncheon of his twelve years in the White House: two thousand guests. For "a stabbing pain" and "thoroughly chilled" (a symbolic omen of what was to come), see James Roosevelt and Sydney Schalett, *Affectionately FDR* (Harcourt Brace, 1959), 355; and Doris Kearns Goodwin, *No Ordinary Time* (Simon & Schuster, 1994), 572–73. On the large luncheon, Bess Furman, *Washington By-Line* (Knopf, 1949), 3. On Japanese Americans' internment, Roger Daniels, *Concentration Camps USA: Japanese-Americans and World War II* (Holt, Rinehart and Winston, 1970); Allen Bosworth, *America's Concentration Camps* (Norton, 1967); Gordon Corrigan, *The Second World War: A Military History* (Thomas Dunne, 2011) 538; Allis Radosh and Ronald Radosh, *A Safe Haven: Harry S. Truman and the Founding of Israel* (Harper Perennial, 2010), 1. See also Bertram Hulen, "Shivering Thousands Stamp in Snow at Inauguration," *New York Times*, January 21, 1945, 1.

481　比雅尔塔更糟糕的会面地点了

On the preparations for Yalta and opening of the summit, see H. W. Brands, *Traitor to His Class* (Doubleday, 2008), 592; Sara Churchill, *A Thread in the Tapestry* (Dodd, Mead, 1967), 76, 79–80; Charles Bohlen, *Witness to History, 1929–1969* (Norton, 1973), 174; Jean Edward Smith, 629–30; Robert Dallek, *Franklin D. Roosevelt and American Foreign Policy* (Oxford University Press, 1998), *FDR* (Random House, 2008), 507–21.

482　惊人变化

On Roosevelt's declining health, Frances Perkins found him "looking very badly," although Bohlen insisted that "our leader was ill, but he was effective." See Bohlen, *Witness*, 177–84; Smith, *FDR*, 630–31; Dallek, *Franklin D. Roosevelt and American Foreign Policy*, 519.

482　罗斯福与斯大林之间的政治角力

He mentioned that de Gaulle compared himself to Joan of Arc; MacGregor Burns, *Soldier of Freedom*, 566.

484　犹太复国主义者

Ibid., 577–78; Bohlen, *Witness*, 203; Radosh and Radosh, *Safe Haven*, 11, 25, Richard Breitman and Allan J. Lichtman, *FDR and the Jews* (Belknap Press, 2013), 301; Bohlen, 203.

485　波兰……命运会如何

Supporters insist Roosevelt did all that could be done, while critics assert that he sold the Poles out; see Dallek, *Franklin D. Roosevelt and American Foreign Policy*, 514–15. For a very incisive account that is harshly critical of Roosevelt, see Amos Perlmutter, *FDR and Stalin: A Not So Grand Alliance, 1943–1945* (University of Missouri Press, 1993); see also Jonathan Fenby, *Alliance: The Inside Story of How Roosevelt, Stalin and Churchill Won One War and Began Another* (MacAdam/Cage, 2007). Goodwin, *No Ordinary Time*, 597, notes that after Yalta, relations between Stalin and Roosevelt reached a "point of crisis" because of the deteriorating situation in Poland. Stalin promptly violated his solemn promise that the Communist regime in Warsaw would hold free elections as well as broaden its base; instead, the Communists held on to power and took over, laying the groundwork for the Cold War.

486　沙特阿拉伯的伊本·沙特国王

For details of the meeting, see especially "U.S. Warship Becomes Arab Court in Miniature for Ibn Saud's Voyage," *New York Times*, February 21, 1945, 1; "White House Announcement of New Talks," *New York Times*, February 21, 1945; William Eddy, *FDR Meets Ibn Saud* (American Friends of the Middle East, 1954), 31–32; Bohlen, *Witness*, 203–4, who basically recounts the meeting word-by-word, which stands as the basis for all other accounts; Breitmann and Lichtman, 302; MacGregor Burns, *Soldier of Freedom* 578–79; Radosh and Radosh, *Safe Haven*, 19, 26–27. Harry Hopkins, the president's adviser, was unwell, but nonetheless would later write that he felt the president had not fully comprehended what Ibn Saud was saying, particularly the fact that the Arabs would take up arms against the Jews almost no matter what.

490　在贝尔根—贝尔森

For Bergen-Belsen and the Frank family, see, for instance, Martin Gilbert, *The Holocaust* (Norton, 2012), 784–92; and Anne Frank, *The Diary of a Young Girl* (Longman, 1993).

491 "我们不能再度辜负他们的期望"

For the joint session, MacGregor Burns, *Soldier of Freedom*, 581–82; Smith, *FDR*, 632–33; and the candid observations of William Hassett, *Off the Record with FDR* (Rutgers University Press, 1998), 318.

492 专注力

On Roosevelt's sharp decline, see especially Hassett, *Off the Record*, 319–29; and Bohlen, *Witness*, 206.

493 奥尔德鲁夫

On the liberation of Ohrdruf, a subcamp at Buchenwald, see, for instance, the first-person account by David Cohen, Jewish Virtual Library, online; and American Centuries, University of Massachusetts, oral history. Cohen was a radio operator with the Fourth Armored Division. Meanwhile, General Eisenhower, not prone to overstatement, called "the barbarous" treatment of the Jews "unbelievable." And he summoned members of Congress to become spokesmen to the world for the horror rendered by the Nazis. For his part, General Patton screamed, "See what these bastards did!" See also War History Online, Liberation of Ohrdruf; Gilbert, *The Holocaust*, 790–92.

497 "想到的只有面包"

Elie Wiesel, *Night* (Hill and Wang, 2006), 115.

498 气色好很多了

For Roosevelt's death, Smith, *FDR*, 635–36; Brands, *Traitor to His Class* 605–7; Goodwin, 602–3; Hassett, *Off the Record*, 332–37. Hassett was quite poetic about Roosevelt's passing, essentially making the point that everyone saw it coming, but nobody was really ready for it.

499 "倒在地上断气了" / "我看见他们的尸体"

Gilbert, *The Holocaust*, 790–96.

500 "只要一名美国人出现在视线里"

J. D. Pletcher, "The Americans Have Come—at Last!" in *The 71st Came . . . to Gunskirchen*, Witness to the Holocaust Publication Series, no. 1 (Emory University, 1979), 4–11; and reprint in Robert H. Abzug, *America Views the Holocaust* (St. Martin's, 1999), especially 195–96.

500 葬礼花圈

Goodwin, *No Ordinary Time*, especially 613–15, is particularly moving; for her assessment of Roosevelt, see 606–11. For "There was much rushing," see Robert Jackson, *The Man: An Insider's Portrait of Franklin Roosevelt* (Oxford University Press, 2003), 167.

502 "你不可能是犹太人"

For this marvelous quote, originally in German, see Roger Moorhouse, *Berlin at War* (Basic Books, 2010), 306.

503 疲惫的亚伯拉罕·林肯

For comparison with Lincoln, see Jay Winik, *April 1865* (Harper Collins, 2001), 247–49; Alan Guelzo, *Lincoln's Emancipation Proclamation: The End of Slavery in America* (Simon & Schuster, 2006).

503 二战期间的死亡人数

Allis Radosh and Ronald Radosh, *A Safe Haven* (Harper Perennial, 2009), 2; Tony Judt, *Postwar: A History of Europe Since 1945* (Penguin Press, 2005), 17–18.

505 "他的离世对人类命运的影响有多大"

Jackson, *The Man*, 169, 158.

505 "罗斯福是……难得一见的政治家"

Isaiah Berlin, *Personal Safe Impressions*, Henry Handy, ed. (Viking, 1981), 26. For other assessments of Roosevelt, see the following. *New York Times*, April 13, 1945, 18: "It was his leadership which inspired freemen in every part of the world to fight with greater hope and courage." Brands, *Traitor to His Class*,

613–14. Eric Larrabee, *Commander-in-Chief: Franklin Delano Roosevelt, His Lieutenants, and Their War* (Harper and Row, 1987), 644; Larrabee writes that Roosevelt's conduct as commander in chief "bears the mark of greatness." William Leuchtenberg, *Franklin D. Roosevelt and the New Deal* (Harper and Row, 1963), 327; Leuchtenberg writes that under Roosevelt "the White House became the focus of all government—the Fountainhead of ideas, the initiator of action, the representative of the national interest. [He] re-created the modern presidency." Roosevelt himself once said, "I am like a cat. I make a quick stroke and then I relax"; here, perhaps, was one secret of his greatness. See also James MacGregor Burns, *Leadership* (Harper and Row, 1978), 281.

506 在世界各地享有的巨大声望

Bohlen, *Witness*, 210.